U0906585

2019

2019

中国广播收听

CHINA RADIO RATING YEARBOOK

丁　迈 主编

中国传媒大学出版社

·北京·

《中国广播收听年鉴2019》
编写委员会

主　　编　丁　迈

副 主 编　郑维东　　肖建兵　　肖海峰

编写人员　（排名不分先后）

梁　帆	解永利	王　平	马　超	卢文钊
龙长缨	吴　东	肖　珊	周欣欣	杨金姝
王建平	李忠毅	包凌君	潘　琪	戴静怡
秦　政	张广彦	蔡　啸	张　嫣	张晶晶
韦　唯	胡旻琦	彭辰豪	施泽昊	王洁馨
侯　龙	唐　蕾	李蓓蕾		

出版说明

为更好地服务于业界，尽可能地满足各方面对收听率数据的需要，作为我国视听率调查行业的领跑者，CSM 媒介研究自 2005 年起，每年编写出版一部《中国广播收听年鉴》。《中国广播收听年鉴(2019)》是 CSM 媒介研究编写出版的第十五部广播收听年鉴。

《中国广播收听年鉴(2019)》主要包括以下四部分内容：第一部分：综述。主要从收听环境、听众特征、听众收听行为、频率竞争格局、节目竞争格局以及广播广告投放与竞争格局等方面对 2018 年中国广播收听市场进行全景式描述与分析。第二部分：专题研究。本部分除了对 2018 年新闻综合、交通、音乐、文艺、都市生活几个主要频率类型的收听状况进行分析之外，还包括 2018 年城市广播直播流广告洞察、经济类广播节目收听特征简析、私家车广播听众收听行为特点分析、广播受众跨媒介接触行为分析、媒体融合环境下精品文艺类广播节目之打造、江浙沪地区主要频率线上线下运营模式打造等内容。第三部分：收听数据。这部分是 CSM 媒介研究 2018 年进行收听率调查各城市网及各省网的收听统计数据，主要内容涉及人均收听时间、全天收听走势、听众构成和频率竞争状况等。第四部分：附录。本部分主要包括 CSM 媒介研究各城市收听率调查网和各省网的基本情况。

《中国广播收听年鉴(2019)》的出版具有非常重要的现实意义，它为广大媒介从业人员既可提供有关 2018 年中国广播收听市场的全面分析，又可提供 2018 年全国 28 个重点城市及 2 个省的翔实收听数据，它是媒介从业人员必备的一本工具书。

编者

2019 年 9 月

目录
CONTENTS

第一部分 综 述

第二部分 专 题

第三部分 收听数据

第四部分 附 录

第一部分
Part One

综 述 Overview

2018年是全面贯彻党的十九大精神的开局之年，是改革开放40周年，是实施“十三五”规划至关重要的一年。在习近平新时代中国特色社会主义思想和党的十九大精神的指引下，在党中央、国务院和中宣部的正确领导下，我国广播业认真贯彻落实中央部署和总局要求，坚持稳中求进、守正创新、扎实工作、奋发进取，继续保持了良好的发展势头，顺利完成各项任务，各方面工作都取得了新的显著成绩。

2018年，我国广播业全面贯彻落实党的十九大精神，坚持正确政治方向、宣传导向和价值取向，牢牢树立“四个意识”，坚定“四个自信”，坚决做到“两个维护”。2018年，我国广播业大力宣传、阐释党中央治国理政的新理念、新思想、新战略，坚持以习近平总书记关于宣传思想工作的重要思想为基本遵循，圆满地完成了学习、宣传、贯彻习近平新时代中国特色社会主义思想、党的十九大和十九届二中、三中全会精神，以及改革开放40周年重大活动的全方位宣传报道任务，深化主题主线宣传，唱响了时代主旋律，广受社会各界好评。2018年，我国广播业始终坚持以人民为中心的工作导向，面向基层，服务群众，坚持为民惠民，丰富人民精神文化生活，公共文化服务提质升级，精品创作取得了新成效，广播节目质量再上一个新台阶；始终坚持科技引领，坚持改革创新，坚定不移地深化供给侧结构性改革，媒体融合发展取得了新进展，事业产业不断发展壮大；认真落实意识形态工作责任制，改善管理效能，推动阵地管理强起来，确保行业安全有序、持续健康地发展，安全播出保障能力进一步提高，公共服务技术支撑体系进一步完善，科技创新与应用步伐进一步加快，科技管理进一步加强。2018年，我国广播业继续加强国际传播能力建设，深耕内容建设，讲好中国故事，大力弘扬中华优秀文化，更有力地发出中国声音，传递中国价值，开创了国际传播事业的新局面，国际传播能力显著提升。

本部分将从收听环境、听众特征、听众收听行为、频率竞争格局、节目竞争格局、广播广告投放及竞争状况等方面来对2018年我国广播收听市场进行全方位分析。

一、收听环境

1. 全国共有广播电台124座，广播电视台2348座

根据《中国广播电视年鉴（2019）》的最新统计，截至2018年年底，全国共有广播电台124座、广播电视台2348座。国家级广播电台有中央人民广播电台和中国国际广播电台，每个省、自治区或直辖市，每个地级或以上城市都至少有1座广播电台或广播电视台。全国现有中、短波广播发射台837座。全国广播在国内的人口综合覆盖率达到了98.94%。2018年全年公共广播节目播出时间为15 267 407.30小时，其中，播出新闻资

讯类节目2 994 362.91小时，专题服务类节目3 257 940.5小时，综艺益智类节目3 841 621.7小时，广播剧类节目971 617.7小时，广告类节目1 359 222.18小时，其他类节目2 842 642.3小时。2018年全年全国广电系统制作广播节目8 017 572.95小时，其中，新闻资讯类节目1 432 069.23小时，专题服务类节目2 166 880.05小时，综艺类节目2 080 201.33小时，广播剧类节目218 013.28小时，广告类节目749 168.03小时，其他类节目1 371 241.02小时。

2. 在全国28个重点城市中，音乐类、综合类和交通类频率数量最多

根据CSM媒介研究掌握的2018年全国28个重点城市可接收的广播频率数量分布资料，在不包括境外频率的451个广播频率中，音乐类（82个）、综合类（67个）和交通类（61个）频率数量最多（表1.1.1）。“跨领域”频率的现象比较普遍，在名称定位于“新闻”的60个频率中，有28个频率同时在名称中涉及了其他领域；在名称定位于“综合”的67个频率中，有25个频率同时在名称中涉及了其他领域；在名称定位于“音乐”的82个频率中，有17个频率同时在名称中涉及了其他领域；在名称定位于“交通”的61个频率中，也有11个频率同时在名称中涉及了其他领域；在名称定位于“城市”（23个）和“资讯”（18个）的频率中，涉及了其他领域的频率也分别达到9个和7个。在各类频率中，以“综合、新闻”进行双重定位的频率数量最多，达到25个，以“音乐、交通”进行双重定位的频率有6个，以“音乐、城市”进行双重定位的频率也有4个，以“新闻、资讯”进行双重定位的频率有3个，以“经济、交通”进行双重定位的频率有2个。城市中专门给有车族开办的频率发展态势良好，在28个调查城市中有13个针对有车族广播的休闲娱乐频率。与2017年情形类似，目标受众的细化仍然是广播频率发展的重要特征之一。

表1.1.1　2018年28个重点城市各类频率的数量分布

序号	频率类别	频率数量（个）	涉及其他类别的频率数量（个）
1	综合	67	25
2	音乐	82	17
3	新闻	60	28
4	交通	61	11
5	经济	44	2
6	文艺	58	5
7	城市	23	9
8	生活	21	4
9	资讯	18	7
10	体育	7	1
11	外语	4	2

续表

序号	频率类别	频率数量（个）	涉及其他类别的频率数量（个）
12	健康	4	2
13	教育	10	4
14	旅游	8	2
15	农村	18	2
16	其他	18	0
不重复合计		451	65

数据来源：CSM 媒介研究

3. 全国拥有正在使用收听设备的家庭比例达到39.6%

根据CSM媒介研究全国网2018年基础调查数据，在全国范围内，有39.6%的家庭拥有正在使用的收听设备，与2017年相比略有下降，下降了0.2个百分点；收听设备的百户拥有量为46台，与2017年相比减少了1台。2018年，在全国城域拥有正在使用收听设备的家庭比例为46.2%，比2017年上升了0.5个百分点；在乡域，这个比例为34.8%，比2017年下降了0.7个百分点。在收听设备的百户拥有量方面，2018年城域为55台，比2017年减少了1台；乡域为38台，比2017年减少了3台。在拥有收听设备的家庭中，绝大多数家庭只拥有1台收听设备，拥有2台及以上收听设备的家庭比例还是比较小，全国只有4.6%，且与2017年相比下降了0.9个百分点（表1.1.2）。

表1.1.2　2010～2018年全国正在使用收听设备的拥有状况

年份	区域	1台（%）	2台（%）	3台及以上（%）	无收听设备（%）	百户拥有量（台）
2010	全国	22.6	4.2	1.9	71.3	38
	城域	30.2	7.3	3.1	59.4	56
	乡域	18.3	2.4	1.2	78.1	27
2011	全国	25.0	4.2	1.6	69.2	39
	城域	32.7	6.6	2.8	57.9	56
	乡域	19.8	2.6	0.9	76.7	28
2012	全国	26.8	4.5	1.9	66.8	43
	城域	33.5	7.0	3.5	56.0	60
	乡域	22.1	2.8	0.8	74.2	31
2013	全国	28.3	5.8	3.3	62.7	51
	城域	33.9	7.6	4.3	54.2	64
	乡域	24.3	4.5	2.6	68.6	42

续表

年份	区域	1台（%）	2台（%）	3台及以上（%）	无收听设备（%）	百户拥有量（台）
2014	全国	28.4	5.2	2.3	64.1	47
	城域	33.0	7.1	3.0	56.9	58
	乡域	25.2	3.8	1.8	69.2	39
2015	全国	29.9	5.9	2.7	61.5	51
	城域	34.6	7.5	3.3	54.6	61
	乡域	26.5	4.8	2.3	66.4	44
2016	全国	31.5	4.8	1.7	62.0	47
	城域	35.8	5.8	2.0	56.4	54
	乡域	28.5	4.0	1.5	66.0	42
2017	全国	34.3	4.5	1.0	60.2	47
	城域	38.0	6.3	1.5	54.3	56
	乡域	31.6	3.2	0.7	64.5	41
2018	全国	35.0	3.8	0.8	60.4	46
	城域	39.2	5.6	1.4	53.8	55
	乡域	31.9	2.5	0.4	65.2	38

数据来源：CSM媒介研究

根据CSM媒介研究全国网2018年基础调查数据，在全国七大行政区中，华北、西北、华东和东北地区的收听设备拥有率较高，均达到41%以上，每百户均拥有收听设备也在48台及以上。其中华北地区收听设备拥有率最高，达到51.1%，平均每百户收听设备拥有量达到61台；西北地区收听设备拥有率也达到了44.6%，平均每百户收听设备拥有量也达到58台，华中地区收听设备拥有率为35.7%，每百户均拥有收听设备为39台；西南和华南地区是七大行政区中收听设备拥有率较低的地区，其中西南地区收听设备拥有率为30.7%，华南地区仅为30.5%，每百户均拥有收听设备西南和华南地区均仅为34台（表1.1.3）。

表1.1.3　2018年全国各大行政区正在使用收听设备的拥有状况

大行政区	1台（%）	2台（%）	3台及以上（%）	无收听设备（%）	百户拥有量（台）
东北	35.9	4.2	1.0	59.0	48
华北	43.7	6.2	1.3	48.9	61
华东	37.9	4.1	0.8	57.3	49

续表

大行政区	1台（%）	2台（%）	3台及以上（%）	无收听设备（%）	百户拥有量（台）
华南	27.2	2.9	0.3	69.5	34
华中	33.0	2.1	0.5	64.3	39
西北	35.2	6.6	2.8	55.4	58
西南	28.2	2.2	0.3	69.3	34

数据来源：CSM 媒介研究

4. 全国广播听众中使用车载广播作为经常收听途径的比例高达 67.4%

根据 CSM 媒介研究全国网 2018 年基础调查数据，在全国范围内，广播听众中使用车载广播作为经常收听途径的比例高达 67.4%，收音机的比例为 21.8%，手机内置收音机或者手机 App 的比例为 23.1%。在城市广播听众中，73.9% 的听众经常使用车载广播收听，20.5% 的听众经常使用收音机收听，22.4% 的听众经常使用手机内置收音机或者手机 App 收听。在农村广播听众中，使用车载广播作为经常收听途径的比例为 57.9%，低于城市听众；使用收音机的比例为 23.6%，高于城市听众；使用手机内置收音机或者手机 App 的比例为 24.2%，也高于城市听众（表 1.1.4）。

表 1.1.4　2018 年全国及分城乡广播听众经常使用的收听设备或途径（%，多选）

收听设备或途径	全国	城市	农村
车载广播	67.4	73.9	57.9
收音机	21.8	20.5	23.6
手机内置收音机	9.4	8.5	10.8
手机 App	13.7	13.9	13.4
音响	0.9	0.4	1.6
有线（数字）电视	0.5	0.4	0.6
收录机/随身听	0.5	0.5	0.4
平板电脑/PC	0.4	0.5	0.4
智能音箱	0.3	0.4	0.1
MP3/MP4	0.3	0.3	0.2
其他	4.4	2.4	7.3

数据来源：CSM 媒介研究

从各大行政区来看，根据 CSM 媒介研究全国网 2018 年基础调查数据，在全国七大行政区中，广播听众将车载广播作为经常收听途径比例最高的是华东地区，高达 74.2%，其次为华北（69.8%）和华南（68.1%）地区，将车载广播作为经常收听途径比例最低的是华中地区，但也达到了 60.2%。在全国七大行政区中，广播听众将收音机作为经常收听途径比例最高的是东北地区，高达34.2%，其次为西北（26.7%）和华北（25.7%）地区，将收音机作为经常收听途径比例最低的是西南地区，只有12.7%。另外，在西北地区，有高达32.7%的广播听众经常使用手机内置收音机或者手机App收听广播，在东北和华中地区该比例也分别高达26.8%和25.8%，比例最低的西南地区也达到了19.7%（表1.1.5）。

表1.1.5　2018年全国各大行政区广播听众经常使用的收听设备或途径（%，多选）

收听设备或途径	东北	华北	华东	华南	华中	西北	西南
车载广播	62.0	69.8	74.2	68.1	60.2	61.8	60.8
收音机	34.2	25.7	19.4	18.7	19.6	26.7	12.7
手机内置收音机	12.3	8.5	7.9	9.0	9.3	13.9	9.8
手机 App	14.5	12.2	13.3	14.1	16.5	18.8	9.9
音响	0.2	0.2	0.3	1.4	0.3	0.8	4.5
有线（数字）电视	1.0	0.1	0.5	0.2	0.3	1.7	0.1
收录机/随身听	1.2	0.4	0.3	0.5	0.4	1.1	0.0
平板电脑/PC	0.4	0.4	0.3	1.0	0.2	0.9	0.4
智能音箱	0.1	0.2	0.6	0.1	0.5	0.1	0.0
MP3/MP4	0.6	0.1	0.2	0.5	0.3	0.4	0.2
其他	0.3	0.2	2.5	1.8	10.3	1.1	17.6

数据来源：CSM媒介研究

二、听众特征

1. 全国10岁及以上听众规模达581 893 000人

根据《中国广播电视年鉴（2019）》的数据，截至2018年年底，全国广播人口覆盖率达到98.94%。但是，在广播实际收听方面，由于部分家庭不购置收听设备，或者一些家庭的收听设备已经闲置，所以实际的广播听众规模要明显小于广播覆盖的人口规模。我们所说的广播听众，指拥有正在使用的广播收听设备或家庭成员中有人在近3个月内收听过广播的家庭中10岁及以上人口。

根据CSM媒介研究2018年全国网基础调查数据，2018年全国广播听众规模为581 893 000人，占全国10岁及以上人口总数的47.3%；其中城域的广播听众规模为271 210 000人，占全国城市10岁及以上人口总数的55.9%；乡域的广播听众规模为310 683 000人，占全国农村10岁及以上人口的41.6%。与2017年相比，2018年全国和城市广播听众规模占人口总数的比例均有不同程度的提升，乡域广播听众规模占人口总数的比例则略有下滑。2017 年，全国广播听众占全国人口 10 岁及以上人口总数的 46.4%，这一比例在城域为 53.2%，在乡域为 41.8%。

2. 广播听众结构与全国人口结构保持一致，男性占比略高于女性

CSM 媒介研究 2018 年全国网基础调查数据显示，在全国广播听众中，男性比例略高于女性，男性占 51.1%，女性占 48.9%，这个构成与全国 10 岁及以上人口的性别构成基本一致。城域广播听众中男性占 51.2%，女性占 48.8%，男性所占比例略高于女性，并且与全国城域 10 岁及以上人口性别构成也基本一致；在乡域听众中，男性占 51.0%，女性占 49.0%，男性略高于女性，与全国乡域 10 岁及以上人口性别构成基本一致（图 1.2.1、图 1.2.2）。

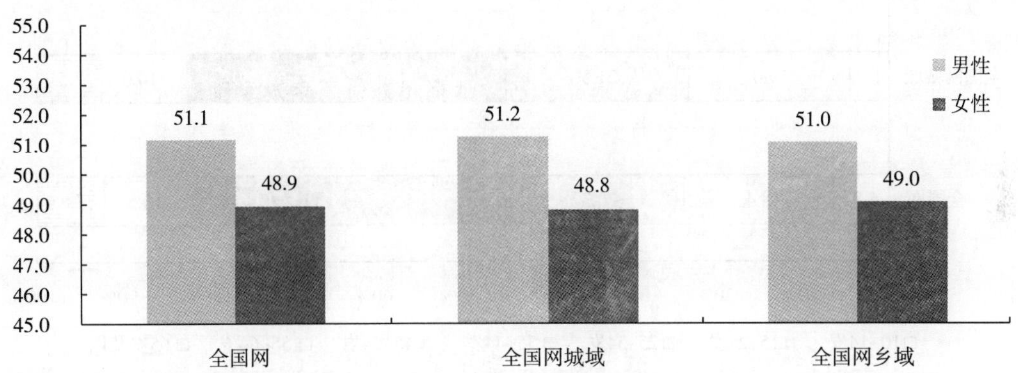

数据来源：CSM 媒介研究

图 1.2.1　2018 年全国广播听众性别构成（%）

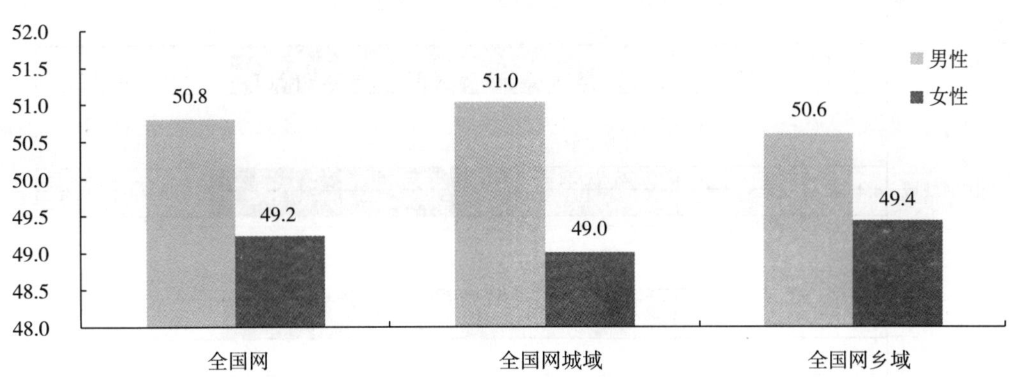

数据来源：CSM 媒介研究

图 1.2.2　2018 年全国 10 岁及以上人口性别构成（%）

3. 35～44 岁人群所占比例最高，城乡听众年龄结构存在差异

CSM 媒介研究 2018 年全国网基础调查数据显示，35～44 岁、25～34 岁和 15～24 岁年龄段的听众是广播听众中所占比例相对较大的群体，其中 35～44 岁听众群体在全国、

城域和乡域中所占比例均超过22%，占比最高；25～34岁听众群体在全国、城域和乡域中所占比例也均超过或接近20%；15～24岁听众群体在全国、城域和乡域中所占比例分别为18.4%、19.0%和17.9%，所占比例位居第三；各年龄段听众构成与各自的人口构成比例基本保持一致。从城乡各年龄段广播听众所占比例比较来看，城域广播听众中15～34岁和45～54岁人群所占比例高于乡域同年龄段人群，而乡域广播听众中则10～14岁、35～44岁和55岁及以上群体所占比例超过城域，反映出城乡听众在年龄结构上存在差异（图1.2.3、图1.2.4）。

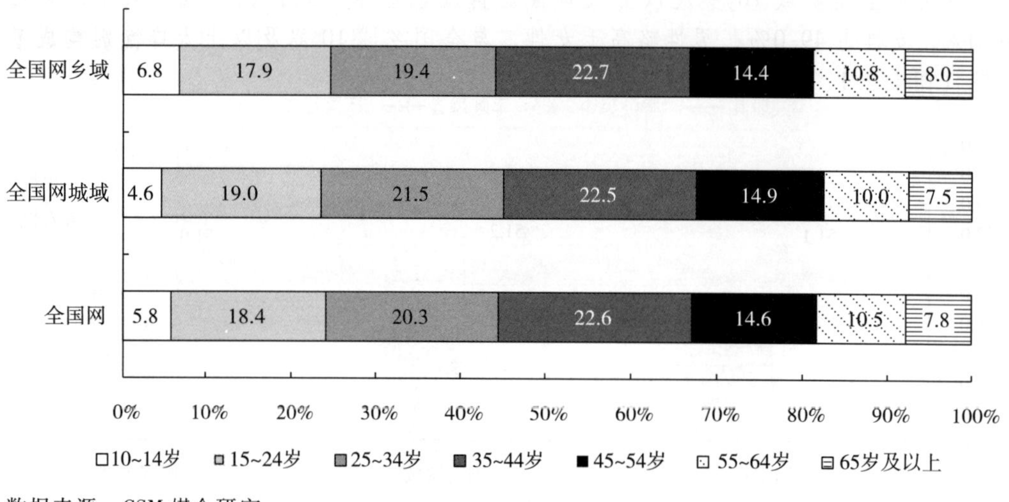

数据来源：CSM媒介研究

图1.2.3　2018年全国广播听众年龄构成（%）

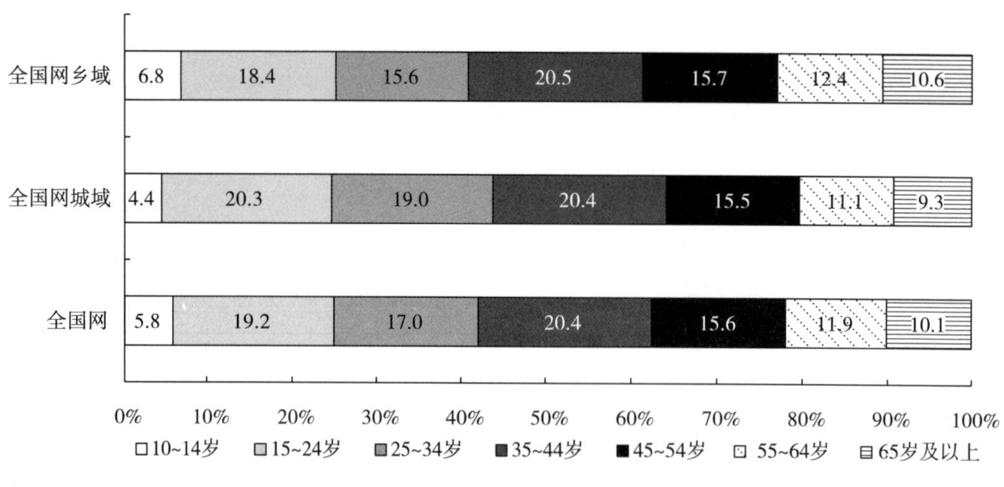

数据来源：CSM媒介研究

图1.2.4　2018年全国10岁及以上人口年龄构成（%）

4. 听众受教育程度城乡差异明显，大学及以上学历听众在城域占比相对更高

2018年CSM媒介研究全国网基础调查数据显示，城乡广播听众的受教育程度差异明

显，这与全国城乡人口受教育程度差异较大的特征相符（图 1.2.5、图 1.2.6）。在城域听众中，具有大学及以上和高中/技术学校学历的听众居前两位，分别占 31.8% 和 28.4% 的比例，远高于乡域同等学历群体的 12.7% 和 22.2%。未受过正规教育和小学文化程度听众所占比例在城域分别为 1.6% 和 10.8%，远低于乡域同类型人群的 4.4% 和 21.0%。在全国网和乡域，具有初中文化程度的听众是占比最高的一类人群，所占比例分别为 34.0% 和 39.7%，在城域，则大学及以上学历人群占比最高，所占比例为 31.8%。

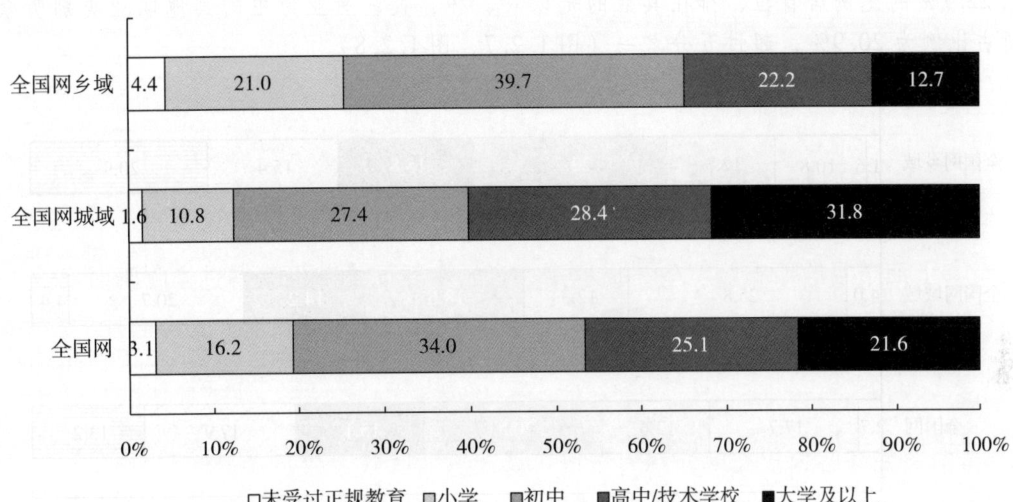

数据来源：CSM 媒介研究

图 1.2.5 2018 年全国广播听众受教育程度构成（%）

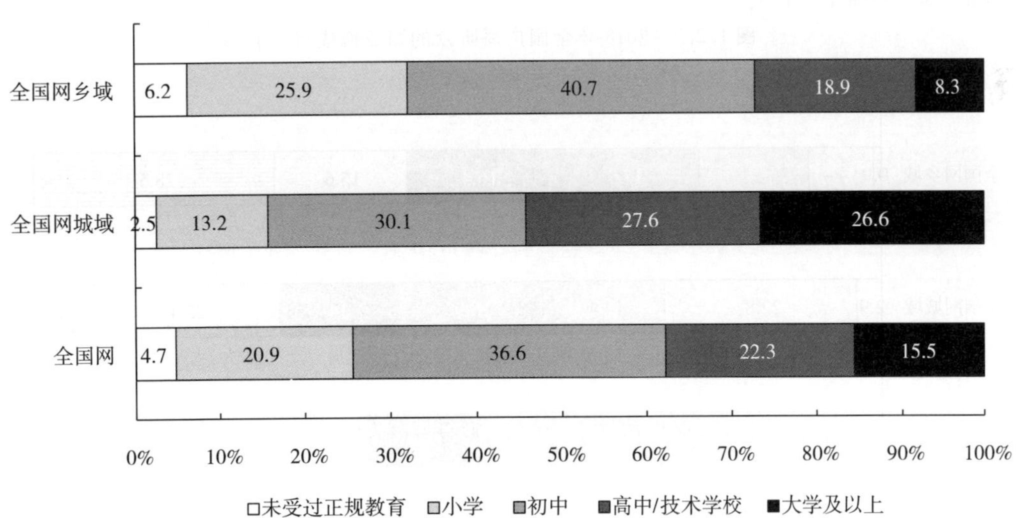

数据来源：CSM 媒介研究

图 1.2.6 2018 年全国 10 岁及以上人口受教育程度构成（%）

5. 初级公务员/雇员和个体/私营企业人员分别在城域和乡域占比最高，城乡听众职业构成差异显著

2018 年 CSM 媒介研究全国网基础调查数据显示，城乡听众职业构成差异显著，这主要是由城乡居民职业构成的差异所决定的。在城域听众中，初级公务员/雇员群体占比最大，所占比例高达 25.8%，超过四分之一；包含退休人员在内的无业人群所占比例也达到了 20.7%，超过五分之一。乡域听众职业构成则自有特点，个体/私营企业人员以 22.7% 的比例居首位，排在其后的是以农、林、牧、渔业为主的其他职业类别听众，所占比例为 20.9%，超过五分之一（图 1.2.7、图 1.2.8）。

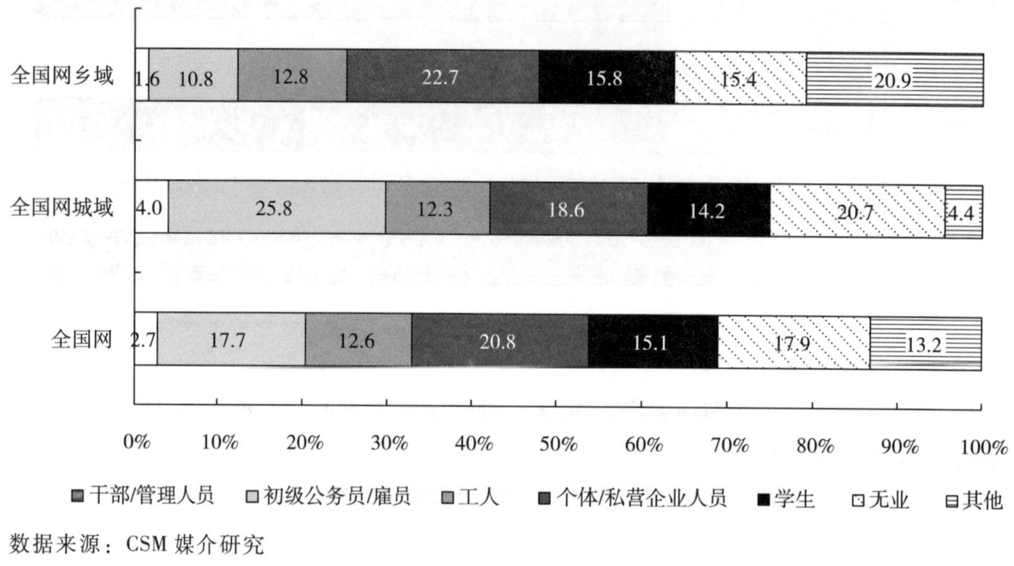

数据来源：CSM 媒介研究

图 1.2.7　2018 年全国广播听众的职业构成（%）

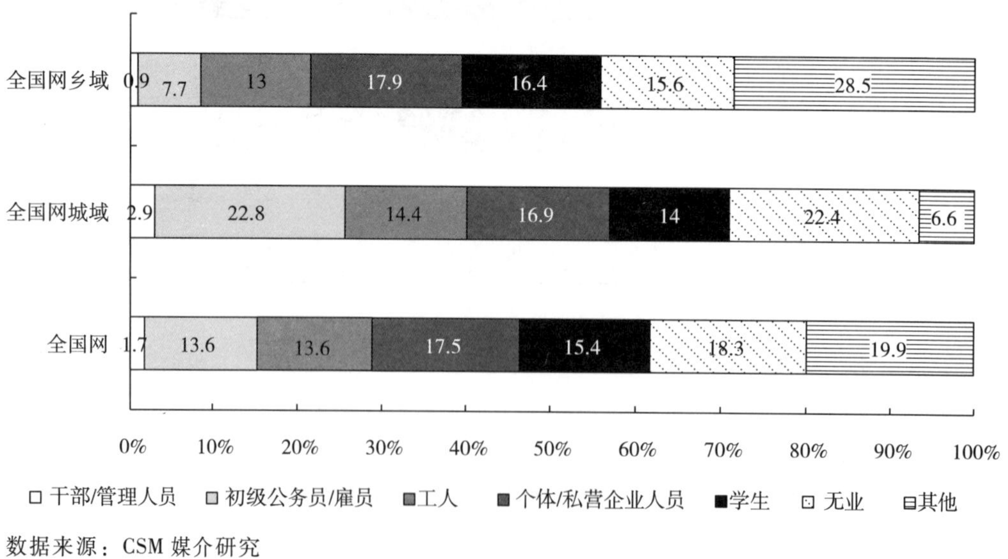

数据来源：CSM 媒介研究

图 1.2.8　2018 年全国 10 岁及以上人口的职业构成（%）

6. 2001 元及以上个人月收入人群所占比例较 2017 年有显著提升，乡域表现更为突出

2018 年 CSM 媒介研究全国网基础调查数据显示，广播听众个人月收入构成的城乡差异较为显著，这与我国目前城乡之间经济发展不均衡、城乡居民收入水平差异较大不无关系（图 1.2.9、图 1.2.10）。从全国广播听众的个人月收入构成来看，月收入在 2001 元及以上的中高收入听众共占比 58.9%，高于相同收入群体的人口构成比例（50.8%）；从城域的情况来看，个人月收入在 2001 元及以上的中高收入听众所占比例为 69.0%，高于这一收入群体的人口构成比例（65.6%）；乡域也表现出相同的特点，个人月收入在 2001 元及以上的中高收入人群所占比例为 50.1%，也高于这一收入群体的人口构成比例（41.3%）。

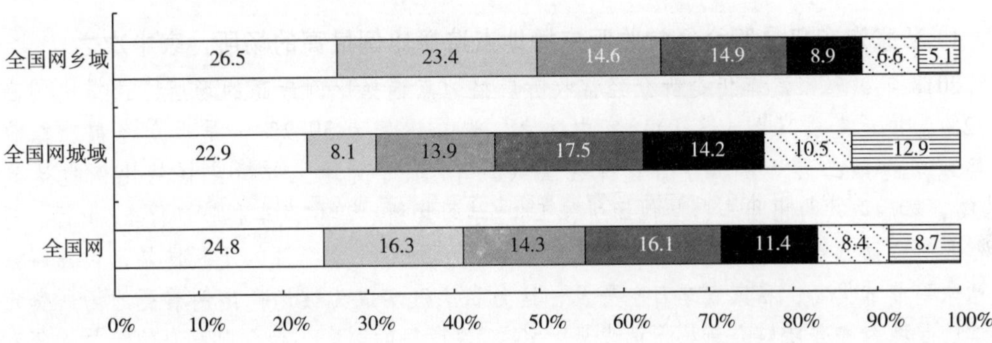

数据来源：CSM 媒介研究

图 1.2.9　2018 年全国广播听众的个人月收入构成（%）

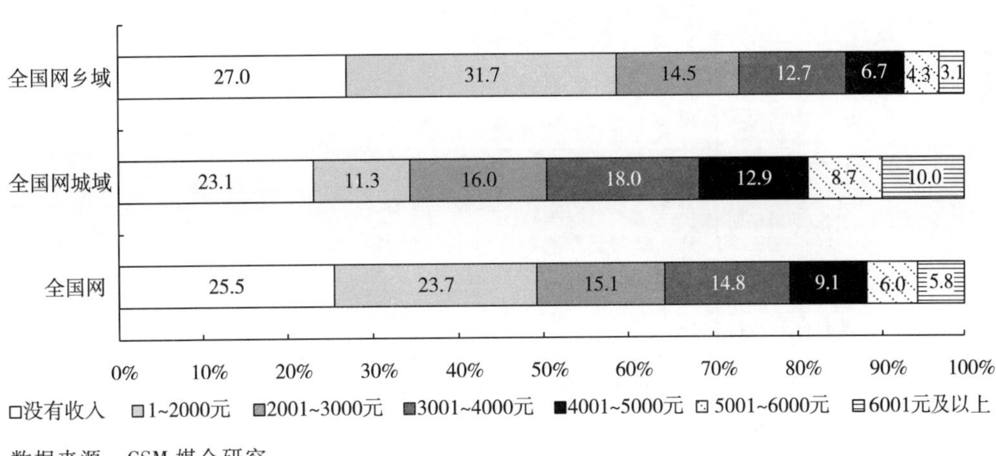

数据来源：CSM 媒介研究

图 1.2.10　2018 年全国 10 岁及以上人口的个人月收入构成（%）

对比 2017 和 2018 年的听众收入构成可以发现，城域个人月收入在 2001 元及以上的中高收入听众群体所占比例由 2017 年 64.5% 提升到了 2018 年的 69.0%，上涨幅度为 7.0%；乡域个人月收入在 2001 元及以上的中高收入听众比例由 2017 年的 44.0% 增长

至2018年的50.1%，上涨幅度达14.0%。由此可以得出结论，2018年无论是城域还是乡域，听众中个人月收入在2001元及以上群体所占比例较2017年均有不同程度的提升，反映出随着社会经济的发展，城乡听众的整体收入水平呈逐步提升的状态，这一趋势在乡域表现得更为突出。

三、听众收听行为

（一）收听地点①

1. 私家汽车仍是听众经常收听广播地点选择比例最高的场所，家中次之

2018年，私家汽车仍是听众经常收听广播地点选择比例最高的场所，选择比例高达68.2%，接近七成（图1.3.1）；家中次之，选择比例为39.2%，是听众经常选择收听广播地点的第二大场所。经常选择在公共汽车/轨道交通上收听广播的比例也达到了7.7%，然后依次为出租车、其他场所、工作/学习场所、单位汽车和骑自行车/步行。听众经常收听广播地点的选择比例在一定程度上说明，随着社会经济的不断发展，人民群众的生活水平节节提高，私家汽车日益普及，这为私家汽车成为被选择比例最高的场所奠定了坚实的基础。随着新媒介新技术的发展，5G实现商用的到来，受众对媒介的接收途径和方式必然会发生翻天覆地的变化，传统收听模式逐渐被打破，新的模式日渐形成。

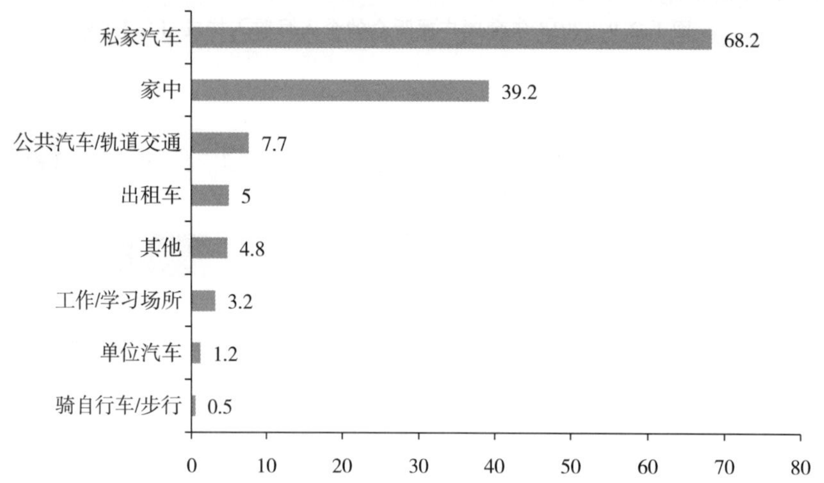

数据来源：CSM媒介研究

图1.3.1　2018年28城市15岁及以上听众经常收听广播地点的选择比例（%，多选）

① 对听众经常收听广播地点及听众喜欢收听节目的分析主要基于2018年CSM媒介研究全年进行收听率调查（包括连续调查和四波调查）的28个城市的基础研究数据，这28个城市为：北京、长春、长沙、重庆、大连、佛山、广州、杭州、哈尔滨、合肥、济南、昆明、南昌、南京、南宁、宁波、上海、沈阳、深圳、石家庄、苏州、太原、天津、乌鲁木齐、武汉、无锡、厦门和郑州。

2. 私家汽车在26个城市成为广播收听首选地点，家中是第二经常收听场所

社会进步，经济发展，人民生活水平日益提高，私家汽车逐步普及，人们的生活和出行习惯也随之发生了巨大变化；随着5G实现商用，媒介的传播和受众对其的接收方式势必会发生新的变化，这是时代大潮，无法抗拒，只能顺应。2018年28个城市听众经常收听广播地点的选择表现出来的最大特点就是私家汽车一骑绝尘，在26个城市成为广播收听的首选地点，具体为北京、长春、长沙、重庆、大连、佛山、杭州、哈尔滨、合肥、济南、昆明、南昌、南京、南宁、宁波、上海、深圳、石家庄、苏州、太原、天津、乌鲁木齐、武汉、无锡、厦门和郑州。其中听众选择经常在私家汽车上收听广播比例最高的是深圳，高达93.6%；其次是宁波，该比例也达到90.2%；排名第三位的是佛山，该比例为84.1%；然后依次为厦门、杭州、太原、南昌等22个城市，经常选择在私家汽车上收听广播的比例均在50%以上；哈尔滨该比例相对较低，低于50%（表1.3.1）。

表1.3.1 2018年28城市15岁及以上听众经常收听广播地点的选择比例（%，多选）

城市	私家汽车	家中	公共汽车/轨道交通	出租车	工作/学习场所	单位汽车	骑自行车/步行	其他
北京	72.3	33.2	6.2	0.0	1.0	0.3	0.5	11.1
长春	51.5	38.7	20.0	26.6	2.1	1.6	0.2	3.0
长沙	74.0	26.8	7.6	8.5	3.6	1.5	0.0	2.7
重庆	75.4	24.8	1.6	4.0	0.0	3.8	0.0	5.9
大连	61.0	46.8	1.2	3.7	4.2	2.3	0.0	2.1
佛山	84.1	28.4	1.3	0.4	3.0	0.2	0.0	1.9
广州	53.0	54.5	5.0	0.8	5.6	1.6	0.0	3.4
杭州	83.3	45.3	5.1	2.9	4.3	0.8	1.4	13.5
哈尔滨	42.8	42.6	41.0	12.1	1.7	1.8	0.0	0.2
合肥	68.3	29.6	0.9	10.5	2.7	1.8	0.0	4.1
济南	68.9	45.7	1.0	0.0	6.6	1.2	1.0	2.9
昆明	78.7	37.8	6.0	2.7	3.8	0.8	0.6	6.2
南昌	81.0	23.1	0.3	1.8	2.8	0.4	0.0	1.9
南京	61.2	43.2	1.9	0.4	2.8	1.4	0.0	3.6
南宁	71.6	32.1	0.2	9.7	5.1	1.1	1.0	4.2
宁波	90.2	21.2	1.6	0.8	2.2	1.6	0.0	0.8
上海	59.6	51.3	7.1	0.5	6.4	0.2	1.0	5.9

续表

城市	私家汽车	家中	公共汽车/轨道交通	出租车	工作/学习场所	单位汽车	骑自行车/步行	其他
沈阳	38.5	65.7	6.9	12.8	4.8	2.9	0.0	6.2
深圳	93.6	11.8	2.4	1.2	0.2	0.2	0.0	0.2
石家庄	72.0	40.7	3.7	2.3	4.6	4.6	1.1	2.9
苏州	80.2	26.8	1.0	6.1	1.4	0.3	0.6	2.9
太原	81.1	35.1	1.1	2.4	2.7	0.7	0.7	2.2
天津	57.6	49.1	0.7	0.0	1.0	0.7	0.3	0.4
乌鲁木齐	69.1	44.3	18.0	30.3	3.6	2.5	1.2	13.6
武汉	62.1	42.0	7.0	3.3	4.0	1.7	0.0	6.6
无锡	76.8	28.1	1.4	0.4	1.4	1.7	0.4	1.8
厦门	83.7	22.5	3.7	7.3	0.8	0.4	0.0	2.2
郑州	67.5	33.9	30.4	5.9	1.6	2.5	1.5	3.6

数据来源：CSM 媒介研究

2018 年，家中仍是听众经常选择收听广播的地点之一，具体到各城市之间，听众选择的比例差异较大、参差不齐（表 1.3.1）。沈阳、广州、上海有超过 50% 的听众把家中选为经常收听广播的地点；天津、大连、济南、杭州、乌鲁木齐、南京、哈尔滨、武汉和石家庄 9 个城市的听众选择经常在家中收听广播的比例在 40% ~50% 之间；长春、昆明、太原、郑州、北京和南宁 6 个城市经常选择在家中收听广播的听众比例在 30% ~40% 之间；合肥、佛山、无锡和苏州等 10 个城市，30% 以下的听众选择家中为经常收听广播的地点。

2018 年，听众把公共汽车/轨道交通选为经常收听广播地点比例最高的是哈尔滨，高达 41.0%，郑州该比例也达到了 30.4%，长春位居第三，该比例为 20.0%，乌鲁木齐该比例也达到了 18.0%，其余城市该比例均在 8% 以下；其中长沙、上海、武汉、沈阳、北京、昆明、杭州和广州 8 个城市听众经常选择在公共汽车/轨道交通上收听广播的比例在 5% ~8% 之间，处于中间水平；石家庄、厦门、深圳、南京、重庆、宁波、无锡、佛山、大连、太原、济南和苏州 12 个城市听众经常选择在公共汽车/轨道交通上收听广播的比例较低，不足 4%；合肥、天津、南昌和南宁 4 个城市该比例均在 1% 以下，这可能与当地的道路交通状况以及听众习惯的出行方式有关。

出租车已经成为一个城市的标志之一，也是广播媒体重点开拓的市场之一。由于各地出租车起步价、人们乘坐习惯等存在差异，选择出租车作为经常收听广播地点的听众比例在各城市之间差异也较大。2018 年，乌鲁木齐选择经常在出租车上收听广播的听众比例最高，高达 30.3%，其次是长春，所占比例也达到了 26.6%；随后是沈阳、哈尔滨和合肥 3 个城市，选择经常在出租车上收听广播的听众比例均在 10% 以上；其余南宁、长沙、厦门和苏州等20个城市的听众选择经常在出租车上收听广播的比例不高，均在10%以下；北京、济南和天津3个城市没有听众把出租车作为经常收听广播的场所，该选择比例均为0。

把其余地点作为经常收听广播的听众选择比例相对以上地点较低，但也存在个别城市选择比例较高的地点。例如，济南、上海、广州和南宁4个城市，均有5%以上的听众把工作/学习场所选择作为经常收听广播的地点；石家庄有4.6%的听众把单位汽车作为经常收听广播的场所，重庆该比例也达到了3.8%；在郑州，还有1.5%的听众选择在骑自行车/步行时收听广播；乌鲁木齐、杭州和北京则有超过10%的人群选择在其他场所收听广播。这凸显了广播的伴随性特征，它不受时空限制，随时随地都可以收听。

3. 分目标人群选择经常收听广播的地点与其身份属性高度契合

分目标听众来看，经常收听广播地点的选择与其性别、年龄、受教育程度和所从事职业等自然属性和社会属性高度契合（表1.3.2）。与女性相比，男性听众相对更多地选择在私家汽车、单位汽车和工作/学习场所收听广播，这与他们日常选择的出行方式和生活习惯息息相关；相对而言，女性听众选择经常收听广播的地点则更多地集中于家中、公共汽车/轨道交通和出租车等场所。

表1.3.2 2018年28城市不同目标听众经常收听广播地点的选择比例（%，多选）

目标听众	家中	工作/学习场所	私家汽车	公共汽车/轨道交通	单位汽车	出租车	骑自行车/步行	其他
男	36.1	3.7	70.1	6.7	1.8	4.9	0.7	4.8
女	43.1	2.7	65.8	8.9	0.5	5.2	0.3	4.8
15~24岁	34.3	4.8	69.6	13.2	0.9	10.2	0.9	6.8
25~34岁	23.8	3.0	82.6	8.1	1.5	5.5	0.7	2.6
35~44岁	27.0	2.8	85.6	5.2	1.1	3.3	0.3	3.0
45~54岁	43.0	4.0	63.2	6.8	2.5	4.7	0.3	4.4
55岁及以上	78.8	2.3	27.0	6.1	0.3	2.2	0.3	8.5
未受过正规教育	73.5	2.3	38.2	1.7	0.0	3.8	0.0	5.3
小学	67.7	3.8	36.7	4.6	0.6	4.0	0.1	7.5
初中	49.2	3.5	53.8	6.6	1.4	4.0	0.5	5.2
高中/技术学校	42.9	3.7	63.6	7.1	1.3	5.4	0.5	4.7
大学及以上	29.9	2.9	80.0	8.8	1.1	5.4	0.6	4.4

续表

目标听众	家中	工作/学习场所	私家汽车	公共汽车/轨道交通	单位汽车	出租车	骑自行车/步行	其他
干部/管理人员	29.2	3.0	90.4	5.1	2.0	4.1	0.3	3.8
初级公务员/雇员	28.1	3.2	79.6	7.5	1.4	4.8	0.6	3.6
个体/私营企业人员	24.4	2.3	81.6	7.1	0.6	6.2	0.4	2.6
工人	41.6	7.0	61.6	8.5	4.2	5.7	0.7	5.8
学生	38.8	6.7	69.5	13.8	0.1	8.3	1.4	7.2
无业（包括退休）	67.6	0.7	38.8	6.8	0.1	3.5	0.1	6.6
其他	62.7	8.5	42.0	3.7	0.0	2.5	0.3	11.8

数据来源：CSM 媒介研究

听众因年龄不同，在工作生活和出行方式上必然存在差异，各年龄段听众经常收听广播地点的选择比例也各有不同。45 岁及以上听众，年龄越大，选择经常在家中收听广播的比例越高，选择经常在私家汽车、公共汽车/轨道交通和出租车上收听广播的比例越低。随着年龄的增长，听众的身体状况也逐渐下降，尤其对于55 岁及以上的老年人而言，他们乘坐公共汽车/轨道交通、出租车时的困难和不便也日益增多，这导致他们选择在这些场所收听广播的比例也减少；相反，他们对公园、小区绿地公共场所等其他场所的选择比例则随着年龄的增加而增加，遛弯散步时收听广播成为老年听众的一种重要消遣方式。35～44 岁和 25～34 岁这两部分听众属于社会的中坚力量，有更多的机会驾驶和乘坐私家汽车，因此这两个群体是选择经常在私家汽车上收听广播比例最高的，分别高达 85.6% 和 82.6%，两者不相上下。15～24 岁的青少年群体受经济状况和生活习惯的影响，选择经常在公共汽车/轨道交通上收听广播的比例是各年龄组中最高的，选择比例为 13.2%。

听众所受教育程度的高低一定程度上会影响该听众的工作和生活状况，由此也决定了其经常收听广播地点会出现相应的变化。2018 年，延续以往的一贯特点，听众受教育程度与其选择在家中收听广播的比例成反向变动关系，受教育程度越高，听众选择在家中收听广播的比例越低，低受教育程度者，包括未受过正规教育和小学学历听众，其选择经常在家中收听广播的比例最高，分别为 73.5% 和 67.7%。经常选择在私家汽车、公共汽车/轨道交通和出租车上收听广播的比例则与家中相反，基本呈现出学历越高、比例越高的正相关态势，其中大学及以上学历听众群体经常选择在私家汽车、公共汽车/轨道交通和出租车上收听广播的比例分别达到了 80.0%、8.8% 和 5.4%，尤以在私家汽车上的比例为最高，这与该类人群属于社会中流砥柱，有更多的机会驾驶或乘坐私家汽车有关。

听众经常收听广播地点的选择与其职业也有较强的相关性，总体上表现为低职业层级和赋闲在家的无业听众选择经常在家中收听广播的比例较高，社会地位较高或者收入水平较高的从业者，则更多地选择在私家汽车上收听广播。无业（包括退休）人员和其他职业人群选择经常在家中收听广播的比例相对较大，分别为67.6%和62.7%，工人和学生群体的该比例也分别达到了41.6%和38.8%；干部/管理人员、个体/私营企业人员和初级公务员/雇员选择经常在私家汽车上收听广播的比例分别达90.4%、81.6%和79.6%，远高于其他职业类别人群。

各目标听众经常收听广播地点的选择特点可以为广播媒体进行对象化编排和节目定位以及广告主、广告公司精准投放广告提供重要的参考依据。

（二）人均收听时间①

1.2018年全国28城市②人均收听时间较2017年略有减少，城市间参差不齐

在全国28个城市中，2018年人均日收听广播的时间为60.0分钟，较2017年的60.2分钟略有减少。2018年各城市的人均日收听分钟数参差不齐、差异明显。哈尔滨、天津、乌鲁木齐、沈阳、太原、石家庄、佛山、长春、大连、济南和广州11个城市，人均日收听分钟数均高于28城市平均水平；哈尔滨最高，达98.4分钟，其次是天津，为95.1分钟，乌鲁木齐和沈阳也都超过了90分钟；合肥、南宁、宁波、杭州、深圳、无锡、重庆、南昌、厦门和武汉10个城市的人均日收听时长较少，平均每人每天的收听量不足50分钟，特别是武汉，人均日收听时长仅为32.8分钟，不足排名第一的哈尔滨的三分之一（表1.3.3）。

表1.3.3 2018年各城市听众人均日收听广播时间（分钟，四波调查数据）

城市	人均收听时间	城市	人均收听时间
哈尔滨	98.4	郑州	51.9
天津	95.1	上海	50.8
乌鲁木齐	94.3	南京	50.5
沈阳	90.5	长沙	50.5

① 目前CSM媒介研究在不同城市分别采用日记卡法和虚拟测量仪法进行广播收听率调查，这两种调查方法的目标人群有所差异：日记卡法为10岁及以上，虚拟测量仪法为15岁及以上。本年鉴综述部分对2018年广播收听状况的分析针对15岁及以上人群展开，主要原因有以下两个：一是10~14岁人群在广播听众中所占比例很低，对广播收听的贡献很小。2018年CSM媒介研究进行广播收听率调查的28城市中，10~14岁的听众构成比例仅为0.8%；10~14岁人群平均到达率（000）为443 000人，仅占10岁及以上人群的0.89%；人均日收听时长为20分钟，远低于其他年龄段人群。二是为了便于28城市整体相关指标的计算以及同一指标在不同城市之间的比较。

② 本年鉴在有关收听状况的分析中，主要采用2018年全年CSM媒介研究进行收听率调查的28个城市（包括四波调查城市和连续调查城市）的收听调查数据，这28个城市分别为：北京、长春、长沙、重庆、大连、佛山、广州、杭州、哈尔滨、合肥、济南、昆明、南昌、南京、南宁、宁波、上海、沈阳、石家庄、苏州、深圳、太原、天津、乌鲁木齐、武汉、无锡、厦门和郑州。

续表

城市	人均收听时间	城市	人均收听时间
太原	80.4	合肥	47.8
石家庄	77.6	南宁	46.3
佛山	77.4	宁波	45.9
长春	74.5	杭州	44.4
大连	70.6	深圳	43.2
济南	64.7	无锡	41.4
广州	62.3	重庆	36.9
昆明	56.8	南昌	35.6
苏州	54.5	厦门	32.9
北京	53.5	武汉	32.8
28 城市平均		60.0	

数据来源：CSM 媒介研究

2. 冬季人均收听时间略长，哈尔滨、天津和沈阳三城市在不同季节各有突出表现

CSM 媒介研究实施的四波收听率调查分别在 3 月、5～6 月、8～9 月和 11 月，基本能够代表春、夏、秋、冬四季。对 2018 年 28 城市在各个调查波次的收听情况（其中连续调查城市取各个波次调查时期的数据）进行分析发现，2018 年全国 28 个城市整体冬季（第四波）人均日收听时长略长于其他季节，春秋两季人均每天收听时长基本持平，夏季人均日收听时长略短（表 1.3.4）。

表 1.3.4　2018 年各城市听众在四波调查期间人均日收听广播时间（分钟）

城市	第一波（2018.3.4～3.24）	第二波（2018.5.20～6.9）	第三波（2018.8.19～9.8）	第四波（2018.11.4～11.24）
北京	55.6	52.8	51.3	54.3
长春	75.5	74.7	72.8	75.0
长沙	53.4	51.4	47.8	49.2
重庆	35.6	36.1	37.7	38.2
大连	70.3	72.8	68.2	71.3
佛山	80.9	77.4	78.0	73.5
广州	60.1	58.6	66.7	64.0
杭州	47.5	45.7	43.2	41.5

续表

城市	第一波（2018.3.4～3.24）	第二波（2018.5.20～6.9）	第三波（2018.8.19～9.8）	第四波（2018.11.4～11.24）
哈尔滨	102.1	99.0	95.0	97.6
合肥	45.9	43.0	50.0	52.4
济南	65.3	63.7	65.8	64.2
昆明	55.5	57.3	58.6	55.7
南昌	38.9	36.1	33.3	34.2
南宁	46.0	46.8	46.2	46.1
南京	47.3	47.1	50.1	57.6
宁波	44.2	47.1	46.2	45.9
上海	50.7	49.7	50.2	52.6
沈阳	83.6	90.0	88.4	99.8
石家庄	82.5	79.2	71.8	76.8
苏州	44.8	42.9	60.7	69.8
太原	84.3	76.3	81.6	79.2
天津	95.1	90.9	95.4	99.2
深圳	41.1	41.0	44.1	46.5
乌鲁木齐	89.9	96.2	92.7	98.5
武汉	21.3	31.0	39.3	39.5
厦门	33.2	33.0	30.2	35.1
郑州	52.3	51.5	53.1	50.8
无锡	38.3	40.9	41.7	44.5
28 城市	59.5	58.8	59.8	61.7

数据来源：CSM 媒介研究

具体到各个城市，季节差异不尽相同。哈尔滨春季（第一波）和夏季（第二波）的人均日收听时长在28个城市中排名首位，分别达102.1分钟和99分钟。哈尔滨属于中温带大陆性季风气候，冬长夏短。11月至次年3月为冬季，漫长而寒冷干燥，4～6月为春季，易发生春旱和大风，气温回升快而且变化无常。[①] 因此在第一波和第二波调查期间还处于寒冷的冬天和天气变化无常的春天，人们的户外活动少，听众在此时间段内对广播的收听时长在各季节中也最高。天津地处北温带，位于中纬度亚欧大陆东岸，属

① https://baike.baidu.com/item/哈尔滨/177863?fr=aladdin。

暖温带半湿润季风性气候，主要气候特征是四季分明，春季多风干旱少雨，夏季炎热、雨水集中，秋季气爽、冷暖适中，冬季寒冷、干燥少雪，[①] 在秋高气爽时节闲暇时听听评书相声成为人们的一种重要消遣方式，因此在第三波飒爽秋风之际广播的人均日收听时长在各季节中较高。沈阳位于中国东北地区南部，属于温带半湿润大陆性气候，冬寒时间较长，有近6个月[②]，第四波调查期间正好处于该时段，在此期间人们的户外活动减少，听众对广播的收听时长在各季节中最高。可见，气候条件和听众生活作息习惯在一定程度上会影响他们对广播的季节性收听行为（表 1.3.4）。

3. 分目标人群收听表现各异，男性、老年、中低学历和中低收入群体人均收听量较高

2018 年分目标人群的人均日收听时长表现各异：男性听众人均日收听时长为 62.7 分钟，较女性听众多 5.7 分钟；各年龄段听众呈现出年龄越大人均日收听时长越长的正相关关系，15 ~ 24 岁青少年听众人均日收听时长仅为 35 分钟，不足 55 岁及以上人群的一半，传统广播听众老龄化现象凸显。

从不同学历水平看，初中学历人群人均每日收听广播的时长最长，达到 70.8 分钟，小学学历听众次之，人均每日收听广播时长为 70.3 分钟，二者不分伯仲。分职业类别来看，无业（包括退休）人员人均每日收听广播的时间最长，长达 87.5 分钟；然后依次为工人和个体/私营企业人员，平均每人每天收听广播的时间均超过 1 小时；学生受学习和生活习惯的影响，每天收听广播的时间最短，仅为 31.2 分钟。

从不同收入水平来看，个人月收入 2001 ~ 3000 元的听众人均日收听时间最长，为 77.4 分钟，其次为个人月收入 1 ~ 2000 元的人群，人均日收听时长也超过了 75 分钟，而个人月收入 5001 元及以上群体的人均日收听时长则较短，均少于 60 分钟（表 1.3.5）。

表 1.3.5　2018 年 28 城市不同目标听众人均日收听广播时间（分钟）

目标听众	人均收听时间	目标听众	人均收听时间
男	62.7	干部/管理人员	53.7
女	57.0	初级公务员/雇员	52.2
15 ~ 24 岁	35.0	个体/私营企业人员	61.5
25 ~ 34 岁	49.4	工人	62.6
35 ~ 44 岁	59.5	学生	31.2
45 ~ 54 岁	68.3	无业（包括退休）	87.5
55 ~ 64 岁	87.5	其他	60.9
65 岁及以上	102.5	没有收入	36.5

① https：//baike. baidu. com/item/天津/132308？fr = aladdin。

② https：//baike. baidu. com/item/沈阳/13034？fr = aladdin#3_4。

续表

目标听众	人均收听时间	目标听众	人均收听时间
未受过正规教育	53.9	1～2000 元	75.7
小学	70.3	2001～3000 元	77.4
初中	70.8	3001～4000 元	66.4
高中/技校	62.7	4001～5000 元	61.8
大学及以上	50.8	5001～6000 元	53.5
		6001 元及以上	51.6

数据来源：CSM 媒介研究

（三）全天收听走势

1. 全天收听最高峰值出现在早高峰时段，高峰时段工作日收听水平明显高于周末

有别于电视观众的全天收视走势，广播收听全天的最高峰值出现在早高峰时段，针对早晚收听高峰时段而言，工作日收听水平明显高于周末。2018 年全国 28 个城市中，工作日早间 07:00～08:45 时段正值上班高峰，开机率高，收听率基本均超过 10%，其中在 07:15～07:30 时段收听率最高，达 12.37%。上午 09:00 之后，收听率开始逐渐走低，在 13:00～14:00 时段收听率跌至不足 3%。直至傍晚 17:30～18:30 下班晚高峰时段，收听率回升到 7% 以上，随后再次下跌，虽然在 20:00～21:00 时段有短时小幅回升，形成了一个收听小高峰，但峰值远不及早晚高峰（图 1.3.2）。

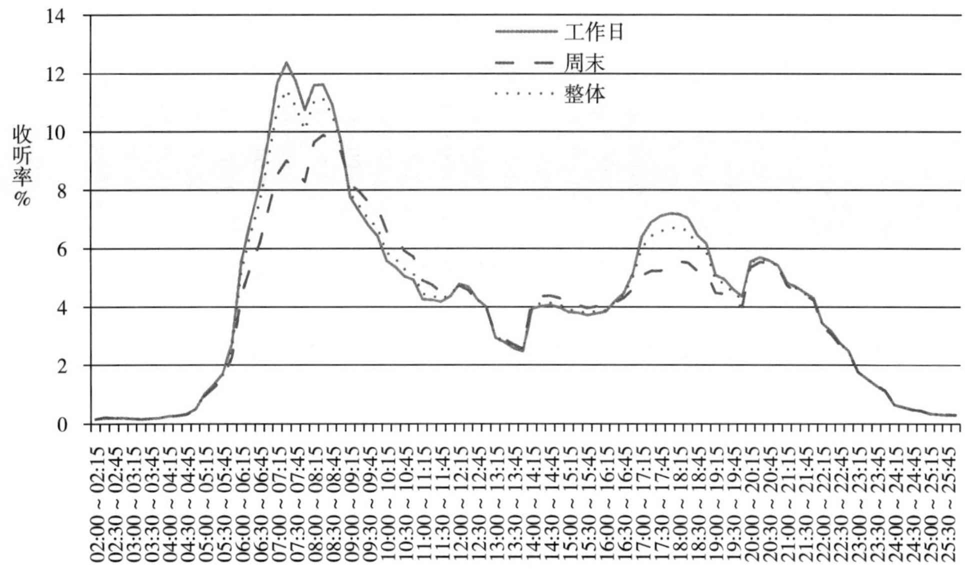

数据来源：CSM 媒介研究

图 1.3.2 2018 年 28 城市全天收听率走势

受听众工作生活习惯的影响，周末与工作日的收听率在高峰时段也表现出明显差异。在早间06:00~09:00和傍晚17:00~19:00的收听高峰时段，工作日的收听水平明显高于周末同时段，其中在07:00~07:45时段，两者之间的收听率差值达到了3个百分点；而周末则在上午09:00~12:00和下午13:15~16:15时段的收听水平高于工作日。由此可以看出，收听数据一定程度上能够反映听众的生活、工作作息习惯：工作日早上听众通常会在洗漱、吃早点和上班途中收听广播，白天则处于工作或学习状态中，而周末则会把起床和出行时间推后，再加上他们可能会外出游玩，因此上、下午部分时段的收听水平高于工作日。把握了这些收听规律，在合适的时间推送合适的节目，相信能够起到事半功倍的效果。

2. 四季全天收听走势趋同，不同季节收听水平略有差异

2018年全国28个城市听众在四波调查中的全天收听率走势大体趋同，均表现出早间的收听最高峰和傍晚及晚间的两个收听次高峰。相对而言，第一波（春季）调查期间白天09:30~13:30、下午16:15~16:45时段的收听水平更占优势，高于其他三波调查期间同时段的收听水平（图1.3.3）。

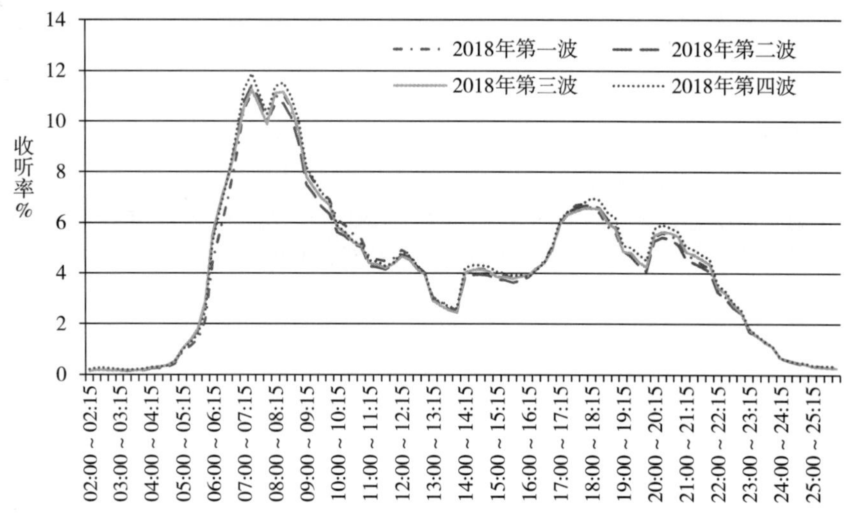

数据来源：CSM媒介研究

图1.3.3　2018年28城市四波调查全天收听率走势

3. 北京、上海与全国全天收听走势趋同，广州收听高峰自成特色①

北京地区听众全天收听走势与全国28个城市收听率走势基本一致，工作日早间07:15~7:30时段创下了全天收听最高峰，峰值达11.8%，远高于周末同时段收听水平。傍晚18:15~19:00下班时段形成了全天收听次高峰，峰值为4.17%，收听走势较为平缓，并没有明显起伏。随着听众夜生活的展开，听众对广播的收听也出现了一定的延伸，一直持续至深夜仍有收听（图1.3.4）。

① 该小部分北京、上海和广州3城市均使用2018年全年连续调查数据（虚拟测量仪调查数据）。

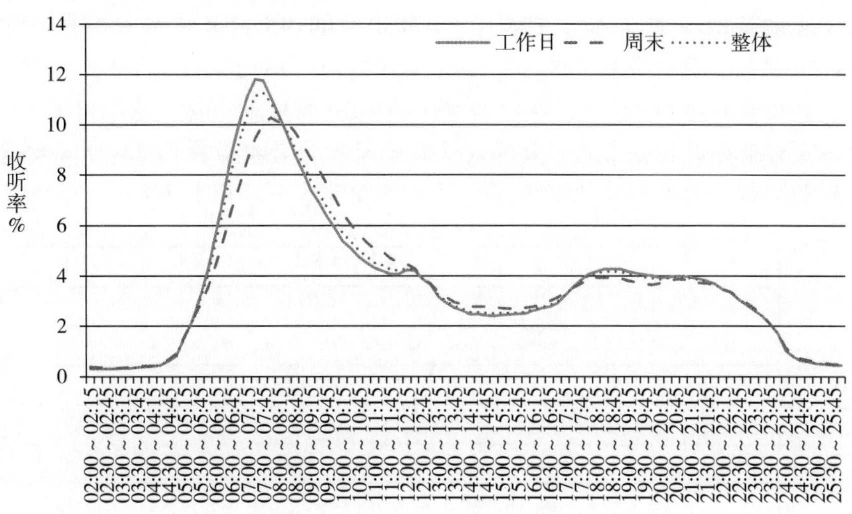

数据来源：CSM媒介研究

图 1.3.4 2018 年北京全天收听率走势

上海地区听众全天收听走势与全国28城市整体情况大体趋同，早间07:15～08:15时段出现了收听率超过10%的收听高峰带，其中07:45～08:00时段出现全天收听最高峰，峰值达11.08%。之后收听持续下滑，直到傍晚18:00左右出现全天收听的第二个次高峰带，峰值为4.29%。伴随着大部分听众就寝前的夜生活，听众对广播的收听也出现了一定程度的延伸，在20:00～22:00时段出现小幅回升，随后慢慢回落。工作日05:30～08:30和16:30～22:30时段的收听水平显著优于周末，周末则在08:45～16:30时段收听水平高于工作日（图1.3.5）。

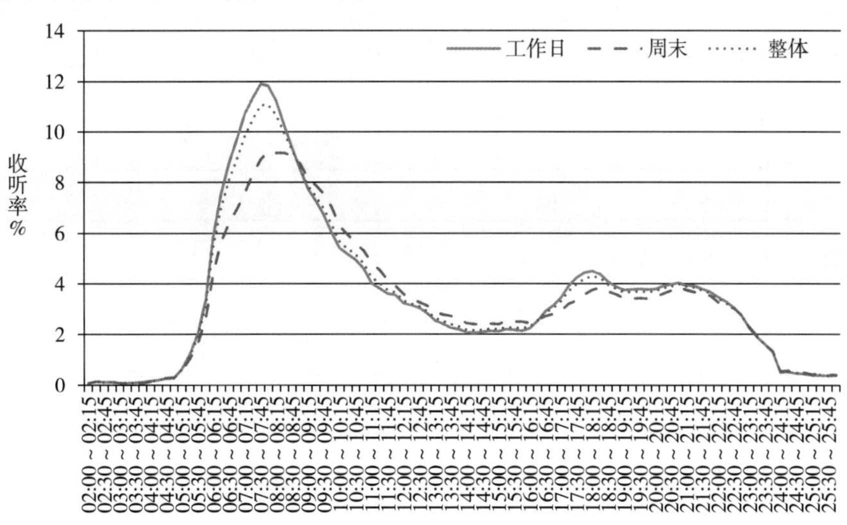

数据来源：CSM媒介研究

图 1.3.5 2018 年上海全天收听率走势

与北京、上海乃至全国28个城市全天收听走势相比，广州地区听众的全天收听走势可谓独树一帜，最大的特点在于早高峰之后收听水平仍高位运行，一直持续至中午，这与广州人独有的饮早茶习俗不无关系。07:30～09:15 的早高峰时段，峰值出现在08:00～08:30 时段，收听率达 7.87%，然后在 09:15～13:00 时段，收听水平一直高位运行，收听率均维持在 6% 以上，傍晚 18:00～19:30 时段也出现了一个明显的下班收听晚高峰。全天大部分时段，工作日收听水平高于周末，只在后晚间 22:15 开始至次日凌晨 04:15 时段，周末的收听水平高于工作同时段收听水平（图 1.3.6）。

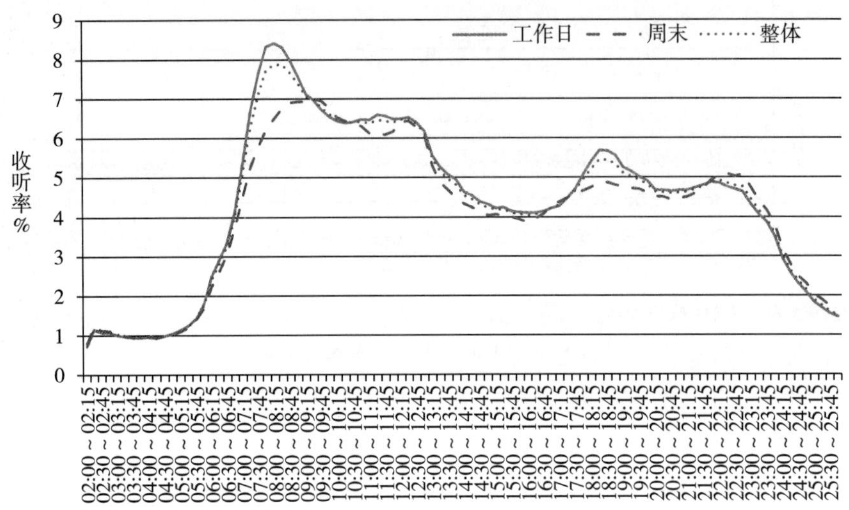

数据来源：CSM 媒介研究

图 1.3.6　2018 年广州全天收听率走势

4. 各类目标人群在全天不同时段的收听水平各有特色

2018 年，全国 28 城市收听率数据显示，男性听众在全天大多数时段的收听水平均高于女性，尤其在早间 06:45～09:00 和下午 17:30～18:30 时段，表现尤为明显（图 1.3.7）。这在一

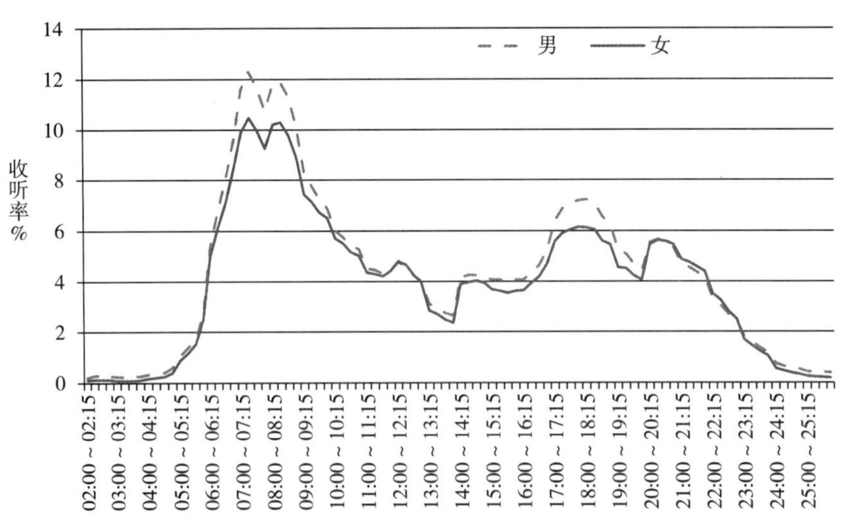

数据来源：CSM 媒介研究

图 1.3.7　2018 年 28 城市不同性别听众全天收听率走势

定程度上说明男性听众是移动收听的主力军，在早晚上下班的高峰时段，较女性听众具有更明显的收听优势。

中老年人群是传统广播收听的主力军。2018 年 28 城市数据显示，55 岁及以上中老年听众的收听水平在全天大部分时段都显著高于年轻听众，尤其是 65 岁及以上听众，他们在几乎全天时段的收听水平均位于各年龄层之冠（图 1.3.8）。

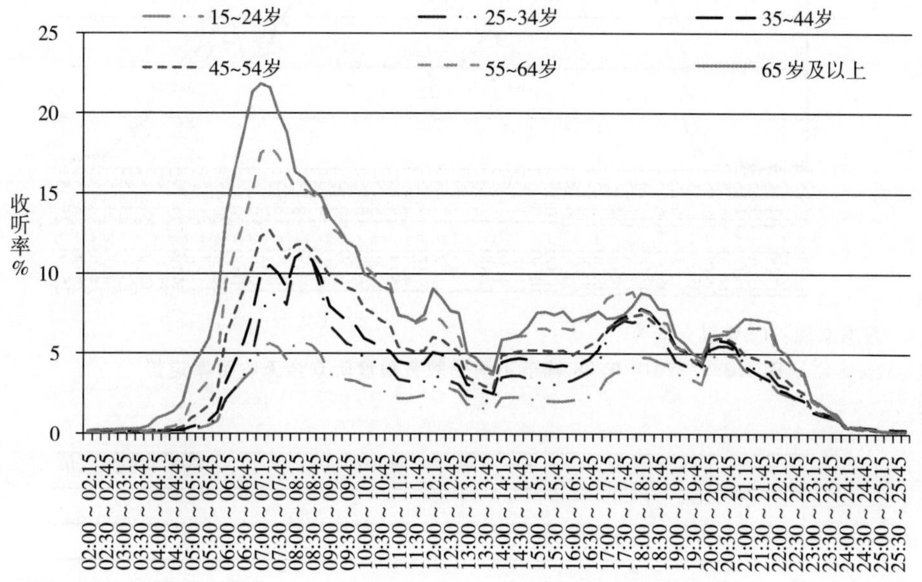

数据来源：CSM 媒介研究

图 1.3.8　2018 年 28 城市不同年龄听众全天收听率走势

从受教育程度来看，高中和大学及以上学历人群表现出更为明显的收听“潮汐”现象，早间 07:00～09:00 和傍晚 17:00～19:00 的上下班高峰时段拥有明显优于其他时段的收听表现，这可能与高学历人群所从事的工作相对高端、社会地位高、收入也高，在上下班高峰时段有更多机会乘坐和驾驶汽车且在这过程中有更高概率收听广播有关，因此在这些时段安排一些“适销对路”的节目和广告投放比较合适。相比较而言，低受教育程度群体在 06:00～23:00 时段的收听水平均较高，广播电台在对该时段的节目进行编排时可考虑安排一些针对这部分人群“胃口”的节目内容（图 1.3.9）。

不同职业人群的全天收听走势显示，无业人员（包括退休人员）的全天收听表现均优，几乎在全天各个时段的收听水平均遥遥领先于其他职业人群，可谓一骑绝尘；其他职业人群分别在 06:00～06:30、15:15～17:00 和 22:00～23:00 时段的收听水平高于除无业人群外的其余职业类别人群，在 19:15～20:00 时段甚至高于无业人群的收听水平；干部/管理人员在 07:00～08:15 时段表现出明显的收听优势；个体/私营企业人员以及工人群体在上下午和晚间部分时段有较好的收听表现，学生群体受生活和学习习惯的影响，全天收听表现偏低（图 1.3.10）。

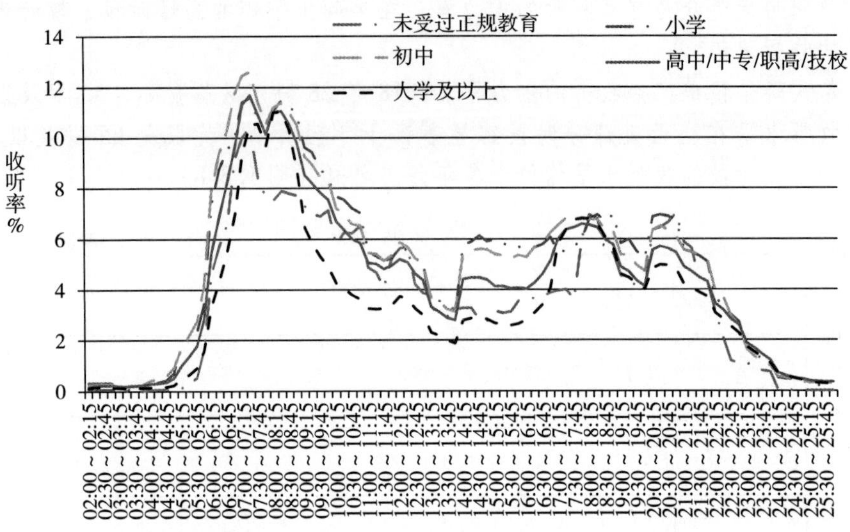

数据来源：CSM 媒介研究

图 1.3.9　2018 年 28 城市不同受教育程度听众全天收听率走势

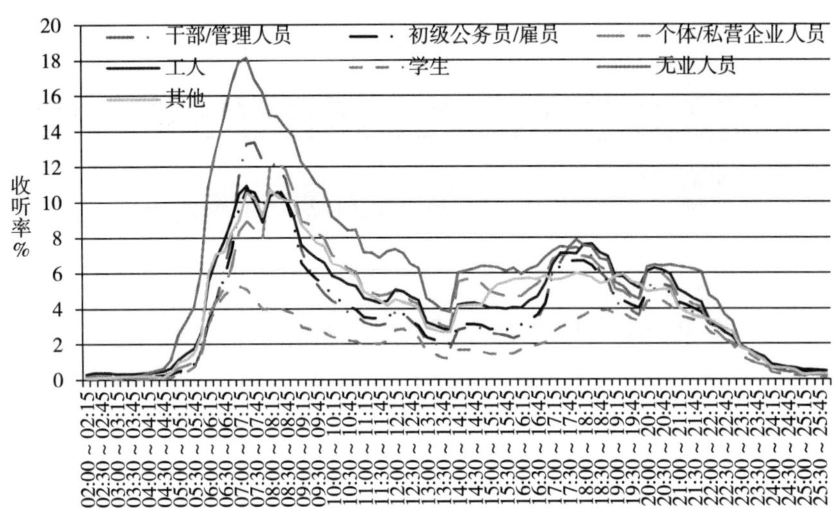

数据来源：CSM 媒介研究

图 1.3.10　2018 年 28 城市不同职业听众全天收听率走势

不同个人月收入水平听众全天收听走势显示，中低收入人群在全天收听水平上遥遥领先，明显优于其他收入水平人群。1～2000 元和 2001～3000 元收入人群的全天收听水平几乎都高于其他收入人群，3001～4000 元月收入群体在 17:15～18:00 时段收听水平有明显冲高，高于 1～2000 元收入人群的收听水平（图 1.3.11）。高收入群体表现平平，基本呈现出收入水平越高、收听水平相对越低的特点。基于不同收入群体所表现出的不同的收听特点，广播媒体可以有针对性地安排合适的节目和广告投放。

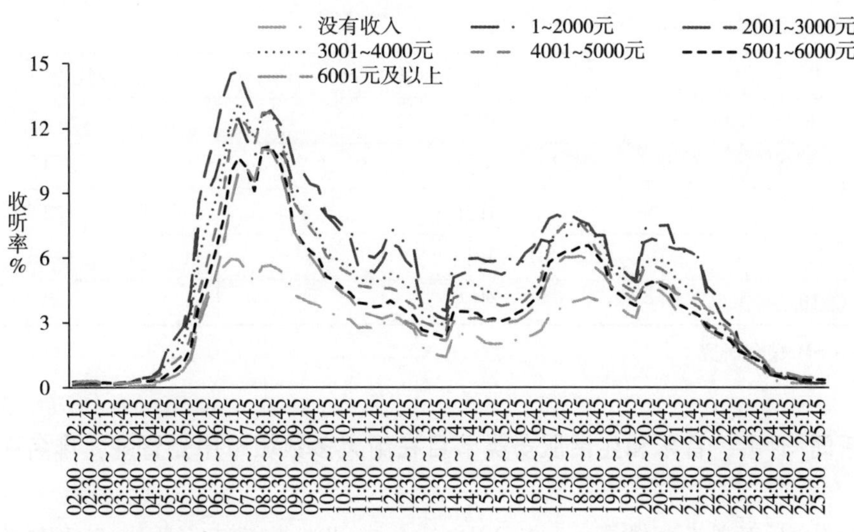

图 1.3.11　2018 年 28 城市不同收入水平听众全天收听率走势

（四）听众喜欢收听的节目类型

1. 位列听众喜欢收听节目类型选择比例前三位的是新闻/时事、音乐和生活服务类节目

CSM 媒介研究将广播节目分为 10 个大类，基本涵盖了当今广播媒体的各个节目类型。CSM 媒介研究 2018 年全年进行收听率调查（包括连续调查和四波调查）的 28 个城市基础研究数据显示，15 岁及以上听众喜欢收听的广播节目类型较为集中。提供信息资讯的新闻/时事类节目以 70.1% 的选择比例折冠，成为听众喜欢收听选择比例最高的节目类型；休闲、伴随、娱乐功能更强的音乐类节目以 63.9% 的选择比例位居亚军，竞争实力不容小觑；与听众日常生活息息相关，集实用性、专业性、权威性和亲和性特点于一身的生活服务类节目也受到了 45.7% 听众的喜爱，发展前景一片光明；排名第四位的是文艺类节目，有 23.2% 的听众青睐于收听该类节目；然后依次为法制类节目（5.6%）、体育类节目（5.6%）和财经类节目（5.4%），三者所占比例均在 5% 以上；社教类节目（2.2%）、其他（1.5%）和外语类节目（1.2%）分居后 3 位（表 1.3.6）。

表 1.3.6　2018 年 28 城市 15 岁及以上听众喜欢收听广播节目类型的选择比例（%，多选）

排名	节目类型	选择比例（%）
1	新闻/时事	70.1
2	音乐	63.9
3	生活服务	45.7
4	文艺	23.2
5	法制	5.6

续表

排名	节目类型	选择比例（%）
6	体育	5.6
7	财经	5.4
8	社教	2.2
9	其他	1.5
10	外语	1.2

数据来源：CSM 媒介研究

2. 新闻/时事、音乐和生活服务类节目在绝大多数城市中受青睐，排名在各地各有差异

CSM 媒介研究调查数据显示，在 2018 年全国 28 个城市中，新闻/时事类节目在多数城市受到听众喜爱，其次是音乐类和生活服务类节目。以传播新闻资讯为主、富含大量信息的新闻/时事类节目最受听众青睐，占据了 13 个城市的榜首，显示出该类节目在满足听众综合性需求方面的独特优势。音乐类节目在长沙、重庆、合肥、南昌、南宁、深圳、武汉、厦门和郑州 9 个城市居首位。生活服务类节目则在大连、哈尔滨、济南、沈阳、石家庄和太原 6 个城市位列第一（表 1.3.7）。

排名第二的节目类型主要集中在音乐和新闻/时事类两类节目中，反映出各地听众在收听偏好方面存在较强的共性。与排名第一的节目类型不同，在排名第二的梯队中，音乐类节目稳居第一，共有北京、长春和佛山等 16 个城市的听众喜欢收听该类节目，新闻/时事类节目位居其后，共有长沙、重庆和大连等 12 个城市的听众青睐于收听该类节目。

排名第三的节目种类多样，生活服务类节目占主体，共有北京、长春、长沙和重庆等 20 个城市的听众对该类节目情有独钟，音乐类节目获得了大连、哈尔滨和沈阳 3 个城市听众的垂青，新闻/时事类节目获得了济南、石家庄和太原 3 个城市听众的青睐，文艺类节目则讨得了上海和天津两地听众的欢心（表 1.3.7）。

表 1.3.7　2018 年 28 城市中 15 岁及以上听众喜欢收听的广播节目类型排名前 6 位

城市	1	2	3	4	5	6
北京	新闻/时事类	音乐类	生活服务类	文艺类	财经类	体育类
长春	新闻/时事类	音乐类	生活服务类	文艺类	法制类	体育类
长沙	音乐类	新闻/时事类	生活服务类	文艺类	法制类	体育类
重庆	音乐类	新闻/时事类	生活服务类	文艺类	法制类	财经类
大连	生活服务类	新闻/时事类	音乐类	其他类	文艺类	体育类
佛山	新闻/时事类	音乐类	生活服务类	文艺类	财经类	体育类
广州	新闻/时事类	音乐类	生活服务类	体育类	文艺类	其他类
杭州	新闻/时事类	音乐类	生活服务类	文艺类	财经类	法制类

续表

城市	1	2	3	4	5	6
哈尔滨	生活服务类	新闻/时事类	音乐类	文艺类	法制类	体育类
合肥	音乐类	新闻/时事类	生活服务类	文艺类	财经类	社教类
济南	生活服务类	音乐类	新闻/时事类	文艺类	法制类	财经类
昆明	新闻/时事类	音乐类	生活服务类	文艺类	体育类	财经类
南昌	音乐类	新闻/时事类	生活服务类	财经类	文艺类	法制类
南京	新闻/时事类	音乐类	生活服务类	其他类	法制类	文艺类
南宁	音乐类	新闻/时事类	生活服务类	文艺类	体育类	法制类
宁波	新闻/时事类	音乐类	生活服务类	文艺类	体育类	其他类
上海	新闻/时事类	音乐类	文艺类	生活服务类	体育类	财经类
沈阳	生活服务类	新闻/时事类	音乐类	文艺类	体育类	法制类
深圳	音乐类	新闻/时事类	生活服务类	法制类	文艺类	财经类
石家庄	生活服务类	音乐类	新闻/时事类	文艺类	法制类	体育类
苏州	新闻/时事类	音乐类	生活服务类	文艺类	财经类	体育类
太原	生活服务类	音乐类	新闻/时事类	文艺类	财经类	体育类
天津	新闻/时事类	音乐类	文艺类	生活服务类	法制类	体育类
乌鲁木齐	新闻/时事类	音乐类	生活服务类	文艺类	法制类	体育类
武汉	音乐类	新闻/时事类	生活服务类	文艺类	财经类	法制类
无锡	新闻/时事类	音乐类	生活服务类	文艺类	法制类	财经类
厦门	音乐类	新闻/时事类	生活服务类	社教类	文艺类	体育类
郑州	音乐类	新闻/时事类	生活服务类	文艺类	体育类	法制类

数据来源：CSM 媒介研究

由此我们不难看出，各地听众基于自身生活习惯和当地媒体的发展状况，在喜欢收听广播节目类型的选择上表现出了高度的一致性，但也存在一定的差异。因此广播媒体在发展共性的同时，也要重视各地听众在收听内容偏好方面表现出的差异性。针对听众的收听喜好“投其所好”是提高频率竞争力的重要策略之一。

3. 新闻/时事类节目广谱性较高，目标听众对各类节目类型的喜好与自身身份相契合

2018 年，新闻/时事、音乐和生活服务类节目仍是拉动各类目标听众收听的“三驾马车”。具体到各目标人群对各类节目的喜好程度排名，基本与细分受众自身的身份特征相契合，这也为广播媒体制作出定位准确、适销对路的节目提供了重要依据。

若不考虑排名先后，28 城市的男女听众对新闻/时事类、音乐类和生活服务类这 3 类节目都表现出了浓浓的喜爱之情。此外，在男女听众喜欢收听的前 6 位节目类型中，女性听众选择了法制类节目，而男性听众则对此不感兴趣；女性听众没有选择的体育类节目却是男性听众青睐有加的节目类型（表 1.3.8）。

表1.3.8　2018年28城市不同听众群体喜欢收听的广播节目类型排名前6位

目标听众	1	2	3	4	5	6
男	新闻/时事类	音乐类	生活服务类	文艺类	体育类	财经类
女	新闻/时事类	音乐类	生活服务类	文艺类	法制类	财经类
15~24岁	音乐类	新闻/时事类	生活服务类	文艺类	体育类	财经类
25~34岁	音乐类	新闻/时事类	生活服务类	文艺类	体育类	财经类
35~44岁	新闻/时事类	音乐类	生活服务类	文艺类	财经类	体育类
45~54岁	新闻/时事类	音乐类	生活服务类	文艺类	法制类	财经类
55岁及以上	新闻/时事类	生活服务类	音乐类	文艺类	法制类	财经类
未受过正规教育	新闻/时事类	生活服务类	音乐类	文艺类	其他类	法制类
小学	新闻/时事类	生活服务类	音乐类	文艺类	法制类	其他类
初中	新闻/时事类	音乐类	生活服务类	文艺类	法制类	体育类
高中／技术学校	新闻/时事类	音乐类	生活服务类	文艺类	体育类	法制类
大学及以上	新闻/时事类	音乐类	生活服务类	文艺类	财经类	体育类
干部/管理人员	新闻/时事类	音乐类	生活服务类	文艺类	体育类	财经类
初级公务员/雇员	新闻/时事类	音乐类	生活服务类	文艺类	财经类	体育类
个体/私营企业人员	新闻/时事类	音乐类	生活服务类	文艺类	体育类	法制类
工人	新闻/时事类	音乐类	生活服务类	文艺类	体育类	法制类
学生	音乐类	新闻/时事类	生活服务类	文艺类	体育类	外语类
无业（包括退休）	新闻/时事类	生活服务类	音乐类	文艺类	法制类	财经类
其他	新闻/时事类	音乐类	生活服务类	文艺类	法制类	体育类

数据来源：CSM媒介研究

不同年龄听众对喜欢收听节目类型的选择倾向受其自身心理成熟程度、社会阅历以及生活经历等因素的影响。听众年纪越小，越喜欢收听音乐类节目；年纪越大，则越对新闻/时事类、生活服务类节目感兴趣。15~24岁和25~34岁群体的收听偏好与其他听众群体明显不同，其喜欢收听的前3类节目依次是音乐类、新闻/时事类和生活服务类，偏重于娱乐休闲类的节目；35~44岁和45~54岁的听众则对新闻/时事类、音乐类和生活服务类节目的关注度更高；55岁及以上老年听众群体则更偏好于对新闻/时事类节目的收听，其次是生活服务类节目。

从受教育程度来看，未受过正规教育和小学学历两类低学历人群喜欢收听的前3类节目类型分别为新闻/时事、生活服务和音乐类节目，初中及以上中高学历人群的收听偏好则依次为新闻/时事、音乐和生活服务类节目。未受过正规教育和小学学历人群还喜欢收听其他和法制类节目，二者的区别只是排名先后而已；初中和高中中等学历人群也青睐于收听法治和体育类节目，与低学历人群一样，也只是排名先后的区别；大学及以上高学历人群则更垂青于收听财经类节目。

不同职业类别听众喜欢收听的节目类型选择与不同教育水平听众有一定的相似之处，排名前3位都集中在新闻/时事类、音乐类和生活服务类节目上。大体上可分为3种类型，第一种类型是学生，此类人群对各类节目类型的喜好与众不同，依喜好程度排在前3位的节目类型依次为音乐类、新闻/时事类和生活服务类节目；第二种类型包括干部/管理人员、初级公务员/雇员、个体/私营企业人员、工人和其他人群，按喜好程度排在前3位的节目类型依次为新闻/时事类、音乐类和生活服务类；第三种类型是无业人群（包括退休人员），依据其对节目的喜爱度，排在前3位的节目类型依次为新闻/时事类、生活服务类和音乐类。

四、频率竞争格局

2018年，广播收听市场沿着既有的轨迹继续发展前行。在全国广播收听市场，竞争格局稳中有变；在重点城市广播收听市场，市场格局在本土频率的主导下，存在更多变化的可能性。本小节基于CSM媒介研究2018年28城市市场的四波收听率调查数据以及在北京、上海、广州市场的全年连续调查数据，对广播收听市场的频率竞争格局①进行分析。

（一）全国28个重点城市市场整体的频率竞争格局

1. 全国广播收听市场竞争格局基本稳定，省级频率市场份额略有上升

2018年，在全国28个城市市场，各级广播频率的竞争格局与前两年相比基本保持稳定状态，中央级、省级和市级频率的市场份额仅在较小范围内有所增减波动。2018年，省级频率以54.0%的市场份额继续保持领跑之势，且这一数值较2017年的53.5%略有上升；市级频率则以34.2%的市场份额排在第二位，份额较2017年的34.7%略有下降；中央级频率在28城市市场的市场份额不足10%，9.5%的数值较2017年微降（图1.4.1）。

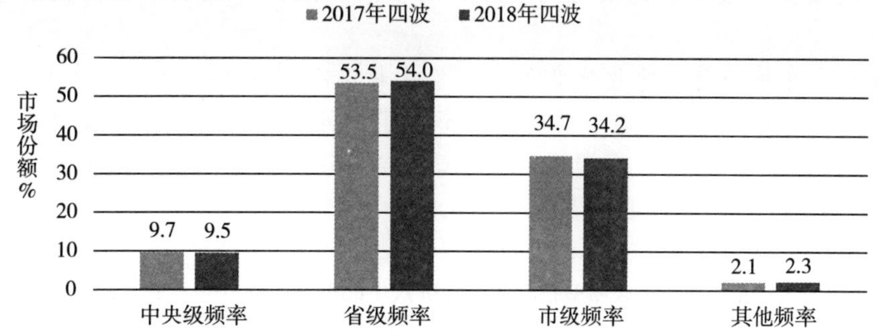

数据来源：CSM媒介研究

图1.4.1 2017~2018年28城市市场各类频率的市场份额（%，四波调查数据）

① 鉴于部分城市已经采用测量仪方式采集数据，故本部分所用数据范围为15岁及以上所有人。

2. 省级频率在全天各时段保持领跑之势，市级频率清晨及后晚间时段竞争力上扬

在全天不同时段的竞争中，在整体市场雄踞首位的省级频率继续在所有时段保持领先态势，市场份额高峰迭起，竞争优势明显，尤其在上午09:00~10:00之间，其竞争力最强，市场份额逼近60%。与之对应的是，市级频率的竞争力与省级频率呈互为消长之势，在省级频率竞争力稍弱的清晨04:30~05:30以及后晚间21:30~23:00，市级频率的市场份额较高，形成了自身的竞争力高峰。中央级频率尽管在全天各时段的竞争中表现低调，但仍凭借着自身的实力在清晨时段和深夜23:00之后时段获得份额的提升，形成了自身的优势时段（图1.4.2）。

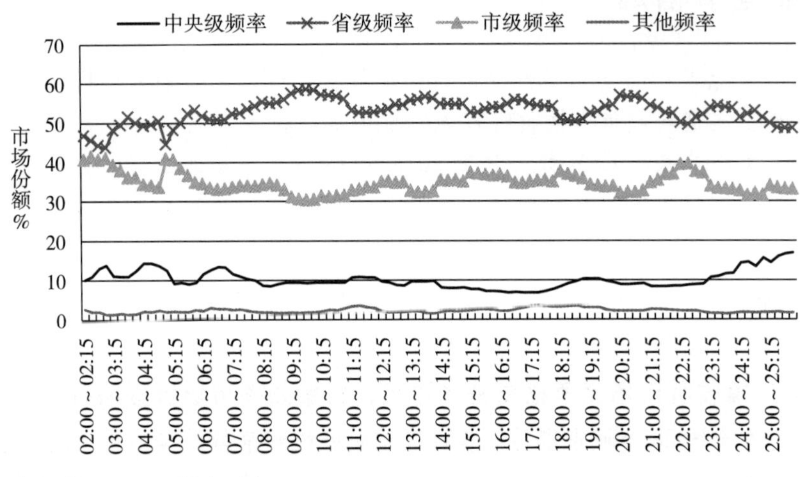

数据来源：CSM媒介研究

图1.4.2 2018年28城市市场各类频率全天不同时段的市场份额（%，四波调查数据）

3. 中央级和省级频率更吸引高学历、高收入听众，市级频率在年轻群体中影响力更强

2018年，在细分受众的收听竞争中，各级频率在延续整体市场竞争格局的同时，也凭借着自身特色和传统，在各类受众中形成了差异化竞争特点。中央级频率和省级频率更吸引高学历、高收入听众，市级频率则在年轻收听群体中表现出相对的竞争优势（表1.4.1）。

表1.4.1 2018年28城市市场各级频率在不同目标听众中的市场份额（%，四波调查数据）

目标听众	中央级频率	省级频率	市级频率	其他频率
15岁及以上所有人	9.5	54.0	34.2	2.3
男	9.9	54.0	33.8	2.3
女	8.9	54.0	34.6	2.5

续表

目标听众	中央级频率	省级频率	市级频率	其他频率
15～24 岁	9.1	50.7	37.6	2.6
25～34 岁	8.1	53.4	36.4	2.1
35～44 岁	8.9	52.9	35.6	2.6
45～54 岁	8.7	57.0	31.6	2.7
55～64 岁	9.4	55.4	32.3	2.9
65 岁及以上	13.4	53.8	31.0	1.8
未受过正规教育	11.2	36.4	42.9	9.5
小学	9.2	43.6	41.2	6.0
初中	8.7	49.5	38.7	3.1
高中/中专/职高/技校	9.4	54.7	34.0	1.9
大学本科及以上	10.1	58.2	29.8	1.9
干部/管理人员	9.3	57.9	29.8	3.0
初级公务员/雇员	9.5	55.8	32.5	2.2
个体/私营企业人员	7.4	49.2	40.5	2.9
工人	8.8	52.6	36.2	2.4
学生	9.0	59.8	28.7	2.5
无业（包括退休人员）	11.0	53.5	33.3	2.2
其他	10.6	56.8	26.7	5.9
没有收入	8.6	56.4	32.3	2.7
1～2000 元	9.0	47.8	39.4	3.8
2001～3000 元	8.7	52.6	36.6	2.1
3001～4000 元	9.9	53.6	34.3	2.2
4001～5000 元	9.6	54.5	33.4	2.5
5001～6000 元	10.1	57.0	30.7	2.2
6001 元及以上	10.2	55.8	31.4	2.6

数据来源：CSM 媒介研究

具体来看，在以性别为细分标准的收听市场上，中央级频率在男性听众中的市场份额略高于其在所有听众中的平均水平，市级频率对女性听众具有更强的吸引力，省级频率在男性听众和女性听众中的竞争力持平。

在以年龄为细分标准的收听市场上，中央级频率在 65 岁及以上老年听众中的市场份额达到 13.4%，较其在 15 岁及以上所有听众中 9.5% 的平均水平有较大幅度的提升。省级频率对 45～54 岁的中年听众吸引力较强，市场份额达到 57.0%；市级频率则对 15～34 岁的年轻听众吸引力最强，市场份额超过 36%，明显高于 15 岁及以上所有听众

34.2%的平均水平。

在以学历为细分标准的收听市场上，在未受过正规教育和大学及以上学历听众中，中央级频率的市场份额高于其在15岁及以上所有听众的平均水平；省级频率更吸引大学及以上学历水平的听众；市级频率则在小学及以下低学历听众中的市场份额更高，在41%以上，与中央级和省级频率的竞争优势群体各有侧重。

在以职业为细分标准的收听市场上，在以离退休人员为主体的无业听众和其他职业听众中，中央级频率的市场份额明显高于其在15岁及以上所有听众中的平均水平；省级频率在干部/管理人员和学生听众中表现出更高的市场份额，达到57%以上；市级频率则在个体/私营企业人员中吸引力更强，市场份额为40.5%，明显高于其在所有听众中34.2%的平均水平。

在以收入为细分标准的收听市场上，在个人月收入5001元及以上的听众中，中央级频率和省级频率的市场份额高于它们各自在15岁及以上所有听众中的平均水平；市级频率对个人月收入1~3000元之间的听众明显更有吸引力，与中央级和省级频率差异明显。

（二）北京广播收听市场的频率竞争格局

1. 北京人民广播电台占据逾七成收听市场，中央人民广播电台市场份额明显下降

2018年，北京广播收听市场的频率竞争格局虽然整体上延续了往年趋势，但在不同级别频率的市场份额对比上发生了较明显的变化。具体来看，北京人民广播电台共获得71.8%的市场份额，较2017年增长了3.7个百分点，继续领跑收听市场；中央人民广播电台共获得22.4%的市场份额，这一数值较2017年的25.4%下降了3个百分点，竞争力下降明显。中国国际广播电台相对而言在市场上声音不大，5.8%的市场份额较2017年略有下降（图1.4.3）。

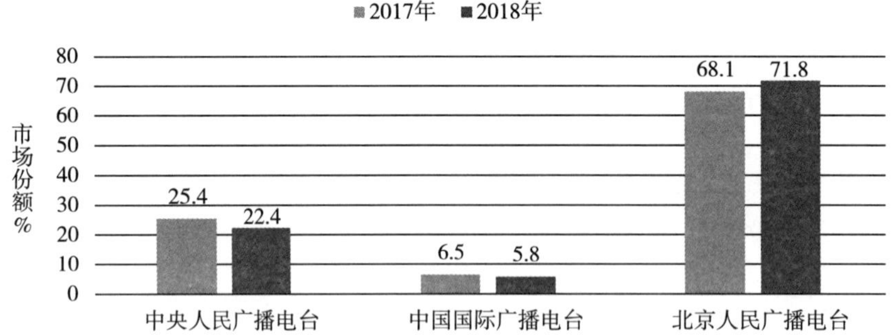

数据来源：CSM媒介研究

图1.4.3　2017~2018年北京市场各类频率的市场份额（%）[①]

① 北京、上海、广州由于采用测量仪进行收听率调查，所以不存在“其他频率组”。

2. 北京人民广播电台以绝对优势领跑全天收听，中央人民广播电台傍晚及深夜时段竞争力提升

2018 年，在北京广播收听市场全天各时段的收听竞争中，在整体市场居首位的北京人民广播电台继续在全天各时段领跑收听市场，且在清晨、午间和晚间时段竞争力更强，尤其在清晨 05:00～06:00 时段，市场份额达到 80% 以上。中央人民广播电台在北京市场也获得了相对充分的发展，且在傍晚 17:15～18:30 时段以及深夜时段获得竞争力的提升，市场份额达到 30% 左右。中国国际广播电台尽管整体竞争力难以与其他两级频率相匹敌，但也凭借着自身的传统优势在全天形成了多个收听高峰，尤其在午夜 23:30～24:30 时段，市场份额达到 8% 以上，形成了独特的优势时段（图 1.4.4）。

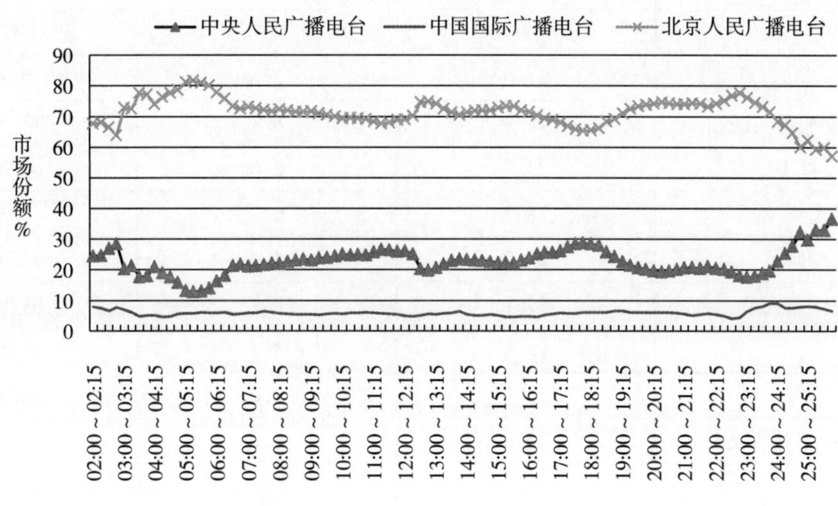

数据来源：CSM 媒介研究

图 1.4.4　2018 年北京市场各类频率全天不同时段的市场份额（%）

3. 北京人民广播电台吸引大众收听群体，中央级频率在高端收听群体中竞争力相对较强

在北京市场细分收听群体的竞争中，在整体市场中占据主导地位的北京人民广播电台更吸引女性、中老年、中等学历以及中等收入群体收听，受众范围更加大众化；包括中央人民广播电台和中国国际广播电台在内的中央级频率，在男性、高学历和高收入等高端收听群体中的市场份额较其在 15 岁及以上所有听众中的平均份额明显更高（表 1.4.2）。

表 1.4.2　2018 年北京市场各类频率在不同目标听众中的市场份额（%）

目标听众	中央人民广播电台	中国国际广播电台	北京人民广播电台
15 岁及以上所有人	22.4	5.8	71.8
男	22.5	7.1	70.4
女	22.2	4.3	73.5

续表

目标听众	中央人民广播电台	中国国际广播电台	北京人民广播电台
15~24岁	20.8	3.1	76.1
25~34岁	24.5	7.8	67.7
35~44岁	19.8	4.8	75.4
45~54岁	19.0	3.2	77.8
55~64岁	17.9	5.5	76.6
65岁及以上	33.0	10.6	56.4
未受过正规教育	*	*	*
小学	*	*	*
初中	21.6	2.6	75.8
高中/中专/职高/技校	18.8	6.8	74.4
大学本科及以上	24.7	6.0	69.3
干部/管理人员	18.7	6.7	74.6
初级公务员/雇员	24.0	4.4	71.6
个体/私营企业人员	17.1	13.1	69.8
工人	15.5	3.7	80.8
学生	15.7	4.0	80.3
无业（包括退休人员）	25.0	8.2	66.8
其他	27.4	7.5	65.1
没有收入	17.7	3.9	78.4
1~2000元	13.6	2.6	83.8
2001~3000元	19.7	6.0	74.3
3001~4000元	21.4	5.2	73.4
4001~5000元	18.4	8.6	73.0
5001~6000元	25.7	3.1	71.2
6001元及以上	30.7	7.3	62.0

注：“*”表示该目标听众样本量不足，无法进行统计推断。

数据来源：CSM媒介研究

在以性别为细分标准的收听市场上，北京人民广播电台在女性听众中市场份额高于男性听众，中央人民广播电台和中国国际广播电台则在男性听众中的市场份额明显高于女性听众。

在以年龄为细分标准的收听市场上，北京人民广播电台在45~64岁的中老年听众和15~24岁的年轻听众中的市场份额更高，达到76%以上，较其在15岁及以上所有听众中71.8%的份额明显提升。中央人民广播电台更受65岁及以上老年听众的喜爱，市场份额达到33.0%，远高于其在15岁及以上所有听众22.4%的平均水平。中国国际广播电台受到25~34岁年轻听众和65岁及以上老年听众的追捧，在65岁及以上老年听众中的市场份额达到10.6%，较其在15岁及以上听众中5.8%的平均市场份额提升明显。

在以学历为细分标准的收听市场上，北京人民广播电台对初高中学历听众吸引力较强，市场份额超过74%。中央人民广播电台对大学本科及以上高学历听众吸引力较强，市场份额达到24.7%，远高于其在15岁及以上所有听众22.4%的平均水平。中国国际广播电台显然更受高中学历听众喜爱，其市场份额达到6.8%，高于其在15岁及以上所有听众中5.8%的平均市场份额。

在以职业为细分标准的收听市场上，在干部/管理人员、工人和学生中，北京人民广播电台的市场份额明显更高，达到74%以上。初级公务员、以离退休人员为主体的无业听众和其他职业类别听众对中央人民广播电台表现出更高的收听兴趣，市场份额达到24%以上，高于其在15岁及以上所有听众的平均水平。中国国际广播电台对个体/私营企业人员吸引力更强，市场份额达到13%以上。

在以收入为细分标准的收听市场上，在个人月收入3000元及以下的听众中，北京人民广播电台的市场份额超过74%，高于所有听众的平均水平。在个人月收入5001元及以上的听众中，中央人民广播电台的市场份额更高，超过25%，高于其在15岁及以上所有听众中22.4%的平均水平；中国国际广播电台则对个人月收入4001~5000元之间的中高收入群体吸引力更强。

4. 北京人民广播电台交通广播独占三分之一以上份额，中央人民广播电台中国之声跻身前5位之列

2018年，在北京广播收听市场的频率竞争中，北京人民广播电台频率垄断了份额排名前5位中的4个席位，其中北京人民广播电台交通广播（FM103.9/CFM95.6）更是以35.7%的份额高居榜首，竞争力不容小觑（表1.4.3）。北京人民广播电台文艺广播（FM87.6/CFM93.8）、北京广播电台新闻广播（FM100.6/AM828/CFM90.4）以超过10%的份额位列第二、第三位，具有较强的竞争优势。中央级频率中，中央人民广播电台第一套节目中国之声以8.5%的份额排在第四位，但这一数值较2017年减少了近2个百分点，竞争力有所下滑。

表1.4.3　2018年北京市场收听份额排名前5位的频率

排名	频率	收听份额（%）	收听率（%）
1	北京人民广播电台交通广播（FM103.9/CFM95.6）	35.7	1.3
2	北京人民广播电台文艺广播（FM87.6/CFM93.8）	11.8	0.4
3	北京广播电台新闻广播（FM100.6/AM828/CFM90.4）	10.4	0.4
4	中央人民广播电台第一套节目中国之声	8.5	0.3
5	北京人民广播电台音乐广播（FM97.4/CFM94.6）	7.6	0.3

数据来源：CSM媒介研究

（三）上海广播收听市场的频率竞争格局

1. SMG 集团频率垄断优势进一步强化，中央级频率市场份额下滑

与北京市场的频率竞争格局有所不同，上海广播收听市场上本土频率的表现极其强劲，几近垄断市场；中央级频率相对式微，所占份额在 28 城市的平均水平以下。具体来看，2018 年上海市场中 SMG 集团所属频率共获得了 91.6% 的市场份额，且这一数值较 2017 年进一步提升了 2.6 个百分点，垄断优势进一步加大。中央人民广播电台和中国国际广播电台在夹缝中生存，中央人民广播电台仅获得 7.3% 的份额，较 2017 年减少了 2.5 个百分点，中国国际广播电台的市场份额也由 2017 年的 1.2% 降至 2018 年的 1.1%（图 1.4.5）。

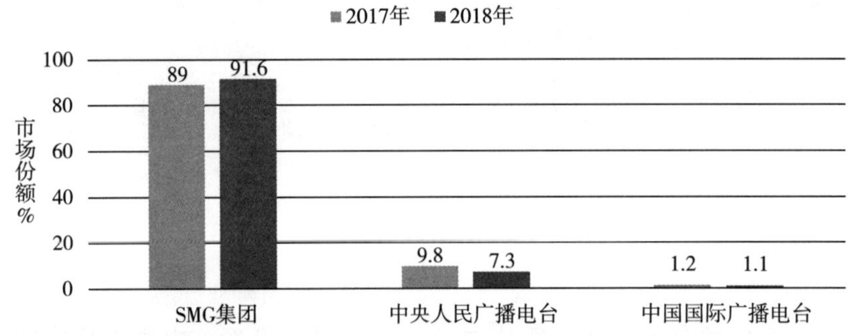

数据来源：CSM 媒介研究

图 1.4.5　2017～2018 年上海市场各类频率的市场份额（%）

2. SMG 集团垄断全天收听，中央人民广播电台在夜间及清晨相对优势上扬

在上海广播收听市场全天各时段的收听竞争中，SMG 集团所属频率的垄断优势遍布全天，尤其在 05:00～24:00 之间，市场份额稳居高位，多数时段都在 90% 以上。中央人民广播电台整体竞争力难以与其匹敌，但在深夜 24:00 之后至清晨 05:00 前的时段，竞争力有所提升，获得相对竞争优势。中国国际广播电台虽然发声不大，但在傍晚 17:00～18:00 之间的市场份额略有提升，形成了自身优势时段（图 1.4.6）。

3. 中央级频率重度收听群体更趋成熟，SMG 频率更吸引年轻有活力的收听群体

在上海广播收听市场，鉴于 SMG 集团所属频率的强劲竞争优势，各级频率在细分收听群体中所能获取的份额上升空间相对有限，但广播细分收听市场的魅力也正在于其融入受众日常生活点滴的贴近性和多样性，可以形成多样化的收听时空。在对细分受众的竞争中，中央级频率在成熟群体中具有相对竞争优势，而 SMG 频率则在年轻有活力的收听群体中更有优势（表 1.4.4）。

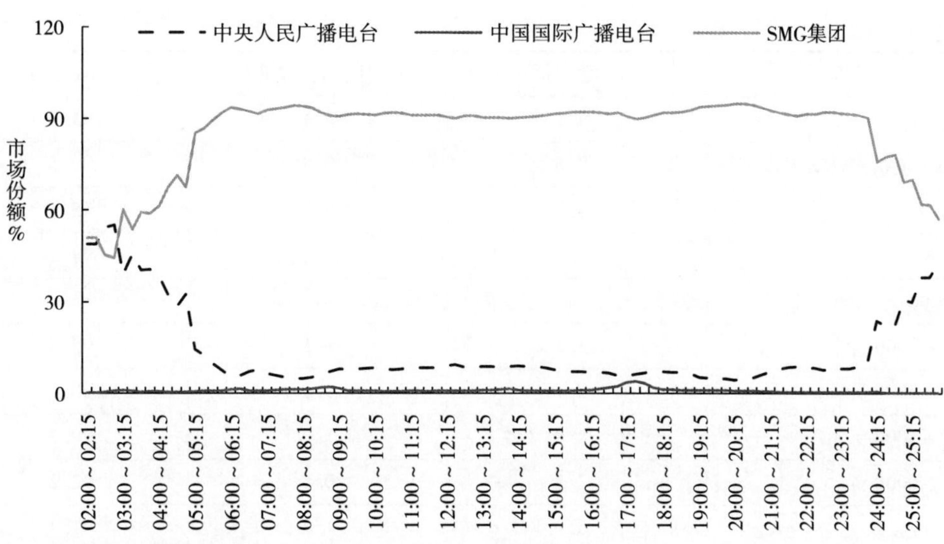

数据来源：CSM 媒介研究

图 1.4.6 2018 年上海市场各类频率全天不同时段的市场份额（%）

表 1.4.4 2018 年上海市场各类频率在不同目标听众中的市场份额（%）

目标听众	中央人民广播电台	中国国际广播电台	SMG 集团
15 岁及以上所有人	7.3	1.1	91.6
男	8.5	0.7	90.8
女	5.9	1.6	92.5
15～24 岁	7.2	0.4	92.4
25～34 岁	3.3	1.4	95.3
35～44 岁	5.6	1.7	92.7
45～54 岁	10.2	1.0	88.8
55～64 岁	7.5	0.8	91.7
65 岁及以上	10.4	0.8	88.8
未受过正规教育	*	*	*
小学	*	*	*
初中	10.0	1.6	88.4
高中/中专/职高/技校	8.1	0.5	91.4
大学本科及以上	5.9	1.4	92.7
干部/管理人员	5.0	2.5	92.5
初级公务员/雇员	7.5	1.2	91.3
个体/私营企业人员	7.2	0.4	92.4
工人	8.3	0.7	91.0

续表

目标听众	中央人民广播电台	中国国际广播电台	SMG 集团
学生	6.1	0.4	93.5
无业（包括退休人员）	8.6	0.9	90.5
其他	4.0	0.2	95.8
没有收入	5.2	0.4	94.4
1~2000 元	*	*	*
2001~3000 元	3.1	1.1	95.8
3001~4000 元	8.7	1.1	90.2
4001~5000 元	8.8	1.0	90.2
5001~6000 元	7.3	0.5	92.2
6001 元及以上	6.9	1.7	91.4

注：“*”表示该目标听众样本量不足，无法进行统计推断。

数据来源：CSM 媒介研究

在以性别为细分标准的收听市场上，中央人民广播电台在男性听众中的市场份额高于在女性听众中的市场份额；SMG 频率和中国国际广播电台则在女性听众中的市场份额高于在男性听众中的市场份额。

在以年龄为细分标准的收听市场上，SMG 频率在 25~34 岁年轻听众中的市场份额明显更高，达到 95% 以上，对这些重度收听群体的把握使其能在整体收听市场的竞争中更胜一筹。中央人民广播电台在 45~54 岁、65 岁及以上中老年群体中的市场份额较其在 15 岁及以上所有听众中的平均水平更高。中国国际广播电台在 35~44 岁听众中的市场份额表现相对突出。

在以学历为细分标准的收听市场上，在大学及以上高学历听众中，SMG 频率的市场份额略高于其在 15 岁及以上所有听众中的平均水平。中央人民广播电台则对初中学历水平的听众吸引力相对更强。中国国际广播电台更受大学本科及以上和初中学历听众的喜爱。

在以职业为细分标准的收听市场上，在学生和其他职业群体中，SMG 频率的市场份额明显更高，达到 93% 以上。中央人民广播电台受到工人和以离退休人员为主体的无业听众的喜爱，他们对中央人民广播电台的收听份额达到 8% 以上。中国国际广播电台对干部/管理人员的吸引力相对更强，市场份额是 15 岁及以上所有听众平均水平的 2 倍以上。

在以收入为细分标准的收听市场上，在没有收入和个人月收入 2001~3000 元之间的听众中，SMG 频率的市场份额较其在 15 岁及以上所有听众中的平均水平更高；在个人月收入 3001~5000 元的听众中，中央人民广播电台的市场份额明显高于所有听众的平均水平，接近 9%；个人月收入 6001 元及以上高收入群体对中国国际广播电台的收听份额高于所有听众的平均水平。

4. 上海本土频率垄断收听份额排名前5位，上海流行音乐广播占据四分之一的份额

2018年，在上海广播收听市场单个频率的竞争中，上海本土频率毫无悬念地垄断了收听份额排名的前5位，其中上海流行音乐广播 动感101（FM101.7）以绝对优势领跑收听市场，获得了整体市场四分之一的收听量，优势明显。上海人民广播电台上海新闻广播（FM93.4/AM990）和上海经典金曲广播 LoveRadio 最爱调频（FM103.7）分别以17.4%和13.1%的份额排名第二、第三位，前3个频率合计获得了55.5%的收听份额。东广新闻台（AM1296/FM90.9）和上海交通广播（AM648/FM105.7）也均以超过5%的收听份额排名第四、第五位（表1.4.5）。

表1.4.5　2018年上海市场收听份额排名前5位的频率

排名	频率	收听份额（%）	收听率（%）
1	上海流行音乐广播 动感101（FM101.7）	25.0	0.9
2	上海人民广播电台上海新闻广播（FM93.4/AM990）	17.4	0.6
3	上海经典金曲广播 LoveRadio 最爱调频（FM103.7）	13.1	0.5
4	东广新闻台（AM1296/FM90.9）	8.9	0.3
5	上海交通广播（AM648/FM105.7）	7.6	0.3

数据来源：CSM 媒介研究

（四）广州广播收听市场的频率竞争格局

1. 本土频率占据九成以上收听市场，广东广播电视台占据六成市场份额

2018年，在广州广播收听市场的频率竞争中，广东本土频率以超过九成的市场份额雄踞收听市场，广东广播电视台、广州广播电视台和佛山人民广播电台合计获得了94.4%的市场份额，垄断优势明显。其中广东广播电视台竞争力居首，其60%的市场份额较2017年增长了4.7个百分点；广州广播电视台紧随以后，其32.8%的市场份额较2017年下降了2.9个百分点；佛山人民广播电台影响力稍逊，仅获得1.6%的市场份额。中央级频率在广州市场的竞争力进一步下滑，中央人民广播电台共获得4.6%的市场份额，中国国际广播电台仅获得1.0%的市场份额，且二者的市场份额较2017年都有不同程度的下降（图1.4.7）。

2. 广东广播电视台午间时段份额创新高，广州广播电视台早间、上午和晚间竞争力上扬，中央人民广播电台优势在清晨和深夜

2018年，在广州广播收听市场全天各时段的竞争中，广东广播电视台继续保持领跑之势，并且在08:00～10:00、12:00～15:00、21:00～23:00时段的市场份额高于全天平均水平，尤其午间12:45～13:00时段的份额直逼70%，形成全天竞争力的高峰。广州广播电视台在全天各时段的收听竞争中稳居第二位，并在早间05:30～08:00、上午

09:30～12:00、下午至晚间14:45～21:00时段竞争力超过全天平均水平。中央人民广播电台整体竞争力不敌本土频率，但也在02:30～07:00时段以及深夜23:15后时段，市场份额超过全天平均水平，形成了自己的竞争优势时段；中国国际广播电台则在06:00～06:30时段市场份额明显上升（图1.4.8）。

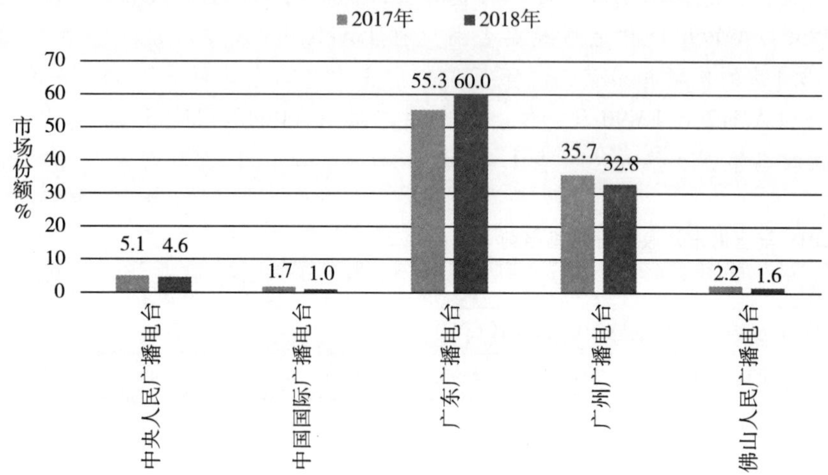

数据来源：CSM媒介研究

图1.4.7　2017[①]～2018年广州市场各类频率的市场份额（%）

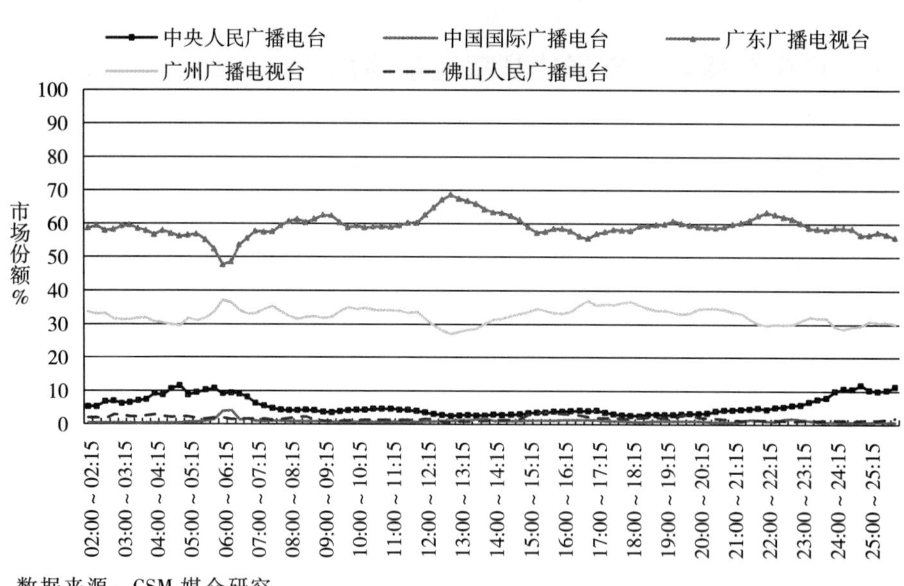

数据来源：CSM媒介研究

图1.4.8　2018年广州市场各类频率全天不同时段的市场份额（%）

① 广州自2017年4月1日起正式采用测量仪调查，此处2017年数据范围为2017年4月1日～12月31日。

3. 细分市场收听竞争格局多样而丰富，各级频率细分受众各有所长

整体市场层级较为丰富的广州市场，在细分受众收听的竞争中仍然保持了多样而丰富的格局，各级频率依托长久以来在本土地域文化中的精耕细作，收获了各自的忠实拥趸，在收听竞争中各有所长（表 1.4.6）。

表 1.4.6　2018 年广州市场各类频率在不同目标听众中的市场份额（%）

目标听众	中央人民广播电台	中国国际广播电台	广东广播电视台	广州广播电视台	佛山人民广播电台
15 岁及以上所有人	4.6	1.0	60.0	32.8	1.6
男	4.7	1.3	62.3	30.3	1.4
女	4.3	0.5	56.0	37.2	2.0
15～24 岁	2.2	1.4	50.5	44.5	1.4
25～34 岁	7.2	1.0	57.4	33.1	1.3
35～44 岁	5.1	1.1	64.8	26.6	2.4
45～54 岁	2.5	0.5	56.6	38.7	1.7
55～64 岁	1.7	0.2	68.1	28.8	1.2
65 岁及以上	7.5	1.9	59.3	29.8	1.5
未受过正规教育	*	*	*	*	*
小学	3.5	0.2	68.0	28.2	0.1
初中	2.3	0.4	65.4	29.9	2.0
高中/中专/职高/技校	3.9	1.2	54.3	39.5	1.1
大学本科及以上	6.1	1.2	61.8	28.8	2.1
干部/管理人员	10.7	1.4	65.5	20.0	2.4
初级公务员/雇员	5.3	0.7	58.7	33.1	2.2
个体/私营企业人员	3.5	1.8	68.2	24.8	1.7
工人	2.6	0.3	62.3	33.8	1.0
学生	1.5	2.9	56.0	39.4	0.2
无业（包括退休人员）	5.1	1.2	57.5	34.6	1.6
其他	*	*	*	*	*
没有收入	1.8	2.7	43.8	51.5	0.2
1～2000 元	0.5	0.1	90.3	8.7	0.4
2001～3000 元	1.0	0.1	67.1	29.8	2.0
3001～4000 元	3.1	0.4	57.6	37.6	1.3
4001～5000 元	5.0	1.1	58.4	33.9	1.6
5001～6000 元	7.4	0.8	58.9	32.1	0.8
6001 元及以上	8.0	2.2	63.5	23.5	2.8

注：“*”表示该目标听众样本量不足，无法进行统计推断。

数据来源：CSM 媒介研究

在以性别为细分标准的收听市场上，广州广播电视台和佛山人民广播电台在女性听众中的市场份额远高于在男性听众中的市场份额，而广东广播电视台、中央人民广播电台和中国国际广播电台则在男性听众中市场份额领先。

在以年龄为细分标准的收听市场上，中央人民广播电台对25~34岁和65岁及以上听众影响力更强，其市场份额达到7%以上，中国国际广播电台也在65岁及以上听众中市场份额更高。广东广播电视台则更吸引35~44岁和55~64岁的听众，广州广播电视台在15~24岁、45~54岁听众中的市场份额高于其在15岁及以上所有听众中的平均水平，佛山人民广播电台对35~44岁的听众影响力更大。

在以学历为细分标准的收听市场上，中央人民广播电台受到大学及以上高学历听众的追捧，中国国际广播电台在高中及以上学历听众中市场份额较高。广东广播电视台在小学和初中学历的听众中获得了相对竞争优势，广州广播电视台对高中学历听众吸引力更强，佛山人民广播电台的重度听众集中于初中和大学及以上高学历群体。

在以职业为细分标准的收听市场上，中央人民广播电台和佛山人民广播电台更吸引干部/管理人员和初级公务员/雇员，中国国际广播电台在干部/管理人员、个体/私营企业人员和学生中的市场份额高于其在15岁及以上听众中的平均市场份额。与之形成差异的是，广州广播电视台更吸引学生和无业群体，广东广播电视台在干部/管理人员、个体/私营企业人员中市场份额更高。

在以收入为细分标准的收听市场上，在个人月收入6001元及以上听众中，中央人民广播电台和中国国际广播电台的市场份额较15岁及以上所有听众的平均水平明显更高；广东广播电视台对个人月收入1~3000元的听众吸引力相对更强；广州广播电视台在无收入和个人月收入3001~4000元的听众中市场份额最高；佛山人民广播电台更吸引个人月收入2001~3000元和6001元及以上的听众。

4. 广东广播电视台频率垄断收听市场排名前3位，广州台有两频率进入前5位之列

2018年，在广州广播收听市场单个频率的竞争中，广东广播电台垄断了收听竞争的前3位，广东广播电视台羊城交通广播台（FM105.2）、广东广播电视台音乐之声（FM99.3）和广东广播电视台珠江经济广播电台（E FM 财富974）3个频率共获得了44.9%的收听份额，在整体市场具有较强的影响力。广州广播电视台有两个频率入围前5位之列，其中广州交通电台（FM106.1）的份额与第三位差距不大，以12.6%的份额排在第四位；广州电台青少年广播 MY FM88（FM88/AM1170）则实力稍逊，以7.2%的份额排名第五位（表1.4.7）。

表1.4.7　2018年广州市场收听份额排名前5位的频率

排名	频率	收听份额（%）	收听率（%）
1	广东广播电视台羊城交通广播台（FM105.2）	18.4	0.8
2	广东广播电视台音乐之声（FM99.3）	13.7	0.6
3	广东广播电视台珠江经济广播电台（E FM 财富974）	12.8	0.5

续表

排名	频率	收听份额（%）	收听率（%）
4	广州交通电台（FM106.1）	12.6	0.5
5	广州电台青少年广播 MY FM88（FM88/AM1170）	7.2	0.3

数据来源：CSM 媒介研究

五、节目竞争格局[①]

（一）北京广播收听市场的节目竞争格局

1. 生活服务、新闻/时事、文艺和音乐类节目四分北京市场，竞争格局总体稳定

2018 年北京广播收听市场仍由“四强”节目主控，生活服务、新闻/时事、文艺和音乐类节目的收听份额合计超过 70%。其中，生活服务类节目的收听份额超过 20% 并领跑市场，新闻/时事类节目以 19.3% 的收听份额紧随其后，文艺和音乐类节目分居市场第三、第四位，收听份额都在 15% 左右（图 1.5.1）。社教、财经、体育、法制和外语类节目的收听份额合计 10.5%，市场竞争力改观不大。2018 年北京广播节目竞争格局与 2017 年相比总体稳定，除文艺和其他类节目的收听份额排序互换外，其余类型节目的排序未发生变化；同比 2017 年，音乐、文艺、生活服务和其他类节目的收听份额变化幅度在 1 ~2 个百分点之间，其余各类节目的市场份额波幅都不超过 0.5 个百分点。

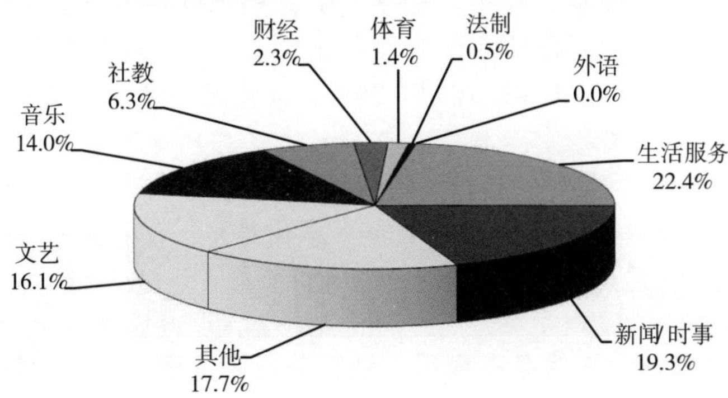

数据来源：CSM 媒介研究

图 1.5.1 2018 年北京市场各类节目的收听份额（%）

2. 北京人民广播电台领先过半节目市场，中央级电台在财经类和外语类节目市场占优

2018 年北京人民广播电台在北京过半节目收听市场居首位，收听份额都超过 50%。在法制和生活服务类节目市场上，北京人民广播电台的收听份额均超过 95%；在体育、

① 本部分对节目竞争格局的分析主要针对央视市场研究（CTR）所提供的具有节目监播数据的频率进行，听众群为 15 岁及以上所有人。

社教和文艺类节目市场的收听份额都在80%以上；在新闻/时事和音乐类节目市场的收听份额为50%～65%。2018年北京人民广播电台在财经和外语类市场竞争中处于弱势地位，收听份额均未超过25%（图1.5.2）。

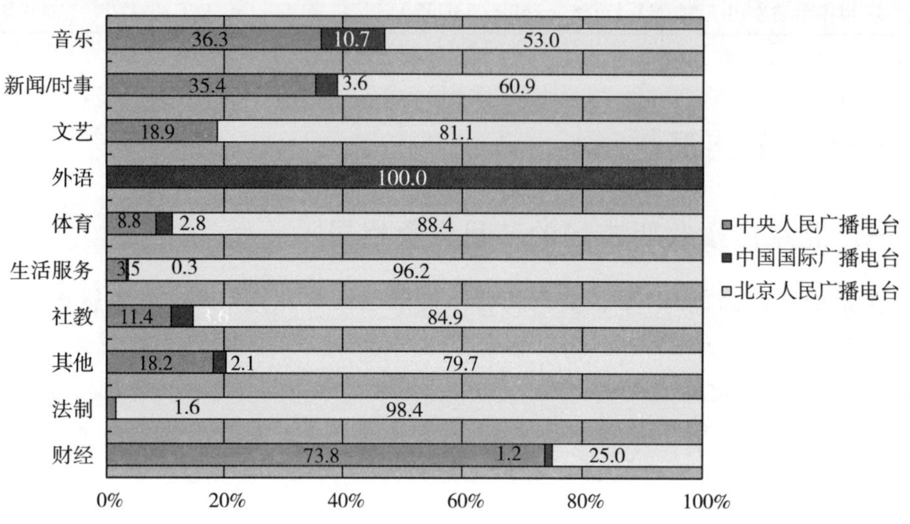

数据来源：CSM媒介研究

图1.5.2　2018年各级广播频率在北京市各类节日市场的收听份额（%）

2018年中央人民广播电台在北京财经类节目市场保持领先地位，收听份额为73.8%；在音乐、新闻/时事、文艺、社教和体育生活服务类节目市场，中央人民广播电台位居亚军，其中在新闻/时事和音乐类节目市场的收听份额均超过35%，在文艺和社教类节目市场的收听份额为10%～20%，在生活服务和体育类节目市场的收听份额未超过10%。

2018年北京外语类节目市场仍由中国国际广播电台独享，收听份额为100%。但中国国际广播电台在其余类型节目市场的竞争力整体趋弱，仅在音乐类节目市场收获了10.7%的收听份额，在其余类型节目市场的收听份额都未能超过5%。

3. 北京听众类型节目选择各有侧重，细分节目满足听众收听偏好

2018年北京市场15岁及以上听众中，男性对除音乐类以外的各类节目收听兴趣明显，收听集中度都超过100%；女性对音乐类节目的收听意向突出，收听集中度为104%（表1.5.1）。

2018年北京15～24岁听众收听较不活跃，对各类节目的收听集中度都低于100%。25～44岁听众收听兴趣单一，25～34岁听众在音乐节目、35～44岁听众在法制类节目的收听集中度均超过100%。45～64岁听众收听兴趣广泛，除音乐类之外对各类节目的收听集中度都高于100%，其中55～64岁听众在财经类节目上的集中度高达211.5%，远超其他各年龄段听众。65岁及以上听众对除法制和音乐类以外的各类型节目收听偏好明显，集中度都超过100%，并对体育和新闻/时事类节目收听兴趣明显，集中度超过200%（表1.5.1）。

表 1.5.1 2018 年北京市场不同性别和年龄听众收听各类节目的集中度（%）

节目类别	性别		年龄					
	男	女	15～24 岁	25～34 岁	35～44 岁	45～54 岁	55～64 岁	65 岁及以上
财经	105.5	94.0	78.1	74.7	56.1	146.3	211.5	122.9
法制	102.3	97.4	58.9	75.8	115.5	117.4	188.5	77.3
社教	111.9	87.8	76.4	68.2	96.3	135.1	148.4	131.6
生活服务	104.4	95.5	66.3	67.5	99.3	129.5	164.4	137.3
体育	132.9	66.3	74.3	71.0	37.6	102.1	116.7	394.0
外语	127.9	71.6	40.0	76.0	97.4	102.5	139.6	252.2
文艺	104.6	95.3	64.8	89.2	91.3	118.3	125.4	159.0
新闻/时事	107.4	92.4	50.7	59.2	80.3	126.5	172.4	242.3
音乐	96.1	104.0	98.9	135.3	96.4	80.8	68.7	73.6
其他	107.5	92.3	67.6	76.6	98.1	121.8	145.6	146.1

数据来源：CSM 媒介研究

2018 年北京市初中和高中受教育程度听众在节目上收听兴趣相对广泛，初中受教育程度听众对除体育、外语和音乐类节目之外的各类节目都有明显的收听倾向，高中受教育程度听众对除音乐类以外的各类节目的收听爱好突出。大学及以上学历听众仅对音乐类节目表现出明显的收听偏好，听众集中度为 112.5%（表 1.5.2）。

表 1.5.2 2018 年北京市场不同受教育程度听众收听各类节目的集中度（%）

节目类别	受教育程度				
	未受过正规教育	小学	初中	高中	大学及以上
财经	*	*	104.8	121.9	88.4
法制	*	*	142.0	124.1	79.6
社教	*	*	136.0	110.5	87.7
生活服务	*	*	128.1	125.7	81.3
体育	*	*	82.1	155.3	71.8
外语	*	*	78.5	148.0	80.2
文艺	*	*	136.8	108.1	89.1
新闻/时事	*	*	149.7	106.3	86.9
音乐	*	*	65.3	88.6	112.5
其他	*	*	124.8	111.0	89.3

注：“*”表示该目标听众样本量不足，无法进行统计推断。

数据来源：CSM 媒介研究

2018年北京没有收入的听众更偏爱收听体育和音乐类节目，收听集中度都超过100%；个人月收入1~2000元的听众对法制、社教、生活服务、文艺和新闻/时事类节目有较强的收听意愿，集中度均超过100%；个人月收入2001~4000元的听众收听兴趣广泛，其中个人月收入2001~3000元的听众更喜爱收听除体育和音乐类之外的各类节目，集中度高于100%，个人月收入3001~4000元的听众更倾向于收听除财经和音乐类节目之外的各类节目；个人月收入4001~5000元的听众对法制、社教、体育、外语和文艺类节目的收听兴趣明显；个人月收入5001~6000元的听众对各类节目的收听兴趣都不突出，集中度都低于100%；个人月收入6001元及以上的听众偏爱财经、外语和音乐类节目，收听集中度都超过100%（表1.5.3）。

表1.5.3　2018年北京市场不同个人月收入听众收听各类节目的集中度（%）

节目类别	个人月收入						
	没有收入	1~2000元	2001~3000元	3001~4000元	4001~5000元	5001~6000元	6001元及以上
财经	71.1	90.3	129.8	92.0	80.1	65.3	161.3
法制	57.5	158.7	101.1	128.3	108.7	99.2	69.2
社教	87.5	121.1	107.2	128.2	101.1	86.6	74.4
生活服务	76.7	118.2	123.9	125.5	98.5	87.8	75.6
体育	117.5	20.5	84.5	155.4	135.5	41.1	47.8
外语	36.3	94.4	130.4	111.3	109.1	78.0	110.2
文艺	91.8	120.8	137.6	120.6	103.0	71.5	77.6
新闻/时事	64.7	119.2	126.4	132.9	84.2	91.9	78.8
音乐	114.4	80.6	86.0	99.5	97.8	99.6	107.7
其他	76.0	108.5	115.1	117.8	103.4	91.1	83.9

数据来源：CSM媒介研究

2018年北京干部/管理人员对法制、社教、生活服务、外语和新闻/时事类节目的收听偏好突出，集中度都在100%以上；初级公务员/雇员的广播节目收听兴趣单一，仅在音乐节目上集中度超过100%；工人更喜欢收听法制、社教、生活服务和音乐类节目，其中在法制类节目上的收听偏好超过其他职业听众，收听集中度超过170%；个体/私营企业人员更爱收听财经、法制、外语、文艺和音乐类节目；学生听众的节目收听兴趣单一，对体育和音乐类节目的收听超出听众的总体水平；无业听众（包括退休人员）收听兴趣最为多元，对除音乐类之外各类节目的收听集中度都超过100%，其中在社教、生活服务、体育、外语、文艺和新闻/时事类节目上的集中度在各职业听众中最高，收听倾向突出（表1.5.4）。

表 1.5.4　2018 年北京市场不同职业听众收听各类节目的集中度（%）

节目类别	职业					
	干部/管理人员	初级公务员/雇员	工人	个体/私营企业人员	学生	无业（包括退休人员）
财经	56.5	95.1	68.0	156.6	76.8	140.4
法制	153.1	81.6	175.2	116.5	42.4	131.5
社教	107.6	88.4	123.7	84.5	84.5	138.4
生活服务	107.4	87.0	118.7	99.0	70.6	150.9
体育	25.0	83.2	31.2	22.6	138.1	228.3
外语	131.4	80.8	87.3	112.6	33.7	188.1
文艺	89.9	89.4	96.1	108.2	83.4	151.0
新闻/时事	101.8	80.8	91.8	95.9	59.8	191.0
音乐	90.6	107.1	104.2	129.4	121.3	62.1
其他	107.0	89.3	119.4	100.2	70.5	141.1

数据来源：CSM 媒介研究

4.《交通新闻热线》继续领跑北京收听节目榜，新闻和交通内容备受关注

2018 年北京市场收听率排名前 10 位的节目中，北京人民广播电台交通广播占席 9 位，表现强势。其中，北京人民广播电台交通广播（FM103.9/CFM95.6）的新闻/时事类节目《交通新闻热线》、社教类节目《今日交通》和新闻/时事类节目《1039 新闻早报》位居北京市场节目收听前三名，收听率都在 3% 以上；同频率播出的生活服务类节目《一路畅通》、文艺类节目《欢乐正前方》和社教类节目《徐徐道来话北京》收听率均超过 2%。北京广播电台新闻广播（FM100.6/AM828/CFM90.4）有一档新闻节目跻身于收听率前十榜单，是唯一的一档非交通台节目，收听率为 1.5%，排名第九（表 1.5.5）。

表 1.5.5　2018 年北京市场收听率排名前 10 位的节目

排名	节目名称	频率	收听率（%）	市场份额（%）
1	交通新闻热线	北京人民广播电台交通广播（FM103.9/CFM95.6）	4.0	35.7
2	今日交通	北京人民广播电台交通广播（FM103.9/CFM95.6）	3.6	36.3
3	1039 新闻早报	北京人民广播电台交通广播（FM103.9/CFM95.6）	3.1	35.8
4	一路畅通	北京人民广播电台交通广播（FM103.9/CFM95.6）	2.8	36.5
5	欢乐正前方	北京人民广播电台交通广播（FM103.9/CFM95.6）	2.4	37.0
6	徐徐道来话北京	北京人民广播电台交通广播（FM103.9/CFM95.6）	2.2	37.0

续表

排名	节目名称	频率	收听率（%）	市场份额（%）
7	汽车天下	北京人民广播电台交通广播（FM103.9/CFM95.6）	1.9	37.3
8	1039 慧旅行	北京人民广播电台交通广播（FM103.9/CFM95.6）	1.5	35.8
9	北京新闻	北京广播电台新闻广播（FM100.6/AM828/CFM90.4）	1.5	13.9
10	新闻晚知道	北京人民广播电台交通广播（FM103.9/CFM95.6）	1.4	36.1

数据来源：CSM 媒介研究

（二）上海广播收听市场的节目竞争格局

1. 上海节目收听市场竞争格局稳定，音乐和新闻类节目获得过半收听时间

2018 年上海广播收听市场竞争格局保持稳定，各类型节目的收听份额排序与 2017 年一致且变化幅度都不超过 1.1 个百分点。音乐和新闻/时事类节目分别以 30.1%、26.9% 的收听份额稳居市场前列（图 1.5.3），收听份额较 2017 年分别增长了 0.9 个和 0.1 个百分点。生活服务、文艺和财经类节目的收听份额都在 5% ~10% 之间，同比分别增长了 1 个百分点、减少了 0.6 个百分点和 1.1 个百分点。社教、体育、法制和外语类节目的收听份额合计 5 %，收听份额同比变化十分微弱。

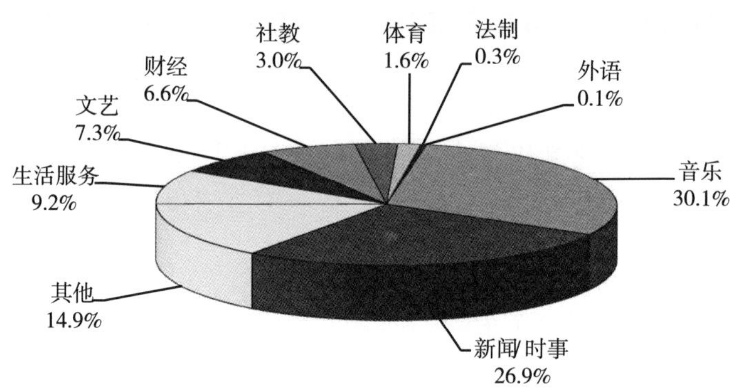

数据来源：CSM 媒介研究

图 1.5.3 2018 年上海市场各类节目的收听份额（%）

2. 上海广播电视台频率在本地节目市场全面领先，在各类型节目市场收听份额都超过 70%

2018 年上海广播电视台频率在上海各类型节目市场继续保持压倒性优势，在法制、音乐、体育、生活服务和新闻/时事类节目市场的收听份额都超过 90%，在社教、文艺和财经类节目市场的收听份额均超 80%，在外语类节目市场的收听份额接近 75%（图 1.5.4）。

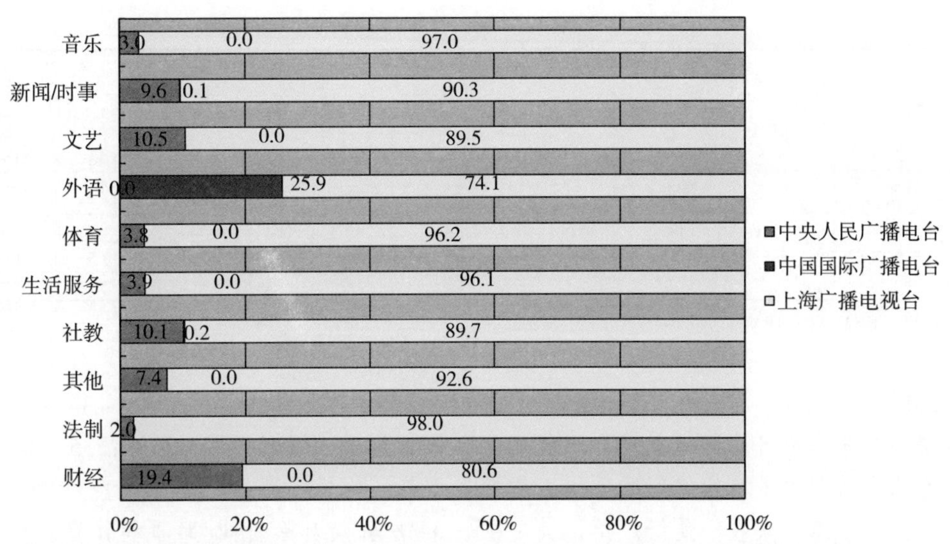

数据来源：CSM 媒介研究

图 1.5.4　2018 年各级广播频率在上海各类节目市场的收听份额（%）

2018 年中央人民广播电台在上海财经类节目市场拥有一定的空间，收听份额接近 20%；中央人民广播电台在文艺和社教类节目市场的收听份额超过 10%，在新闻/时事、生活服务、体育、音乐和法制类节目市场的收听份额都不足 10%。

2018 年中国国际广播电台在上海外语类节目市场有较好的竞争表现，收听份额为 25.9%，但在其他类型节目市场竞争力微弱，收听份额都未超过 0.5%。

3. 节目收听行为体现内容偏好，中老年、中等学历、中等收入听众节目兴趣广泛

2018 年上海男性听众的广播节目收听兴趣广泛，对除音乐以外的各类节目的收听集中度都超过 100%；女性听众仅对音乐类节目有突出的收听倾向，集中度为 115.8%（表 1.5.6）。

表 1.5.6　2018 年上海市场不同性别和年龄听众收听各类节目的集中度（%）

节目类别	性别		年龄					
	男	女	15～24 岁	25～34 岁	35～44 岁	45～54 岁	55～64 岁	65 岁及以上
财经	125.9	70.7	36.3	59.9	55.2	123.4	230.8	160.9
法制	118.8	78.5	61.8	63.9	110.0	113.2	115.9	164.6
社教	122.1	74.8	50.5	66.9	70.0	114.7	149.6	205.8
生活服务	113.6	84.4	52.1	55.7	81.3	100.7	203.6	169.7
体育	144.4	49.1	123.8	134.3	50.4	84.6	111.9	96.1
外语	103.6	96.0	54.4	51.5	62.3	160.5	177.0	144.5
文艺	108.3	90.4	92.9	79.5	75.1	121.6	105.0	155.9

续表

节目类别	性别		年龄					
	男	女	15～24岁	25～34岁	35～44岁	45～54岁	55～64岁	65岁及以上
新闻/时事	113.5	84.6	48.7	55.5	48.1	92.9	169.5	282.8
音乐	86.1	115.8	102.0	116.6	120.3	117.7	66.5	37.0
其他	102.4	97.2	76.6	89.5	88.2	110.2	128.1	124.4

数据来源：CSM媒介研究

2018年上海15～44岁中青年听众的节目收听兴趣相对集中，其中15～34岁听众收听体育和音乐类节目的行为突出，尤其对体育节目的集中度都超过120%；35～44岁听众对音乐和法制类节目的偏好明显，其中对音乐节目的集中度高于其他年龄段听众。45岁及以上的上海听众收听爱好广泛，其中45～54岁听众对除新闻/时事和体育以外的各类节目的集中度都超过100%；55～64岁上海听众对除音乐类以外的各类节目都有浓厚兴趣，同时他们对外语、生活服务和财经类节目的集中度高于其他年龄段观众；65岁及以上上海听众收听兴趣广泛且行为突出，在除体育和音乐以外的各类节目上的收听都超过观众总体水平，其中对新闻/时事和社教类节目的集中度超过200%，在文艺、生活服务、法制和财经类节目上的收听份额超过150%（表1.5.6）。

2018年上海广播收听市场，大学及以上学历听众的收听兴趣单一，仅对音乐类节目表现出明显的收听倾向；初中和高中学历听众爱好广泛，对除音乐以外的各类型节目的收听都高于听众总体水平，其中初中学历听众对文艺、外语、体育、生活服务和社教类节目的集中度为各学历听众之最，高中学历听众对新闻/时事、财经和法制类节目的收听集中度高于其他学历听众（表1.5.7）。

表1.5.7　2018年上海市场不同受教育程度听众收听各类节目的集中度（%）

节目类别	受教育程度				
	未受过正规教育	小学	初中	高中	大学及以上
财经	*	*	123.2	136.9	72.3
法制	*	*	105.4	113.3	90.4
社教	*	*	160.1	118.9	78.7
生活服务	*	*	146.2	128.3	74.9
体育	*	*	184.0	104.3	84.0
外语	*	*	114.4	114.1	83.7
文艺	*	*	129.9	119.3	82.6
新闻/时事	*	*	176.2	136.5	65.2
音乐	*	*	62.7	89.8	112.4
其他	*	*	113.5	110.3	91.3

注：“*”表示该目标听众样本量不足，无法进行统计推断。

数据来源：CSM媒介研究

2018年上海没有收入的听众明显偏爱体育类节目，集中度超过170%，并超过其他各收入段听众，但对其余各类节目的收听集中度都低于听众平均水平；个人月收入1~2000元的上海听众对音乐和文艺类节目的收听倾向明显，集中度均超过100%；个人月收入2001~5000元的听众收听兴趣相对多样，其中个人月收入2001~3000元的听众偏爱收听新闻/时事、外语、生活服务和财经类节目，个人月收入3001~4000元的听众对除体育和音乐之外的类型节目更感兴趣，个人月收入4001~5000元的听众更喜爱除法制、体育和音乐外的类型节目；个人月收入5001~6000元的听众收听兴趣集中于外语、生活服务、社教和法制类节目；个人月收入6001元及以上的上海听众收听兴趣集中于音乐、体育和法制类节目，集中度都高于100%（表1.5.8）。

表1.5.8 2018年上海市场不同个人月收入听众收听各类节目的集中度（%）

节目类别	个人月收入						
	没有收入	1~2000元	2001~3000元	3001~4000元	4001~5000元	5001~6000元	6001元及以上
财经	57.2	15.5	154.9	146.2	131.0	89.1	81.1
法制	55.0	17.6	40.4	177.0	69.8	106.5	105.0
社教	49.2	24.7	98.3	161.7	128.1	104.8	77.7
生活服务	59.1	21.6	101.3	140.8	130.2	105.0	82.5
体育	173.3	18.2	98.2	96.0	56.6	71.0	104.7
外语	55.7	65.7	100.5	109.1	131.5	108.4	95.0
文艺	91.2	127.4	58.5	139.8	118.1	81.0	86.6
新闻/时事	68.8	37.1	194.3	176.8	122.8	80.1	62.0
音乐	98.1	165.1	74.2	86.1	93.6	99.0	113.3
其他	80.6	95.0	110.9	121.2	114.0	92.6	92.9

数据来源：CSM媒介研究

2018年上海的初级公务员/雇员、个体/私营企业人员和学生的节目收听兴趣相对较窄，三类人群都明显偏爱音乐类节目。此外，个体/私营企业人员对生活服务和社教类也较感兴趣，学生对文艺和体育类节目的收听也十分突出，集中度都超过100%。相比之下，上海的干部/管理人员、工人和无业（包括退休人员）听众喜爱收听的广播节目类型广泛，其中干部/管理人员明显偏爱新闻/时事、外语、生活服务、社教、法制和财经节目；工人对除新闻/时事和体育以外的各类节目都有较高的收听兴趣；无业听众对除音乐以外的各类节目的收听倾向也很突出，对新闻/时事、文艺、生活服务、社教和财经类节目的收听集中度超过其他职业听众（表1.5.9）。

表 1.5.9　2018 年上海市场不同职业听众收听各类节目的集中度（%）

节目类别	职业					
	干部/管理人员	初级公务员/雇员	工人	个体/私营企业人员	学生	无业（包括退休人员）
财经	100.5	83.0	111.6	90.1	28.2	172.7
法制	158.9	83.5	140.8	63.1	75.5	124.6
社教	108.4	84.7	119.9	110.6	50.3	160.5
生活服务	102.2	76.8	125.6	109.5	60.8	175.0
体育	37.5	92.5	85.7	76.4	165.5	103.7
外语	135.9	80.7	193.5	63.0	46.4	119.5
文艺	86.9	90.6	111.4	79.3	108.8	135.9
新闻/时事	109.8	58.0	83.4	71.1	57.6	237.4
音乐	96.1	110.3	128.2	113.3	108.1	62.0
其他	97.9	92.8	114.6	102.6	82.5	127.2

数据来源：CSM 媒介研究

4.《990 早新闻》在上海龙头优势不减，新闻/时事和音乐类节目垄断上海收听率前十榜单

2018 年上海市场收听率排名前十的节目均为本地节目，新闻/时事和音乐类节目分别占席 5 个。由上海人民广播电台上海新闻广播（FM93.4/AM990）播出的 07:00 ~ 08:00档和 08:00 ~ 09:00 档《990 早新闻》、转播中央人民广播电台《新闻和报纸摘要节目》，以及《清晨新闻》《八点新闻》5 档新闻/时事类节目保持了收听率前五的位置，收听率较 2017 年增长 0.1 ~ 0.3 个百分点。由上海流行音乐广播动感 101（FM101.7）播出的平日版和周末版《音乐早餐》、平日版《音乐万花筒》以及《101 西洋镜》《音乐厨男秀》5 档音乐类节目分列收听率排行榜第七至第十位（表 1.5.10）。

表 1.5.10　2018 年上海市场收听率排名前 10 位的节目

排名	节目名称	频率	收听率（%）	市场份额（%）
1	990 早新闻（07:00 ~ 08:00）	上海人民广播电台上海新闻广播（FM93.4/AM990）	2.9	27.3
2	转播中央人民广播电台《新闻和报纸摘要节目》	上海人民广播电台上海新闻广播（FM93.4/AM990）	2.7	31.7
3	清晨新闻	上海人民广播电台上海新闻广播（FM93.4/AM990）	2.4	38.6

续表

排名	节目名称	频率	收听率（%）	市场份额（%）
4	990 早新闻（08:00～09:00）	上海人民广播电台上海新闻广播（FM93.4/AM990）	2.2	24.0
5	八点新闻	上海人民广播电台上海新闻广播（FM93.4/AM990）	2.0	20.6
6	音乐早餐（平日版）	上海流行音乐广播 动感 101（FM101.7）	1.9	19.7
7	音乐早餐（周末版）	上海流行音乐广播 动感 101（FM101.7）	1.6	18.9
8	101 西洋镜	上海流行音乐广播 动感 101（FM101.7）	1.5	38.3
9	音乐厨男秀	上海流行音乐广播 动感 101（FM101.7）	1.5	38.0
10	音乐万花筒（平日版）	上海流行音乐广播 动感 101（FM101.7）	1.5	36.8

数据来源：CSM 媒介研究

（三）广州广播收听市场的节目竞争格局

1. 音乐类节目市场份额超五分之一地位稳固，生活服务和社教类节目收听份额大幅增长

2018 年广州广播节目收听市场“头部”稳定，“腰部”竞争格局你进我退。音乐类节目以 21.8% 收听份额继续保持市场领先地位，但收听份额较 2017 年减少了 1.6 个百分点；生活服务类节目稳居第二，收听份额较 2017 年增长了 2.5 个百分点，至 18.4%；新闻/时事类节目的收听份额同比降幅最大，达 3.1 个百分点，收听份额排序由 2017 年的第三位降至 2018 年的第四位；文艺类节目的收听份额同比增长 0.9 个百分点，排序上升 1 位至第三位。社教和体育类节目的收听份额在 5%～6.5% 之间，二者同比分别增长了 2.3 个和 1.1 个百分点，排位互换；财经、法制和外语类节目收听份额变化不大，合计不超过 3%（图 1.5.5）。

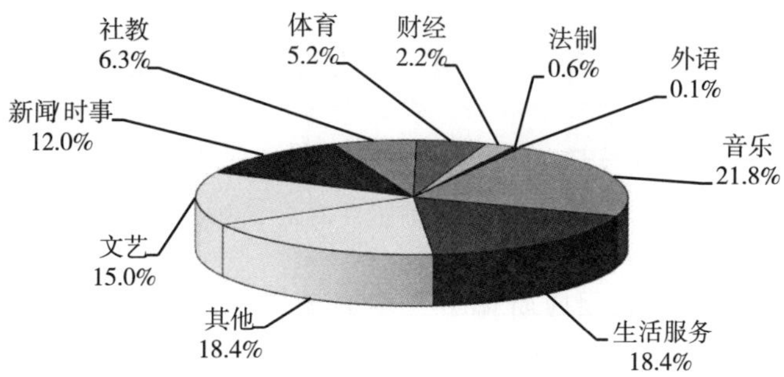

数据来源：CSM 媒介研究

图 1.5.5　2018 年广州市场各类节目的收听份额（%）

2. 本省和本市台收听竞争力强劲，在广州多数节目市场分居冠亚军

2018年广东广播电视台在广州各节目市场均保持王者地位。除外语节目市场外，广东广播电视台在各类节目市场的收听份额都在40%～80%之间（图1.5.6）。其中，广东广播电视台在体育和生活服务类节目市场的收听份额均超过70%；在音乐、社教、文艺和新闻/时事类节目市场的收听份额都在50%～70%之间；在财经和法制类节目市场的收听份额均高于40%。

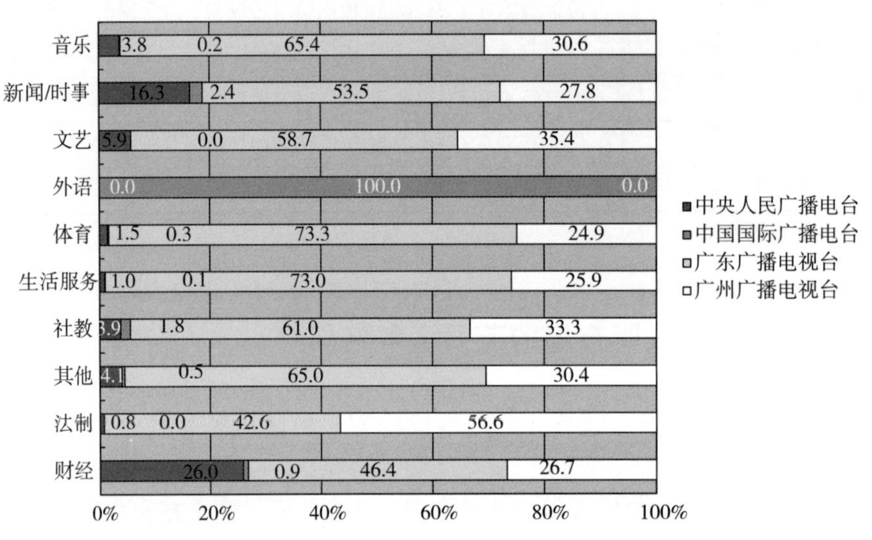

数据来源：CSM媒介研究

图1.5.6　2018年各级广播频率在广州各类节目市场的收听份额（%）

2018年广州广播电视台在除外语之外的各类节目市场均保持了较强的竞争优势。其中，广州广播电视台在法制类节目市场的收听份额超过50%，居细分市场首位；广州广播电视台在文艺、社教和音乐类节目市场的收听份额都超过30%，在新闻/时事、生活服务、财经和体育类节目市场的收听份额都在20%～30%之间，市场份额在上述市场都位居第二位。

承压于地方台，2018年中央人民广播电台在广州节目市场的竞争地位改观不大，除在财经类节目市场获得26%收听份额外，在其余各类市场的收听份额都未突破20%。

2018年广州外语类节目市场仍由中国国际广播电台独享，收听份额100%。在外语类节目市场以外，中国国际广播电台在各节目市场的收听份额都不超过3%。

3. 类型节目满足听众节目收听偏好，中老年、中等学历和中等收入听众收听多元化特点突出

2018年广州男性听众对除音乐类之外的各类广播节目都有较大兴趣，收听集中度都超过100%，其中在体育和社教类节目上的集中都超过110%；女性听众仅对音乐类节目表现出明显的收听偏好，收听集中度为105.7%（表1.5.11）。

表 1.5.11　2018 年广州市场不同性别和年龄听众收听各类节目的集中度（%）

节目类别	性别		年龄					
	男	女	15～24 岁	25～34 岁	35～44 岁	45～54 岁	55～64 岁	65 岁及以上
财经	102.8	95.7	58.4	54.8	76.5	73.8	201.3	369.2
法制	103.6	94.5	80.8	50.0	77.3	135.8	251.8	192.4
社教	111.4	82.6	54.2	63.2	80.7	106.3	218.6	279.5
生活服务	109.8	85.1	56.5	60.1	88.6	150.0	211.5	213.8
体育	117.5	73.4	56.1	45.5	76.9	139.0	221.3	305.1
外语	100.7	98.9	108.2	82.7	55.8	76.7	107.3	297.6
文艺	102.3	96.5	73.5	63.6	73.9	135.8	193.4	236.5
新闻/时事	100.7	99.0	47.7	63.4	78.3	108.4	210.3	299.6
音乐	96.3	105.7	94.7	65.5	86.7	122.2	163.7	187.1
其他	101.6	97.6	63.6	59.2	84.3	141.7	205.5	225.4

数据来源：CSM 媒介研究

广州中老年听众对各类广播节目的收听普遍较为积极，15～44 岁中青年听众对大多数广播节目的收听集中度都不超过 100%。2018 年广州 15～24 岁听众仅对外语类节目感兴趣，收听集中度为 108.2%；25～44 岁听众对所有类型节目的收听集中度都不超过 100%；45～54 岁听众对除财经和外语类之外的各类节目收听兴趣都较为浓厚，集中度都超过 100%；55 岁及以上听众对各类节目的收听集中度都高于 100%，其中 65 岁及以上听众对财经、社教、生活服务、体育、外语、文艺、新闻/时事和音乐类节目的集中度在各年龄段听众中最高，收听兴趣浓厚。

2018 年广州初中和高中学历听众收听兴趣多元化。小学学历听众对除体育和外语以外的各类节目的收听集中度高于听众总体水平；初中学历听众对各类节目的收听集中度都较高，超过 100%；高中学历听众对除外语类之外的各类节目的收听兴趣明显；大学及以上学历听众对各类节目的收听偏好不明显，对各类节目的集中度都低于 90%（表 1.5.12）。

表 1.5.12　2018 年广州市场不同受教育程度听众收听各类节目的集中度（%）

节目类别	受教育程度				
	未受过正规教育	小学	初中	高中	大学及以上
财经	*	130.2	111.2	168.7	65.2
法制	*	135.3	137.9	152.4	68.2
社教	*	163.0	159.0	138.8	71.4
生活服务	*	182.8	193.0	124.9	72.3

续表

节目类别	受教育程度				
	未受过正规教育	小学	初中	高中	大学及以上
体育	*	87.7	226.5	142.6	61.4
外语	*	79.2	167.8	99.9	89.7
文艺	*	170.0	201.5	126.0	70.3
新闻/时事	*	231.6	141.4	136.8	72.5
音乐	*	117.1	217.3	110.1	77.0
其他	*	175.4	194.3	122.8	72.9

注："*"表示该目标听众样本量不足，无法进行统计推断。

数据来源：CSM 媒介研究

2018 年广州节目收听市场，没有收入和个人月收入 6001 元及以上听众的收听偏好不明显，对各类节目的集中度均低于听众整体水平；个人月收入 1～2000 元的听众节目收听偏好相对集中，在生活服务、文艺和音乐类节目上的集中度高于 100%；个人月收入 2001～6000 元的听众收听兴趣广泛，其中个人月收入 2001～4000 元的听众对除外语类以外的各类节目都较感兴趣，个人月收入 4001～5000 元的听众对除法制和体育以外的各类节目的收听集中度都高于 100%，个人月收入 5001～6000 元的听众更偏爱收听除体育、文艺和音乐类节目以外的广播节目（表 1.5.13）。

表 1.5.13　2018 年广州市场不同个人月收入听众收听各类节目的集中度（%）

节目类别	个人月收入						
	没有收入	1～2000 元	2001～3000 元	3001～4000 元	4001～5000 元	5001～6000 元	6001 元及以上
财经	31.9	20.7	132.2	130.4	127.9	135.9	58.1
法制	76.4	89.5	138.0	149.5	77.3	126.1	54.4
社教	61.4	66.6	119.3	126.5	108.9	129.6	67.5
生活服务	52.2	104.8	126.2	122.7	108.9	113.1	77.3
体育	55.0	41.7	131.6	157.2	92.2	60.5	82.0
外语	57.6	59.0	77.5	98.8	138.8	110.3	96.8
文艺	69.3	114.4	134.2	125.5	108.4	86.6	78.5
新闻/时事	30.3	73.6	120.3	134.3	100.0	107.0	85.9
音乐	85.8	145.5	147.6	118.0	105.5	82.3	76.9
其他	56.5	116.2	139.6	125.4	104.2	103.5	75.5

数据来源：CSM 媒介研究

2018年广州干部/管理人员和初级公务员/雇员对各类广播节目的收听偏好仍不突出，对各类节目的收听集中度都不超过100%。个体/私营企业人员和学生的节目收听兴趣较为单一，前者仅对生活服务类节目的收听集中度高于总体水平，后者仅对音乐类节目表现出明显收听倾向。工人和无业听众的节目收听兴趣广泛，其中工人对除财经、新闻/时事和音乐类之外的各类节目的集中度都超过100%，无业听众对各类节目的收听集中度都高于听众总体水平，对广播节目收听贡献突出（表1.5.14）。

表1.5.14　2018年广州市场不同职业听众收听各类节目的集中度（%）

节目类别	职业					
	干部/管理人员	初级公务员/雇员	工人	个体/私营企业人员	学生	无业（包括退休人员）
财经	35.1	74.7	71.3	52.7	31.5	290.1
法制	28.4	71.6	141.5	66.6	82.4	196.0
社教	51.7	66.0	117.2	78.8	58.1	234.4
生活服务	54.4	69.5	148.8	103.2	53.8	179.4
体育	44.8	57.4	115.3	84.5	56.3	257.7
外语	74.8	77.1	111.8	66.8	74.0	195.0
文艺	74.6	68.7	109.9	80.5	76.8	207.8
新闻/时事	64.1	74.3	98.6	65.8	30.5	244.1
音乐	57.7	82.4	98.3	90.5	102.0	173.0
其他	57.4	72.3	117.7	97.6	60.6	199.0

数据来源：CSM媒介研究

4. 广州市场收听率前十由省台包揽，生活服务类节目《朝朝早精神好》排名第一

2018年广州收听市场前十节目的领先优势扩大，节目收听率最低1.1%，较2017年上升了0.3个百分点（表1.5.15）。2018年广东广播电视台的广播节目表现突出，包揽了收听率前十的节目。其中，广东广播电视台羊城交通广播台（FM105.2）占席7个，广东广播电视台珠江经济广播电台（E FM财富974）占席2个，广东广播电视台音乐之声（FM99.3）占席1个。2018年节目收听榜冠军为广东广播电视台羊城交通广播台（FM105.2）的生活服务类节目《朝朝早精神好》，2017年的收听冠军《珠江第一线》退居亚军，两档节目收听率均为1.5%（市场份额不同）。收听率排行榜第三位至第八位节目均来自广东广播电视台羊城交通广播台（FM105.2），收听率都在1.2%及以上。文艺类节目《粤韵名人堂》和音乐类节目《粤语歌曲排行榜》位居第九和第十，收听率均为1.1%（市场份额不同）。

表 1.5.15　2018 年广州市场收听率排名前 10 位的节目

排名	节目名称	播出频率	收听率（%）	市场份额（%）
1	朝朝早精神好	广东广播电视台羊城交通广播台（FM105.2）	1.5	19.2
2	珠江第一线	广东广播电视台珠江经济广播电台（E FM 财富 974）	1.5	19.0
3	早安，亲爱的	广东广播电视台羊城交通广播台（FM105.2）	1.3	20.8
4	宝宝私家车	广东广播电视台羊城交通广播台（FM105.2）	1.3	19.0
5	欢笑出行	广东广播电视台羊城交通广播台（FM105.2）	1.2	21.4
6	文艺生活杂志	广东广播电视台羊城交通广播台（FM105.2）	1.2	19.9
7	大吉利车队	广东广播电视台羊城交通广播台（FM105.2）	1.2	19.2
8	全国汽车音乐榜	广东广播电视台羊城交通广播台（FM105.2）	1.2	17.9
9	粤韵名人堂	广东广播电视台珠江经济广播电台（E FM 财富 974）	1.1	17.0
10	粤语歌曲排行榜	广东广播电视台音乐之声（FM99.3）	1.1	16.6

数据来源：CSM 媒介研究

六、广播广告投放与竞争格局

1. 2018 年中国广播广告投放额同比上涨 5.9%

根据央视市场研究（CTR）发布的广告监测数据①，2018 年中国整体广告投放额同比增长了 2.9%，其中传统媒体广告投放额同比下降了 1.5%。报纸和杂志广告投放额继续断崖式下滑，同比 2017 年分别下降了 30.3% 和 8.6%，电视广告投放额同比下降了 0.3%，广播广告投放额同比上涨了 5.9%。

2. 京、沪、穗三地广播广告投放额同比 2017 年下降 0.8%

2018 年京、沪、穗三地广播广告投放额合计为 96.5 亿元，同比 2017 年略有下降（0.8%），主要是由于广州地区广告投放额下滑。三地广播广告投放额最高的前 5 位行业是交通、商业及服务、药品、金融、食品，合计占到广播广告投放总额的 56.6%（图 1.6.1）。在所有行业中，广告投放额增长较快的行业有酒精饮品、饮料等，商业及服务、邮电通讯、IT 产品及服务等行业则有较大幅度的下滑。

① 2018 年广告投放额以 CTR2018 年监测范围为基准进行统计，2018 年广告投放增长情况以 CTR2017 年监测范围为基准进行比较；广告投放额以媒体公开报价为统计标准，不含折扣；广告监测时间为 17:00～24:00。

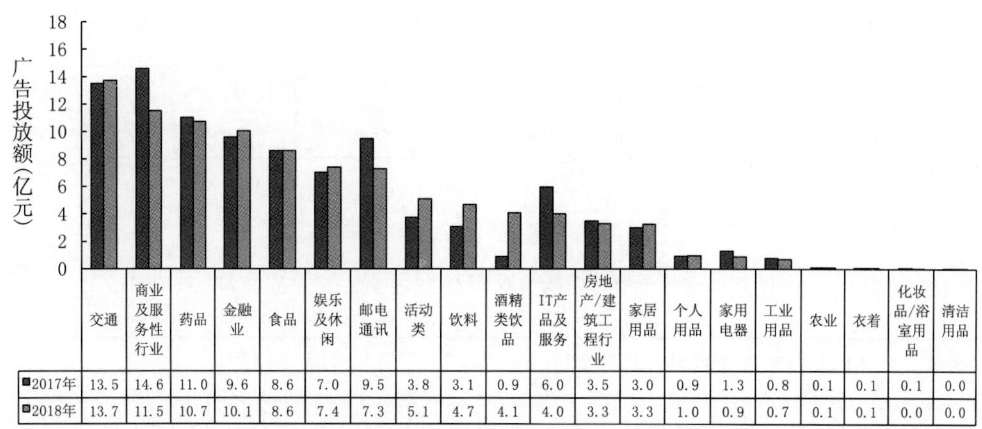

	交通	商业及服务性行业	药品	金融业	食品	娱乐及休闲	邮电通讯	活动类	饮料	酒精类饮品	IT产品及服务	房地产/建筑工程行业	家居用品	个人用品	家用电器	工业用品	农业	衣着	化妆品/浴室用品	清洁用品
2017年	13.5	14.6	11.0	9.6	8.6	7.0	9.5	3.8	3.1	0.9	6.0	3.5	3.0	0.9	1.3	0.8	0.1	0.1	0.1	0.0
2018年	13.7	11.5	10.7	10.1	8.6	7.4	7.3	5.1	4.7	4.1	4.0	3.3	3.3	1.0	0.9	0.7	0.1	0.1	0.0	0.0

数据来源：央视市场研究媒介智讯（CTR MI）

图 1.6.1　2017 年、2018 年京、沪、穗三地分行业广播广告投放额（亿元）

2018 年北京广播广告投放额排名前 3 位的行业是家居用品、商业及服务、交通，其中家居用品行业由 2017 年的第三位上升为 2018 年的第一位。2018 年上海广播广告投放额排名前 3 位的行业是交通、金融、邮电通讯，其中交通行业继续保持第一位。2018 年广州广播广告投放额排名前 3 位的行业是药品、食品、交通，商业及服务性行业由 2017 年第二位下降为 2018 年的第四位（表 1.6.1）。

表 1.6.1　2017 年、2018 年京、沪、穗三地广播广告投放额排名前 10 位的行业

排名	北京		上海		广州	
	2017 年	2018 年	2017 年	2018 年	2017 年	2018 年
1	商业及服务性行业	家居用品	交通	交通	药品	药品
2	交通	商业及服务性行业	邮电通讯	金融	商业及服务性行业	食品
3	家居用品	交通	金融	邮电通讯	食品	交通
4	金融	金融	商业及服务性行业	商业及服务性行业	交通	商业及服务性行业
5	邮电通讯	娱乐及休闲	饮料	活动类	金融	金融
6	活动类	酒精类饮品	活动类	IT 产品及服务	邮电通讯	娱乐及休闲
7	IT 产品及服务	食品	房地产/建筑工程	娱乐及休闲	娱乐及休闲	邮电通讯
8	娱乐及休闲	活动类	娱乐及休闲	饮料	IT 产品及服务	饮料

续表

排名	北京		上海		广州	
	2017 年	2018 年	2017 年	2018 年	2017 年	2018 年
9	药品	邮电通讯	食品	房地产/建筑工程	房地产/建筑工程	酒精类饮品
10	食品	IT 产品及服务	IT 产品及服务	个人用品	活动类	房地产/建筑工程

数据来源：央视市场研究媒介智讯（CTR MI）

3. 京、沪、穗三地酒精类饮品和饮料广播广告投放额同比大幅上涨

2018 年，京、沪、穗三地广播广告投放额同比呈现正增长的行业有 8 个、负增长的行业有 12 个（图 1.6.2）。广播广告投放额同比增长最高的行业是酒精类饮品，同比 2017 年增长了 361%；饮料行业增长也很迅猛，同比 2017 年增长了 52.8%。在广告投放额同比呈现负增长的 12 个行业中，IT 产品及服务、家用电器、邮电通讯、商业及服务性行业都出现了较大幅度下滑，同比 2017 年下降均超过 20%。

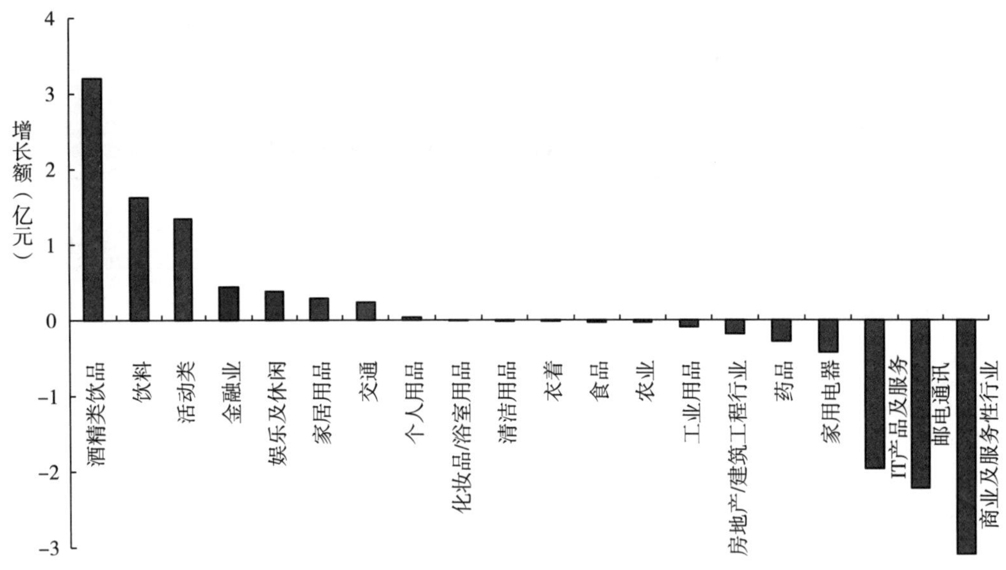

数据来源：央视市场研究媒介智讯（CTR MI）

图 1.6.2　2018 年京、沪、穗三地各行业广播广告投放额同比变化情况

4. 京、沪、穗三地广播广告投放额排名前 10 位的品牌差异较大

2018 年北京广播广告投放额排名前 10 位的品牌主要来自家居用品、酒精类饮品等行业，排名前 3 位的品牌是全包圆、燕之屋和董酒。上海广播广告投放额排名前 10 位的品牌来自食品、饮料、商业及服务性等行业，排名前 3 位的品牌是光明、有腔调和爱回

收。广州广播广告投放额排名前10位的品牌来自食品、药品等行业，排名前3位的品牌是燕之屋、天草和好视力（表1.6.2）。

表1.6.2 2018年京、沪、穗三地广播广告投放额排名前10位的品牌①

排名	北京		上海		广州	
	品牌名称	所属品类	品牌名称	所属品类	品牌名称	所属品类
1	全包圆	家居用品	光明	食品/饮料/邮电通讯/IT产品及服务/活动类	燕之屋	食品
2	燕之屋	食品	有腔调	IT产品及服务	天草	药品
3	董酒	酒精类饮品	爱回收	邮电通讯/活动类	好视力	药品
4	北京广播大厦酒店	娱乐及休闲	上汽大众	交通/商业及服务性行业	小罐	饮料
5	业之峰	家居用品	君银	金融	南湖&西部假期	娱乐及休闲
6	同仁堂	食品/药品/酒精类饮品	2018中国国际进口博览会	活动类	鸿茅	酒精类饮品/药品
7	中国人民财产保险	金融	沪佳	商业及服务性行业	吉盛伟邦	商业及服务性行业
8	华医	商业及服务性行业	平行	商业及服务性行业	长春益寿膏	药品
9	五粮液	酒精类饮品	天天拍车	邮电通讯	易贷	邮电通讯
10	2018V蓝北京我的环保日记	活动类	沪尚茗居	商业及服务性行业	傅山	药品

数据来源：央视市场研究媒介智讯（CTR MI）

5. 广州地区广播广告投放额排名前5位的频率位次变化较大

2018年北京广播广告投放额排名前5位的频率与2017年相同，依次为北京人民广播电台交通广播（FM103.9）、音乐广播（FM97.4）、文艺广播（FM87.6）、新闻广播（FM100.6）、动听调频（FM94.5）；上海广播广告投放额排名前5位的频率依次为上海人民广播电台动感流行音乐广播（FM101.7）、魅力流行音乐广播（FM103.7）、交通广播（FM105.7）、五星体育广播（FM94.0）和新闻广播（FM93.4），只是五星体育广播

① 由于同一品牌有不同的产品线，根据央视市场研究（CTR）的分类标准，以广告当中的产品判定品牌所属行业类别；此处统计的是某一品牌整体的广告投放额，所以可能出现某一品牌同时属于不同品类的情况。

(FM94.0) 由2017年的第五位上升到第四位；广州广播广告投放额排名前5位的频率变化较大，排名依次为广东广播电视台羊城交通广播（FM105.2）、广东广播电视台音乐之声(FM99.3)、广州交通电台（FM106.1）、广东广播电视台珠江经济广播（FM97.4）和广东广播电视台新闻广播（FM91.4），2017年排名第一、第二位的广州交通电台（FM106.1）和广东广播电视台珠江经济广播（FM97.4）分别下滑到2018年的第三和第四位。

表1.6.3 2018年京、沪、穗三地广播广告投放额排名前5位的频率

排名	北京	上海	广州
1	北京人民广播电台交通广播(FM103.9)	上海人民广播电台动感流行音乐广播（FM101.7）	广东广播电视台羊城交通广播（FM105.2）
2	北京人民广播电台音乐广播(FM97.4)	上海人民广播电台魅力流行音乐广播（FM103.7）(24)	广东广播电视台音乐之声(FM99.3)
3	北京人民广播电台文艺广播(FM87.6)	上海人民广播电台交通广播(FM105.7)(24)	广州交通电台（FM106.1）
4	北京人民广播电台新闻广播(FM100.6)	上海人民广播电台五星体育广播（FM94.0）	广东广播电视台珠江经济广播（FM97.4）
5	北京人民广播电台动听调频(FM94.5)	上海人民广播电台新闻广播(FM93.4)(24)	广东广播电视台新闻广播(FM91.4)

数据来源：央视市场研究媒介智讯（CTR MI）

2018年，北京广播广告投放额最高的频率是北京人民广播电台交通广播(FM103.9)，其广告投放额排名前3位的行业为家居用品、交通和商业及服务性行业；上海广播广告投放额最高的频率是上海人民广播电台动感流行音乐广播（FM101.7），其广告投放额排名前3位的行业为交通、邮电通讯和商业及服务性行业；广州广播广告投放额最高的频率是广东广播电视台羊城交通广播（FM105.2），其广告投放额排名前3位的行业为食品、商业及服务和交通行业（表1.6.4）。

表1.6.4 2018年京、沪、穗三地广播广告投放额最高的频率中投放额排名前10位的行业

排名	北京	上海	广州
	北京人民广播电台交通广播（FM103.9）	上海人民广播电台动感流行音乐广播（FM101.7）	广东广播电视台羊城交通广播（FM105.2）
1	家居用品	交通	食品
2	交通	邮电通讯	商业及服务性行业
3	商业及服务性行业	商业及服务性行业	交通

续表

排名	北京	上海	广州
	北京人民广播电台交通广播（FM103.9）	上海人民广播电台动感流行音乐广播（FM101.7）	广东广播电视台羊城交通广播（FM105.2）
4	食品	金融	饮料
5	娱乐及休闲	活动类	药品
6	金融	IT 产品及服务	酒精类饮品
7	邮电通讯	饮料	房地产/建筑工程
8	活动类	娱乐及休闲	金融
9	酒精类饮品	房地产/建筑工程	娱乐及休闲
10	IT 产品及服务	酒精类饮品	邮电通讯

数据来源：央视市场研究媒介智讯（CTR MI）

2018 年，北京人民广播电台交通广播（FM103.9）广告投放额最高的三大品牌是全包圆、燕之屋和业之峰，它们分别来自家居用品、食品行业；上海人民广播电台动感流行音乐广播（FM101.7）广告投放额最高的三大品牌是爱回收、上汽大众和有腔调，它们分别来自邮电通讯、交通和 IT 产品及服务行业；广东广播电视台羊城交通广播（FM105.2）广告投放额最高的三大品牌是燕之屋、小罐和天草，它们分别来自食品、饮料和药品行业（表 1.6.5）。

表 1.6.5　2018 年京、沪、穗三地广播广告投放额最大的频率中投放额排名前 10 位的品牌

排名	北京人民广播电台交通广播（FM103.9）		上海人民广播电台动感流行音乐广播（FM101.7）		广东广播电视台羊城交通广播（FM105.2）	
	品牌名称	所属品类	品牌名称	所属品类	品牌名称	所属品类
1	全包圆	家居用品	爱回收	邮电通讯/活动类	燕之屋	食品
2	燕之屋	食品	上汽大众	交通	小罐	饮料
3	业之峰	家居用品	有腔调	IT 产品及服务	天草	药品
4	华医	商业及服务性行业	光明	食品/饮料/邮电通讯	吉盛伟邦	商业及服务性行业
5	董酒	酒精类饮品	一汽大众奥迪	交通	鸿茅	酒精类饮品/药品
6	同仁堂	食品/药品/酒精类饮品	中国平安保险	IT 产品及服务/金融	国美	商业及服务性行业

续表

排名	北京人民广播电台交通广播（FM103.9）		上海人民广播电台动感流行音乐广播（FM101.7）		广东广播电视台羊城交通广播（FM105.2）	
	品牌名称	所属品类	品牌名称	所属品类	品牌名称	所属品类
7	中国人民财产保险	金融	途虎养车	邮电通讯	郎	酒精类饮品
8	安吉星	交通	天天拍车	邮电通讯	中国农业银行	金融/活动类
9	北京广播大厦酒店	娱乐及休闲	上汽通用雪佛兰	交通	华帝	家用电器
10	好司机养成记 App 软件	IT 产品及服务	上汽通用别克	交通/活动类	广汽本田	交通

数据来源：央视市场研究媒介智讯（CTR MI）

第二部分

Part Two

专 题 Analysis Report

2018 年新闻综合类频率收听状况分析①

互联网时代，广播逐渐处于“窄播化”状态，听众的收听习惯与以往相比发生了翻天覆地的变化，这对传统广播产生了巨大的影响和冲击。传统广播也纷纷推出应对策略，或上线 App，或与音频网络平台合作，或推出自己的网红主持人等，方式可谓百花齐放，但最终目的只有一个，即在竞争日益激烈的市场中占有一席之地。那么作为最主要的广播频率类别之一，新闻综合类频率在2018 年的收听状况如何？又有哪些新的发展态势？本文主要基于 CSM 媒介研究 2018 年 28 城市收听率四波调查数据，对 2018 年新闻综合类频率的收听状况及典型节目进行分析，以期为业内人士提供借鉴。

一、新闻综合类频率的市场竞争地位

1. 新闻综合类频率所占市场份额较 2017 年有提升，仍居亚席

延续 2017 年的态势，2018 年新闻综合类频率仍落后于交通类频率，以 25.29% 的市场份额位居次席，但二者之间的差距较2017 年略有缩小。音乐类频率排名第三，所占市场份额为 20.89%，然后依次为文艺类、都市生活类和经济类频率，所占市场份额在 5% ~8% 之间（图 1）。2018 年排名前三的交通类、新闻综合类和音乐类频率所占市场份额较 2017 年均有不同程度的上升，升幅分别为 2.68%、4.72% 和 4.45%。新闻综合类频率市场份额一改近三年以来节节下滑的态势，止跌于2018 年，且升幅居首位。新闻综合类频率一直以来都是普适大众的一种频率类型，社会发展和人们出行生活方式的改变直接或间接地影响了受众对该类频率的关注度，但随着媒体融合的进一步深化以及广播传播方式的改变，该类频率重回辉煌也不是没有可能。

2. 新闻综合类频率拥有广泛听众，且受众忠诚度较高

平均到达率反映了频率所拥有的听众规模的大小，平均忠实度则反映了听众对频率的黏性高低，二者相结合可以反映出某类频率的整体竞争实力。2018 年各类别频率的平均到

---

① 如无特殊说明，本文中涉及的历年对比数据所用城市组合为各年独立城市组合。2018 年数据所用城市组合为 28 城市组合，28 城市具体包括：北京（M）、长春、长沙、重庆、大连、佛山、广州（M）、杭州、哈尔滨、合肥、济南、昆明、南昌、南宁、南京（M）、宁波、上海（M）、沈阳、石家庄、苏州、太原、深圳（M）、天津、乌鲁木齐、武汉、无锡（M）、厦门和郑州。

达率和平均忠实度数据显示，新闻综合类频率拥有广泛的听众群，且受众对频率的忠诚度较高，黏性较强，整体而言该类频率属于竞争实力较强的频率类别之一（图2）。

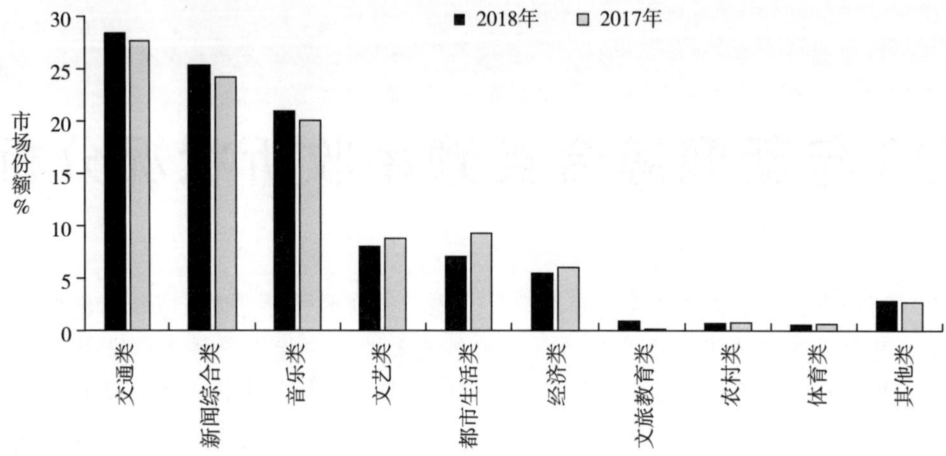

数据来源：CSM 媒介研究

图1　2017～2018 年各专业频率所占市场份额（%）[①]

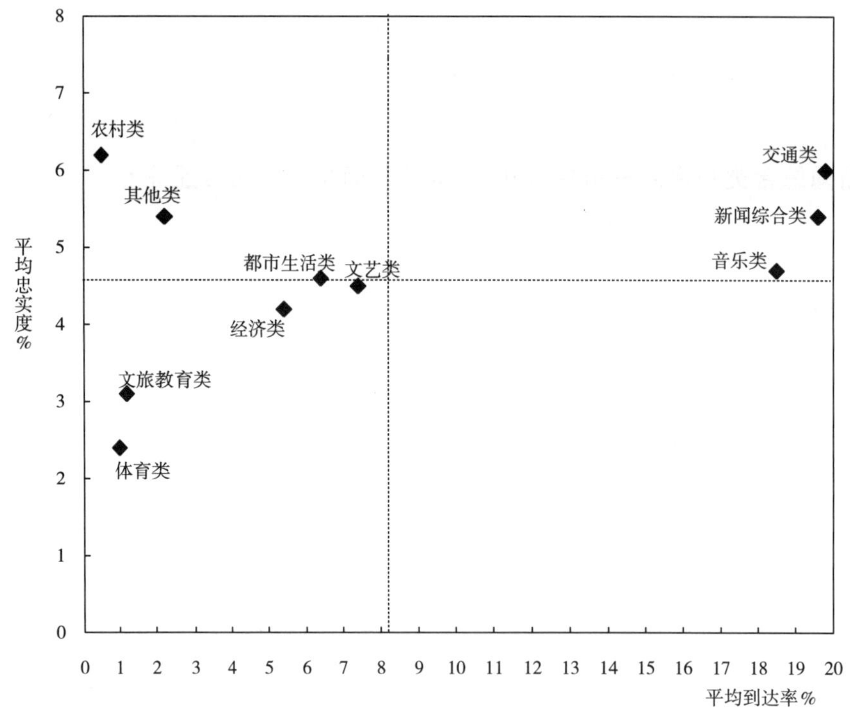

数据来源：CSM 媒介研究

图2　2018 年各类专业频率的平均到达率（%）和平均忠实度（%）

① 根据客户需求和频率发展状况，2018 年频率类别中新增了“文旅教育类频率”，主要包括教育类频率和频率名称中带有“文化”和“旅游”字样的频率。

3. 新闻综合类频率家中听众规模居首，所有场所位居亚席

2018 年各专业类别频率在不同收听场所的到达率数据显示（图 3），各主要类别频率在不同收听场所分别拥有自己的主场。在所有场所，交通类频率以绝对优势位居榜首，新闻综合类频率反超音乐类频率位列第二，音乐类频率排名第三，然后依次为文艺类、都市生活类和经济类频率。从家中听众规模来看，新闻综合类频率以明显优势领先于其他类别频率，位居首席，音乐类和交通类频率分别居第二、第三位，然后依次为文艺类、都市生活类和经济类频率。车上市场则是交通类频率当之无愧的主场，音乐类频率紧随其后，新闻综合类频率位列第三。整体来看，新闻综合类频率的听众规模表现抢眼，家中听众规模居首，在所有场所和车上则逊色于交通类频率，这与频率的定位和所播出内容有很大的关系。

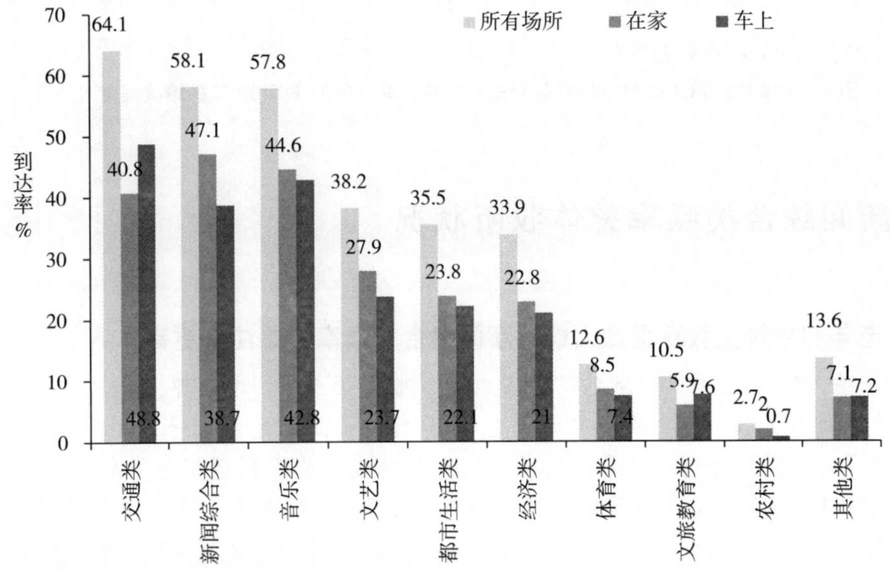

数据来源：CSM 媒介研究

图 3　2018 年广播主要收听场所各类专业频率的到达率（%）

2018 年，各类别频率听众规模较 2017 年的增减状况呈现出一片喜人的景象，绝大多数类别的频率在所有场所、家中和车上三个场所的到达率均有不同程度的提升，其中新闻综合类频率相较自己的有力竞争对手交通类和音乐类频率，在车上的增幅更为明显；文艺类和经济类频率在车上的增长幅度则更为突出（图 4）。结合图 3、图 4 我们可以看出，新闻综合类频率的家中听众规模重回巅峰，同时车上听众规模增幅明显，因此前景可观。

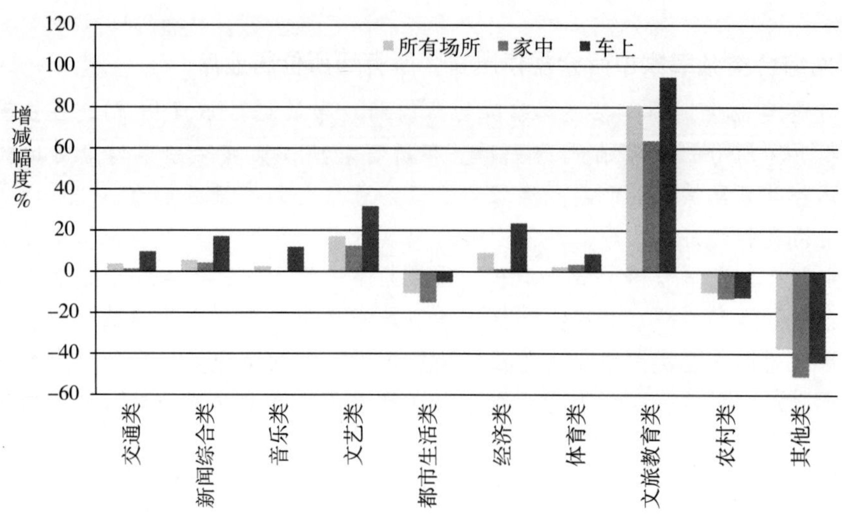

数据来源：CSM 媒介研究

图 4　2018 年广播主要收听场所各专业频率到达率（%）较 2017 年的增减幅度（%）

二、新闻综合类频率整体收听状况

1. 老年和中等受教育程度人群对新闻综合类频率的关注度更高

2018 年，听众对新闻综合类频率的人均日收听时长为 15 分钟。分目标人群来看，男性听众人均每天收听该类频率的时长为 16 分钟，略高于平均水平，女性听众为 14 分钟，略低于平均值；不同年龄段人群呈现出年龄越大、收听新闻综合类频率时长越长的特征，其中 15～54 岁人群低于或平于平均水平，55 岁及以上老年人则高于平均水平，尤其是 65 岁及以上人群，人均收听新闻综合类频率的时长达到了 45 分钟，是平均水平的 3 倍，以明显优势领先于其他年龄段人群；与不同年龄段听众对该类频率的收听时长特点相反，不同受教育程度人群收听该类频率的时长则呈现出学历越高、收听时长越短的特征，大专及以上学历人群对新闻综合类频率的人均日收听时长均低于平均值，相比而言，中等教育程度人群对该类频率的关注度更高；从个人月收入水平来看，收入越高，对新闻综合类频率的关注度越低，包括无收入人群对该类频率的关注度也较低，个人月收入 4001 元及以上人群对新闻综合类频率的人均日收听时长均低于平均水平。整体而言，老年和中等教育程度人群收听新闻综合类频率的时间较长，均高于平均水平（图 5）。

2. 新闻综合类频率早间一枝独秀，午间部分时段收听表现突出

新闻综合类频率在全天部分时段引领广播收听市场，主要表现在早间和午间部分时段。早间 05:00～07:30 时段一骑绝尘，以明显的收听优势领先于其他类别频率，07:15～07:30 时段达到该类频率的全天收听峰值，为 3.6%；午间 11:15～13:00 时段的收听表现也明显优于其他类别频率，居首位。

交通类和音乐类频率全天也有不俗的收听表现，其中交通类频率在早晚上下班高峰期间的收听峰值突出，音乐类频率则全天收听走势相对较为平稳，相较而言该类频率的伴随性特征更为突出（图6）。

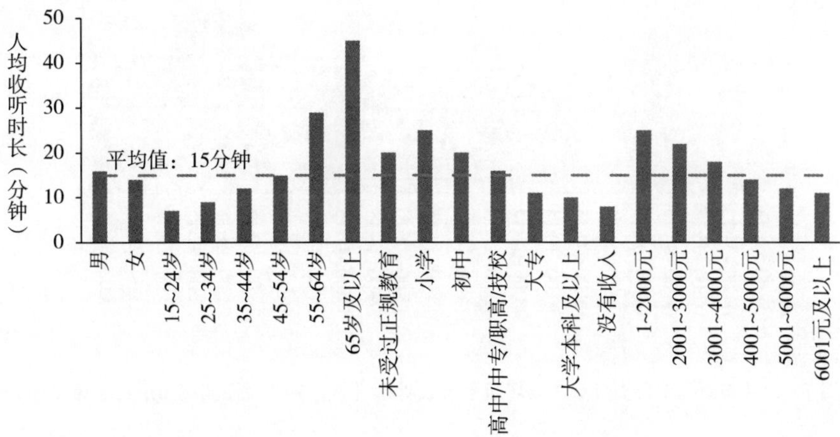

数据来源：CSM 媒介研究

图5 2018 年不同目标听众收听新闻综合类频率的人均时长

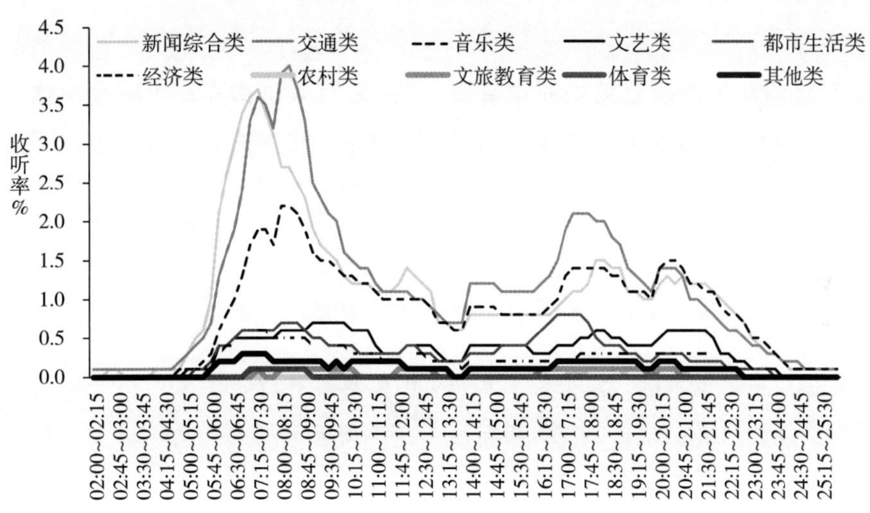

数据来源：CSM 媒介研究

图6 2018 年各专业频率全天收听率（%）走势

3. 家中是新闻综合类频率的最主要收听场所

新闻综合类频率的家中全天收听走势与所有场所趋同，全天高峰基本同步。家中收听早高峰出现在早间 06:45~07:00 时段，峰值为 2.54%，占到同时段所有场所收听率的 74.49%；傍晚 18:15~18:30 时段和晚间 20:45~21:00 时段分别出现两次收听次高峰，峰值分别为 0.92% 和 0.94%，分别占到同时段所有场所收听率的 60.53% 和 75.20%。总体而言，家中收听构成了新闻综合类频率全天收听的主体部分，贡献了约 64% 的收听量，其余 36% 左右的收听则来自家中以外的其他场所（图7）。

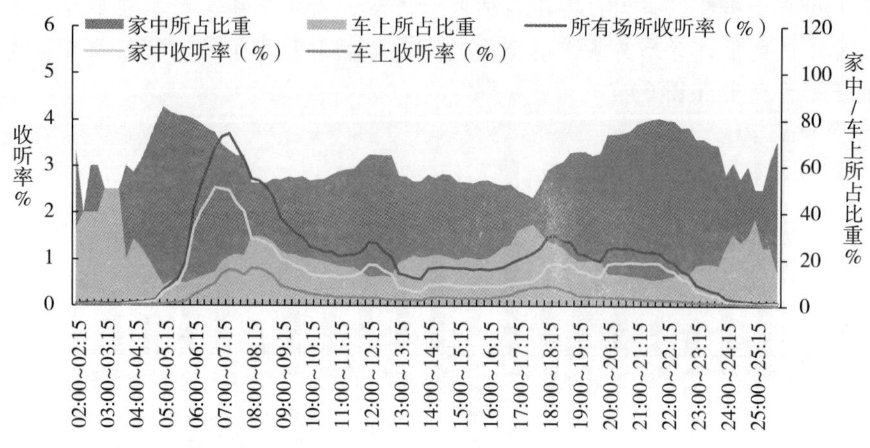

数据来源：CSM 媒介研究

图7　2018 年新闻综合类频率主要场所全天收听率（%）走势及不同场所所占比重（%）

三、新闻综合类频率听众特征

1. 所有场所和家中听众结构同中有异，“三高”人群构成车上听众主体

所有场所和家中的听众结构既有相同点，也存在一定的差异（图8）。二者的相同之处在于：55 岁及以上、初高中学历和个人月收入 2001 ~ 4000 元的听众构成了两个场所的主体听众群，55 岁及以上、高中及以下学历和个人月收入 1 ~ 4000 元的听众群更偏好于收听新闻综合类频率；不同之处在于，男性在所有场所听众中占比较高，且对新闻综合类频率的收听喜好度更高，女性则在家中听众中占比较高且对该类频率的收听偏好度更高。

与所有场所和家中相比，高学历、高收入、高含金量（中青年）的“三高”人群构成了车上的主体听众群，且他们对新闻综合类频率的关注度也更高。这与该类人群有更多机会驾车或乘车出行有很大的关系。

2. 听众自身身份属性与收听地点相契合

听众本身的自然属性、社会属性和自身的工作生活习惯等因素决定了他们有自己的生活圈子和生活轨迹，不同目标人群与收听新闻综合类频率的场所对应分析表明：听众自身的“气质”与他们收听广播的重点场所高度契合。低学历和低收入人群更倾向于在家中收听新闻综合类频率；白天大部分时段处于工作状态的中等收入、中等学历的听众更多地选择在工作/学习场所和其他场所收听该类频率；选择在车上收听新闻综合类频率的听众则含金量更高，主要由一些高学历、高收入的社会中坚力量组成（图9）。

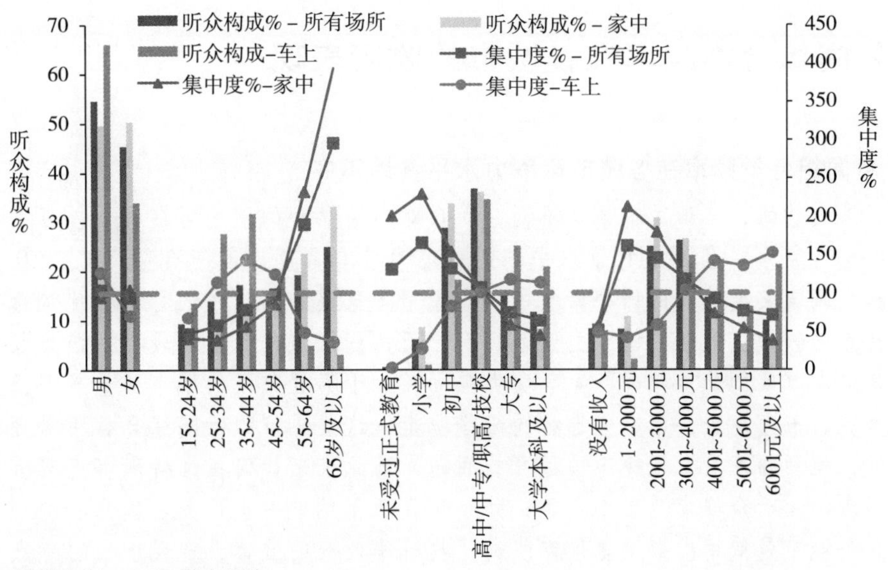

数据来源：CSM 媒介研究

图 8　2018 年新闻综合类频率听众构成（%）和集中度（%）（所有场所/家中/车上）

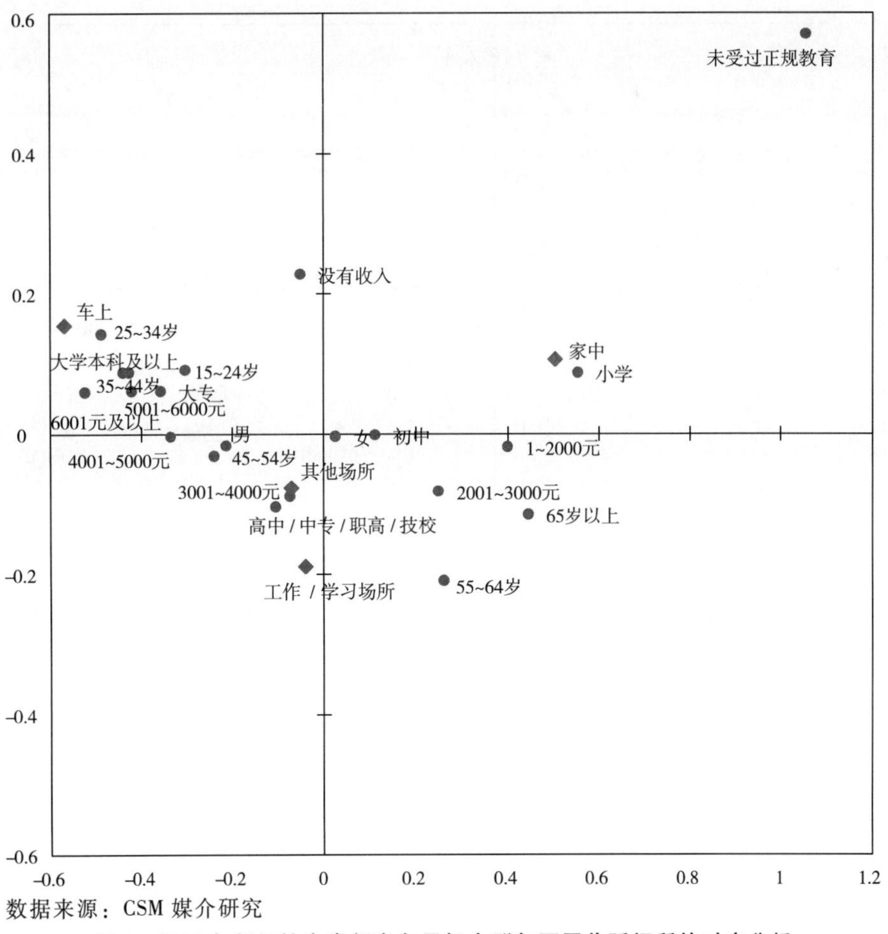

数据来源：CSM 媒介研究

图 9　2018 年新闻综合类频率各目标人群与不同收听场所的对应分析

四、新闻综合类频率在各城市的收听表现

1. 新闻综合类频率在各城市竞争力水平参差不齐

中国地大物博，各地民情风俗不同，受众对广播媒介的消费习惯也千差万别，反映到新闻综合类频率在各地的竞争水平，则表现为各有特色、参差不齐。在图10由平均到达率和平均忠实度构成的四个象限中，处于第Ⅰ象限的佛山我们称之为优势地区，其最大的特点是该地区的新闻综合类频率拥有广泛的受众群，且黏性较高，该类频率在当地可谓是名副其实的优势频率，竞争实力强劲；处于第Ⅱ象限的城市数量颇多，主要包括乌鲁木齐、石家庄、济南、大连和沈阳等城市，这些城市的新闻综合类频率拥有一批忠实粉丝，但面临着受众规模范围过窄的问题，因此未来如何在维持现有忠实听众的基础上进一步扩大听众规模是重中之重；处于第Ⅳ象限的北京、广州、南京、深圳、上海和无锡6个城市是使用虚拟测量仪方法进行收听率调查的城市，表现出来的特点是新闻综合类频率的听众规模宽泛但忠实度较低，未来努力的方向就是在保有现有听众规模的基础上，进一步提升听众对频率的黏性（图10）。

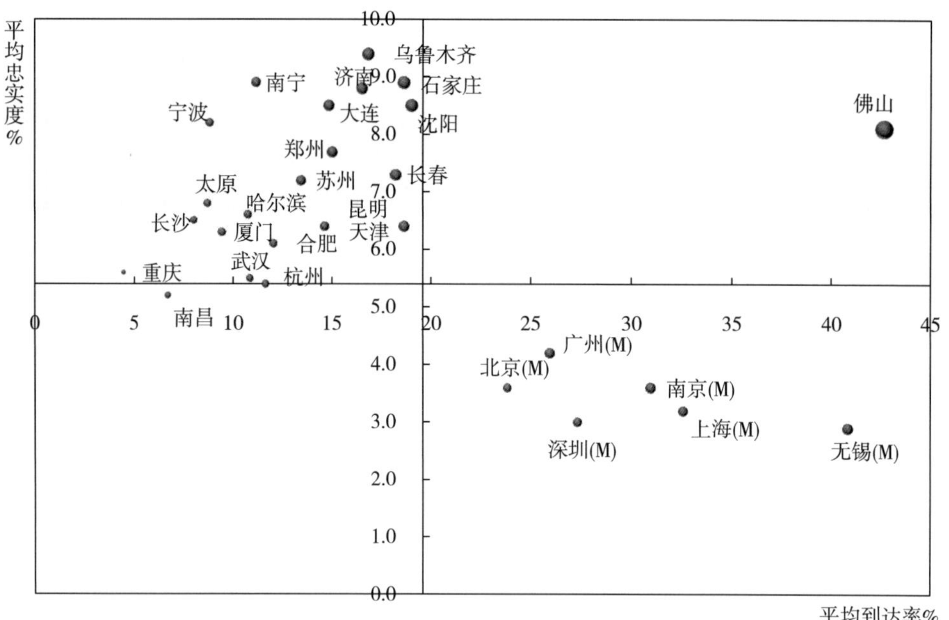

数据来源：CSM媒介研究

图10 2018年新闻综合类频率在不同城市的平均到达率（%）和平均忠实度（%）

2. 本地新闻综合类频率在当地竞争实力强劲

2018年各城市主要新闻综合类频率（收听率排名进入前10位的频率）在当地的市场份额排名显示，新闻综合类频率在本地市场竞争力强劲。其中济南新闻广播（FM106.6）、佛山人民广播电台（FM94.6）和郑州新闻广播（AM549/FM98.8）分别在

济南、佛山和郑州3个城市所占市场份额位居榜首。

济南新闻广播（FM106.6）、佛山人民广播电台（FM94.6）、江苏新闻广播（FM93.7）、郑州新闻广播（AM549/FM98.8）和上海人民广播电台上海新闻广播（FM93.4/AM990）在当地所占市场份额分别为31.34%、28.24%、23.92%、21.27%和17.24%，位列28城市收听率进入当地前10位的新闻综合类频率中市场份额的前5位。

同时我们可以看出，在进入当地收听率排名前10位的新闻综合类频率中，除了中央人民广播电台第一套节目中国之声和中国国际广播电台环球资讯广播外，其余频率均为本地新闻综合类频率。本地频率更贴近生活、更接地气，说的也都是听众身边的大事小情，天然有亲切感，因此能受到听众的青睐也属正常（表1）。

表1　2018年各城市主要新闻综合类频率（收听率排名进入前10位的频率）在当地市场的市场份额（%）排名

城市	排名	频率	收听率（%）	市场份额（%）
北京	3	北京广播电台新闻广播（FM100.6/AM828/CFM90.4）	0.39	10.41
	4	中央人民广播电台第一套节目中国之声	0.31	8.38
	6	中国国际广播电台环球资讯广播（FM90.5/AM900）	0.15	3.92
长春	3	吉林人民广播电台新闻综合广播（FM91.6/AM738）	0.43	8.39
	4	吉林人民广播电台资讯广播（FM100.1）	0.37	7.22
	5	中央人民广播电台第一套节目中国之声	0.34	6.58
	9	长春人民广播电台新闻综合广播（FM88.9/AM900）	0.18	3.51
长沙	7	长沙人民广播电台新闻广播（FM105）	0.15	4.39
	8	湖南人民广播电台新闻综合频道（FM102.8/FM93.0）	0.14	3.96
	9	中央人民广播电台第一套节目中国之声	0.13	3.78
重庆	4	重庆人民广播电台重庆之声（FM96.8/AM1314）	0.18	7.15
	7	中国国际广播电台环球资讯广播（FM91.7）	0.03	1.21
	8	四川人民广播电台综合广播（FM98.1/AM1116）	0.02	0.85
	9	中央人民广播电台第一套节目中国之声	0.01	0.53
大连	2	大连广播电视台第一套综合广播（FM103.3/AM882）	0.84	17.22
	3	中央人民广播电台第一套节目中国之声	0.37	7.59
佛山	1	佛山人民广播电台（FM94.6）	1.52	28.24
	3	佛山人民广播电台（FM90.1）	0.85	15.77
	5	佛山人民广播电台（FM90.6）	0.51	9.40
	6	佛山人民广播电台（FM88.3）	0.24	4.45
	8	广东广播电视台珠江经济广播电台（E FM 财富974）	0.13	2.39
	9	鹤山人民广播电台（FM104.7）	0.08	1.52

续表

城市	排名	频率	收听率（%）	市场份额（%）
广州	3	广东广播电视台珠江经济广播电台（E FM 财富 974）	0.55	12.75
	6	广州新闻电台（FM96.2）	0.30	6.93
杭州	2	浙江之声（FM88/FM101.6/AM810）	0.29	9.46
	8	中央人民广播电台第一套节目中国之声	0.16	5.16
哈尔滨	6	黑龙江新闻广播（龙广新闻台）（AM621/FM94.6）	0.38	5.62
	10	哈尔滨广播电视台新闻综合频率（AM837/FM90.4）	0.19	2.85
合肥	5	中央人民广播电台第一套节目中国之声	0.32	9.66
	7	合肥新闻综合广播（AM666/FM91.5）	0.17	5.06
	10	安徽新闻综合广播（AM936/FM103.6）（安徽之声）	0.09	2.83
济南	1	济南新闻广播（FM106.6）	1.41	31.34
	6	山东人民广播电台（AM918/FM95）	0.14	3.17
昆明	2	中央人民广播电台第一套节目中国之声	0.57	14.52
	6	云南广播电视台新闻广播（AM576/FM105.8）	0.23	5.78
	9	昆明广播电视台（FM100.8）新闻资讯广播	0.17	4.32
南昌	4	中央人民广播电台第一套节目中国之声	0.22	8.88
	10	南昌新闻综合频率（FM91.7/AM1278）	0.07	2.67
南宁	2	中央人民广播电台第一套节目中国之声	0.48	14.96
	5	广西电台综合广播（新闻 910）（AM792/FM91.0）	0.29	8.91
	7	南宁人民广播电台综合广播 1014 新闻台（FM101.4）	0.21	6.59
南京（M）	2	江苏新闻广播（FM93.7）	0.84	23.92
	5	南京人民广播电台新闻综合广播（AM1008/FM106.9）	0.18	5.10
	8	中央人民广播电台第一套节目中国之声	0.07	2.03
宁波	3	宁波电台新闻综合广播宁波之声（FM92.0 AM1323）	0.31	9.60
	5	中央人民广播电台第一套节目中国之声	0.20	6.28
	6	浙江之声（FM88/FM101.6/AM810）	0.14	4.43
	9	浙江电台（FM99.6）民生 996	0.07	2.28
上海（M）	2	上海人民广播电台上海新闻广播（FM93.4/AM990）	0.61	17.24
	4	东广新闻台（AM1296/FM90.9）	0.31	8.69
	8	中央人民广播电台第一套节目中国之声	0.12	3.41
沈阳	3	沈阳广播电视台新闻广播（FM104.5/AM792）	0.89	14.25
	7	中央人民广播电台第一套节目中国之声	0.35	5.59
	9	辽宁广播电视台辽宁之声（AM1089/FM102.9）	0.21	3.31

续表

城市	排名	频率	收听率（%）	市场份额（%）
石家庄	2	石家庄广播电视台新闻广播（AM882/FM88.2）	0.71	13.22
	4	中央人民广播电台第一套节目中国之声	0.50	9.23
	7	河北广播电视台综合广播（FM104.3）	0.32	5.92
苏州	3	苏州广播电视总台综合广播（FM91.1）	0.38	10.17
	4	苏州广播电视总台综合广播（AM1080）	0.24	6.36
	6	中央人民广播电台第一套节目中国之声	0.18	4.82
太原	9	中央人民广播电台第一套节目中国之声	0.22	4.00
深圳（M）	3	深圳广播电台新闻频率（FM89.8）	0.42	13.85
	7	中央人民广播电台第一套节目中国之声	0.09	3.06
	8	深圳优悦广播（FM105.7）	0.08	2.67
	10	深圳滨海（905 FM90.5）	0.05	1.71
天津	4	天津人民广播电台新闻广播（FM97.2/AM909）	0.68	10.27
	10	天津人民广播电台滨海广播（FM87.8/AM747）	0.13	1.94
乌鲁木齐	3	中央人民广播电台第一套节目中国之声	0.41	6.21
	7	新疆人民广播电台 924 民生广播（FM92.4）	0.28	4.32
	10	新疆人民广播电台维吾尔语广播（FM101.7/AM855/AM558）	0.18	2.74
武汉	3	中央人民广播电台第一套节目中国之声	0.21	9.44
	4	湖北之声（AM774/FM104.6）	0.20	8.92
	7	武汉广播电视台新闻综合广播（AM873/FM88.4）	0.16	7.23
无锡（M）	2	无锡广播电视台梁溪之声广播（FM92.6）	0.49	17.19
	4	无锡广播电视台新闻综合广播（FM93.7）	0.45	15.60
	7	江苏新闻广播（FM93.7）	0.13	4.52
	8	无锡广播电视台新闻综合广播（AM1161）	0.06	2.21
	10	中央人民广播电台第一套节目中国之声	0.05	1.57
厦门	3	厦门人民广播电台综合广播（FM99.6/AM1107）	0.21	9.33
	4	闽南之声广播（AM801/FM101.2）	0.20	8.62
	5	中央人民广播电台第一套节目中国之声	0.08	3.33
	7	海峡之声广播电台闽南话频道（AM783）	0.05	2.37
郑州	1	郑州新闻广播（AM549/FM98.8）	0.77	21.27
	6	河南新闻广播（FM95.4）	0.26	7.18
	8	中央人民广播电台第一套节目中国之声	0.12	3.38

数据来源：CSM 媒介研究

五、新闻综合类节目收听表现分析

1. 新闻/时事类节目位列听众喜欢收听节目的第二位

2018 年 CSM 媒介研究 12 城市①基础研究调查数据显示，音乐类节目以七成多的选择比例位列听众喜欢收听的节目类型之首，新闻/时事类节目的选择比例接近六成，位列榜眼，生活服务类节目则以接近三成的选择比例位居第三。新闻/时事类节目依然是受众喜欢收听的节目类型之一（表 2）。

表 2　2018 年 12 城市听众喜欢收听节目类型选择比例（%，多选）

节目类型	选择比例（%）
音乐类	70.29
新闻/时事类	58.61
生活服务类	27.28
文艺类	26.19
体育类	10.67
财经类	8.58
法制类	6.39
外语类	4.73
社教类	3.89
其他类	4.19

数据来源：CSM 媒介研究《12 城市电视广播视听率调查基础研究问卷》（2018 年）

2. 《交广早班车》是一档生机蓬勃的广播新闻节目

《交广早班车》是江苏交通广播网（FM101.1）早间黄金时段的新闻资讯类节目，节目主要提供新闻资讯，报告天下大事，纵览民生资讯，快递交通、汽车行业前沿信息。节目的播出时段构成了该频率的早高峰时段，创造了全天的收听峰值，收听表现较好，同时节目本身广告吸纳好，线下活动丰富，有庞大的粉丝社群“果丹皮”。该节目是一档散发着勃勃生机的广播新闻节目（图 11）。

男性、中青年、中高学历、中等收入人群构成了该节目的主体受众群，这些目标人群对该节目的收听偏好度也较高。总体而言，该节目的目标受众群含金量较高（图 12）。

① 12 城市包括成都、深圳、重庆、武汉、沈阳、广州、南京、北京、上海、天津、长沙和西安。

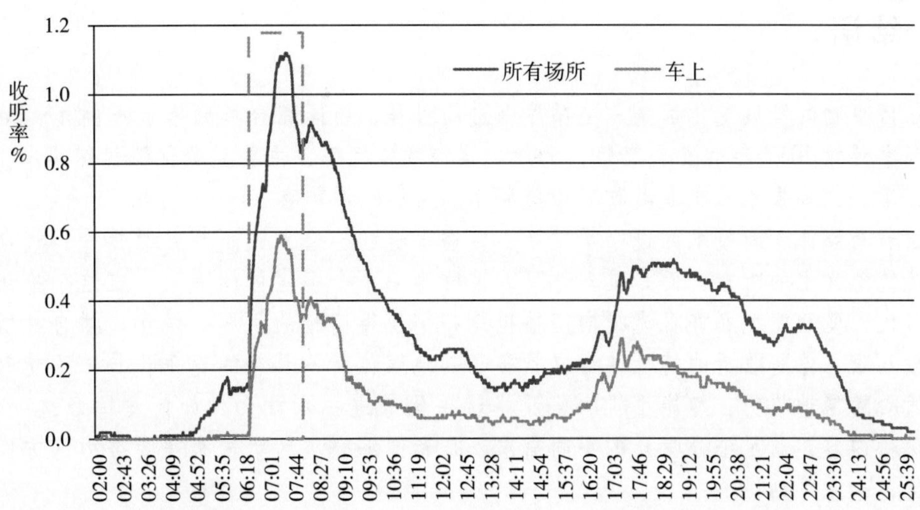

数据来源：CSM 媒介研究

图 11　2018 年全年周一至周五江苏交通广播网（FM101.1）全天收听率（%）走势

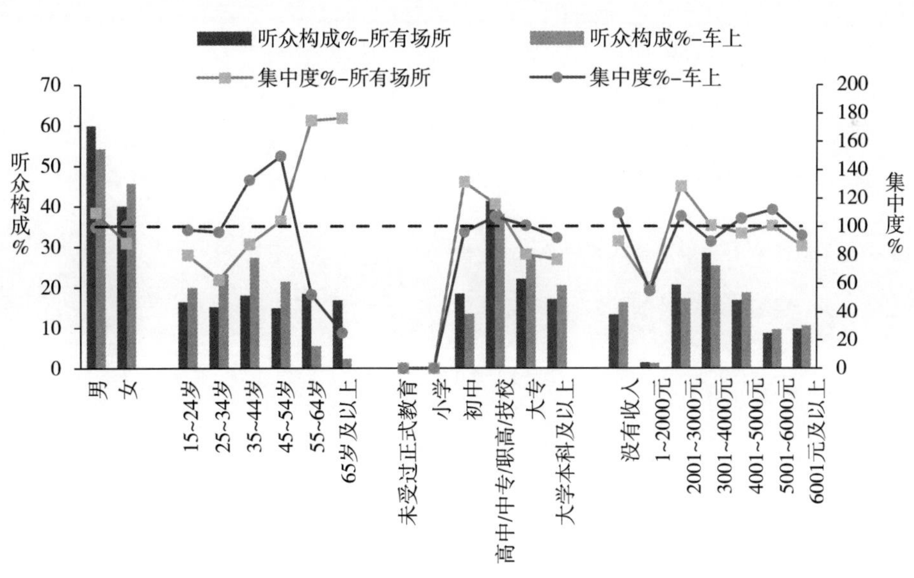

数据来源：CSM 媒介研究

图 12　2018 年《交广早班车》所有场所和车上听众构成（%）和集中度（%）

六、结语

任何事物的发展变化都是一个循序渐进的过程，新闻综合类频率也不例外。2018 年该类频率延续2017 年的发展态势，仍属于强势竞争频率，主要竞争优势仍然集中体现在家中，车上优势虽不及交通类和音乐类频率，但胜在增势喜人。

随着新媒体、新技术的进一步发展，传播渠道和传播方式不断升级换代，听众已不再是传统意义上的听众，而是更多地可以被称为一个个多媒体的受众。在这个抢夺注意力的时代，受众能把几许目光投向广播也是一个值得商榷的问题。好在广播自身所独有的解放双眼、伴随收听的特性使得它具备了其他媒体所不具有的竞争优势。不受时空限制，随心随愿地收听，智能手机的普及将这一优势进一步放大。如何发挥好这一优势，同时深耕内容，满足细分受众的不同需求，是新闻综合类频率未来需要努力的方向。前景可待，未来可期！

（作者：解永利）

2018年交通类频率收听状况分析

随着中国经济持续快速发展，私家车数量也快速增长。公安部数据显示，到2018年年底，全国私家车数量首次突破2亿辆，达到2.4亿辆；全国机动车驾驶人数量也呈现出持续大幅增长之势，到2018年年底，机动车驾驶人数量达4.09亿人。交通类频率作为一个专业化的频率，为路上的司机、乘客提供实时路况、天气、资讯、娱乐等服务，在各地区都具有非常大的影响力。私家车和驾驶员数量的大幅增长，进一步巩固了交通类广播在车载收听上的优势地位。本文主要根据CSM媒介研究2018年28城市四波收听率调查数据，对交通类频率的市场竞争力、听众特点以及其在各城市的收听表现进行分析，以回顾2018年交通类频率的收听特征①。

一、交通类频率收听概况

1. 交通类频率人均每日收听时长出现回升

比较2016年至2018年交通类频率的人均每日收听分钟数，我们可以发现，在所有场所，人均每日收听分钟数在2017年小幅下滑至16.6分钟之后，2018年又回升至17分钟。分不同场所来看，2018年听众在家中收听交通类频率的人均时长呈现继续下滑的趋势，而在车上收听交通类频率的人均时长则较2017年有所回升。家中的人均每日收听分钟数从2016年的6.3分钟下滑至2017年的5.9分钟再继续下滑至2018年的5.7分钟；车上依然是交通类频率的主要收听场所，人均每日收听分钟数在经历了2017年的小幅度下滑之后出现回升，从2016年的9.7分钟下滑至2017年的9分钟，又在2018年回升到9.4分钟；2018年工作/学习场所的人均每日收听分钟数为1.1分钟，较2017年有略有下滑；其他场所的人均每日收听分钟数为0.8分钟，较2017年略有上升（图1）。

2. 全天收听率走势与上年基本保持一致

通过比较近三年交通类频率的全天收听率走势，在所有场所，全天收听率走势基本一致，早晚高峰均出现在早间07:00~09:00和晚间17:00~19:00时段，2018年早晚收听峰值与2017年基本持平，但较2016年有所下滑。2018年早高峰峰值与2017年相同，为3.98%，较2016年的4.44%下降了0.46个百分点；晚高峰峰值为2.14%，较2017

① 文中如无特殊说明，2016~2018年数据为历年四波调查数据，目标人群均为15岁及以上，时间段为全天。

年的2.21%下降0.07个百分点，较2016年的2.54%下降0.4个百分点。在其他时段，2018年的收听率与前两年基本持平，无明显差异（图2）。

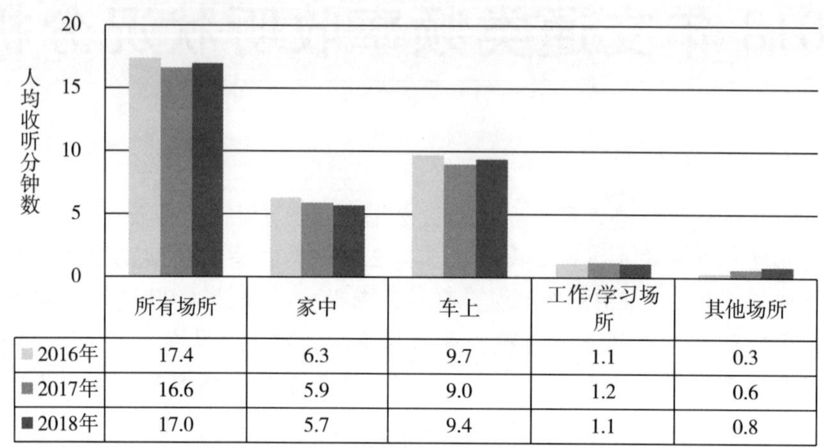

	所有场所	家中	车上	工作/学习场所	其他场所
2016年	17.4	6.3	9.7	1.1	0.3
2017年	16.6	5.9	9.0	1.2	0.6
2018年	17.0	5.7	9.4	1.1	0.8

数据来源：CSM媒介研究

图1　2016~2018年交通类频率在不同场所的人均收听分钟数比较

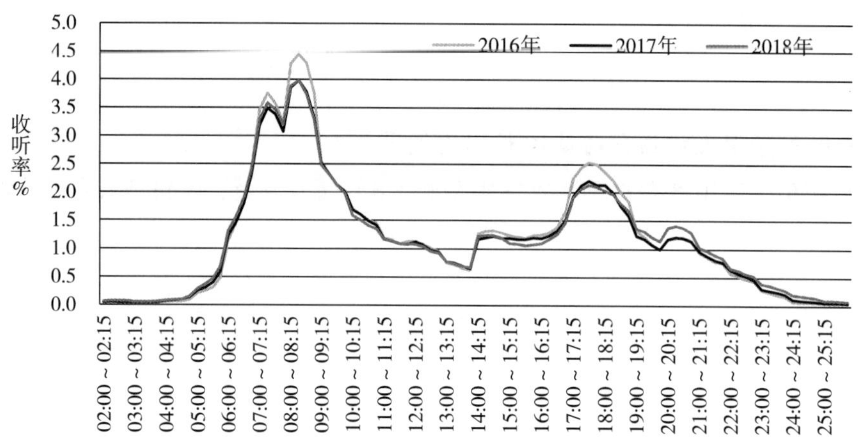

数据来源：CSM媒介研究

图2　2016~2018年交通类频率全天收听率（%）走势比较（所有场所）

车上作为交通类频率的主要收听场所，与所有场所相比，早间和晚间的收听高峰更为明显。我们可以看到，车上收听早晚高峰时段与所有场所类似，均出现在早间07:00~09:00和晚间17:00~19:00时段。同所有场所一样，2018年车上收听全天收听率走势与前两年保持一致，早晚高峰峰值与2017年基本持平，但较2016年有所下滑。2018年的早高峰峰值为2.75%，较2017年的2.74%略有上升，较2016年的3.14%下降了0.39个百分点；2018年的晚高峰峰值为1.59%，较2017年的1.68%略微下降0.09个百分点，较2016年的1.95%下降0.36个百分点。在其他时段，2018年的收听率与前两年基本持平，无明显差异（图3）。

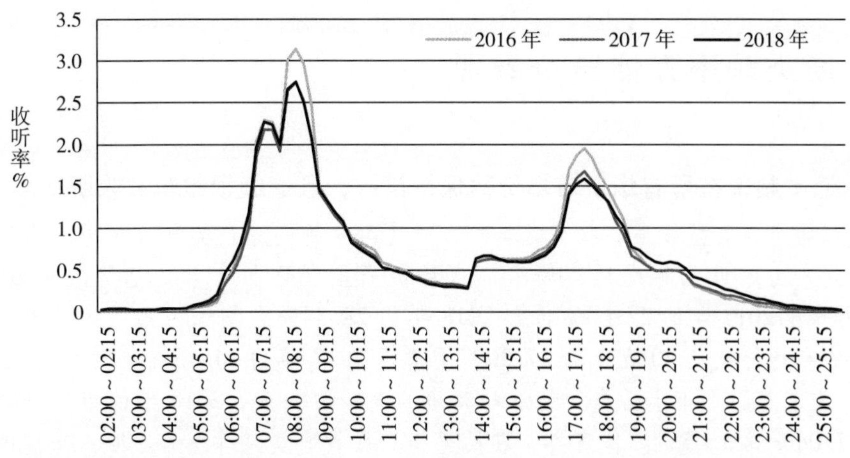

数据来源：CSM 媒介研究

图 3　2016～2018 年交通类频率全天收听率（%）走势比较（车上）

3. 工作日收听水平高于周末

从不同周天交通类频率的收听表现来看，所有场所和车上的收听走势较为相似，两者工作日的收听水平均高于周末（图 4）。从图 4 中我们可以看出，周一的收听率最高，这是因为周一上班时段的路况在一周之中最为复杂，周二收听率会有所下滑，随后周三出现回升并在周四和周五趋于平稳。到了周末，大部分听众都处在休息状态，这时他们在收听选择上会出现一些变化，导致交通类频率的收听率较工作日有所降低。进一步来看，在周末，车上收听率下降的幅度比所有场所更大。由此可见，交通类频率的收听表现一定程度上会受到听众作息时间的影响，且车上收听受到的影响更大。

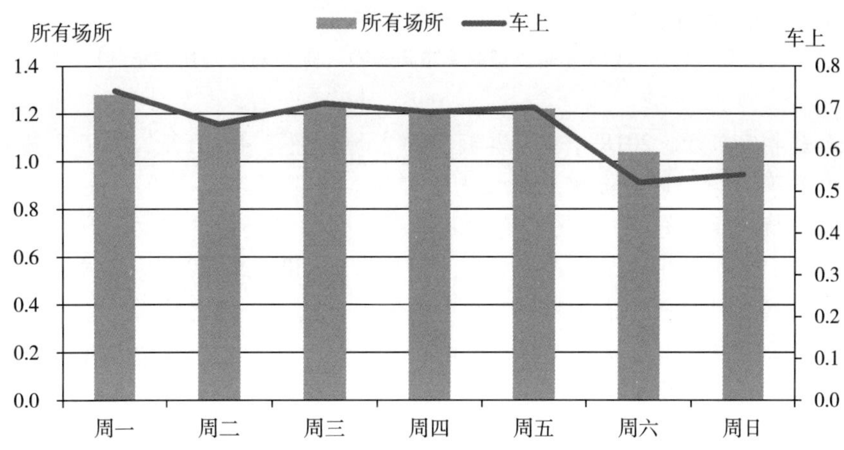

数据来源：CSM 媒介研究

图 4　2018 年交通类频率不同周天收听率（%）比较

二、交通类频率整体竞争表现

1. 交通类频率在所有场所市场份额保持第一，且继续领跑车载收听市场

在所有场所各类型频率的收听竞争中，交通类、新闻综合类和音乐类频率依旧保持着较强的竞争力。近几年交通类频率的市场份额呈现逐年上升的态势，从2016年的24.66%上升至2017年的27.60%再到2018年的28.34%，均保持第一的位置。新闻综合类频率的市场份额从2016年的27.30%下滑至2017年的24.15%又回升到2018年的25.29%。文艺类、都市生活类和经济类频率的竞争力一般，2018年的市场份额分别为7.99%、7.04%和5.45%。体育类、农村类和文旅教育类频率①受定位、节目内容等因素的限制，受众范围较小，市场份额相对较低（图5）。

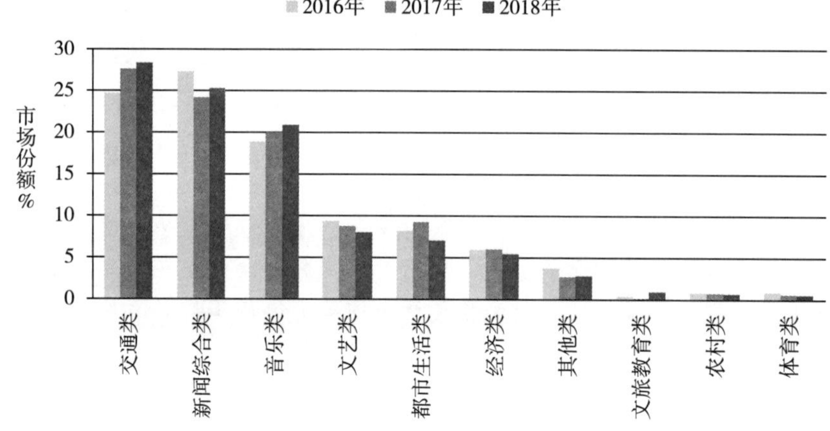

数据来源：CSM媒介研究

图5　2016～2018年各类型频率市场份额（%）对比（所有场所）

再看车载收听市场，2018年交通类频率的市场份额为45.31%，全天大部分时段都具有绝对的竞争优势，市场份额遥遥领先于其他各类型频率（图6）。随着晚高峰的结束，道路交通情况逐渐好转，交通类频率的收听开始逐渐下滑。与之相反，音乐类频率的收听走势从17:00晚高峰开始逐渐上升，到夜间21:30～24:00时段与交通类频率形成竞争态势。虽然夜间时段音乐类频率对交通类频率造成了一定的威胁，但由于交通类频率在全天大部分时段都有稳定的支撑，因而在车载收听市场的霸主地位不可撼动，仍然具有非常高的广告投放价值。

① 根据市场需求和频率发展状况，2018年新增文旅教育类频率，主要包括教育类频率和频率名称中带有“文化”和“旅游”字样的频率。

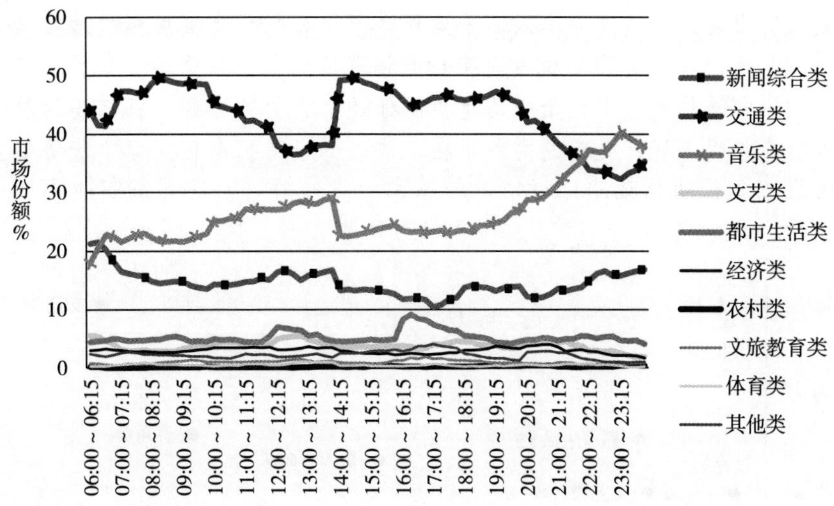

数据来源：CSM 媒介研究

图 6　2018 年各类型频率全天市场份额（%）走势（车上）

2. 交通类频率为强势媒体平台，听众收听广度和深度均衡发展

我们可以通过平均到达率和平均忠实度这两个维度来考量各类型频率的竞争力。平均到达率反映听众收听的广度，即有多少不重复的听众收听该频率；平均忠实度反映听众收听的深度，即听众有多长时间收听该频率。交通类、新闻综合类和音乐类频率依靠丰富的节目资源优势吸引着大量的听众，被认为是拉动收听的三驾马车。我们可以看到，在所有场所，交通类、新闻综合类和音乐类频率的平均到达率和平均忠实度都处在一个较高的水平上，为强势媒体平台，农村类、文艺类、都市生活类和经济类频率的平均忠实度较高但平均到达率相对低一些，属于小众频率（图 7）。

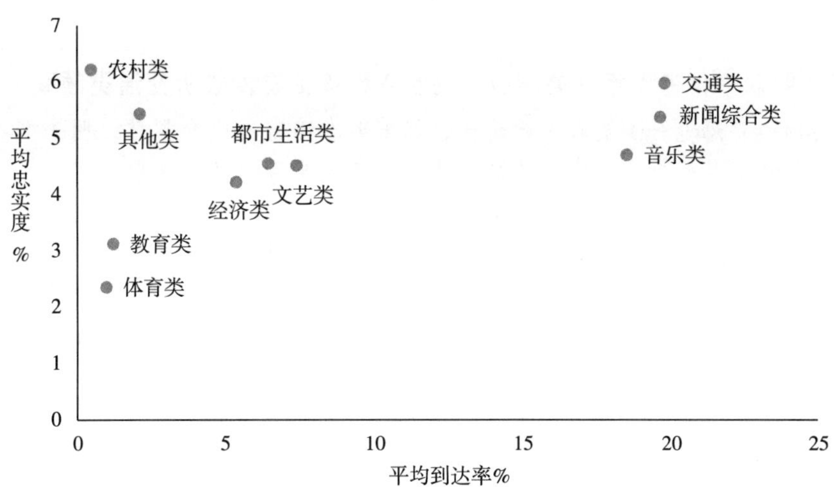

数据来源：CSM 媒介研究

图 7　2018 年广播收听市场各类型频率的平均到达率（%）和平均忠实度（%）（所有场所）

在车载收听市场，交通类频率以高平均到达率和高平均忠实度稳稳地位居强势媒体平台区域内。此外，音乐类频率和新闻综合类频率虽然也有较强的竞争力，但相较于交通类频率，无论是平均到达率还是平均忠实度都还有较大的差距。拥有高而稳定的听众收听深度和听众收听广度，是交通类频率在车载收听市场拥有巨大竞争优势的主要原因（图8）。

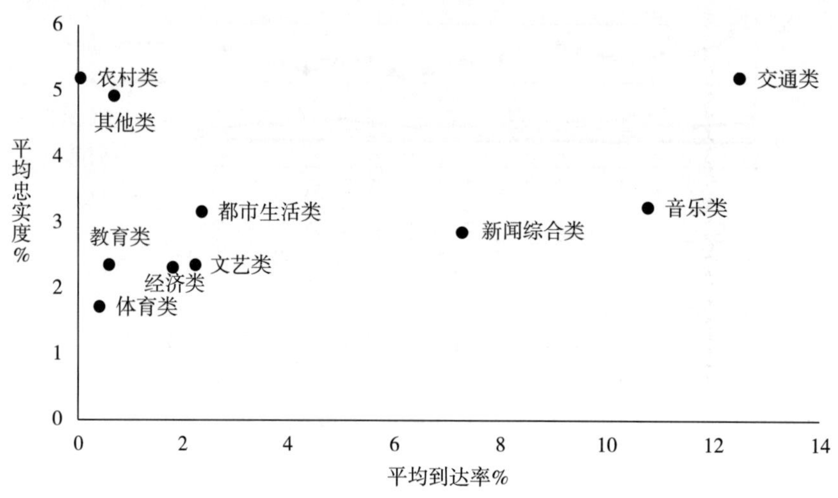

数据来源：CSM 媒介研究

图8　2018年广播收听市场各专业频率的平均到达率（%）和平均忠实度（%）（车上）

三、交通类频率的听众特征

1. 车上听众中，中青年、高学历、高收入群体更喜爱收听交通类频率

交通类频率要想进一步提升品牌价值，就需要准确定位听众群体，明确哪些人群是交通类频率的特定目标听众。听众构成反映的是交通类频率的主要收听人群，而听众集中度反映的是哪类人群更爱收听交通类频率。

从听众构成来看，交通类频率在所有场所和车上的听众特点较为相似。所有场所和车上的听众均以男性为主，所有场所的男性听众占61.67%，而车上的男性听众比例更高，达69.27%。从年龄段来看，25～44岁中青年在所有场所和车上均保持着较高的比例。

从听众集中度来看，男性、中青年、高收入群体更为喜爱收听交通类频率，且车上的听众比所有场所的听众更为优质。在车上，35～44岁中年人群的集中度达到了155.67%，大学本科及以上人群的集中度最高，高收入人群的集中度也相对较高。由此可见，交通类频率有着非常高的广告投放价值（图9～10）。

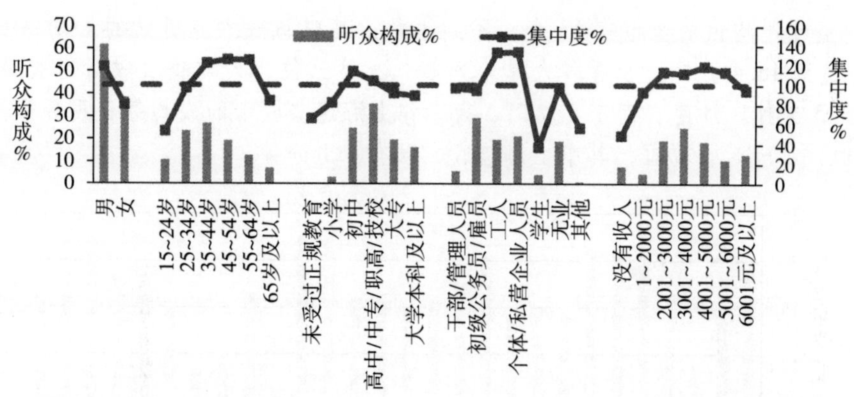

数据来源：CSM 媒介研究

图 9 2018 年交通类频率的听众构成（%）与集中度（%）（所有场所）

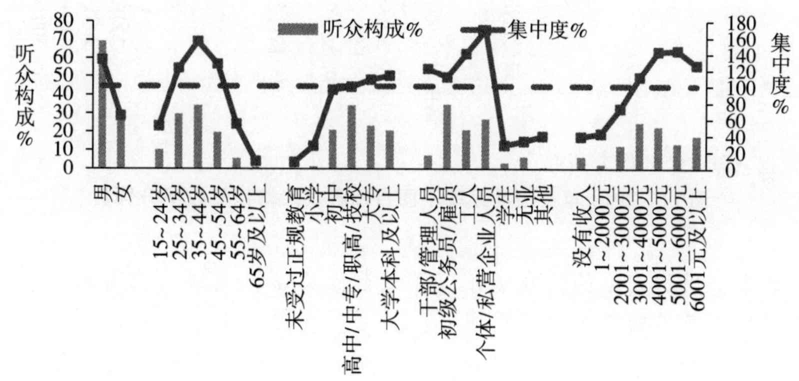

数据来源：CSM 媒介研究

图 10 2018 年交通类频率的听众构成（%）与集中度（%）（车上）

2. 男性、45～64 岁、个体/私营企业人员和工人人均收听时间更长

从不同目标人群收听交通类频率的人均时长来看，男性听众人均每日收听时长为 20.1 分钟，女性为 13.6 分钟；45～54 岁和 55～64 岁中老年人群人均每日收听时长最长，均为 21.3 分钟；初中学历人群人均每日收听时长最长，为 19.4 分钟；个体/私营企业人员和工人偏好交通类频率，其中，个体/私营企业人员人均每日收听时长为 22.7 分钟，工人为 22.6 分钟（图 11）。

四、交通类频率在各城市的收听表现

1. 交通类频率收听表现在不同城市差异较大

观察全国 28 个城市中交通类频率的人均收听量和听众规模，我们发现其在各个城市间存在着较大的差异（图 12）。2018 年 28 城市组交通类频率的人均每日收听时长为

17分钟，高于平均值的城市有13个，不到半数；其中乌鲁木齐听众的人均每日收听时长最长，达到46.4分钟，长春和太原分列第二、第三位，人均每日收听时长分别为37分钟和33.5分钟。济南、南宁、厦门、南京和上海这些城市的人均每日收听分钟数均不足10分钟，收听时长较短，其中上海垫底，只有4.1分钟。

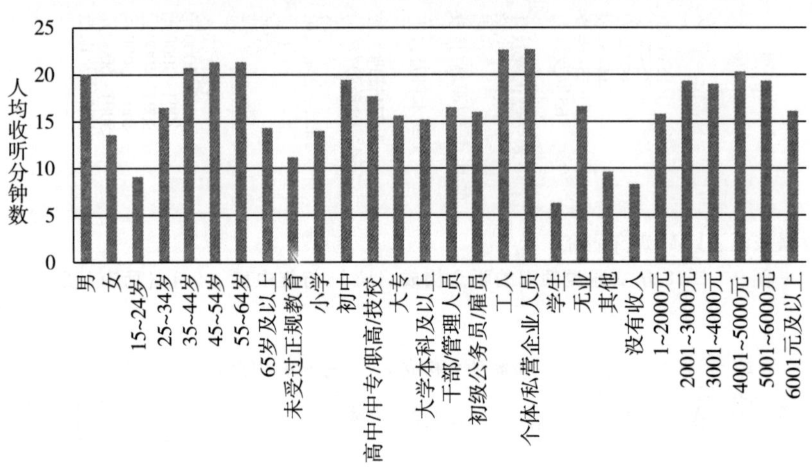

数据来源：CSM媒介研究

图11　2018年交通类频率不同目标听众人均每日收听分钟数

从各个城市交通类频率的听众规模（平均到达率%）来看，乌鲁木齐、长春、北京和太原等城市的交通类频率更能吸引听众，济南、武汉、上海、厦门和南宁的交通类频率的听众规模则相对较小。由此可以看出，交通类频率在北方城市的表现整体好于南方城市（图12）。

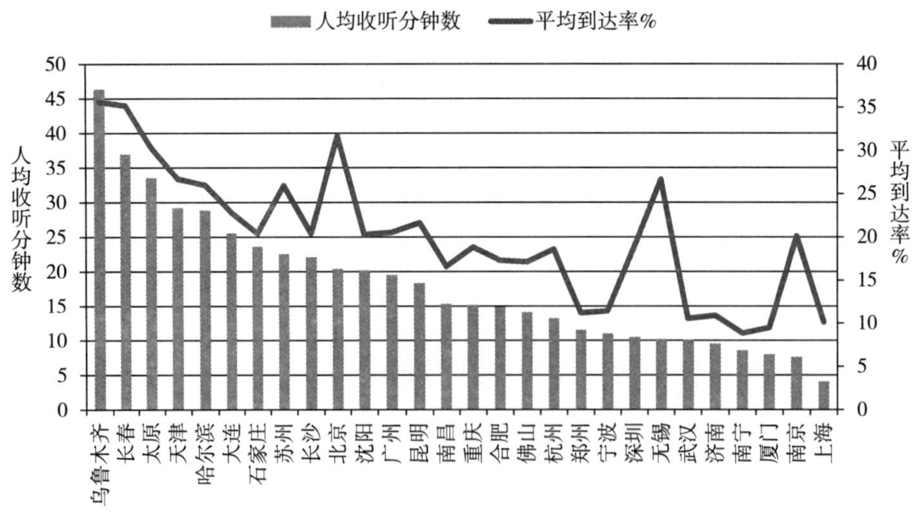

数据来源：CSM媒介研究

图12　2018年各城市交通类频率的人均每日收听分钟数和平均到达率（%）（所有场所）

综合来看，乌鲁木齐、长春和太原等城市交通类频率收听表现较为出色，济南、南宁、厦门和上海等城市交通类频率收听表现稍显不足，有待提升。

2. 交通类频率在本地市场具有很强的竞争力

从全国28个城市中主要交通类频率在本地市场的市场份额及排名来看，在所有场所，有33个交通类频率在当地市场的市场份额排名进入前3位。其中，北京人民广播电台交通广播（FM103.9/CFM95.6）、长春交通之声（FM96.8）、湖南人民广播电台交通频道（FM91.8/FM100.3）、重庆人民广播电台交通频率（FM95.5）、大连广播电台交通广播（FM100.8）、苏州广播电视总台交通经济广播（FM104.8）和新疆人民广播电台949交通广播（FM94.9）在本地市场的市场份额均超过了30%。

而在车上，交通类频率的强势尽显无遗，有39个交通类频率的市场份额排名进入当地前三，其中24个交通类频率占据第一位。重庆人民广播电台交通频率（FM95.5）在当地的市场份额更是达到了75.77%；此外，长春交通之声（FM96.8）、大连广播电台交通广播（FM100.8）、苏州广播电视总台交通经济广播（FM104.8）、太原人民广播电台交通频率（FM107）、天津人民广播电台交通广播（FM106.8）和新疆人民广播电台949交通广播（FM94.9）在当地的市场份额也都在50%以上。这足以证明交通类频率在车载收听市场上的竞争地位难以撼动（表1）。

表1 2018年各城市主要交通类频率在本地市场的市场份额（%）及排名

城市	频率	所有场所		车上	
		市场份额%	排名	市场份额%	排名
北京	北京人民广播电台交通广播（FM103.9/CFM95.6）	35.63	1	37.64	1
长春	长春交通之声（FM96.8）	35.59	1	55.06	1
	吉林人民广播电台交通广播（FM103.8）	14.04	2	13.49	2
长沙	湖南人民广播电台交通频道（FM91.8/FM100.3）	30.73	1	40.39	1
	长沙人民广播电台交通广播（FM106.1）	11.42	2	15.09	2
重庆	重庆人民广播电台交通频率（FM95.5）	41.09	1	75.77	1
大连	大连广播电台交通广播（FM100.8）	34.31	1	64.01	1
	辽宁广播电视台交通广播（FM97.5）	1.76	9	0.50	10
佛山	佛山人民广播电台（FM92.4）	16.75	2	26.09	1
	广东广播电视台羊城交通广播台（FM105.2）	1.00	10	2.00	7
广州	广东广播电视台羊城交通广播台（FM105.2）	18.70	1	20.67	1
	广州交通电台（FM106.1）	12.12	4	12.38	3
杭州	杭州交通经济广播（FM91.8）	20.72	1	33.47	1
	浙江人民广播电台交通之声（FM93）	8.93	3	15.65	2

续表

城市	频率	所有场所		车上	
		市场份额%	排名	市场份额%	排名
哈尔滨	黑龙江交通广播（FM99.8）	23.23	1	48.10	1
	哈尔滨广播电视台交通频率（FM92.5）	6.00	5	14.91	2
合肥	安徽交通广播（FM90.8）	17.86	1	32.33	1
	安徽经济广播-高速之声	0.89	20	0.98	13
	合肥交通广播（AM1053/FM102.6）	12.31	3	25.14	2
济南	济南交通广播（FM103.1）	11.56	3	38.87	1
	济南私家车广播（FM936）	1.45	13	2.87	8
	山东广播电视台交通广播 UP Radio（FM101.1）	1.59	12	2.88	7
昆明	云南广播电视台交通之声（FM91.8）	21.98	1	46.52	1
	昆明广播电视台（FM95.4）汽车广播	10.01	3	22.30	2
南昌	江西交通广播（FM105.4）	26.74	1	42.46	1
	南昌交通音乐广播（FM95.1）	13.68	2	17.31	2
	南昌快乐联盟大眼睛897（FM89.7）	2.45	12	1.49	9
南京	江苏交通广播网（FM101.1）	8.52	4	8.98	4
	江苏人民广播电台金陵之声（FM99.7）	1.85	9	2.23	9
	南京交通台交通（FM102.4）	4.60	6	5.51	5
南宁	广西电台交通广播（交通1003）（FM100.3）	13.33	4	22.65	2
	南宁人民广播电台交通音乐广播1074交通台	5.15	8	6.42	5
宁波	宁波电台交通广播（FM93.9 AM612）	19.73	1	27.79	1
	浙江人民广播电台交通之声（FM93）	4.16	7	4.47	4
上海	上海交通广播（AM648/FM105.7）	7.82	5	10.30	4
沈阳	辽宁广播电视台交通广播（FM97.5）	22.35	1	39.21	1
石家庄	河北广播电视台交通广播（FM99.2）	17.66	1	37.13	1
	石家庄广播电视台交通广播（FM94.6）	12.28	3	22.16	2
苏州	苏州广播电视总台交通经济广播（FM104.8）	36.55	1	58.41	1
	江苏交通广播网（FM101.1）	4.67	7	6.87	3
太原	太原人民广播电台交通频率（FM107）	29.90	1	55.37	1
	山西广播电视台交通广播（FM88）	11.82	2	15.16	2
深圳	深圳广播电台交通频率（FM106.2）	23.84	1	24.81	1
	广东广播电视台羊城交通广播台（FM105.2）	0.22	21	0.15	21
天津	天津人民广播电台交通广播（FM106.8）	29.85	1	53.00	1

续表

城市	频率	所有场所		车上	
		市场份额%	排名	市场份额%	排名
乌鲁木齐	新疆人民广播电台 949 交通广播（FM94.9）	41.47	1	67.77	1
	新疆人民广播电台（FM107.4）维吾尔语交通文艺广播	5.91	4	1.03	12
	乌鲁木齐人民广播电台交通文艺广播维语（FM104.6）	4.73	6	1.67	9
	乌鲁木齐人民广播电台交通广播（FM97.4）	3.02	9	3.76	4
武汉	楚天交通广播（FM92.7）	19.61	1	34.39	1
	武汉广播电视台交通广播（FM89.6/AM603）	8.20	6	10.53	3
	湖北私家车广播（FM107.8）	2.99	11	6.89	5
无锡	无锡广播电视台交通广播（FM106.9/AM1008）	22.88	1	26.39	1
	江苏交通广播网（FM101.1）	1.58	9	1.66	8
厦门	厦门经济交通广播（FM107/AM1278）	21.49	2	31.85	2
	福建人民广播电台交通广播（FM100.7）	2.79	6	3.71	5
	福建 987 私家车广播（FM98.7）	1.17	12	1.40	10
郑州	郑州交通广播（FM91.2）	10.02	3	24.88	1
	河南交通广播（FM104.1/FM92.4）	8.82	4	20.92	2
	河南私家车广播 999（FM99.9）	2.99	10	8.72	5
	河南人民广播电台 UP Radio1066（FM106.6/AM1332）	0.28	19	0.51	19

数据来源：CSM 媒介研究

五、典型交通类节目分析

1. 交通信息资讯类节目

交通信息资讯类节目一直是交通类频率的核心内容，通常也是频率收听高、创收高的品牌节目。

长春交通之声（FM96.8）的《968 新闻早高峰》是一档专业性新闻栏目，每天针对本市、国内、国际的各方面新闻进行全方位报道。值得一提的是《968 新闻早高峰》中的支队长热线栏目，它是交通方面专业、权威的热线栏目，提供最及时的路况信息和交通咨询，收听表现较好（图 13）。同样收听表现突出的还有大连广播电台交通广播（FM100.8）的《欢乐同行（早间版）》和无锡广播电视台交通广播（FM106.9/AM1008）的《1069 直播无锡》这两档早高峰重点节目，在当地市场的收听表现均保持前列。其中，《欢乐同行（早间版）》的车载收听市场份额更是高达 67.84%，深受当地听众的喜爱（表 2）。

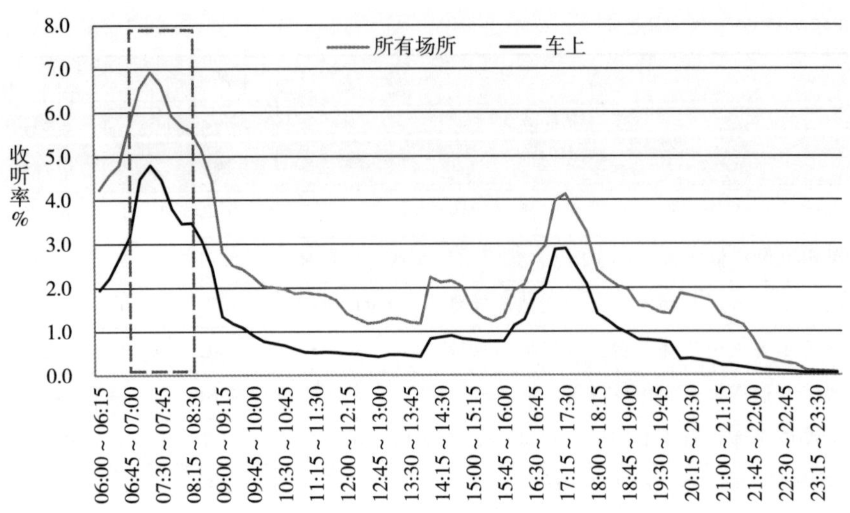

数据来源：CSM 媒介研究

图 13　2018 年长春交通之声（FM96.8）全天收听率（%）走势

表 2　《欢乐同行（早间版）》和《1069 直播无锡》收听表现

节目	频率	所有场所		车上	
		市场份额%	排名	市场份额%	排名
欢乐同行（早间版）07:00～09:00	大连广播电台交通广播（FM100.8）	36.35	1	67.84	1
1069 直播无锡 07:00～09:00	无锡广播电视台交通广播（FM106.9/AM100）	19.72	2	24.28	1

数据来源：CSM 媒介研究

2. 交通娱乐类节目

现在城市生活节奏越来越快，人们的工作压力随之提高，特别是在上下班高峰时段，堵车会使人们感到更为焦虑。因此，在这种情况下，不少交通频率除了提供交通信息资讯类节目之外，还会相应提供一些娱乐类节目，以帮助人们忘掉一天工作的沉重压力。

大连广播电台交通广播（FM100.8）的《娱乐新势力》是一档十分年轻的节目，主持人每天都会把从听众当中搜集来的一些好玩的小笑话、小幽默绘声绘色地讲给大家听，让大家在笑声当中释放激情、娱乐身心！该节目是整个交通广播节目当中与听友互动程度最高的一档节目，与听友的互动时间达到了整个节目的三分之二。从市场份额来看，《娱乐新势力》具有很强的竞争力，尤其在车载收听市场，其市场份额达到69.66%，遥遥领先于同时段的其他节目（表3）。

表 3 2018 年大连地区《娱乐新势力》市场份额（%）

节目	频率	所有场所		车上	
		市场份额%	排名	市场份额%	排名
娱乐新势力 19:00～20:00	大连广播电台交通广播（FM100.8）	34.07	1	69.66	1

数据来源：CSM 媒介研究

3. 交通法制类节目

随着我国汽车业及社会的不断发展，车多、人多、道路交通事故多发已经成为人们交通出行中无法回避的问题。在这样的环境下，出行人群对于法律法规知识的需求也越来越迫切。交通法制类节目就是以传播和普及法律法规为主要内容，以交通广播频率为传播载体的一种栏目类型。

河南交通广播（FM104.1/FM92.4）的《南方谈交通》栏目以节目主持人“南方”的名字命名，经过十多年的勤奋学习和积累，主持人熟练掌握了比较全面的交通安全法律法规知识，贴心、高效、专业地为听众解决交通出行中遇到的困难和问题，形成了专家型主持人风格。主持人耐心解答节目中听众咨询的专业问题，法规阐释专业、准确，人文关怀亲切、到位，彰显了媒体的社会责任。经过多年的沉淀，该节目已成为河南广播电视台的一档品牌栏目。从听众集中度来看，《南方谈交通》在郑州地区的听众中，25～34 岁的中青年人群、大学本科及以上的高学历人群以及个人月收入 6001 元及以上高收入人群相对更爱收听这档节目（图 14）。

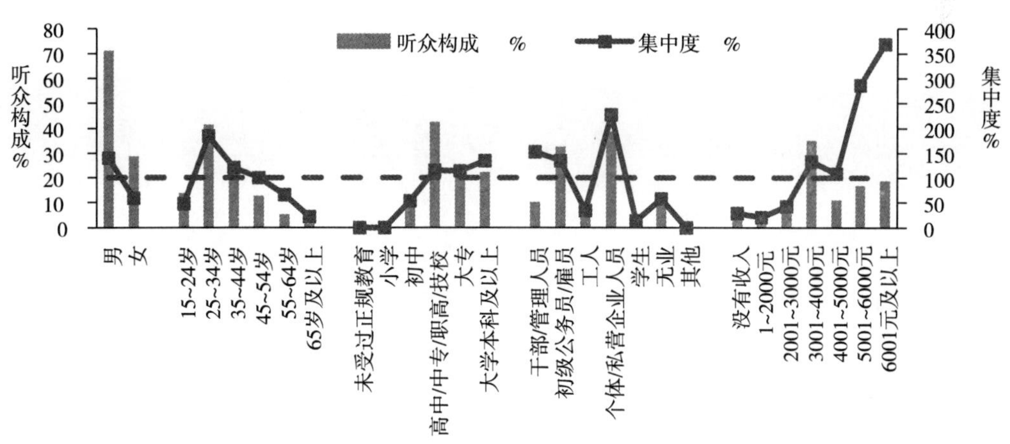

数据来源：CSM 媒介研究

图 14 2018 年郑州地区《南方谈交通》听众构成（%）和集中度（%）（车上）

六、结语

2018年，交通类频率人均每日收听分钟数在所有场所和在车上较2017年均有一定程度的回升，分别为17分钟和9.4分钟。从收听走势来看，车上收听的早晚高峰时段与所有场所类似，均出现在早间07:00~09:00和傍晚17:00~19:00时段，且两者的收听率早晚高峰峰值与2017年基本持平，但较2016年有所下滑。交通类频率的收听表现受听众作息时间的影响，因此，工作日的收听表现均要好于周末，并且车上收听受到的影响更大。2018年，交通类频率在所有场所的市场份额保持第一，在车载收听市场，交通类频率更是遥遥领先于其他各类型频率。值得一提的是，音乐类频率到夜间21:30~24:00时段与交通类频率形成竞争态势，对交通类频率造成了一定的威胁。但不管是在所有场所还是在车上，交通类频率均以高平均到达率和高平均忠实度稳稳地位居于强势媒体平台区域中。中青年、高学历、高收入的优质人群相对更爱收听交通类频率，该类频率具有非常高的广告投放价值。从全国28个城市的广播收听市场我们可以发现，交通类频率普遍在本地市场有较强的竞争力。

在这个信息爆炸、媒体竞争激烈的时代，听众的需求会随着时代的发展而变化，交通类频率也需要顺应不断变化的市场情况保持住自己原有的优势并图谋更大的发展。

（作者：潘琪）

2018 年音乐类频率收听状况分析

儒家经典《礼记》的《乐记》篇中记载："凡音之起，由人心生也。人心之动，物使之然也。感于物而动，故形于声"；"乐者，音之所由生也，其本在人心感于物也"。这充分说明了音乐是人类情感的外化表现。《乐记》的思想还认为，音乐不但对人类的心理能产生深刻的影响，并且在政治管理和民众教化等方面也起着重要的作用。人类与音乐有着不可切割的重要牵系，以音乐传播为主的音乐类频率在广播频率中也有着举足轻重的作用。

本文采用 CSM 媒介研究 2015 ~ 2018 年广播收听率调查城市[①]的四波收听调查数据、12 城市基础研究数据[②]和蜻蜓 FM 网站数据，重点对 2018 年音乐类频率的收听状况进行分析。

一、广播受众整体概况

1. 广播受众整体比例逾三成，直播仍是主流收听渠道

2018 年 CSM 媒介研究在 12 个一、二线城市的基础研究发现，在 15 岁及以上人群中广播受众[③]占据了逾三分之一的比例。从广播的收听渠道来看，广播直播节目的收听仍占据绝对优势，有 96.4% 的广播受众通过直播方式收听。随着互联网音频网站的兴起，通过互联网音频收听的广播受众也占据了一定的比例（图 1）。

2. 重度受众[④]的数量在广播受众中占据优势

无论是在通过直播抑或通过互联网音频收听广播的受众中，收听频次较高的重度受众数量都占据优势。在收听直播广播的受众中，每天收听和每周收听 3 次及以上的受众比例超过了 65%；在收听互联网音频的广播受众中，每天收听和每周收听 3 次及以上的受众比例为 9.7%，也远高于收听频次较少的受众占比。由此可见，收听广播对于广播受众来说已经成为相对习惯的行为，并且他们对广播具有较强的依赖性（图 2）。

---

① 2015 ~ 2018 年广播收听调查城市：非四年打通城市组合，每年调查城市数量分别为：2015 年 36 城市、2016 年 36 城市、2017 年 31 城市、2018 年 28 城市。

② 12 城市基础研究数据：北京、上海、广州、深圳、天津、重庆、成都、南京、西安、沈阳、武汉、长沙 12 城市。

③ 广播受众：过去半年内收听过广播直播节目或广播互联网音频节目的受众。

④ 重度受众：每周≥3 次收听过广播直播节目或广播互联网音频节目的受众。

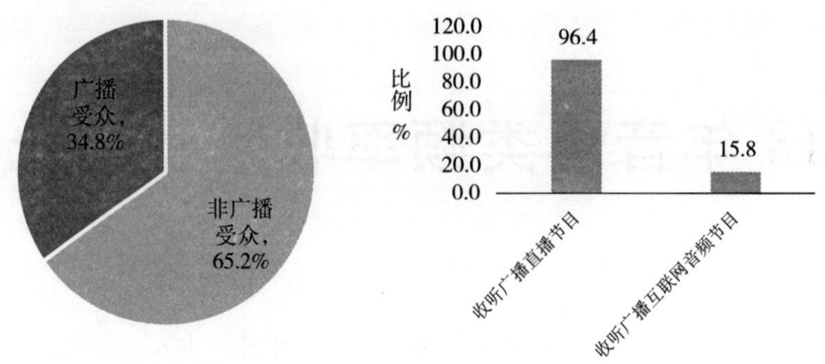

数据来源：CSM 媒介研究 12 城市基础研究

图 1　2018 年 12 城市广播受众占比及收听渠道比例（%，多选）

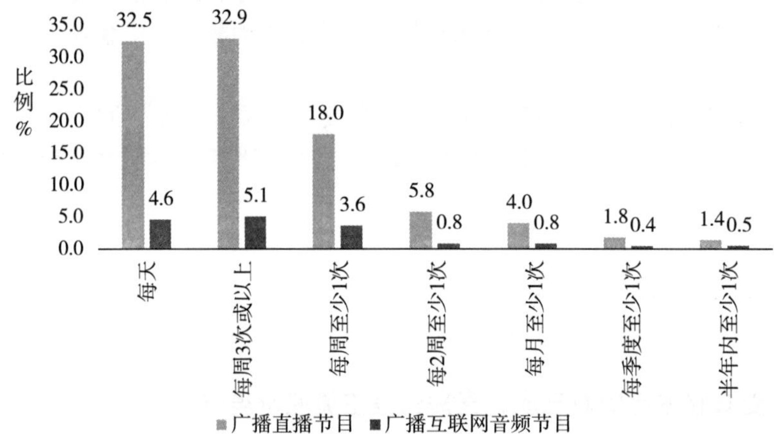

数据来源：CSM 媒介研究 12 城市基础研究

图 2　2018 年 12 城市广播受众收听直播节目和互联网音频节目不同频次的比例（%）

3. 四分之一广播受众最喜欢收听音乐类节目

新闻/时事类、音乐类和生活服务类节目是广播受众最喜欢收听的三大类节目，其中有 25% 的广播受众对音乐类节目最为喜爱，而最喜欢新闻/时事类节目的广播受众比例则超过半数。不可否认，最爱收听音乐类节目的广播受众规模与新闻/时事类节目相比尚有不足（图 3）。

4. 车载广播是音乐类节目受众①最常用的收听设备

科技发展不断催生出新的事物，广播收听设备及途径也愈加多样。在众多的选择中，音乐类节目受众使用车载广播收听的频率是最高的，其次是手机 App，也是人们常用的收听设备。城市扩容和汽车保有量的提高无疑是车载广播普及的助推器，手机则几乎是人们随身携带的必备品（图 4）。

① 音乐类节目受众：指喜欢收听音乐类节目的重度广播受众。

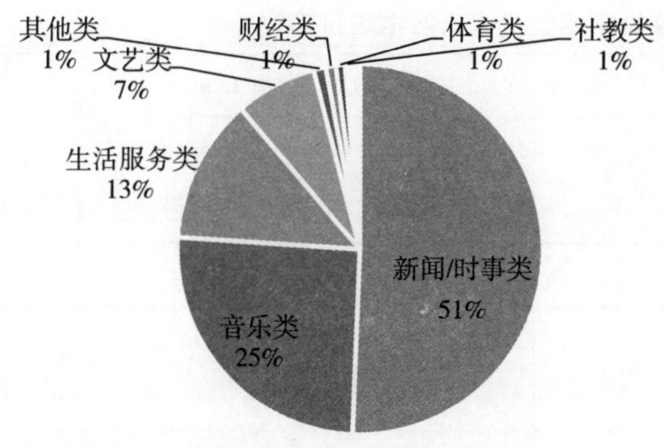

数据来源：CSM 媒介研究 12 城市基础研究

图 3　2018 年 12 城市广播受众最喜欢收听的广播节目类型（%，单选）

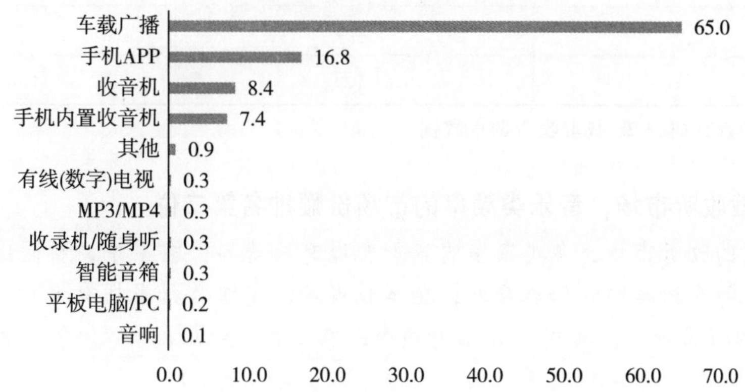

数据来源：CSM 媒介研究 12 城市基础研究

图 4　2018 年 12 城市音乐类节目受众最经常使用的广播设备或途径（%，单选）

二、音乐类频率市场竞争地位

由前面我们知道，传统广播频率目前仍是受众收听直播节目最主要的渠道，所以本节主要从传统广播频率（直播平台）来看音乐类频率在各类专业频率中的竞争地位。

1. 音乐类频率的整体市场份额位居第三

2018 年 28 城市直播收听市场数据显示，新闻综合类、音乐类和交通类频率是收听市场的三大支柱性频率，这三类频率的数量占比和市场份额都占据了优势地位。其中，交通类频率的市场份额居首，新闻综合类频率位列其后，音乐类频率的市场份额排在第三位。新闻综合类频率的数量占比最高，音乐和交通类频率分列其后，虽然交通类频率的数量在这 3 类频率中最少，但其市场份额反而最高（表 1）。

表 1 2018 年各类广播频率的频率数量占比及市场份额（%）

频率类别	频率数量占比（%）	市场份额（%）
新闻综合类	26.8	25.3
音乐类	16.6	20.9
交通类	13.7	28.3
文艺类	11.3	8.0
都市生活类	8.4	7.0
经济类	8.2	5.4
其他类	6.7	2.8
文旅教育类	4.0	0.9
农村类	2.9	0.7
体育类	1.3	0.6

数据来源：CSM 媒介研究 28 城市收听调查数据

2. 在车载收听市场，音乐类频率的市场份额排名第二位

不同场所的收听市场，各类频率的竞争表现有所差异：在家中，新闻综合类频率最具优势，其次为交通类和音乐类频率；在车载市场，交通类频率拥有绝对主导地位，占据了逾 45% 的市场份额，其次为音乐类频率；在工作/学习场所，仍然是新闻综合类频率竞争实力最强，音乐类和交通类频率实力基本相当（图 5）。

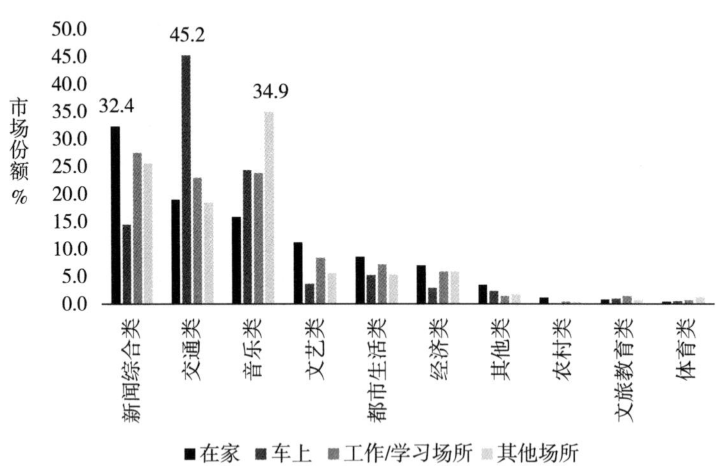

数据来源：CSM 媒介研究 28 城市收听调查数据

图 5 2018 年各类广播频率在不同收听场所的市场份额（%）

3. 音乐类频率听众规模较有优势，听众忠实度表现较为平淡

交通类、新闻综合类和音乐类频率的听众规模相差不大，前两类频率的平均到达率基本持平，音乐类频率的平均到达率与二者相比稍有落后。音乐类频率的听众规模在各类频率中排名第三，具有一定的优势，但听众的忠实度却不甚突出，与农村类、交通类、新闻综合类频率相比存在一定的差距（图6）。

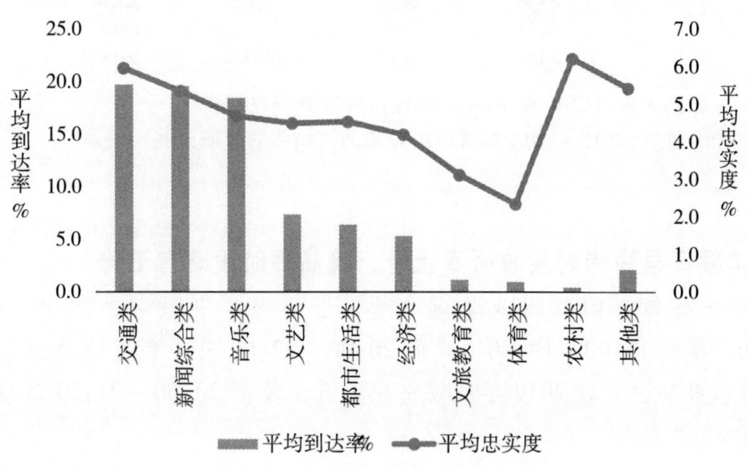

数据来源：CSM 媒介研究 28 城市收听调查数据

图 6　2018 年各类广播频率的平均到达率（%）与平均忠实度（%）

三、音乐类频率在直播平台的收听状况

音乐类频率作为广播频率中的三大频率之一，其在传统直播平台上的收听表现有着举足轻重的地位。以下将从多个角度对音乐类频率在直播平台上的收听状况进行梳理。

（一）从人均每日收听时长及收听率走势的角度

1. 音乐类频率人均每日收听时长扭转下降趋势，迎来小幅反弹

2015～2017 年音乐类频率的人均每日收听时长逐年递减，2018 年出现了小幅回升，人均每日收听时长为 12.5 分钟，较 2017 年增长幅度为 3.3%（图7）。

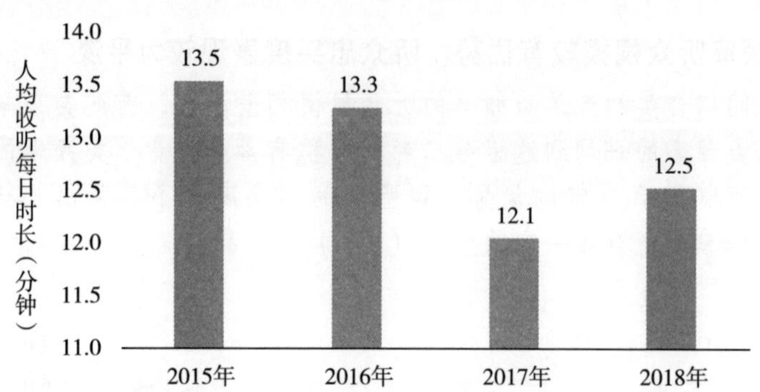

数据来源：CSM 媒介研究 28 城市收听调查数据

图 7　2015～2018 年音乐类频率的人均每日收听时长（分钟）

2. 音乐类频率早高峰时段收听率上升，晚高峰时段略有下降

近两年音乐类频率的收听走势基本吻合，全天有几波收听高峰，分别是早间 06:00～10:00、傍晚 17:00～19:00、晚间 20:00～22:00 三个明显高峰时段。其中早高峰的收听率峰值最高，且较 2017 年同期出现上升，晚间 20:00～21:30 时段的收听率则略有下降（图 8）。

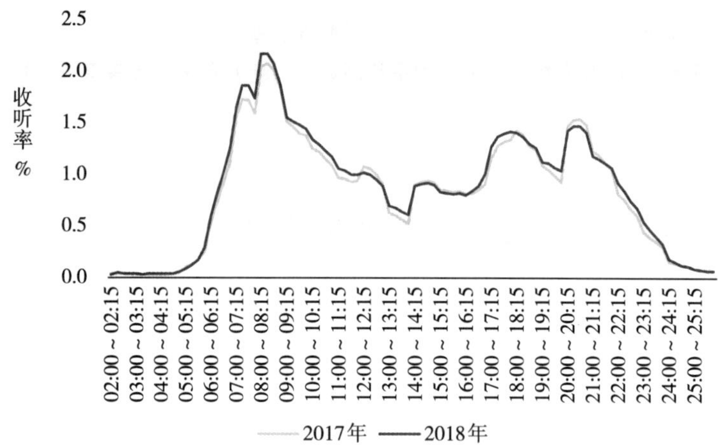

数据来源：CSM 媒介研究 28 城市收听调查数据

图 8　2017～2018 年音乐类频率全天收听率（%）走势

3. 音乐类频率在车上的收听高峰更突出

从音乐类频率在不同场所的全天收听率曲线我们可以看出，该频率在车上的收听高峰较在家中、工作/学习场所表现得更加突出。车载收听的早高峰出现在 06:00～10:00 左右，晚高峰出现在 16:00～19:00 左右。与家中的收听率曲线相比，二者早高峰形成的

时间段基本重合，但车上收听的早高峰更加高耸，而家中收听的早高峰跨度略宽；家中收听的晚高峰出现在20:00～22:00左右，与车上收听的晚高峰时段相比时间后移了4小时左右。另外，11:30～13:00的午间时段，家中的收听曲线也有所隆起；14:00～15:30的后午间时段，家中和车上的收听曲线均有所上扬。因此，对于音乐类频率来说，除了要稳固高峰时段的收听成绩外，也要注意善加利用具有增长潜力的时间段。音乐类频率在工作/学习场所的收听表现与家中和车上相比存在着较大的差距，但其收听曲线与前两者相比呈现出一定的差异化，收听走势相对较高的时间基本分布在08:00～16:00时段（图9）。

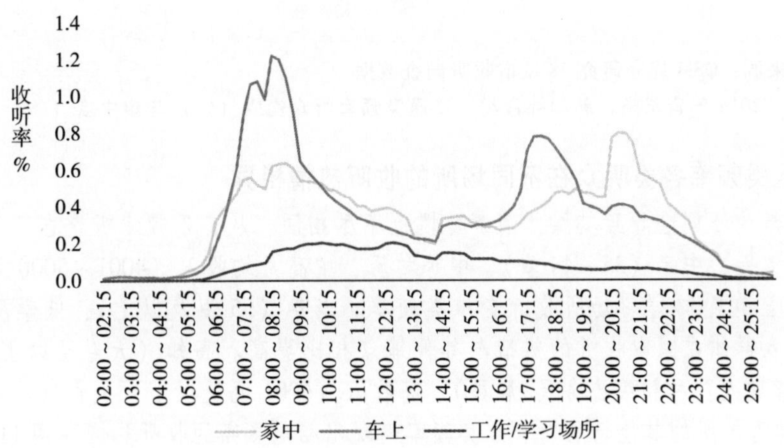

数据来源：CSM媒介研究28城市收听调查数据

图9　2018年音乐类广播频率在不同场所全天收听率（%）走势

（二）从听众特征的角度

1. 音乐类频率更受“三高”听众喜爱

新闻综合类、交通类频率是音乐类频率在广播收听市场最为强劲的竞争对手，这3类频率也是广播市场的支柱性频率。分析听众构成，我们可以看到，音乐类频率的女性、15～34岁、大专及以上学历、干部/管理人员、初级公务员/雇员、个人月收入6001元及以上人群的占比均高于新闻综合类和交通类频率。与其他两类频率相比，音乐类频率的听众更趋于具有女性化、年轻化、高知、高职和高收入的特点，而且这些听众对于音乐类频率的接受和喜爱程度也明显高于新闻综合类、交通类频率（图10）。

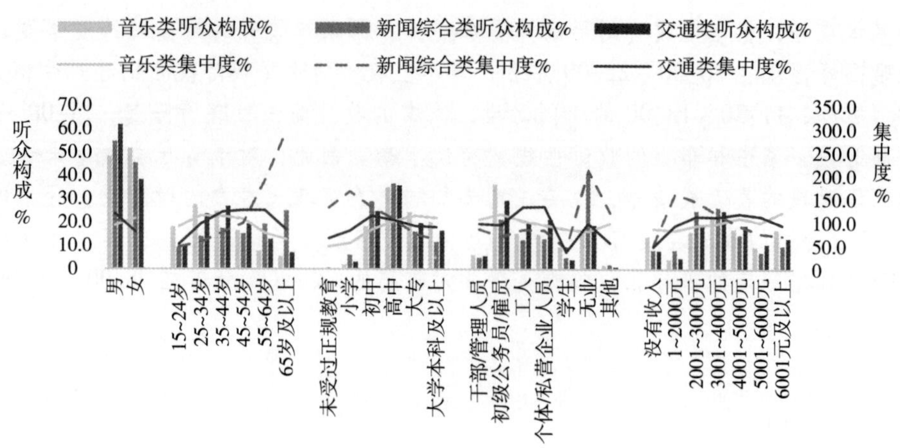

数据来源：CSM 媒介研究 28 城市收听调查数据

图 10　2018 年音乐类、新闻综合类、交通类频率听众构成（%）与集中度（%）对比

2. 音乐类频率各类听众在不同场所的收听热情相异

受众背景的不同会导致其媒体消费习惯也不尽相同。从音乐频率听众在不同场所的集中度来看，男性、中年（35～44 岁）、中等学历、中高月均收入（4001～5000 元）的人群更喜欢在车上和工作/学习场所收听音乐类频率。老年（55 岁及以上）、低学历（小学）、无业、低收入群体在家中收听的热情与其他地点相比更高。高知（大专及以上学历）、高职（干部/管理人员和初级公务员/雇员）、高收入（6001 元及以上）人群则在除家中、车上、工作/学习场所的其他场所对音乐类频率表现出相对更高的收听热情（图 11）。

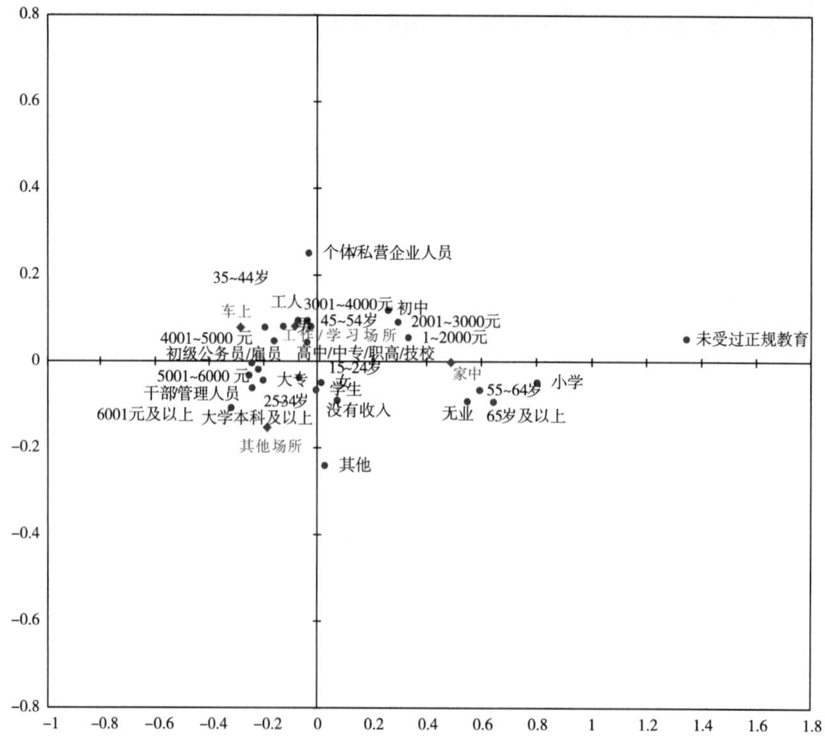

数据来源：CSM 媒介研究 28 城市收听调查数据

图 11　2018 年音乐类频率不同场所听众集中度（%）对应分析

（三）从分区域的角度

1. 南京地区音乐类频率的人均每日收听时长和市场份额均拔得头筹

音乐类频率在28个城市的收听表现显示，南京、上海、沈阳、广州、深圳、厦门6个城市的人均每日收听时长和市场份额均超过28城市的平均水平（人均每日收听时长12.5分钟、市场份额20.9%）。其中南京的人均每日收听时长和市场份额均居首位，分别为23.2分钟和46%；上海居其后，人均每日收听时长21分钟、市场份额41.4%。此外，天津和太原音乐类频率的人均每日收听时长虽然超过28城市的平均水平，但在本地所占的市场份额并不突出；重庆、南宁、合肥、武汉的音乐类频率市场份额高于28城市的平均水平，但人均每日收听时长则有所不及（图12）。

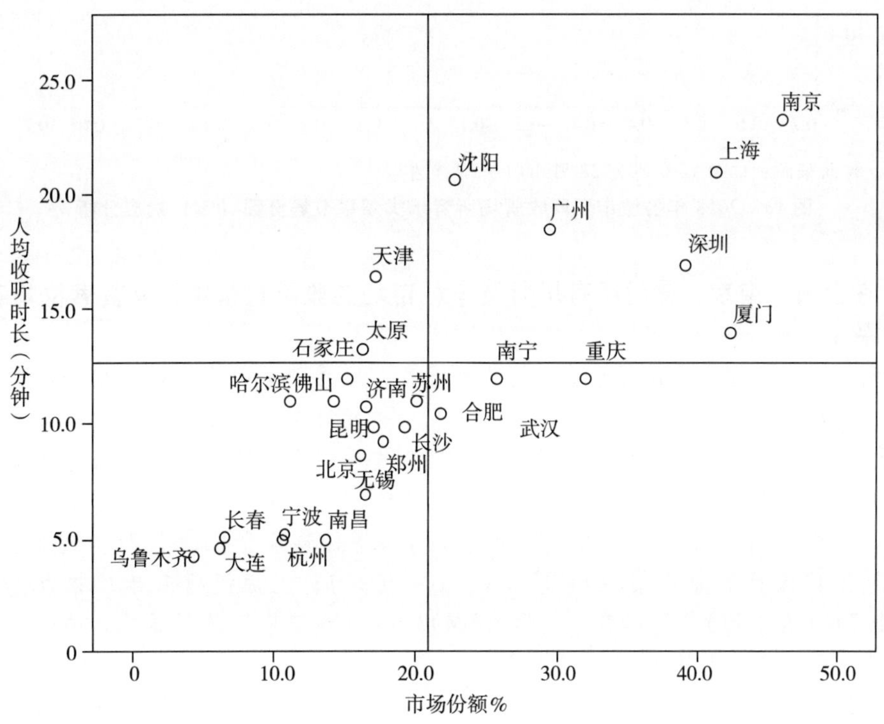

数据来源：CSM媒介研究28城市收听调查数据

图12 2018年各城市音乐类频率的人均每日收听时长（分钟）和市场份额（%）

2. 音乐类频率在不同场所的收听竞争表现各地不一

各地的音乐类频率在不同场所的收听竞争存在着地域性差异：武汉、重庆、深圳的家中收听竞争力更强；在车载市场，上海、大连、沈阳、无锡、天津、南京、宁波、济南、长沙、北京等城市音乐类频率的收听竞争力更突出；广州、南宁、厦门、太原等城市的音乐类频率则没有明显的收听强势场所（图13）。

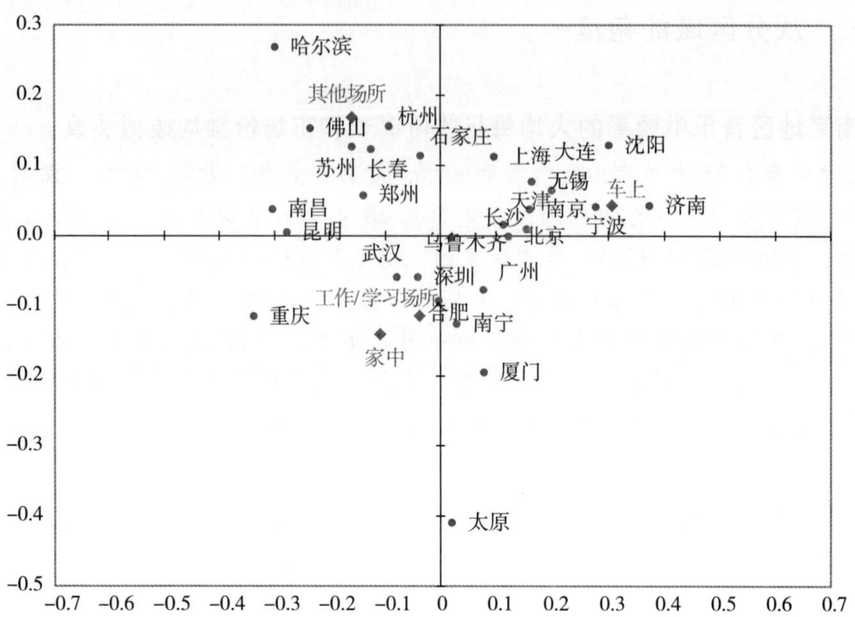

数据来源：CSM 媒介研究 28 城市收听调查数据

图 13　2018 年各城市不同收听场所音乐类频率市场份额（%）对应分析

3. 在上海、南京、厦门所有场所及车载市场的收听竞争中，榜首席位均花落音乐类频率

车载广播是广播受众最经常使用的收听设备，广播频率如果能在车载广播市场拥有强劲的竞争力，就能够获得大量的听众。从音乐类频率在不同场所的收听来看，车上和工作/学习场所更具有竞争优势。2018 年，28 个收听调查城市中分别进入各地车上收听市场份额排名前 10 位的频率中有 53 个不重复的音乐类频率，占 28 个城市音乐类频率的 70.7%。在这 53 个频率中，进入当地所有场所市场份额前 3 位的有 21 个音乐类频率，其中江苏经典流行音乐广播（FM97.5）（在南京）、上海流行音乐广播动感 101（FM101.7）（在上海）、厦门音乐广播（FM90.9）（在厦门）均居首位。进入当地家中收听前三强的音乐类频率有 16 个，重庆人民广播电台音乐频率（FM88.1）、江西音乐广播（FM103.4）、厦门音乐广播（FM90.9）在收听竞争方面领先。进入当地车上收听竞争前 3 位的共有 25 个音乐类频率，其中江苏经典流行音乐广播（FM97.5）、上海流行音乐广播动感 101（FM101.7）、厦门音乐广播（FM90.9）的市场份额在当地车载市场均名列前茅。进入当地工作/学习场所收听竞争前 3 名的有 24 个音乐类频率，其中重庆人民广播电台音乐频率（FM88.1）、广东广播电视台音乐之声（FM99.3）、上海流行音乐广播动感 101（FM101.7）、山西广播电视台音乐广播（FM94.0）、湖北省广播电视总台经典音乐广播频道（FM103.8）、厦门音乐广播（FM90.9）、河南音乐广播（FM88.1）在当地排名第一位。音乐有着放松和调节心情的重要作用，因此对于要求精神集中度较高的驾车和工作、学习而言，音乐类频率无疑具有较强的吸引力。此外，厦门音乐广播（FM90.9）在厦门地区的不同收听场所竞争力均独占鳌头，上海流行音乐广播动感 101

（FM101.7）频率在上海地区除了家中，在以外的收听地点其市场份额也排首席，这两个音乐类频率的成功经验也值得借鉴（表2）。

表2 2018年主要音乐频率（进入当地车上全天排名前10位的频率）在当地不同场所的市场份额（%）及排名

城市	频率	所有场所		家中		车上		工作/学习场所	
		排名	市场份额%	排名	市场份额%	排名	市场份额%	排名	市场份额%
北京	北京人民广播电台音乐广播（FM97.4/CFM94.6）	5	7.7	5	6.0	4	9.4	5	7.1
	中央人民广播电台第三套节目音乐之声	7	3.8	8	2.6	6	4.4	6	4.6
长春	吉林人民广播电台音乐广播（FM92.7）	6	5.0	10	3.5	3	5.2	3	12.5
	长春都市音乐广播经典106.3	13	1.4	15	0.8	8	2.6	13	0.9
长沙	长沙人民广播电台城市之声（音乐）广播（FM101.7）	3	9.3	7	6.6	3	10.7	3	9.7
	湖南电台893汽车音乐电台（FM89.3）	5	5.6	10	4.9	5	6.3	11	2.5
	长沙人民广播电台经济广播（FM88.6）	15	1.6	14	1.5	10	1.5	13	2.0
	湖南电台年代音乐台（FM106.9）	13	2.3	15	1.1	7	2.9	16	0.9
重庆	重庆人民广播电台音乐频率（FM88.1）	2	31.6	1	42.8	2	15.2	1	42.5
大连	中央人民广播电台第三套节目音乐之声	4	6.3	8	3.2	2	10.2	4	9.6
佛山	佛山人民广播电台（FM98.5）	4	10.3	4	10.8	5	9.3	4	7.9
	广东广播电视台音乐之声（FM99.3）	7	2.8	7	3.2	8	1.4	6	4.5
广州	广东广播电视台音乐之声（FM99.3）	2	14.0	3	11.2	2	14.1	1	19.3
	广州电台金曲1027汽车音乐广播（FM102.7）	7	6.3	5	8.3	7	5.3	6	7.3
	广州电台青少年广播（MY FM88）（FM88/AM1170）	5	7.3	9	3.7	4	11.2	7	5.8
杭州	动听968音乐调频（FM96.8）	4	6.6	6	5.3	5	6.4	3	14.8
	杭州城市资讯广播（FM90.7）	10	3.5	15	0.8	6	6.3	12	2.0
哈尔滨	黑龙江音乐广播（锋尚958龙广音乐台）（FM95.8）	7	4.8	6	4.6	5	4.1	5	6.6
	哈尔滨广播电视台音乐频率（FM90.9）	9	2.9	11	2.5	6	3.3	7	5.2
	哈尔滨广播电视台古典音乐频率（FM102.6）	8	3.4	7	4.4	10	1.1	14	0.3
合肥	安徽音乐广播（FM89.5）	2	12.9	2	14.1	3	12.1	2	8.8
	合肥汽车音乐广播（FM87.6）	8	4.1	2	2.7	4	6.2	12	2.5
济南	济南音乐广播（FM88.7）	2	14.6	4	9.3	2	31.5	2	22.4
	山东音乐台动感991（FM99.1）	10	1.8	12	1.2	4	4.2	13	1.3
昆明	云南广播电视台音乐之声（FM97）	4	8.6	3	8.4	3	6.1	2	17.6
	中央人民广播电台第三套节目音乐之声	5	6.6	6	6.8	5	4.6	4	9.3
南昌	江西音乐广播（FM103.4）	3	13.1	1	18.5	4	9.0	3	11.9

续表

城市	频率	所有场所		家中		车上		工作/学习场所	
		排名	市场份额%	排名	市场份额%	排名	市场份额%	排名	市场份额%
南宁	广西电台文艺广播（950 音乐广播）（FM95.0）	3	14.5	2	13.3	3	16.0	2	15.4
	广西电台经济广播（970 女主播）（FM97.0）	6	8.1	7	6.2	4	9.8	5	8.5
南京	江苏经典流行音乐广播（FM97.5）	1	27.2	2	19.4	1	34.4	2	25.0
	江苏音乐广播（FM89.7）	3	10.8	3	9.2	3	11.6	3	9.2
	南京音乐广播（FM105.8）	7	4.1	7	3.2	6	5.3	7	3.0
	中央人民广播电台第三套节目音乐之声	10	1.8	14	1.0	8	2.7	15	1.0
	MY FM103.5	12	1.3	19	0.6	10	2.1	18	0.5
宁波	宁波电台音乐广播私家车 986（FM98.6）	2	10.2	7	3.7	2	13.7	3	10.8
上海	上海流行音乐广播 动感 101（FM101.7）	1	25.1	2	18.4	1	29.8	1	22.5
	上海经典金曲广播 LoveRadio 最爱调频（FM103.7）	3	13.1	4	9.2	2	17.1	3	11.4
	中国国际广播电台劲曲调频（CRI HIT FM）（FM87.9）	12	1.1	12	0.9	10	1.9	15	0.4
沈阳	辽宁广播电视台音乐广播（沈阳台）（FM98.6）	2	20.6	3	15.6	2	35.4	3	15.0
	中央人民广播电台第三套节目音乐之声	10	2.2	11	1.6	5	4.0	10	2.3
石家庄	河北广播电视台音乐广播（FM102.4）	5	6.7	8	4.8	3	9.3	2	12.1
	石家庄广播电视台音乐广播（FM106.7）	6	6.1	9	4.7	4	7.1	4	9.2
	河北广播电视台少儿科教广播（汽车音乐 1029）	17	1.2	21	0.2	7	2.6	18	0.7
苏州	苏州广播电视总台都市音乐广播（FM102.8）	2	17.4	2	16.8	2	17.1	2	22.2
	江苏经典流行音乐广播（FM97.5）	10	2.3	13	1.3	5	3.4	5	5.2
太原	山西广播电视台音乐广播（FM94.0）	3	8.2	6	7.2	3	7.8	1	22.0
	太原人民广播电台音乐频率（FM102.6）	5	6.5	8	6.5	4	6.5	3	9.5
	中央人民广播电台第三套节目音乐之声	15	1.7	15	2.2	9	1.1	12	2.0
天津	天津人民广播电台音乐广播（FM99）	3	11.7	4	8.9	2	19.0	4	12.0
	中央人民广播电台第三套节目音乐之声	9	3.2	9	3.4	7	2.3	9	3.7
	天津人民广播电台音乐广播（AM1008）	13	1.4	13	1.2	8	1.8	14	0.8
深圳	深圳人民广播电台音乐广播（FM97.1）	2	22.8	2	24.2	2	21.9	2	21.2
	深圳人民广播电台音乐广播（FM102.0）	4	9.2	4	10.3	4	8.1	4	10.6
	广东广播电视台音乐之声（FM99.3）	6	4.8	7	3.6	6	5.2	7	3.4
	中央人民广播电台第三套节目音乐之声	9	2.2	8	3.0	9	2.1	10	1.7
乌鲁木齐	新疆人民广播电台音乐广播（FM103.9）	8	3.7	11	3.3	3	4.5	12	3.1

续表

城市	频率	所有场所		家中		车上		工作/学习场所	
		排名	市场份额%	排名	市场份额%	排名	市场份额%	排名	市场份额%
武汉	湖北省广播电视总台经典音乐广播频道(FM103.8)	2	12.8	2	12.5	2	11.3	1	21.2
	武汉广播电视台音乐广播（FM101.8）	5	8.6	5	8.8	4	8.9	6	6.3
	湖北省广播电视总台楚天音乐广播频道(FM105.8)	9	5.6	9	5.8	7	5.1	7	5.4
厦门	厦门音乐广播（FM90.9）	1	38.8	1	38.9	1	39.2	1	39.6
	福建人民广播电台音乐广播（FM91.3）	11	1.3	15	1.0	9	1.5	12	1.8
郑州	河南音乐广播（FM88.1）	2	13.0	2	11.9	3	13.3	1	15.6
无锡	无锡广播电视台音乐广播（FM91.4/AM900）	3	16.2	4	11.8	2	21.2	4	13.4

数据来源：CSM 媒介研究 28 城市收听调查数据

四、互联网音频平台收听概况——以蜻蜓 FM 为例

广播受众通过互联网音频收听已然成为时下较为常见的一种收听模式，未来随着互联网音频网站的日臻成熟，通过互联网音频收听也会越来越普及。本节以蜻蜓网站为互联网音频网站的代表进行简要分析。

1. 各类节目的投放数量分布相对均衡，相声小品类节目播放量一家独大

蜻蜓音频网站的节目呈现出细分化和多元化的特点，网站在各类节目的投放数量上没有厚此薄彼，像情感、财经、娱乐、外语、健康、教育、公开课、出版精品、文化、音乐、儿童、头条等类型节目的数量占比基本一致。这缘于互联网音频网站比较关注节目的长尾效应，而且会尽可能为不同收听需求的受众提供节目。但从各类节目的播放量来看，音频网站上也存在着明显的头部效应，相声小品类节目以 2.5% 的节目投放量攫取了 12.6% 的播放量，该类节目的播放收益可见一斑。作为节目投放数量相对较大的音乐类节目却仅收获了 2.5% 的播放量，远不及相声小品、评书、小说、脱口秀、搞笑、校园、头条、女性等类型节目。由此可见，广播受众更喜欢通过互联网音频收听娱乐气息浓厚、故事情节强和能令人开怀发笑的节目（图 14）。

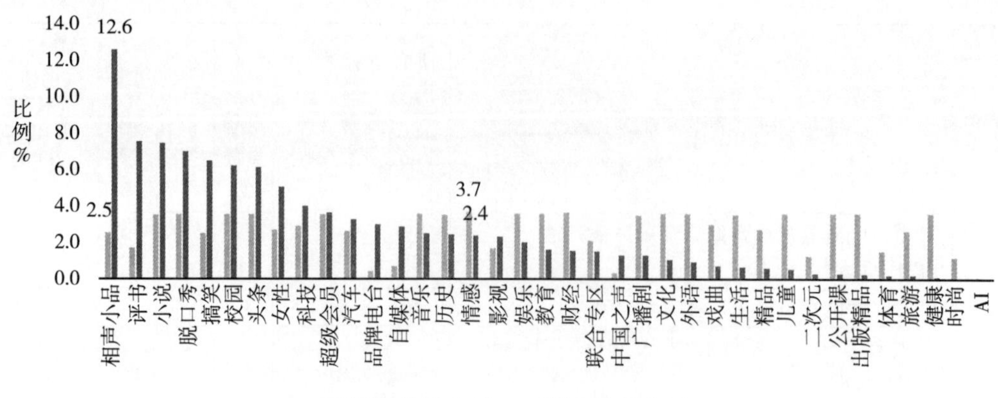

数据来源：蜻蜓 FM 官网页面数据

图 14 蜻蜓音频网站各类节目投放量与播放量所占比例（%）
（数据截止于 2019 年 3 月 30 日）

2. 流行和纯音乐占据音乐类节目逾六成的播放量

从音乐节目的内容分类来看，占据播放量主导地位的是流行音乐和纯音乐类节目，二者的播放量在音乐类节目中占比达到 62.4%。其次，主播类和热门排行内容的音乐节目也分别占据了超过一成的播放量份额。其余内容的音乐节目则占比较小，属于小众类音乐节目（图 15）。

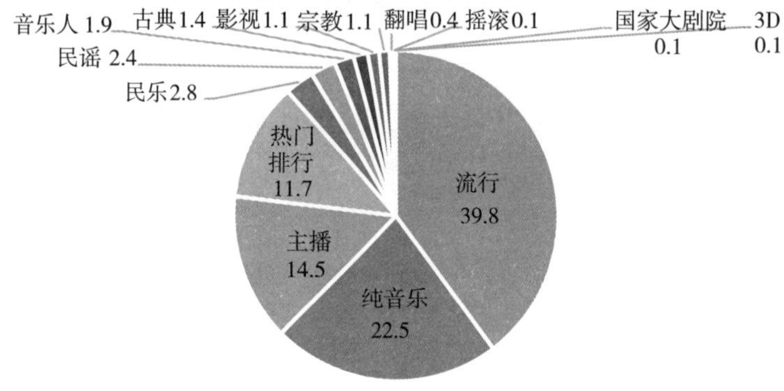

数据来源：蜻蜓 FM 官网页面数据

图 15 蜻蜓音频网站音乐类节目不同内容播放量比例（%）（数据截止于 2019 年 3 月 30 日）

3. 国语节目在音乐类节目中占据主导地位

在音乐类节目的语言使用上，国语占据绝对的优势地位，播放量占比达到 82.2%。此外，英语类的音乐节目也有一定的听众基础，播放量占比为 11.2%（图 16）。

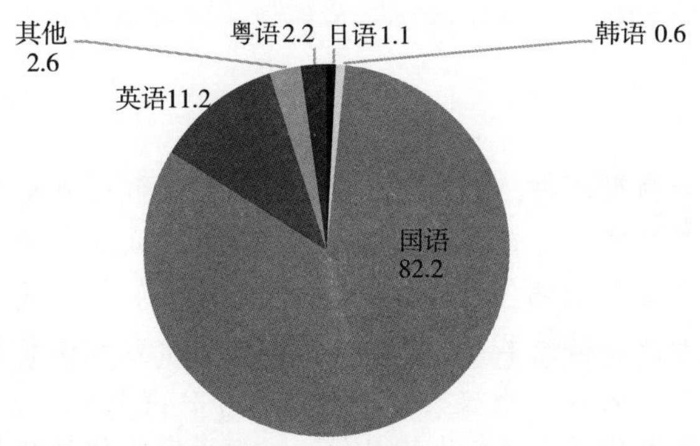

数据来源：蜻蜓 FM 官网页面数据

图 16　蜻蜓音频网站音乐类节目不同语言播放量比例（%）（数据截止于 2019 年 3 月 30 日）

4. 怀旧、安静、伤感类曲风在音乐类节目中呈三足鼎立的格局

按照曲风来看，音乐类节目呈现出以怀旧风、安静风和伤感风三分天下的格局，3 类音乐节目的播放量占比分别为 33.2%、32.5% 和 29.8%。动感和古风音乐节目的播放量份额则相对较低。从互联网音频网站的音乐风格不难看出，广播受众在收听音乐节目时更多地喜欢收听能触达心灵并引发情感共鸣的节目（图 17）。

5. 睡前和工作场景音乐播放量的占比最高

音乐具有平抚情绪、放松心情、打发时间等多种功能与用途，从受众点播音乐类节目的状态来看，以适合睡前和工作时收听的音乐节目播放量占比最大，分别为 33.4% 和 32.4%。适合在读书和旅途场景下播放的音乐，对于受众来讲也具有一定的接受度，这对于缓解精神紧张和排遣无聊时光都有着积极的作用。值得注意的是，时下胎教类音乐在互联网音频网站中也有一些受众基础，播放量占比为 3.8%，超过了运动和广场舞类音乐（图 18）。

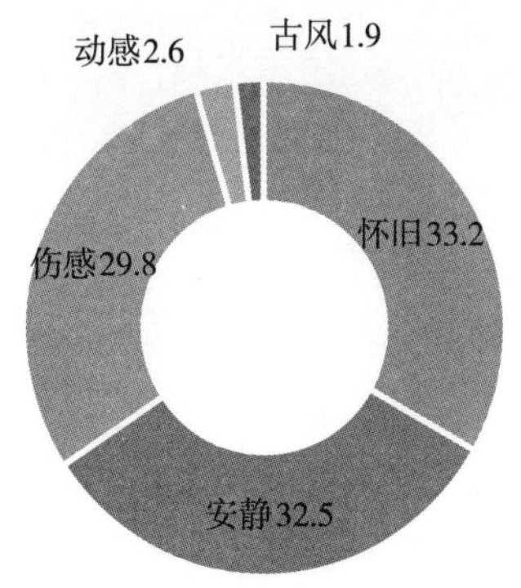

数据来源：蜻蜓 FM 官网页面数据

图 17　蜻蜓音频网站音乐类节目不同曲风播放量比例（%）（数据截止于 2019 年 3 月 30 日）

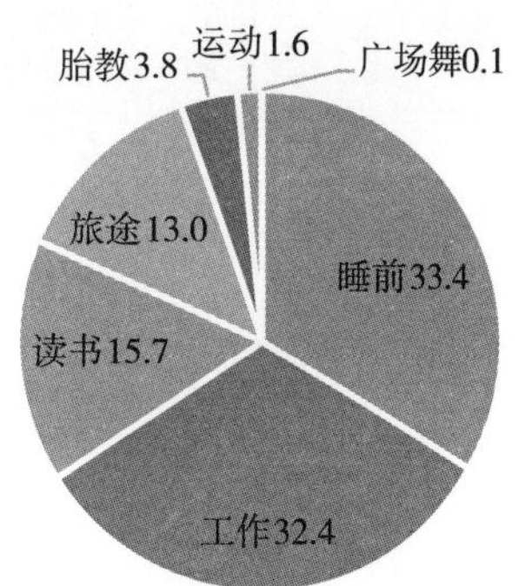

数据来源：蜻蜓 FM 官网页面数据

图 18　蜻蜓音频网站音乐类节目不同场景播放量比例（%）（数据截止于 2019 年 3 月 30 日）

五、结语

虽然遭遇互联网的强烈冲击，但是通过传统广播频率收听直播仍是受众主流的收听方式。四成广播受众最喜欢收听音乐类节目，音乐节目受众最常用的收听设备是车载广播，手机App也占有一定的比例。在广播频率直播平台上，音乐类频率的市场份额同比略有上扬。与其他类专业广播频率相比，音乐类频率的听众规模较有优势，但听众忠实度表现平淡，且听众的时间投入不敌交通类和新闻综合类频率。在互联网音频平台上，音乐类节目的投放量与其他类节目相比较具优势，但所获得的播放量则远不及相声小品类节目；听众收听的音乐类节目多以流行和纯音乐为主，且相对偏爱怀旧、安静、伤感的曲风，适合睡前和工作场景下收听的音乐节目更能为听众所接受。虽然传统广播频率的收听市场遭到了互联网音频网站的逐渐入侵，但这也为传统广播频率带来了新的理念和视角，特别是互联网音频网站对内容高度垂直细分的做法，值得传统音乐类广播频率学习和借鉴。

（作者：秦政）

2018 年文艺类频率收听状况分析

广播文艺节目作为广播中一个重要的节目类型，从诞生之日起，就深受听众的喜欢与热爱，其类型包括广播文学、戏曲、广播剧等。广播文艺节目种类丰富、花样繁多，在肩负着弘扬文化艺术、宣传正面思想的同时，也向听众传递着快乐。伴随着经济社会的不断发展，广播文艺节目也朝着多元化方向转变，内容与时俱进，不断创新，与时代发展和人民生活同步。本文主要依据 CSM 媒介研究 2018 年全国 26 个全年连续调查城市的收听率调查数据，对文艺类频率在 2018 年的收听状况进行回顾与分析。

一、广播整体收听市场各类频率的竞争表现

1. 各类别频率竞争态势几家欢喜几家愁

从 2018 年各类专业频率所占市场份额对比来看，竞争力最强的前几位仍然由交通类、新闻综合类、音乐类频率占据，且市场份额占比较高，相比其他类别频率竞争力显著。对比各类频率近 3 年的市场份额我们可以发现，都市生活类、文艺类和经济类等频率都呈现出逐年萎缩的趋势，而交通类和音乐类等频率则逐年提升的趋势明显（图 1）。

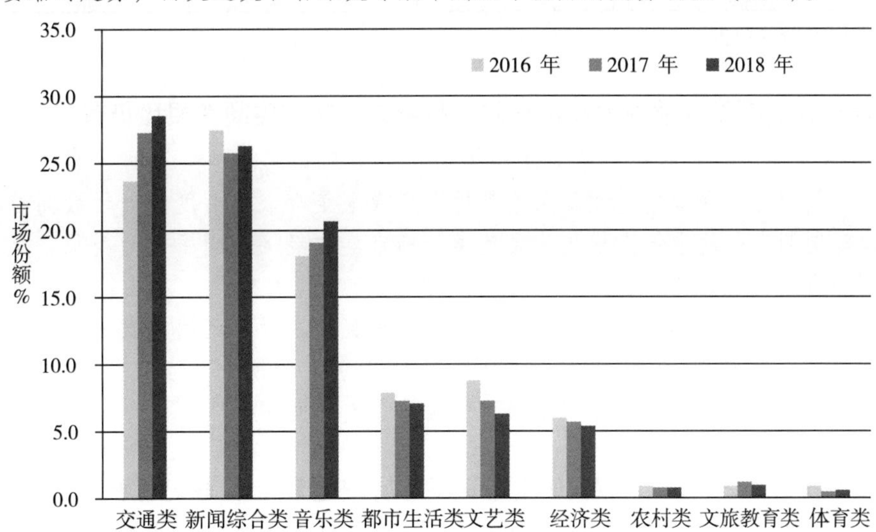

数据来源：CSM 媒介研究

图 1 2016～2018 年广播收听市场各类专业频率市场份额（%）对比[①]

① 所用城市组合为各年连续调查城市组，2016 年 28 个城市，2017 年 27 个城市，2018 年 26 个城市。

2. 强势频率垄断各场所收听，文艺类频率在家中竞争力较强

2018 年，文艺类频率的整体市场竞争力依然保持在第五的位置。分场所来看，交通类、音乐类和新闻综合类频率继续垄断各个场所市场份额前 3 名的位置。文艺类频率在车上和其他场所都排在第五的位置，在家中竞争力最强，超越都市生活类频率排名第四；在工作/学习场所与都市生活类频率并列第四名（表 1）。

表 1　2018 年各类频率在不同收听场所的市场份额（%）对比

频率类别	所有场所	家中	车上	工作/学习场所	其他场所
交通类	28.6	18.3	45.5	23.6	18.9
新闻综合类	26.3	34.3	15.2	29.0	25.6
音乐类	20.7	15.4	23.3	24.5	35.4
都市生活类	7.1	8.8	5.6	6.5	5.0
文艺类	6.3	9.1	3.1	6.5	4.9
经济类	5.4	7.2	2.9	5.5	6.0
文旅教育类	1.0	0.9	1.1	1.7	0.7
农村类	0.8	1.4	0.2	0.5	0.4
体育类	0.6	0.6	0.5	0.7	1.2

数据来源：CSM 媒介研究

3. 第一梯队频率传播深度和广度均大幅领先，文艺类频率相比仍有较大差距

从 2018 年各类频率的平均忠实度和平均到达率来看，位列前三甲（第一梯队）的交通类、新闻综合类和音乐类频率无论是听众规模还是听众忠实度都处于较高位置，领先于其他类别频率；处于第二梯队的文艺类、都市类和经济类频率较为类似，有一定的听众规模和听众黏性，但是与第一梯队频率相比仍有较大差距；处在第三梯队是教育类、体育类和农村类频率，其特点是传播广度较为欠缺，听众到达人数相对较少，其中值得注意的是农村类频率，虽然收听该类频率的听众人数较少，但忠实听众黏性极高，甚至超过第一梯队频率，是一片有待深入发掘的领域（图 2）。

4. 文艺类频率家中上午和晚间时段竞争力强劲，车上和工作/学习场所全天大体稳定

从文艺类频率全天市场竞争力走势来看，家中是竞争力最强的收听场所，全天大多时段竞争力表现强于其他场所，特别是上午 09:00 ~ 11:00 时段和晚间 24:00 以后时段，竞争表现尤为突出；竞争力表现第二的场所是工作/学习场所，全天竞争力表现较为平稳，凌晨和上午时段相对突出；文艺类频率在车上的竞争力全天大体平稳，在早间时段竞争力相对强劲（图 3）。

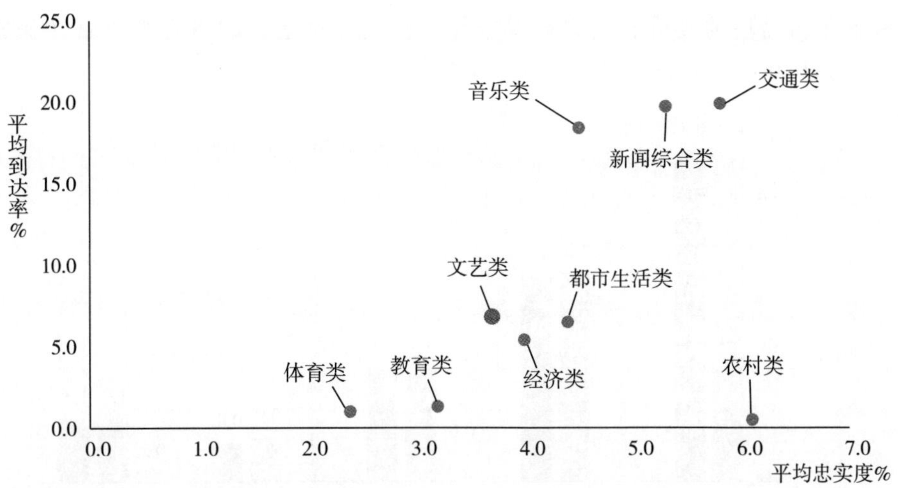

数据来源：CSM 媒介研究

图 2　2018 年各类频率平均到达率（%）和平均忠实度（%）对比

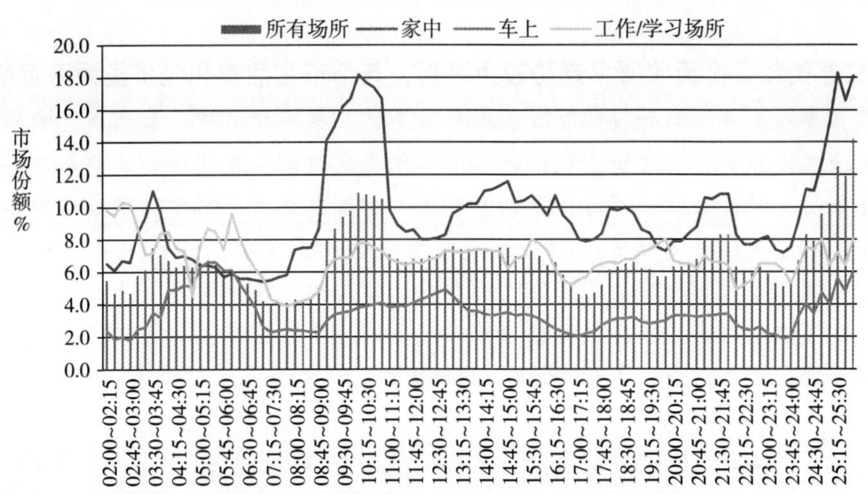

数据来源：CSM 媒介研究

图 3　2018 年文艺类频率不同场所市场份额（%）全天走势对比

二、文艺类频率整体收听概况

1. 听众日均到达规模逐年提升，家中规模相对平稳，车载收听人群显著提升

从近 3 年文艺类频率所有场所听众日均规模对比来看，整体呈现逐年提升的趋势，听众日均到达率从 2016 年的 5.4% 提升至 2018 年的 6.8%，3 年之间整体提升了 1.4 个百分点。从不同场所听众规模的变化来看，家中为主要收听场所，听众规模最大，2018 年听众日均到达率为 4.2%，相比 2016 年和 2017 年基本保持稳定；其他各个场所的听

众规模都有不同幅度的提升，其中车载市场提升最为明显，2018 年听众日均到达率为 2.3%，相比 2016 年增长幅度将近 300%（图 4）。

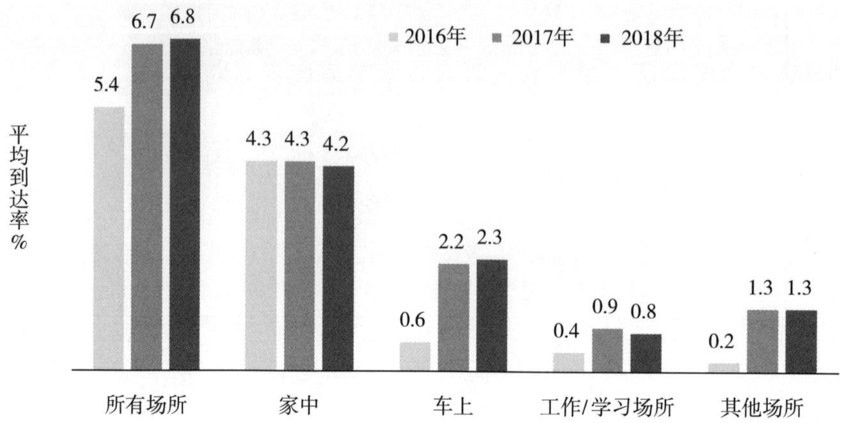

数据来源：CSM 媒介研究

图 4　2016～2018 年文艺类频率不同场所的平均到达率（%）

2. 文艺类频率全天收听率走势较为平稳，与都市生活类和经济类频率竞争激烈

各类频率在全天不同时段的收听表现各有不同。第一梯队中，新闻类、交通类和音乐类频率全天大多时段的收听表现都领先于其他类别频率，新闻综合类频率在全天早间时段最早发力，早高峰和午间时段竞争力最强；交通类频率早间优势时段略晚于新闻综合类频率，在早间和晚高峰出行时段表现最为强势，上午和下午时段也有稳定收听表现；音乐类频率全天都有较为稳定的收听表现，晚间和后晚间时段竞争力尤为强势。相比之下，文艺类频率全天收听走势较为平稳，多数时段与同在第二梯队的都市生活类和经济类频率竞争较为激烈，上午 09:00～11:00 时段收听表现领先于第二梯队的其他两类频率（图 5）。

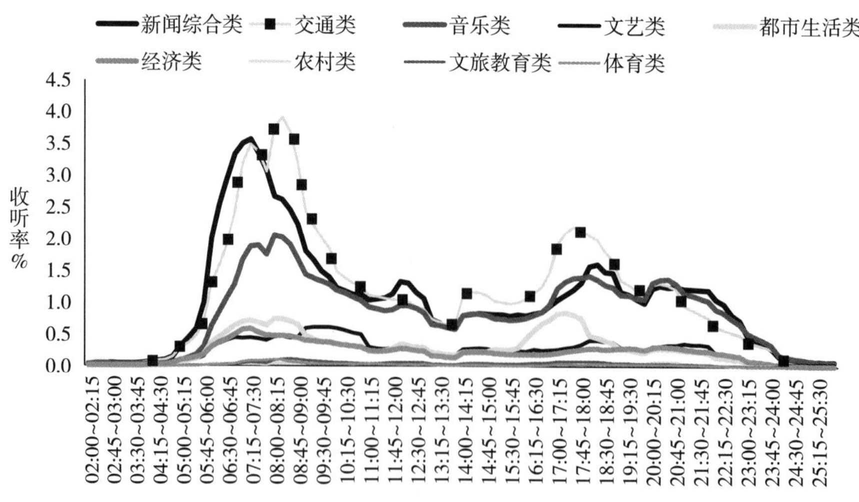

数据来源：CSM 媒介研究

图 5　2018 年各类频率全天收听率（%）走势对比

三、文艺类频率听众特征

1. 中老年、中低学历、中低收入听众收听热衷度更为明显

从听众构成来看，2018 年文艺类频率的听众性别构成比例差异不大，年纪大的听众占比更高；初高中和大学及以上学历为主要收听人群，个人月收入 2001～4000 元的听众占主体。从听众集中度来看，45 岁及以上听众热衷度更高且随着年龄的增长喜好度提升显著；高中及以下学历、个人月收入 1～4000 元的听众对文艺类频率的收听喜好度更高（图 6）。

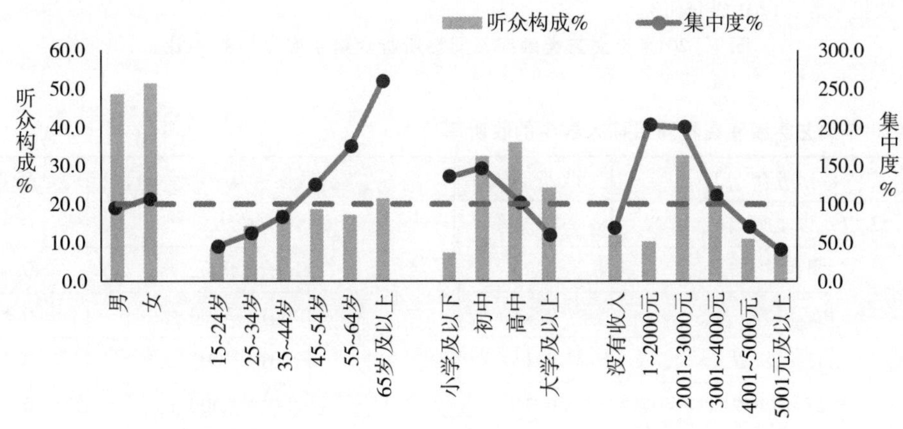

数据来源：CSM 媒介研究

图 6　2018 年文艺类频率听众构成（%）及集中度（%）

2. 听众身份与收听场所相契合

从各类听众在不同场所收听文艺类频率的热衷度对比来看，在年龄层面上，家中收听的热衷度与听众年龄基本成正比，55 岁及以上人群（包括离退休人群）尤其喜好在家中收听，25～54 岁上班族人群则车上收听喜好更为明显；在受教育程度方面，初中及以下学历者的家中收听偏好表现得更为突出，随着学历的上升，车上收听喜好也越发明显；在个人月收入方面，中低收入者家中收听的集中度更高，高收入者的车上收听喜好更为明显。中青年、中高学历、中等收入人群的工作/学习场所收听喜好也较为突出（图 7）。

3. 中老年听众收听表现更好

从文艺类频率不同目标听众的收听率表现来看，男女听众在收听表现上差异不大，女性听众的收听率略高于男性听众；听众收听率与年龄成正比，年龄越大，收听表现越好，65 岁及以上群体的收听表现最为突出；在学历方面，则是中低学历听众收听表现更好，高学历者收听率相对较低；个人月收入 1～3000 元之间的听众收听表现最为突出；退休及无业人群收听表现最为明显，学生和干部管理者人群收听率最低（表 2）。

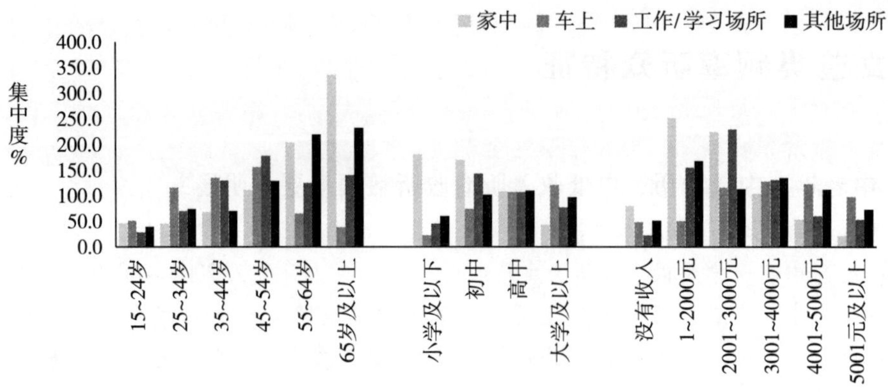

数据来源：CSM 媒介研究

图 7　2018 年文艺类频率不同场所听众集中度（%）对比

表 2　2018 年文艺类频率在不同目标人群中的收听率（%）

目标听众		收听率%	目标听众		收听率%
15 岁及以上所有人		0.26	个人月收入	没有收入	0.17
性别	男	0.23		1～2000 元	0.51
	女	0.27		2001～3000 元	0.51
年龄	15～24 岁	0.11		3001～4000 元	0.29
	25～34 岁	0.16		4001～5000 元	0.18
	35～44 岁	0.22		5001 元及以上	0.10
	45～54 岁	0.32	职业类别	干部/管理人员	0.14
	55～64 岁	0.44		初级公务员/雇员	0.17
	65 岁及以上	0.66		工人	0.20
受教育程度	小学及以下	0.34		个体/私营企业人员	0.31
	初中	0.37		学生	0.12
	高中	0.27		退休及无业	0.52
	大学及以上	0.16		其他	0.26

数据来源：CSM 媒介研究

四、文艺类频率在不同地区的收听表现

1. 整体来看在北方城市收听表现更为突出

地区不同，环境风俗习惯不同，受众对广播媒体的接受程度也大相径庭，2018 年文艺类频率在全国不同城市的收听水平也有所差异。在图 8 由文艺类频率的平均到达率和平均忠实度构成的四个象限中，处于第Ⅰ象限城市当中的文艺类频率可以被称为强势竞争频率，在该象限内频率拥有广泛的受众群体，且受众黏性较高，其中哈尔滨最为突出，无论是听众到达规模还是听众忠实程度都远高于其他城市，乌鲁木齐、济南、合肥、太原、郑州等城市也同样处于第Ⅰ象限中。处于左上角第Ⅱ象限的城市数量最多，包括宁波、重庆、沈阳、南宁、长春等，这些城市的听众对文艺类频率的忠实度较高，但频率到达率不高，收听人数较少，属于小众优势类频率，一旦拓宽听众群体，文艺类频率在这些城市会有更大作为。处在右下角第Ⅳ象限的城市有北京、上海、南京和无锡等，在这些城市，文艺类频率拥有较为广泛的群众基础，但是因为某些原因，导致听众停留时间不长，所以在这些城市中文艺类频率需要在保有大量听众规模的基础上提高频率对听众的吸引力，以留住更多的听众。最后，处在左下角第Ⅲ象限的城市有广州、深圳、佛山、昆明、杭州等，在这些城市，文艺类频率属于相对弱势的频率，听众规模相对较小、黏性相对较低，与其他频率相比竞争力较弱（图8）。

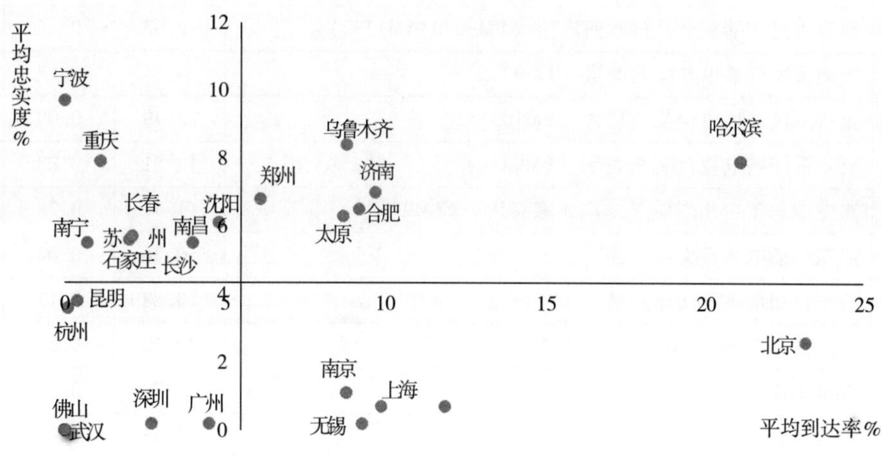

数据来源：CSM 媒介研究

图8 2018 年文艺类频率在不同城市的平均到达率（%）和平均忠实度（%）对比

2. 本地频率更占优势，省级频率收听表现优于市级频率

2018 年文艺类频率在不同城市收听表现各不相同，整体来说，本地文艺类频率收听表现优于中央级频率，省级文艺类频率收听表现优于市级频率，在多数城市，收听表现排名靠前的均为省级文艺类频率。在多数城市收听竞争中，文艺类频率大多并不占优，但其中也有一些优秀的文艺类频率表现强劲，在当地市场中表现亮眼。

北京人民广播电台文艺广播（FM87.6/CFM93.8）、哈尔滨广播电视台文艺频率（FM98.4）、黑龙江老年少儿广播（龙广爱家频道）（FM97）、合肥故事广播（FM98.8/AM1170）、济南故事广播（FM104.3）、江西故事广播（FM96.9）、广西电台文艺广播（950 音乐广播）（FM95.0）、新疆人民广播电台（FM107.4）维吾尔语交通文艺广播、新疆人民广播电台 102.8 故事广播（FM102.8）和河南戏曲广播娱乐976（FM97.6/AM1143）等频率分别在当地竞争表现强劲，其市场份额都进入了当地排名的前5位之列，可与当地其他频率一争高下；其中北京人民广播电台文艺广播（FM87.6/CFM93.8）表现较为突出，在北京地区以11.75%的市场份额排名第二，在当地市场表现强劲。在长春、重庆、宁波、上海、沈阳等地均也有文艺类频率市场份额排名冲进前十之列，具有一定的竞争实力（表3）。

表3　2018年文艺类频率在不同城市的市场份额（%）及排名

城市	频率	市场份额（%）	收听率（%）	排名
北京	北京人民广播电台文艺广播（FM87.6/CFM93.8）	11.75	0.44	2
	中央人民广播电台第九套节目文艺之声	2.83	0.11	8
	北京人民广播电台故事广播（AM603/FM95.4/CFM89.1）	0.49	0.02	16
长春	长春人民广播电台乡村戏曲广播（FM90.0/AM1332）	2.95	0.15	10
长沙	湖南人民广播电台文艺频道（FM97.5）	4.85	0.17	6
重庆	重庆人民广播电台文艺广播（FM103.5）	3.49	0.09	6
哈尔滨	哈尔滨广播电视台文艺频率（FM98.4）	12.81	0.88	3
	黑龙江老年少儿广播（龙广爱家频道）（FM97）	11.41	0.78	4
佛山	广东广播电视台文体广播	0.76	0.04	13
广州	广东广播电视台文体广播	3.88	0.17	9
合肥	合肥故事广播（FM98.8/AM1170）	9.70	0.33	4
	安徽小说评书广播	4.74	0.16	7
	安徽戏曲广播	1.63	0.06	16
	合肥故事广播（AM1170）	1.54	0.05	17
济南	济南故事广播（FM104.3）	10.92	0.50	4
	山东文艺广播时尚调频（FM97.5）	1.70	0.08	11
	济南私家车广播（FM936）	1.46	0.07	14
	济南文艺广播（AM1305）	0.77	0.04	16
昆明	中央人民广播电台第九套节目文艺之声	0.36	0.01	17
南昌	江西故事广播（FM96.9）	8.84	0.22	4
	南昌快乐联盟大眼睛897（FM89.7）	2.47	0.06	12
南宁	广西电台文艺广播（950音乐广播）（FM95.0）	15.00	0.47	2
	南宁人民广播电台故事广播动感895（FM89.5）	1.04	0.03	11
南京（M）	江苏故事广播（AM1206/FM104.9）	1.57	0.05	11
	江苏文艺广播（AM1053/FM91.4）	0.93	0.03	16
宁波	宁波电台老少广播阳光调频（FM90.4/AM1251）	2.48	0.08	8

续表

城市	频率	市场份额（%）	收听率（%）	排名
上海（M）	上海戏剧曲艺广播（AM1197/FM97.2）	1.60	0.06	10
沈阳	辽宁广播电视台文艺广播（FM95.9/FM101.8/AM1053）	4.59	0.29	8
石家庄	河北广播电视台故事广播（AM1125/FM107.9）	2.06	0.11	14
	河北广播电视台文艺广播（AM900/FM90.7）	2.01	0.11	15
苏州	苏州广播电视总台戏曲广播（AM846）	2.72	0.11	9
太原	山西文艺广播（FM101.5）	5.55	0.31	6
	山西故事广播（FM88.6）	4.26	0.24	7
乌鲁木齐	新疆人民广播电台（FM107.4）维吾尔语交通文艺广播	6.21	0.40	3
	新疆人民广播电台102.8故事广播（FM102.8）	4.32	0.34	5
	乌鲁木齐人民广播电台交通文艺广播维语（FM104.6）	2.74	0.29	6
无锡（M）	中央人民广播电台第九套节目文艺之声	0.54	0.02	11
	江苏文艺广播（AM1053/FM91.4）	0.18	0.01	13
郑州	河南戏曲广播娱乐976（FM97.6/AM1143）	8.24	0.30	5
	河南 My Radio（FM90.0）	3.05	0.11	9
	郑州文娱广播（FM91.8/AM1008）	1.95	0.07	15

数据来源：CSM 媒介研究

五、典型文艺类节目收听表现

1.《婧听十八点》

《婧听十八点》是哈尔滨广播电台文艺频率（FM98.4）每天晚高峰18:00～19:30时段播出的一档强势情感谈话类节目，节目主要关注社会发展中城市人群的情感世界、生活方式、生存状况，针对听众面临的困扰和社会热点矛盾与听众展开分析和讨论，为公众提供一个自由、平等、理性、友善的情感交流平台。

节目拉起了频率全天收听最高峰，峰值突破3%，对拉动频率收听水平贡献巨大（图9）。

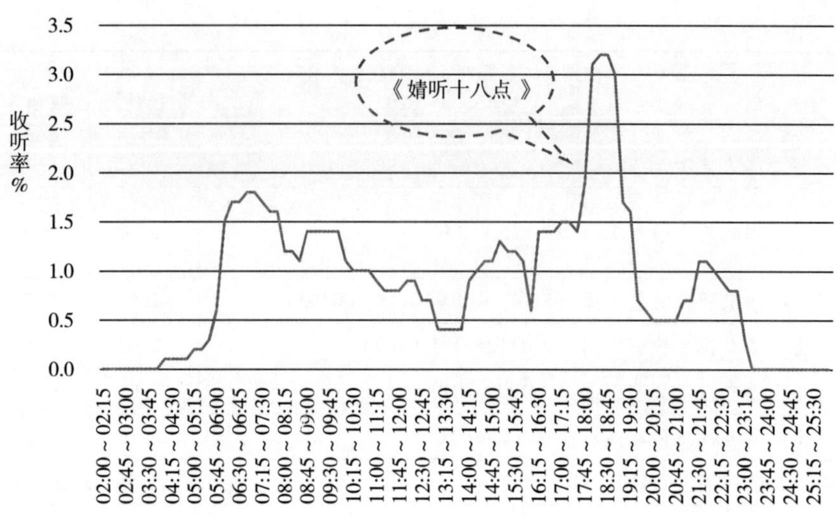

数据来源：CSM 媒介研究

图 9　2018 年哈尔滨广播电台文艺频率（FM98.4）在哈尔滨地区的全天收听率（%）走势

2.《BIG MORNING CALL 早安节奏》

《BIG MORNING CALL 早安节奏》是长沙人民广播电台经济广播（FM88.6）周一至周五 07:00～10:00 时段播出的一档全新的可视化脱口秀栏目，早间 3 小时的直播节目由娱乐资讯 + 互动话题 + 趣味游戏 + 视频直播多方位构成，节目主持人翔宇和张小楠是长沙主持群经典 IP 的黄金搭档组合，翔宇的快嘴快舌加上张小楠的治愈笑声打造了上班路上的嬉笑怒骂，深受听众的喜爱。

节目长达 3 个小时的直播时间吸引了大量优质听众驻足其中，其中 35～44 岁、55～64 岁听众，高中及以上学历者，2000～4000 元和 5001 元及以上个人月收入者对节目的收听热衷度十分明显（图 10）。

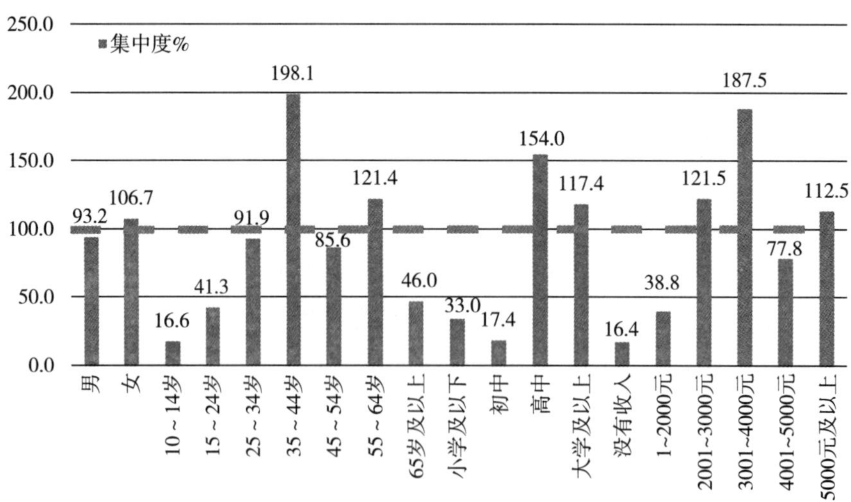

数据来源：CSM 媒介研究

图 10　2018 年长沙地区《BIG MORNING CALL 早安节奏》不同目标听众的集中度（%）

3.《开心方向盘》

《开心方向盘》是江苏交通广播网周一至周五17:00～18:30时段播出的一档综艺脱口秀节目，节目内容由笑话及当天的社会新闻组成，社会新闻经过主持人的精心编辑和节目中淋漓尽致的现场演绎，在注重节目娱乐性的同时还不断提升了节目的内涵。节目在内容选材上也注重了趣味性和教育意义的兼顾。主持人程鸣、梁爽一个来自北京，一个来自天津，这一对搭档组合语言幽默风趣，配合默契自然。节目整体设计雅俗共赏、关注社会、关注人生。在注重趣味性的同时兼顾教育意义，令人在笑过之后回味深思，让在晚高峰路上塞车的司机朋友堵车不堵心。

节目从频率诞生之日起就同步开播，至今已经十余年，拥有庞大和坚定的粉丝群体。从分月收听率和到达率走势来看，节目保持了一贯的收听水准和听众规模，是打造频率品牌效应的重要组成部分（图11）。

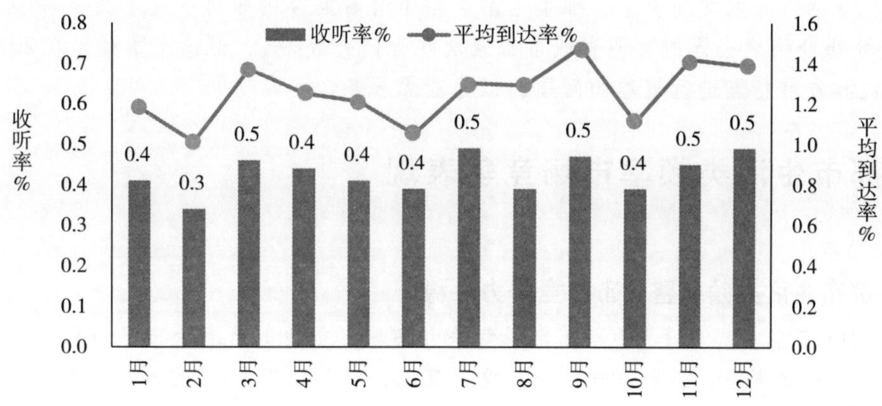

数据来源：CSM媒介研究

图11 2018年《开心方向盘》在南京地区收听率（%）及平均到达率（%）分月走势

六、结语

纵观2018年广播收听市场，竞争力最强的前几位仍然由交通类、新闻综合类、音乐类频率占据，文艺类频率的市场竞争力依然保持在第五的位置。从不同场所的对比来看，文艺类频率在家中竞争力最强，超越都市生活类频率，排名第四位；在工作/学习场所，文艺类频率与都市生活类频率并列第四位。文化是民族的血脉，艺术是人民的精神家园。随着广大受众价值观的转变以及审美层次的提升，会有越来越多的听众追求精神上的共鸣，以获取更优质的艺术滋养和审美愉悦。近年来，电视优秀文艺类节目层出不穷，反映出节目制作者对文化艺术的坚守，以及受众对文化艺术的欣赏，这也必将带动广播文艺类节目迈向更为广阔的新纪元。

（作者：卢文钊）

2018年都市生活类频率收听回顾

提起“都市”二字，人们通常联想到繁华的街道、紧张的生活节奏和糟糕的空气……我们或许不缺好的生活，但一定向往更美好的生活，都市生活类广播频率也正是切合了人们的生活追求和放松精神的需要，它有别于新闻类、交通类频率的专业化和音乐类型频率的格式化，既从频率定位和节目设置上关注城市生活的方方面面，也给听众带来愉悦的收听感受。

在现今的媒介消费环境下，都市生活类频率有着怎样的收听变化和发展特点？本文根据CSM媒介研究全国所有调查城市四波次收听调查数据①，对该类型频率在2018年的收听表现和发展特点进行梳理和回顾，以为业界服务。

一、都市生活类频率市场竞争表现

1. 都市生活类频率整体市场竞争力平稳

从2018年各类型频率②的整体市场竞争力来看，交通类频率的市场份额位列市场首位，新闻综合类频率、音乐类频率分别位列第二、第三（图1）。都市生活类频率整体市场份额为7.04%，虽不及第一梯队的三类频率表现强势，但也保持在第二梯队的前列，竞争实力基本平稳。

2. 都市生活类频率在女性、45岁及以上听众中市场份额较高

通过比较2018年都市生活类频率与其他类型广播频率在不同目标人群中的市场份额可以发现，该类型频率在各类目标人群中的竞争力与文艺类频率相近。都市生活类频率在女性听众中的市场份额高于男性，在45岁及以上听众群中的市场份额均高于该类频率的平均水平。与第一梯队的三大类频率相较而言，都市生活类频率在各类目标听众中的竞争力相对均衡，差异没有那么明显（图2）。

---

① 本文数据使用范围为2016~2018年全国所有调查城市四波次收听调查数据，2016年调查城市为36个，2017年调查城市为31个，2018年调查城市为28个。

② 根据客户需求和频率发展状况，2018年频率类别中新增“文旅教育类频率”，主要包括教育类频率和频率名称中带有“文化”和“旅游”字样的频率。

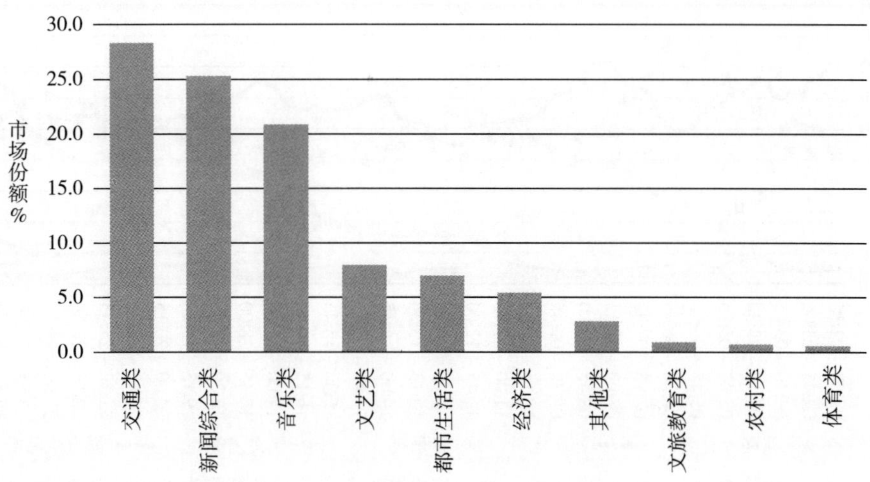

数据来源：CSM 媒介研究

图 1 2018 年广播市场各类型频率的市场份额（%）

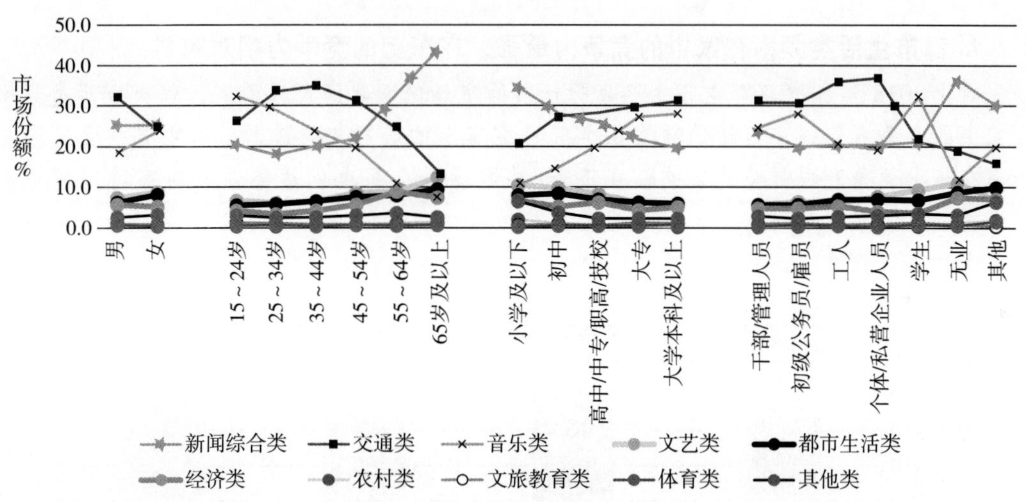

数据来源：CSM 媒介研究

图 2 2018 年各类广播频率在不同目标受众中的市场份额（%）

3. 都市生活类频率在后下午时段竞争力表现较突出

从各类频率全天各时段竞争力走势来看，都市生活类频率在 16:00～18:00 时段竞争力表现较强，为全天市场份额的高峰时段，并且超越文艺类频率位列第四。在其他时段表现较平缓，与其他类型频率相比较，在 05:00～09:00 和 12:00～14:00 时段竞争力与文艺类频率基本持平，其余时段均低于文艺类频率和第一梯队的三大类频率（图 3）。

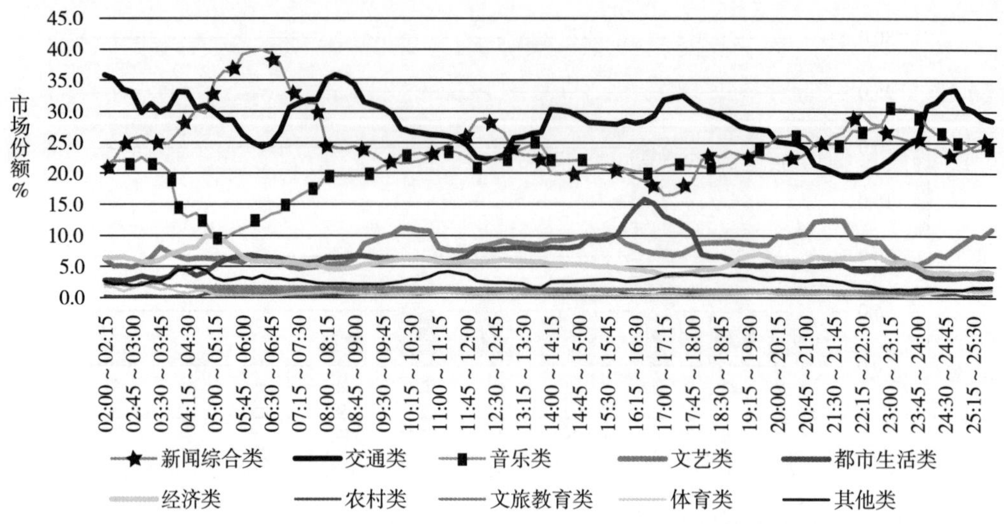

数据来源：CSM 媒介研究

图 3　2018 年各类频率在不同时段的市场份额（%）走势

4. 都市生活类频率在家中的竞争力最强，在车上的竞争力相对较弱

对比2018年各类频率在各主要收听场所的市场份额我们可以看到，都市生活类频率在家中的竞争力最强，市场份额为8.54%；在车上的份额相对最弱，这主要是受交通类频率在车上竞争表现强势的影响；在工作/学习场所，都市生活类频率的市场份额也高于该类频率的整体平均水平，与文艺类频率相当；在其他场所则与文艺类、经济类频率的水平相当（图4）。

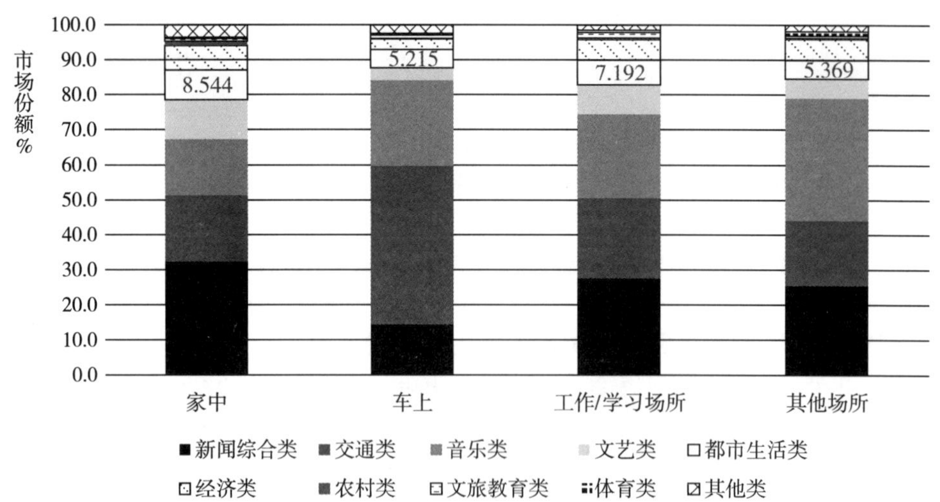

数据来源：CSM 媒介研究

图 4　2018 年不同收听场所各类广播频率的市场份额（%）

二、都市生活类频率收听变化

1. 听众规模增加但人均收听时长减少

从近年都市生活类频率的听众规模变化上看，该类频率的平均到达率在6%以上，且呈现增加态势，2018 年达到 6.45%。其中在家的规模基本维稳，车上和其他场所的增幅较明显，在工作/学习场所中的听众规模也稳中有升（图5）。从近年该类频率的人均收听时长变化上看，整体呈下滑趋势，2018 年人均收听时长下降到 4.23 分钟；其中在家 2018 年的下滑幅度较大，车上、工作/学习场所和其他场所则基本保持稳定（图6）。

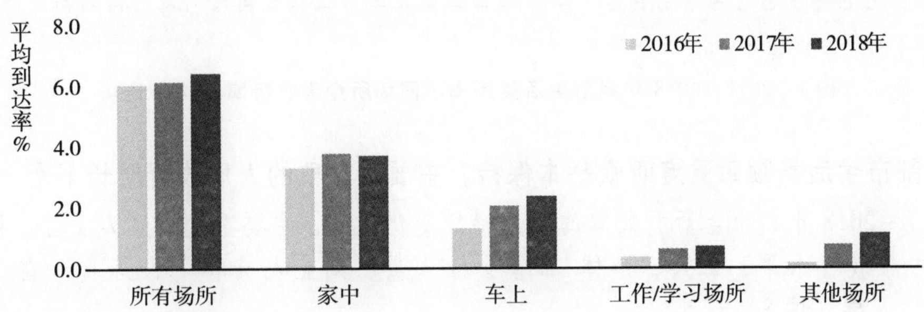

数据来源：CSM 媒介研究

图 5　2016～2018 年都市生活类频率在各场所中听众规模变化

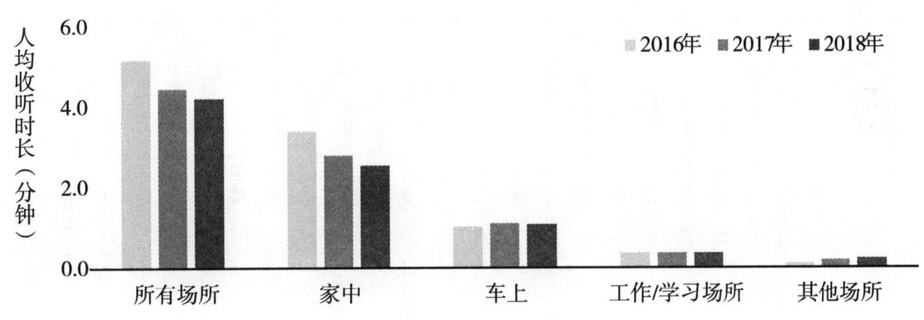

数据来源：CSM 媒介研究

图 6　2016～2018 年都市生活类频率在各场所的人均收听时长变化

2. 都市生活类频率不同场所全天收听走势变化各异

从全天不同时段的收听变化上看，2017～2018 年都市生活类频率在家中收听跌幅较大的时段为 16:30～21:00，特别是后下午收听高峰跌幅更大；车上 17:30～18:30 的跌幅较大，其他时段稳定。工作/学习场所全天收听率走势与上年基本一致，其他场所中在清晨时段有所提升，其余时段收听率维稳（图7）。

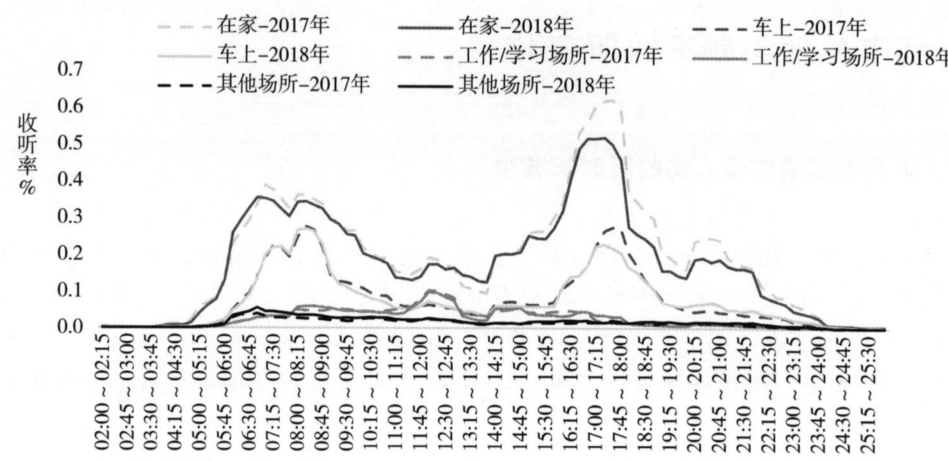

数据来源：CSM 媒介研究

图 7　2017～2018 年都市生活类频率不同场所全天收听率（%）走势

3. 都市生活类频率重度听众基本保持，主要听众群的人均收听时长下滑

2017～2018 年都市生活类频率的听众特征变化不大，主要重度听众为女性、45 岁及以上、中等教育水平、工人、个体/私营企业人员、无业人员和个人月收入在 2001～3000 元的人群（图 8）。

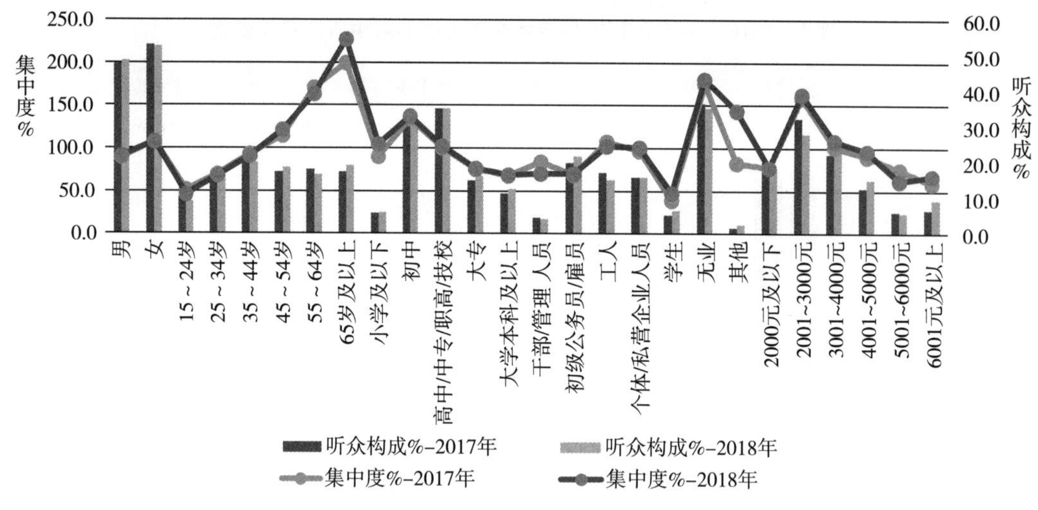

数据来源：CSM 媒介研究

图 8　2017～2018 年都市生活类频率的听众构成及集中度

从各类听众的人均收听时长上看，主要听众群体的人均收听时长有所下滑，仅在 65 岁及以上、其他职业类人群和个人月收入 6001 元及以上的听众中有明显增长。人均收听时长跌幅较大的为 15～24 岁、干部/管理人员和个人月收入 5001～6000 元的人群（图 9）。

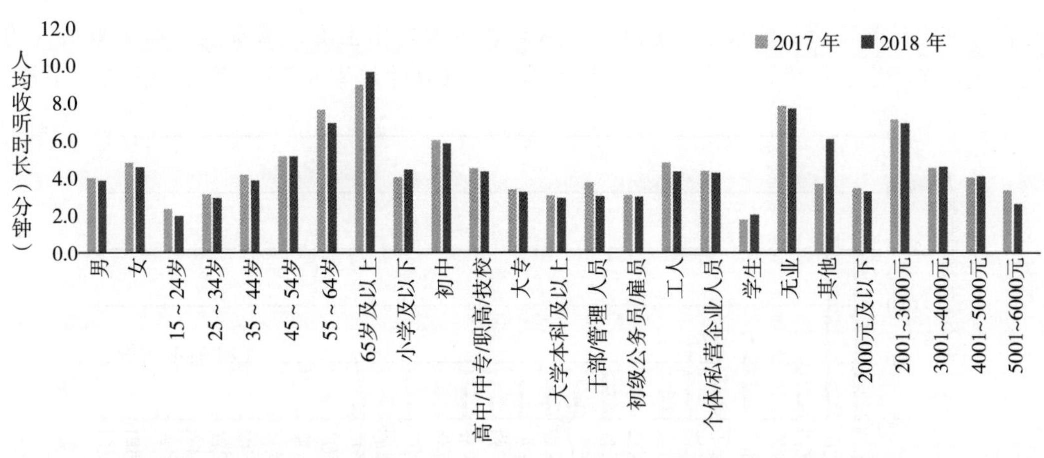

数据来源：CSM 媒介研究

图 9　2017～2018 年都市生活类频率各类目标听众的人均收听时长（分钟）

4. 都市生活类频率工作日人均收听时长高于周六日，周六收听量为一周最低

从不同周天都市生活类频率的人均收听时长变化上看，工作日中周一和周三的人均收听时长较高，周二、周四、周五的人均收听时长相对较低一些；周六/日整体收听时长低于工作日，周六为一周内收听量最低（图 10）。

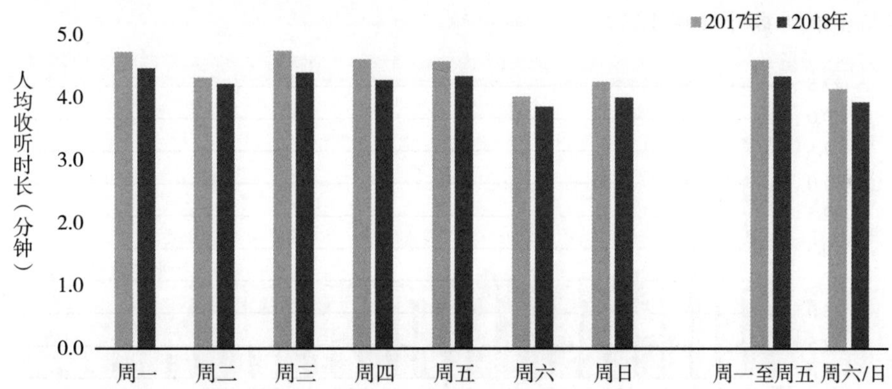

数据来源：CSM 媒介研究

图 10　2017～2018 年都市生活类频率不同周天人均收听时长（分钟）

三、都市生活类频率在不同地区的收听表现

1. 都市生活类频率在各地的人均收听时长差异较大，竞争力差异也较大

从各地收听都市生活类频率的人均收听时长上看，2018 年该类频率在全国不同城市的收听水平差异较大，全国平均值为 4.2 分钟，有 9 个城市超过该平均值，大部分地区

的人均收听时长低于平均水平（图11）。从近两年的对比上看，都市生活类频率的人均收听时长在南宁、天津、深圳等12个城市增长，在其他城市较2017年相比则有所下滑。

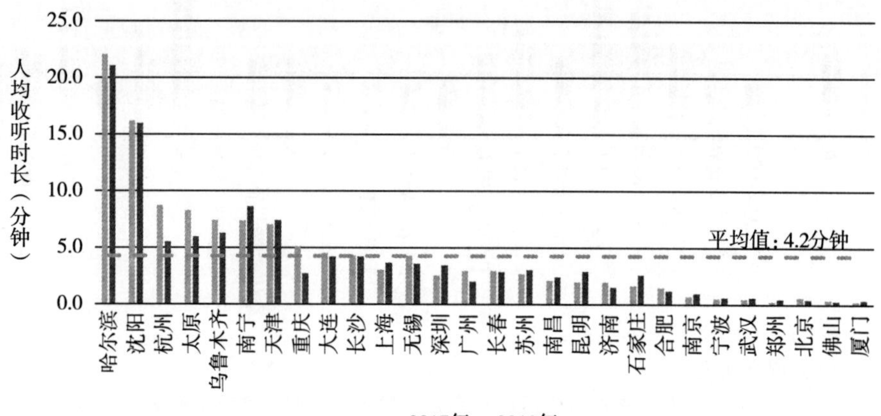

数据来源：CSM媒介研究

图11　2017～2018年都市生活类频率在各地的人均收听时长（分钟）对比

受各地市场竞争环境差异的影响，都市生活类频率在各地的竞争力表现差异也较大，在11个城市中该类频率的市场份额超过全国平均值，有15个城市的市场份额较2017年相比有所提升（图12）。

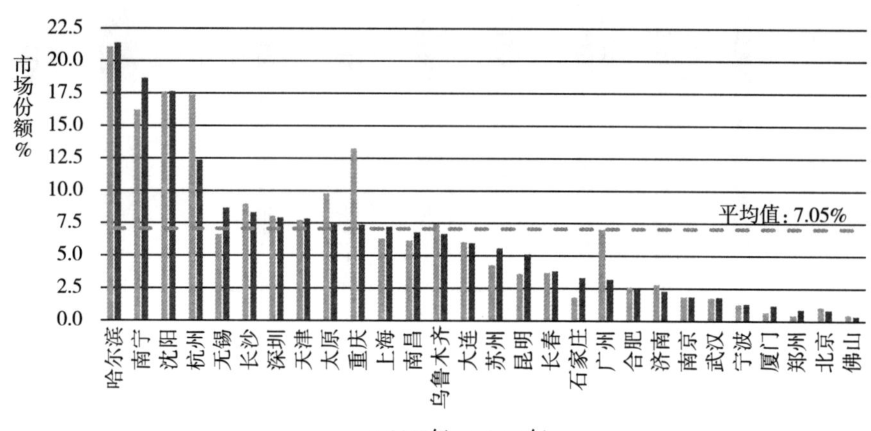

数据来源：CSM媒介研究

图12　2017～2018年都市生活类频率在各城市的市场份额（%）对比

2. 大部分都市生活类频率在当地的竞争力排名居市场中游水平

在各地频率竞争力排名中，重庆人民广播电台都市频率（FM93.8）、黑龙江妇女儿童广播（龙广都市女性台）（FM102.1）、广西电台教育广播（私家车930）（FM93.0）、新疆人民广播电台城市广播私家车调频（FM92.9）表现较好，市场份额排名进入当地前三之列，但大部分都市生活频率在当地市场的排名位居中游水平。另外，在同一个城市内有多个都市生活类频率的情况下，市场份额差距也比较大（表1）。

表1 2018年不同城市中都市生活类频率的市场份额（%）及排名

城市	频率	市场份额（%）	市场份额（%）排名
北京	北京城市广播（FM107.3/AM1026/CFM91.9）	0.82	14
重庆	重庆人民广播电台都市频率（FM93.8）	7.35	3
长春	吉林人民广播电台健康娱乐广播（FM101.9）	3.82	7
长沙	湖南金鹰955（FM95.5）	8.30	4
大连	大连广播电视台第六套都市之声广播（FM99.1）	5.94	5
佛山	广东广播电视台城市之声（FM103.6）	0.37	17
广州	广东广播电视台城市之声（FM103.6）	3.18	10
哈尔滨	黑龙江妇女儿童广播（龙广都市女性台）（FM102.1）	19.06	2
	黑龙江生活广播（龙广私家车电台）（FM104.5）	2.22	12
	哈尔滨广播电视台1056频率（FM105.6）	0.12	17
杭州	杭州（FM105.4）西湖之声	6.45	5
	浙江私家车107城市之声（FM107）	5.93	6
合肥	安徽生活广播	2.47	11
济南	山东广播电视台广播生活频道（FM105）	2.29	8
昆明	昆明广播电视台（FM102.8）都市调频	5.11	8
南昌	江西都市广播（FM106.5）	3.39	8
	江西民生广播（FM101.9）	3.38	9
南京	南京经济台（AM900/FM98.1）	0.98	15
	江苏健康广播（AM846/FM100.5）	0.88	17
南宁	广西电台教育广播（私家车930）（FM93.0）	18.66	1
宁波	宁波电台音乐广播私家车（986FM98.6）	10.19	2
	上海东方都市广播899驾车调频（FM89.9/AM792）	0.01	16
厦门	福建987私家车广播（FM98.7）	1.17	12
上海	上海东方都市广播899驾车调频（FM89.9/AM792）	7.20	7
深圳	深圳生活942（FM94.2）	6.43	5
	龙岗991（FM99.1）	0.97	15
	广东广播电视台城市之声（FM103.6）	0.51	18
沈阳	辽宁广播电视台都市广播（沈阳台）（FM92.1/AM1341）	11.02	4
	辽宁生活广播（沈阳台）（FM103.4/FM90.4/AM882）	6.62	5

续表

城市	频率	市场份额（%）	市场份额（%）排名
石家庄	河北广播电视台生活广播（AM747/FM89）	3.30	10
苏州	苏州广播电视总台生活广播（FM96.5）	5.57	5
太原	山西广播电视台健康之声广播（FM105.9）	7.40	4
天津	天津人民广播电台生活广播（FM91.1/AM1386）	7.54	6
	河北广播电视台生活广播（AM747/FM89）	0.28	17
乌鲁木齐	新疆人民广播电台城市广播私家车调频（FM92.9）	6.63	2
无锡	无锡广播电视台都市生活广播（FM88.1）	8.66	5
武汉	湖北省广播电视总台生活广播 auto radio（FM96.6）	1.79	13
郑州	河南电台 1074 绿色频道（FM107.4/AM900）	0.86	17

数据来源：CSM 媒介研究

四、典型都市生活类节目分析

1. 广东广播电视台城市之声：《漫游天下》

《漫游天下》是广东广播电视台城市之声在每周一至周五 16:00～16:30 时段播出的一档全媒体旅游节目。节目开播至今已有 7 年时间，坚持内容与市场相结合的节目定位，成为引领本地旅游出行的风向标，节目收听率居频率前列。两位主持人冯洁萍和梁隽蔚均是资深旅游记者型主持人，他们行走各国亲历旅行，还有强大的嘉宾团队、导游团队、各国旅游局团队的参与，节目除为受众提供即时旅游资讯外，更通过融媒体的方式为受众提供便捷、立体、身临其境的旅游体验。

2018 年该节目进行了改版，在播出时间、内容、播出方式等方面进行了新的探索。播出时间从 2018 年 5 月 7 日起缩短为半小时，但在内容上更专业、更全面。节目不仅带给受众新鲜的旅游资讯和优惠信息，更注重旅游过程中实用性知识的讲解和传播，比如专访广东首个旅游门诊，为受众普及旅游病的类型、多发地区和各国对于这些疾病的控制情况和要求，人们出游时需要注意的事项，等等。又如邀请美国国际潜水教练协会的代表在节目中开设广东首个“空中潜水”课程，讲解潜水时需注意的专业知识。在形式上，节目通过微信公众号设立“游问答”互动专栏，邀请专家解答受众提出的各种旅游问题和困惑，在广东广播电视台的“触电 App”上进行视频直播，在“粤听 App”上开设节目专栏，全方位融合化地进行传播。

在线下活动方面，节目打造了“车轮造访历史，脚步丈量文明”“让世界看见我”“福满 2018”等多个品牌线下活动，深受客户和受众的喜爱。与著名的品牌广之旅和金马国旅旅行社打造的旅游特辑也收获了良好的传播效果。经过以上多方面的探索，该节目在 2018 年的收听率较 2017 年有了较大幅度的提升①（图 13）。

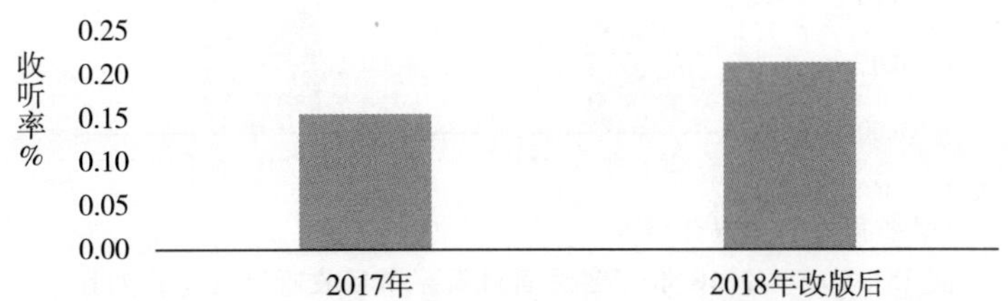

图 13　2017～2018 年《漫游天下》节目收听率（%）对比

2018 年，《漫游天下》的听众特征也随着节目的变化有一定的改变，节目不仅保持了 55 岁及以上重度听众的稳定，对 15～24 岁年轻受众的吸引力也逐步增加；从职业类别上看，对个体/私营企业人员和学生、无业人群的吸引力也较高（图 14）。

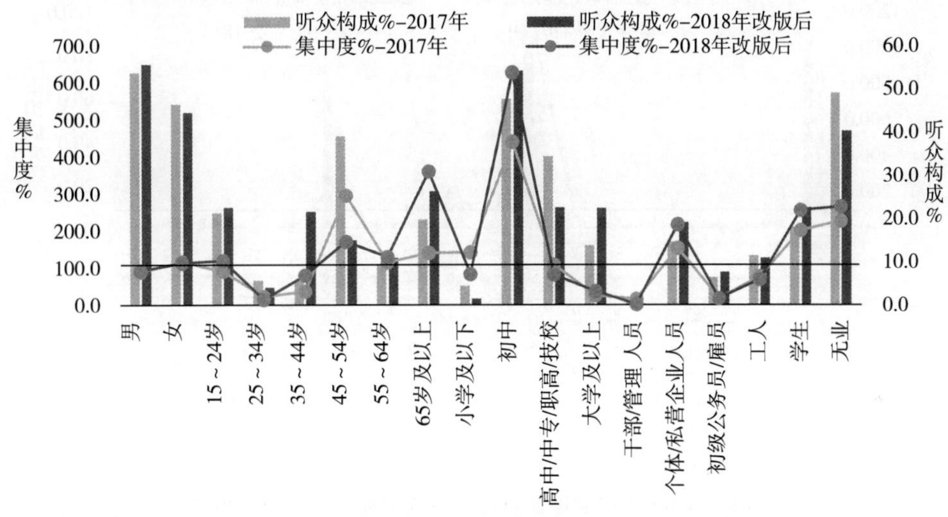

图 14　2017～2018 年《漫游天下》节目听众构成（%）及集中度（%）

2. 广东广播电视台南方生活广播：《名医面对面》

南方生活广播是广东省唯一一个以“倡导健康养生，传播岭南文化”为定位的广播频率，每周一至周五 15:00～16:00 时段播出的《名医面对面》是该频率的品牌节目。节目坚持每天邀请知名专家学者到直播室，开播 5 年来累计超过 1000 名专家名医上过节目，累计直接服务超万人，每期的内容在微信公众号上进行预告。此举既能通过名医解答疾病的治疗与预防，也能够结合时节、气候等将日常保健方法介绍给广大听众。多年来，该节目屡次获国家级和省部级奖项。2018 年的收听率对比 2017 年有明显提升（图 15）。

---

① 该节目 2017 年播出时间为工作日 16:00～17:00，数据范围为广州（M），2017/04/01～2017/12/31。节目在 2018 年 5 月 7 日改版为半小时，播出时间为 16:00～16:30，数据范围为 2018/05/08～2018/12/31。

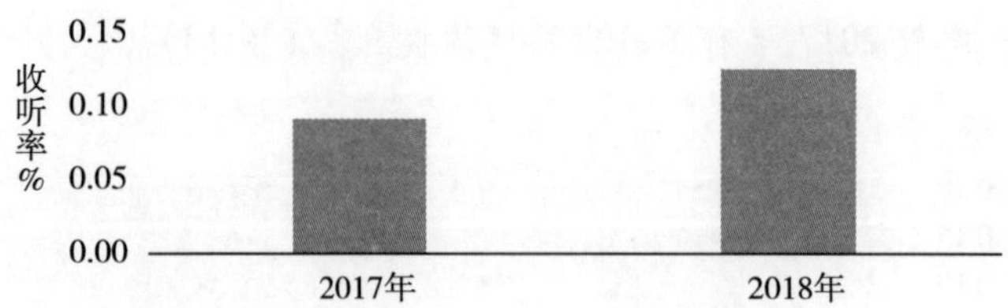

数据来源：CSM 媒介研究

图 15　2017～2018 年《名医面对面》节目收听率（%）对比

该节目打造的公益品牌活动——“大爱有声·爱心伴你行，百位名医进社区”公益行动举办了近两百场，活动通过走进校园、社区、图书馆甚至水上巴士，把名医服务送到百姓身边。节目经过多年的品牌培育，吸引了一大批忠实听众，男性、55 岁及以上的中老年听众对节目的集中度很高；节目也吸引了大学本科及以上教育水平的听众收听（图 16）。

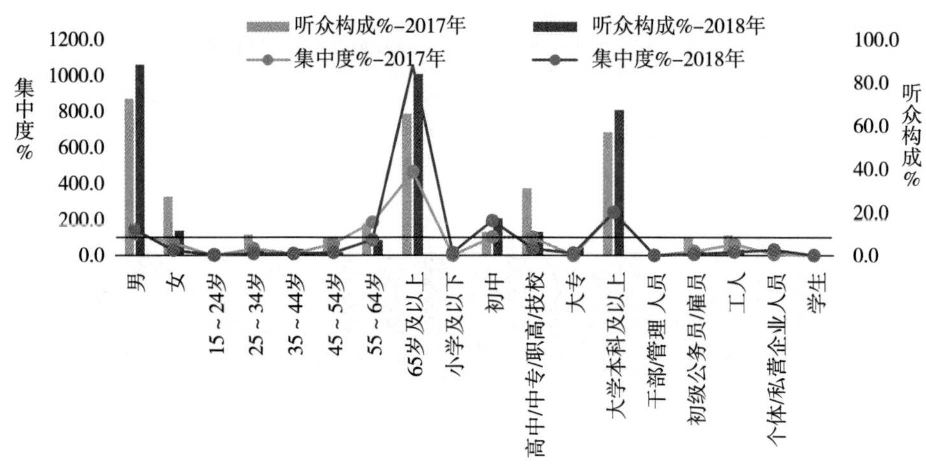

数据来源：CSM 媒介研究

图 16　2017～2018 年《名医面对面》听众构成（%）及集中度（%）

五、结语

综上所述，2018 年都市生活类频率整体的市场份额为 7%，虽然有所下滑，但听众规模在主要收听场所中均呈增长趋势。听众的人均收听时长进一步缩短，这也是对媒介消费碎片化趋势的一个印证。都市生活类频率依然以家中收听为主，从全天不同时段的收听上看，都市生活类频率家中收听跌幅较大的时段为后下午收听高峰时段，其余时段基本保持稳定。

从都市生活类典型节目分析我们可以看出，都市生活服务类频率中亦有表现优异的节目，这些节目除坚持自己品牌定位的特色之外，更主动求新、求变，在内容、形式、传播方式和经营等方面进行创新和开发，收获了一批忠实听众和一定的收听增量。在未来，听的方式远不止一种，广播媒体也将有更多的赋能和更大的价值。

（作者：戴静怡）

2018 年城市广播直播流广告洞察

肇始于2014年的媒体融合，在政策、资金的大力支持下，历经五年发展，迅速推进，不少媒体在融合发展方面取得了可观的成绩，积累了宝贵的经验。可以说现在的媒体很难区分传统媒体与新媒体，"你中有我，我中有你"变得越来越常态化。广播作为较古老的电波传播形态，在媒体融合进程中不可避免地受到新技术的侵扰，CSM媒介研究在2018年第四季度的虚拟测量仪调查城市数据显示，在音频使用中，收听传统电波方式（FM/AM）的听众占38.5%，用手机App收听电台直播流广播的占27.8%，剩下33.7%的听众收听的是App中的点播节目。换言之，音频消费中有三分之一与广播直播流无关了。那么，广播直播领域收听总量的缩水是不是传导到了广告领域呢？央视市场研究（CTR）媒介智讯的数据显示，2018年广播广告花费同比上涨了5.9%，成为传统广告上扬的拉动主力。什么是一直以来支撑广播广告上涨的动力呢？本文基于CSM媒介研究收听率调查数据以及对四大一线城市的广告市场洞察，试图找到广播广告上涨的驱动力。

一、近五年来，广播直播流广告在震荡中保持整体增长

央视市场研究（CTR）针对广播直播流统计的广告花费显示，在过去五年中，传统广播广告花费增长幅度在2015年遭遇微量下挫，但是从2016年开始实现反弹，接下来的几年中一直呈现同比增长的态势（图1）

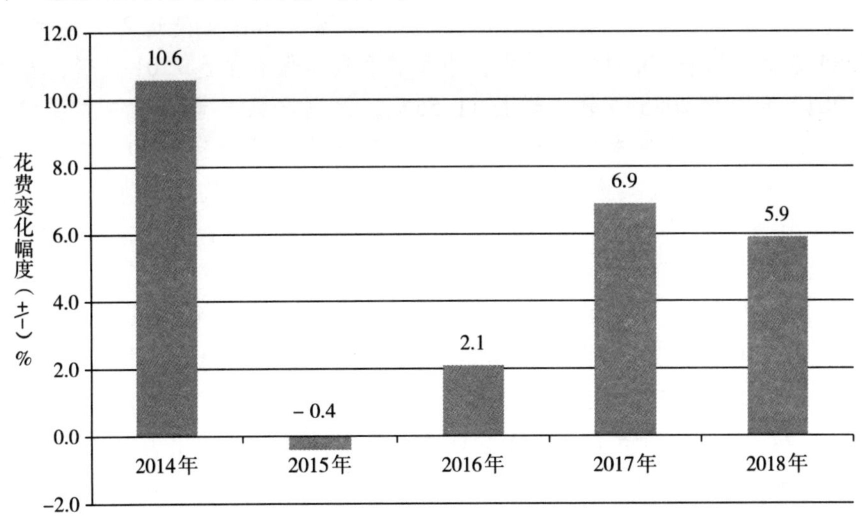

数据来源：央视市场研究（CTR）媒介智讯

图1 2014~2018年广播广告花费同比变化幅度

北、上、广、深四大一线城市向来人口规模大，高端人群多，GDP 增速及总量规模在全国遥遥领先，高消费、高品质、高标准生活是一线消费者所追求的生活形态，因此广告承载能力和投放成本也在不断提升。在电台广告领域，过去五年是品牌硬广告不断增加、医药保健品广告几乎绝迹的五年，整体广告花费增长幅度一直保持在正向区间，但是2018 年的增幅已经显出疲态（图2）。

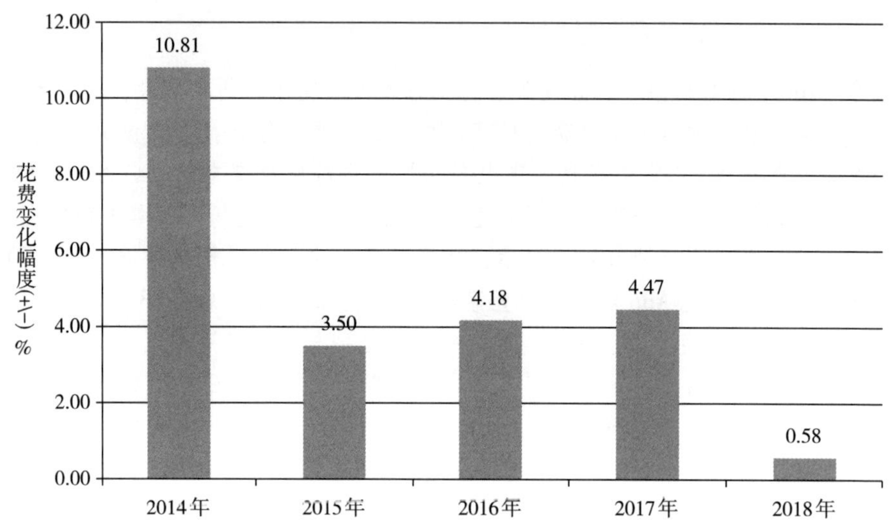

数据来源：央视市场研究（CTR）媒介智讯

图2　2014～2018 年四大一线城市广播广告花费同比变化幅度

二、近五年来，车载收听的稳定增长支撑了广告的增长

公安部的一组数据显示：截至2018 年年底，全国汽车保有量达2.4 亿辆，比2017 年增加2285 万辆，增长10.51%。其中，小型载客汽车保有量达2.01 亿辆，首次突破2 亿辆，比2017 年增加2085 万辆，增长11.56%，是汽车保有量增长的主要组成部分；私家车（私人小微型载客汽车）持续快速增长，2018 年保有量达1.89 亿辆，较2017 年增长11.18%。机动车驾驶人突破4 亿人，达4.09 亿人，其中汽车驾驶人3.69 亿人。包括北、上、广、深在内的一、二线城市汽车保有量均为正增长，这为车载收听增长奠定了坚实的基础。

CSM 媒介研究的基础研究数据显示：2014 年，城市居民出行的第一选择是公交车，到2016 年，私家车出行已经超越公交车出行，2018 年私家车出行选择比例相较五年前涨幅达45%，而选择公交车出行比例则跌落至私家车的62%，仅仅占六成多。换言之，在这五年中，私家车与公交车的出行选择的此起彼落变化推动了中国城市出行进入“以私家车为本”的高速增长期。可以预见，在今后的一段时期内，选择私家车出行将成为城市出行的主流（图3）。

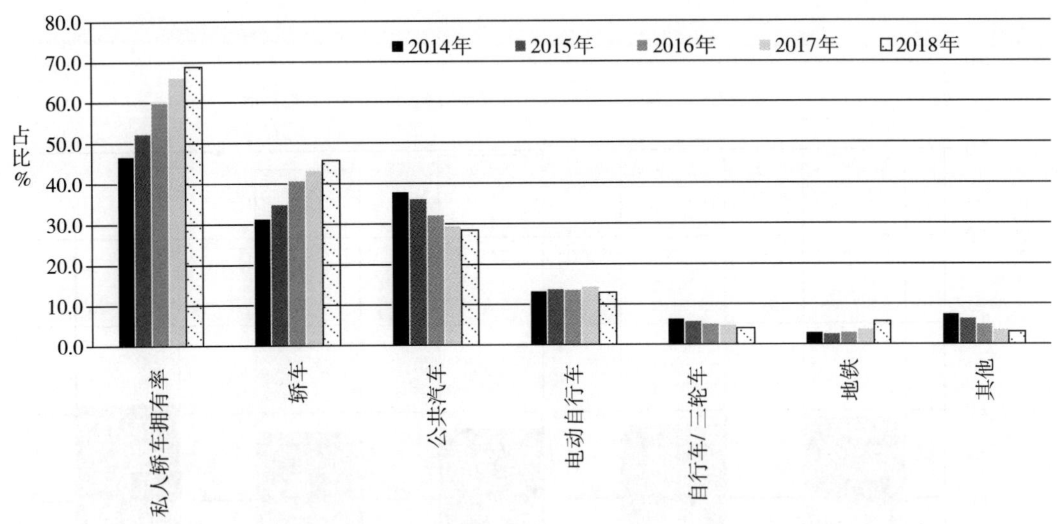

数据来源：CSM 媒介研究历年基础研究数据

图 3　2014～2018 年城市居民出行最经常使用交通工具选择比例（%，单选）

但是，私家车出行的不便之处也显而易见，城市日常生活中的“堵车”成为有车家庭的梦魇，四大一线城市在治堵方面也是不遗余力，限购、摇号、车牌拍卖等手段在一定程度上缓解了城市交通压力；与此同时，四大一线城市还大力发展地铁、公交等绿色出行方式。即便如此，改善出行交通拥堵状况也非一日之功，需要假以时日，交通拥堵与治堵将在相当长的一段时期内并存。堵车大大增加了驾乘私家车或者乘坐公交车出行的人们滞留在车上的时间，也为增加车载收听广播时间提供了客观条件和环境，广告也就顺势而为触达到了更多的听众。

CSM 媒介研究的收听率调查数据显示：在过去五年中，城市整体收听市场不断缩水，收听总量在下降，但是分析收听结构变化时我们就会发现，下降主要来自居家收听，而以车载收听为首的伴随性收听市场不但稳定且有上升的趋势，尤其是2018 年，这一趋势表现得更加明显，这为广告投放带来了利好的营收环境（图 4）。

由于 CSM 媒介研究在北京、上海、广州和深圳也采用了最先进的智能手机虚拟测量仪进行收听率调查，所以北、上、广、深四大一线城市的收听率数据更加彰显了广播收听个性化、伴随性、移动性的特征。居家收听总量占整体总量的比重越来越低，而非居家收听总量的比重越来越高。其中，车载收听已经超过家中（上海除外），成为收听量最大的场所，与此同时，“其他场所”的收听增长也成为亮点（图 5）。

由于车载收听市场表现出色，以车载收听为主的交通、音乐类频率成为广播电台广告创收的重要阵地。

三、移动互联时代，移动收听群体价值更加凸显

从全国城市收听市场来观察，居家和非居家听众可谓泾渭分明（图6）。不同的收听场所聚集了不同的收听人群，车载听众群体无论是在收入水平上还是在受教育程度上都

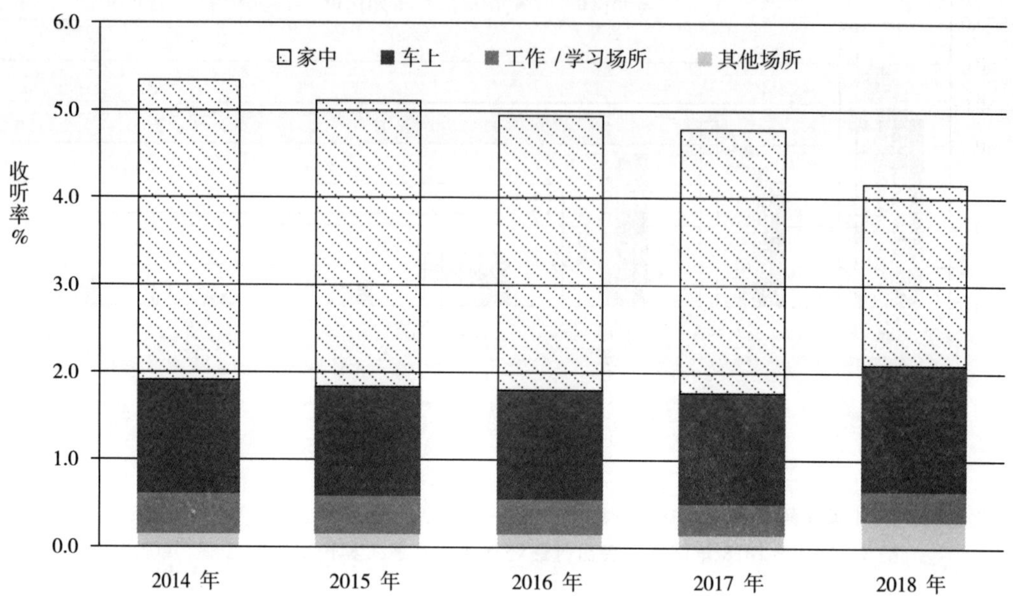

数据来源：CSM 媒介研究

图 4　2014～2018 年不同场所收听率（%）变化

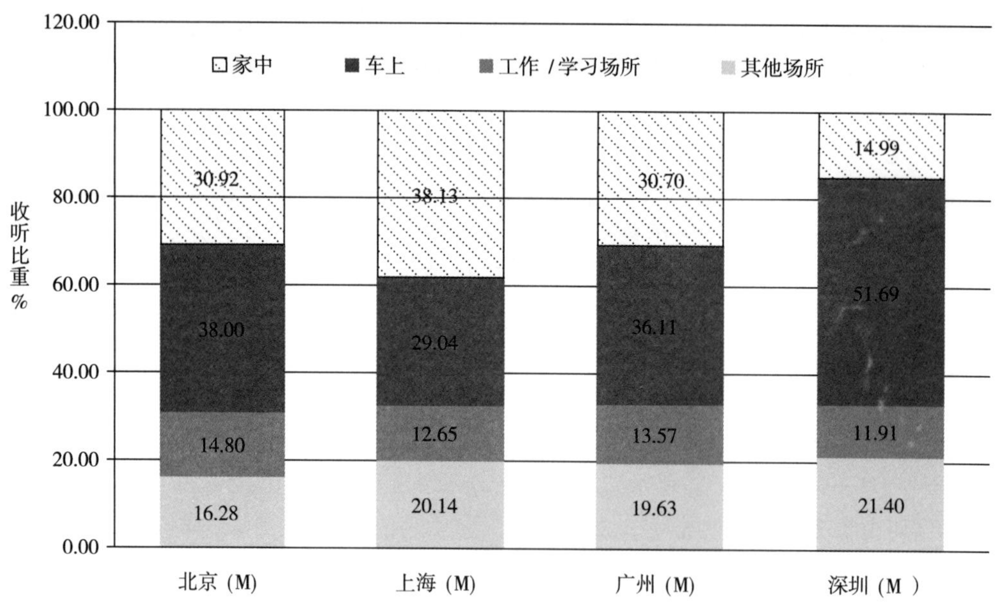

数据来源：CSM 媒介研究

图 5　2018 年四大一线城市不同场所收听比重（%）

较大幅度地超越了居家听众群体，车载收听人群基本上以职业人群为主，年龄集中在25～54岁之间，是社会的中坚力量，也是最有话语权和消费力的群体。自然而然，不同的市场、不同的听众群体会吸纳不同的广告流。优质、含金量高的品牌广告流向车载收听市场，居家收听的多数是老年人，他们吸纳更多的是医药保健品广告和金融、理财产品广告。

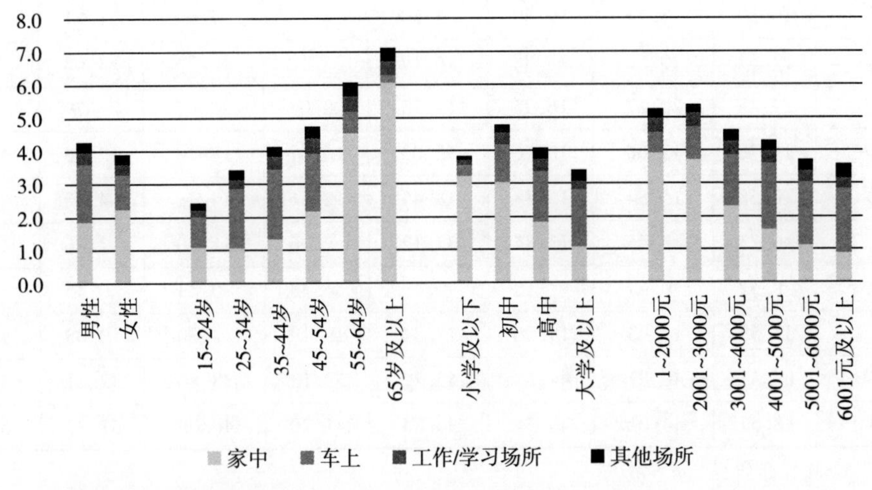

数据来源：CSM媒介研究

图6 2018年不同听众在不同场所的收听率（%）

除了不同收听场所听众群体的特点不同之外，使用移动互联网（手机App）收听和使用传统电波传输（FM/AM）收听的群体也有较大区别。CSM媒介研究在四大一线城市的收听调查中使用了最先进的手机虚拟测量仪调查方法，实时将收听渠道纳入新的测量体系中。调查数据显示，2018年第四季度，四大一线城市中使用手机App收听和收听环境音（FM/AM）的收听总量相差无几，但是听众群体却有较大差别，尤其是对不同频率，差异更为明显。数据显示，在收听传统直播流广播的听众中，男性比例远高于女性；除音乐类频率外，使用App收听新闻和交通类频率的听众中男性比例也大幅度高于女性；所有频率使用App收听的听众中，15～44岁中青年的比例高达66.4%，而收听环境音（FM/AM）的听众中该比例则不足一半；受过大学及以上教育者在使用App收听的听众中占有更高的比例；45岁及以上中老年听众在使用收音机收听新闻广播的听众中的比例达到63.6%，而在使用App的听众中不足一半。交通类频率的收听主力人群——25～54岁听众在两者中所占比例差距较小，都超过65%，但不足70%；收听音乐类频率的听众主要集中在15～44岁人群，该群体在使用App收听的听众中占比近80%，在收听环境音的听众中比例为68.9%（表1）。

表1　四大一线城市通过不同渠道收听广播的听众构成（%）

目标听众	所有频率		新闻综合类频率		交通类频率		音乐类频率	
	App收听	环境音收听	App收听	环境音收听	App收听	环境音收听	App收听	环境音收听
男	51.81	60.71	60.92	62.12	56.25	65.91	39.45	52.42
女	48.19	39.29	39.08	37.88	43.75	34.09	60.55	47.58
15~24岁	16.29	8.74	10.50	5.50	14.74	7.90	21.81	13.09
25~34岁	27.69	20.52	23.88	16.19	25.10	19.75	33.63	29.70
35~44岁	22.43	20.27	16.95	14.73	28.03	28.07	23.79	26.11
45~54岁	16.78	15.68	18.06	13.03	16.67	18.10	13.93	15.64
55~64岁	10.58	15.34	16.78	18.43	12.56	14.78	4.68	9.07
65岁及以上	6.23	19.45	13.84	32.12	2.90	11.40	2.16	6.39
小学及以下	0.57	0.67	1.15	0.49	0.48	0.81	0.45	0.48
初中	13.55	14.43	14.06	17.44	19.19	14.30	10.03	10.43
高中	37.31	40.87	44.58	45.22	39.13	38.86	32.21	35.38
大学及以上	48.57	44.02	40.21	36.85	41.20	46.03	57.31	53.71

数据来源：CSM媒介研究

四、新闻综合、交通和音乐类频率一直是拉动收听的“三驾马车”

广播直播流领域一直以来都以新闻综合、交通和音乐三大类频率拉动整体收听市场。2018年CSM媒介研究的全国城市收听调查数据显示：“三驾马车”合计占据收听市场近75%的份额。近些年来，随着交通类和音乐类频率的强势上升，收听格局发生了变化，原来一直是新闻综合类频率占据头部位置，而2018年CSM媒介研究的收听调查数据显示，交通类频率已经超越新闻综合类频率位，居首位，音乐类频率则成为增长幅度最大的频率类型（图7）。

2018年，新闻综合类频率只在家中收听中占据主导地位，交通类频率在车载收听市场的份额超过45%，而音乐类频率则在工作/学习场所、其他场所表现更加出色（图8）。

四大一线城市中，“三驾马车”的收听表现更加突出，整体市场份额达81.7%。其中音乐类频率的表现更加光芒四射，在非居家的各个收听场所中，音乐类频率全面超越新闻和交通类频率，基本占据了各个收听场所三分之一左右的市场份额（图9）。CSM媒介研究在四大一线城市2018年第四季度的收听调查数据显示，使用手机App收听电台直播音乐类频率的占比为58%，超过了通过收音机端等收听无线电波媒体（FM/AM）的占比（42%），这更加彰显了音乐类频率借助手机终端在当下移动互联时代的伴随性特征。

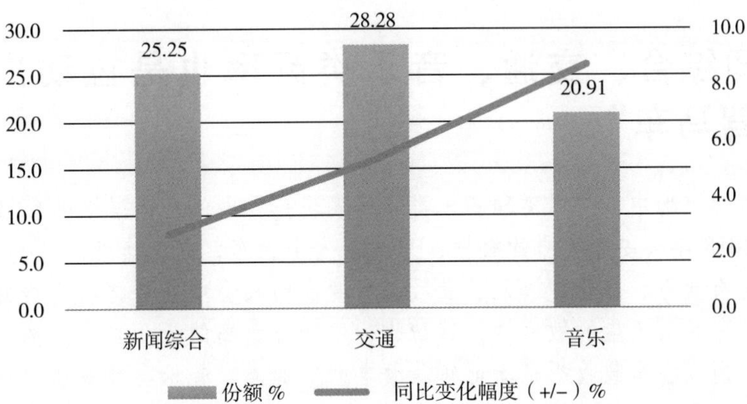

数据来源：CSM 媒介研究

图 7 2018 年“三驾马车”市场份额（%）及同比变化幅度（%）

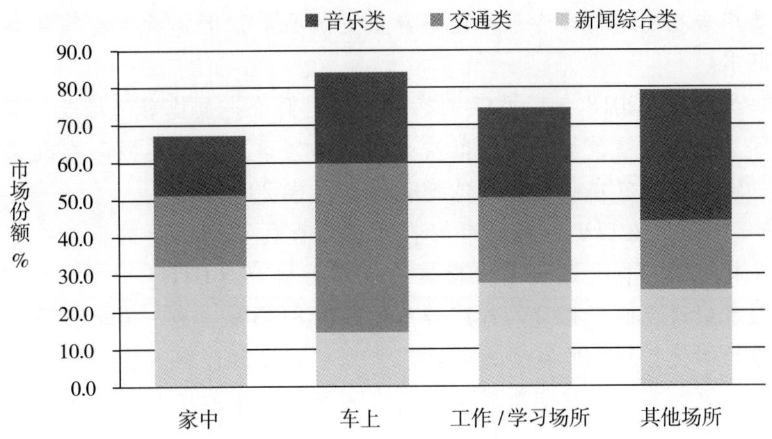

数据来源：CSM 媒介研究

图 8 2018 年“三驾马车”在不同场所的市场份额（%）

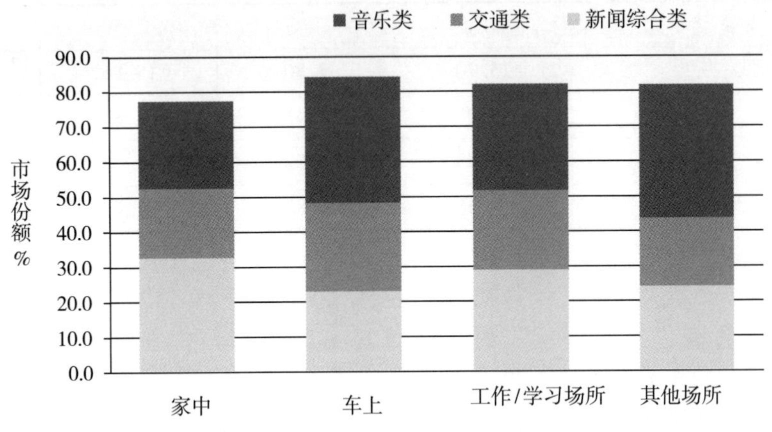

数据来源：CSM 媒介研究

图 9 2018 年“三驾马车”在四大一线城市不同场所的市场份额（%）

五、新闻综合、交通、音乐类频率也是拉动广告创收的“三驾马车”

在车载收听市场中，交通类和音乐类频率表现一贯出色，占据接近62%的收听市场份额。按照2018年公安部公布的数据，平均4人1辆车，私家车几乎成为家庭的标配。开车一族多是有活力、有稳定收入、受教育程度高的社会中坚群体。广告对于产品目标消费群体的追逐具有天生的敏感性，移动收听中含金量高的听众自然会成为广告主不懈的追逐目标。所以在车载收听市场上斩获颇丰的交通类、音乐类频率在广告市场上同样成为广播电台广告收入贡献最大的频率类型，成为不折不扣的品牌广告重度吸纳池；而在家户内收听占据优势的频率，如新闻类、文艺类频率则以嘉宾节目、健康保健品类节目等软性广告为主，也获得了不错的广告收益。但四大一线城市的广播广告情况并不完全如此，优质广告在交通类和音乐类频率身上更加凸显，但是新闻类等频率在品牌广告方面也斩获颇丰。

在四大一线城市，2018年广播广告花费（按刊例价）同比普遍增长。但是从增幅角度来看，新闻类频率增幅最为明显，其次为交通类频率，音乐类频率在北京、上海呈现负增长态势，没有跟上它在收听市场的增长速度（表2）。

“三驾马车”不但在四大一线城市的收听市场斩获了81.7%的市场份额，在广告市场上也拿到了相仿的广告投入份额。根据央视市场研究（CTR）的数据，“三驾马车”在四大一线城市中获得的广告投入占广告总投入的81.3%。这一情况表明，“三驾马车”在广播收听市场的优势地位收获了等额的广告回报，高度匹配。这也从另外一个角度说明，广告的流向更加集中于这3类频率。四大一线城市中的广告与收听均衡匹配、健康良性。

表2　2018年“三驾马车”在四大一线城市广告花费同比变化幅度（+/-%）

频率	北京	上海	广州	深圳
所有频率	15.70	7.80	18.86	4.71
新闻综合类	33.93	23.41	37.55	12.86
交通类	24.83	12.02	5.17	4.32
音乐类	-8.65	-3.82	0.88	2.38

数据来源：CSM媒介研究

分城市来观察“三驾马车”的具体情况，以往最具广告吸纳能力的“两驾马车”——交通类和音乐类频率，2018年数据显示各个城市却是不尽相同：北京的交通类和音乐类频率数量占当地频率总量（已有广告监测）的44.4%，两者的广告投放量比重合计达43.3%，广告收入（按刊例价）占到37.7%，收听比重高达68.5%，在收听比重占据市场六成多的大好局面下，广告收入却只占到了三成多，与往年的结果有较大的不同。当然这与当地电台与国家电台定位和广告策略差异不无关系。其他城市情况则反之，上海的交通类和音乐类频率占频率总量（已有广告监测）的45.5%，其广告投放量比重达59.1%，广告收入（按刊例价）达71.2%，收听比重高达77.7%；广州的这两类频率占频率总量（已有广告监测）的50.0%，其广告投放量比重达60.4%，广告收入（按刊例价）达66.3%，收听比重更是高达82.1%；深圳的这两类频率占频率总量（已有广告监测）的41.7%，其广告投放量比重达57.3%，广告收入（按刊例价）达63.3%，收听比重高达78.5%。综合来看，在4个一线城市中，交通类和音乐类频率占据已有广告监测频率总量的40%~50%的水平，广告吸纳量占据当地硬广告总量的40%~60%，吸纳能力强悍；除北京外，广告收入比重高达60%~70%的水平，与达到惊人水平的收听比重（70%~80%）比较匹配。

进一步洞察4个城市中交通类和音乐类频率所吸纳的广告品类我们不难发现：4个城市既有趋同的特征，但又有差别。在交通类频率中，趋同的特征是在4城市中“商业及服务性行业”“交通类”广告都进入投放量的前3位。不同的是北京的“家居用品”比重达到整体市场的30%，此外，“食品”也超过10%；上海则“活动类”表现抢眼；广州的“食品”行业投放比重超过10%，“食在广州”尽在广播媒体中展现出来；深圳的“金融”和“食品”行业比重不相上下。在音乐类频率中，共同的特征也是“交通类”“商业及服务性行业”的广告投放比重基本处于靠前位置；但各个城市又各具特色，北京的“娱乐休闲”“食品”行业的比重都达到了两位数，上海的“邮电通讯”“金融”“活动类”也都超过10%，广州的“食品”行业比重处于第一位，接近整体的四分之一，另外“娱乐及休闲”行业也超过10%；深圳的“食品”行业超过五分之一，“娱乐休闲”比重也高达两位数。四大一线城市中，无论是交通类频率还是音乐类频率，其投放量比重较大的广告类型都具有高度趋同性，说明这些品类的广告主对这两类广播频率高度认同；同时，四大城市也具有各自的特点，反映了不同城市同类频率吸纳广告的差异，也彰显了地域特征和频率重度听众特征的差异（表3）。

表3　2018年不同品类广告在四大一线城市交通、音乐类频率的投放量比重（%）

品类	交通类频率				音乐类频率			
	北京	上海	广州	深圳	北京	上海	广州	深圳
IT产品及服务	3.52	8.02	2.78	2.91	2.60	5.86	3.02	2.58
房地产/建筑工程	1.29	3.43	4.98	7.78	3.24	3.03	2.12	2.70
个人用品	0.43	0.35	0.02	0.03	0.37	0.87	0.08	0.08
工业用品	0.55	0.80	1.51	0.24	0.07	0.43	0.22	0.12
化妆品/浴室用品	0.00	0.00	0.00	0.00	0.01	0.04	0.07	0.08
活动类	5.92	11.55	2.03	4.21	6.41	10.99	4.68	6.07
家居用品	30.25	5.12	0.91	3.32	4.74	1.62	1.00	1.44
家用电器	0.36	0.36	3.26	1.82	0.87	0.76	0.31	0.31
交通	12.39	16.70	15.02	13.62	17.89	19.26	14.39	16.53

续表

品类	交通类频率				音乐类频率			
	北京	上海	广州	深圳	北京	上海	广州	深圳
金融	3.30	5.12	6.24	8.58	5.75	10.43	5.78	9.55
酒精类饮品	3.74	1.04	3.89	4.90	5.08	1.27	4.10	4.08
农业	0.71	0.11	0.00	0.00	0.03	0.00	0.00	0.00
清洁用品	0.10	0.15	0.05	0.06	0.06	0.00	0.01	0.01
商业及服务性行业	12.77	25.80	14.59	13.57	17.16	14.49	12.89	11.40
食品	11.00	2.89	11.36	9.25	12.43	8.78	24.32	20.94
药品	0.84	0.00	6.48	5.61	1.22	0.32	3.18	1.60
衣着	0.27	0.00	0.00	0.00	0.17	0.29	0.11	0.12
饮料	2.70	3.79	6.33	7.65	1.32	2.99	5.08	5.30
邮电通讯	3.24	7.66	3.57	4.20	3.88	10.09	5.20	2.96
娱乐及休闲	6.20	6.53	8.06	3.53	15.96	8.21	10.22	10.86
杂类	0.43	0.61	8.91	8.73	0.77	0.28	3.22	3.29

注："杂类"中不包含"免费项目"和"公用事业"项。
数据来源：央视市场研究（CTR），CSM媒介研究

表3数据揭示了2018年品牌广告主对交通及音乐频率的认知和投放策略，移动收听人群是主要考量目标；表2数据揭示了新闻综合类频率的巨大增量，从中也反映出广告投放策略的走向。与交通类和音乐类频率不同，新闻综合类频率所吸纳的广告品类趋同度远不及交通类和音乐类频率集中。"药品""金融"和"食品"行业在四大城市中占据主要位置，但是各个城市比重差异很大。"药品"行业在广州占比达三分之一，深圳则是四分之一，但在上海只是个位数水平；"金融"行业在上海、广州、深圳超过10%，而在北京只有百分之八点多；"食品"行业在北京、上海超过10%，但在广州和深圳还是个位数。北京的"酒精类饮品""家居用品"比例也不低，上海"商业及服务性行业"占比较高，而在广州和深圳的新闻综合类频率中则再难找到投放量比较大的品类（表4）。

表4　2018年不同品类广告在四大一线城市新闻综合类频率的投放量比重（%）

品类	北京	上海	广州	深圳
IT产品及服务	0.81	0.84	3.24	2.04
房地产/建筑工程	2.64	4.96	1.64	2.67
个人用品	0.84	0.33	0.22	0.19
工业用品	1.16	0.89	0.74	0.73
化妆品/浴室用品	0.10	0.08	0.09	0.08
活动类	1.91	5.57	0.99	3.27

续表

品类	北京	上海	广州	深圳
家居用品	10.46	7.83	5.21	4.72
家用电器	5.26	4.19	2.35	2.15
交通	6.17	7.90	3.82	6.17
金融	8.96	11.09	12.26	13.78
酒精类饮品	12.70	9.25	6.53	5.75
农业	0.61	0.42	0.19	0.16
清洁用品	0.00	0.09	0.00	0.00
商业及服务性行业	3.46	10.73	2.47	5.26
食品	11.33	10.48	7.65	9.66
药品	12.70	9.55	33.85	25.57
衣着	1.06	0.80	0.48	0.42
饮料	8.10	5.41	4.04	4.19
邮电通讯	5.39	3.52	4.05	5.96
娱乐及休闲	5.78	5.27	6.25	3.01
杂类	0.55	0.80	3.91	4.23

注："杂类"中不包含"免费项目"和"公用事业"项。

数据来源：央视市场研究（CTR），CSM 媒介研究

六、广告花费反映行业发展温度

广告投放额的多寡及变化，很大程度上能反映出当年经济发展的晴雨波动，更能体现出各行各业的冷热温度。四大一线城市中不同类别广告投放花费的变化，可彰显当年行业发展的风向和热度。数据显示，2018 年在北、上、广、深四个一线城市中，有普遍上涨的行业，也有普遍下降的行业，不同的城市还有各自的特征（表 5）。

综合来看，广告花费（按刊例价）同比上涨最明显的行业是"衣着"类，四大城市整体上涨幅度非常大；其次为"酒精类饮品"，上涨幅度超过 110%；"饮料""活动类""房地产/建筑工程"行业的上涨幅度也不可小觑。广告花费同比下降幅度最大的当属"化妆品/浴室用品"和"清洁用品"，降幅在 70% 左右，"IT 产品及服务"和"个人用品"降幅也在 30% ~40% 之间。

具体到四大城市，广播广告花费同比变化不尽相同。"IT 产品及服务"在上海是上涨的态势；"房地产/建筑工程"行业在北京的涨幅最大；"活动类"在北京和广州出现负增长，而在上海和深圳则是大涨；"金融"行业在广州涨势喜人，在北京和上海是小涨，而在深圳则出现负增长；"商业及服务性行业"在北京和上海是上涨，广州和深圳则是下降。"衣着"类可能是由于 2017 年投放额小，因而 2018 年涨势迅猛，北京增幅高达 3668%，广州和上海高达 1640% 以上，连最低的深圳也高达 990%。

表5　2018年四大一线城市不同品类广告花费（刊例价）同比涨跌幅度（%）

品类	北京	广州	上海	深圳
合计	12.97	17.28	11.79	5.14
IT产品及服务	-45.42	-45.41	13.19	-62.17
房地产/建筑工程	141.47	57.98	39.77	53.11
个人用品	-73.73	-86.33	-31.40	-87.07
工业用品	14.12	77.74	30.93	19.87
化妆品/浴室用品	-84.35	-70.50	-82.84	-70.39
活动类	-23.09	-3.66	50.20	21.58
家居用品	23.06	22.49	12.19	12.11
家用电器	-0.90	-0.77	-3.07	-4.20
交通	3.11	14.78	4.73	2.51
金融	5.43	35.95	8.67	-5.00
酒精类饮品	60.51	150.47	32.71	89.87
农业	-14.44	-19.17	-24.03	-38.30
清洁用品	-69.54	-67.28	-69.02	-72.95
商业及服务性行业	24.92	-11.47	15.38	-19.20
食品	43.24	30.31	18.81	36.01
药品	7.59	17.22	21.45	10.07
衣着	3668.16	1643.39	1645.94	990.60
饮料	78.33	127.03	43.99	134.95
邮电通讯	-20.42	-18.78	-13.43	-36.81
娱乐及休闲	-20.96	-2.46	-5.83	-21.74
杂类	-41.05	24.79	-20.17	23.72

注："杂类"中不包含"免费项目"和"公用事业"项。

数据来源：央视市场研究（CTR），CSM媒介研究

七、融媒时代，广告传播业态也将发生巨变

"你中有我，我中有你"业已成为当下媒体生态融合变迁进程中的常态。具体到广播媒体，广播的内容传播已经不仅仅局限在直播流领域内了，音频App（电台自办+大型音频平台）、微信公号、微信小程序、官网等同步发布直播，还可以让听众回听、点播……这些都已成为节目内容和广告的传输渠道。

"一机在手，世界拥有"，听众在互联网、移动互联网平台上互动交流，本身也构成了传播介质。以前靠传统电波调频、调幅传输声音信号，靠收音机接收信号的方式逐渐

式微，互联网、移动互联网平台上的传输，移动多终端的接收方式，尤其是智能手机的普及和音频 App 的迅猛发展，极大地方便了听众收听电台直播节目和时移收听。在方便收听的同时，我们更应该清晰地看到电台拥有节目内容，但并不全部拥有传输平台，这可能会产生很多不确定因素，尤其是直播流领域的广告插播。

融媒体环境下，听众成为用户，可以在音频平台和社交平台上产生有效互动，这为广告、产品的传播乃至消费带来了巨大的可能性；听众可以二次甚至多次在其他领域、平台进行传播、解读，包括微信朋友圈、好友群等；网络平台打破了传统平台的地域局限性，实现了跨地域、多领域传播；广告形式也将打破线性播出“稍纵即逝”的感觉，会以文字、图片、动漫、视频、音频留存，多渠道、广范围地传播，达到触达人群最大化的目的，从而实现更加理想的广告传播效果；网络平台与电商合作，直接将让听众感兴趣的产品转化成实实在在的消费。

老一代听众尚能使用收音机听广播，而 80 后、90 后甚至 00 后是伴随着互联网时代发展而成长起来的一代人，他们更多地会使用网络、智能终端，这些年轻人的收听更加碎片化、多元化、个性化、互动化，这些因素对于我们传统广播直播是一个巨大的考验，也对我们的节目内容及广告形式提出了新的研究课题。尤其是面临 5G 时代的来临，媒体融合的步伐会加快，会有更多的传播介质加入融媒体的环境中。智慧城市、智能交通、绿色出行、无人驾驶将会变成现实，车轮子带给广播的红利将消耗殆尽，广播电台的角色会被重新定位，主流、单一的线性广告传播也将成为今后多维广告传播中的一种形式、一个渠道而已。

（作者：梁帆）

经济类广播节目收听特征简析

经济类广播频率播出的资讯类节目能够让听众对社会经济发展动态和市场行情等信息有准确的了解，起到为听众答疑解惑的作用。在中国内地广播市场，既有权威的全国性经济广播——中央人民广播电台经济之声，也有不少地方电台开办的经济财经类广播，这些专业的经济类广播频率凭借其权威的经济数据、专业的人才队伍，以及对地方经济和市场资讯的及时报道，成为财经资讯受众重要的媒介消费对象。

本文利用CSM媒介研究北京、上海、杭州、深圳和广州5城市的广播收听率调查及节目监播数据[①]，观察和分析经济类广播节目的收听特征，以期在节目制作、播出和广告资源推广方面为经济类广播频率及相关节目经营人员提供参考。除非特别标明，本文数据日期范围为2018年全年，目标听众为15岁及以上广播推及人口，时间段为全天，听众收听场所为所有收听场所。

一、经济类广播频率及节目在北京等五城市整体收听概况

专业经济类广播频率的市场份额可以在一定程度上反映一个市场上经济类广播节目的市场空间。从2018年上海等5个城市经济类广播频率的市场份额来看，上海的经济类广播频率市场份额最高，为9.69%，但是较前两年有所降低；广州的经济类广播频率市场份额为5.54%，较前两年有所提升；杭州和北京的经济类广播频率市场份额分别为5.23%和2.74%，与2017年相比变化不大（图1）。

从具体的经济类广播频率的收听数据来看，2018年经济类广播频率在上海、广州、杭州、北京和深圳的市场份额分别为9.69%、5.54%、5.23%、2.74%和0.83%，其中上海第一财经广播（FM97.7）在本地的市场份额为7.30%，在当地总共25个频率的竞争排名中位列第七；广东广播电视台股市广播（FM95.3财经广播）在广州的市场份额为4.62%，在当地总共30个频率的竞争排名中位列第八；全国性广播频率中央人民广播电台经济之声在北京的市场份额为2.74%，在当地总共35个广播频率的竞争排名中位列第九（表1）。

① 北京、上海、杭州、深圳和广州5城市节目监播数据涵盖了大多数广播频率，节目监播数据可用性较高。

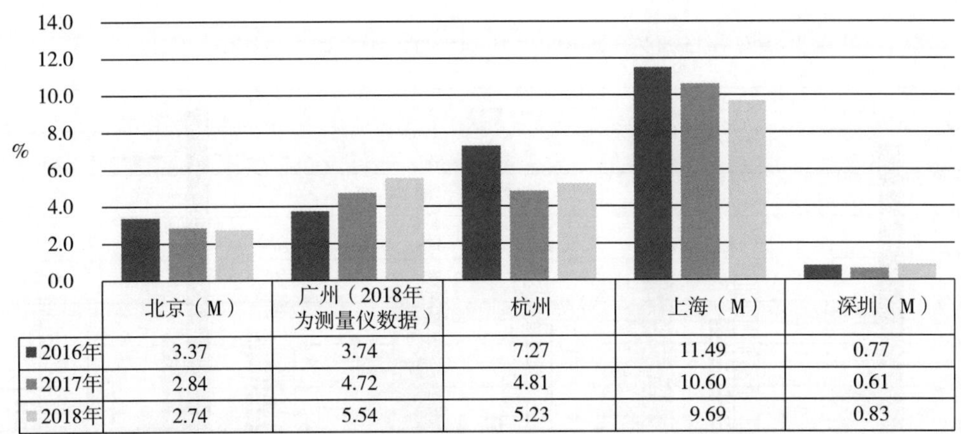

	北京（M）	广州（2018年为测量仪数据）	杭州	上海（M）	深圳（M）
■2016年	3.37	3.74	7.27	11.49	0.77
■2017年	2.84	4.72	4.81	10.60	0.61
■2018年	2.74	5.54	5.23	9.69	0.83

注：（M）表示该市场采用测量仪方法采集收听数据。

数据来源：CSM 媒介研究

图 1　北京等地经济类专业广播频率市场份额（%）

表 1　2018 年上海等地经济类广播频率市场份额（%）

地区	频率	市场份额%	市场份额排名
上海（M）	第一财经广播（FM97.7）	7.30	7/25
	中央人民广播电台第二套节目经济之声	2.39	9/25
广州（M）	广东广播电视台股市广播（FM95.3 财经广播）	4.62	8/30
	中央人民广播电台第二套节目经济之声	0.92	14/30
杭州	中央人民广播电台第二套节目经济之声	3.48	9/28
	浙江电台（FM95）经济广播	1.76	13/28
北京（M）	中央人民广播电台第二套节目经济之声	2.74	9/35
深圳（M）	中央人民广播电台第二套节目经济之声	0.83	17/38

数据来源：CSM 媒介研究

将北京等地总共 4 个经济广播频率的听众构成进行综合考察，可以发现：总体来看，在各个收听场所，男性听众占比明显高于女性；在家中收听方面，老年听众占比明显高于中青年听众；在车上收听方面，25～54 岁听众占比则明显高于老年听众；在工作/学习场所，55 岁及以上听众占比较高，达到 46%（图 2）。

财经类广播节目的整体播出比重和收听比重可以更为具体地反映一个市场上经济类广播节目的市场空间。2018 年，财经类广播节目的播出比重在北京等 5 个城市均超过了 4%，在上海市场播出比重为 6.66%、杭州为 4.95%，由此可见，财经类节目的播出比重总体较低。收听比重数据显示，上海财经类节目的收听比重为 6.57%，明显高于杭州等其他 4 个城市。杭州、北京、广州和深圳 4 城市财经类节目的收听比重明显低于该类节目相对应的播出比重（图 3）。

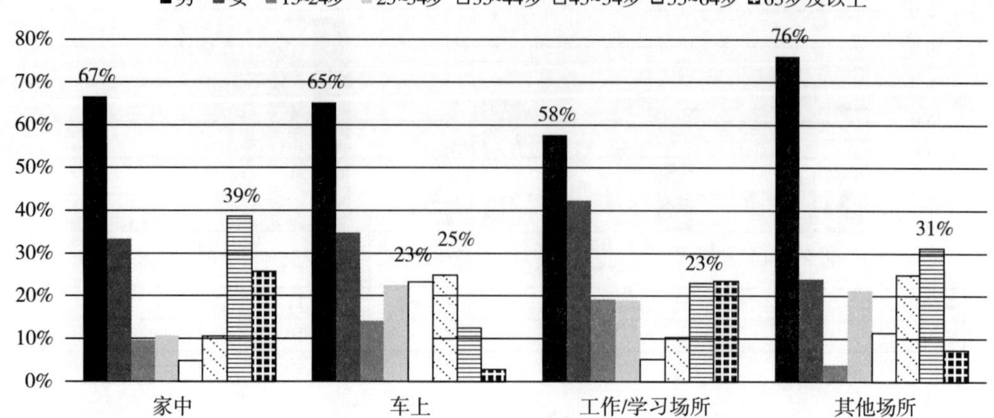

数据来源：CSM 媒介研究

图 2　2018 年北京等五城市经济类广播频率不同收听场所的听众构成（%）

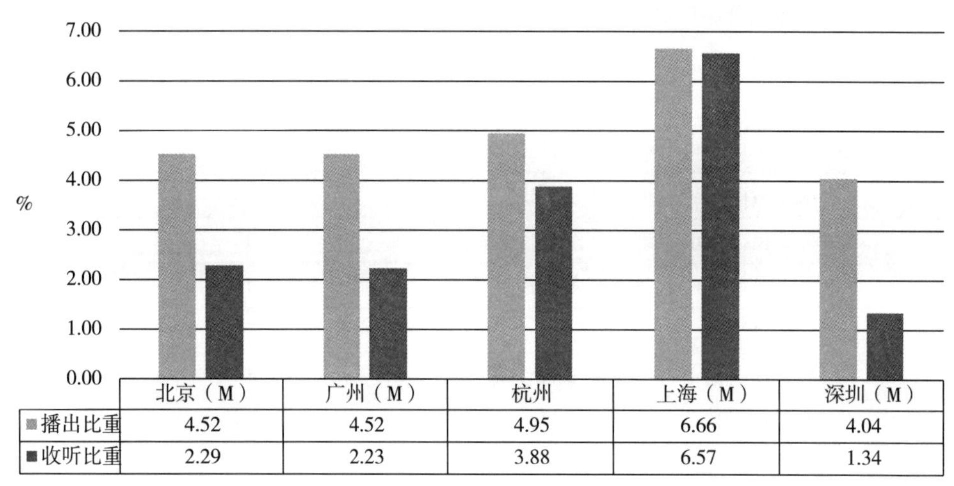

	北京（M）	广州（M）	杭州	上海（M）	深圳（M）
■播出比重	4.52	4.52	4.95	6.66	4.04
■收听比重	2.29	2.23	3.88	6.57	1.34

数据来源：CSM 媒介研究

图 3　2018 年上海等地财经类节目的播出比重（%）和收听比重（%）

2018 年 CSM 媒介研究广播收听率调查基础研究数据显示，新闻/时事、音乐、生活服务和文艺类广播节目受欢迎程度较高。在被访者中，超过 60% 的被访者表示，新闻/时事和音乐类节目是他们最喜欢收听的节目类型；超过 20% 的被访者表示，文艺类节目是他们最喜欢收听的节目类型；仅有 4. 37% 的被访者表示，财经类节目是他们最喜欢收听的节目。可见，相比于新闻/时事、音乐和生活服务类节目，财经类节目是一个相对小众的节目类型（图 4）。

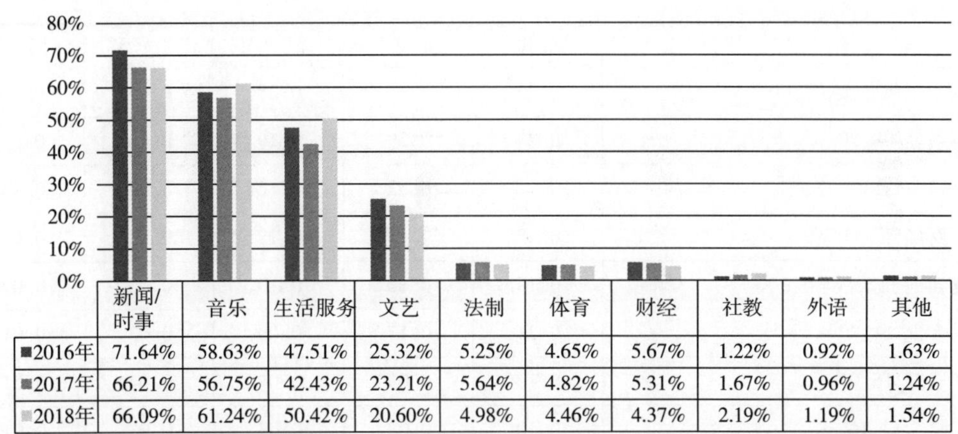

数据来源：CSM 媒介研究

图 4 最喜欢收听特定节目类型人数的占比（%，多选）

无论是从专业经济类广播频率的市场份额来看，还是从财经类节目的总体播出比重和收听比重来看，2018 年，5 个城市留给经济类广播节目的市场空间最大不超过 10%，但像第一财经广播（FM97.7）这类节目，因竞争力强劲，仍能挤进当地市场份额排名前 30% 的阵营。

二、中央人民广播电台第二套经济之声主要节目在杭州等地的收听特征

在杭州和北京，中央人民广播电台第二套节目经济之声是当地收听率较高的经济类广播频率。从该频率全年播出 11 天及以上、每期节目时长在 10 分钟及以上的主要节目在当地的收听数据来看，在杭州，07:00 的《新闻和报纸摘要》、08:30 的《天下财经》、09:01 的《央广财经评论》和 19:30 的《天天 315》是该频率在当地创造收听率波峰的节目。在北京，06:45 的《笑傲江湖》、07:00 的《新闻和报纸摘要》、08:30 的《天下财经》、08:51 的《花之声》和 10:30 的《交易实况周末版》形成了该频率在北京的收听率高峰，均获得超过 0.2% 的收听率。在上海，06:45 的《笑傲江湖》、07:00 的《新闻和报纸摘要》和 08:30 的《天下财经》形成了该频率在上海的收听率早高峰。在北京和上海两地，21:01 的《那些年》、21:30 的《让我们共同追忆那些年》、周日 21:30 的《长三角经济广播联播》又形成了经济之声的收听率晚高峰（表 2）。

表 2 中央人民广播电台经济之声主要节目在杭州等地的收听率（%）

节目	杭州	北京（M）	上海（M）	广州（M）	深圳（M）
新鲜早世界 05:30	0.08	0.03	0.10	0.03	0.01
笑傲江湖 06:45	0.08	0.38	0.28	0.05	0.03

续表

节目	杭州	北京（M）	上海（M）	广州（M）	深圳（M）
新闻和报纸摘要 07:00	0.23	0.35	0.28	0.08	0.10
天下财经 08:30	0.23	0.29	0.19	0.06	0.05
花之声 08:51	0.12	0.32	0.16	0.04	0.03
央广财经评论 09:01	0.23	0.17	0.12	0.04	0.02
交易实况周末版 10:30	0.18	0.20	0.13	0.03	0.02
交易实况 11:30	0.21	0.17	0.09	0.03	0.01
倾听全球 16:01	0.10	0.09	0.04	0.04	0.01
华商启示录 16:30	0.10	0.08	0.03	0.03	0.01
爱评论新时代百人对话录 16:30	0.10	0.09	0.08	0.08	0.01
远见 16:30	0.13	0.05	0.06	0.03	0.00
财经论道 16:30	0.12	0.13	0.04	0.07	0.01
每日财经 18:01	0.20	0.09	0.06	0.05	0.04
两会高端访谈企业家说 18:30	0.14	0.09	0.06	0.10	0.09
天下公司 18:30	0.20	0.05	0.03	0.03	0.07
经济之声 19:01	0.15	0.08	0.06	0.07	0.09
天天315 19:30	0.29	0.07	0.06	0.05	0.07
对话车生活 19:43	0.14	0.06	0.06	0.06	0.04
海阳现场秀 20:30	0.05	0.08	0.07	0.07	0.02
那些年 21:01	0.04	0.11	0.13	0.07	0.03
让我们共同追忆那些年 21:30	0.03	0.10	0.12	0.06	0.03
（周日）长三角经济广播联播 21:30	0.02	0.09	0.12	0.05	0.03
艺术之城 22:00	0.00	0.06	0.16	0.04	0.02
跨越时空的艺术碰撞 22:30	0.02	0.09	0.10	0.04	0.02
非常科学 22:46	0.01	0.06	0.08	0.04	0.02
财经夜读 23:30	0.00	0.04	0.06	0.02	0.02

数据来源：CSM媒介研究

从中央人民广播电台经济之声主要节目在杭州的分目标听众和分场所收听率数据来看，早高峰节目之一《天下财经》的收听率主要由男性、45岁及以上听众，以及家中和车上的收听率形成；07:00的《新闻和报纸摘要》的收听率主要由男性、35~54岁、65岁及以上听众，以及家中收听率形成；19:30的《天天315》的收听率则主要由男性、15~44岁和65岁及以上听众，以及家中收听率形成（表3）。

表 3 中央人民广播电台经济之声主要节目在杭州的分场所、分目标听众收听率（000）

节目	15+	家中	车上	工作/学习场所	其他场所	男	女	15~24岁	25~34岁	35~44岁	45~54岁	55~64岁	65岁及以上
新鲜早世界 05:30	3.98	3.86	0.07	0.04	0.00	2.87	1.11	0.12	0.01	0.03	0.13	0.03	3.66
新闻和报纸摘要 07:00	12.35	8.80	3.41	0.02	0.11	8.73	3.62	1.35	1.42	2.56	2.78	0.47	3.78
天下财经 08:30	12.13	5.47	4.35	2.12	0.19	7.09	5.04	0.71	1.73	2.46	2.64	2.75	1.84
花之声 08:51	6.39	4.29	1.70	0.40	0.00	2.60	3.79	0.64	1.16	0.98	1.16	0.93	1.52
央广财经评论 09:01	11.91	8.39	1.12	2.15	0.25	7.66	4.25	0.92	0.43	1.22	2.94	2.45	3.96
交易实况周末版 10:30	9.72	7.70	1.80	0.21	0.01	4.00	5.72	2.43	0.29	1.08	2.37	0.83	2.71
交易实况 11:30	11.16	8.51	1.05	1.36	0.24	6.90	4.26	0.86	0.38	1.21	2.06	2.56	4.09
倾听全球 16:01	5.37	2.61	2.17	0.03	0.57	3.45	1.92	0.81	0.89	1.13	1.08	0.60	0.86
爱评论新时代百人对话录 16:30	5.21	2.11	3.00	0.10	0.00	3.17	2.04	0.79	1.08	0.31	1.41	0.49	1.11
华商启示录 16:30	5.34	2.86	2.40	0.00	0.08	4.02	1.32	1.21	0.48	1.10	1.41	0.34	0.80
财经论道 16:30	6.52	4.27	2.04	0.06	0.15	4.37	2.14	1.28	0.83	0.92	0.70	0.87	1.92
远见 16:30	7.03	3.44	3.03	0.00	0.55	4.36	2.67	0.98	0.96	2.82	1.29	0.14	0.85
每日财经 18:01	10.49	8.62	1.70	0.01	0.16	6.65	3.84	2.13	0.59	2.42	0.89	1.45	3.00
两会高端访谈企业家说 18:30	7.33	6.84	0.50	0.00	0.00	4.32	3.01	0.79	0.00	3.08	0.27	0.00	3.19
天下公司 18:30	10.01	8.82	0.58	0.62	0.00	5.65	4.37	1.51	0.21	4.96	0.47	0.11	2.75
经济之声 19:01	8.05	6.96	0.62	0.32	0.15	5.41	2.64	2.99	0.54	2.12	0.78	0.94	0.69
笑傲江湖 19:15	12.79	10.84	0.00	1.95	0.00	5.84	6.95	1.93	0.00	6.60	0.22	0.00	4.04
天天 315 19:30	15.15	13.61	0.82	0.66	0.06	9.26	5.89	3.06	4.71	3.92	0.28	0.24	2.94
对话车生活 19:43	7.25	5.50	0.57	1.02	0.17	4.03	3.23	1.34	1.19	2.23	0.22	0.03	2.24
海阳现场秀 20:30	2.39	0.91	1.36	0.02	0.10	0.79	1.61	0.20	1.15	0.74	0.25	0.03	0.03
那些年 21:01	1.85	0.73	1.11	0.00	0.00	0.10	1.74	0.10	1.21	0.39	0.15	0.00	0.00
长三角经济广播联播 21:30	1.15	0.47	0.68	0.00	0.00	0.00	1.15	0.21	0.76	0.18	0.00	0.00	0.00
让我们共同追忆那些年 21:30	1.41	0.50	0.90	0.01	0.00	0.39	1.01	0.18	0.80	0.24	0.16	0.03	0.00
艺术之城 22:00	0.17	0.05	0.05	0.07	0.00	0.07	0.10	0.00	0.00	0.05	0.05	0.07	0.00
跨越时空的艺术碰撞 22:30	0.88	0.25	0.61	0.02	0.00	0.22	0.66	0.12	0.58	0.09	0.04	0.02	0.03

数据来源：CSM 媒介研究

从中央人民广播电台经济之声主要节目在北京的分目标听众和分场所收听率数据来看，早高峰节目之一《笑傲江湖》的收听率主要由男性听众、15～34岁听众和45～54岁听众，以及车上听众的收听率所形成；早间时段的《新闻和报纸摘要》的收听率主要由男性、15～24岁、45岁及以上听众，以及车上听众的收听率所形成；16:30的《财经论道》也形成一个收听小高峰，其收听率主要由15～24岁女性听众，以及车上听众的收听率所形成；21:01的《那些年》则在车上、25～34岁听众中收听率较高（表4）。

表4　中央人民广播电台经济之声主要节目在北京分场所、分目标听众的收听率（000）

节目	15+	家中	车上	工作/学习场所	其他场所	男	女	15～24岁	25～34岁	35～44岁	45～54岁	55～64岁	65岁及以上
新鲜早世界 05:30	1.86	1.11	0.44	0.13	0.18	1.27	0.59	0.02	0.64	0.06	0.13	0.39	0.63
笑傲江湖 06:45	20.86	5.45	10.79	2.24	2.37	18.28	2.58	7.92	4.20	0.43	4.87	1.33	2.10
新闻和报纸摘要 07:00	18.82	4.71	9.46	2.82	1.83	14.42	4.41	4.14	4.06	0.90	4.42	2.37	2.93
天下财经 08:30	15.51	3.09	6.51	3.83	2.08	9.71	5.80	2.52	2.30	2.25	4.57	3.19	0.67
花之声 08:51	17.42	3.41	6.76	4.84	2.41	10.84	6.58	5.03	2.95	2.25	3.53	3.08	0.58
央广财经评论 09:01	9.44	1.77	3.40	2.33	1.94	4.17	5.27	1.53	1.22	1.67	2.42	2.34	0.26
交易实况周末版 10:30	10.79	2.16	3.82	2.79	2.02	4.74	6.05	2.07	2.05	1.31	2.89	2.21	0.26
交易实况 11:30	9.20	1.73	3.40	2.28	1.80	4.15	5.05	1.29	1.45	2.05	2.07	2.20	0.15
天天315 12:30	4.91	1.04	1.57	1.12	1.17	1.91	2.99	0.50	1.63	0.72	0.80	1.17	0.09
倾听全球 16:01	4.70	0.88	1.94	1.00	0.89	1.87	2.83	1.12	1.09	0.72	0.83	0.72	0.22
财经论道 16:30	6.70	1.29	2.83	1.22	1.36	2.13	4.57	2.43	1.24	0.85	1.22	0.66	0.30
每日财经 18:01	4.96	1.17	1.93	0.98	0.87	2.01	2.95	1.42	1.45	0.42	0.76	0.63	0.28
两会高端访谈企业家说 18:30	4.85	0.76	1.92	1.56	0.61	1.23	3.62	1.59	1.06	0.98	0.50	0.68	0.03
经济之声 19:01	4.47	1.32	1.90	0.60	0.65	2.39	2.07	1.23	1.27	0.41	0.68	0.64	0.24
对话车生活 19:43	3.41	0.85	1.40	0.50	0.67	2.29	1.12	0.40	1.40	0.36	0.41	0.58	0.25
海阳现场秀 20:30	4.40	1.19	1.97	0.53	0.71	2.49	1.91	0.52	2.05	0.38	0.64	0.57	0.24
那些年 21:01	5.76	1.47	2.79	0.59	0.91	2.64	3.12	0.52	2.56	0.32	1.51	0.49	0.36
让我们共同追忆那些年 21:30	5.30	1.76	2.09	0.63	0.82	2.82	2.48	0.92	1.78	0.40	1.30	0.57	0.33
长三角经济广播联播 21:30	5.11	1.36	2.35	0.42	0.98	2.53	2.58	0.88	2.32	0.17	1.15	0.44	0.15
艺术之城 22:00	3.38	1.26	1.37	0.28	0.47	1.00	2.38	0.00	1.05	0.41	1.24	0.40	0.28
跨越时空的艺术碰撞 22:30	5.09	1.63	2.05	0.63	0.78	2.76	2.32	1.15	1.63	0.21	1.51	0.49	0.09
非常科学 22:46	3.47	1.31	1.33	0.43	0.39	1.94	1.52	0.75	1.16	0.30	0.85	0.40	0.00

数据来源：CSM媒介研究

三、第一财经广播（FM97.4）主要节目在上海的收听特征

从上海的收听率数据来看，第一财经广播（FM97.4）的全天收听率走势与所有广播频率收听率走势基本一致，但是其09:00～11:30时段的收听率并没有像整体广播收听率那样从早高峰急速回落，而是维持了一个相对较高的收听水平，且在09:30～10:00时段出现了一个收听小高峰；在16:00～18:00和21:30～23:30时段又出现了有别于广播总体收听率走势的明显上扬的收听曲线，因此第一财经广播（FM97.4）的分时段收听率走势特点可概括为：(1) 具有所有广播频率的收听率早高峰；(2) 具有有别于所有广播频率的相对较高的上午时段收听率波峰；（3）16:00～18:00时段收听率快速提升；(4) 21:30～23:30时段收听率走势相对稳定和回升（图5）。

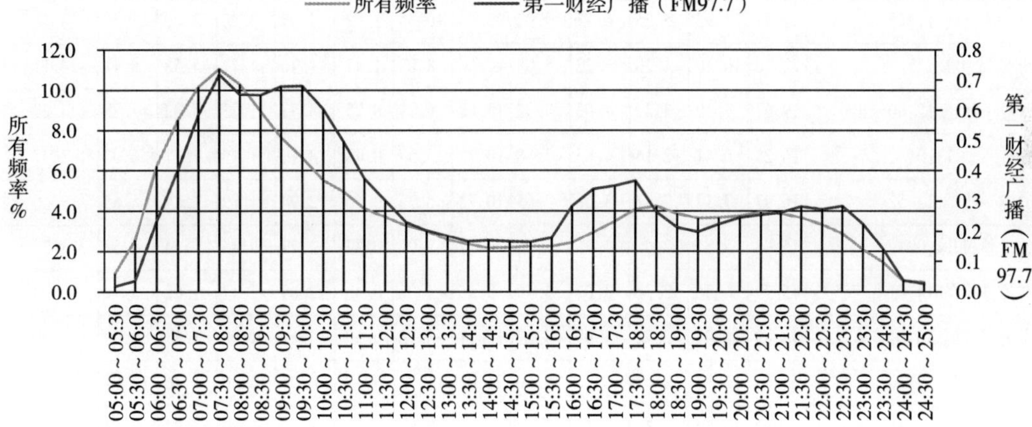

数据来源：CSM媒介研究

图5　上海市场第一财经广播（FM97.4）及所有频率的分时段收听率（%）走势

第一财经广播（FM97.4）的节目播出安排在工作日和周末有所不同，相应地，工作日和周末的收听表现也有所不同。总体来看，在工作日，第一财经广播（FM97.4）主要节目的男性收听率明显高于女性。07:00的《财经早七点》、08:00的《财经早八点》、09:01的《黑马竞选》、10:38的《直通公司》和11:02的《财智问答》则形成了早间和上午时段的收听率高峰，其中《财经早七点》和《财经早八点》主要由较高的男性、55～64岁听众收听率、家中收听率和车上收听率所形成，而《黑马竞选》《直通公司》和《财智问答》主要由较高的家中收听率和工作/学习场所收听率所形成。17:00的《股市大家谈》形成晚间收听率高峰，且主要由家中收听率、车上收听率和其他场所的收听率叠加所形成。22:00时段的《股市大家谈》形成的收听率高峰则主要是男性、55～64岁听众、家中收听和车上收听所致（表5）。

表5　第一财经广播（FM97.4）在上海工作日的节目收听率（000）

节目	15+	家中	车上	工作/学习场所	其他场所	男	女	15~24岁	25~34岁	35~44岁	45~54岁	55~64岁	65岁及以上
财经早6点 06:38	35.22	18.50	7.21	1.47	8.04	25.81	9.41	0.23	2.72	5.35	11.18	8.20	7.54
财经早七点 07:00	64.44	30.24	19.38	4.52	10.30	50.33	14.11	1.07	8.70	10.82	11.04	19.12	13.68
财经早八点 08:00	63.14	28.78	16.32	7.60	10.44	45.90	17.23	2.16	11.91	9.74	9.80	20.79	8.73
黑马竞选 09:01	71.03	32.79	12.14	12.51	13.59	46.35	24.68	4.90	12.69	6.80	7.94	29.20	9.50
直通公司 10:38	52.32	23.51	6.94	12.60	9.27	37.32	15.00	4.49	5.82	5.49	4.12	22.39	10.02
财智问答 11:02	54.46	25.01	8.57	10.85	10.03	37.91	16.54	3.33	8.08	5.72	5.51	23.24	8.56
沪港一线通 11:40	48.33	21.57	8.15	8.84	9.77	32.94	15.39	3.04	7.72	4.38	5.48	18.62	9.09
交易进行时 11:45	32.97	13.97	5.25	6.73	7.02	22.63	10.35	1.62	4.98	3.20	3.69	11.31	8.18
约客 12:00	22.70	10.10	4.20	3.32	5.08	14.68	8.02	1.42	2.76	1.72	4.58	8.11	4.11
财经午间道 12:00	19.67	7.39	3.30	4.03	4.95	12.88	6.79	0.75	3.72	1.73	3.32	5.88	4.27
家有三子 13:01	16.28	6.41	2.14	3.85	3.88	10.72	5.57	0.43	3.10	1.19	1.77	6.32	3.47
沪港一线通 13:52	16.97	7.17	2.47	3.68	3.65	10.72	6.25	0.66	2.94	1.29	1.84	6.64	3.60
天气预报 14:00	15.08	5.81	2.00	3.75	3.52	9.12	5.96	0.37	2.77	0.85	1.34	6.53	3.21
财经排头条 14:01	15.92	6.36	2.36	3.61	3.59	9.95	5.98	0.46	2.89	1.17	1.62	6.79	2.99
交易完成时 15:01	16.89	6.97	2.71	3.99	3.22	10.11	6.78	0.50	2.51	1.08	1.83	6.98	3.99
股市大家谈 17:00	36.73	16.33	9.41	4.39	6.60	21.02	15.71	3.35	4.95	4.50	5.76	12.01	6.16
中国财经60分 18:01	23.92	10.38	6.36	2.05	5.13	14.05	9.86	1.73	3.71	2.80	4.72	8.63	2.32
环球财经 19:00	19.27	9.25	4.34	1.09	4.59	13.43	5.85	0.67	4.13	1.29	4.82	6.45	1.92
环球汇市 19:19	20.39	10.32	4.17	1.01	4.89	15.05	5.35	0.71	4.12	0.91	5.17	7.52	1.98
财智问答 20:01	24.72	11.51	5.42	1.48	6.31	16.67	8.05	1.68	4.12	2.54	8.68	5.63	2.08
直通公司 20:18	24.79	10.37	5.79	1.32	7.31	18.10	6.69	1.48	5.03	3.49	8.06	4.55	2.19
约客 21:00	22.59	10.02	4.46	1.75	6.36	14.67	7.91	1.68	4.35	2.38	8.45	4.20	1.52
股市大家谈 22:00	26.17	11.39	5.24	1.39	8.15	17.61	8.56	1.51	5.35	2.97	11.19	3.98	1.17

数据来源：CSM媒介研究

在周末，第一财经广播（FM97.4）的高峰时段收听率多数由家中收听率和其他场所收听率形成。08:00的《三江联播》、09:00的《芒果G时间》和10:00的《理财应建中》形成了早间和上午时段的收听率高峰。25~34岁和55~64岁听众对09:00的《芒果G时间》和10:00的《理财应建中》有较高的收听率。16:00时段的《理财应健中》形成了下午时段的收听率高峰，其主要表现为家中收听率和55岁及以上听众中收听率较高。19:00的《白像黑科技》形成了傍晚时段的收听率高峰，其主要表现为在家中、其他场所、男性和55~64岁听众中收听率较高。晚间时段的收听率高峰主要由

20:00的《乐业新干线》、22:00 的《GEEK 秀》和 22：39 的《财智问答》形成，这几档节目均表现为在家中、其他场所、男性和45~54 岁听众中有较高的收听率（表6）。

表6　第一财经广播（FM97.4）在上海周末的节目收听率（000）

节目	15+	家中	车上	工作/学习场所	其他场所	男	女	15~24岁	25~34岁	35~44岁	45~54岁	55~64岁	65岁及以上
财经早6点周末版 06:02	17.96	11.16	2.99	0.79	3.02	10.19	7.77	0.08	3.38	2.55	2.23	4.22	5.50
财智讲堂 07:00	33.30	18.79	7.80	2.12	4.59	24.78	8.52	0.75	4.44	2.74	3.95	14.24	7.18
三江联播 08:00	39.81	20.49	8.34	3.44	7.54	27.93	11.88	1.32	5.24	4.67	5.40	15.69	7.48
芒果G时间 09:00	48.87	27.05	7.44	7.11	7.27	33.2	15.67	1.89	5.65	8.17	3.49	23.89	5.78
理财应建中 10:00	56.90	27.8	9.70	8.92	10.48	37.86	19.04	2.60	8.94	7.96	5.61	18.74	13.06
乐业新干线 11：39	23.71	10.16	3.85	4.50	5.20	16.71	7.00	1.22	5.02	2.03	5.61	7.05	2.78
约客 12：39	19.62	8.16	4.76	2.26	4.44	12.93	6.69	1.40	3.82	1.92	4.49	4.47	3.53
证券周刊 13:00	16.62	7.59	3.30	2.20	3.53	10.28	6.33	0.95	3.42	1.80	4.21	3.75	2.48
理财应建中 16:00	26.07	12.44	5.98	2.96	4.69	18.00	8.08	1.70	5.33	2.71	4.27	5.75	6.32
财智讲堂 17:00	20.97	9.07	6.48	1.57	3.85	12.42	8.55	0.82	3.71	1.78	4.42	8.81	1.44
中国财经 18:00	18.03	8.90	3.51	1.32	4.30	10.79	7.24	0.54	3.35	2.45	3.53	6.85	1.31
白像黑科技 19:00	22.57	11.67	2.65	0.95	7.30	12.17	10.40	0.44	5.35	1.21	4.56	9.79	1.23
乐业新干线 20:00	23.08	9.65	4.53	1.99	6.91	14.78	8.30	1.44	6.05	1.78	7.90	4.16	1.75
GEEK秀 22:00	23.31	10.39	5.15	2.07	5.70	14.68	8.64	2.05	2.89	2.74	11.52	2.86	1.26
财智问答 22：39	23.14	11.91	4.44	1.69	5.10	13.5	9.63	1.36	2.40	1.81	10.18	5.17	2.22
证券周刊 23:00	15.89	7.69	2.67	0.92	4.61	10.84	5.06	1.16	0.63	0.62	10.08	1.96	1.44
今日保险 23：19	16.37	8.74	2.38	0.74	4.51	9.49	6.89	1.49	1.24	1.03	8.00	3.24	1.38

数据来源：CSM 媒介研究

四、广东广播电视台股市广播（FM95.3 财经广播）主要节目在广州的收听特征

从广州的收听率数据来看，广东广播电视台股市广播（FM95.3 财经广播）的全天收听率走势与所有频率整体全天收听率走势有明显的不同：所有频率整体收听率早高峰出现在 08:00~08:30 时段，而广东广播电视台股市广播（FM95.3 财经广播）的早高峰则出现在 09:30~10:00 时段；所有频率整体收听率午高峰出现在 12:00 时段，而广东广播电视台股市广播（FM95.3 财经广播）的午高峰则出现在 13:00 时段；此外，广东广播电视台股市广播（FM95.3 财经广播）在 18:30 出现一个突出的收听率高峰，并在其后时段快速降低（图6）。

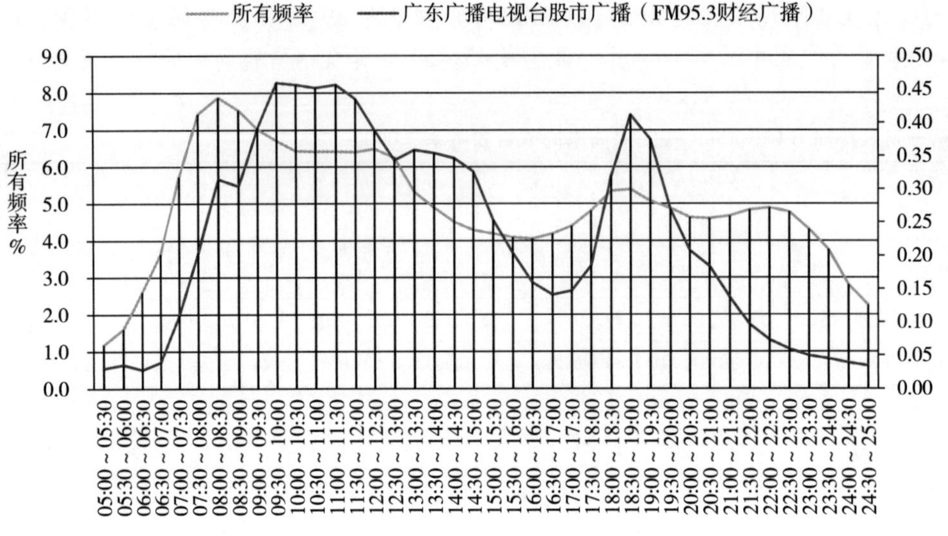

数据来源：CSM 媒介研究

图 6　所有频率及广东广播电视台股市广播（FM95.3 财经广播）在广州的分时段收听率（%）走势

节目①收听率数据显示，广东广播电视台股市广播（FM95.3 财经广播）09:00 的《早晨提点》、09:30 的《股市第一线》、11:30 的《今日股评》、18:30 的《基金在线》和 19:00 的《股市大家谈》收听率较高。广东广播电视台股市广播（FM95.3 财经广播）的播出也有工作日和周末的区别。工作日期间，09:30 的《股市第一线（上）》形成上午时段的收听率高峰，且主要是由相对较高的家中收听率、车上收听率、其他场所收听率，35～44 岁和 55～64 听众的收听率所致。18:30 的《基金在线》和 19:00 的《股市大家谈》形成晚间时段的收听率高峰，这两档节目表现出家中收听率较高、车上收听率较高、其他场所收听率较高，男性和 35～44 岁听众收听率较高的特点（表 7）。

表 7　工作日广东广播电视台股市广播（FM95.3 财经广播）在广州的节目收听率（000）

节目	15+	家中	车上	工作/学习场所	其他场所	男	女	15～24岁	25～34岁	35～44岁	45～54岁	55～64岁	65岁及以上
股市大家谈（重播）07:00	3.38	1.29	1.43	0.30	0.36	2.45	0.94	0.08	0.06	1.18	0.45	1.23	0.39
财经早报日证券 07:30	6.24	2.06	2.69	0.68	0.81	3.79	2.45	0.11	0.16	2.62	0.48	2.22	0.65
财经早报经观察 08:00	9.89	3.34	3.87	1.00	1.68	5.57	4.33	0.19	0.64	4.09	0.51	3.56	0.90
财经早报茶论市 08:30	9.02	3.49	2.63	0.61	2.28	7.17	1.84	0.34	1.03	1.36	0.77	4.45	1.07
早晨提点 09:00	12.09	3.95	3.56	0.94	3.64	9.93	2.16	0.46	1.48	2.31	1.02	5.55	1.26

① 广东广播电视台股市广播（FM95.3 财经广播）节目播出信息源自其官方网站 http://www.rgd.com.cn/。

续表

节目	15+	家中	车上	工作/学习场所	其他场所	男	女	15~24岁	25~34岁	35~44岁	45~54岁	55~64岁	65岁及以上
股市第一线（上）09:30	14.31	4.75	3.99	1.30	4.27	11.27	3.04	0.96	0.94	2.70	1.28	6.70	1.73
今日股评 11:30	12.15	3.93	2.37	1.90	3.95	9.84	2.30	1.12	0.61	2.31	1.26	5.96	0.89
投资消费全接触 12:30	9.83	3.35	1.91	1.26	3.31	8.36	1.47	1.01	0.48	1.91	0.86	4.87	0.69
股市第一线（下）14:00	10.63	3.62	2.40	1.25	3.36	8.02	2.61	0.34	0.55	1.02	1.63	6.54	0.54
财富粤港两地通 16:30	3.73	1.51	0.85	0.27	1.10	3.05	0.68	0.12	0.23	0.52	0.34	2.24	0.27
今日理财杂志 17:00	5.53	1.83	1.33	0.59	1.78	4.16	1.37	0.08	0.19	1.73	0.46	1.62	1.44
基金在线 18:30	11.85	3.48	3.38	1.45	3.54	8.84	3.01	0.17	0.33	4.70	1.77	1.57	3.30
股市大家谈 19:00	10.92	3.30	3.42	1.18	3.01	8.49	2.43	0.51	0.42	3.45	2.12	2.27	2.14
名家视点 19:30	7.74	2.50	2.48	0.63	2.13	5.98	1.76	0.42	0.29	2.16	1.58	2.09	1.19
今日理财杂志（重播）20:00	5.78	2.03	1.98	0.36	1.41	4.13	1.65	0.29	0.21	1.55	1.44	1.65	0.65
投资消费全接触（重播）20:30	5.04	1.65	1.94	0.30	1.14	3.47	1.57	0.25	0.23	1.45	1.31	1.35	0.45
智慧先锋 15:00	6.28	2.27	1.30	0.59	2.11	5.01	1.27	0.14	0.45	0.68	0.79	3.83	0.39
足球先锋 16:00	4.33	1.56	0.92	0.38	1.47	3.47	0.86	0.07	0.26	0.68	0.43	2.44	0.45
财富加油站 21:00	2.10	0.76	0.75	0.18	0.41	1.44	0.66	0.10	0.13	0.59	0.55	0.54	0.18

数据来源：CSM 媒介研究

周末期间，广东广播电视台股市广播（FM95.3 财经广播）10:30 的《投资学堂》、11:00 的《粤港财金纵横》和 12:00 的《一周叹茶论市》形成相对明显的上午时段收听率高峰，这几档节目较高的收听率主要由男性、55~64 岁听众，以及家中和其他场所较高的收听率所致。18:00 的《上市公司研究》和 18:30 的《财来自有方》形成晚间时段的收听率波峰，这几档节目较高的收听率则主要由男性、35~44 岁和 65 岁及以上听众，以及家中和其他场所较高的收听率所致（表 8）。

表 8 周末广东广播电视台股市广播（FM95.3 财经广播）在广州的节目收听率（000）

节目	15+	家中	车上	工作/学习场所	其他场所	男	女	15~24岁	25~34岁	35~44岁	45~54岁	55~64岁	65岁及以上
周日 招财进宝 07:00	2.15	1.00	0.68	0.01	0.45	1.73	0.42	0.14	0.07	0.48	0.18	0.91	0.37
周六 一周经济观察 07:30	4.51	1.29	1.99	0.48	0.75	2.91	1.60	0.05	0.67	1.38	0.37	1.45	0.60
周日 车天车地车世界 07:30	3.69	1.85	1.03	0.26	0.55	2.82	0.87	0.25	0.10	0.66	0.35	1.86	0.46
周六 周末港股台 08:00	5.78	2.32	1.87	0.41	1.19	4.15	1.64	0.20	0.80	0.92	0.75	2.44	0.67

续表

节目	15+	家中	车上	工作/学习场所	其他场所	男	女	15~24岁	25~34岁	35~44岁	45~54岁	55~64岁	65岁及以上
周六 天下财经 08:30	6.51	2.56	2.12	0.41	1.42	5.06	1.45	0.25	0.69	1.07	0.69	3.28	0.53
周日 风云际汇 09:00	7.85	2.94	1.59	0.76	2.55	6.70	1.15	0.47	0.49	1.48	0.54	3.98	0.90
周六 投资者俱乐部 09:30	8.40	2.75	2.19	1.02	2.45	6.71	1.70	0.66	0.52	1.75	0.55	4.31	0.61
周日 财富一周 10:00	7.74	2.64	1.80	0.76	2.54	6.64	1.10	0.85	0.10	1.15	0.88	4.13	0.62
周六 投资学堂 10:30	9.04	2.92	2.80	0.63	2.69	6.83	2.21	0.19	0.61	1.74	1.02	4.90	0.58
周六 粤港财金纵横 11:00	9.72	2.80	2.99	0.61	3.31	7.08	2.63	0.52	0.46	2.36	1.47	4.22	0.68
周日 股坛群英会 11:00	7.89	2.91	1.65	0.64	2.69	6.66	1.23	0.61	0.24	1.18	0.94	4.41	0.50
周六 一周叹茶论市 12:00	9.47	2.58	2.40	0.98	3.51	6.82	2.65	0.61	0.26	3.04	0.76	3.91	0.90
周日 投资学堂 12:00	8.07	2.87	1.80	0.91	2.49	6.83	1.24	0.69	0.26	1.55	0.95	3.97	0.65
周六 一周财经观察 12:30	8.42	2.59	2.10	0.61	3.13	6.02	2.40	0.40	0.20	2.62	0.48	3.97	0.76
周日 周周新基汇 12:30	7.71	2.90	1.37	0.96	2.49	6.59	1.12	0.62	0.39	1.23	0.70	4.01	0.76
周六 风云际汇 13:00	8.65	2.45	2.68	0.85	2.67	6.54	2.11	0.55	0.47	2.06	0.92	3.72	0.94
周日 927会客室 13:00	6.78	2.41	1.57	0.62	2.18	5.99	0.80	0.24	0.37	0.95	0.89	3.89	0.45
周日 一周股市分析 14:00	5.60	1.83	1.71	0.34	1.71	4.61	0.99	0.18	0.31	0.84	0.86	3.19	0.21
周六 招财进宝 17:00	5.71	1.32	1.34	1.26	1.79	3.88	1.83	0.14	0.30	2.01	0.38	1.42	1.45
周日 一周机构视点 17:00	5.24	1.63	1.66	0.46	1.49	4.25	1.00	0.01	0.28	1.33	0.71	2.32	0.59
周日 周末港股台 17:30	7.43	1.88	2.20	0.84	2.52	5.55	1.88	0.00	0.33	2.79	0.85	1.96	1.50
周六 车天车地车世界 17:30	6.61	1.26	1.55	1.32	2.47	4.45	2.16	0.12	0.19	2.59	0.44	1.26	2.01
周日 上市公司研究 18:00	9.23	2.42	2.03	1.26	3.53	6.65	2.59	0.14	0.05	3.57	0.88	1.24	3.35
周日 财来自有方 18:30	9.65	2.92	2.19	1.38	3.15	7.12	2.53	0.15	0.00	3.54	1.91	1.08	2.96
周六 股市大观园 19:00	8.33	2.82	2.13	0.71	2.67	6.04	2.28	0.39	0.46	2.36	1.90	1.58	1.64
周六 周周新基汇 19:30	5.84	1.92	1.12	0.63	2.17	4.32	1.52	0.35	0.35	1.44	1.39	1.47	0.85
周六 投资俱乐部 20:00	5.01	1.67	1.76	0.40	1.18	3.90	1.11	0.37	0.41	0.99	1.22	1.32	0.70

数据来源：CSM媒介研究

五、浙江电台（FM95）经济广播主要节目在杭州的收听特征

从浙江电台（FM95）经济广播播出节目的收听率数据来看，06:00的《非常惠生活》和07:00的《财富中国》形成了收听率早高峰，其中07:00的《财富中国》较高的收听率主要是由男性、35~44岁听众，以及车上收听率所形成。16:00的《财富晚高峰》和17:00的《财富晚高峰》形成其收听率晚高峰，这两档节目较高的收听率也由男

性、35~44岁听众，以及家中和在车上较高的收听率所形成。值得注意的是，21:00的《天翼阅读时间》也形成了一个收听小高峰，该节目较高的收听率则主要由女性、25~34岁听众，以及车上较高的收听率所形成（表9）。

表9 浙江电台（FM95）经济广播主要节目在杭州的收听率（000）

节目	15+	家中	车上	工作/学习场所	其他场所	男	女	15~24岁	25~34岁	35~44岁	45~54岁	55~64岁	65岁及以上
今夜无眠 02:00	0.04	0.04	0.00	0.00	0.00	0.04	0.00	0.00	0.00	0.00	0.00	0.00	0.04
健康早一点 04:00	5.57	4.83	0.73	0.01	0.00	5.34	0.23	0.00	0.01	0.01	0.72	0.05	4.79
非常惠生活 06:00	7.15	4.85	2.28	0.02	0.00	6.00	1.16	0.07	0.06	1.53	0.95	0.18	4.37
财富中国 07:00	8.22	1.40	6.77	0.04	0.01	5.72	2.50	0.12	0.46	5.07	1.78	0.12	0.66
财经早八点 08:00	3.75	0.92	2.72	0.10	0.01	1.99	1.76	0.22	1.57	1.22	0.18	0.06	0.50
周末FUN轻松 09:00	1.81	1.03	0.59	0.03	0.16	1.07	0.74	0.02	0.17	0.52	0.25	0.69	0.15
股动天下·上午版 09:00	3.59	2.60	0.90	0.09	0.00	2.13	1.46	0.20	0.24	0.75	0.43	1.58	0.38
第一楼市 11：35	1.70	1.35	0.23	0.12	0.00	0.35	1.35	0.06	0.25	0.23	0.10	0.88	0.18
股动天下·下午版 13:00	1.59	0.52	0.33	0.02	0.72	1.01	0.58	0.01	0.05	0.35	0.15	0.87	0.15
@有车人 15:00	1.71	0.62	1.02	0.06	0.01	1.00	0.71	0.19	0.20	0.55	0.41	0.13	0.22
财富晚高峰 16:00	5.08	2.17	2.87	0.04	0.00	3.43	1.66	0.20	0.56	2.93	0.53	0.09	0.78
财富晚高峰 17:00	6.01	3.42	2.59	0.00	0.00	4.18	1.83	0.19	0.78	3.30	0.41	0.06	1.26
财富非常道 19:00	3.45	2.75	0.70	0.00	0.00	2.54	0.92	0.05	0.18	1.38	0.00	1.32	0.51
中小企业之声 20:00	0.60	0.20	0.31	0.01	0.08	0.43	0.17	0.10	0.12	0.20	0.07	0.12	0.01
天翼阅读时间 21:00	2.13	0.12	1.96	0.05	0.00	0.56	1.59	0.06	1.40	0.59	0.08	0.00	0.01
网罗天下 22:00	0.84	0.00	0.81	0.03	0.00	0.01	0.83	0.00	0.71	0.11	0.02	0.00	0.00

数据来源：CSM媒介研究

六、主要经济类广播节目在深圳的收听特征

专业经济类频率在深圳的市场份额较低，但一些非专业经济频率播出的财经类节目却收听表现引人瞩目。深圳广播电台新闻频率（FM89.6）09:04的《先锋理财》较高的收听率主要由男性、35~54岁听众，以及车上和工作学习场所收听率所致。深圳广播电台交通频率（FM106.2）16:02的《快乐理财》较高的收听率主要由25~44岁听众和车上听众的收听率所致。总体来看，这几档收听率较高的财经类节目的共同收听特征表现为：男性听众收听率较高，车上和工作学习场所的收听率较高，25~44岁听众收听率较高，老年听众对这几档节目的收听率明显低于中青年听众（表10）。

表 10 主要经济类广播节目在深圳的收听率（000）

节目	15+	家中	车上	工作/学习场所	其他场所	男	女	15~24岁	25~34岁	35~44岁	45~54岁	55~64岁	65岁及以上
先锋理财/深圳新闻 09:04	42.11	2.62	25.60	10.23	3.66	29.90	12.21	0.77	3.01	17.25	9.41	1.94	9.74
先锋理财/深圳新闻 10:06	23.89	3.27	11.26	3.97	5.39	15.87	8.02	1.10	4.95	9.50	3.47	3.03	1.85
先锋理财/深圳新闻 15:06	15.59	1.87	7.44	2.90	3.38	10.78	4.81	0.78	3.86	7.58	2.31	0.31	0.75
财富先锋/深圳新闻 15:36	18.39	1.80	7.75	3.81	5.02	12.04	6.35	1.03	7.99	5.79	2.34	0.51	0.73
快乐理财/深圳交通 16:02	28.98	3.05	13.88	5.02	7.03	16.69	12.29	3.93	9.82	9.13	4.96	1.09	0.04
先锋理财/深圳新闻 17:15	17.61	1.96	7.45	3.12	5.08	10.75	6.85	1.59	3.14	7.00	2.76	0.89	2.23
创富赢家/深圳新闻 17:45	17.21	2.01	7.89	2.06	5.25	11.74	5.48	3.07	1.87	6.93	2.68	0.80	1.86
先锋理财/深圳新闻 19:05	17.05	1.97	7.03	3.86	4.19	11.79	5.26	1.76	3.54	5.55	2.93	0.38	2.89
先锋理财/深圳新闻 21:05	17.58	4.87	5.16	1.91	5.64	11.10	6.48	5.24	5.00	3.99	2.60	0.12	0.63

数据来源：CSM 媒介研究

七、结语

综上所述，经济类广播和经济类广播节目在上海等五地的播出份额和收听份额最大不超过10%。经济类广播节目的听众特征主要表现为男性听众收听率高于女性，中老年听众收听率较高；交通高峰时段，车上收听率较高；该类广播频率或者节目会在上午时段出现较高的工作/学习场所收听率，而部分节目在周末会出现较高的其他场所收听率。分收听场所的听众构成数据显示：在各个收听场所，男性听众占比明显高于女性；在家中收听方面，老年听众占比明显高于中青年听众；在车上收听方面，25~54听众占比明显高于老年听众；在工作/学习场所，55岁及以上听众占比最高。

经济类广播频率通常定位为资讯类频率，节目以时事新闻、经济新闻、市场行情播报、经济形势分析等为主，听众定位也多为关注新闻和经济形势节目的人群，此类人群通常表现为男性、中青年、中老年占比较高，他们出行活跃，车上收听比重较高。经济类广播频率应该在节目和听众研究方面多做文章，将及时的、有广度的经济和时事新闻资讯以及有深度的经济分析类节目更多地在交通高峰时段以及中老年人群闲暇时间集中的早晚收听率高峰时段播出，做到将正确的节目送达正确的听众人群，以赢得高质量的收听率业绩。

（作者：王平）

媒体融合环境下精品文艺类广播节目之打造

新闻类节目、社教类节目、文艺类节目是广播节目的三大主要类型。文艺类节目主要通过广播媒介向听众传递大量的文化娱乐信息，因其自带轻松、娱乐的功能，成为听众最为喜闻乐见的广播节目。现代社会，各行各业人员都承受着较大的压力，每个人都需要释放、减压，在这种需求下，相对于说教功能更强的新闻类节目和社教类节目，集合了知识性、娱乐性和欣赏性优势的文艺类节目获得了更为广阔的发展空间，成为各类型广播节目中的主体，是目前诸多广播电台必办的节目类型。

随着科技日新月异地发展，各种类型的新兴媒体不断涌现，给以广播、电视为代表的传统媒体带来了不小的冲击。加快传统媒体与新兴媒体的融合发展，提升传统媒体的公信力、传播力、竞争力和影响力已刻不容缓。作为主要广播节目类型的文艺类节目自然也面临着广大听众提出的新需求，如何满足这些新需求，从而进一步推进广播文艺类节目自身的融合发展，进而提升广播媒体的号召力是当下亟须解决的问题。本文将基于目前广播市场上收听效果比较理想的文艺类节目，梳理一下精品文艺类节目是如何打造的。

一、新媒体对传统文艺类广播节目的影响

融媒体时代，整个媒体行业的格局发生了巨大变化，细化到节目层面，新媒体对传统文艺类广播节目的影响主要表现在以下两个方面：

1. 新媒体成为分流文艺类广播节目受众的主因之一

受众是媒体赖以生存和发展的基础，而受众的不断流失会使媒体的支撑变得越发薄弱。以广播收听为例，近年来听众的人均收听时长在持续下降。根据CSM媒介研究广播收听率四波调查数据，2018年人均每日收听广播的时长为59分钟，比2017年下降了1.25分钟，较2013年更是下滑了20.05分钟，下滑幅度达25%（图1）。人均收听量的下滑与新媒体的不断挤压之间有着很大的关系，互联网、微博、微信等的发展，网络和手机用户的快速增长，特别是各大综合性创新型音频平台的出现，完全改变了传统广播媒体以被动收听为主的收听形式，分流了部分广播受众。

移动互联网背景下的广大受众拥有更多碎片化的时间，随着他们开车时间的不断增长，能够耳眼并用的娱乐时间越来越少，上班族收听广播是最好的消遣方式，而且要听可选择的、内容多样的、方便快捷的、紧跟潮流的广播，于是就出现了喜马拉雅、蜻蜓FM等可点播、可定制个性化服务、可创建自己的电台节目、可在微信朋友圈分享等的

音频平台，而这些平台分流得最多的广播受众便是以休闲娱乐为目的的文艺类广播节目受众。

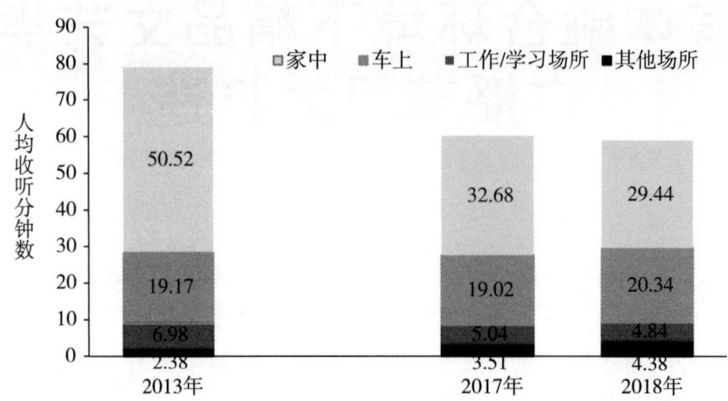

数据来源：CSM 媒介研究

图 1　2013 年、2017 年、2018 年不同场所人均收听时长（分钟，四波调查数据）

2. 新媒体影响了文艺类广播节目的广告收入

一直以来，广告收入在广电媒体收入中都占有较大比例，可以说广告创收是广电媒体的首要“造血环节”。众所周知，在广播媒体的三大主要节目类型新闻类、社教类以及文艺类节目中，最具经济价值、最能提高频率广告收益的就是文艺类节目，这类节目受众广、传播力强，因此受到新媒体的冲击也就最为严重。虽然近年来我国整个传统媒体广告市场形势不容乐观，但 2018 年上半年的表现则让我们看到了曙光。央视市场研究（CTR）媒介智讯数据显示，2018 年上半年与 2017 年上半年广告花费同比增幅相比，广播、电视媒体的花费均有所提升，幅度分别为 10.0% 和 9.4%，与此同时，互联网广告费用增幅为 5.4%，与广播和电视相比增速减缓（图 2）。随着互联网的进一步普及，这种红利还能持续多久还有待于我们继续观察。

新媒体的分流，加之整个广播市场广告环境不容乐观，给传统文艺类广播节目的生存带来了巨大的冲击。然而，媒体发展是一种竞合的状态，新媒体有其自身的优点，传统广播媒体也有其自身的优势，文艺类广播节目应该吸取新媒体的长处，实现与新媒体的融合发展。

二、融媒体时代精品文艺类广播节目之打造路径

1. 选择与时俱进的新内容

如今，智能电子设备已成为人们生活中不可或缺的物品，性能优越的智能手机等工具逐渐成为自媒体节目制作的工具，而互联网各大网站也为以自媒体节目为代表的新媒体文艺节目提供了大展身手的舞台。与此同时，第三方支付手段在我国的

大面积推广极大地简化了节目制作交易的过程，更广泛的人群参与到新媒体文艺节目的制作当中，新媒体平台网站得以生存并盈利颇丰，传统媒体形式的文艺节目被压缩。新媒体时代的文艺节目因其本身的崛起就伴随着时代的进步，所以这种形式下的文艺节目都充满了时代气息，大都能立足当下，可以说新媒体创造了一个更为高速发展的时代。

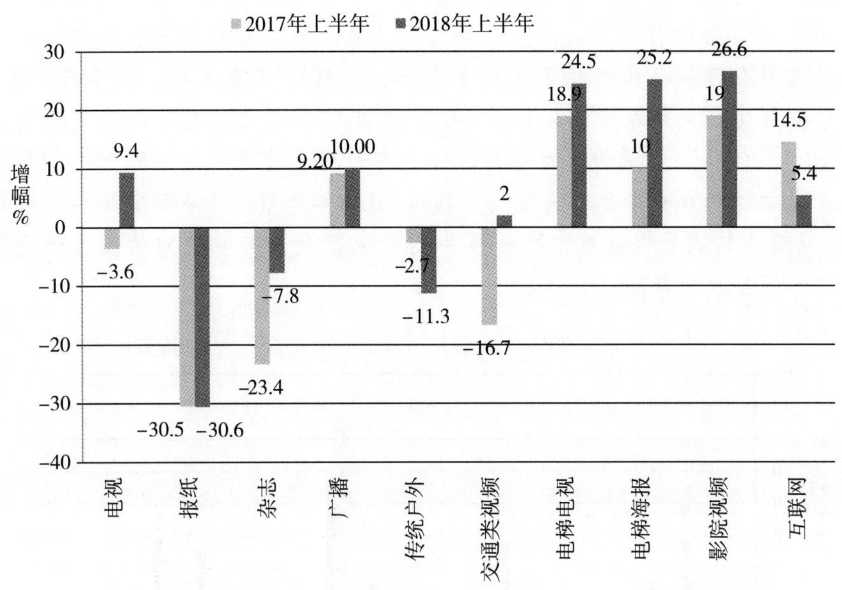

数据来源：央视市场研究（CTR）媒介智讯

图2 2017年上半年、2018年上半年不同媒体广告刊例花费同比增幅①

反观传统媒体的文艺节目，它们也可以像许多新媒体的文艺节目一样，在题材或内容的选择上与时俱进，充分利用广播在所有传统媒体中传播最为迅速的优势，从而扩大节目的影响力。众所周知，广播文艺节目由于其专业性、趣味性及形象性都比较突出而受到听众的普遍欢迎，如果再加上高质量、高效率、与时代接轨的选题，节目自然会更加鲜活生动。

- **北京青年广播《潮流梦工场》《职场有高招》**

2017年6月26日，北京人民广播电台在全国率先打造的可视化广播——北京青年广播（FM98.2/AM927）正式亮相。作为一个覆盖和影响80后、90后、00后年轻人的频率，北京青年广播不仅是一个电台，更是一个集合了年轻人生活方式的可视化融媒体平台，它将80后的青春腔调、90后的激昂奋进和00后的热血未来融为一体。频率创立之初，根据年轻人关心的话题推出了多档可视化的直播节目，经过了一年多的历练与调整，北京青年广播在2018年全新推出4档升级版的可视化文艺类广播节目，包括引领青年舆论方向的大型青春励志类栏目《青年说》、主打时尚生活方式的《潮流梦工场》、为

① https：//baijiahao. baidu. com/s？ id = 1607666921031823495&wfr = spider&for = pc.

年轻朋友提供梦想舞台的《挑战新歌声》，以及通过心理和情感解除年轻困惑的《十点答录机》。这些节目从不同的视角切入年轻群体的生活和观念，并用年轻人的态度大胆破题，结合语境和环境的直接交流，随时随地可移动的收听收看方式，让传统广播再次潮了起来。

《潮流梦工场》每天的播出时间为晚高峰时段17:00~19:00，节目以“时尚，就是做自己；潮流，由我们引领”为主题，覆盖时下各种流行话题，除了常规的广播以外，在“一直播”等直播平台进行实时直播互动，结束后节目的音频与视频素材被重新剪辑并放置在互联网音频平台和秒拍等视频平台上，实现了多次传播。在主持人的选择上，百变辣妈原依带受众一起养娃、赶潮两不误；全能艺人晓航陪大家一起带着尖端科技去旅行；北京“小何穗”小瑀教大家变身超模；淘价狂人苗珊帮大家甄选全球好货；美妆达人一孟、大猴让受众变身美丽俏佳人。截至2018年年底，“一直播”的粉丝量已达到121.2万。从听众构成数据来看，25~34岁的青年听众是节目绝对的主力听众群体，且听众整体的学历层次非常高（图3）。

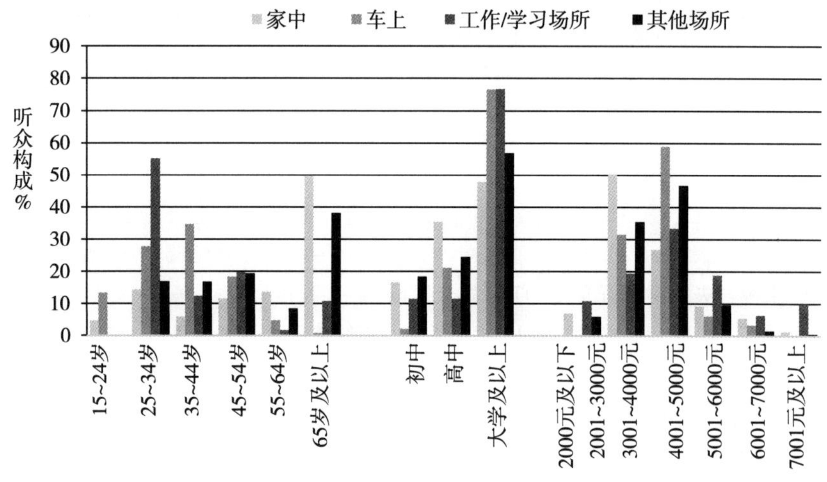

数据来源：CSM媒介研究

图3　2018年《潮流梦工场》分场所听众构成（%）

该频率的另一档节目《职场有高招》则更为直接地针对即将就业的大学生群体和职场中的年轻上班族，打造了一档可听、可看、实用、充满正能量的职场案例解析式脱口秀节目。节目由著名主持人高莉与职场大咖畅聊职场生存法则，讲述职场最新资讯，提供实战经验，教会年轻人实用的职场技能，助力他们成功迈入顶级企业。节目在直播结束后会将音频素材重新剪辑为短音频的形式，每个短音频一个主题，如“加班这碗毒鸡汤，你喝的还忧伤吗?”“不要让自己事业上的光芒，笼罩到家庭”“假如老板要求你的恋爱对象和你只留下一个”等，每个音频控制在8分钟左右，放在喜马拉雅等音频媒体上。从收听数据来看，节目听众群体主要为25~34岁青年听众、高学历、中等收入、普通员工，符合该节目的定位目标（图4）。

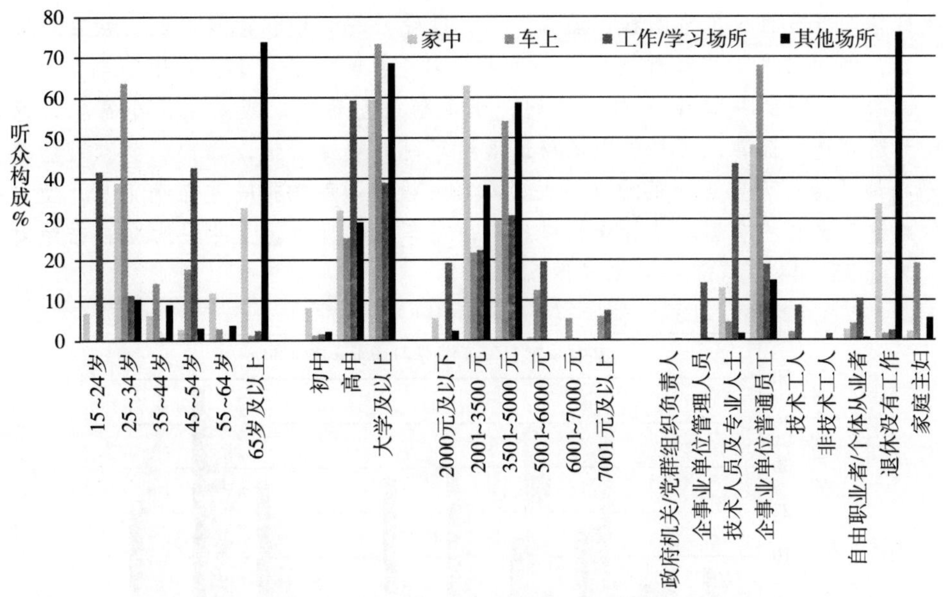

数据来源：CSM 媒介研究

图 4　2018 年《职场有高招》分场所听众构成（%）

2. 创立与众不同的新形式

相较于传统广播以被动收听为主的形式，诸多新兴网络收听终端如喜马拉雅、蜻蜓FM，以及微博、微信等社交媒体，使得广大受众群体得以参与到文艺节目素材的发现、收集、采访、跟踪、发行等一系列活动中，并且让他们能够实时地针对节目发布自己的评论和意见。因此，受众能感受到强烈的参与感，其积极性和主动性被有效地调动起来。这种新媒体所具有的互动性，使得广大文艺节目受众从被动收听向主动收听转变，从而积极主动地参与到新媒体节目传播中来。

那么，传统文艺类广播节目是否可以借鉴新媒体注重体验与互动的特点，为受众提供更多样的交流与互动平台，从而实现节目传播者与节目接收者之间的平等交流呢？众所周知，许多传统广播频率已经在社交网站上建立了自己的页面，用于频率造势和品牌宣传，利用多种新媒体资源为某一档文艺类广播节目搭建与受众的交流和互动平台的做法已渐成趋势。可以说，融媒体时代，新旧媒体之间的界限正在逐步模糊，文艺节目资源也正在逐步实现共享，利用一切可利用的资源实现多维度文艺类广播节目互动，甚至实现受众个性设置、上传、分享、互动评论等功能，这势必更加有利于新旧媒体的融合互动，从而进一步促进传统广播文艺节目迸发出新的生命力。

- **江苏交通广播《嘀嘀叭叭早上好》**

《嘀嘀叭叭早上好》是江苏交通广播（FM101.1）的名牌节目，周一至周五早上08:00~09:00播出。“简单+快乐+服务”是节目的一贯宗旨。该节目风格独特、伴随性强、收听人群面广量大。其最大的特色在于颠覆了传统广播节目主持人的角色定位，他们从“主持人”变身为“市民身边的人”，与市民对话。这档节目在话题和风格的定位方面非常明确，开始于早晨08:00的节目有针对性地为正处于上班路上、心情紧张的中青年群体制作节目，风格幽默、温馨。节目以轻松的音乐和话题以及听众互动等构成主要内容，例如节目中“奇思妙想”环节便择取了新闻故事或者生活中的案例，经过精心编排，给听众设计一道道开心测试题，或是脑筋急转弯，或是生活小常识，或是猜谜，既为听众送去惊喜，又舒缓上班族遭遇堵车时的烦躁心情，因而广受欢迎。节目倡导“轻松地开始一天生活”的理念，并且每隔一段时间就插播一次路况信息，使得听众上班的路途变得轻松有趣。从听众构成来看，在车载收听市场上年轻听众占据绝对的主体，尤其是35~44岁这部分群体（图5）。

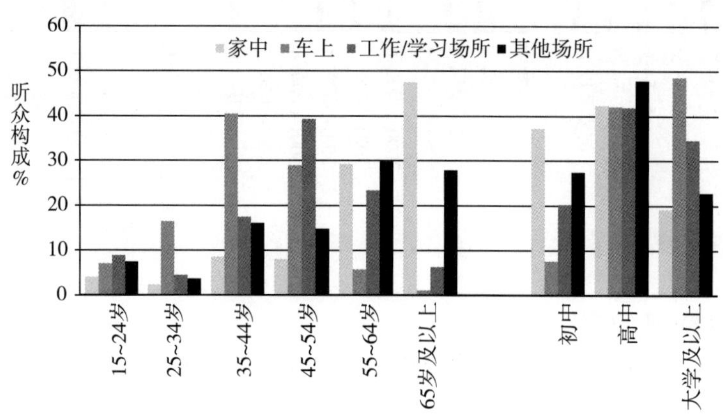

数据来源：CSM媒介研究

图5　2018年《嘀嘀叭叭早上好》分场所听众构成（%）

这档节目建立的微信公众号也值得关注。依托江苏广电“大蓝鲸”App提供的融合资源，公众号上粉丝可以将信息录入“阔啦啦档案”，参与该频率早间9:00~10:00一档征婚交友服务类节目。同时，其还与中国联通为粉丝定制了专属“早饭卡”，切实与粉丝实现互动。

- **江苏音乐广播《咪豆流行榜》《咪豆星发现》**

江苏音乐广播（FM89.7）是一个充满城市活力、以年轻人为主要对象、以引导时尚为品牌核心的热门金曲音乐台。2018年，江苏音乐广播完成了一次大改版，实现了由类型化新歌台向“新形态娱乐音乐台”的转型，全力主打“音乐+”，以音乐打底，附加营销指向性更为明显的行业内容，让音乐广播的陪伴收听转为适用收听、互动收听，推出了一批“音乐+汽车”“音乐+家装”“音乐+旅游”“音乐+购物”“音乐+运动”等新形态的节目，以此实现以带动营销为目的的频率转型；推出创新型推广活动品牌“PlayFM897玩乐会”和明星互动类项目“玩乐大咖秀”等，提升了频率的号召力和影响力。

该频率自主研发了江苏广电总台旗下最具市场化的整合IP咪豆音乐节，之后紧接着又在频率中特别开设了《咪豆流行榜》《咪豆星发现》两档主推原创新歌的节目。2017年，频率以节目为依托，启动“咪豆星球音乐计划”，力图在省内形成原创音乐生态，全省共同挖掘、推广优秀音乐人，创建良好的原创音乐发展平台，在短短一个月内收集、梳理出了来自江苏各个地区的80组原创音乐人、181首优秀原创音乐作品。“咪豆星球音乐计划”为活动演出平台持续提供内容和资源，尝试打造演艺产业链。“咪豆星球音乐计划”也有商业结合，2018年上半年这个IP嫁接了百事可乐，将校园资源、品牌植入、落地执行和咪豆IP结合在一起，进行了以校园和商场为主的甄选推广活动，实现了线上与线下多维度互动，形成了品牌嫁接的强强联合。

3. 开创融合多变的新思路

新媒体的普及促使传统媒体不得不跟着进行思维变革，虽然这种变革是被动的，但也充分说明了互联网络对传统媒体或整个传媒业的巨大影响。传统文艺类广播节目相较于新媒体中的节目具有传播效果较差、传播方式过于单一的天然劣势，而通过与新媒体的融合则可以消除这些缺陷，听众收听节目不再受地域限制，也不再受时间限制。同时，与新媒体的融合也克服了信号不好造成的收听障碍，能方便听众自由地选择收听和反复收听，弥补了此前线性传播的缺陷。

站在整个传媒行业的高度，观念引领行动，认识推动实践。传统媒体和新媒体以前好像一个大杂院，一家一户，各买各的菜，各做各的餐。现在要把每家每户的小灶改成大厨房，让大家汇集一堂，统一采购，分类加工，集中分发。要形成合力，需要在原有的体制、机制、流程、人员配备等方面整合资源，有破有立，最终改变传媒行业的整体面貌。

- **楚天交通广播《好吃佬》**

《好吃佬》是楚天交通广播在晚高峰推出的一档广播节目，以“美食+路况信息+生活信息”为主。《好吃佬》采用广播脱口秀的节目形式，主持人运用幽默诙谐的方言主持，不仅讲美食，还借美食说文化。节目利用楚天交通广播网站、湖北经视、经视帮帮网、楚天交通广播呼叫中心、微信公众账号、微博和路客手机应用软件等多个终端平台（表1），满足不同用户的多样化需求，根据受众反馈调整产品内容。“好吃佬”喜乐会、美食自驾游等线下活动充分挖掘了产品的潜在价值，将“好吃佬”这一品牌推广到众多的不同用户群体。

表1 《好吃佬》多平台格局

传统广播节目《好吃佬》	电视：湖北经视同名栏目《好吃佬》
	网站：楚天交通广播网站、经视帮帮网
	社交媒体：微信公众账号、微博
	手机应用软件：路客

数据来源：作者根据网络多渠道信息整理

广播媒体通过精品节目产品化，可吸引并凝聚新媒体用户群体，一方面将新媒体用户转化为广播媒体的用户，扩大广播媒体在新媒体平台上的影响力；另一方面在新兴媒体平台上开发各种增值业务，实现媒体的融合发展，延伸产品的价值链。《好吃佬》节目的产品化，使广播内容的一次性消费变为多次性消费，线下活动促进了品牌增值，改变了广播以广告为主的单一经营模式，实现了广播收入来源的多样化。

- **中央广播电视总台《全球中文音乐榜上榜》**

2018年4月19日，中央广播电视总台正式挂牌，央视、央广、国际台三家建制正式废止。台这一层级的变化直接导致了节目的变化，文艺类节目的融合传播不断推进、不断创新。中央人民广播电台Music Radio的音乐之声《全球流行音乐金榜》、中央电视台音乐频道的《全球中文音乐榜上榜》、国际台Hit FM的《TOP 20 Countdown》进行了三榜融合的新尝试，三台主持人以《全球中文音乐榜上榜》为平台联袂主持，推荐三家榜单热门歌曲，积极与网友进行互动。央视网、央广网、国际在线、央视音乐客户端、央广新闻客户端、国际在线客户端、China News客户端等平台同步进行网络直播。“三台融合”不仅是广播与电视的强强联手，更是全媒体时代网络平台与优质媒介资源的融合。《全球中文音乐榜上榜》节目组还以“CCTV音乐暴走团”的名义入驻腾讯微视并发布趣味视频内容。三台的主持人们玩心大发，发布到腾讯微视客户端的“托脸秀”小视频获网友纷纷点赞，大家表示“没想到中央台的主播们也这么会玩”。

三、结语

综上所述，我们不难发现，尽管受到新媒体的冲击，传统文艺类广播节目并没有选择坐以待毙，相反，它们将自身的优势与新媒体基因进行深度融合，在这一波媒体融合的大潮中探索出了符合自身特色的发展路径。这为整个传统媒体行业提供了借鉴，要知道，传统媒体如果一天到晚讲自己不行了，把会做的、能赚钱的事情轻易放掉，却花很多精力去做以前不会做、也不赚钱的事情，那吃饭都要成问题了。传统媒体依旧有发展的空间和时间，重要的是，不管别人带着什么样的目的去唱衰传统媒体，传统媒体自己不能唱衰自己，而是要充分发挥自身的优势条件，整合传统媒体资源，积极调动一切有利的潜在因素，开拓传统媒体发展新路径，以此推动全媒体融合发展。

（作者：马超）

私家车广播听众收听行为特点分析

在当前媒介形态日趋丰富、媒介竞争日益激烈的复杂环境中，广播并没有在所谓的“弱势”困境中显现颓势，反倒渐渐呈现出不容忽视的稳健竞争力。究其原因，这与近年来我国私家车的快速普及密切相关。国家统计局发布的《2018年国民经济和社会发展统计公报》显示，截至2018年年末，我国私人汽车保有量首次突破2亿辆，达到2.07亿辆，同比增长10.9%；其中，私人轿车接近1.26亿辆，同比增长10.3%，继续保持高增长态势。私家车保有量的激增引发了广播主流听众向私家车群体的转移，于是私家车受众的收听行为特点便有了很高的研究价值。本文依据CSM媒介研究12城市基础研究数据，对私家车广播听众的特征、媒介接触习惯进行简要分析，并重点关注该类人群的广播收听行为，探究融媒体语境下私家车受众对广播直播与广播非直播节目的收听新特征，以期为广播电台拓展私家车受众提供借鉴。

一、私家车广播听众概况

1. 广播听众[①]选择最经常在私家车上收听广播的比例持续提升

CSM媒介研究2014年以来的12城市基础研究调查数据显示[②]，与私家车保有量持续增长相呼应，广播听众选择最经常在私家车上收听广播的比例逐年增加。2018年有59.10%的广播听众最经常收听广播的地点是在私家车上，这一比例较2017年上升了2.50个百分点。12城市私家车作为听众最经常收听广播地点的比例已连续3年过半，并持续提升，反映出私家车已经成为第一大广播收听场所（图1）。

2. 男性、中青年和高收入群体是私家车广播的主体听众

作为车轮子上收听广播的群体，私家车广播听众[③]有着自身的特点：男性听众占绝对主体地位，占比接近60%，远超女性听众；在年龄和学历构成上，私家车广播听众以25~34岁、35~44岁听众为主，占比均在30%以上；高中/技术中学、大专、大学及以上学历的听众占比均超过20%，其中大学及以上学历听众占比逾30%；在个人月收入方面，多数私家车广播听众的个人月收入处于较高水平，近一半在5000元及以上（图2）。

① 本文中广播听众中定义为过去半年内有过接触广播直播节目或广播非直播节目行为的听众。

② 2014~2018年CSM媒介研究基础研究调查12城市包括：成都、深圳、长沙、重庆、西安、武汉、沈阳、广州、南京、北京、上海和天津。

③ 此处的“私家车广播听众”指把“在私家汽车上”作为经常收听广播地点的听众。

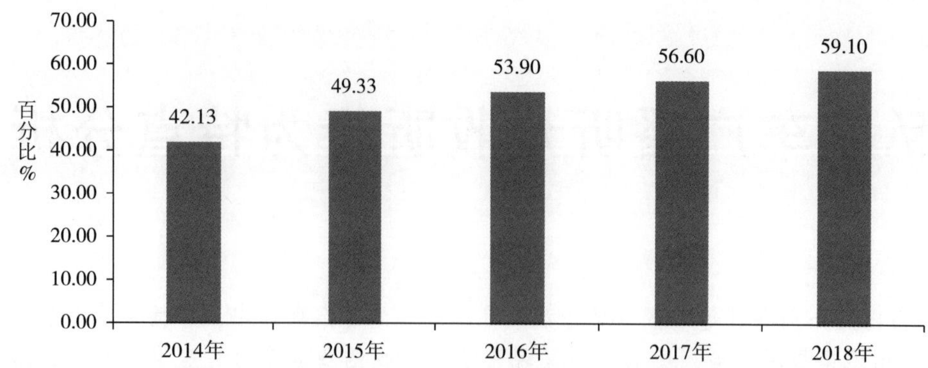

数据来源：CSM 媒介研究“电视广播视听率调查基础研究问卷调查”，2014～2018 年

图 1　2014～2018 年 12 城市广播听众最经常在私家车上收听广播的选择比例（%，多选）

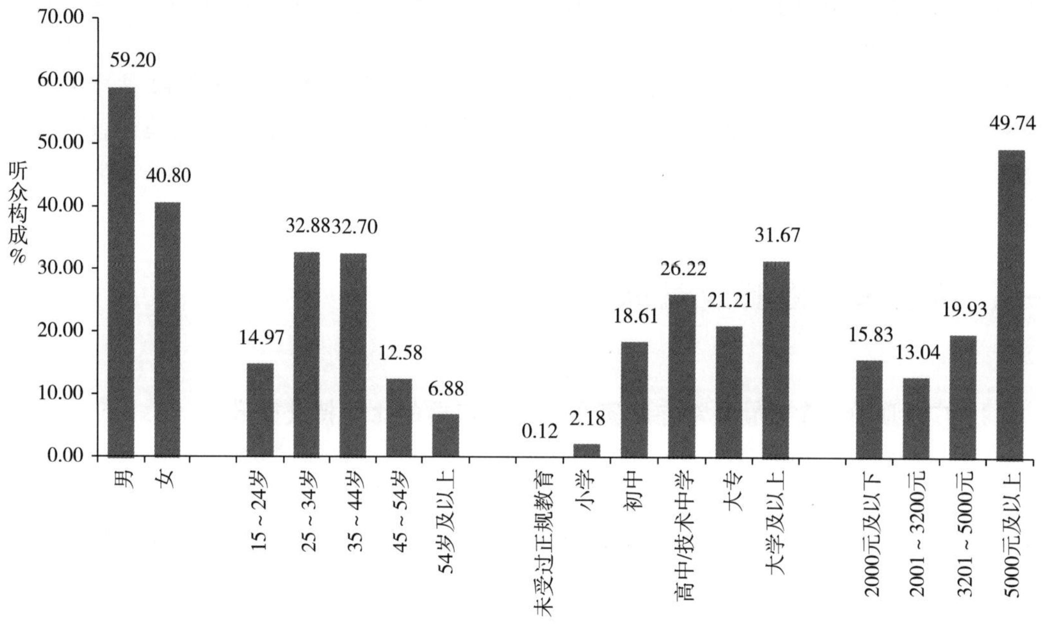

数据来源：CSM 媒介研究“电视广播视听率调查基础研究问卷调查”，2018 年

图 2　2018 年 12 城市私家车广播听众构成（%）

二、私家车广播听众收听的时长及途径特点

1. 私家车广播听众每周收听广播的比例接近九成

观察私家车广播听众每周和半年内接触各类媒体的比例我们可以发现，广播、户外广告和电视直播是私家车广播听众每周和半年内最主要接触的媒体，每周接触比例大都在 90% 上下，明显高于其他各类媒体。在 1 周内，户外广告、电视和广播的接触比例依次降低；在半年内，私家车广播听众接触广播、户外广告和电视的比例依次降低。在其

他媒体中，私家车广播听众每周接触户外电视和楼宇电视的比例均逾五成，接触车载电视、报纸、杂志和电影的比例较低；半年中，私家车广播听众接触户外电视、楼宇电视、车载电视、报纸和杂志的比例依次降低（图3）。

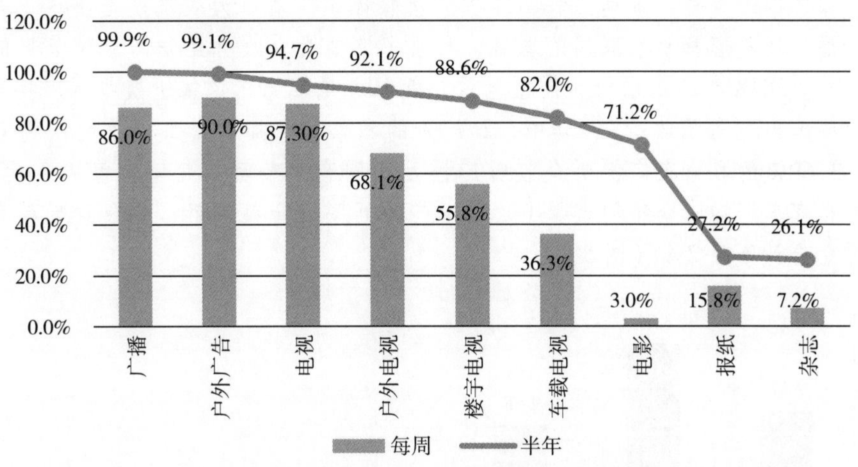

数据来源：CSM媒介研究“电视广播视听率调查基础研究问卷调查”，2018年

图3 2018年私家车广播听众每周和半年内接触各种媒体的比例（%，多选）

2. 私家车广播听众每周收听广播直播节目的比例接近九成

对私家车广播听众收听广播的频率分布进行分析我们可以发现，近九成私家车广播听众收听广播直播节目的频率为“每周收听”；其中，接近三成的私家车广播听众每天收听广播直播节目，近40%的私家车广播听众收听广播直播节目的频率在每周3次或以上，20.4%的私家车广播听众每周至少1次收听广播直播节目。相比之下，其余收听频率的私家车广播听众比例偏低，合计不足15%（图4）。

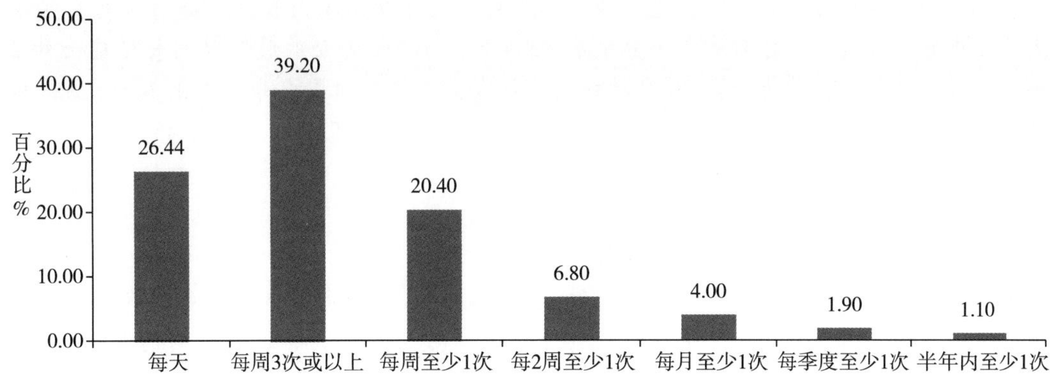

数据来源：CSM媒介研究“电视广播视听率调查基础研究问卷调查”，2018年

图4 2018年私家车广播听众收听广播直播节目的频率分布（%，单选）

3. 私家车广播听众每周收听互联网音频节目的比例接近一成

随着数字技术的发展，数字化进程加快，各种媒介之间的边界变得模糊起来，传统媒体与新媒体的融合呈现加速态势，广播“新媒体化”的一大表现就是出现了各种各样的网络广播。而随着移动互联网的发展，私家车广播听众收听互联网音频节目的比例也在逐步提升。2018 年的基础研究数据显示，近 10% 的私家车广播听众收听广播互联网音频节目的频率为“每周收听”；其中，2.77% 的私家车广播听众每天收听广播互联网音频节目，3.60% 的私家车广播听众收听广播互联网音频节目的频率在每周 3 次或以上，2.60% 的私家车广播听众每周至少 1 次收听广播互联网音频节目，其余收听频率的私家车广播听众合计不足 2%（图 5）。

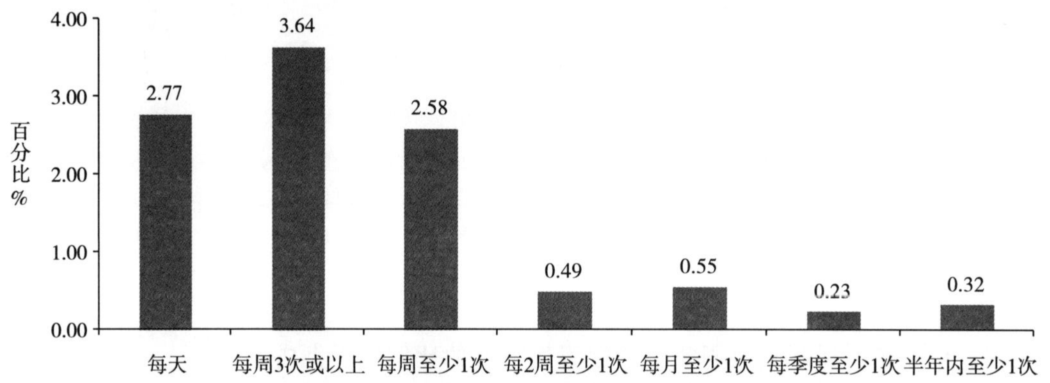

数据来源：CSM 媒介研究“电视广播视听率调查基础研究问卷调查”，2018 年

图 5　2018 年私家车广播听众收听广播互联网音频节目的频率分布（%，单选）

4. 绝大多数私家车听众人均每天在私家车上收听时长为大约 2 小时及以内

对于私家车广播听众而言，绝大多数人平均每天在私家车上收听广播的时间长度在大约 2 小时及以内，工作日和周末分别有 82.4%、71.2% 听众的收听时间长度在大约 2 小时及以内。其中，收听大约 30 分钟的比例最高，工作日和周末分别占比为 36.25% 和 30.34%，工作日和周末收听时间长度在大约 1 小时、大约 15 分钟、大约 45 分钟的比例依次降低，收听超过 2 小时的比例相对较低（图 6）。

5. 私家车广播听众收听时段清晰

进入私家车时代，受众收听广播的时段划分逐渐从模糊走向清晰。对于职业司机来说，由于他们长时间在车上，因而他们几乎是连续收听广播，并没有清晰的时段概念。随着私家车渐渐普及，大量自己开车上下班的职业人群成为广播的核心目标受众，他们的职业作息时间即上下班时间作用于受众的广播收听行为，形成了早高峰、晚高峰两个收听率尤为突出的时段。

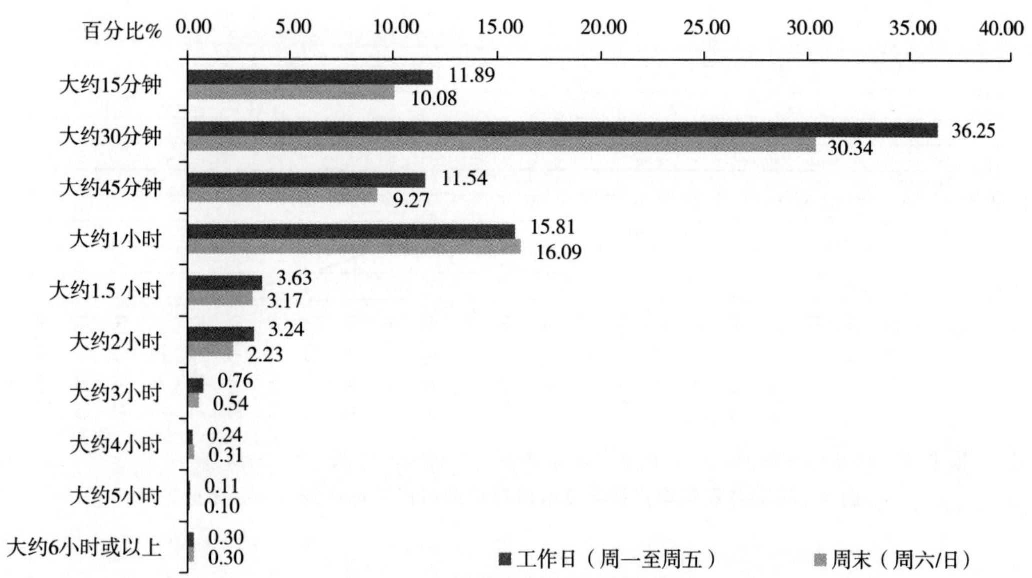

数据来源：CSM 媒介研究“电视广播视听率调查基础研究问卷调查”，2018 年

图 6　2018 年私家车广播听众平均每天在私家车上收听广播的时间长度分布（%，单选）

数据也印证了这一现象。观察私家车广播听众在不同时段驾驶/乘坐私家车的比例可以发现，工作日（周一至周五）明显高于周末（周六/日），工作日的出行需求明显高于周末。而收听广播作为碎片化时代一种高伴随性的媒介行为，私家车听众在私家车上收听广播的比例，与驾驶（乘坐）的选择比例高度重合，工作日形成了早间 07:00 ~ 09:00、晚间 17:00 ~ 19:00 两个突出的收听高峰，周末由于出行需求锐减，收听峰值大大降低，而且随着私家车驾驶（乘坐）人群周末出行时段的推后，相应地收听高峰也略有延迟（图 7、图 8）。

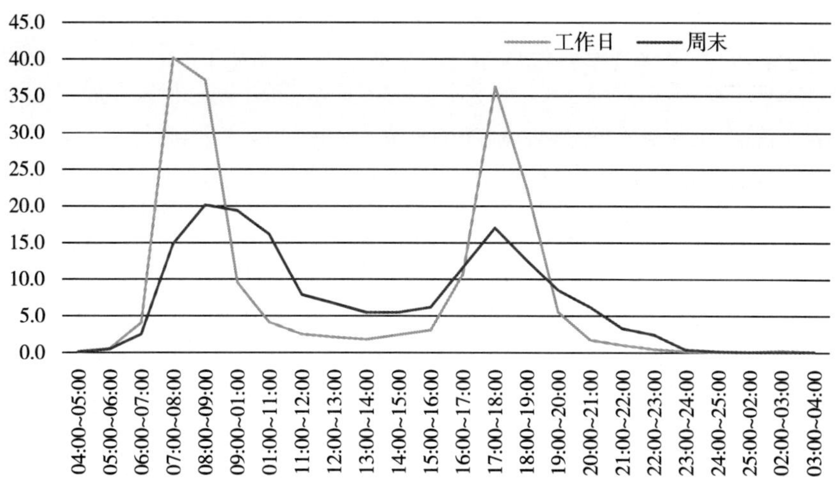

数据来源：CSM 媒介研究“电视广播视听率调查基础研究问卷调查”，2018 年

图 7　2018 年私家车广播听众驾驶（乘坐）私家车的时段选择比例（%，多选）

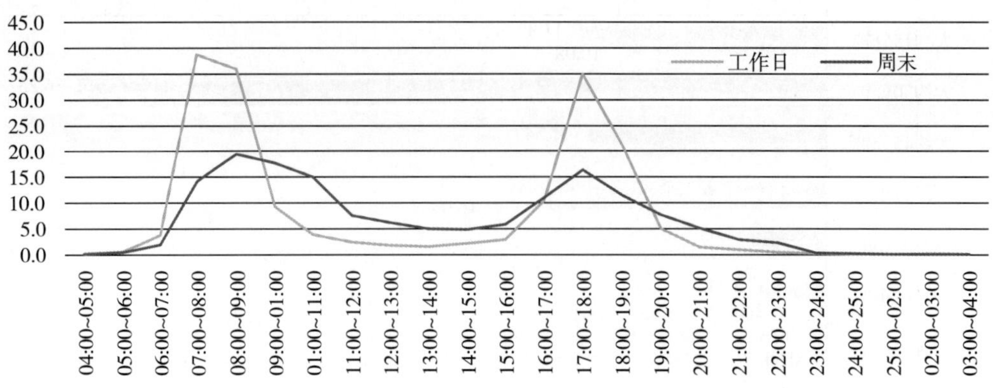

数据来源：CSM 媒介研究“电视广播视听率调查基础研究问卷调查”，2018 年

图 8　2018 年私家车广播听众收听广播的时段选择比例（%，多选）

6. 车载广播是私家车广播听众收听广播的第一途径

从收听广播的设备或途径来看，随着车载智能系统的发展，车载广播技术得到了显著提升，私家车广播听众收听广播的最主要途径是车载广播，选择比例高达99.3%；通过手机 App 收听广播的比例赶超收音机，已成为私家车广播听众的第二选择（9.6%），这反映出在移动互联迅猛发展的背景下，广播移动 App 已经获得了长足进步。传统收听途径收音机位居第三，私家车广播听众的选择比例为6.4%；紧随其后的是手机内置收音机，选择比例为2.9%。通过其他设备收听广播的比例很低，均不超过0.5%（表1）。

分年龄段来看，车载广播是不同年龄段私家车广播听众最主要的广播收听途径，各年龄段选择比例均接近100%；15～24、25～34、35～44 岁中青年私家车广播听众数字化收听特征明显，其选择在手机 App 的比例分别达到 14.3%、11.3%和 8.7%。45～54 岁和 55 岁及以上听众对收音机更为青睐，特别是 55 岁及以上听众，他们对收音机的选择比例达到 23.5%，远超除车载广播外的其他收听途径（表1）。

表 1　2018 年不同年龄段私家车广播听众收听广播的设备或途径（%，多选）

设备或途径	所有私家车广播听众	15～24 岁	25～34 岁	35～44 岁	45～54 岁	55 岁及以上
收音机	6.4%	4.4%	4.0%	4.7%	9.8%	23.5%
收录机/随身听	0.1%	0.0%	0.0%	0.0%	0.3%	0.6%
音响	0.1%	0.0%	0.1%	0.1%	0.0%	0.6%
MP3/MP4	0.2%	0.3%	0.3%	0.0%	0.2%	0.0%
车载广播	99.3%	98.8%	99.3%	99.4%	100.0%	98.9%

续表

设备或途径	所有私家车广播听众	15－24岁	25－34岁	35－44岁	45－54岁	55岁及以上
手机 App	9.6%	14.3%	11.3%	8.7%	4.4%	4.6%
平板电脑/PC	0.2%	0.4%	0.4%	0.0%	0.3%	0.0%
有线（数字）电视	0.1%	0.0%	0.0%	0.2%	0.1%	0.3%
其他	0.8%	0.4%	1.0%	0.2%	2.7%	0.0%
手机内置收音机	2.9%	3.6%	2.5%	2.6%	3.4%	3.6%
智能音箱	0.3%	0.0%	0.3%	0.6%	0.0%	0.0%

数据来源：CSM 媒介研究“电视广播视听率调查基础研究问卷调查”，2018年

7. 私家车广播受众选择的广播音频 App 平台比较集中

伴随着媒介通信技术日新月异的变革，广播音频 App 迎来了发展的春天。9.6%的私家车广播听众通过广播音频 App 收听广播音频节目，那么这部分听众究竟会选择哪些 App 去收听呢？他们是会去收听广播直播节目还是非广播直播类节目呢？2018年 CSM 媒介研究12城市基础研究数据表明，私家车广播听众收听广播直播节目选择最多的平台为喜马拉雅 FM（4.51%），蜻蜓 FM、网易云音乐所占比例也均超过了1%，私家车听众对阿基米德 FM、酷我音乐 HD、虾米音乐、荔枝 FM 也有一定比例的选择，其他平台的选择比例则均不足0.5%。非广播直播方面，喜马拉雅 FM、网易云音乐和蜻蜓 FM 是私家车广播听众选择最多的3个平台，其中选择喜马拉雅 FM 的比例接近5%，高于后两个平台选择比例之和，呈现出一家独大的态势。酷我音乐 HD 和虾米音乐的选择比例超过0.5%，私家车听众对其余众多平台的选择比例均不足0.5%。总体而言，私家车广播受众选择最多的依旧是少数几个广播音频 App（表2、表3）。App 之争除内容至关重要之外，打好渠道攻坚战才是关键。例如，喜马拉雅 FM 和蜻蜓 FM 在应用市场的争夺上就曾苦下了一番功夫。喜马拉雅听书 FM 一度居于苹果 App Store 的第二位①，这为其提高下载量提供了优势位置。蜻蜓 FM 加入了小米，这为蜻蜓 FM 占领小米手机渠道提供了优势。随着5G牌照的发放，广播音频 App 之间的竞争或将更加激烈。

表2 2018年12城市私家车广播听众通过广播音频 App 收听广播直播节目的比例 TOP15（%，多选）

广播音频 App 平台	选择比例（%）
喜马拉雅 FM	4.51
蜻蜓 FM	1.87
网易云音乐	1.49

① http://epaper.anhuinews.com/html/xwsj/20170310/article_3552603.shtml.

续表

广播音频 App 平台	选择比例（%）
阿基米德 FM	0.86
酷我音乐 HD	0.82
虾米音乐	0.68
荔枝 FM	0.52
百度音乐	0.39
百度乐播	0.28
凤凰 FM	0.21
豆瓣 FM	0.19
中国广播	0.12
酷 FM	0.12
儿童故事电台	0.10

数据来源：CSM 媒介研究“电视广播视听率调查基础研究问卷调查”，2018 年

表 3　2018 年 12 城市私家车广播听众通过广播音频 App 收听非广播直播节目的比例 TOP15（%，多选）

广播音频 App 平台	选择比例（%）
喜马拉雅 FM	4.98
网易云音乐	1.51
蜻蜓 FM	1.26
酷我音乐 HD	0.65
虾米音乐	0.52
阿基米德 FM	0.44
荔枝 FM	0.37
百度音乐	0.37
百度乐播	0.29
凤凰 FM	0.14
酷我电台	0.13
豆瓣 FM	0.13
中国广播	0.12
企鹅 FM	0.09
多听	0.07

数据来源：CSM 媒介研究“电视广播视听率调查基础研究问卷调查”，2018 年

三、私家车广播听众收听的频率与内容特点

1. 私家车广播听众对交通类、音乐类广播频率的选择愈加集中

2018 年 12 城市私家车广播听众在车上收听比例较高的广播频率仍以交通类、音乐类为主，而且私家车听众对这两类频率的选择比例更为集中，马太效应进一步凸显。在 12 城市私家车广播听众车上经常收听的广播频率 TOP3 中，有 8 个频率的被选择比例超过 60%，均为交通类或音乐类频率，分别是四川人民广播电台交通广播（FM101.7）、深圳广播电台交通频率（FM106.2）、重庆人民广播电台交通频率（FM95.5）、陕西广播电视台交通广播（AM1323/FM91.6）、辽宁广播电视台音乐广播（沈阳台）（FM98.6）、江苏经典流行音乐广播（FM97.5）、北京人民广播电台交通广播（FM103.9/CFM95.6）和天津人民广播电台交通广播（FM106.8）。此外，有 14 个频率的被选择比例在 30% ~50% 之间，8 个频率在 20% ~30% 之间，6 个频率在 10% ~20% 之间（表 4）。

表 4　2018 年 12 城市私家车广播听众在车上经常收听的广播频率 TOP3（%，多选）

城市	频率名称	选择比例（%）
成都	四川人民广播电台交通广播（FM101.7）	65.56
	四川人民广播电台城市之音（FM102.6）	26.49
	四川人民广播电台岷江音乐 iRadio（FM95.5）	18.77
深圳	深圳广播电台交通频率（FM106.2）	71.60
	深圳人民广播电台音乐广播（FM97.1）	42.71
	深圳广播电台新闻频率（FM89.8）	38.68
长沙	湖南人民广播电台交通频道（FM91.8/FM100.3）	40.66
	长沙人民广播电台城市之声（音乐）广播（FM101.7）	26.24
	湖南金鹰 955（FM95.5）	20.93
重庆	重庆人民广播电台交通频率（FM95.5）	67.84
	重庆人民广播电台音乐频率（FM88.1）	31.50
	重庆人民广播电台都市频率（FM93.8）	21.74
西安	陕西广播电视台交通广播（AM1323/FM91.6）	67.88
	陕西广播电视台音乐广播（FM98.8）	48.10
	陕西广播电视台青春广播（FM105.5）	26.12
武汉	楚天交通广播（FM92.7）	51.28
	湖北省广播电视总台经典音乐广播频道（FM103.8）	42.51
	武汉广播电视台音乐广播（FM101.8）	22.10

续表

城市	频率名称	选择比例（%）
沈阳	辽宁广播电视台音乐广播（沈阳台）（FM98.6）	70.20
	辽宁广播电视台交通广播（FM97.5）	45.50
	辽宁广播电视台都市广播（沈阳台）（FM92.1/AM1341）	28.78
广州	广东广播电视台羊城交通广播台（FM105.2）	40.71
	广州交通电台（FM106.1）	18.65
	广州电台金曲1027汽车音乐广播（FM102.7）	18.54
南京	江苏经典流行音乐广播（FM97.5）	62.62
	江苏交通广播网（FM101.1）	34.08
	江苏音乐广播（FM89.7）	31.49
北京	北京人民广播电台交通广播（FM103.9/CFM95.6）	89.74
	北京人民广播电台音乐广播（FM97.4/CFM94.6）	14.84
	北京人民广播电台文艺广播（FM87.6/CFM93.8）	14.04
上海	上海流行音乐广播 动感101（FM101.7）	57.65
	上海交通广播（AM648/FM105.7）	57.24
	上海经典金曲广播 LoveRadio 最爱调频（FM103.7）	29.21
天津	天津人民广播电台交通广播（FM106.8）	72.08
	天津人民广播电台音乐广播（FM99）	35.64
	天津人民广播电台相声广播（AM567/FM92.1）	15.07

数据来源：CSM媒介研究“电视广播视听率调查基础研究问卷调查”，2018年

2. 年轻人是音乐类节目的忠实拥趸

私家车广播受众喜欢收听什么类型的广播节目呢？2018年12城市调查数据显示，音乐类、新闻/时事类和生活服务类节目是私家车广播听众喜爱收听比例最高的3类节目，选择比例明显高于其他各类节目。其中，音乐类和新闻/时事类节目最受青睐，私家车广播听众喜欢收听的选择比例均超过了30%；私家车广播听众喜爱生活服务类节目的比例接近20%，喜爱文艺类节目的私家车广播听众比例也超过10%，体育、财经、法制等各类型广播节目的选择比例都很低，均不足3%（表5）。

从不同年龄段私家车广播听众喜欢收听的广播节目类型来看，15~44岁的私家车听众是音乐类节目的忠实拥趸，特别是15~24岁的青少年选择音乐类节目的比例高达83.4%；另外，25~44岁的社会中坚人群对财经和体育类节目也更为喜欢；45岁及以上的中老年私家车听众更喜欢通过收听新闻/事实类节目以获知一天发生的大事小情，与此同时，该类人群对文艺类节目、法制类节目也有一定的关注；各年龄段人群对生活服务类节目的喜爱程度相对均衡，除15~24岁青少年选择比例略低以外，其他各年龄段人群的选择比例均在40%左右（表5）。

表 5 2018 年不同年龄段私家车广播听众喜欢收听的广播节目类型选择比例（%，多选）

节目类别	所有私家车广播听众	15～24 岁	25～34 岁	35～44 岁	45～54 岁	55 岁及以上
新闻/时事类	30.3%	53.7%	63.8%	67.0%	74.0%	77.2%
文艺类	10.5%	22.4%	20.7%	21.6%	27.2%	29.8%
音乐类	32.5%	83.4%	75.3%	68.2%	54.9%	56.2%
社教类	0.6%	1.4%	1.5%	1.0%	0.8%	1.2%
外语类	0.4%	2.5%	1.0%	0.7%	0.2%	0.2%
体育类	2.2%	2.9%	5.1%	4.6%	7.9%	1.9%
财经类	2.2%	2.1%	5.5%	5.3%	4.5%	3.7%
生活服务类	18.5%	31.4%	40.5%	42.3%	44.1%	39.0%
法制类	2.1%	3.2%	4.3%	4.6%	4.6%	7.6%
其他类	0.8%	1.2%	2.0%	1.4%	1.9%	1.1%

数据来源：CSM 媒介研究“电视广播视听率调查基础研究问卷调查”，2018 年

3. 私家车广播听众更青睐节目形态轻松的节目

2018 年 12 城市私家车广播听众青睐的节目虽然类型多样，然而真正出彩的节目均呈现出轻松的节目形态。在本文所列各城市私家车广播听众选择比例最高的 12 档节目中，北京人民广播电台交通广播（FM103.9/CFM95.6）的《一路畅通》节目选择比例最高（56.60%），江苏经典流行音乐广播（FM97.5）紧随其后（51.4%），这两档节目均为开办时间较久的频率王牌节目，个人魅力十足的主持人为广大的私家车听众在拥堵的上下班路上带来了不少的欢声笑语，很好地起到了舒缓情绪的作用。有 3 档节目的选择比例也超过 30%，分别为天津人民广播电台交通广播（FM106.8）的《红绿灯》、深圳广播电台交通频率（FM106.2）的《深圳早班车》和上海交通广播（AM648/FM105.7）的《欢乐早高峰》。与多数城市私家车受众的偏好类型不同，武汉的私家车听众最为青睐的是楚天交通广播（FM92.7）的《好吃佬》，该节目每天下午 17:00～18:30播出，每期一个半小时，以“侃吃聊喝”立意，志在遍访全国美食，结交四方贪吃精英，考查美食秘门特技，报道美食传奇人物，以一盘甘旨的陈说，演绎一段美好的人生①，呈现出比较明显的地域性偏好（表 6）。在碎片化时代，广播作为私家车听众开车时的一种陪伴型媒介，无论传递何种信息，都始终不能忽略受众对于缓解开车疲劳、增加路途趣味的重要需求，只有这样方能使节目出奇制胜。

---

① https://baike.baidu.com/item/%E5%A5%BD%E5%90%83%E4%BD%AC/10774203?fr=aladdin.

表6　2018年12城市私家车广播听众喜欢收听广播节目选择比例（%，多选）最高的节目

城市名称	节目名称	频率名称	选择比例（%）
北京	一路畅通	北京人民广播电台交通广播（FM103.9/CFM95.6）	56.60
成都	四川交通	四川人民广播电台交通广播（FM101.7）	25.20
广州	大吉利车队	广东广播电视台羊城交通广播台（FM105.2）	23.80
南京	阳光倾城	江苏经典流行音乐广播（FM97.5）	51.40
上海	欢乐早高峰	上海交通广播（AM648/FM105.7）	33.40
深圳	深圳早班车	深圳广播电台交通频率（FM106.2）	39.50
沈阳	汽车小辣椒	辽宁广播电视台音乐广播（沈阳台）（FM98.6）	27.70
天津	红绿灯	天津人民广播电台交通广播（FM106.8）	47.30
武汉	好吃佬	楚天交通广播（FM92.7）	14.70
西安	下班快乐	陕西广播电视台交通广播（AM1323/FM91.6）	15.00
长沙	国生开讲	湖南人民广播电台交通频道（FM91.8/FM100.3）	21.90
重庆	交广加油站	重庆人民广播电台交通频率（FM95.5）	17.20

数据来源：CSM媒介研究“电视广播视听率调查基础研究问卷调查”，2018年

四、结语

美国广播界有句名言：“车轮子和干电池拯救了广播。”这说的是20世纪六七十年代，当美国广播被电视逼到悬崖边缘时，车轮子和干电池赋予了广播在移动领域的优势，使得广播得以存活下来。当前，这一名言再次得到了验证，进入私家车时代，私家车广播听众成为我国广播媒介的重要增量来源。但是，在媒体融合进入深水区的今天，纷繁的媒介渠道正在逐步分流广播直播的受众，广播媒体人应该努力迎合私家车听众的收听需求，在节目内容与编排上做一些有针对性的创新，适当增加趣味性并创造更加轻松的氛围，以使众多私家车广播听众在当今“乱花渐入迷人眼”的纷繁媒介环境中始终保持对广播的忠诚，让他们做到“弱水三千，只取一瓢”。

（作者：张广彦）

广播受众[1]跨媒介接触行为分析

2019年6月6日，工业和信息化部正式向中国电信、中国移动、中国联通和中国广电发放5G商用牌照，开启了我国5G商用元年。5G的三大应用场景——eMBB（增强型移动宽带）、mMTC（海量机器类通信，如物联网）、uRLLC（超高可靠与低时延通信，如车联网与自动驾驶）均有丰富的可以以广播/组播方式实现的案例，这使得广播电视业务与5G的融合发展想象空间巨大。在此情境下，传统意义上的单一媒介接收者早已不复存在，受众跨媒介消费已成为一种常态，广播受众亦然。那么2018年广播受众跨媒介接触行为有哪些特点？本文基于CSM媒介研究2016～2018年12城市[2]"电视广播视听率调查基础研究问卷调查"的数据，来做简要分析。

一、广播受众构成主要特点

1. 重度听众[3]逐年走低，中度和轻度听众所占比例持续提升

新媒体、新技术日益发展，受众接触媒介的习惯也在发生日新月异的变化，如今的受众已不再是某个单一媒体的接受者，而是跨媒体的消费者。那么到底是哪些人发生了跨媒介消费行为，广播受众的主体结构到底如何？下文将进行详述。

2018年12城市基础调查数据显示，重度听众所占比例为66%，中度听众和轻度听众所占比例分别为25.2%和7.8%。与前两年相比，重度听众所占比例逐年走低，而中度和轻度听众所占比例则在稳步提升（图1）。随着新技术和智能手机的普及，尤其是随着后者功能的日益强大，受众的吸引力越来越被分散，对广播造成了一定的冲击。

2. 主体受众群较为稳定，优质人群占比提升

2016～2018年12城市广播受众构成变化图显示，广播的主体受众群较为稳定，男性、中青年和老年、高中和大学及以上学历、初级公务员/雇员、无业（包括退休人员）、个人月收入5001元及以上的人群构成了这3年的主体受众群。

① 本文的"广播受众"指在过去半年内至少接触过1次广播直播节目或广播互联网音频节目的受众。

② 12城市包括：成都、深圳、重庆、武汉、沈阳、广州、南京、北京、上海、天津、长沙和西安。

③ 根据广播受众接触广播的频次，我们把广播受众分为重度、中度和轻度听众3种类型，其中"重度听众"指"过去半年内每周接触广播3次或以上的受众"；"中度听众"指"过去半年内接触广播频次每两周至少1次的受众"；"轻度听众"指"过去半年内接触广播频次至少1次的受众"。

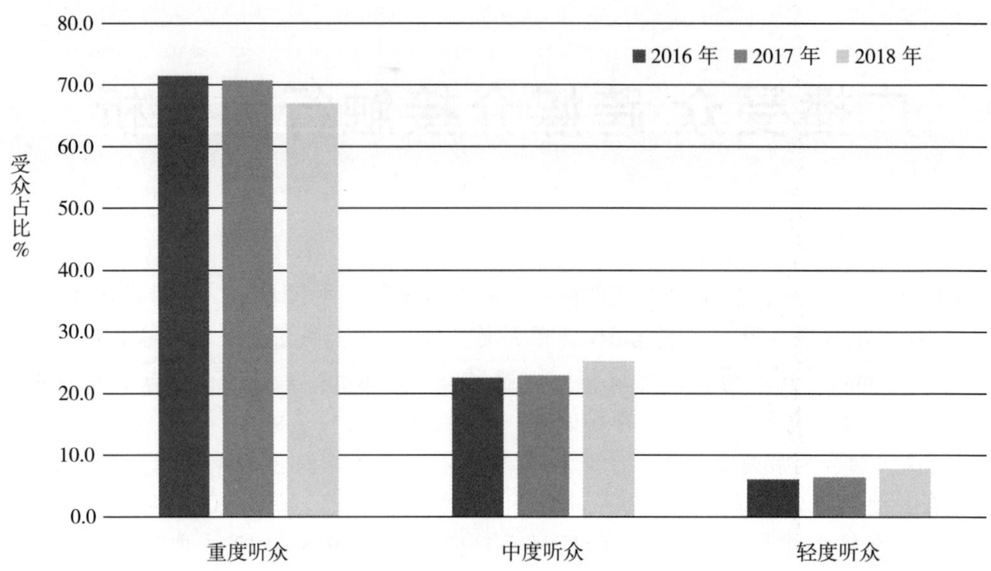

数据来源：CSM 媒介研究“电视广播视听率调查基础研究问卷调查”，2016～2018 年

图1　2016～2018 年不同类型广播受众所占比例（%）

相较于2016年和2017年，2018年25～34岁、大学及以上学历、初级公务员/雇员和个人月收入5001元及以上的高学历、高收入优质人群所占比例均有不同程度的提升，广播受众的含金量较高（图2）。

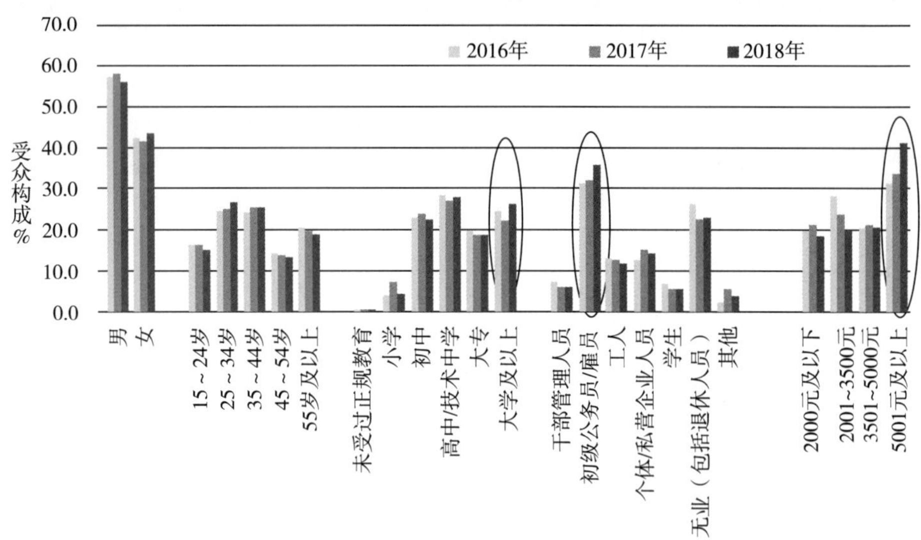

数据来源：CSM 媒介研究“电视广播视听率调查基础研究问卷调查”，2016～2018 年

图2　2016～2018 年 12 城市广播受众构成（%）对比

二、广播受众上网设备选择及接触各类媒体概况

1. 手机成为上网设备首选，传统上网设备使用比例下降

从广播受众上网使用设备来看，随着智能手机的普及和手机功能的逐步强大，手机已成为广播受众上网设备的首选，2018 年使用比例为 99.2%，且近 3 年来呈逐年上升的态势；与之相反，传统上网设备如台式或笔记本电脑的使用比例近 3 年来则呈现出逐步下滑的趋势，平板电脑使用比例 2018 年较 2017 年有所回升，但也不复 2016 年的辉煌；智能电视或互联网机顶盒的使用比例则引人注目，从无到有的过程发展迅速，到 2018 年所占比例已达 23.3%（表 1）。

表 1　2016～2018 年广播受众上网设备使用比例（%，多选）

上网设备	2016 年	2017 年	2018 年
台式或笔记本电脑	86.2%	69.4%	64.3%
平板电脑	34.2%	29.6%	32.9%
手机	97.0%	99.1%	99.2%
智能电视或互联网机顶盒	0.0%	10.1%	23.3%
其他终端（如 MP4、PSP 等）	3.2%	0.0%	0.2%

数据来源：CSM 媒介研究“电视广播视听率调查基础研究问卷调查”，2016～2018 年

2. 收听、收看广播和电视直播节目仍受广播受众的青睐

在这个多屏共生的时代，受众每天接触到的屏幕数不胜数，往往有一种目不暇接的感觉，此时，能解放双眼的广播就显得尤为可贵。从 2018 年广播受众接触各类媒体的比例来看，除了或被动或主动接触的户外广告外，广播直播节目仍是广播受众接触比例最高的媒体，有 96.4% 的广播受众选择收听广播直播节目，同时也有 93.9% 的广播受众选择收看电视直播节目。由此我们可以看出，传统电台和电视台播出的线上节目仍是广播受众的“心头好”。同时我们也可以发现，分别有 15.8% 和 49.7% 的广播受众选择了收听广播互联网音频节目和收看电视非直播节目，受众跨媒介消费已成为常态，他们的注意力被进一步稀释（图 3）。

三、广播受众收听音频节目情况

1. 车载广播仍为首选设备和途径，手机 App 增速喜人

从广播受众收听音频节目经常使用的设备和途径选择比例可以看出，车载广播、手机 App 和收音机已成为广播受众收听音频节目时优先选择的设备和途径。其中车载广播

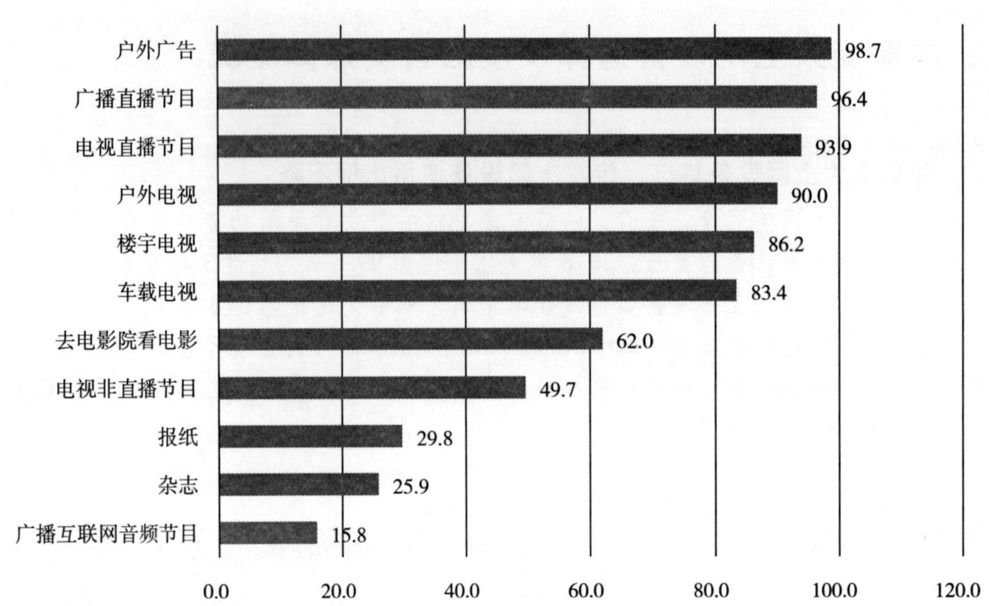

数据来源：CSM 媒介研究“电视广播视听率调查基础研究问卷调查”，2018 年

图 3　2018 年广播受众各类媒体的接触比例（%，多选）

被选择和使用的比例 2018 年超过六成五，较 2017 年有明显增加，成为广播受众收听音频节目当之无愧的首选；2018 年手机 App 一跃而位居第二，所占比例达 24.1%；收音机则成为第三选择，所占比例较 2017 年略有减少。随着音频 App 市场的日益繁盛及受众媒介消费新习惯的日益形成，相信未来这一数值会让人有耳目一新的感觉（图 4）。

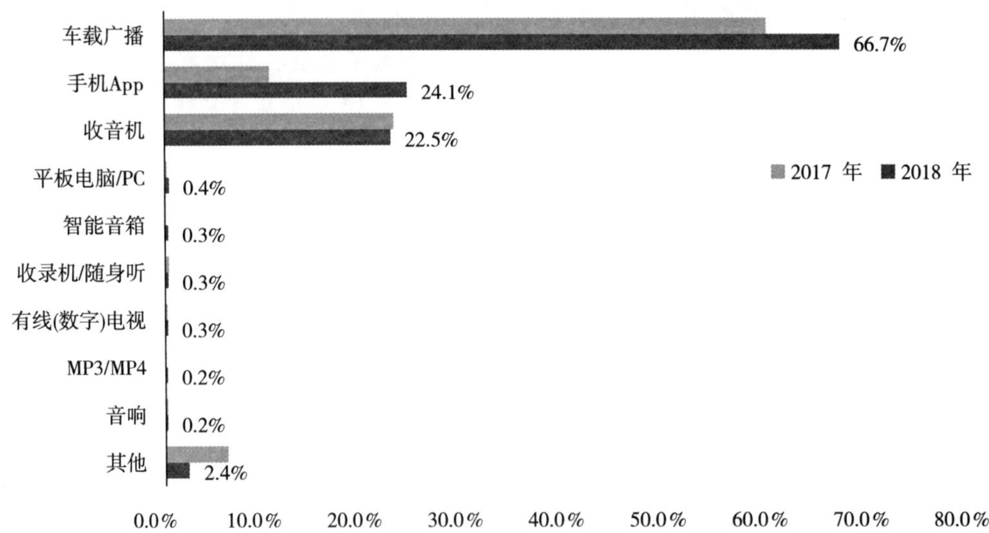

数据来源：CSM 媒介研究“电视广播视听率调查基础研究问卷调查”，2017 ~ 2018 年

图 4　2017 ~ 2018 年广播受众收听音频经常使用的设备和途径比例（%，多选）

2. 接近八成的广播受众选择收听互联网音频节目，收听广播直播节目比例回落

由上文可知，选择使用手机 App 收听音频节目的比例有明显增长，因此我们进一步来看，广播受众使用手机 App 和平板电脑/PC 到底收听了哪些内容类型？由图 5 可知，2018 年广播受众收听的内容类型与 2017 年相比可谓发生了翻天覆地的变化，收听线上直播的比例回落，收听互联网音频节目和点播/回放的比例则明显提升。具体而言，2018 年有接近八成的广播受众选择收听互联网音频节目，较 2017 年增幅接近 160%，收听广播直播节目点播/回放的比例较 2017 年也有一定程度的提升，而收听广播直播节目的比例则从 2017 年的 83.7% 回落至 2018 年的 58.6%。由此可见，手机的便携性使得受众对音频节目的收听打破了时间和空间的限制，再加上音频市场的日益繁盛，受众新的媒介接触习惯正在逐步形成，这对传统广播线上播出的收听而言是一个不小的冲击。

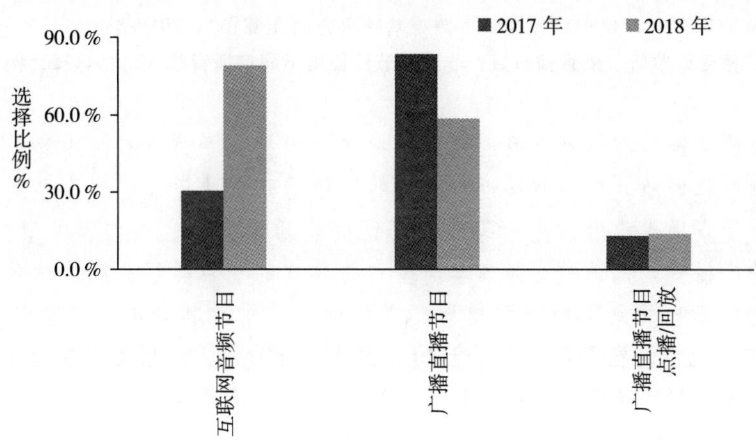

数据来源：CSM 媒介研究“电视广播视听率调查基础研究问卷调查”，2017～2018 年

图 5 2017～2018 年广播受众使用手机 App 和平板电脑/PC 收听广播内容类型选择比例（%，多选）

3. 广播音频 App 市场发展水平良莠不齐

随着音频市场的日益繁荣，各类音频 App 层出不穷，广播受众收听的互联网音频节目大多来自这些音频 App，那么，他们到底通过哪些 App 来收听节目呢？图 6 给出了答案。无论是收听直播节目还是收听非直播节目，被选择比例较高的 App 基本集中于喜马拉雅 FM、蜻蜓 FM、网易云音乐、虾米音乐、酷我音乐 HD 和阿基米德 FM 这 6 个音频 App，且与排名靠后的其他音频 App 的被选择比例拉开了较大差距。其中广播受众选择阿基米德 FM 更多用来收听直播节目。由此不难看出，虽然同为音频 App，但发展水平参差不齐，未来是否会呈现出马太效应，强者愈强，弱者愈弱，还有待进一步验证。

4. 新闻/时事类和音乐类音频节目更受广播受众的青睐

从广播受众喜欢收听的音频节目内容的类型来看，新闻/时事类、音乐类和生活服务类音频内容类型位居前 3 位。以播出新闻、资讯和信息为主的新闻/时事类音频内容

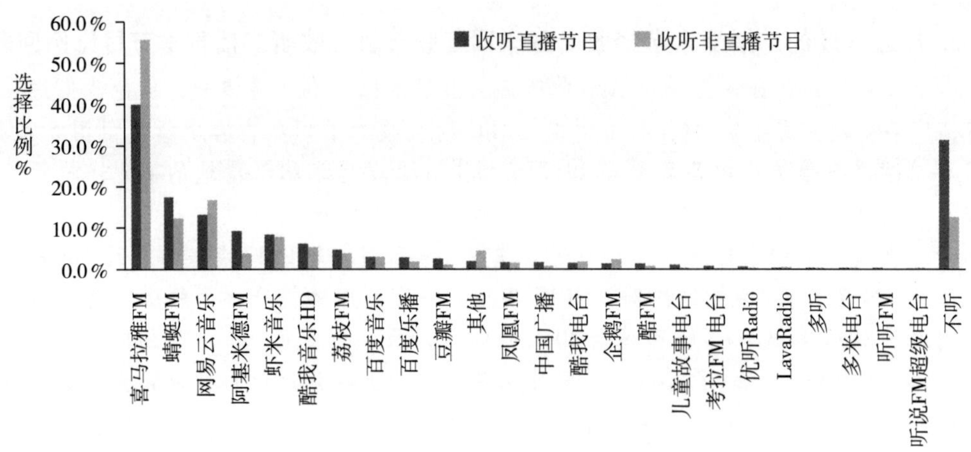

数据来源：CSM 媒介研究“电视广播视听率调查基础研究问卷调查”，2018 年

图 6　2018 年广播受众收听广播直播节目、非直播节目使用不同广播音频 App 的选择比例（%，多选）

成为广播受众的首选，有超过六成五的受众把注意力投向了该类音频内容；广谱性最大的音乐类音频内容紧随其后，有接近六成五的广播受众把此类节目列为喜欢收听的音频内容类型；为受众提供旅游、生活等便利资讯的生活服务类音频内容类型则位居第三，有超过三成的广播受众把该类音频内容类型列为喜欢的节目类型；能给受众带来愉悦和欢乐的文艺类内容也受到了超过两成五广播受众的喜爱。其余类别的音频内容则相对“遇冷”，被选择比例均在7%以下（表2）。由此不难看出，广播受众在选择收听音频节目时，通常还是偏好于选择那些能够给自己带来有用的信息以及轻松、休闲欢乐和愉悦的内容，这也可以为音频内容制作者提供一些思路和方法。

表 2　2018 年广播受众喜欢收听的音频内容类型选择比例（%，多选）

音频内容类型	选择比例（%）
新闻/时事类	66.9
音乐类	64.1
生活服务类	37.7
文艺类	26.6
法制类	6.2
财经类	5.7
体育类	5.6
社教类	2.0
外语类	1.2
其他类	2.0

数据来源：CSM 媒介研究“电视广播视听率调查基础研究问卷调查”，2018 年

四、广播受众收看电视节目情况

1. 新闻/时事类、电视剧和综艺/娱乐类节目仍是拉动收视的“三驾马车”

广播受众除了是音频节目收听者外，同时也是电视节目收看者。从2018年广播受众喜欢收看的电视直播节目类型可以看出，新闻/时事类、电视剧和综艺/娱乐类节目仍是拉动电视收视的“三驾马车”。有超过半数的广播受众选择这3类节目为喜欢收看的节目类型，其中选择新闻/时事类节目的广播受众比例更是达到了六成六。在上述3类节目之后依次为电影、体育和法制类节目，有10%～25%的广播受众喜欢收看这几类节目，其余节目类型则相对“低迷”（图7）。

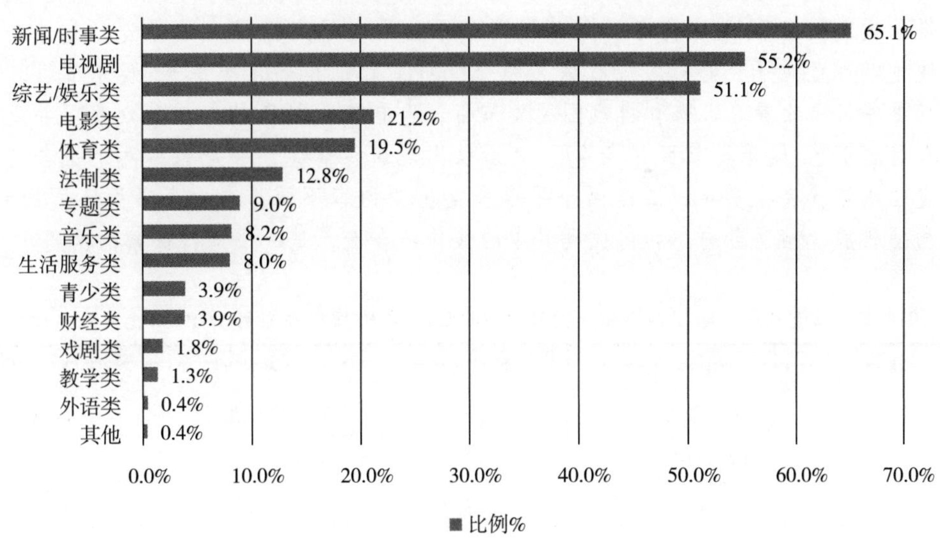

数据来源：CSM媒介研究“电视广播视听率调查基础研究问卷调查”，2018年

图7　2018年广播受众喜欢收看电视直播节目类型选择比例（%，多选）

2. 广播受众收看电视直播和上网收看的电视剧和综艺/娱乐类节目类型各有侧重

收看电视直播节目是传统收看模式，随着视频网站的日益兴盛，上网收看视频节目也蔚然成风。对比2018年广播受众通过电视直播和上网收看的喜欢的电视剧和综艺/娱乐类节目类型，我们可以发现侧重点各有不同。都市生活类和战争类电视剧在两个平台都受到受众的喜爱；除此以外，广播受众通过电视直播更倾向于收看言情类、反特/谍战和警匪类电视剧，而上网则更偏好于收看青春类和古装类电视剧。当然也有相当一部分人表示并没有在网上收看过电视剧（表3）。

表3　2018年广播受众通过电视直播和上网最喜欢收看的电视剧类型TOP5对比（%，单选）

排行	电视直播		上网收看	
	类型	比例（%）	类型	比例（%）
1	都市生活	24.8	没看过	18.8
2	战争	11.5	青春	11.4
3	言情	6.4	都市生活	9.5
4	反特/谍战	5.5	战争	7.9
5	警匪	4.4	古装	7.3

数据来源：CSM媒介研究“电视广播视听率调查基础研究问卷调查”，2018年

对比2018年广播受众通过电视直播和上网最喜欢收看的综艺/娱乐类节目可以发现，综艺娱乐报道和谈话/脱口秀节目同时在两个平台受到了广播受众的厚爱；此外，广播受众通过电视直播平台更喜欢收看综艺晚会、明星对抗和生存类综艺/娱乐节目，通过上网则更偏好于收看真人秀和游戏闯关类节目，也有接近20%的广播受众表示并没有在网上收看过综艺/娱乐类节目（表4）。之所以出现这种情况，一是因为两个平台的目标受众定位本身就存在差异，二是两个平台所播出的内容不同，自然会吸引不同的受众，二者相辅相成、相互影响，如何找到其中的最佳结合点，是一个值得探索的问题。

表4　2018年广播受众通过电视直播和上网最喜欢收看的综艺/娱乐类节目TOP5对比（%，单选）

排行	电视直播	比例（%）	上网收看	比例（%）
1	综艺晚会	27.3	综艺娱乐报道	21.6
2	谈话/脱口秀	12.8	没看过	19.3
3	综艺娱乐报道	9.9	谈话\脱口秀	15.3
4	明星对抗	8.7	真人秀	8.8
5	生存挑战	5.7	游戏闯关	7.4

数据来源：CSM媒介研究“电视广播视听率调查基础研究问卷调查”，2018年

五、广播受众接触网络视频情况

1. 手机成为广播受众观看网络视频的首选终端

随着网络视频网站的蓬勃发展，受众收看网络视频行为已不是什么新鲜事。从2018年广播受众观看网络视频使用终端的选择可以看出，手机已成为广播受众观看网络视频的首选终端，选择比例高达97.6%，然后依次为台式或笔记本电脑、平板电脑、智能电视或互联网机顶盒，所占比例分别为41.4%、25.6%和24.6%（图8）。手机以绝对优势位居榜首，这与智能手机的日益普及以及功能越来越强大有不可分割的关系。5G时代的到来会带来怎样的变革？让我们拭目以待。

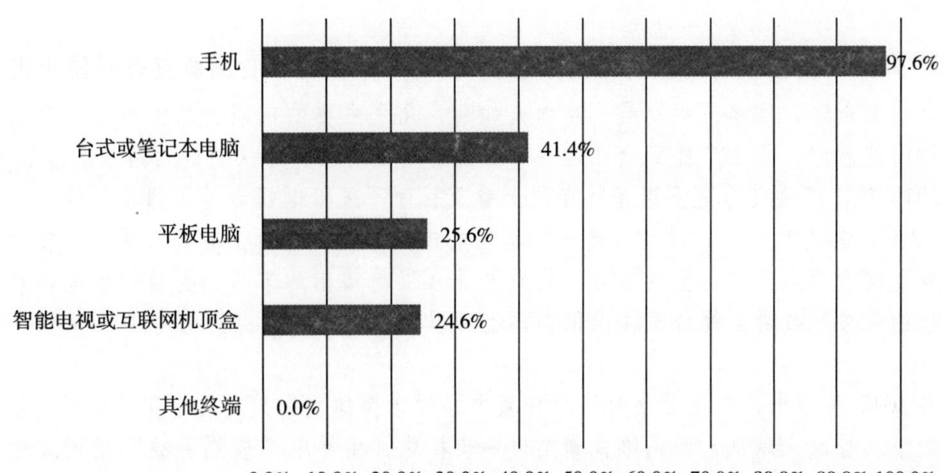

数据来源：CSM 媒介研究“电视广播视听率调查基础研究问卷调查”，2018 年

图 8 2018 年广播受众观看网络视频使用终端选择比例（%，多选）

2. 爱奇艺和腾讯视频收获了大部分受众

2018 年广播受众观看网络视频时的平台选择比例数据显示，爱奇艺和腾讯视频分别以超过六成和五成五的比例斩获了大部分受众，遥遥领先于其他视频网站。优酷占据了三成的比例，也具有一定的竞争优势，传统媒体背景“浓厚”的芒果选择比例也有 16.1%，其他平台则发展迟缓。整个市场呈现出优势向少数几个大平台一边倒的发展态势（图 9）。

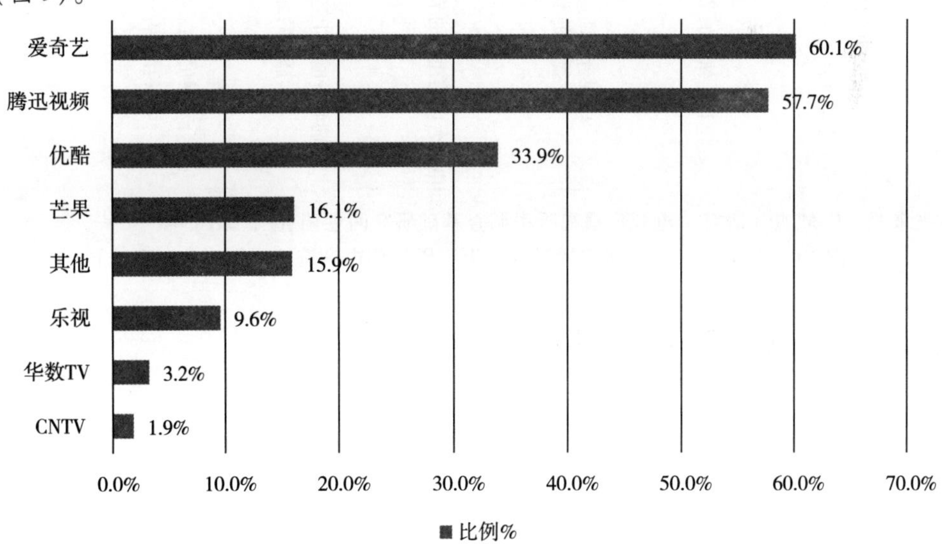

数据来源：CSM 媒介研究“电视广播视听率调查基础研究问卷调查”，2018 年

图 9 2018 年广播受众观看网络视频时平台选择比例（%，多选）

3. 只关注网上收看的人群比例增多，与2017年相比收看侧重点有明显变化

如前文所述，网络视频发展已经如火如荼，几个主要的视频网站吸引了相当大一部分人群的注意力，那么广播受众在这些平台上都看了什么？下文将进行解析。

2018年，广播受众更多选择就在网上看节目而不关心电视台是否播出，该比例占到了41.2%；其次有三成广播受众选择收看在电视上错过的节目，有近三成的广播受众选择收看电视台近期正在播出的节目。收看电视台以前播出的节目、提前收看电视台还没有播出的部分和收看电视台不播出但在网上可以看到的节目的比例也均在20%以上（图10）。

与2017年相比，广播受众对网络视频内容的选择体现出最大的变化就是对传统电视直播的依赖性越来越低，而网络视频则进一步扩张，由原来“查漏补缺”的附属地位逐渐向主导地位转变。这一点从选择就在网上看节目而不关心电视台是否播出和提前收看电视上还没播出部分的选择比例提升可见一斑。

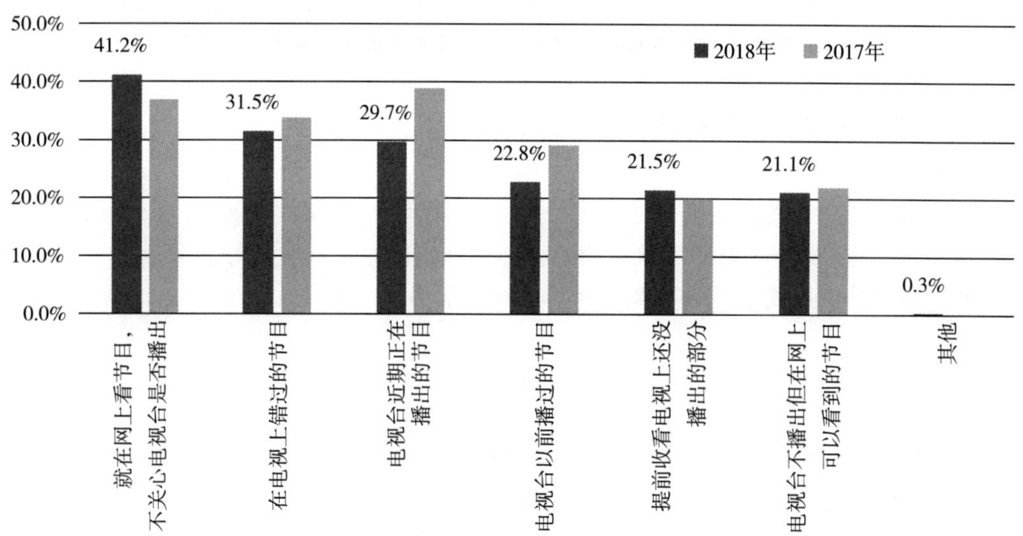

数据来源：CSM媒介研究“电视广播视听率调查基础研究问卷调查”，2018年

图10　2017年、2018年广播受众网上收看视频内容选择比例（%，多选）

六、广播受众接触短视频情况

1. 九成以上广播受众接触过短视频

进入移动互联网时代，顺应4G的普及，直到现如今的5G实现商用，短视频进入蓬勃发展的阶段，这从短视频的广谱性便可见端倪。2018年有94.9%的广播受众曾接触过短视频，短视频已经达到了几乎全员覆盖的程度（图11）。

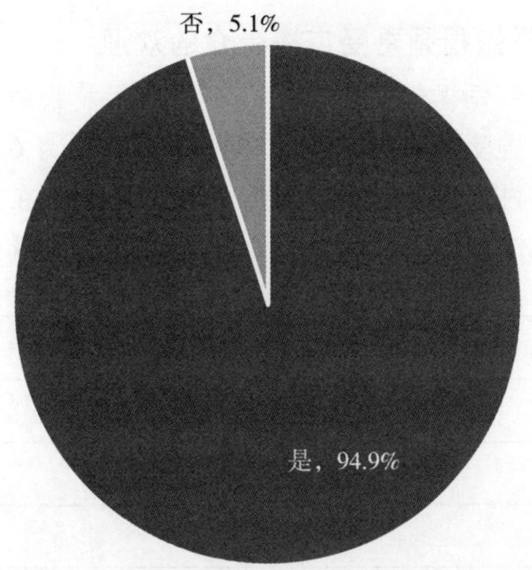

数据来源：CSM 媒介研究“电视广播视听率调查基础研究问卷调查”，2018 年

图 11　2018 年广播受众是否接触短视频占比（%，单选）

2. 平台选择出现三级分化，微信一枝独秀

从 2018 年广播受众收看短视频平台的选择比例可以看出，基本上呈现三级分化的态势。以广谱性最强的微信为首的几个主要平台引领市场，所占比例均在 25% 以上，其中尤以微信表现最为抢眼，有八成以上的广播受众选择在该平台上收看短视频；位于第二梯队的平台的被选择比例均在 10% ~20% 之间，包括快手、西瓜视频等 6 个平台；其余平台的被选择比例则较低，均在 10% 以下（图 12）。平台的“阶层”分化较为明显。

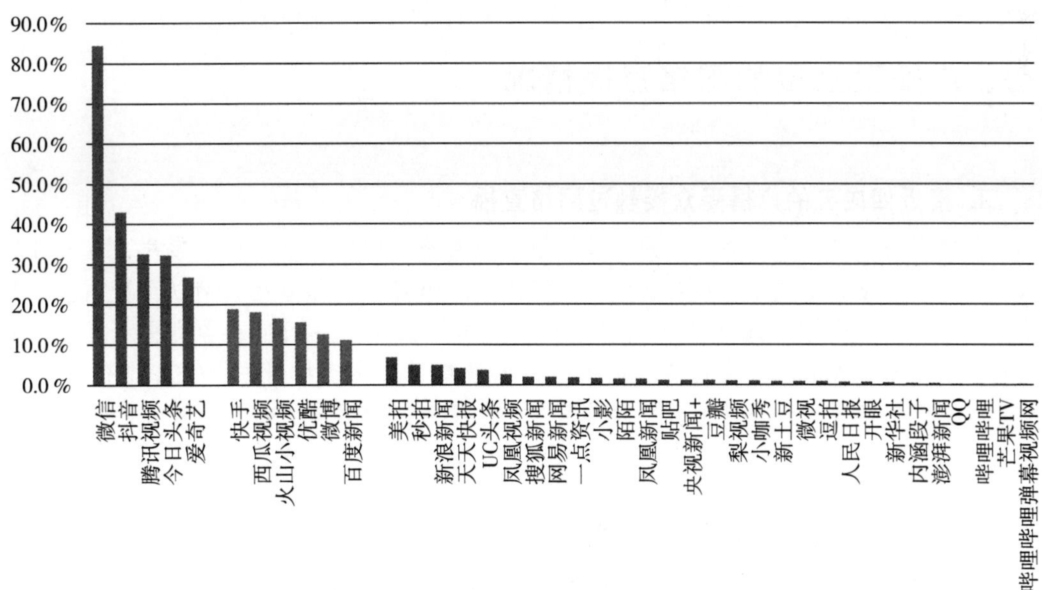

数据来源：CSM 媒介研究“电视广播视听率调查基础研究问卷调查”，2018 年

图 12　2018 年广播受众收看短视频平台选择比例（%，多选）

3. 幽默搞笑和新闻类短视频更受广播受众的欢迎

从广播受众喜欢收看的短视频内容类型来看，休闲放松的幽默搞笑类和提供信息资讯的新闻类短视频更受广播受众的偏爱，被选择比例分别为69%和53.3%；明星八卦、美食、生活技巧和影视类内容则处于第二梯队，被选择比例在10%~20%之间；其他类别的短视频内容受到的关注则相对较低，被选择比例均在10%以下（图13）。

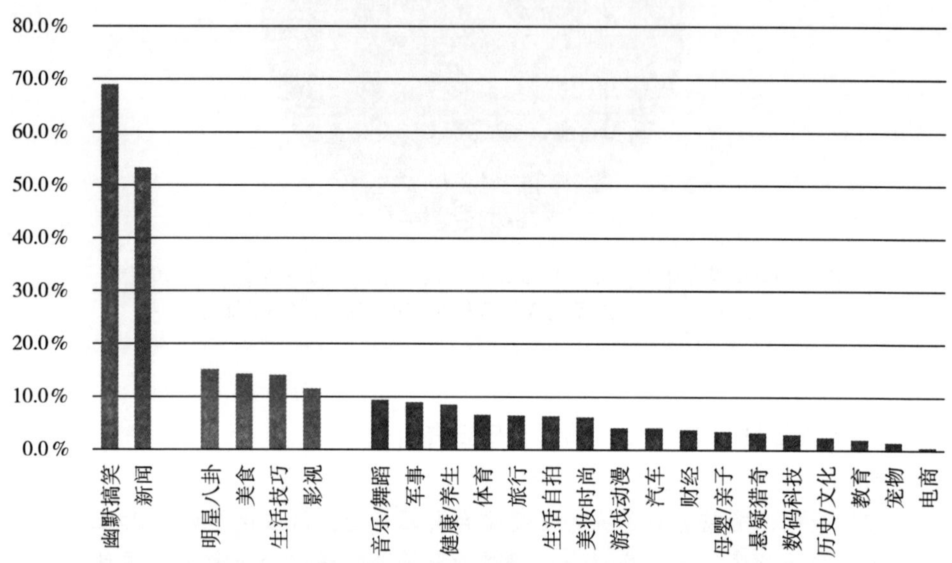

数据来源：CSM媒介研究“电视广播视听率调查基础研究问卷调查”，2018年

图13　2018年广播受众喜欢收看的短视频内容选择比例（%，多选）

七、广播受众接触网络直播情况

1. 接近四成五的广播受众接触过网络直播

网络直播可以让受众同一时间透过网络系统在不同的交流平台观看影片，是一种新兴的网络社交方式，也是一种崭新的社交媒体。2016年，网络直播大潮以迅雷不及掩耳之势迅速崛起，成为2016年最火的互联网“风口”之一。一时间，各类视频直播App层出不穷，不仅吸引了众多投资者的关注，也聚集了众多直播用户。CSM媒介研究12城市电视广播视听率调查基础研究问卷调查数据显示，2018年有接近四成五的广播受众接触过网络直播，可见这种新兴社交媒体的“火爆”程度（图14）。

2. 腾讯视频和今日头条独领风骚

从2016年直播元年始，经过几年时间的发展，一批直播平台倒下了，一批独角兽又诞生了。CSM媒介研究2018年12城市电视广播视听率调查基础研究问卷调查数据显

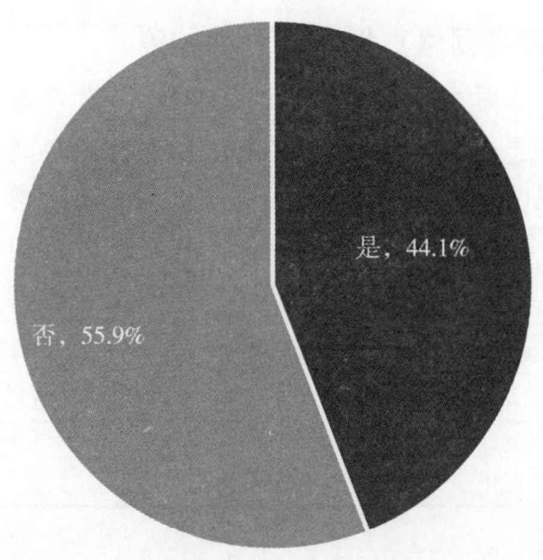

数据来源：CSM 媒介研究“电视广播视听率调查基础研究问卷调查”，2018 年

图 14　2018 年广播受众是否接触网络直播占比（%）

示，拥有“良好群众基础”的腾讯视频和今日头条以超过 40% 的被选择比例独领风骚，斗鱼以超过 20% 的被选择比例位居第三；其余直播平台则表现平平，被选择的比例均在 10% 以下，这也说明多数直播平台还处于发展初期（图 15）。

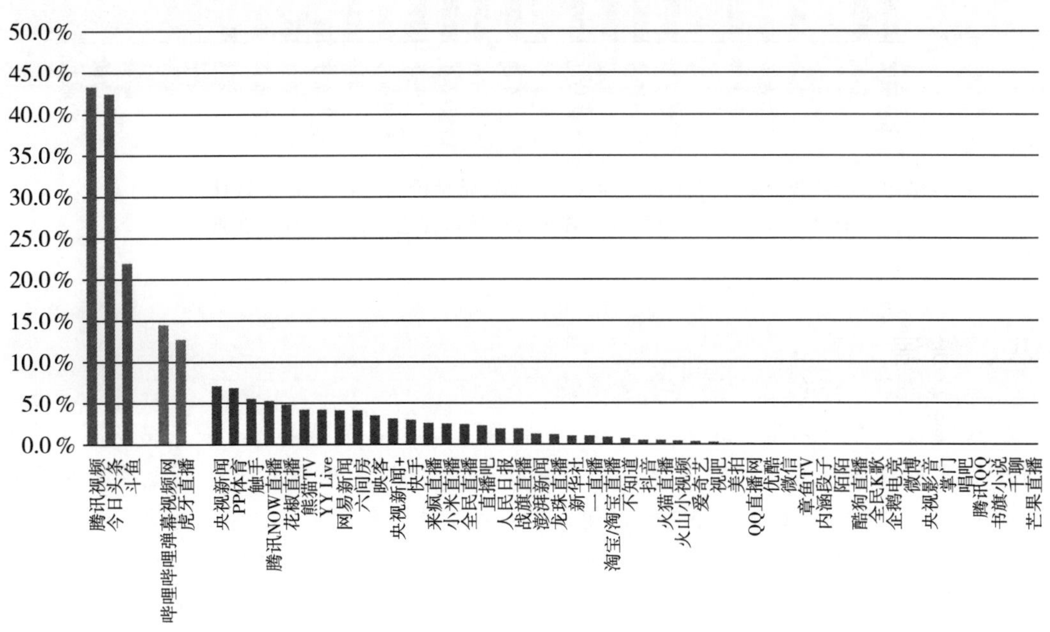

数据来源：CSM 媒介研究“电视广播视听率调查基础研究问卷调查”，2018 年

图 15　2018 年广播受众收看网络直播平台选择比例（%，多选）

3. 幽默搞笑类和新闻类网络直播内容更胜一筹

与广播受众喜欢收看的短视频内容类型类似，他们在观看网络直播时也把幽默搞笑类和新闻类的内容作为首选，前者可以让人放松心情，后者则可以让人获得自己需要的资讯；此外，也有15%以上的广播受众选择收看影视、美食秀和个人秀类的内容；游戏竞技、体育、旅游和生活技巧类内容同属第三梯队，被选择比例在10%～15%之间；以军事、美妆时尚牵头的其他类型网络直播内容受到的关注度则相对较低。整个网络直播内容收看市场发展呈现出参差不齐的态势（图16）。

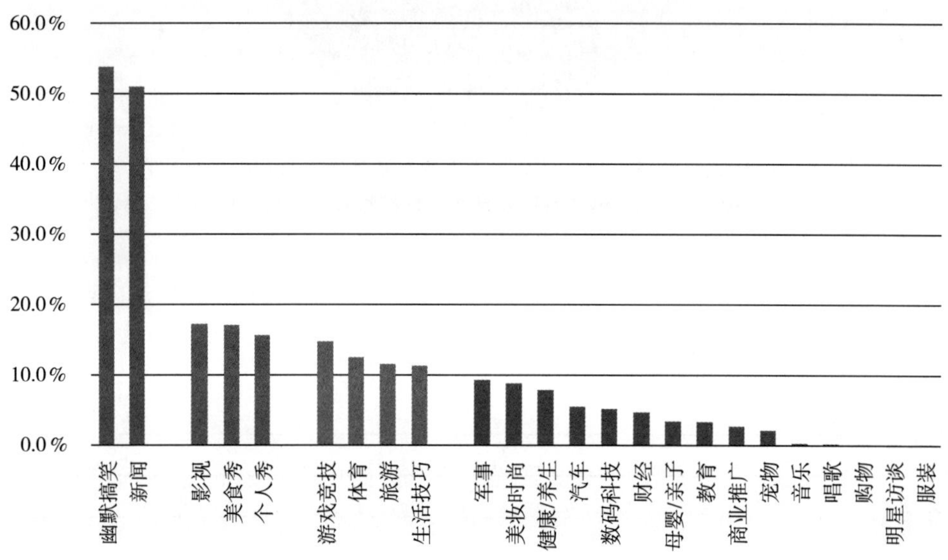

数据来源：CSM媒介研究“电视广播视听率调查基础研究问卷调查”，2018年

图16　2018年广播受众收看网络直播内容选择比例（%，多选）

八、结语

5G到来之前是所谓互联网发展的“上半场”，在这一发展阶段，是规模经济模式主导下的流量（即受众，更准确地说是用户）之争。5G的到来，开启了互联网发展的“下半场”，届时流量或许将不再是问题，用户也不是问题；相反，媒体是否具备服务于用户的专业能力才是问题。受众每天的时间有限，注意力有限，而跨媒介消费已然成为一种常态，此时如何争夺到用户更多的关注就显得尤为重要，这也是5G时代未来发展中各类媒体的机会之所在。

（作者：解永利）

越创新，越融合

——苏浙沪地区主要频率线上线下运营模式打造

迈入“互联网+”时代，新媒体顺势而为，网络客户端App电台应运而生，在近几年做得风生水起。与传统的线性广播相比，用户的个性化体验得到极大提升。除了最为传统的电台直播音频之外，通过场景化设定让音频用户在移动空间可以有不同的收听选择，而下载离线收听功能更是将广播的伴随性特征发挥到了极致，满足了新一代音频听众可云端可离线、可个人可社交的需求。据了解，蜻蜓FM、喜马拉雅FM、企鹅FM、华为桌面在市场非电台直播节目的收听时长总量上位居前列。面对这样的冲击，传统广播电台在积极思考如何在受挤压的市场空间中找到新的增量，利用在线音频的机会拓宽市场规模，并在拓宽的过程中实现越创新、越融合。苏浙沪地区广电的发展一直走在全国前沿，而其中，与市级电台相比，省级电台有更多的资源可进行跨平台整合，也出现了各种融合和创新的案例可供业界借鉴。本文基于CSM媒介研究2018年1~8月的广播收听连续调查数据，以苏浙沪地区的电台为例，浅谈主要频率线上线下运营模式的打造。

一、苏浙沪地区广播媒体概况

1. 苏浙沪地区人均收听时长不高，移动空间收听需求明显

基于2018年1~8月数据，纵观全国各收听调查城市收听市场（图1），显然北方城市为重度收听市场，多个城市如哈尔滨、乌鲁木齐、天津、沈阳、石家庄和长春等地的人均每日收听分钟数均超过75分钟。相比较而言，苏浙沪地区的人均每日收听时长较全国平均水平来看并不突出，上海、南京、杭州、宁波、苏州和无锡等地的人均每日收听时长为46分钟，不足1小时。分场所来看，宁波和杭州的车上人均每日收听时长高于家中收听，而南京和上海在其他场所的人均每日收听时长远高于其他城市。可见，在苏浙沪地区，听众收听广播已不再局限于在家中收听，“听广播”这件事正变得越来越随心所欲，摆脱空间和时间的限制后，移动空间的收听需求正变得越来越明显。

2. 省会城市省级频率竞争表现强势，地级市城市台占主导地位

分城市来看，在无锡、苏州和宁波，市级频率占据绝对主导地位。在上海，省级频

率的市场份额超过9成。而在竞争更为激烈的省会城市——南京和杭州，省级频率的市场份额均高于市级频率（图2），结合表1来看，当地市场份额前3的频率几乎均被省级频率包揽。在上海和南京，音乐频率的市场份额拔得头筹，上海流行音乐广播动感101（FM101.7）和江苏经典流行音乐广播（FM97.5）的市场份额在25%左右。在杭州，交通频率和新闻频率的竞争优势更为明显。而在苏州、无锡和宁波等地级市，交通频率的竞争优势更为明显，其中苏州交通经济广播（FM104.8）在当地的市场占有率更是接近37%。

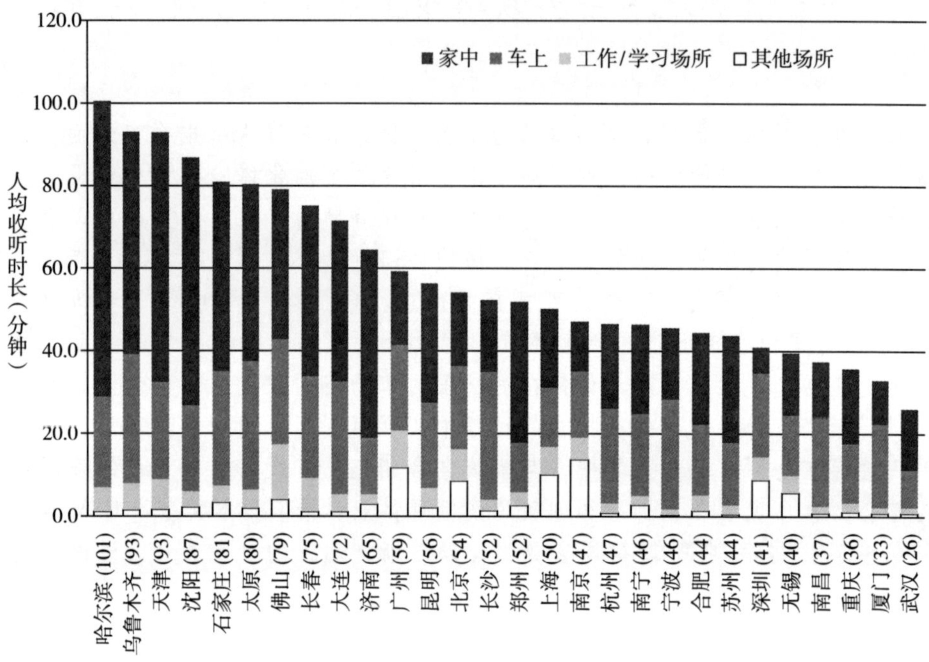

数据来源：CSM 媒介研究

图1　各城市不同场所人均每日收听时长比较

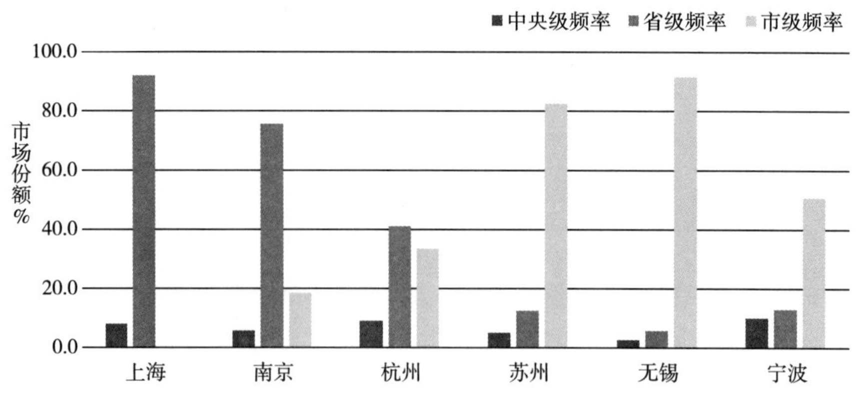

数据来源：CSM 媒介研究

图2　苏浙沪地区分城市各级频率市场份额（%）

表1 苏浙沪地区分城市市场份额（%）排名前5位的频率

上海		南京		杭州	
频率	市场份额（%）	频率	市场份额（%）	频率	市场份额（%）
上海流行音乐广播动感101（FM101.7）	24.55	江苏经典流行音乐广播FM（97.5）	26.97	杭州交通经济广播（FM91.8）	20.03
上海人民广播电台上海新闻广播（FM93.4/AM990）	17.53	江苏新闻广播（FM93.7）	22.37	浙江之声（FM88/FM101.6/AM810）	9.29
上海经典金曲广播 LoveRadio 最爱调频（FM103.7）	13.39	江苏音乐广播（FM89.7）	11.27	浙江人民广播电台交通之声（FM93）	9.29
东广新闻台（AM1296/FM90.9）	8.88	江苏交通广播网（FM101.1）	8.57	动听968音乐调频（FM96.8）	7.03
第一财经广播（FM97.7）	7.57	南京人民广播电台新闻综合广播（AM1008/FM106.9）	5.27	杭州（FM105.4）西湖之声	6.46
无锡		苏州		宁波	
频率	市场份额（%）	频率	市场份额（%）	频率	市场份额（%）
无锡广播电视台交通广播（FM106.9/AM1008）	23.58	苏州广播电视总台交通经济广播（FM104.8）	36.89	宁波电台交通广播（FM93.9 AM612）	17.56
无锡广播电视台梁溪之声广播（FM92.6）	17.80	苏州广播电视总台都市音乐广播（FM102.8）	17.35	宁波电台音乐广播私家车986（FM98.6）	10.55
无锡广播电视台音乐广播（FM91.4/AM900）	16.02	苏州广播电视总台综合广播（FM91.1）	9.44	宁波电台新闻综合广播宁波之声（FM92.0 AM1323）	10.38
无锡广播电视台新闻综合广播（FM93.7）	15.36	苏州广播电视总台综合广播（AM1080）	6.05	宁波电台经济广播（FM102.9 AM711）	9.72
无锡广播电视台都市生活广播（FM88.1）	8.67	苏州广播电视总台生活广播（FM96.5）	5.86	中央人民广播电台第一套节目中国之声	6.97

数据来源：CSM媒介研究

二、主要频率线上线下运营情况概览

由上面分析可知，在苏浙沪地区，听众收听广播已不再局限于在家中收听，“听广播”这件事正变得越来越随心所欲；省会城市的竞争格局以省级频率表现更为突出，在与市级频率的竞争中，省级电台频率在当地的市场份额包揽了前3。除了收听表现喜人之外，以上频率在线上线下运营模式的打造上也有很多方面值得分享和借鉴。

1. 台网互动——可视化广播直播，好听好看又好玩

近几年，可视化广播直播已不再让人感到陌生。在媒体融合的大背景之下，只闻其声不见其人的电台 DJ 终于可以通过新媒体平台揭开神秘的面纱。起初，很多 DJ 通过在直播间安装摄像头，将节目直播过程呈现给听众，与听众进行面对面的互动。久而久之，这样的可视化过程让人产生了单调之感。随着媒体融合的深入，可视化广播直播的呈现方式也日趋多样化。

- **上海流行音乐广播动感** 101（FM101.7）：**动感** 101Live

上海流行音乐广播动感 101（FM101.7）针对广播可视化以及线下活动现场直播，新增视频直播项目——动感 101Live，2018 年 7 月 6 日，首次通过《音乐万花筒》节目进行视频直播。《音乐万花筒》是该频率已播出多年的常青王牌节目，承载着晚高峰时段的收听量，在工作日 18:00～21:00 及周末晚间 18:00～19:00 播出。由图 3 可见，在工作日 3 个小时的直播过程中，20:00～21:00 的收听表现最好，收听率超过 1.5%，同时该时段也是晚间收听的峰值时段。目前，动感 101Live 正式固定在每周五晚 20:00～21:00 直播，受众可以通过频率的微信公众号回复“直播”两字进行收看，也可通过“一直播”“斗鱼”等平台进行 FM、网络音频视频的同步直播收看。在直播的过程中，受众不仅可以看到主持人之间的互动，也可以在播歌期间直接观看歌曲 MV。节目也利用可视化的优势，开发了“跑调天后”“来福福利社”“歌词跳一跳”等多个互动小单元，并通过设置多个福利奖项（包括赠送歌手签名专辑）引导受众截屏直播间分享到朋友圈，以达到推广宣传的目的。节目自开播以来，也呈现过 SHN48 的总决选后台采访，其在“一直播”的观看人次超过 211 万。此外，袁娅维、毛不易、蔡徐坤等流量明星也先后做客直播间，与粉丝和听众分享音乐作品和创作心得，还现场与主持人进行筷子挑战赛、抓娃娃大赛等互动游戏（图 4）。从反哺收听的角度来看，比较开播前后节目的收听表现，基本处于比较平稳的态势（图 5）。如图 6 所示，从各年龄段的收听表现来看，45～64 岁听众的收听率有所提升。

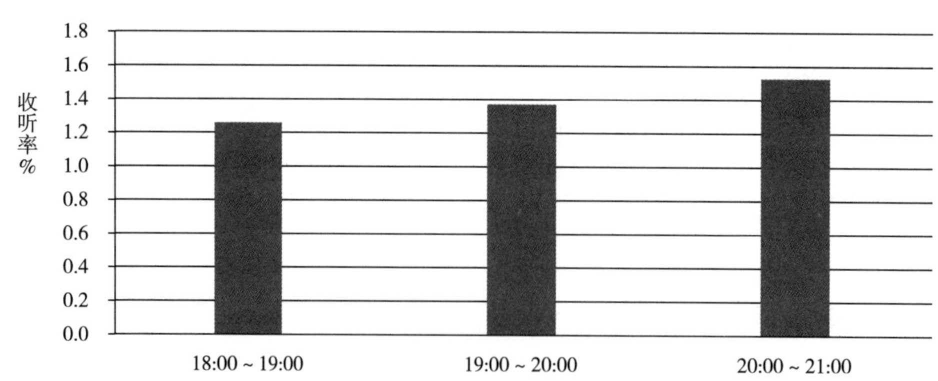

数据来源：CSM 媒介研究

图 3　动感 101《音乐万花筒》分时段收听表现

图 4 动感 101Live《音乐万花筒》直播截图

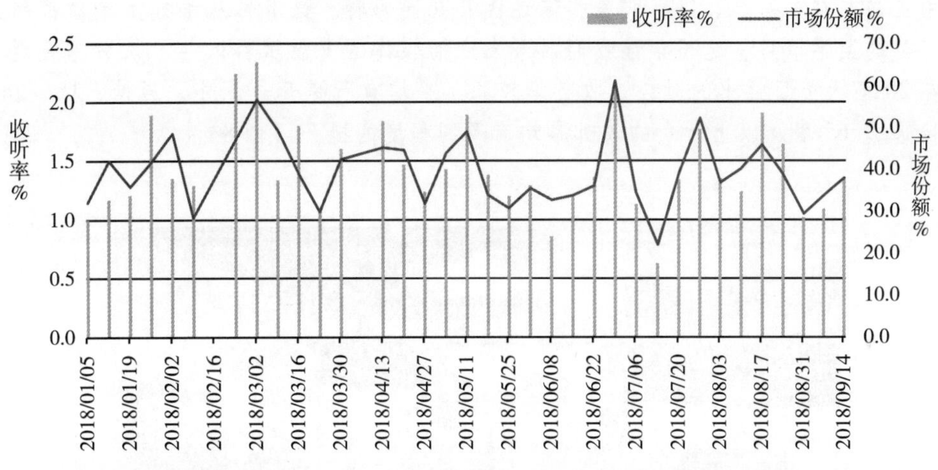

数据来源：CSM 媒介研究

图 5 动感 101《音乐万花筒》收听走势（每周五晚 20:00～21:00）

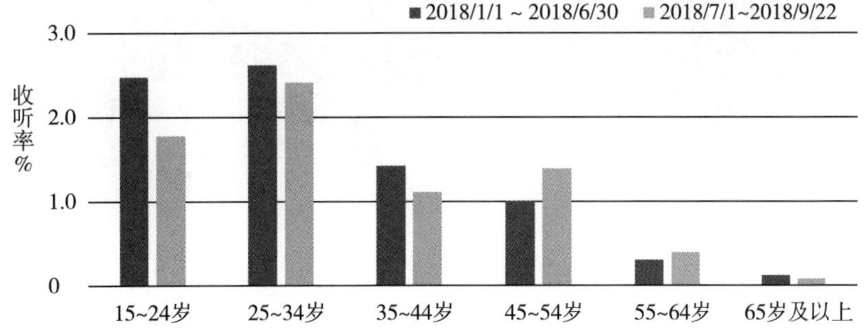

数据来源：CSM 媒介研究

图 6 动感 101Live《音乐万花筒》开播前后不同年龄段听众收听率比较（每周五晚 20:00～21:00）

- **江苏广播电台："大蓝鲸直播间 LIVE"**

江苏广播电台也在台网互动融合之路上积极探索，在其自有 App 大蓝鲸中推出"大蓝鲸直播间 LIVE"，在集结主持人、互动和移动三要素的同时，在直播互动和社交分享过程中又进一步将内容、活动和营销三维度紧密结合，以加强听众互动，提高用户黏性。目前，大蓝鲸视频直播节目主要有三类：一是并机直播节目；二是定制直播节目，以主持人为核心所生产的专业性视频节目来补充广播节目；三是随机直播节目，包括新闻事件直播和活动直播。在每年举办的百场活动中，精选部分活动进行视频直播，以增加电台和活动的影响力。频率主办、节目主办和线下活动三方面分别推出多档专辑栏目，如江苏交通广播网的《1011 球迷大会》、江苏新闻广播的《乡村振兴看江苏：环省新闻行动》、滴滴叭叭旅行社的《大海道无人区自驾穿越——古丝绸之路》，这也是全国互联网宽带卫星直播的首次尝试；此外还有现场直播《咪豆音乐节》《大蓝鲸练习生招募》《2017 创意星主播大赛》《2017 年度优秀主持人评选》。现以江苏交通广播网（FM101.1）《1011 球迷大会》为例。2018 年 6 月 14 日至 7 月 13 日，在世界杯期间持续 1 个月，每周一至周五 20:00～22:00 进行电波和视频同步双直播，两个小时的直播节目中，由主播、神秘嘉宾、体育明星和球迷代表共同嗨聊。该节目从形式上来看俨然是一个综艺类的谈话节目，这不禁让我们对未来广播媒体的发展拭目以待。从数据表现上来看，在 20 多天节目播出的时段，收听率较同年平均有所提升。此外，男性、15～24 岁、35～44 岁及 65 岁及以上听众的收听率均有不同程度的提升（图 8）。

图 7　江苏交通广播网（FM101.1）《1011 球迷大会》

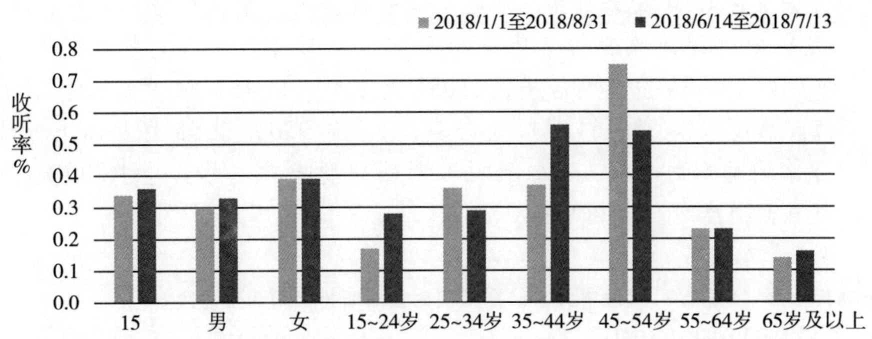

数据来源：CSM 媒介研究

图 8　江苏交通广播网（FM101.1）《1011 球迷大会》收听表现
（周一至每周五晚 20:00 ~ 22:00）

2. 开发自有 App 平台——实现社区交互，媒介即人的延伸

在蜻蜓、喜马拉雅等新媒体平台恣意发展的时代，传统广播媒体也“不甘寂寞”，苏浙沪地区的传统电台纷纷开发自有 App，上海台的“阿基米德”、江苏台的“大蓝鲸”、浙江台的“喜欢听”、苏州台的“看苏州”、无锡台的“智慧无锡”等 App 通过近几年的发展，在技术和社交层面上更加成熟，为广播媒体突破单一形式进行了有益的尝试，并且在全国形成了一定的影响力。在以上自有 App 平台中，“听”只是其中的一部分，更为重要的是，它突破了传统广播中听众与主播之间的单向线性关系，受众可以创造文字、图片和音频内容，受众与主播之间、受众与受众之间可以相互交流，表达情感，形成了密集的社交网络圈。这种模式体现了新媒介传播过程中双向性增强的特点，也大大改善了传统媒介传播过程中受众的被动地位，增加了传受双方的互动性，真正实现了“媒介即人的延伸”。目前最为常见的是，听众可以在 App 中一边收听广播，一边查看和同步参与主持人发布的互动话题，所有消息再经过导播筛选后发布，并且将精华消息反馈给主持人，用于节目话题再造，从而实现了真正意义上的互联互通。

此外，广播传播也以现实中的社会关系为基础，在 App 社区平台中构建人际关系网络，提供社交化平台，以满足听众的诉求和愿望。上海台的几档节目，第一财经广播（FM97.7）的《股市大家谈》、五星体育广播（FM94.0）的《强强三人组》、上海交通广播（FM105.7）的《1057 大家帮》、上海新闻广播（FM93.4）的《海波热线》和《直通 990》等都是在阿基米德平台上社区交互性表现较强的节目。观察以上节目我们不难发现，其包含了政策咨询、投诉曝光、民生服务、热线互动、受众互助和脱口秀等元素。无论是“大家谈”还是“大家帮”，这些都恰恰是最需要整合多方力量、群策群力的节目。以《1057 大家帮》为例，其节目定位就是“你有困难大家帮，大家帮大家”，这是一个鼓励受众间相互帮忙的节目。虽然节目在电波中所呈现的内容只有短短的 1 个小时，但是其在 App 社区平台的影响力不容小觑，求助的信息和帮助的信息之间 24 小时不间断，有些发布内容的浏览量与评论数甚至达到了以万计。从表2至表5的CSM媒介研究广播收听调查数据（测量仪数据）来看，在上海地区，以上节目在同时段的收听排名大都处于前3的位置。从听众的年龄构成来看，《强强三人组》以25～34岁听众居多，《1057大家帮》以45～54岁听众居多，《股市大家谈》《海波热线》以55～64岁听众居多，《直通990》以55岁及以上听众居多。每档节目都有各自倾向的目标人群，而从收听集中度来看，大多超过200%，最高超过260%，可见倾向度之高（图9～10）。

表2　第一财经广播（FM97.7）《股市大家谈》播出时段收听排名前3位的频率（周一至周五，16:00～18:00）

频率	收听率%
上海流行音乐广播动感101（FM101.7）	0.98
上海经典金曲广播LoveRadio最爱调频（FM103.7）	0.53
第一财经广播（FM97.7）	0.41

数据来源：CSM媒介研究

表3　五星体育广播（FM94.0）《强强三人组》及上海交通广播（FM105.7）《1057大家帮》播出时段频率收听排名（周一至周五，12:00～13:00）

频率	收听率%
上海流行音乐广播动感101（FM101.7）	0.74
上海经典金曲广播LoveRadio最爱调频（FM103.7）	0.49
上海交通广播（AM648/FM105.7）	0.41
上海人民广播电台上海新闻广播（FM93.4/AM990）	0.36
东广新闻台（AM1296/FM90.9）	0.22
第一财经广播（FM97.7）	0.21
上海东方都市广播899驾车调频（FM89.9/AM792）	0.18
中央人民广播电台第一套节目中国之声	0.17
上海五星体育广播（FM94）	0.08

数据来源：CSM媒介研究

表4　上海新闻广播（FM93.4）《海波热线》播出时段收听排名前3位的频率（周一至周五，10:05～11:00）

频率	收听率%
上海流行音乐广播动感101（FM101.7）	1.03
上海人民广播电台上海新闻广播（FM93.4/AM990）	0.86
上海经典金曲广播LoveRadio最爱调频（FM103.7）	0.76

数据来源：CSM媒介研究

表 5　上海新闻广播（FM93.4）《直通 990》播出时段收听排名前 3 位的频率
（周一至周日，09:00～10:00 及 13:00～15:00）

09:00～10:00		13:00～15:00	
频率	收听率%	频率	收听率%
上海流行音乐广播动感 101（FM101.7）	1.58	上海流行音乐广播动感 101（FM101.7）	0.58
上海人民广播电台上海新闻广播（FM93.4/AM990）	0.95	上海经典金曲广播 LoveRadio 最爱调频（FM103.7）	0.45
上海经典金曲广播 LoveRadio 最爱调频（FM103.7）	0.91	上海人民广播电台上海新闻广播（FM93.4/AM990）	0.28

数据来源：CSM 媒介研究

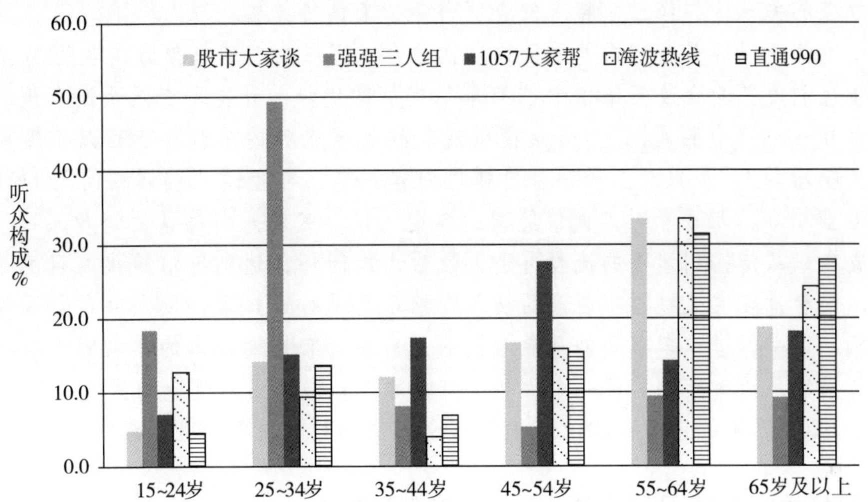

数据来源：CSM 媒介研究

图 9　5 档节目听众构成（%）比较

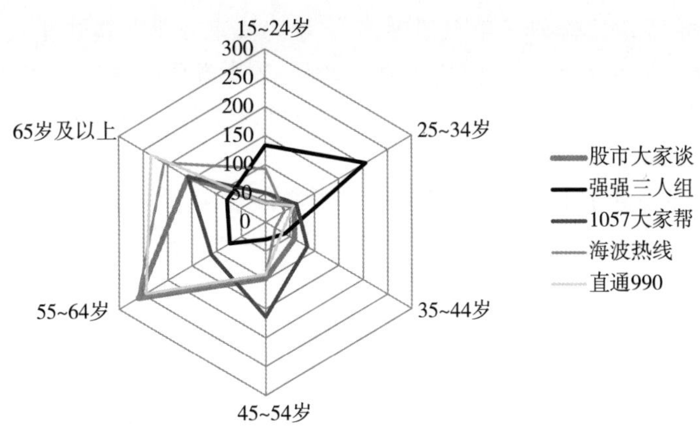

数据来源：CSM 媒介研究

图 10　5 档节目集中度（%）比较

3. 盈利方式多元化——实现产业升级

App 的诞生不仅拓宽了广播直播的渠道，也在新平台的基础上实现了收听行为和价值链条的延伸，将商品销售和听众所信任的主持人、专业类节目相互结合，形成了“线上广播 + 客户 + 媒体”的整合营销模式。听众信服传统媒体的权威性，也信任专业节目的主持人，这种信任是最宝贵的财富。以主持人为基础建立的广播受众社区圈，圈中的成员大多具有相近的兴趣爱好，在这样的社交圈中，主持人的影响力就好比 KOL，能带动粉丝经济，无论是分享内容、产品还是进行成员之间的互动，都能加强社区中受众的联系和情感枢纽，增进日常交互黏性，形成高质量的活跃社群，并最终实现广播变现的盈利目的。某音乐频率主持人就曾在自己的社区中推荐过一款护手霜，当天很多听众便自发搜索该款产品并将购买方式发布在社区中。产品在经过策划包装后以信息流广告的形式投放在相关社区，经过主持人的合理引导带来销售效益。

广播价值变现的另一方式就是开通电商平台，阿基米德就有较为成熟的 M 店。同时上海广播也利用其受众较多集中于“有车一族”的优势，开发了专注于汽车消费领域的微店公众号——“有腔调”，为听众提供购车和养车服务的平台。节目以广播传播为流量入口“精准获客”，以公众号平台传播为内容入口，再经过“腔调顾问”和“养车顾问”的专业引导，形成点对点微信经营的咨询入口，完成意向确认的消费入口，最终实现线下成交。从传播到消费的流程再造，最后形成闭环，达到价值转化的目的。值得一提的是，平台也在实操过程中将产品切入口缩小至平行进口车，以上海自贸区的建立落地为契机，以平行进口车市场的升温为机遇，当受众有换辆好车的需求时，平行进口车的概念就很容易通过广播这样一个天然大流量的入口激起用户受众的兴趣。2016 年该平台完成了 6200 万元的销售，2017 年实现破亿，成功地实现了产业升级。

4. 积极推广大 IP 品牌活动——增强频率影响力

苏浙沪地区已经形成了一定规模和影响力的大 IP 原创活动，具体有上海广播的“东方风云榜”“辰山草地广播音乐节”及近年来兴起的“上海广播节”、江苏广播的“咪豆音乐节”和浙江广播的“氧气音乐节”等。城市台也更集中于线下活动的推广，并且与音频视频网站相融合，如宁波作为“2018 宁波当代艺术节”主板块活动之一的“首届大学生音乐节”，苏州台已运行多年仍然创新求变的经典活动“人文音乐课”、杭州之声的《大家朗读》等。

作为上海广播动感 101（FM101.7）的品牌节目，一直标榜内地原创第一榜的“东方风云榜”对业内及受众而言并不陌生。该节目每周更新榜单，而榜单前三的歌曲也会以文字的形式登录上海地标大屏——外滩之窗。“东方风云榜”音乐盛典期间，频率充分利用动感 101TV 制作出不下 50 条快闪系列短视频、艺人花絮视频、粉丝派对视频、粉丝抢位战视频、产业论坛视频、艺人支教视频、红毯艺人 OS 视频、新闻中心群访艺人、后台直播视频、小黑车及直播间艺人专访视频等，将它们发布到两微客户端及“梨视频”，以增加影响力。同时，在微博客户端开启“和动感 101 拉偶像一把”等话题 Tag，带动频率及盛典的影响力。近年来，作为打响上海文化品牌的助动力——“上海广播节”也启动、推出了十余项文化展演，用声音的力量传播广播的价值。2018年的广播节以“最爱金曲榜”音乐盛典率先预热，邀请到近30组华语歌坛实力唱将、金牌词作者与现场近万名观众一起重温经典。除现场收看、频率直播以外，音乐盛典也在上海新娱乐频道进行电视直播，并通过优酷、QQ音乐、爱奇异等新媒体视频网站呈现给受众。此外，广播节也以“听见、看见、遇见”为主题举办广播现场秀，集结多位DJ，在上海某Shopping Mall开展为期两天共计10小时的听众、受众和市民互动直播。除了精彩的Live Show以外，活动现场还搭建了多款广播虚拟场景，让受众体验一把走进直播间，拿起话筒，戴上耳机成为DJ的感受。

江苏音乐广播开设了《咪豆流行榜》《咪豆星发现》两档主推原创新歌的节目，并以节目为依托，启动“咪豆星球音乐计划”，通过线上广播展示、征集，线下推广和评选项目，梳理出了来自江苏各地区的80组原创音乐人、181首优秀原创音乐作品。通过音乐计划选出的选手不仅可以参加江苏广播的多项多场演出活动，并最终有机会站在“咪豆音乐节”的舞台上，2018年的“咪豆音乐节”也聚集到近4万现场观众。该计划致力于对本土音乐新人的挖掘、推广和培养，为活动演出平台持续提供内容和资源，并在后期尝试发展艺人经济，形成以“咪豆”IP为代表的产业链雏形。

城市台中，以苏州音乐广播“人文音乐课”为例，其自2012年至今已举办35场活动，先后邀请到许常德、小虫、姚谦、方文山、袁惟仁、黄韵玲、罗大佑等多位音乐人做音乐分享，以更具观赏与参与性的“讲”与“唱”结合的形式呈现，并与音频、视频网站合作，通过融媒创新，实现广播产品的可视、可听与可读。值得一提的是，从市场角度而言，短音频节目融入了广播内容收费市场，线下文创融入了粉丝经济市场，原创音乐融入了华语音乐市场，系列图书融入了出版发行市场。“人文音乐课”在音乐类活动的持续性、频率的影响力、市场的深融性方面都具有重要借鉴意义。

三、结语

迈入融媒体进程之后，传统广播早已不再满足于线上直播和线下推广的经营模式，都在积极寻找如何发展成为智能广播的路径，实现基于新平台上的业务运营。本文基于近几年CSM苏浙沪广播客户会所了解到的情况，梳理出江浙沪地区主要频率线上线下运营模式的打造方式，包括开发自有App平台、增加可视化直播、开展多样化的盈利方式以及积极推广大IP品牌活动。我们相信，除此以外，也一定有更新鲜、更有趣的方式值得同行借鉴学习，而这也是广播融合发展的必经之路，在这个过程中也势必会产生更高的价值。广播，未来仍可期！

（作者：包凌君）

共生与连接的广播新时代

一、开启台网共生新业态

广播与互联网之间的关系日益演进，相互渗透，相互融合，正在迎来“台网共生”的新阶段。台努力构建网，网努力搭建台。不过台所构建的网，核心还是广播网，只是升级为基于互联网解决方案的新广播网，从而涌现出各式广播电台 Web 网页或者移动 App；而网所搭建的台，则被称作“移动电台”，接入或者集成广播直播频率及节目，建设涵盖传统广播节目乃至主持人等资源的互联网超市。这样看起来，台构建的网依然是广播网，是传统广播网向新媒体广播网的延伸；而网搭建的台则致力于成为以音频内容为核心的运营平台。

在这样一种演进趋势下，我们需要重新认识台网关系。而台网之间的根本关系在于听众与用户的转换和分配，如图 1 所示，听众仍然存在于 A，但同时部分迁移至 C；用户大量存在于 D，但也开始有 B 类用户出现。听众与用户之间的边界更加模糊和易于变换。

	广播媒体	网络媒体
听众	A	C
用户	B	D

图 1　共生与连接的广播新业态

因此，传统广播运营主体就非常有必要革新思维，学习如何在网民中发现新时代背景下的听众。CSM 媒介研究 8 个采用虚拟测量仪进行收听率调查城市 2019 年 1 ~ 4 月的数据显示，使用传统收听方式收听广播电台直播节目的份额只占 38.2%，而使用手机 App 收听电台直播流节目的份额则已达到 20.2%，更有 41.6% 的用户使用手机 App 以点播方式收听包括部分广播节目回听在内的大量音频类节目。广播传播的互联网化趋势已经明显超过传统的广播接收方式，广播与互联网之间呈现出相争、相加、相融的混合发展新业态。

二、连接用户是广播转型发展的重点

听众和用户之间的转换与共生是新时代广播发展的特点之一。在传统广播与互联网音频融合发展的轨道上，传统广播既要坚持以优质的直播内容吸引和留住听众，也要积极通过建设“两微一端”争取更大的用户资源，并争取在听众与用户之间形成相互导流和市场共振。《2018 年全国广播电视行业统计公报》显示：“根据对588 家已取得信息网络传播视听节目许可证的机构的统计，网络视听节目服务繁荣发展，内容创作日益活跃，数量质量持续提升，用户规模快速扩大，服务模式不断创新，服务收入大幅增长，影响力与日俱增。”其中，“2018 年，网络视听付费用户规模达 3.47 亿人，比 2017 年(2.8 亿人）增加了 0.67 亿人，同比增长 23.93%，付费用户群体不断扩大，消费习惯逐步形成”。

传统广播通过向互联网化平台转型，不断加大对网络视听节目市场的进军力度，成了与互联网原生音频平台竞争的主力。QuestMoblie 的最新监测数据显示，2019 年 6 月，移动音频类服务在网民中的渗透率已高达 65.9%，而且音频消费时长也在不断增长。在传统广播向互联网融媒体不断拓展的同时，移动音频 App 一直积极谋求与传统广播进行优势合作，共同构建新型互联网电台化发展格局。如图 2 所示，喜马拉雅等网络音频 App 活跃用户的规模不断放量，持续深化与广播音频市场的竞合关系。

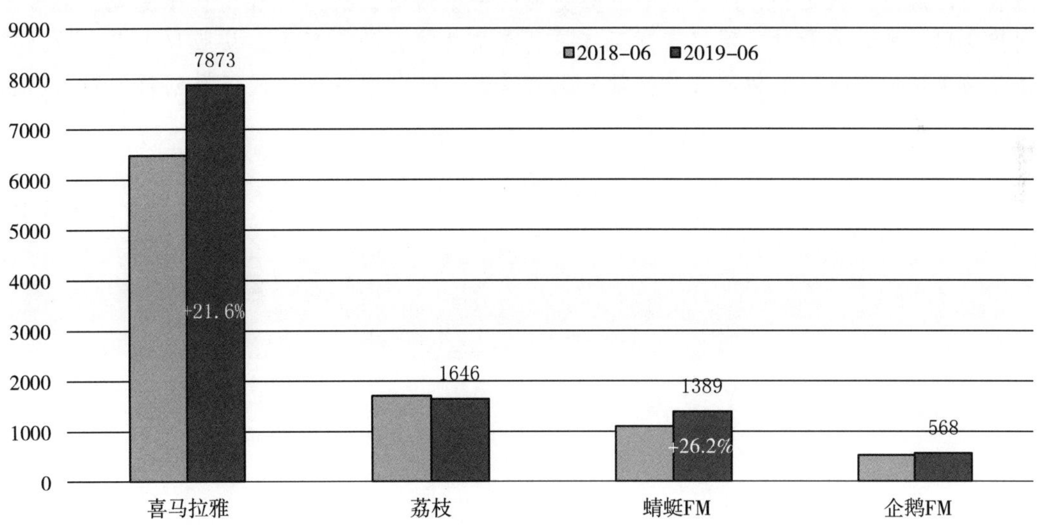

资料来源：QuestMobile TRUTH 中国移动互联网数据库 2019 年 6 月

图 2 网络音频市场在竞争中不断发展

另外，随着智能语音识别技术和人工智能技术的飞速发展，智能音箱和智能语音服务正在成为广播媒体搭建新一代互联网业务的时代契机，为传统广播通过广播短音频内容去广泛连接用户带来了崭新的机遇。

三、以版权为纽带推动广播价值升级

《2018年全国广播电视行业统计公报》指出，2018年全国广播广告收入140.37亿元，比2017年（155.56亿元）减少了15.19亿元，同比下降9.76%。与此同时，网络媒体广告收入491.88亿元，比2017年（306.71亿元）增加185.17亿元，同比增长了60.37%。可见，传统广播的经营压力与日俱增，转型增长的内在需求十分迫切。以传统广播的内容优势，增强对互联网音频市场的介入和整合能力，正在成为传统广播的破局之道。

公报也显示，2018年全国广播节目制作时间801.76万小时，比2017年（788.83万小时）增加了12.93万小时，同比增长1.64%。2018年全国公共广播节目播出时间1526.74万小时，比2017年（1491.89万小时）增加34.85万小时，同比增长2.34%。传统广播拥有极为庞大而且优质的音频内容资源，极其需要对这些音频内容资源进行新时代背景下的价值链分析与产业化升级，其中，版权管理与运营成为打开音频魔盒的“金钥匙”。

音频内容的价值实质上可以外化为三个基本要素，即版权、用户和广告，版权是用户和广告的函数。用户即流量，包括人数和时间。版权的潜在价值是既定的，但是版权的市场价值则取决于播出平台之间的竞争和盈利模式（即用户和广告）：相比传统广播，网络的流量变现能力往往可以赋予音频版权更高的定价。事实上，除了付费会员带给网络音频的流量收入之外，广告也是流量变现的一个通道，只是前者属直接变现，后者是间接变现。所以流量对于网络音频而言是具有乘数效应的。可见，从版权出发，撬动广播音频市场的广告经营新范式及流量变现新通道，是台网共生时代广播创新图强的必由之路。

（作者：郑维东）

第三部分
Part Three

收听数据 Rating Data

主要收听指标解释及广播节目收听排名说明

一、主要收听指标解释

1. 人均收听时间（分钟）：指实际收听听众日平均收听时间（分钟）与总体推及人口的比值，它是把实际收听听众的总收听时间平均分配给了总体推及人口，而不是分配给实际收听人口。

2. 收听率（%）：指针对某个特定时段（或节目），平均每分钟的收听人数占总体推及人口的百分比。收听率（%）反映的是在特定时段收听某一频率或某一节目的人数在总体推及人口中的百分比。

3. 市场份额（或称为市场占有率,%）：指特定时段内收听某一频率或某一节目的人数占同一时段所有收听广播人数的百分比，也即特定时段内某一频率（或某一节目）的收听率占所有频率（或所有节目）总收听率的百分比。

4. 听众构成（%）：指对于特定频率（或节目），各目标听众平均每分钟的收听人数（千人）占所有听众平均每分钟收听人数（千人）的百分比。

二、广播节目收听排名说明

1. 本年鉴数据表中广播节目排名的节目单来源主要为中央级、省级、省会城市级和地市级广播电台提供的节目单；有少数城市的节目单参考了其官网发布的节目单；没有进行节目排名的城市是由于无法获取当地电台节目单，故有缺失。

2. 节目收听排名主要按收听率由高到低排序，如收听率相同，再按市场份额排序，高者排前；如果两项指标都相同，则节目排名序号相同。

一、北京收听数据

表 3.1.1 2016～2018 年北京各目标听众人均收听时间（分钟）

目标听众		2016 年	2017 年	2018 年
15 岁及以上所有人		72	56	54
性别	男	72	58	57
	女	73	53	50
年龄	15～24 岁	40	43	36
	25～34 岁	55	46	43
	35～44 岁	66	48	49
	45～54 岁	89	62	62
	55～64 岁	100	78	77
	65 岁及以上	129	90	89
文化程度	未受过正规教育	44	*	*
	小学	164	*	*
	初中	87	67	67
	高中	78	62	60
	大学及以上	61	50	48
职业	干部/管理人员	62	50	53
	初级公务员/雇员	63	49	47
	个体/私营企业人员	69	49	54
	工人	69	58	58
	学生	42	55	43
	无业（包括退休人员）	104	83	80
	其他	75	49	47
个人月收入	没有收入	45	51	45
	1～2000 元	80	60	57
	2001～3000 元	93	59	64
	3001～4000 元	86	67	64
	4001～5000 元	83	54	53
	5001～6000 元	65	46	46
	6001 元及以上	56	49	45

注：北京为全年连续调查城市。从 2017 年 1 月 1 日起北京采用虚拟测量仪进行调查，其他广播电台频率不再纳入监测范围。“*”表示目标听众样本量不足，无法进行统计推断。

表 3.1.2　2016～2018 年北京听众在不同地点的人均收听时间（分钟）

地点	2016 年	2017 年	2018 年
家中	45	19	17
车上	21	19	20
工作/学习场所	3	9	8
其他场所	3	9	9

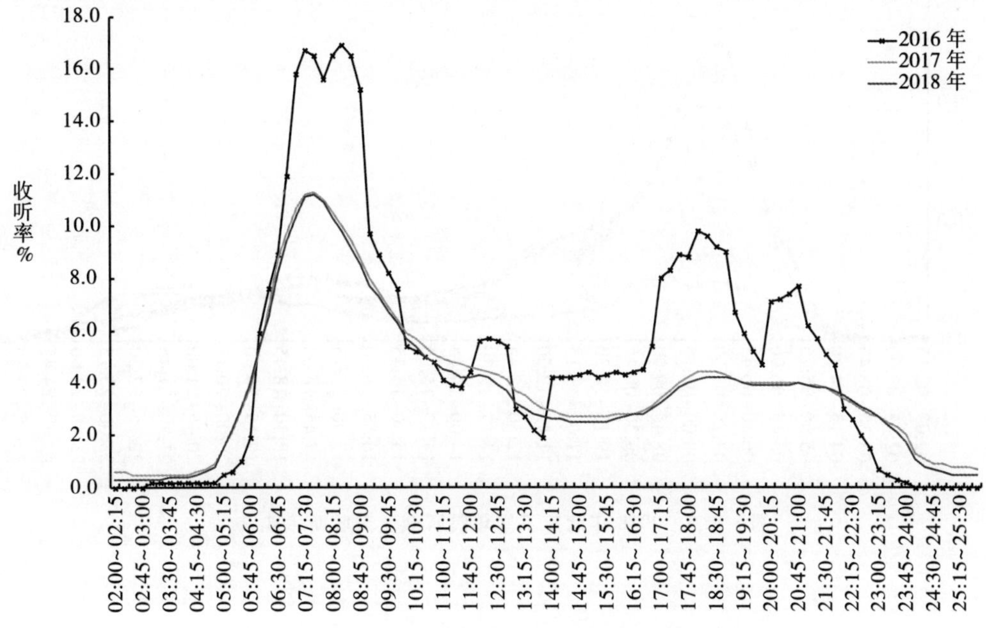

图 3.1.1　2016～2018 年北京听众全天收听率走势

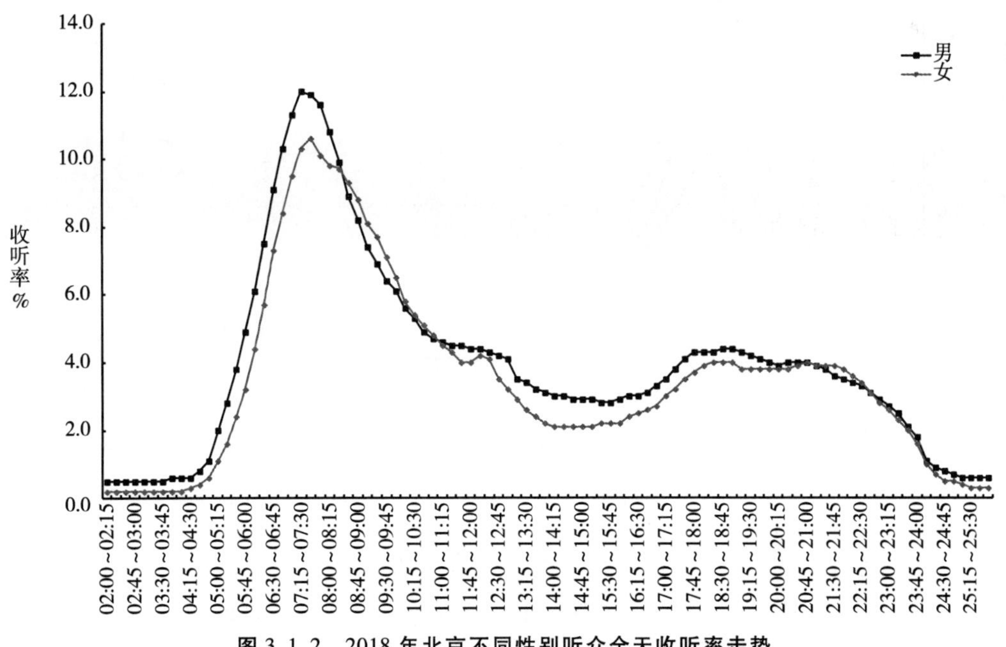

图 3.1.2　2018 年北京不同性别听众全天收听率走势

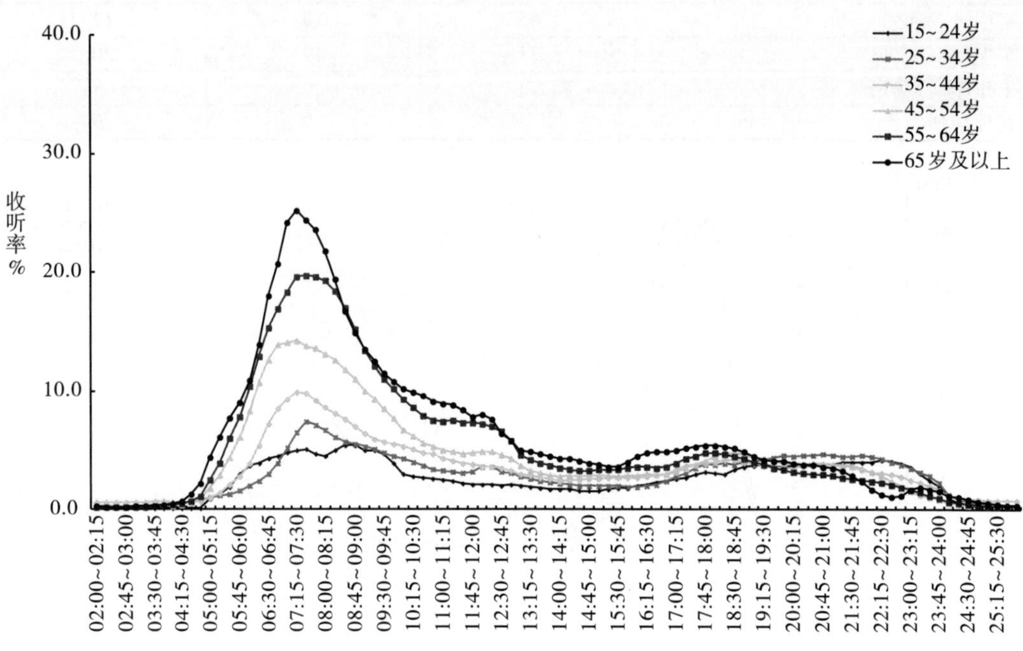

图 3.1.3　2018 年北京不同年龄听众全天收听率走势

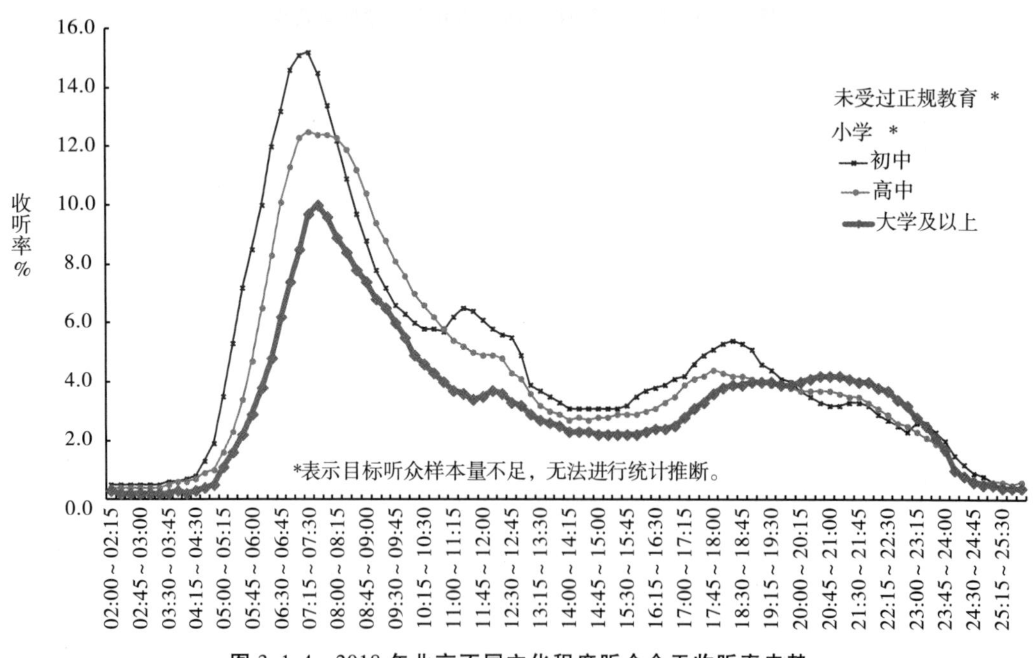

图 3.1.4　2018 年北京不同文化程度听众全天收听率走势

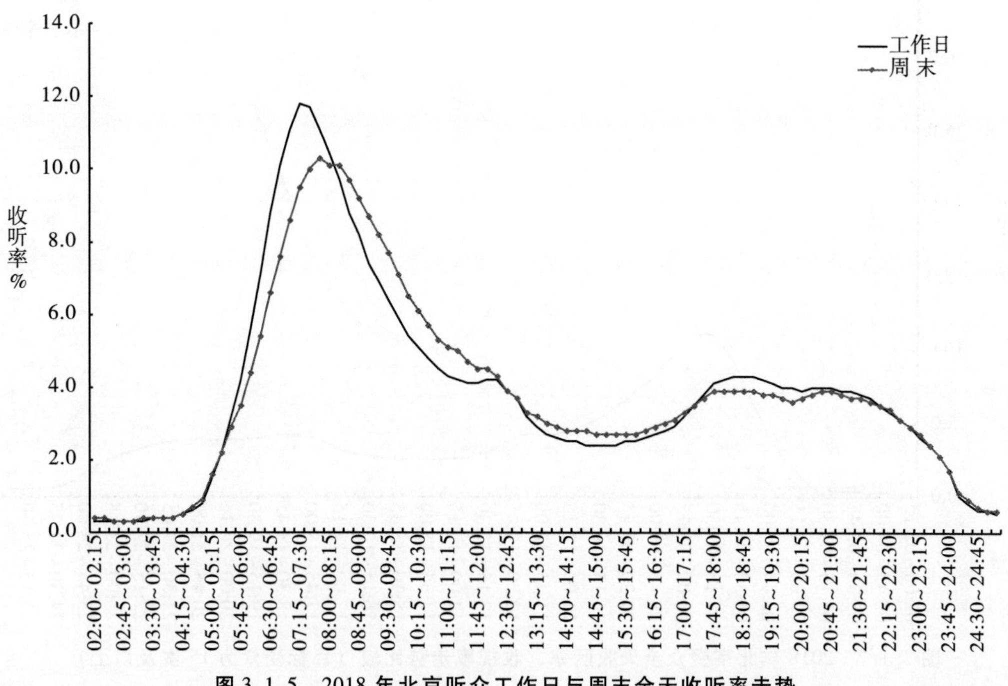

图 3.1.5　2018 年北京听众工作日与周末全天收听率走势

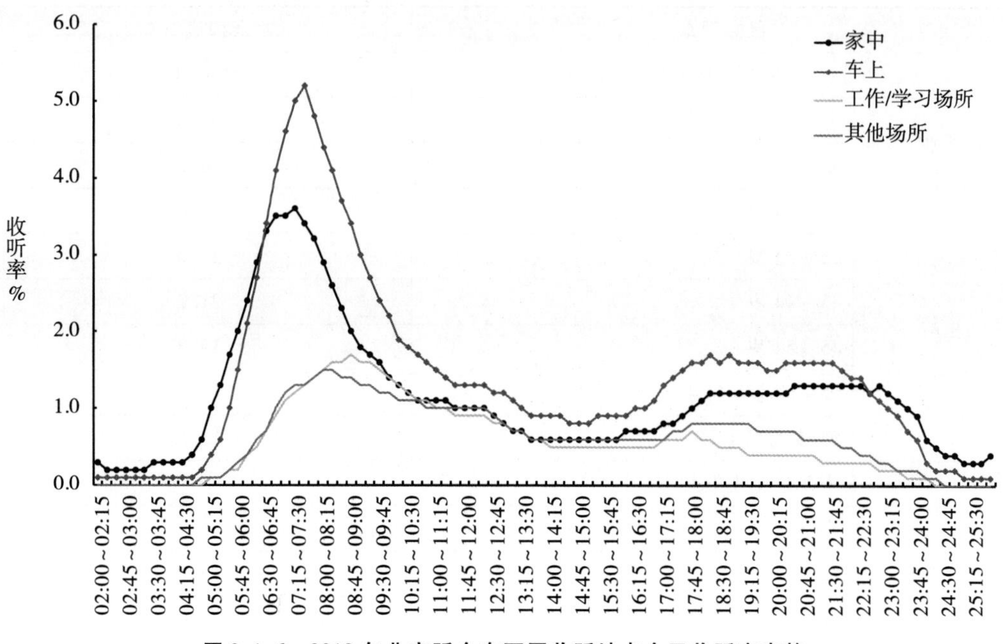

图 3.1.6　2018 年北京听众在不同收听地点全天收听率走势

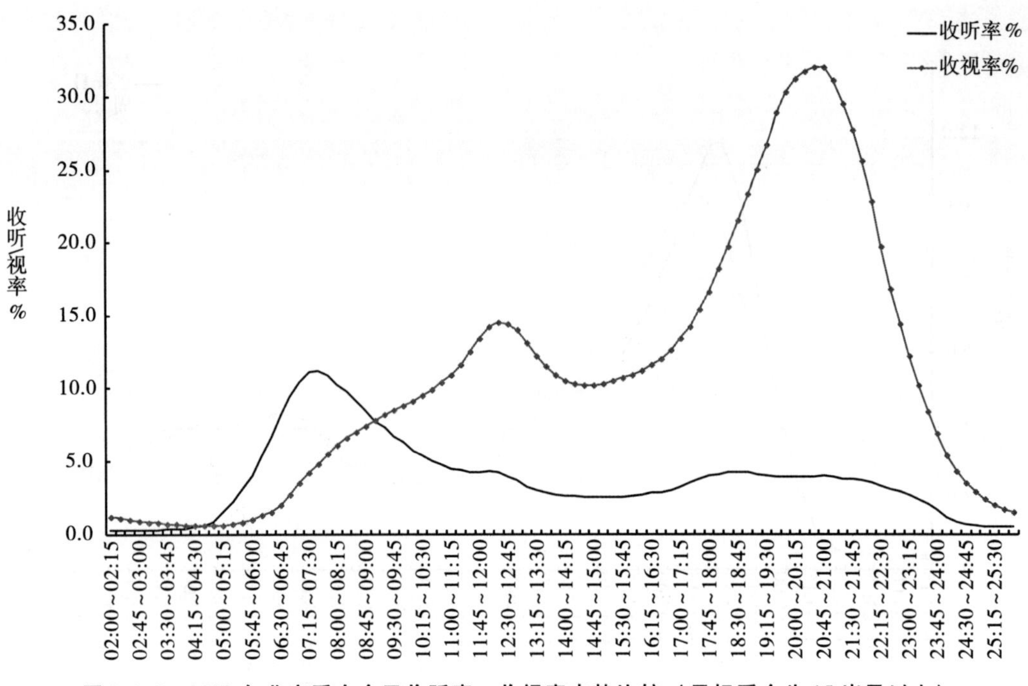

图 3.1.7 2018 年北京受众全天收听率、收视率走势比较（目标受众为 15 岁及以上）

表 3.1.3 2018 年北京市场听众构成（%）

目标听众		听众构成（%）
15 岁及以上所有人		100.0
性别	男	53.8
	女	46.2
年龄	15~24 岁	10.6
	25~34 岁	21.3
	35~44 岁	21.2
	45~54 岁	19.3
	55~64 岁	13.8
	65 岁及以上	13.8
文化程度	未受过正规教育	*
	小学	*
	初中	13.8
	高中	34.3
	大学及以上	51.9
职业	干部/管理人员	7.2
	初级公务员/雇员	49.6

续表

目标听众		听众构成（%）
职业	个体/私营企业人员	5.0
	工人	8.2
	学生	5.7
	无业（包括退休人员）	23.7
	其他	0.6
个人月收入	没有收入	7.3
	1~2000 元	1.9
	2001~3000 元	12.3
	3001~4000 元	29.8
	4001~5000 元	18.7
	5001~6000 元	14.2
	6001 元及以上	15.8

注："*"表示目标听众样本量不足，无法进行统计推断。

表 3.1.4 2016~2018 年北京市场各广播电台的市场份额（%）

广播电台	2016 年	2017 年	2018 年
中央人民广播电台	18.8	25.4	22.4
中国国际广播电台	3.0	6.5	5.8
北京人民广播电台	75.3	68.1	71.8
其他广播电台	2.9	—	—

注：2017 年开始北京采用虚拟测量仪进行收听率调查，其他广播电台频率不再纳入监测范围。

表 3.1.5 2018 年北京市场各广播电台在不同目标听众中的市场份额（%）

目标听众		中央人民广播电台	中国国际广播电台	北京人民广播电台
15 岁及以上所有人		22.4	5.8	71.8
性别	男	22.5	7.1	70.4
	女	22.2	4.3	73.5
年龄	15~24 岁	20.8	3.1	76.1
	25~34 岁	24.5	7.8	67.7
	35~44 岁	19.8	4.8	75.4
	45~54 岁	19.0	3.2	77.8
	55~64 岁	17.9	5.5	76.6
	65 岁及以上	33.0	10.6	56.4

续表

目标听众		中央人民广播电台	中国国际广播电台	北京人民广播电台
文化程度	未受过正规教育	*	*	*
	小学	*	*	*
	初中	21.6	2.6	75.8
	高中	18.8	6.8	74.4
	大学及以上	24.7	6.0	69.3
职业	干部/管理人员	18.7	6.7	74.6
	初级公务员/雇员	24.0	4.4	71.6
	个体/私营企业人员	17.1	13.1	69.8
	工人	15.5	3.7	80.8
	学生	15.7	4.0	80.3
	无业（包括退休人员）	25.0	8.2	66.8
	其他	27.4	7.5	65.1
个人月收入	没有收入	17.7	3.9	78.4
	1～2000元	13.6	2.6	83.8
	2001～3000元	19.7	6.0	74.3
	3001～4000元	21.4	5.2	73.4
	4001～5000元	18.4	8.6	73.0
	5001～6000元	25.7	3.1	71.2
	6001元及以上	30.7	7.3	62.0

注："*"表示目标听众样本量不足，无法进行统计推断。

表3.1.6 2018年北京市场份额排名前5位的频率

排名	频率名称	市场份额（%）
1	北京人民广播电台交通广播（FM103.9/CFM95.6）	35.7
2	北京人民广播电台文艺广播（FM87.6/CFM93.8）	11.8
3	北京广播电台新闻广播（FM100.6/AM828/CFM90.4）	10.4
4	中央人民广播电台第一套节目中国之声	8.5
5	北京人民广播电台音乐广播（FM97.4/CFM94.6）	7.6

表 3.1.7 2018 年北京市场收听率排名前 30 位的节目

排名	节目名称	播出频率	收听率（%）	市场份额（%）
1	交通新闻热线	北京人民广播电台交通广播（FM103.9/CFM95.6）	4.0	35.7
2	今日交通	北京人民广播电台交通广播（FM103.9/CFM95.6）	3.6	36.3
3	1039 新闻早报	北京人民广播电台交通广播（FM103.9/CFM95.6）	3.1	35.8
4	一路畅通	北京人民广播电台交通广播（FM103.9/CFM95.6）	2.8	36.5
5	欢乐正前方	北京人民广播电台交通广播（FM103.9/CFM95.6）	2.4	37.0
6	徐徐道来话北京	北京人民广播电台交通广播（FM103.9/CFM95.6）	2.2	37.0
7	汽车天下	北京人民广播电台交通广播（FM103.9/CFM95.6）	1.9	37.3
8	1039 慧旅行	北京人民广播电台交通广播（FM103.9/CFM95.6）	1.5	35.8
9	北京新闻	北京广播电台新闻广播（FM100.6/AM828/CFM90.4）	1.5	13.9
10	新闻晚知道	北京人民广播电台交通广播（FM103.9/CFM95.6）	1.4	36.1
11	1039 都市调查组	北京人民广播电台交通广播（FM103.9/CFM95.6）	1.4	35.7
12	警法时空	北京人民广播电台交通广播（FM103.9/CFM95.6）	1.4	34.9
13	一起午餐吧	北京人民广播电台交通广播（FM103.9/CFM95.6）	1.4	34.3
14	新闻和报纸摘要	北京广播电台新闻广播（FM100.6/AM828/CFM90.4）	1.4	16.0
15	空中笑林	北京人民广播电台文艺广播（FM87.6/CFM93.8）	1.4	13.9
16	蓝调北京	北京人民广播电台交通广播（FM103.9/CFM95.6）	1.3	33.7
17	航空在线	北京人民广播电台交通广播（FM103.9/CFM95.6）	1.3	32.7
18	1039 听天下	北京人民广播电台交通广播（FM103.9/CFM95.6）	1.2	37.3
19	百姓 TAXI	北京人民广播电台交通广播（FM103.9/CFM95.6）	1.2	32.8
20	十点谈心	北京人民广播电台交通广播（FM103.9/CFM95.6）	1.1	35.0
21	行走天下周六版重播	北京人民广播电台交通广播（FM103.9/CFM95.6）	1.1	34.7
22	新闻晨报、新闻热线	北京广播电台新闻广播（FM100.6/AM828/CFM90.4）	1.1	17.7
23	资讯早 8 点	北京广播电台新闻广播（FM100.6/AM828/CFM90.4）	1.1	11.4
24	1039 交通服务热线	北京人民广播电台交通广播（FM103.9/CFM95.6）	1.0	38.6
25	交通新闻	北京人民广播电台交通广播（FM103.9/CFM95.6）	1.0	38.4
26	一笑堂	北京人民广播电台交通广播（FM103.9/CFM95.6）	1.0	38.1
27	音乐来了	北京人民广播电台交通广播（FM103.9/CFM95.6）	1.0	38.0
28	行走天下	北京人民广播电台交通广播（FM103.9/CFM95.6）	1.0	34.8
29	梦想行动派	北京人民广播电台交通广播（FM103.9/CFM95.6）	1.0	33.5
30	养生之道	北京人民广播电台文艺广播（FM87.6/CFM93.8）	1.0	16.1

二、长春收听数据

表 3.2.1 2016～2018 年长春各目标听众人均收听时间（分钟）

目标听众		2016 年	2017 年	2018 年
10 岁及以上所有人		76	77	72
性别	男	82	82	75
	女	71	71	68
年龄	10～14 岁	25	37	35
	15～24 岁	45	49	44
	25～34 岁	72	68	68
	35～44 岁	65	73	72
	45～54 岁	96	98	71
	55～64 岁	125	104	109
	65 岁及以上	104	115	118
文化程度	未受过正规教育	49	38	79
	小学	72	68	63
	初中	80	80	79
	高中	79	79	74
	大学及以上	71	74	64
职业	干部/管理人员	46	66	64
	初级公务员/雇员	68	66	60
	个体/私营企业人员	72	76	72
	工人	85	90	74
	学生	32	40	37
	无业（包括退休人员）	107	102	105
	其他	*	*	*
个人月收入	没有收入	47	47	46
	1～2000 元	90	89	85
	2001～3000 元	88	87	91
	3001～4000 元	72	79	71
	4001～5000 元	100	81	82
	5001～6000 元	83	115	75
	6001 元及以上	114	78	68

注：长春为全年连续调查城市。“*”表示该目标听众样本量不足，无法进行统计推断。

表 3.2.2 2016～2018 年长春听众在不同地点的人均收听时间（分钟）

地点	2016 年	2017 年	2018 年
家中	46	41	41
车上	20	26	23
工作/学习场所	9	7	6
其他场所	1	3	1

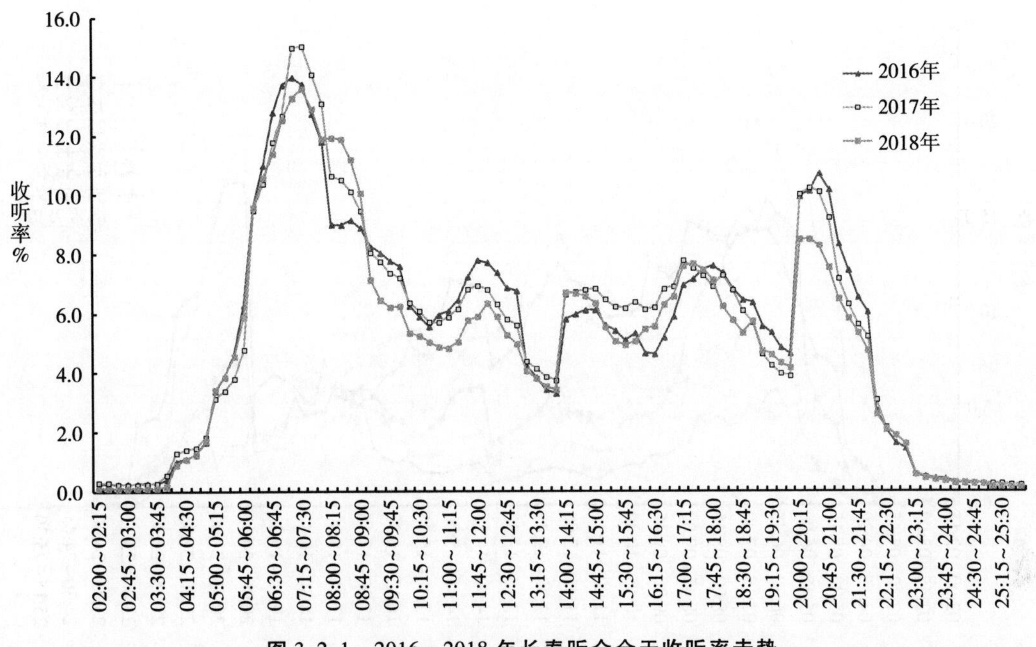

图 3.2.1　2016 ~ 2018 年长春听众全天收听率走势

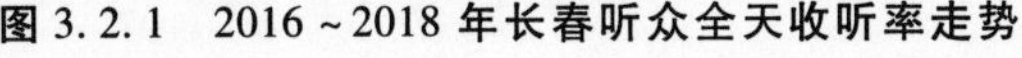

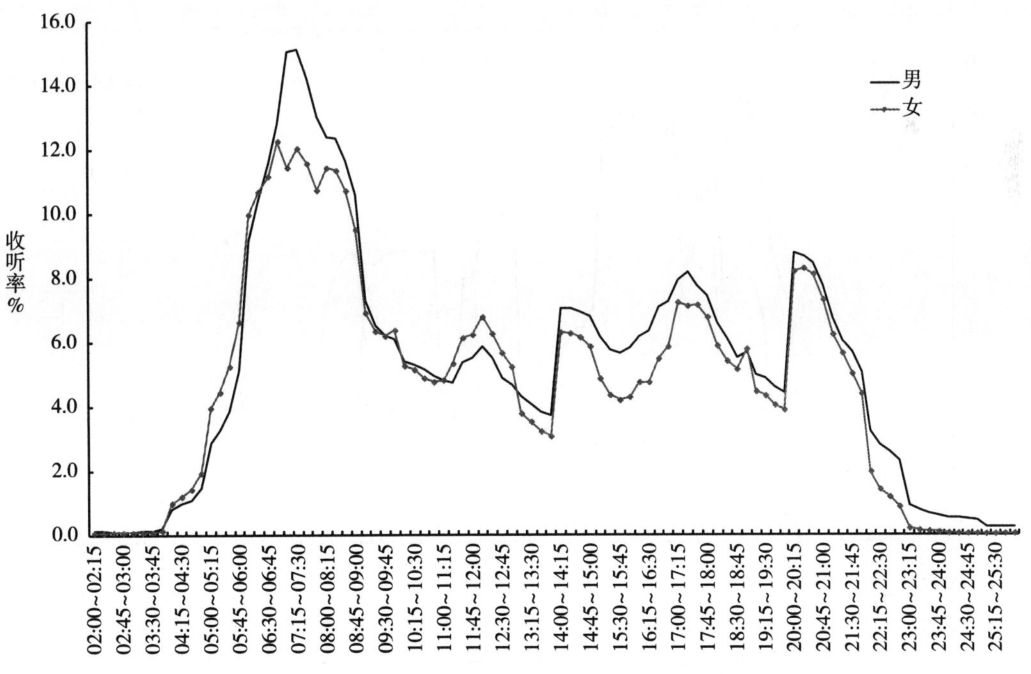

图 3.2.2　2018 年长春不同性别听众全天收听率走势

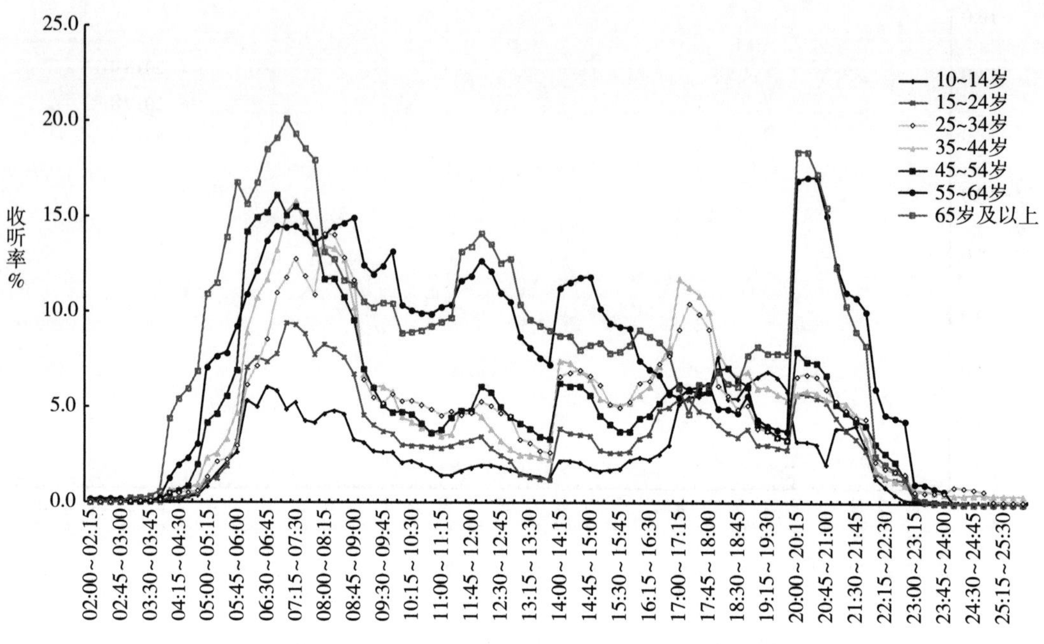

图 3.2.3　2018 年长春不同年龄听众全天收听率走势

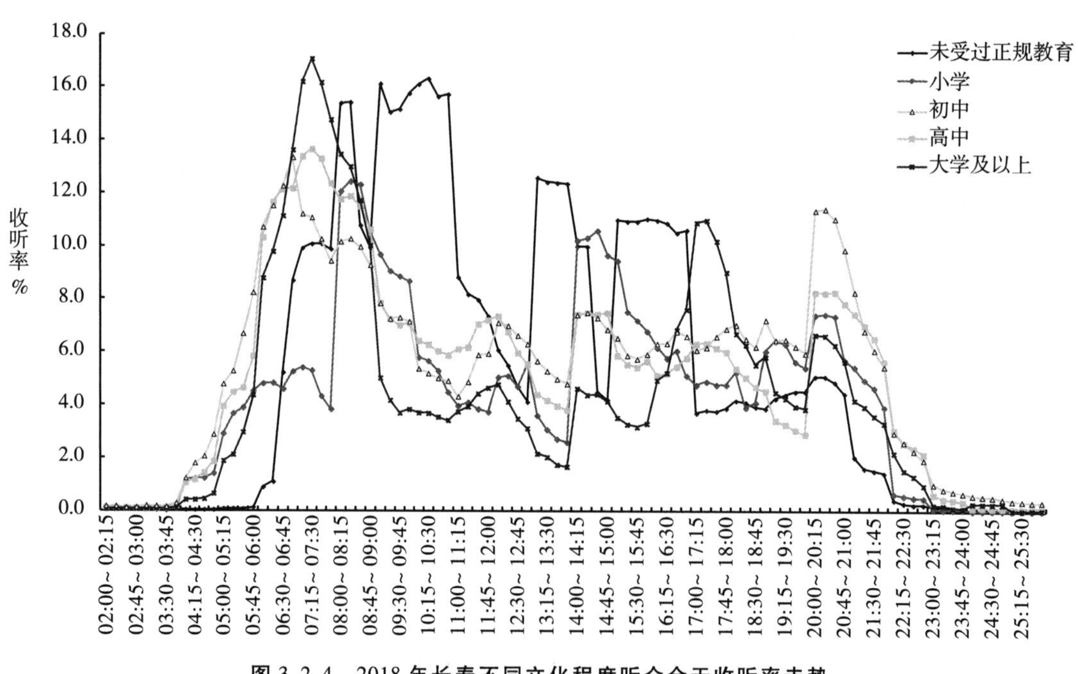

图 3.2.4　2018 年长春不同文化程度听众全天收听率走势

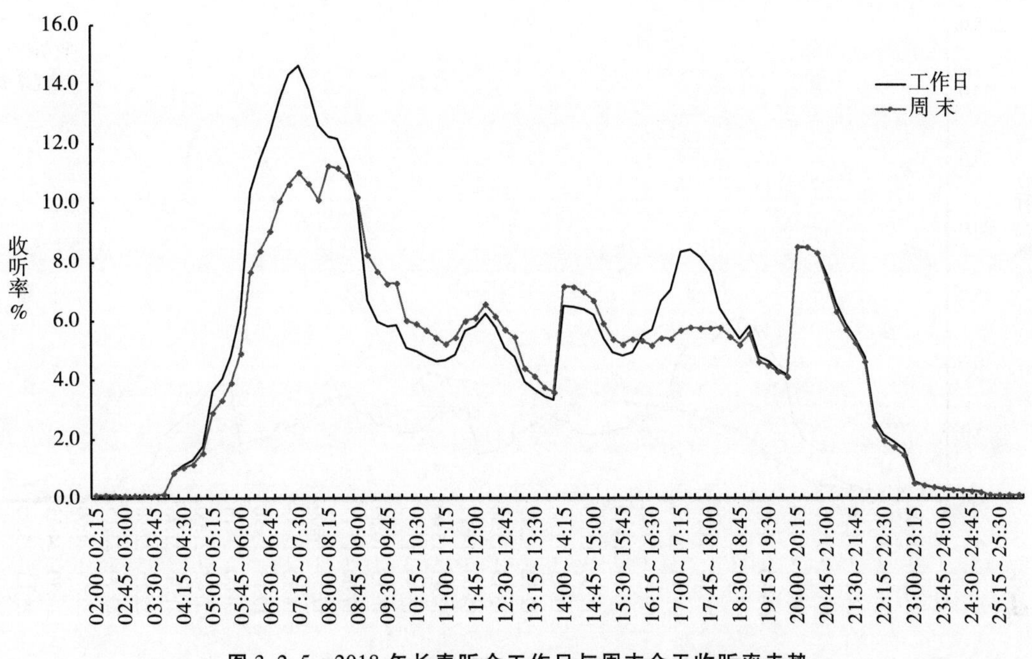

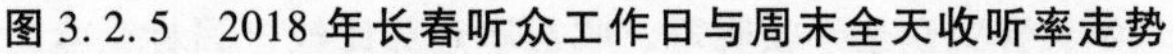
图 3.2.5　2018 年长春听众工作日与周末全天收听率走势

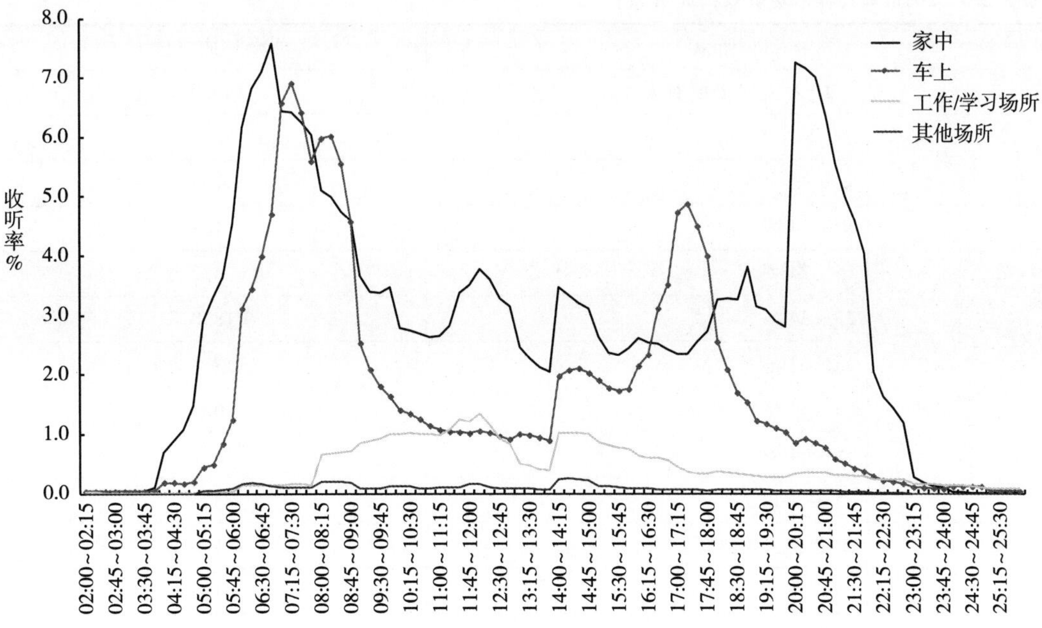

图 3.2.6　2018 年长春听众在不同收听地点全天收听率走势

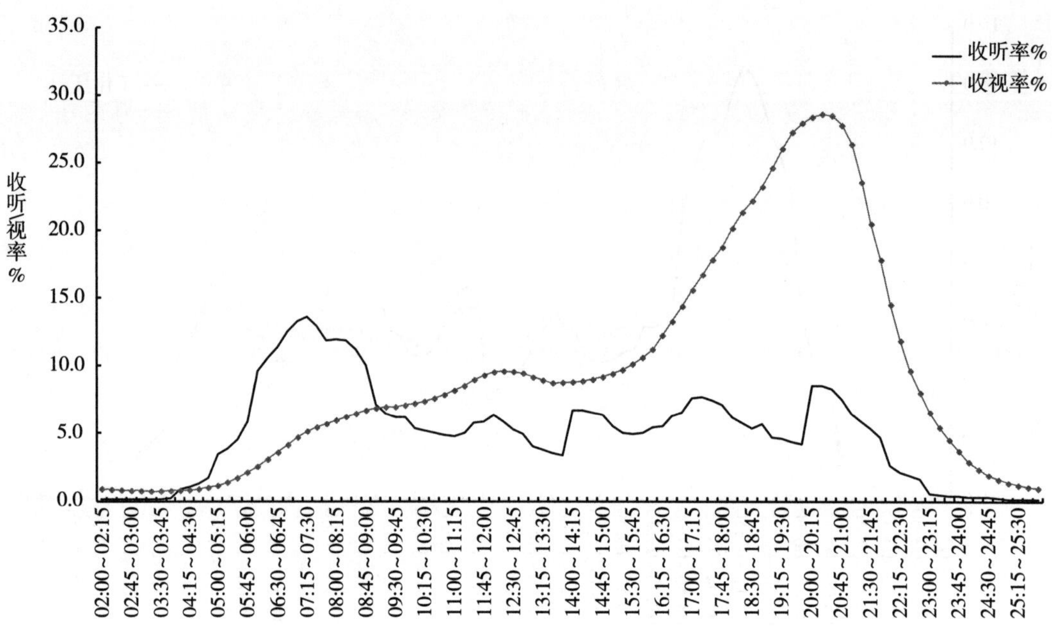

图 3.2.7 2018 年长春受众全天收听率、收视率走势比较（目标受众为 10 岁及以上）

表 3.2.3 2018 年长春市场听众构成（%）

目标听众		听众构成（%）
10 岁及以上所有人		100.0
性别	男	52.3
	女	47.7
年龄	10~14 岁	1.8
	15~24 岁	13.2
	25~34 岁	18.0
	35~44 岁	19.7
	45~54 岁	16.8
	55~64 岁	16.9
	65 岁及以上	13.6
文化程度	未受过正规教育	1.0
	小学	4.6
	初中	29.1
	高中	37.1
	大学及以上	28.3

续表

目标听众		听众构成（%）
职业	干部/管理人员	2.7
	初级公务员/雇员	17.7
	个体/私营企业人员	20.3
	工人	17.8
	学生	8.1
	无业（包括退休人员）	33.4
	其他	*
个人月收入	没有收入	14.4
	1~2000 元	5.6
	2001~3000 元	23.3
	3001~4000 元	25.7
	4001~5000 元	17.2
	5001~6000 元	8.9
	6001 元及以上	4.8

注："*"表示该目标听众样本量不足，无法进行统计推断。

表 3.2.4 2016~2018 年长春市场各广播电台的市场份额（%）

广播电台	2016 年	2017 年	2018 年
中央人民广播电台	5.0	5.0	6.9
中国国际广播电台	0.0	0.0	0.0
吉林人民广播电台	42.5	40.5	42.8
长春人民广播电台	51.8	54.0	49.5
其他广播电台	0.7	0.5	0.8

表 3.2.5 2018 年长春市场各广播电台在不同目标听众中的市场份额（%）

目标听众		中央人民广播电台	中国国际广播电台	吉林人民广播电台	长春人民广播电台	其他广播电台
10 岁及以上所有人		6.9	0.0	42.8	49.5	0.8
性别	男	6.7	0.0	43.0	50.2	0.1
	女	7.1	0.0	42.6	48.8	1.5
年龄	10~14 岁	3.6	0.0	40.2	53.5	2.7
	15~24 岁	6.9	0.0	40.6	50.5	2.0
	25~34 岁	5.7	0.0	41.0	52.9	0.4
	35~44 岁	7.0	0.0	34.9	57.3	0.8

续表

目标听众		中央人民广播电台	中国国际广播电台	吉林人民广播电台	长春人民广播电台	其他广播电台
年龄	45～54岁	6.9	0.0	45.6	47.3	0.2
	55～64岁	6.3	0.0	48.3	45.3	0.1
	65岁及以上	9.4	0.0	49.0	40.5	1.1
文化程度	未受过正规教育	1.9	0.0	41.1	57.0	0.0
	小学	4.4	0.0	50.5	45.0	0.1
	初中	7.9	0.0	48.4	42.7	1.0
	高中	5.6	0.0	41.5	52.4	0.5
	大学及以上	8.0	0.0	37.9	53.2	0.9
职业	干部/管理人员	8.9	0.0	39.6	51.2	0.3
	初级公务员/雇员	9.4	0.0	36.8	52.8	1.0
	个体/私营企业人员	6.3	0.0	37.5	56.1	0.1
	工人	4.0	0.0	43.3	52.3	0.4
	学生	6.7	0.0	38.2	53.4	1.7
	无业（包括退休人员）	7.4	0.0	50.5	41.2	0.9
	其他	*	*	*	*	*
个人月收入	没有收入	7.0	0.0	42.9	48.1	2.0
	1～2000元	3.4	0.0	47.7	48.8	*
	2001～3000元	7.4	0.0	44.5	48.1	*
	3001～4000元	6.1	0.0	44.1	49.5	0.3
	4001～5000元	6.7	0.0	39.2	54.1	0.0
	5001～6000元	8.8	0.0	43.0	47.9	0.3
	6001元及以上	10.2	0.0	37.1	52.6	0.1

注：“*”表示该目标听众样本量不足，无法进行统计推断。

表3.2.6　2018年长春市场份额排名前5位的频率

排名	频率	市场份额（%）
1	长春交通之声（FM96.8）	36.0
2	吉林人民广播电台交通广播（FM103.8）	14.0
3	吉林人民广播电台新闻综合广播（FM91.6/AM738）	8.3
4	吉林人民广播电台资讯广播（FM100.1）	7.2
5	中央人民广播电台第一套节目中国之声	6.4

表 3.2.7　2018 年长春市场收听率排名前 30 位的节目

排名	节目名称	播出频率	收听率（%）	市场份额（%）
1	968 新闻早高峰	长春交通之声（FM96.8）	6.1	48.3
2	新闻和报纸摘要（转播）	长春交通之声（FM96.8）	5.0	41.8
3	娱乐大冰箱早间版	长春交通之声（FM96.8）	4.7	44.0
4	968 早上好	长春交通之声（FM96.8）	4.1	41.0
5	968 都市晚高峰	长春交通之声（FM96.8）	3.1	44.0
6	听听音乐聊聊天周末版	长春交通之声（FM96.8）	3.1	37.3
7	早教 360	长春交通之声（FM96.8）	2.6	37.5
8	娱乐非主流上午版	长春交通之声（FM96.8）	2.3	37.9
9	司机开会	长春交通之声（FM96.8）	2.2	37.4
10	圆圆叽叽秀	长春交通之声（FM96.8）	1.9	38.7
11	968 车友会	长春交通之声（FM96.8）	1.9	38.0
12	12345 生活帮帮团	长春交通之声（FM96.8）	1.9	33.0
13	唱行 6 点半	长春交通之声（FM96.8）	1.8	34.4
14	晓声长谈	吉林人民广播电台新闻综合广播（FM91.6/AM738）	1.8	25.4
15	1038 交警热线	吉林人民广播电台交通广播（FM103.8）	1.8	14.8
16	娱乐正当红	长春交通之声（FM96.8）	1.7	24.0
17	疯狂的匣子	吉林人民广播电台交通广播（FM103.8）	1.6	13.7
18	畅行早高峰	吉林人民广播电台交通广播（FM103.8）	1.6	12.3
19	笑口畅开周末晚间版	长春交通之声（FM96.8）	1.5	34.6
20	有理走天下（上午版）	吉林人民广播电台交通广播（FM103.8）	1.5	24.9
21	娱乐正当红周末中午版	长春交通之声（FM96.8）	1.5	24.7
22	新闻漫漫谈	长春交通之声（FM96.8）	1.5	19.6
23	嘻嘻哈哈欢乐逗	长春交通之声（FM96.8）	1.4	24.7
24	1038 领唱团	吉林人民广播电台交通广播（FM103.8）	1.4	20.7
25	《新闻和报纸摘要》	吉林人民广播电台交通广播（FM103.8）	1.4	11.9
26	笑口畅开	长春交通之声（FM96.8）	1.3	33.5
27	大可说了	吉林人民广播电台资讯广播（FM100.1）	1.3	23.7
28	天下故事汇	长春交通之声（FM96.8）	1.2	31.1
29	968 外传	长春交通之声（FM96.8）	1.2	22.5
30	幸福来敲门	长春交通之声（FM96.8）	1.2	21.1

三、长沙收听数据

表 3.3.1　2016～2018 年长沙各目标听众人均收听时间（分钟）

目标听众		2016 年	2017 年	2018 年
10 岁及以上所有人		47	46	48
性别	男	58	56	58
	女	37	36	39
年龄	10～14 岁	14	12	14
	15～24 岁	26	24	26
	25～34 岁	51	46	51
	35～44 岁	64	62	63
	45～54 岁	57	48	56
	55～64 岁	52	53	46
	65 岁及以上	52	71	76
文化程度	未受过正规教育	*	*	*
	小学	27	30	21
	初中	40	45	48
	高中	54	48	54
	大学及以上	49	47	48
职业	干部/管理人员	49	53	60
	初级公务员/雇员	42	46	48
	个体/私营企业人员	67	62	59
	工人	63	50	59
	学生	16	16	16
	无业（包括退休人员）	44	48	51
	其他	11	*	*
个人月收入	没有收入	23	20	18
	1～2000 元	36	37	36
	2001～3000 元	47	49	52
	3001～4000 元	49	50	61
	4001～5000 元	67	57	61
	5001～6000 元	105	90	62
	6001 元及以上	59	63	63

注：长沙为全年连续调查城市。“*”表示目标听众样本量不足，无法进行统计推断。

表 3.3.2　2016～2018 年长沙听众在不同地点的人均收听时间（分钟）

地点	2016 年	2017 年	2018 年
家中	15	14	16
车上	29	29	29
工作/学习场所	2	2	2
其他场所	2	1	1

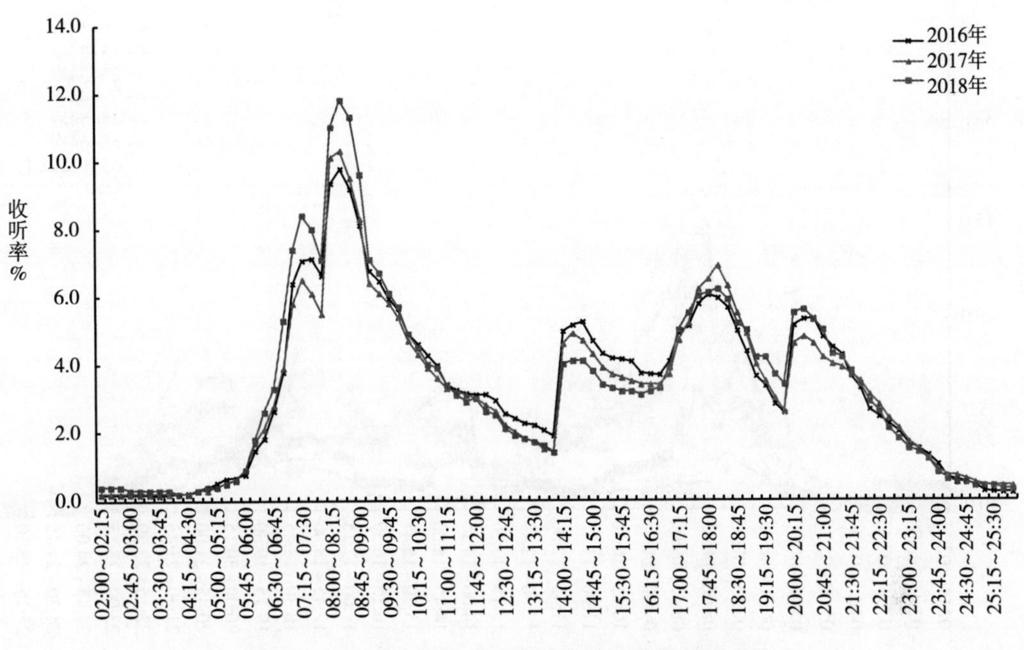

图 3.3.1　2016～2018 年长沙听众全天收听率走势

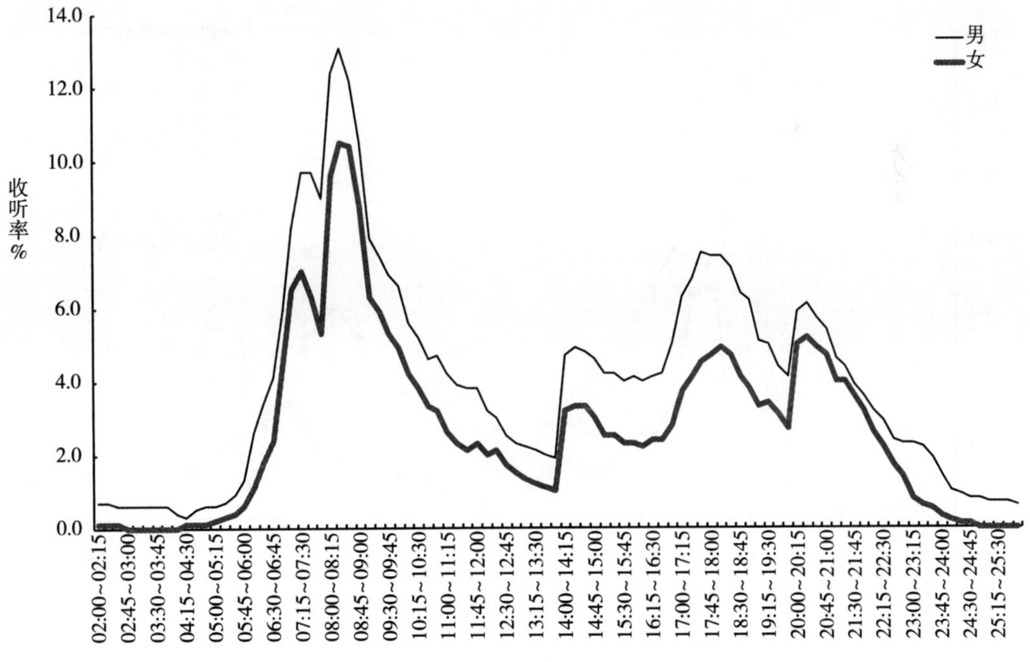

图 3.3.2　2018 年长沙不同性别听众全天收听率走势

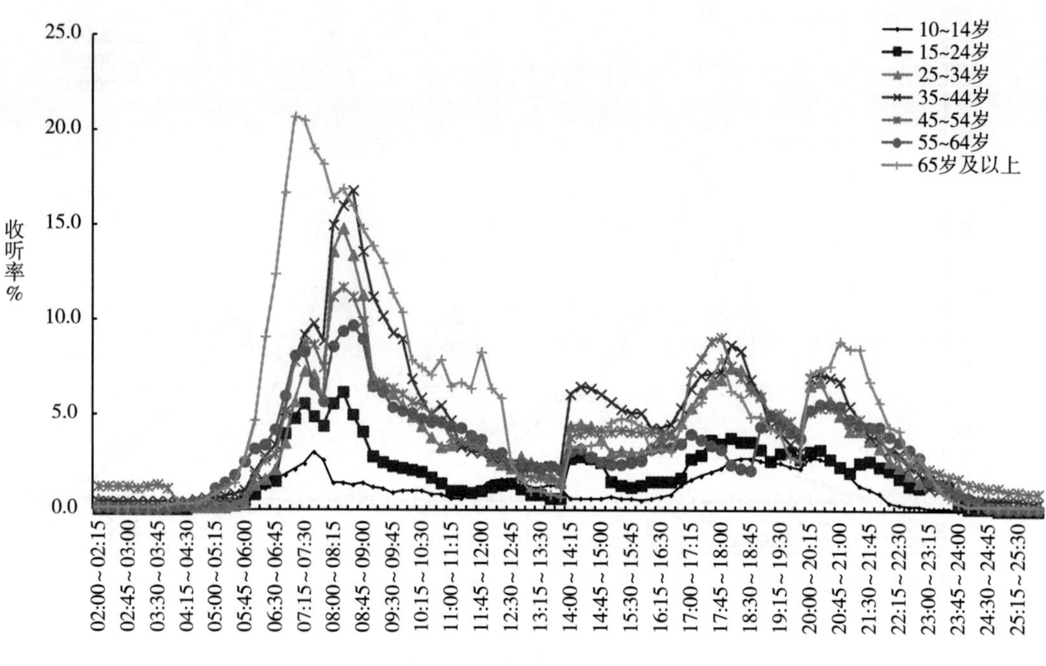

图 3.3.3　2018 年长沙不同年龄听众全天收听率走势

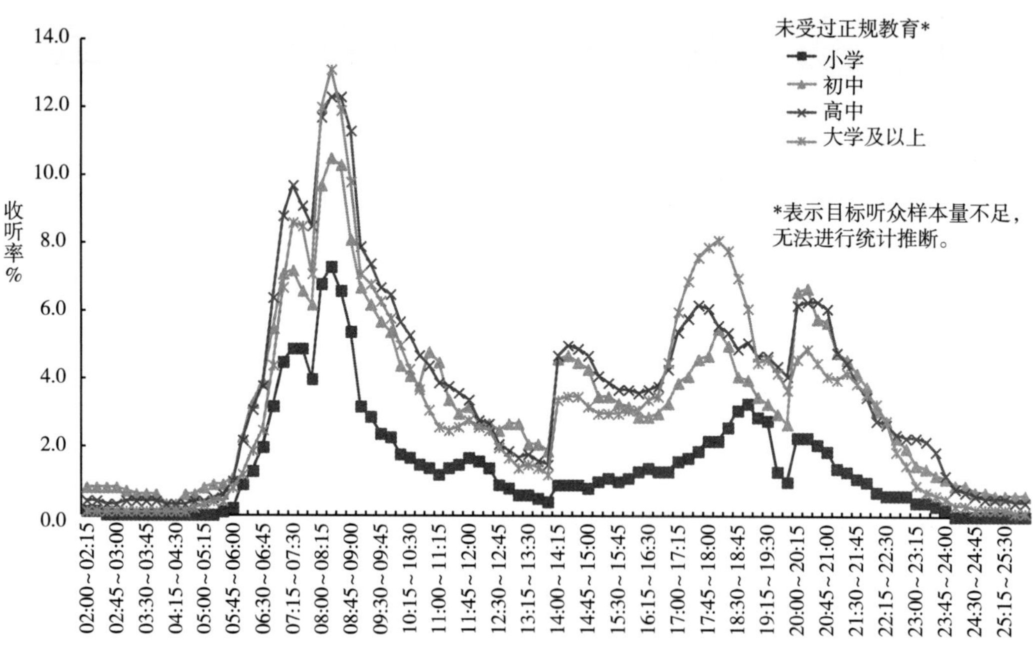

图 3.3.4　2018 年长沙不同文化程度听众全天收听率走势

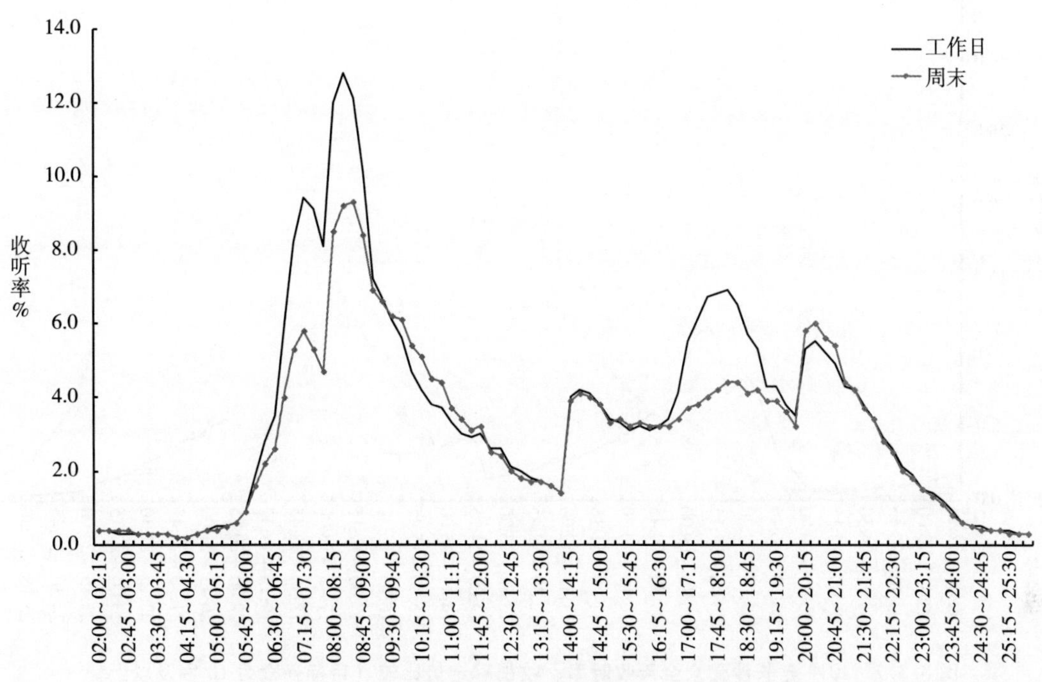

图 3.3.5　2018 年长沙听众工作日与周末全天收听率走势

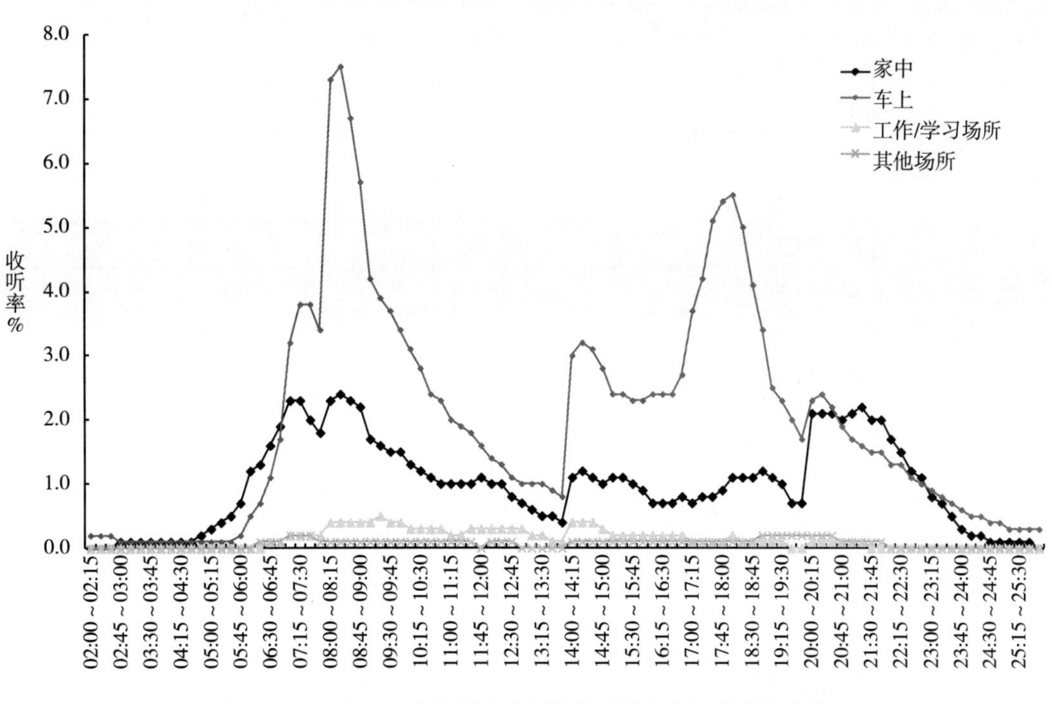

图 3.3.6　2018 年长沙听众在不同收听地点全天收听率走势

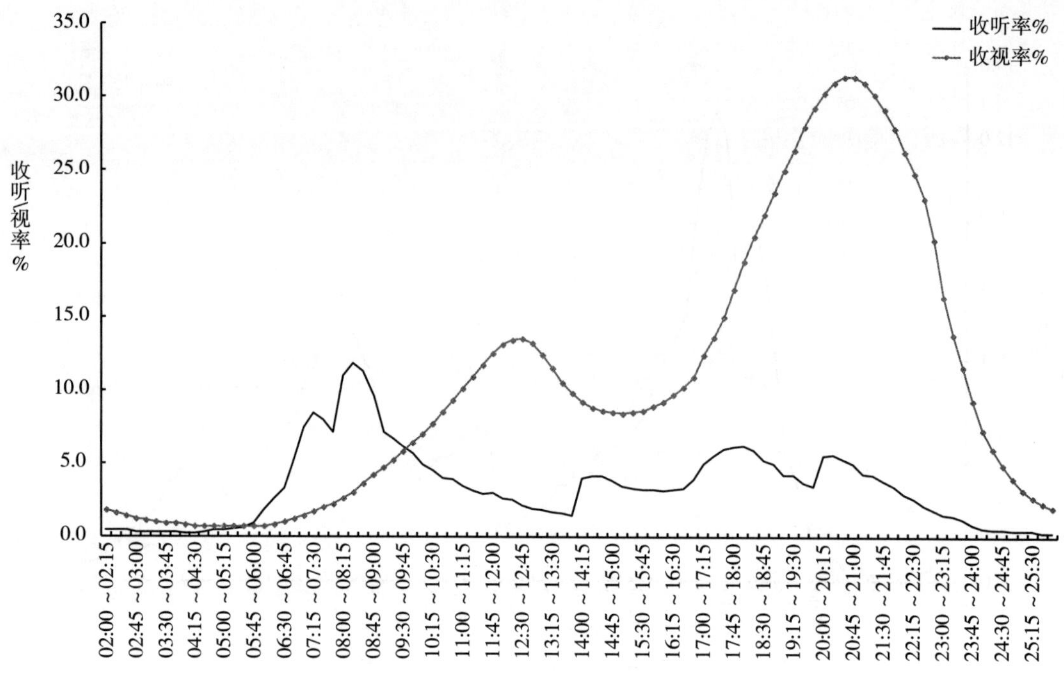

图 3.3.7　2018 年长沙受众全天收听率、收视率走势比较（目标受众为 10 岁及以上）

表 3.3.3　2018 年长沙市场听众构成（%）

目标听众		听众构成（%）
十岁及以上所有人		100.0
性别	男	59.8
	女	40.2
年龄	10 ~ 14 岁	1.1
	15 ~ 24 岁	12.2
	25 ~ 34 岁	21.7
	35 ~ 44 岁	28.6
	45 ~ 54 岁	16.4
	55 ~ 64 岁	9.4
	65 岁及以上	10.6
文化程度	未受过正规教育	*
	小学	2.9
	初中	23.8
	高中	40.1
	大学及以上	33.2

续表

目标听众		听众构成（%）
职业	干部/管理人员	5.4
	初级公务员/雇员	19.4
	个体/私营企业人员	26.0
	工人	22.9
	学生	5.3
	无业（包括退休人员）	21.0
	其他	*
个人月收入	没有收入	8.7
	1～2000元	4.7
	2001～3000元	20.1
	3001～4000元	27.9
	4001～5000元	19.1
	5001～6000元	8.9
	6001元及以上	10.6

“*”表示目标听众样本量不足，无法进行统计推断。

表3.3.4 2016～2018年长沙市场各广播电台的市场份额（%）

广播电台	2016年	2017年	2018年
中央人民广播电台	5.4	6.1	8.6
中国国际广播电台	0.0	0.3	0.3
湖南人民广播电台	65.7	62.0	60.1
长沙人民广播电台	24.8	28.2	27.8
其他广播电台	4.1	3.4	3.2

表3.3.5 2018年长沙市场各广播电台在不同目标听众中的市场份额（%）

目标听众		中央人民广播电台	中国国际广播电台	湖南人民广播电台	长沙人民广播电台	其他广播电台
10岁及以上所有人		8.6	0.3	60.1	27.8	3.2
性别	男	8.3	0.3	62.6	26.5	2.3
	女	9.1	0.4	56.3	29.7	4.5
年龄	10～14岁	6.3	0.1	30.9	61.9	0.8
	15～24岁	9.5	0.3	49.3	36.3	4.6
	25～34岁	3.7	0.3	59.7	33.7	2.6

目标听众		中央人民广播电台	中国国际广播电台	湖南人民广播电台	长沙人民广播电台	其他广播电台
年龄	35～44岁	6.6	0.4	63.5	26.7	2.8
	45～54岁	7.4	0.6	64.6	22.8	4.6
	55～64岁	11.2	0.2	58.3	26.9	3.4
	65岁及以上	22.9	0.1	61.8	13.9	1.3
文化程度	未受过正规教育	*	*	*	*	*
	小学	9.1	0.3	63.3	22.4	4.9
	初中	7.9	0.1	68.9	19.2	3.9
	高中	10.1	0.4	60.5	26.1	2.9
	大学及以上	7.2	0.4	52.9	36.7	2.8
职业	干部/管理人员	6.5	0.6	49.5	40.0	3.4
	初级公务员/雇员	6.5	0.5	57.0	32.9	3.1
	个体/私营企业人员	4.9	0.3	61.9	29.7	3.2
	工人	8.3	0.4	64.6	24.4	2.3
	学生	7.6	0.2	53.0	34.5	4.7
	无业（包括退休人员）	16.6	0.1	60.0	19.7	3.6
	其他	*	*	*	*	*
个人月收入	没有收入	6.9	0.3	55.2	31.1	6.5
	1～2000元	8.7	0.5	60.7	26.5	3.6
	2001～3000元	13.6	0.4	58.5	24.7	2.8
	3001～4000元	8.2	0.3	56.5	31.6	3.4
	4001～5000元	4.9	0.4	65.3	26.9	2.5
	5001～6000元	11.5	0.3	60.6	26.0	1.6
	6001元及以上	6.1	0.3	66.6	24.2	2.8

“*”表示目标听众样本量不足，无法进行统计推断。

表3.3.6　2018年长沙市场份额排名前5位的频率

排名	频率名称	市场份额（%）
1	湖南人民广播电台交通频道（FM91.8/FM100.3）	30.6
2	长沙人民广播电台交通广播（FM106.1）	12.7
3	长沙人民广播电台城市之声（音乐）广播（FM101.7）	9.3
4	湖南金鹰（955 FM95.5）	7.9
5	湖南电台893汽车音乐电台（FM89.3）	5.7

表 3.3.7 2018 年长沙市场收听率排名前 30 位的节目

排名	节目名称	播出频率	收听率（%）	市场份额（%）
1	国生开讲	湖南人民广播电台交通频道（FM91.8/FM100.3）	3.4	31.0
2	观点峰会	湖南人民广播电台交通频道（FM91.8/FM100.3）	2.3	33.6
3	新闻快报	湖南人民广播电台交通频道（FM91.8/FM100.3）	2.1	26.4
4	了不起的晚高峰	湖南人民广播电台交通频道（FM91.8/FM100.3）	1.9	33.3
5	清风侠在路上	湖南人民广播电台交通频道（FM91.8/FM100.3）	1.7	23.4
6	早起约个局	长沙人民广播电台交通广播（FM106.1）	1.5	16.4
7	高速直播室	湖南人民广播电台交通频道（FM91.8/FM100.3）	1.4	30.1
8	绝代双椒	湖南人民广播电台交通频道（FM91.8/FM100.3）	1.4	25.3
9	辣椒家族欢乐派	湖南人民广播电台交通频道（FM91.8/FM100.3）	1.3	36.1
10	博闻天下	湖南人民广播电台交通频道（FM91.8/FM100.3）	1.3	34.4
11	平安精灵车友圈	湖南人民广播电台交通频道（FM91.8/FM100.3）	1.2	29.4
12	新闻与报纸摘要	湖南人民广播电台交通频道（FM91.8/FM100.3）	1.2	28.9
13	新闻联播	湖南人民广播电台交通频道（FM91.8/FM100.3）	1.2	28.8
14	交通话题	湖南人民广播电台交通频道（FM91.8/FM100.3）	1.1	34.3
15	车舞飞扬	湖南人民广播电台交通频道（FM91.8/FM100.3）	1.1	28.5
16	刷刷朋友圈	湖南金鹰 955（FM95.5）	1.0	11.6
17	交警直播室	湖南人民广播电台交通频道（FM91.8/FM100.3）	0.9	29.1
18	辣椒家族欢乐派（重播）	湖南人民广播电台交通频道（FM91.8/FM100.3）	0.9	24.9
19	一路好听	湖南人民广播电台交通频道（FM91.8/FM100.3）	0.8	28.2
20	三个大嘴巴	长沙人民广播电台交通广播（FM106.1）	0.8	16.0
21	阳光麦乐地	长沙人民广播电台城市之声（音乐）广播（FM101.7）	0.8	8.6
22	国生开讲（精华版）	湖南人民广播电台交通频道（FM91.8/FM100.3）	0.7	24.3
23	我们读书吧	湖南金鹰 955（FM95.5）	0.7	12.0
24	955 飚新闻	湖南金鹰 955（FM95.5）	0.7	7.6
25	新说法	湖南人民广播电台交通频道（FM91.8/FM100.3）	0.6	27.6
26	新闻快报 + 观点峰会	湖南人民广播电台交通频道（FM91.8/FM100.3）	0.6	23.8
27	城市驱动	长沙人民广播电台交通广播（FM106.1）	0.6	14.0
28	wan 点不一样	长沙人民广播电台交通广播（FM106.1）	0.6	13.7
29	观点 1+1	长沙人民广播电台交通广播（FM106.1）	0.6	9.6
30	重播《全省新闻联播》	湖南人民广播电台新闻综合频道（FM102.8/FM93.0）	0.6	7.6

四、重庆收听数据

表 3.4.1　2016～2018 年重庆各目标听众人均收听时间（分钟）

目标听众		2016 年	2017 年	2018 年
10 岁及以上所有人		31	37	36
性别	男	31	36	36
	女	32	37	36
年龄	10～14 岁	14	11	6
	15～24 岁	23	24	20
	25～34 岁	30	41	36
	35～44 岁	37	43	44
	45～54 岁	28	36	39
	55～64 岁	43	42	36
	65 岁及以上	42	48	56
文化程度	未受过正规教育	*	*	*
	小学	28	36	27
	初中	33	35	37
	高中	32	37	39
	大学及以上	29	39	34
职业	干部/管理人员	36	49	51
	初级公务员/雇员	36	43	41
	个体/私营企业人员	29	39	34
	工人	31	34	37
	学生	19	19	16
	无业（包括退休人员）	42	47	47
	其他	*	*	*
个人月收入	没有收入	21	22	18
	1～2000 元	29	33	25
	2001～3000 元	35	36	38
	3001～4000 元	34	44	42
	4001～5000 元	33	39	38
	5001～6000 元	23	31	30
	6001 元及以上	35	47	44

注：重庆为全年连续调查城市。“*”表示该目标听众样本量不足，无法进行统计推断。

表 3.4.2　2016～2018 年重庆听众在不同地点的人均收听时间（分钟）

地点	2016 年	2017 年	2018 年
家中	18	21	18
车上	10	13	15
工作/学习场所	2	1	2
其他场所	1	1	1

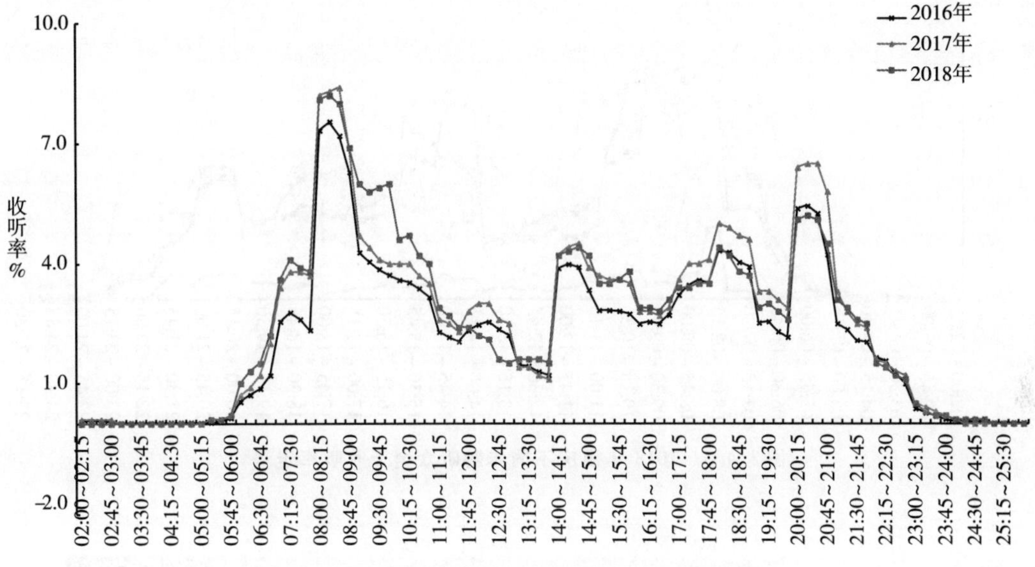

图 3.4.1　2016～2018 年重庆听众全天收听率走势

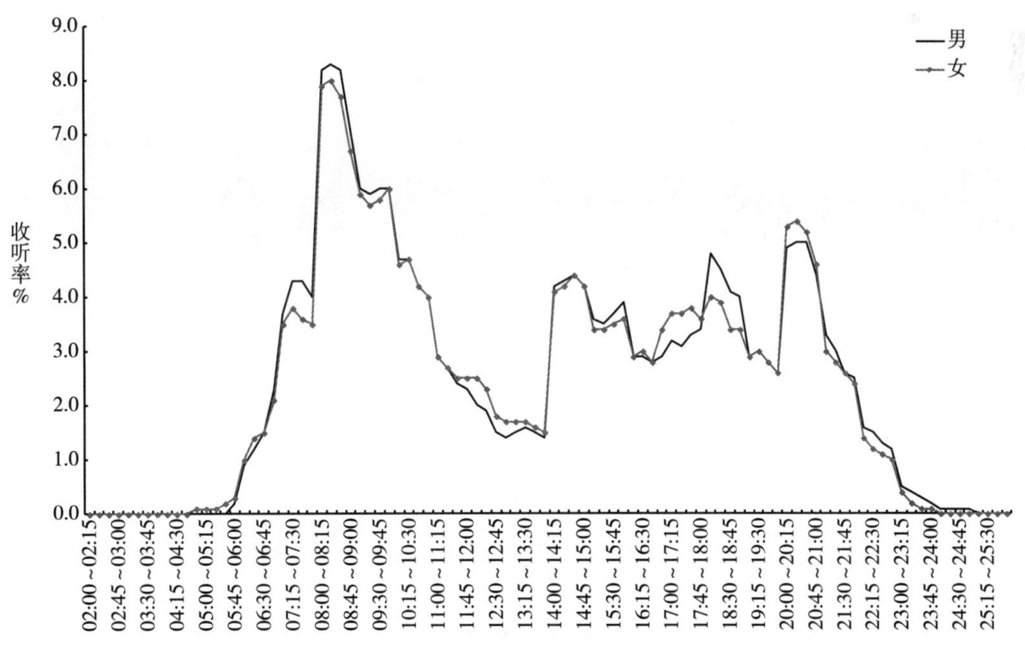

图 3.4.2　2018 年重庆不同性别听众全天收听率走势

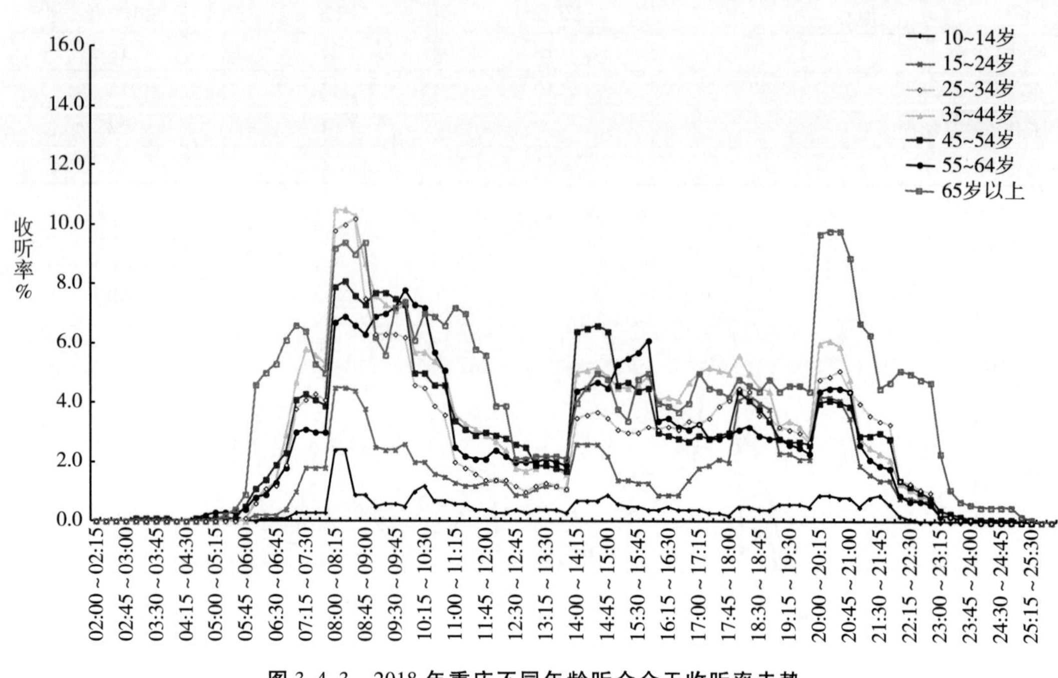

图 3.4.3　2018 年重庆不同年龄听众全天收听率走势

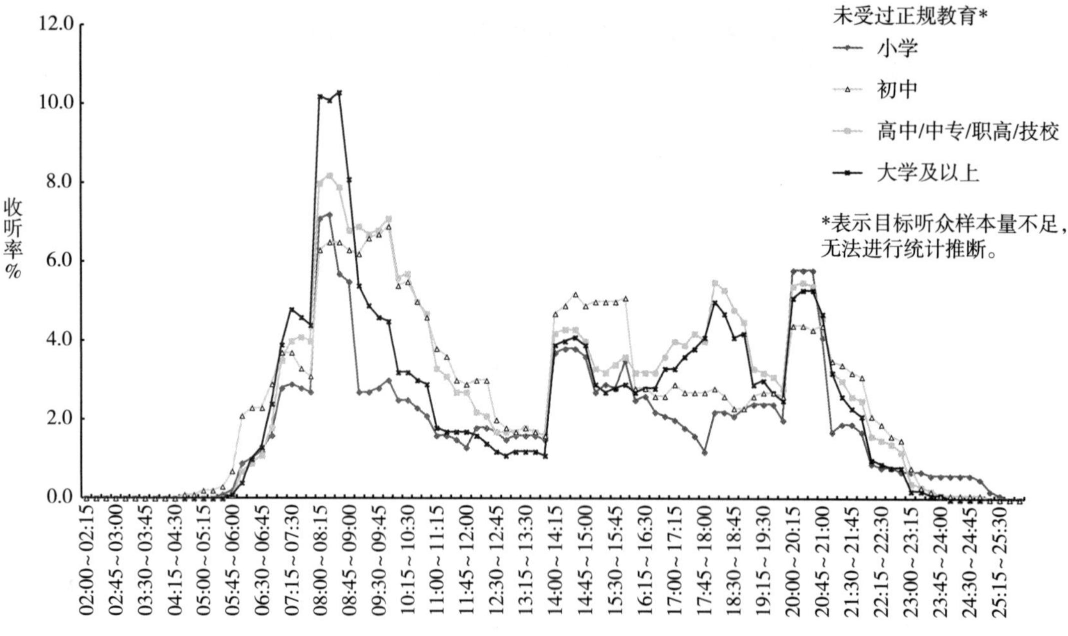

图 3.4.4　2018 年重庆不同文化程度听众全天收听率走势

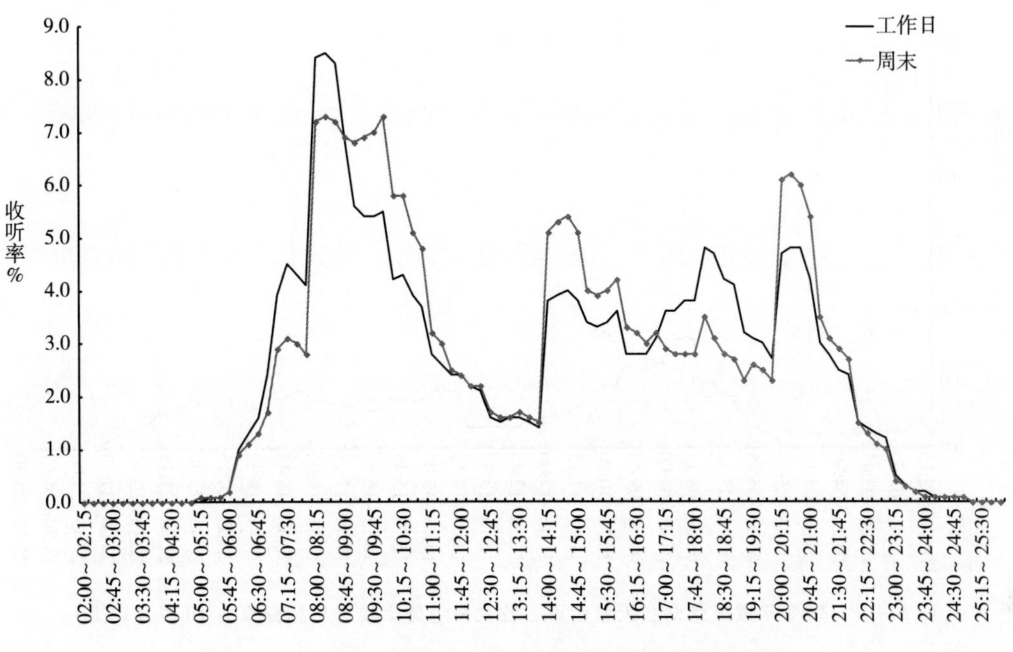

图 3.4.5 2018 年重庆听众工作日与周末全天收听率走势

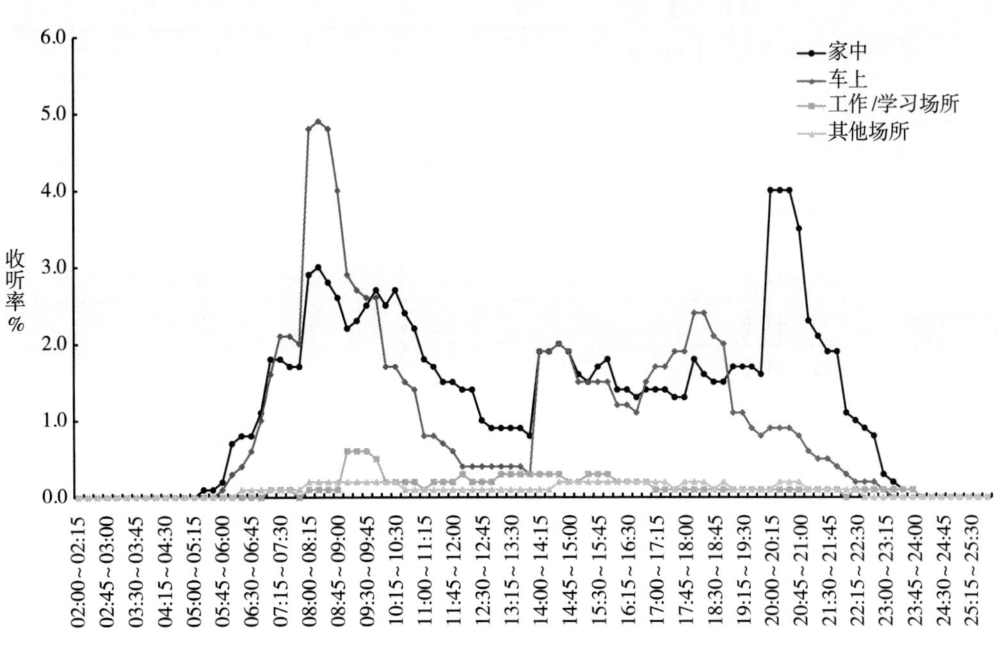

图 3.4.6 2018 年重庆听众在不同收听地点全天收听率走势

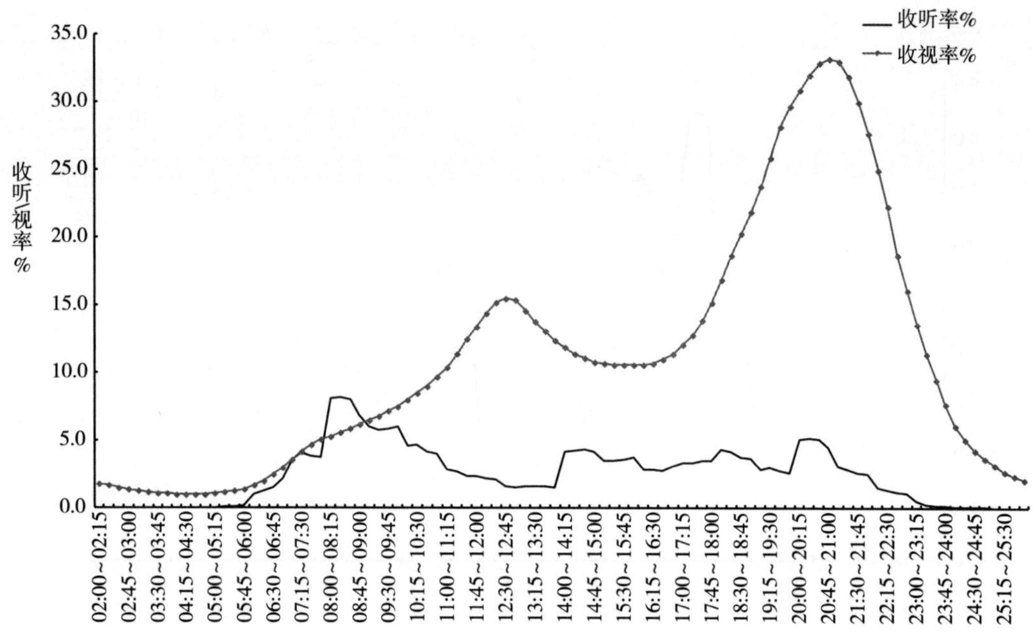

图 3.4.7　2018 年重庆受众全天收听率、收视率走势比较（目标受众为 10 岁及以上）

表 3.4.3　2018 年重庆市场听众构成（%）

目标听众		听众构成（%）
10 岁及以上所有人		100.0
性别	男	54.7
	女	45.3
年龄	10～14 岁	0.6
	15～24 岁	10.7
	25～34 岁	20.2
	35～44 岁	28.6
	45～54 岁	17.5
	55～64 岁	9.0
	65 岁及以上	13.4
文化程度	未受过正规教育	*
	小学	5.8
	初中	25.2
	高中	43.7
	大学及以上	25.3

续表

目标听众		听众构成（%）
职业	干部/管理人员	3.8
	初级公务员/雇员	13.6
	个体/私营企业人员	23.5
	工人	32.2
	学生	5.6
	无业（包括退休人员）	21.3
	其他	*
个人月收入	没有收入	7.0
	1～2000 元	1.4
	2001～3000 元	18.4
	3001～4000 元	28.8
	4001～5000 元	21.7
	5001～6000 元	6.7
	6001 元及以上	16.0

*”表示该目标听众样本量不足，无法进行统计推断。

表 3.4.4　2016～2018 年重庆市场各广播电台的市场份额（%）

广播电台	2016 年	2017 年	2018 年
中央人民广播电台	3.0	1.8	1.0
中国国际广播电台	2.3	1.4	1.8
重庆广播电视集团（总台）	93.9	96.5	96.3
其他广播电台	0.8	0.3	0.9

表 3.4.5　2018 年重庆市场各广播电台在不同目标听众中的市场份额（%）

目标听众		中央人民广播电台	中国国际广播电台	重庆广播电视集团（总台）	其他广播电台
10 岁及以上所有人		1.0	1.8	96.3	0.9
性别	男	1.1	1.7	96.4	0.8
	女	0.9	2.0	96.2	0.9
年龄	10～14 岁	0.7	1.0	98.3	0.0
	15～24 岁	0.7	1.0	97.4	0.9
	25～34 岁	0.7	0.8	98.1	0.4
	35～44 岁	0.7	1.9	96.4	1.0

续表

目标听众		中央人民广播电台	中国国际广播电台	重庆广播电视集团（总台）	其他广播电台
年龄	45～54岁	0.9	1.0	97.4	0.7
	55～64岁	1.6	2.2	95.7	0.5
	65岁及以上	2.3	4.6	91.5	1.6
文化程度	未受过正规教育	*	*	*	*
	小学	1.8	4.9	93.3	0.0
	初中	1.4	3.2	94.5	0.9
	高中	0.7	0.6	97.7	1.0
	大学及以上	1.1	2.0	96.3	0.6
职业	干部/管理人员	0.1	2.8	97.0	0.1
	初级公务员/雇员	2.0	0.6	96.5	0.9
	个体/私营企业人员	0.8	1.9	96.2	1.1
	工人	0.3	0.9	98.2	0.6
	学生	0.5	1.8	96.3	1.4
	无业（包括退休人员）	2.1	3.8	93.0	1.1
	其他	*	*	*	*
个人月收入	没有收入	0.4	1.4	97.1	1.1
	1～2000元	0.0	0.0	99.8	0.2
	2001～3000元	1.7	1.2	96.1	1.0
	3001～4000元	1.0	3.1	94.6	1.3
	4001～5000元	0.4	0.7	98.3	0.6
	5001～6000元	0.8	0.7	97.9	0.6
	6001元及以上	1.5	2.5	95.7	0.3

“*”表示该目标听众样本量不足，无法进行统计推断。

表3.4.6 2018年重庆市场份额排名前5位的频率

排名	频率	市场份额（%）
1	重庆人民广播电台交通频率（FM95.5）	40.0
2	重庆人民广播电台音乐频率（FM88.1）	31.9
3	重庆人民广播电台都市频率（FM93.8）	7.7
4	重庆人民广播电台重庆之声（FM96.8/AM1314）	7.1
5	重庆人民广播电台经济频率（FM101.5）	6.1

表 3.4.7　2018 年重庆市场收听率排名前 30 位的节目

排名	节目名称	播出频率	收听率（%）	市场份额（%）
1	955 与你相随	重庆人民广播电台交通频率（FM95.5）	3.1	48.9
2	资讯早班车	重庆人民广播电台交通频率（FM95.5）	2.7	51.1
3	人车在线	重庆人民广播电台交通频率（FM95.5）	2.0	48.1
4	交广关注	重庆人民广播电台交通频率（FM95.5）	1.9	47.1
5	英伦音乐前沿	重庆人民广播电台音乐频率（FM88.1）	1.6	32.0
6	汽车世界	重庆人民广播电台交通频率（FM95.5）	1.5	45.8
7	汽车俱乐部	重庆人民广播电台交通频率（FM95.5）	1.5	45.1
8	交广乐逍遥	重庆人民广播电台交通频率（FM95.5）	1.5	44.5
9	非常可乐帮	重庆人民广播电台音乐频率（FM88.1）	1.5	38.4
10	驾驶员俱乐部	重庆人民广播电台交通频率（FM95.5）	1.5	33.4
11	汽车 CD 早安秀	重庆人民广播电台音乐频率（FM88.1）	1.5	25.7
12	古典也流行	重庆人民广播电台音乐频率（FM88.1）	1.4	33.0
13	音乐风情之旅	重庆人民广播电台音乐频率（FM88.1）	1.3	36.3
14	爵士星空（重播）	重庆人民广播电台音乐频率（FM88.1）	1.2	39.3
15	汽车音乐时间	重庆人民广播电台音乐频率（FM88.1）	1.2	31.5
16	一路放轻松	重庆人民广播电台交通频率（FM95.5）	1.1	37.3
17	潮妈驾到	重庆人民广播电台音乐频率（FM88.1）	1.1	36.3
18	音乐博客	重庆人民广播电台音乐频率（FM88.1）	1.1	29.1
19	环球音乐网（重播）	重庆人民广播电台音乐频率（FM88.1）	1.0	38.9
20	955 车友生活	重庆人民广播电台交通频率（FM95.5）	1.0	34.9
21	周末故事会	重庆人民广播电台交通频率（FM95.5）	1.0	33.1
22	咖啡时光	重庆人民广播电台音乐频率（FM88.1）	1.0	31.3
23	向快乐出发	重庆人民广播电台交通频率（FM95.5）	1.0	23.6
24	爵士星空	重庆人民广播电台音乐频率（FM88.1）	0.8	45.0
25	路长情更长	重庆人民广播电台交通频率（FM95.5）	0.8	29.3
26	环球音乐网	重庆人民广播电台音乐频率（FM88.1）	0.7	46.9
27	最流行	重庆人民广播电台音乐频率（FM88.1）	0.7	38.2
28	重庆群工·阳光重庆（重播）	重庆人民广播电台重庆之声（FM96.8/AM1314）	0.7	18.8
29	清晨深呼吸	重庆人民广播电台交通频率（FM95.5）	0.6	39.7
30	快车道	重庆人民广播电台交通频率（FM95.5）	0.6	24.7

五、大连收听数据

表 3.5.1　2016～2018 年大连各目标听众人均收听时间（分钟）

目标听众		2016 年	2017 年	2018 年
10 岁及以上所有人		80	71	67
性别	男	84	77	76
	女	75	65	58
年龄	10～14 岁	16	15	13
	15～24 岁	30	22	18
	25～34 岁	61	53	60
	35～44 岁	69	61	66
	45～54 岁	94	76	73
	55～64 岁	135	118	108
	65 岁及以上	153	147	131
文化程度	未受过正规教育	*	67	66
	小学	59	82	67
	初中	94	81	75
	高中	78	63	65
	大学及以上	67	59	58
职业	干部/管理人员	93	70	63
	初级公务员/雇员	57	47	52
	个体/私营企业人员	95	79	70
	工人	66	57	69
	学生	21	17	14
	无业（包括退休人员）	125	118	101
	其他	*	48	138
个人月收入	没有收入	45	36	25
	1～2000 元	93	88	95
	2001～3000 元	92	84	83
	3001～4000 元	84	76	79
	4001～5000 元	90	74	73
	5001～6000 元	88	90	74
	6001 元及以上	105	59	65

注：大连为全年连续调查城市。“*”表示该目标听众样本量不足，无法进行统计推断。

表 3.5.2　2016～2018 年大连听众在不同地点的人均收听时间（分钟）

地点	2016 年	2017 年	2018 年
家中	51	45	37
车上	22	21	26
工作/学习场所	5	3	3
其他场所	2	1	1

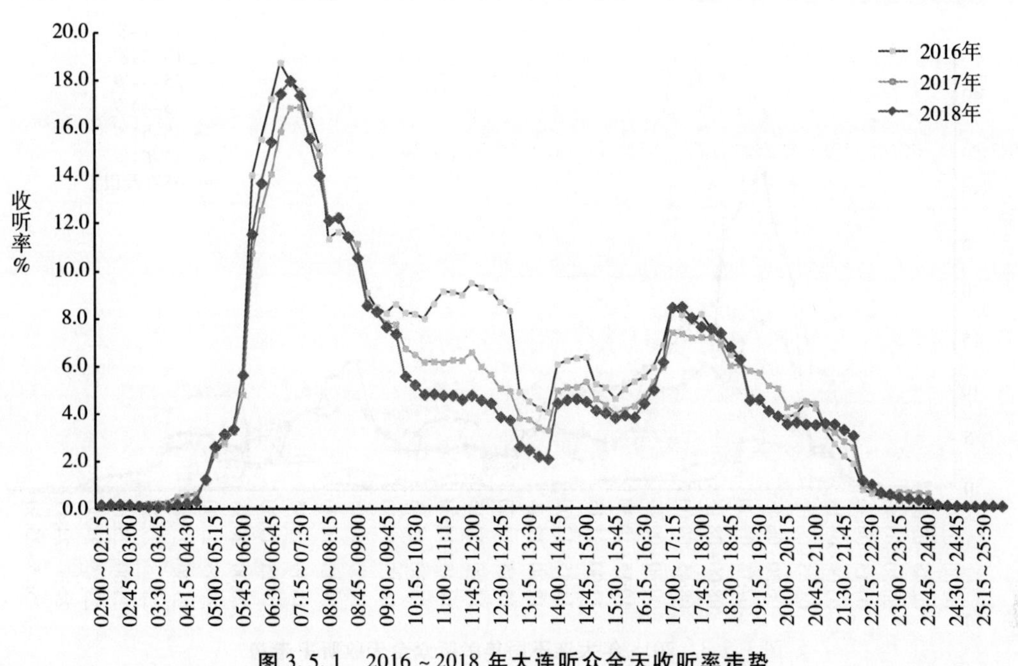

图 3.5.1　2016～2018 年大连听众全天收听率走势

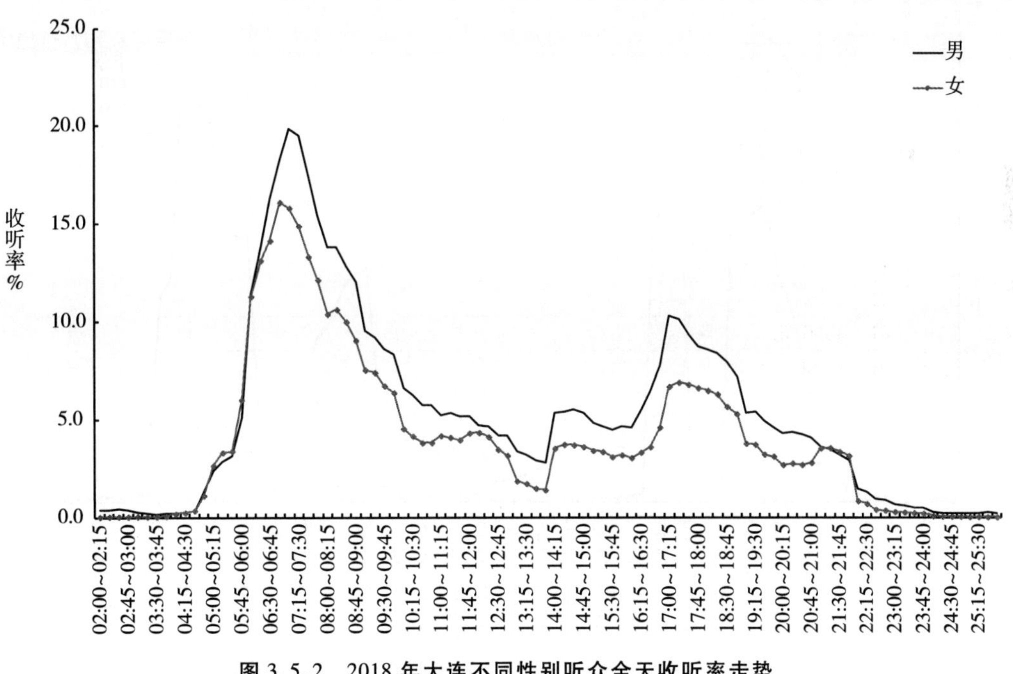

图 3.5.2　2018 年大连不同性别听众全天收听率走势

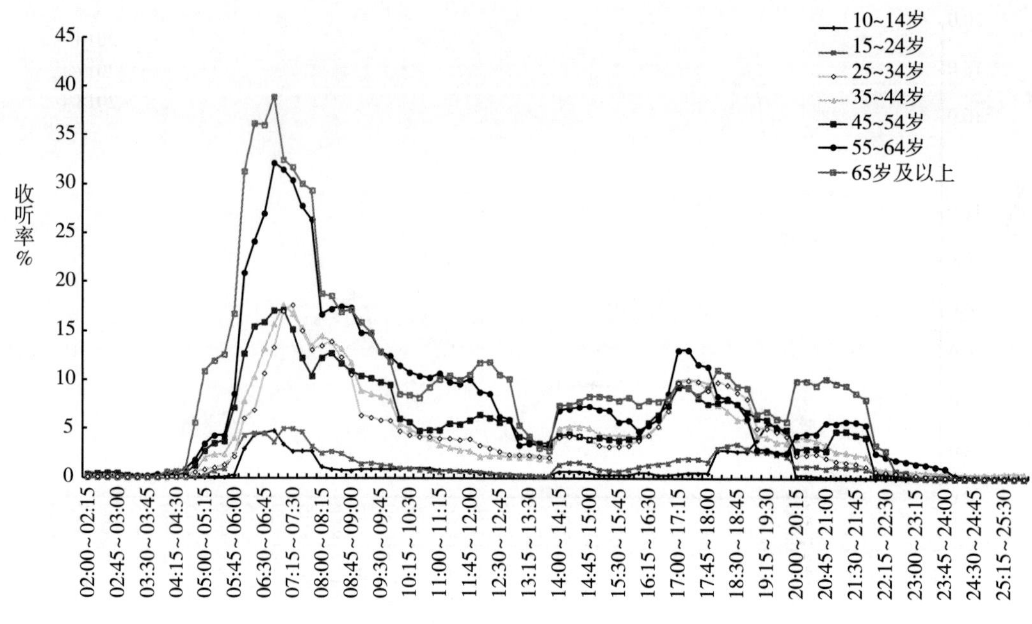

图 3.5.3　2018 年大连不同年龄听众全天收听率走势

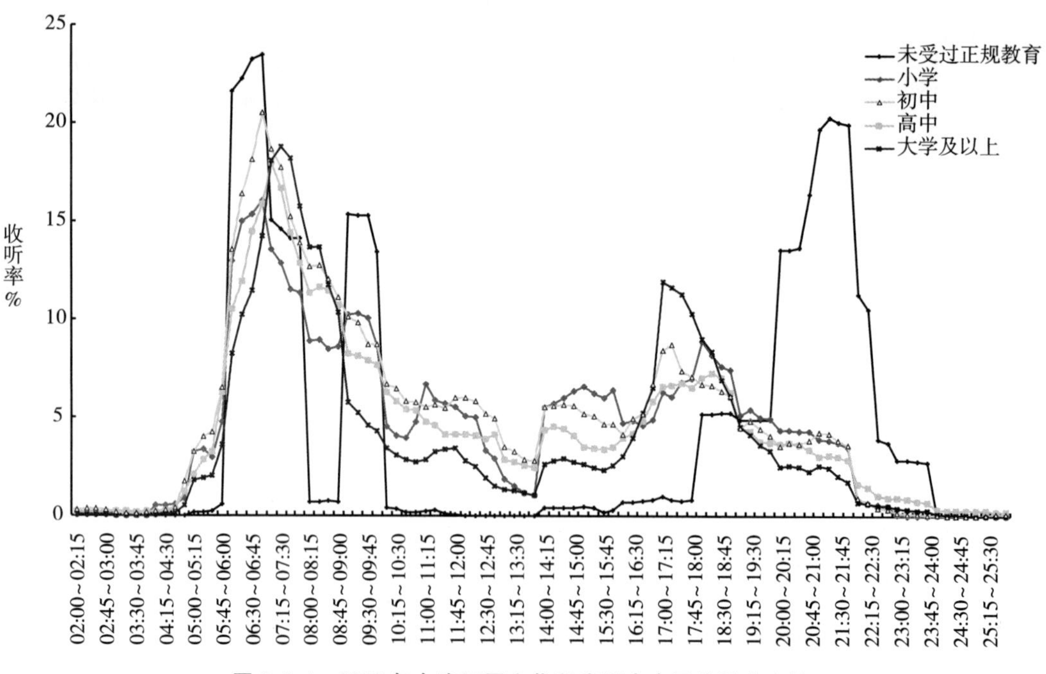

图 3.5.4　2018 年大连不同文化程度听众全天收听率走势

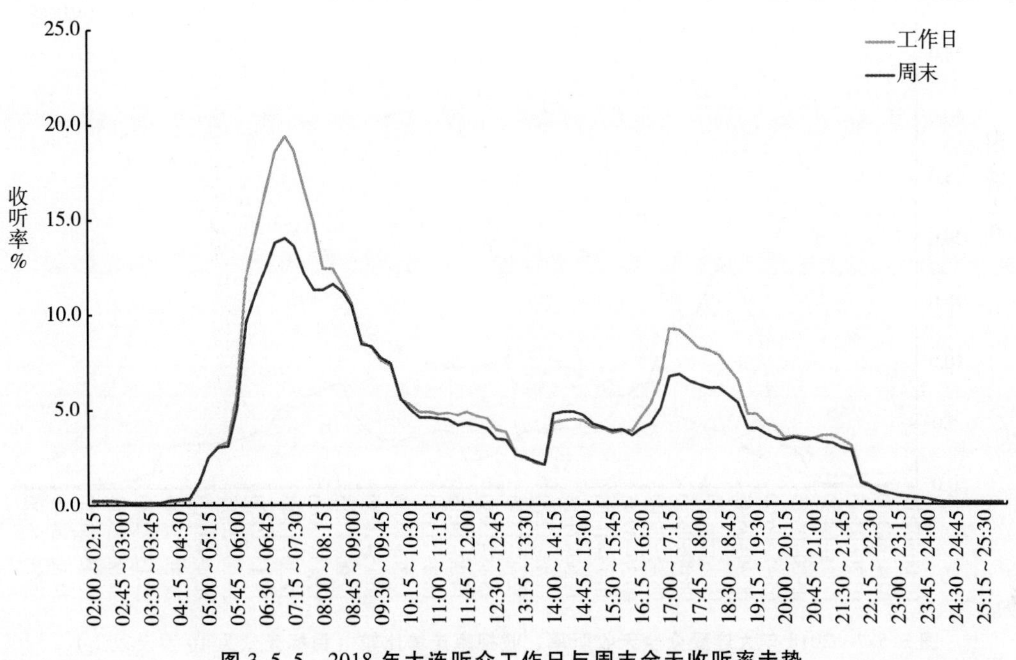

图 3.5.5 2018 年大连听众工作日与周末全天收听率走势

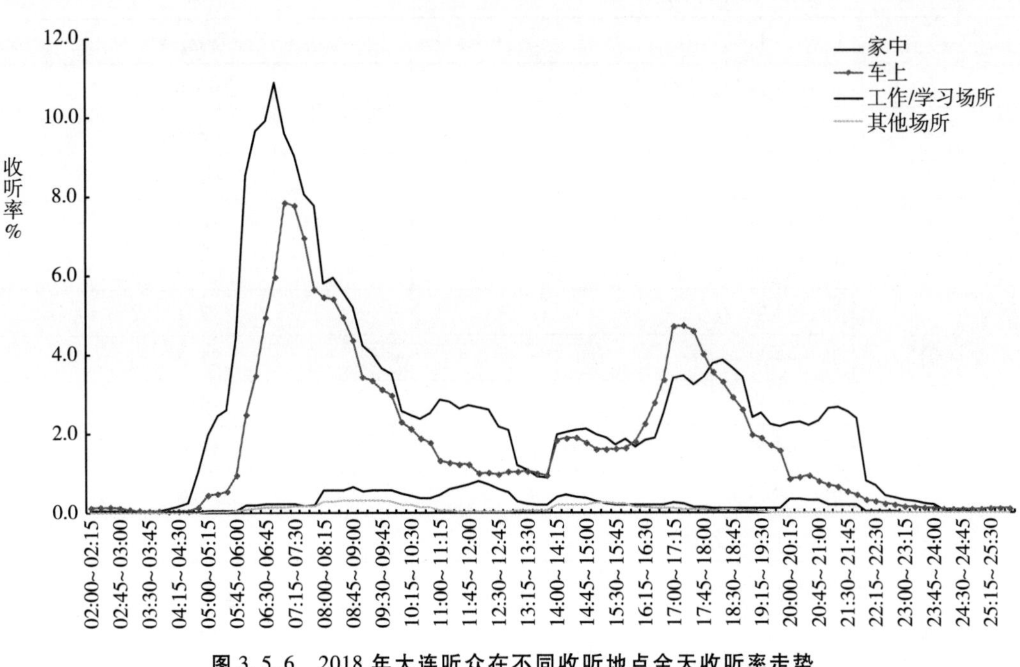

图 3.5.6 2018 年大连听众在不同收听地点全天收听率走势

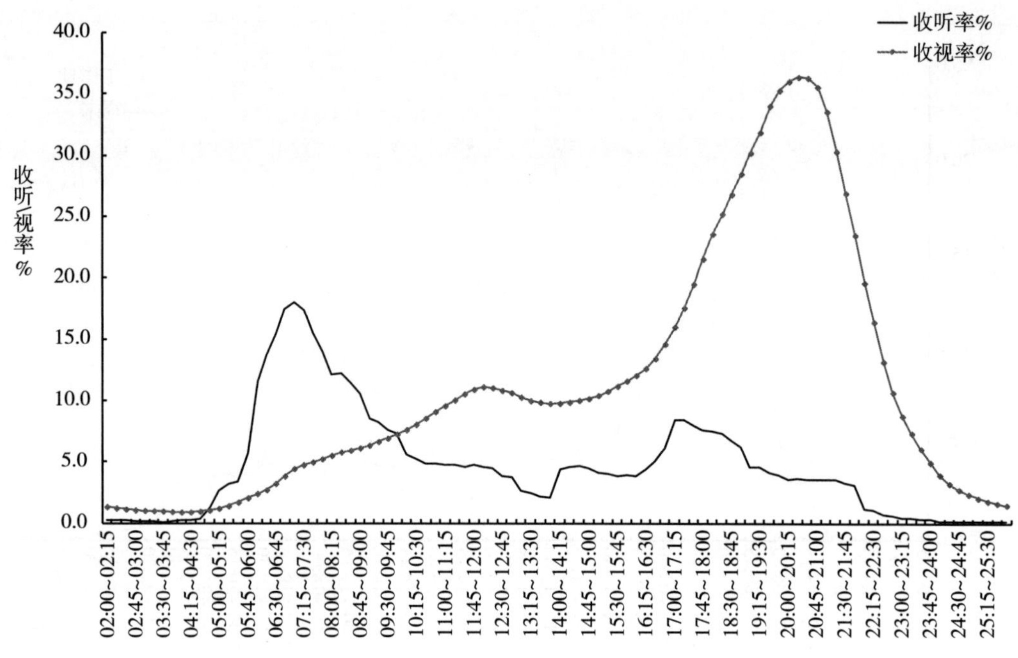

图 3.5.7　2018 年大连受众全天收听率、收视率走势比较（目标受众为 10 岁及以上）

表 3.5.3　2018 年大连市场听众构成（%）

目标听众		听众构成（%）
10 岁及以上所有人		100.0
性别	男	57.4
	女	42.6
年龄	10～14 岁	0.7
	15～24 岁	4.5
	25～34 岁	17.1
	35～44 岁	21.3
	45～54 岁	19.2
	55～64 岁	19.4
	65 岁及以上	17.8
文化程度	未受过正规教育	0.6
	小学	8.4
	初中	40.1
	高中	29.8
	大学及以上	21.1

续表

目标听众		听众构成（%）
职业	干部/管理人员	5.0
	初级公务员/雇员	11.8
	个体/私营企业人员	17.1
	工人	23.7
	学生	2.9
	无业（包括退休人员）	36.4
	其他	3.1
个人月收入	没有收入	7.9
	1～2000元	9.3
	2001～3000元	26.3
	3001～4000元	26.7
	4001～5000元	14.3
	5001～6000元	8.6
	6001元及以上	6.9

表3.5.4 2016～2018年大连市场各广播电台的市场份额（%）

广播电台	2016年	2017年	2018年
中央人民广播电台	12.3	12.4	14.2
中国国际广播电台	0.0	0.0	0.0
辽宁广播电视台	4.0	3.5	4.3
大连广播电视台	72.4	71.5	68.6
其他广播电台	11.3	12.6	12.9

表3.5.5 2018年大连市场各广播电台在不同目标听众中的市场份额（%）

目标听众		中央人民广播电台	中国国际广播电台	辽宁广播电视台	大连广播电视台	其他广播电台
10岁及以上所有人		14.2	0.0	4.3	68.6	12.9
性别	男	15.7	0.0	3.9	69.4	11.0
	女	12.2	0.0	4.7	67.6	15.5
年龄	10～14岁	3.7	0.0	0.8	83.9	11.6
	15～24岁	23.8	0.0	4.6	64.2	7.4
	25～34岁	19.8	0.0	0.8	70.2	9.2
	35～44岁	12.2	0.0	2.5	74.5	10.8

续表

目标听众		中央人民广播电台	中国国际广播电台	辽宁广播电视台	大连广播电视台	其他广播电台
年龄	45～54岁	10.3	0.0	5.5	70.2	14.0
	55～64岁	9.6	0.0	7.2	65.4	17.8
	65岁及以上	18.3	0.0	5.4	62.4	13.9
文化程度	未受过正规教育	0.4	0.0	19.7	41.4	38.5
	小学	14.3	0.0	5.1	60.3	20.3
	初中	10.5	0.0	2.1	71.4	16.0
	高中	16.3	0.0	9.1	63.9	10.7
	大学及以上	18.7	0.0	0.9	73.9	6.5
职业	干部/管理人员	17.4	0.0	10.5	71.5	0.6
	初级公务员/雇员	16.7	0.0	0.6	76.7	6.0
	个体/私营企业人员	12.4	0.0	1.2	75.4	11.0
	工人	18.4	0.0	4.3	67.4	9.9
	学生	15.9	0.0	7.4	65.7	11.0
	无业（包括退休人员）	11.7	0.0	5.9	64.0	18.4
	其他	9.0	0.0	2.6	59.4	29.0
个人月收入	没有收入	13.3	0.0	3.6	63.9	19.2
	1～2000元	7.7	0.0	4.7	64.2	23.4
	2001～3000元	13.6	0.0	4.9	63.9	17.6
	3001～4000元	13.7	0.0	3.4	72.4	10.5
	4001～5000元	14.7	0.0	7.2	70.8	7.3
	5001～6000元	17.2	0.0	3.4	73.9	5.5
	6001元及以上	22.8	0.0	0.6	72.3	4.3

表3.5.6　2018年大连市场份额排名前5位的频率

排名	频率	市场份额（%）
1	大连广播电台交通广播（FM100.8）	34.6
2	大连广播电视台第一套综合广播（FM103.3/AM882）	17.0
3	中央人民广播电台第一套节目中国之声	7.4
4	中央人民广播电台第三套节目音乐之声	6.1
5	大连广播电视台第六套都市之声广播（FM99.1）	5.9

表 3.5.7　2018 年大连市场收听率排名前 30 位的节目

排名	节目名称	播出频率	收听率（%）	市场份额（%）
1	欢乐同行	大连广播电台交通广播（FM100.8）	5.6	38.4
2	威风资讯	大连广播电台交通广播（FM100.8）	5.2	34.1
3	转播《新闻和报纸摘要》	大连广播电视台第一套综合广播（FM103.3/AM882）	5.0	31.0
4	大连全新闻	大连广播电视台第一套综合广播（FM103.3/AM882）	4.4	35.3
5	我爱早高峰	大连广播电视台第一套综合广播（FM103.3/AM882）	3.6	24.3
6	转新闻摘要	大连广播电台交通广播（FM100.8）	3.5	26.6
7	《周末 auv》之文艺大连	大连广播电台交通广播（FM100.8）	2.7	34.3
8	吃喝玩乐	大连广播电台交通广播（FM100.8）	1.9	39.5
9	疯狂来电	大连广播电台交通广播（FM100.8）	1.8	50.9
10	欢哥我来了	大连广播电台交通广播（FM100.8）	1.5	34.5
11	健康加油站	大连广播电台交通广播（FM100.8）	1.5	30.5
12	车谈山外山	大连广播电台交通广播（FM100.8）	1.3	26.6
13	老人唱歌也疯狂	大连广播电台交通广播（FM100.8）	1.2	27.2
14	体坛龙虎榜	大连广播电台体育广播（FM105.7）	1.2	7.0
15	健康水时间	大连广播电视台第一套综合广播（FM103.3/AM882）	1.1	13.5
16	打开车窗说亮话	大连广播电台交通广播（FM100.8）	1.0	31.2
17	边走边唱	大连广播电台交通广播（FM100.8）	1.0	27.8
18	专题时间	大连广播电视台第一套综合广播（FM103.3/AM882）	1.0	13.0
19	周末茶馆	大连广播电台体育广播（FM105.7）	1.0	8.6
20	新闻纵横	中央人民广播电台第一套节目中国之声	1.0	6.3
21	music radio 气象报告	中央人民广播电台第三套节目音乐之声	1.0	5.5
22	news update	中央人民广播电台第三套节目音乐之声	1.0	5.3
23	非你不可	大连广播电视台第一套综合广播（FM103.3/AM882）	0.9	18.6
24	音乐百分百	中央人民广播电台第三套节目音乐之声	0.9	7.2
25	新闻和报纸摘要	中央人民广播电台第一套节目中国之声	0.9	5.6

续表

排名	节目名称	播出频率	收听率（%）	市场份额（%）
26	991 汽车晨报	大连广播电视台第六套都市之声广播（FM99.1）	0.9	4.9
27	我爱晚高峰	大连广播电视台第一套综合广播（FM103.3/AM882）	0.8	9.4
28	周末新语丝	中央人民广播电台第三套节目音乐之声	0.8	7.3
29	早安音乐	中央人民广播电台第三套节目音乐之声	0.8	7.1
30	燃烧吧，周末	大连广播电视台第六套都市之声广播（FM99.1）	0.8	7.0

六、佛山收听数据

表 3.6.1　2016～2018 年佛山各目标听众人均收听时间（分钟）

目标听众		2016 年	2017 年	2018 年
10 岁及以上所有人		73	83	75
性别	男	74	84	78
	女	72	80	72
年龄	10～14 岁	32	32	21
	15～24 岁	54	62	62
	25～34 岁	68	80	70
	35～44 岁	83	89	80
	45～54 岁	87	107	93
	55～64 岁	98	109	109
	65 岁及以上	87	90	80
文化程度	未受过正规教育	*	58	127
	小学	78	77	70
	初中	76	86	77
	高中	74	83	74
	大学及以上	62	81	76
职业	干部/管理人员	63	109	85
	初级公务员/雇员	72	81	72
	个体/私营企业人员	81	91	83
	工人	79	92	89
	学生	40	43	36
	无业（包括退休人员）	86	90	80
	其他	62	42	72
个人月收入	没有收入	47	49	38
	1～2000 元	74	74	71
	2001～3000 元	84	92	91
	3001～4000 元	75	91	84
	4001～5000 元	79	94	90
	5001～6000 元	81	89	64
	6001 元及以上	64	78	63

注：佛山为全年连续调查城市。“*”表示该目标听众样本量不足，无法进行统计推断。

表 3.6.2　2016～2018 年佛山听众在不同地点的人均收听时间（分钟）

地点	2016 年	2017 年	2018 年
家中	35	39	36
车上	20	25	24
工作/学习场所	15	14	11
其他场所	4	5	4

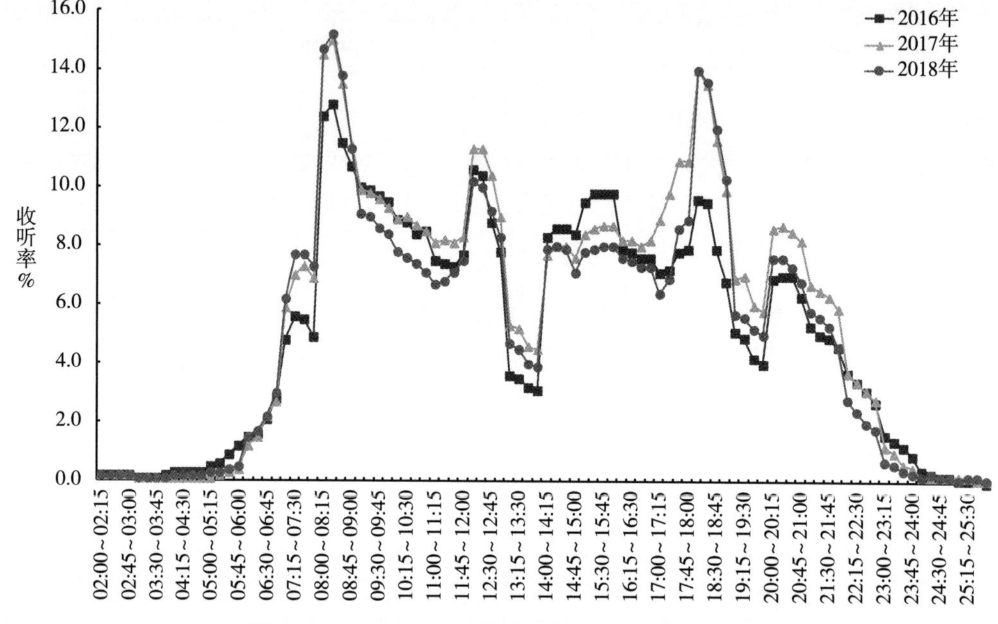

图 3.6.1　2016～2018 年佛山听众全天收听率走势

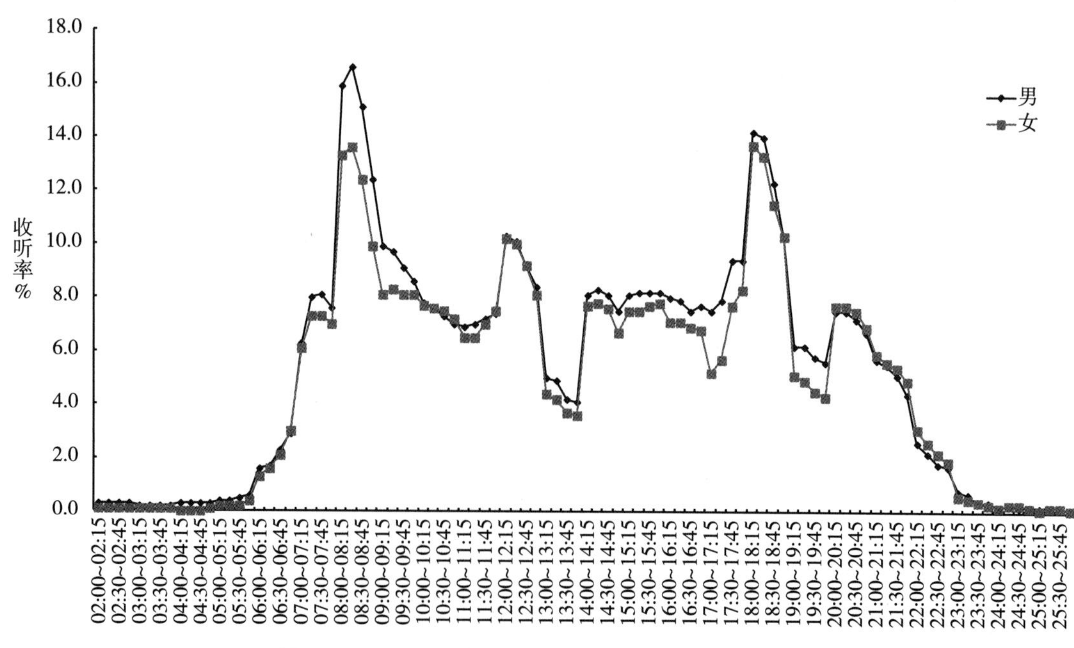

图 3.6.2　2018 年佛山不同性别听众全天收听率走势

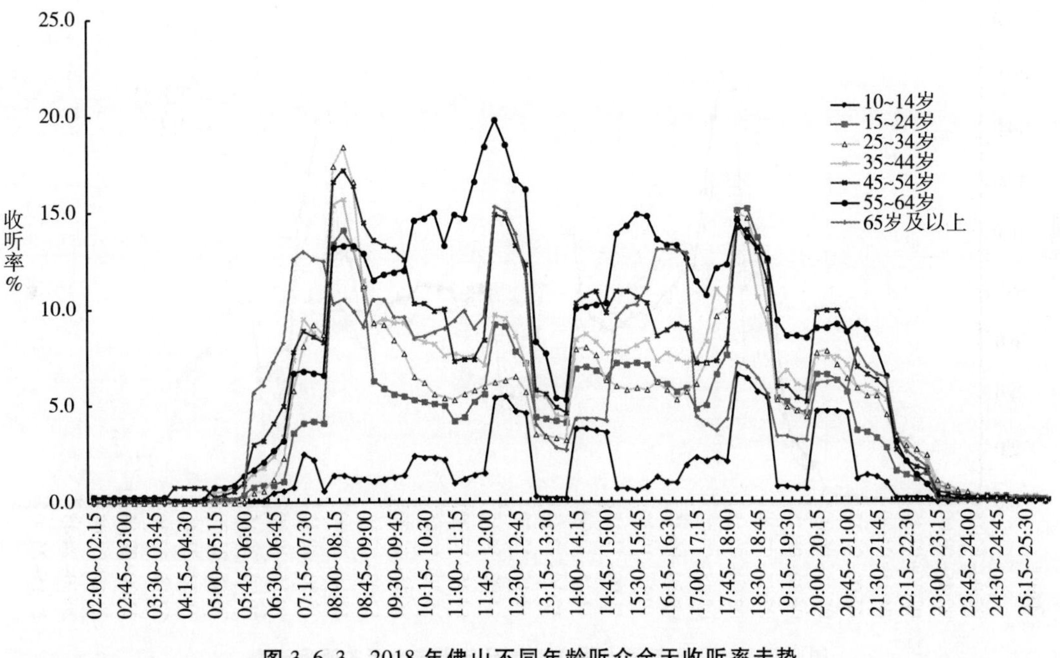

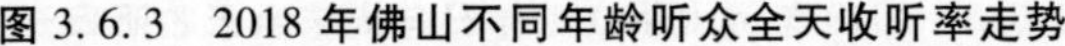
图 3.6.3　2018 年佛山不同年龄听众全天收听率走势

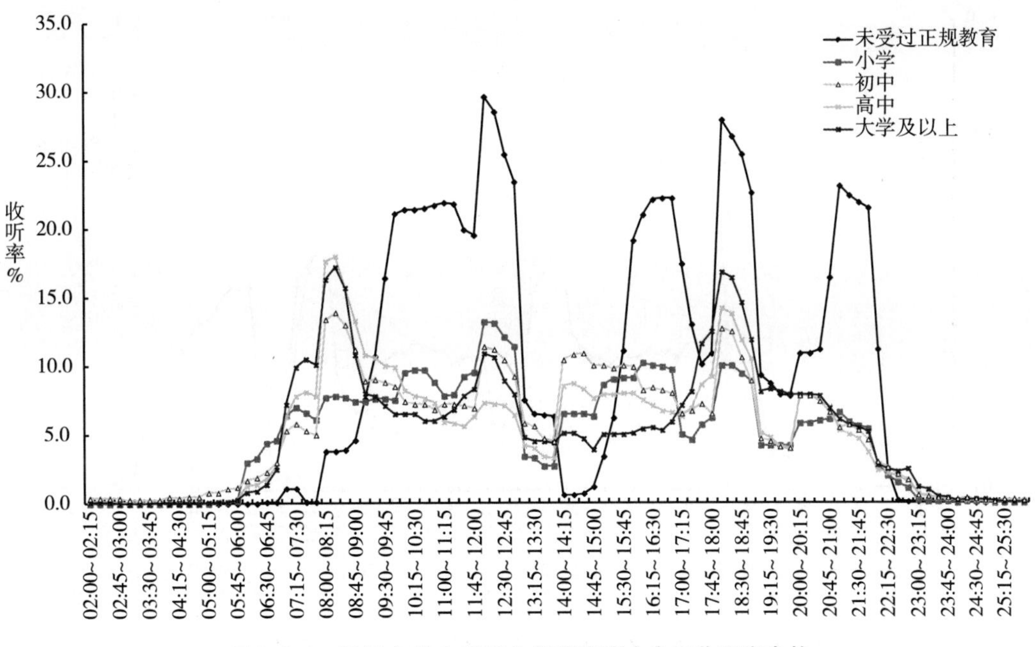

图 3.6.4　2018 年佛山不同文化程度听众全天收听率走势

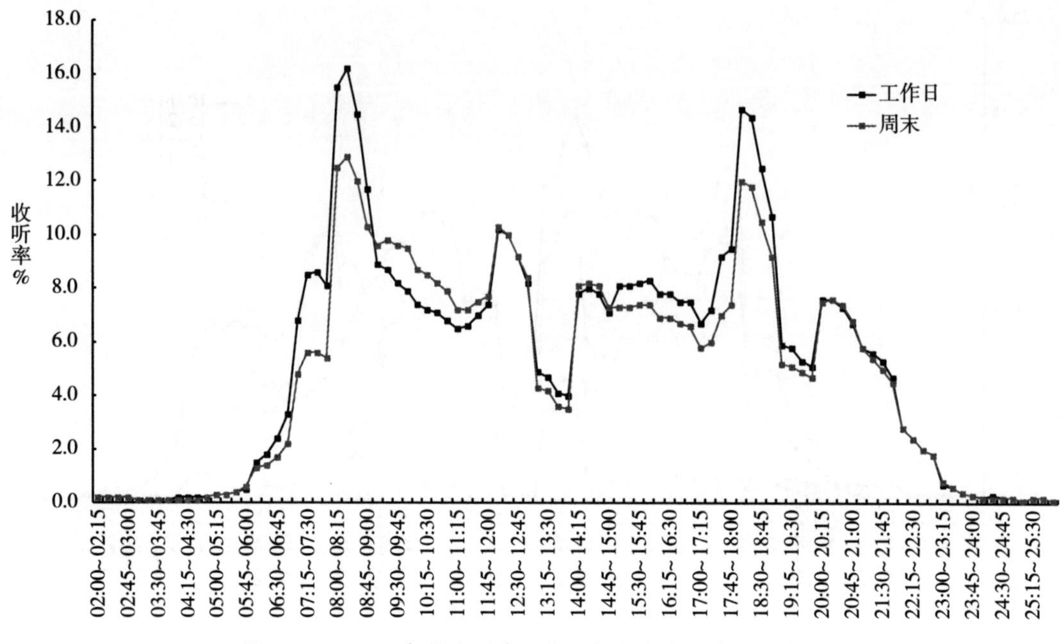

图 3.6.5　2018 年佛山听众工作日与周末全天收听率走势

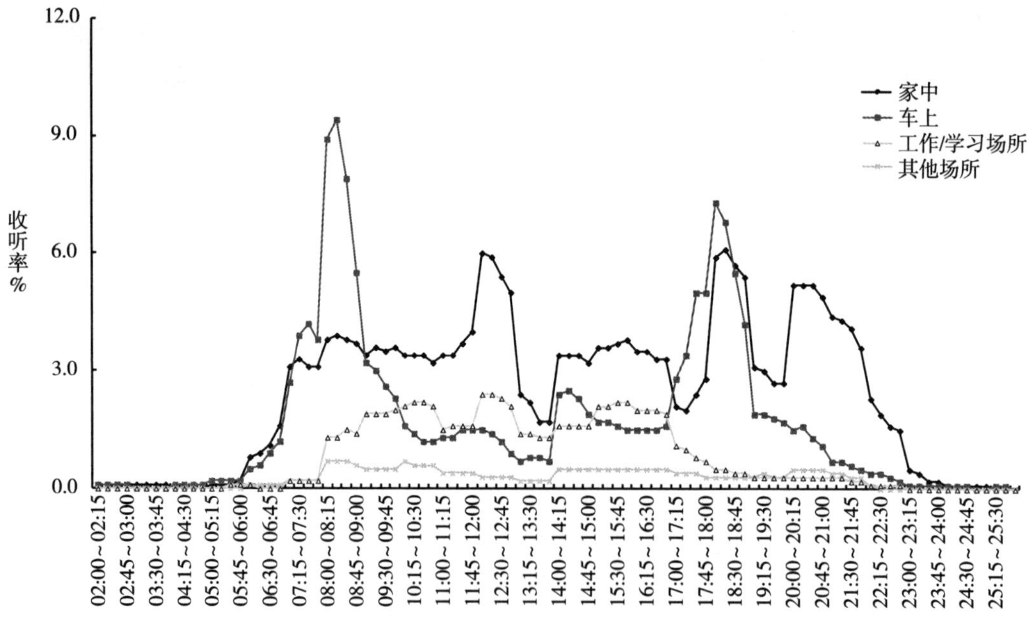

图 3.6.6　2018 年佛山听众在不同收听地点全天收听率走势

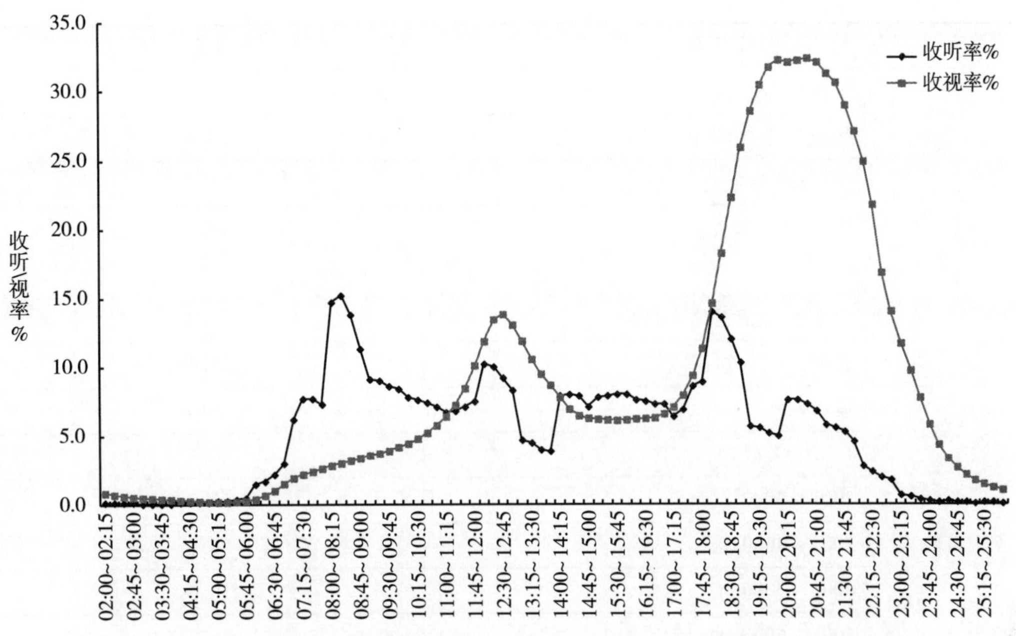

图 3.6.7　2018 年佛山受众全天收听率、收视率走势比较（目标受众为 10 岁及以上）

表 3.6.3　2018 年佛山市场听众构成（%）

目标听众		听众构成（%）
10 岁及以上所有人		100.0
性别	男	55.6
	女	44.4
年龄	10～14 岁	1.0
	15～24 岁	17.6
	25～34 岁	24.4
	35～44 岁	25.4
	45～54 岁	14.2
	55～64 岁	11.2
	65 岁及以上	6.2
文化程度	未受过正规教育	0.8
	小学	11.8
	初中	29.4
	高中	32.1
	大学及以上	25.9

续表

目标听众		听众构成（%）
职业	干部/管理人员	4.8
	初级公务员/雇员	29.1
	个体/私营企业人员	24.3
	工人	19.8
	学生	5.1
	无业（包括退休人员）	15.4
	其他	1.5
个人月收入	没有收入	6.9
	1~2000元	9.7
	2001~3000元	23.7
	3001~4000元	26.0
	4001~5000元	19.3
	5001~6000元	6.7
	6001元及以上	7.7

表3.6.4　2016~2018年佛山市场各广播电台的市场份额（%）

广播电台	2016年	2017年	2018年
中央人民广播电台	1.8	1.4	0.9
中国国际广播电台	0.2	0.1	0.0
广东广播电视台	10.0	7.7	8.0
广州广播电视台	4.0	2.2	2.0
佛山人民广播电台	78.2	83.4	85.2
鹤山人民广播电台	2.8	1.9	1.6
其他广播电台	3.0	3.3	2.3

表3.6.5　2018年佛山市场各广播电台在不同目标听众中的市场份额（%）

目标听众		中央人民广播电台	中国国际广播电台	广东广播电视台	广州广播电视台	佛山人民广播电台	鹤山人民广播电台	其他广播电台
10岁及以上所有人		0.9	0.0	8.0	2.0	85.2	1.6	2.3
性别	男	0.7	0.0	7.9	2.0	85.3	1.7	2.4
	女	1.2	0.0	8.1	2.0	85.1	1.4	2.2

续表

目标听众		中央人民广播电台	中国国际广播电台	广东广播电视台	广州广播电视台	佛山人民广播电台	鹤山人民广播电台	其他广播电台
年龄	10～14 岁	0.2	0.0	17.6	5.4	74.8	0.1	1.9
	15～24 岁	1.1	0.1	8.3	3.1	84.3	1.2	1.9
	25～34 岁	0.5	0.0	9.5	1.2	85.2	1.3	2.3
	35～44 岁	1.2	0.0	9.8	2.0	83.6	1.7	1.7
	45～54 岁	0.4	0.0	5.8	3.1	83.6	2.3	4.8
	55～64 岁	1.8	0.0	3.0	0.8	90.7	1.3	2.4
	65 岁及以上	0.3	0.0	5.6	0.7	89.2	2.0	2.2
文化程度	未受过正规教育	0.0	0.0	0.0	0.0	100.0	0.0	0.0
	小学	0.7	0.0	6.9	1.1	88.1	1.7	1.5
	初中	1.1	0.0	5.8	1.0	88.0	2.1	2.0
	高中	0.5	0.1	8.6	2.8	84.5	1.2	2.3
	大学及以上	1.2	0.0	10.3	2.6	81.3	1.3	3.3
职业	干部/管理人员	0.1	0.0	6.3	2.4	89	0.7	1.5
	初级公务员/雇员	0.8	0.0	9.1	1.9	84.3	1.7	2.2
	个体/私营企业人员	1.0	0.0	6.8	2.1	85.5	1.2	3.4
	工人	0.5	0.0	7.8	1.2	87.3	1.6	1.6
	学生	1.1	0.3	14.3	6.3	75.8	1.0	1.2
	无业（包括退休人员）	0.8	0.0	6.9	1.4	85.2	2.2	3.5
	其他	9.6	0.0	2.2	0.4	86.3	0.7	0.8
个人月收入	没有收入	2.3	0.2	11.0	5.5	77.4	1.3	2.3
	1～2000 元	0.1	0.0	9.8	0.6	84.3	3.2	2.0
	2001～3000 元	0.8	0.0	5.8	2.4	87.2	0.9	2.9
	3001～4000 元	0.5	0.0	7.3	1.2	87.5	1.3	2.2
	4001～5000 元	0.8	0.0	7.3	1.7	86.3	1.2	2.7
	5001～6000 元	0.8	0.1	13.8	3.3	78.9	2.0	1.1
	6001 元及以上	2.8	0.0	9.0	1.4	81.0	3.2	2.6

表 3.6.6 2018 年佛山市场份额排名前 5 位的频率

排名	频率	市场份额（%）
1	佛山人民广播电台（FM94.6）	28.8
2	佛山人民广播电台（FM92.4）	16.9
3	佛山人民广播电台（FM90.1）	15.8
4	佛山人民广播电台（FM98.5）	10.2
5	佛山人民广播电台（FM90.6）	9.2

表 3.6.7 2018 年佛山市场收听率排名前 30 位的节目

排名	节目名称	播出频率	收听率（%）	市场份额（%）
1	讲东讲西讲东西	佛山人民广播电台（FM94.6）	3.6	45.1
2	同步新空气	佛山人民广播电台（FM92.4）	3.4	23.7
3	早晨从 946 出发	佛山人民广播电台（FM94.6）	3.3	29.6
4	傍晚新闻专辑	佛山人民广播电台（FM94.6）	3.3	27.5
5	午间新闻接力	佛山人民广播电台（FM94.6）	3.2	34.0
6	经典音乐日	佛山人民广播电台（FM94.6）	3.2	29.6
7	流金岁月	佛山人民广播电台（FM94.6）	3.0	31.0
8	今日舆论场	佛山人民广播电台（FM94.6）	3.0	28.3
9	午间新闻	佛山人民广播电台（FM94.6）	2.9	33.8
10	禅城面对面	佛山人民广播电台（FM94.6）	2.9	29.5
11	查笃撑	佛山人民广播电台（FM94.6）	2.7	33.7
11	946 商学院	佛山人民广播电台（FM94.6）	2.7	33.7
13	佛山一家人	佛山人民广播电台（FM94.6）	2.7	32.4
14	阳光畅游	佛山人民广播电台（FM92.4）	2.7	22.6
15	花生宝贝	佛山人民广播电台（FM94.6）	2.5	36.5
16	读经典听文明	佛山人民广播电台（FM94.6）	2.5	34.1
17	财富正前方	佛山人民广播电台（FM94.6）	2.5	28.5
18	讲故台	佛山人民广播电台（FM94.6）	2.4	32.0
19	健康 E 时代	佛山人民广播电台（FM94.6）	2.3	30.8
20	粤韵知音俱乐部	佛山人民广播电台（FM94.6）	2.3	27.6
21	946 民生直通车	佛山人民广播电台（FM94.6）	2.2	30.6
22	楼市荷包查笃撑	佛山人民广播电台（FM94.6）	2.2	28.6
23	警讯 110	佛山人民广播电台（FM94.6）	2.0	30.8

续表

排名	节目名称	播出频率	收听率（%）	市场份额（%）
24	一路乐逍遥	佛山人民广播电台（FM92.4）	2.0	25.7
25	喜势围威喂	佛山人民广播电台（FM92.4）	2.0	16.9
26	顺德警讯	佛山人民广播电台（FM90.1）	2.0	15.9
27	I风尚	佛山人民广播电台（FM94.6）	1.9	27.6
28	完美家居	佛山人民广播电台（FM94.6）	1.9	26.4
29	打歌	佛山人民广播电台（FM94.6）	1.8	27.9
30	顺风顺水顺德人（重播）	佛山人民广播电台（FM90.1）	1.8	21.7

七、广州收听数据

表 3.7.1　2016～2018 年广州各目标听众人均收听时间（分钟）

目标听众		2016 年	2017 年	2018 年
15 岁及以上所有人		44	45	62
性别	男	43	50	66
	女	43	38	56
年龄	15～24 岁	24	25	42
	25～34 岁	35	27	40
	35～44 岁	51	42	53
	45～54 岁	49	60	80
	55～64 岁	58	76	120
	65 岁及以上	78	85	133
文化程度	未受过正规教育	83	*	*
	小学	33	66	97
	初中	46	78	111
	高中	47	57	77
	大学及以上	37	31	46
职业	干部/管理人员	47	31	37
	初级公务员/雇员	37	32	47
	个体/私营企业人员	44	46	56
	工人	42	46	73
	学生	23	21	39
	无业（包括退休人员）	60	83	119
	其他	39	*	*
个人月收入	没有收入	28	27	39
	1～2000 元	62	44	82
	2001～3000 元	42	56	78
	3001～4000 元	50	56	77
	4001～5000 元	43	48	66
	5001～6000 元	45	41	60
	6001 元及以上	50	36	49

注：广州为全年连续调查城市。从 2017 年 4 月 1 日广州开始采用测量仪进行收听率调查，其他广播电台频率不再纳入监测范围，2017 年的数据范围为 4 月 1 日～12 月 31 日。“*”表示该目标听众样本量不足，无法进行统计推断。

表 3.7.2　2016～2018 年广州听众在不同地点的人均收听时间（分钟）

地点	2016 年	2017 年	2018 年
家中	29	12	19
车上	10	16	22
工作/学习场所	3	8	8
其他场所	1	10	12

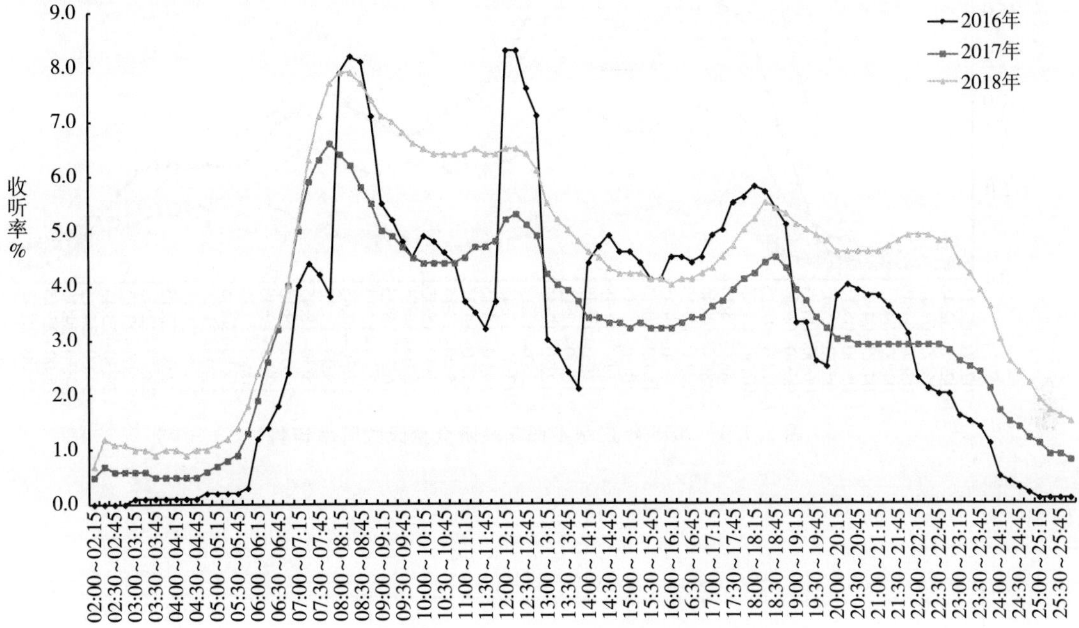

图 3.7.1　2016～2018 年广州听众全天收听率走势

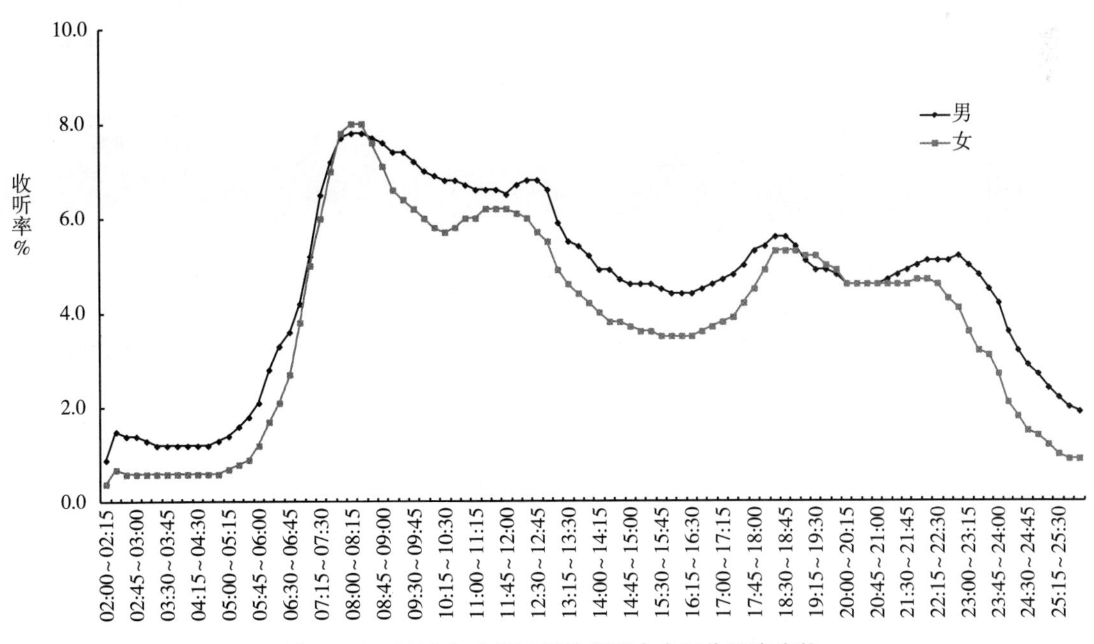

图 3.7.2　2018 年广州不同性别听众全天收听率走势

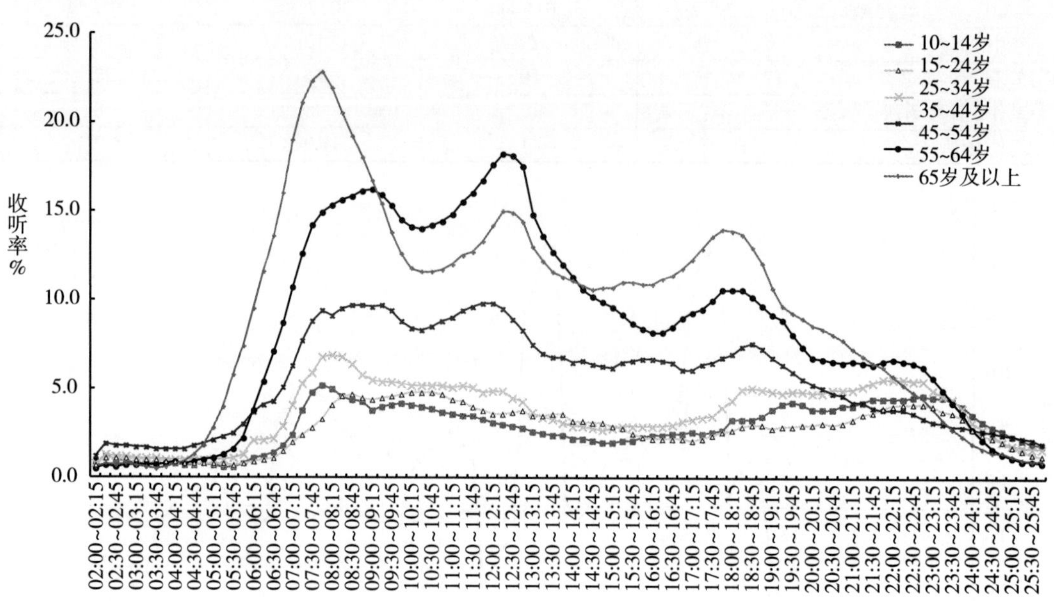

图 3.7.3　2018 年广州不同年龄听众全天收听率走势

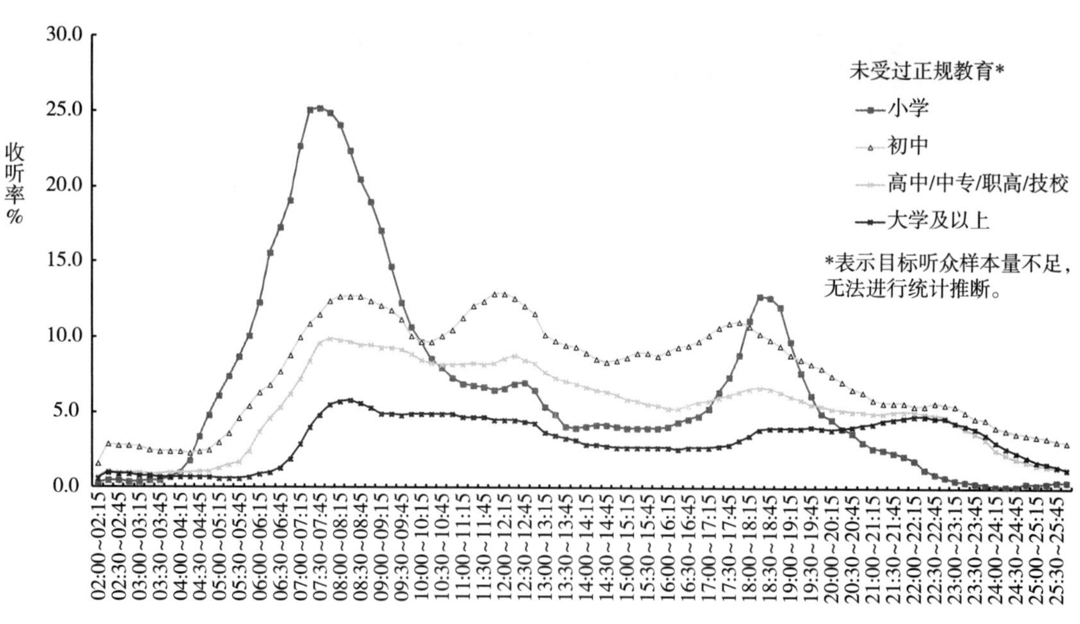

图 3.7.4　2018 年广州不同文化程度听众全天收听率走势

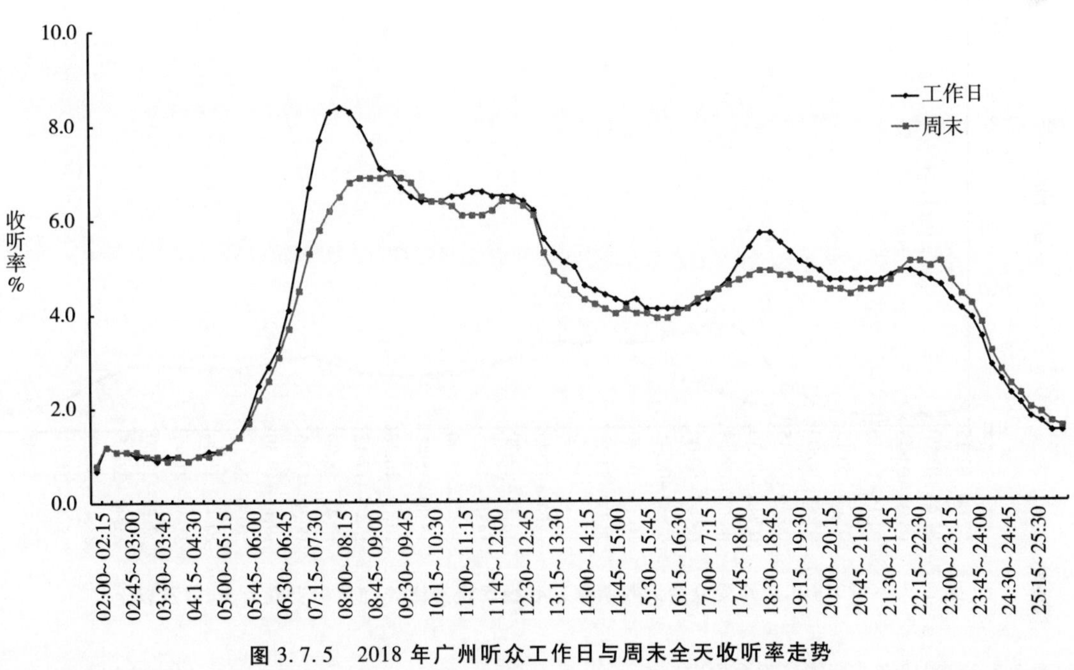

图 3.7.5　2018 年广州听众工作日与周末全天收听率走势

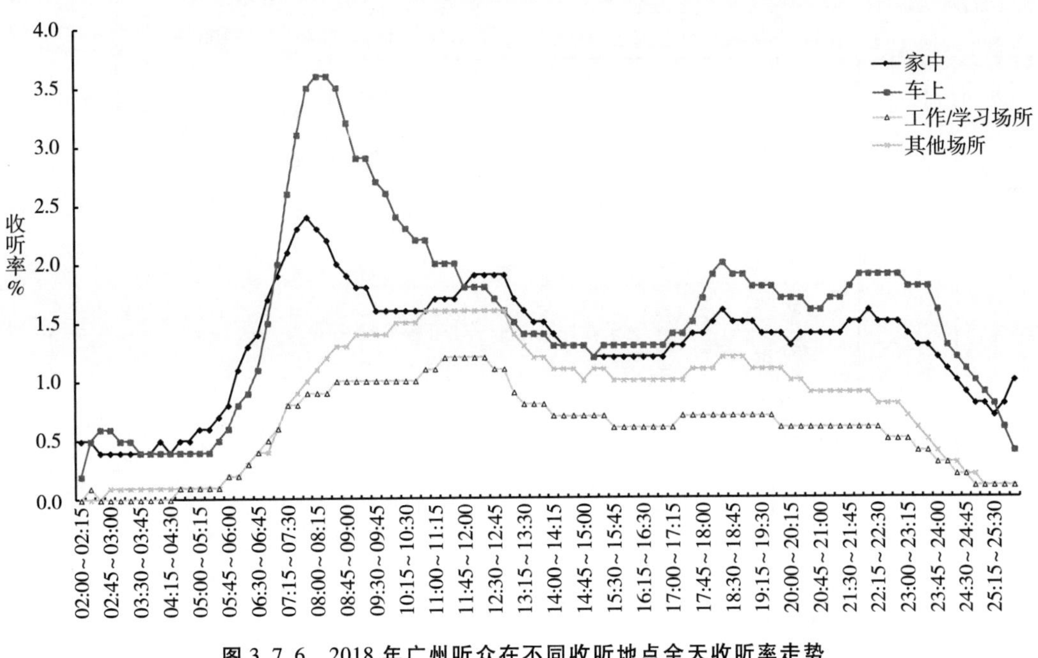

图 3.7.6　2018 年广州听众在不同收听地点全天收听率走势

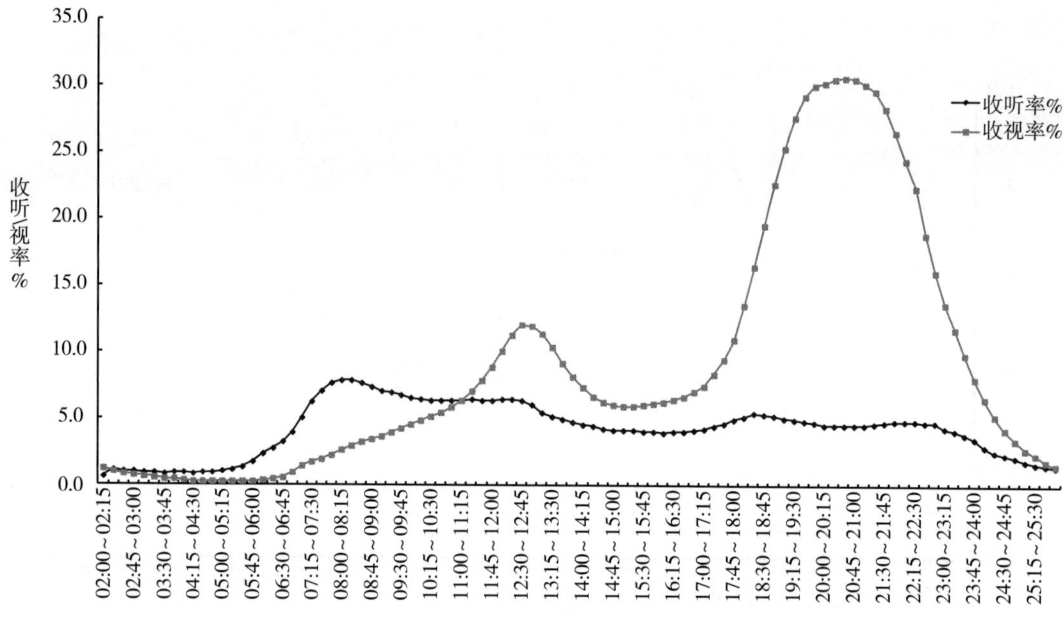

图 3.7.7　2018 年广州受众全天收听率、收视率走势比较（目标受众为 10 岁及以上）

表 3.7.3　2018 年广州市场听众构成（%）

目标听众		听众构成（%）
15 岁及以上所有人		100.0
性别	男	64.2
	女	35.8
年龄	15～24 岁	13.2
	25～34 岁	18.9
	35～44 岁	21.8
	45～54 岁	12.2
	55～64 岁	16.1
	65 岁及以上	17.8
文化程度	未受过正规教育	*
	小学	2.9
	初中	16.1
	高中	35.9
	大学及以上	45.1
职业	干部/管理人员	4.8
	初级公务员/雇员	31.6
	个体/私营企业人员	8.3

续表

目标听众		听众构成（%）
职业	工人	18.5
	学生	5.7
	无业（包括退休人员）	31.1
	其他	*
个人月收入	没有收入	6.2
	1～2000 元	2.0
	2001～3000 元	10.8
	3001～4000 元	30.0
	4001～5000 元	17.5
	5001～6000 元	12.4
	6001 元及以上	21.1

注：“*”表示该目标听众样本量不足，无法进行统计推断。

表 3.7.4　2016～2018 年广州市场各广播电台的市场份额（%）

广播电台	2016 年	2017 年	2018 年
中央人民广播电台	3.6	5.1	4.6
中国国际广播电台	0.4	1.7	1.0
广东广播电视台	60.9	55.2	60.0
广州广播电视台	28.8	35.7	32.8
佛山人民广播电台	3.9	2.2	1.6
其他广播电台	2.3	—	—

注：广州从 2017 年 4 月 1 日开始采用虚拟测量仪进行调查，其他广播电台频率不再纳入监测范围。

表 3.7.5　2018 年广州市场各广播电台在不同目标听众中的市场份额（%）

目标听众		中央人民广播电台	中国国际广播电台	广东广播电视台	广州广播电视台	佛山人民广播电台
15 岁及以上所有人		4.6	1.0	60.0	32.8	1.6
性别	男	4.7	1.3	62.3	30.3	1.4
	女	4.3	0.5	56.0	37.2	2.0
年龄	15～24 岁	2.2	1.4	50.5	44.5	1.4
	25～34 岁	7.2	1.0	57.4	33.1	1.3
	35～44 岁	5.1	1.1	64.8	26.6	2.4
	45～54 岁	2.5	0.5	56.6	38.7	1.7

续表

目标听众		中央人民广播电台	中国国际广播电台	广东广播电视台	广州广播电视台	佛山人民广播电台
年龄	55～64 岁	1.7	0.2	68.1	28.8	1.2
	65 岁及以上	7.5	1.9	59.3	29.8	1.5
文化程度	未受过正规教育	*	*	*	*	*
	小学	3.5	0.2	68	28.2	0.1
	初中	2.3	0.4	65.4	29.9	2.0
	高中	3.9	1.2	54.3	39.5	1.1
	大学及以上	6.1	1.2	61.8	28.8	2.1
职业	干部/管理人员	10.7	1.4	65.5	20.0	2.4
	初级公务员/雇员	5.3	0.7	58.7	33.1	2.2
	个体/私营企业人员	3.5	1.8	68.2	24.8	1.7
	工人	2.6	0.3	62.3	33.8	1.0
	学生	1.5	2.9	56	39.4	0.2
	无业（包括退休人员）	5.1	1.2	57.5	34.6	1.6
	其他	*	*	*	*	*
个人月收入	没有收入	1.8	2.7	43.9	51.4	0.2
	1～2000 元	0.5	0.1	90.3	8.7	0.4
	2001～3000 元	1.0	0.1	67.1	29.8	2.0
	3001～4000 元	3.1	0.4	57.6	37.6	1.3
	4001～5000 元	5.0	1.1	58.4	33.9	1.6
	5001～6000 元	7.4	0.8	58.9	32.1	0.8
	6001 元及以上	8.0	2.2	63.5	23.5	2.8

注：“＊”表示该目标听众样本量不足，无法进行统计推断。

表 3.7.6　2018 年广州市场份额排名前 5 位的频率

排名	频率	市场份额（%）
1	广东广播电视台羊城交通广播台（FM105.2）	18.4
2	广东广播电视台音乐之声（FM99.3）	13.7
3	广东广播电视台珠江经济广播电台（E FM 财富 974）	12.8
4	广州交通电台（FM106.1）	12.6
5	广州电台青少年广播（MY FM88）（FM88/AM1170）	7.2

表 3.7.7　2018 年广州市场收听率排名前 30 位的节目

排名	节目名称	播出频率	收听率（%）	市场份额（%）
1	朝朝早精神好	广东广播电视台羊城交通广播台（FM105.2）	1.5	19.2
2	珠江第一线	广东广播电视台珠江经济广播电台（E FM 财富 974）	1.5	19.0
3	早安，亲爱的	广东广播电视台羊城交通广播台（FM105.2）	1.3	20.8
4	宝宝私家车	广东广播电视台羊城交通广播台（FM105.2）	1.3	19.0
5	欢笑出行	广东广播电视台羊城交通广播台（FM105.2）	1.2	21.4
6	文艺生活杂志	广东广播电视台羊城交通广播台（FM105.2）	1.2	19.9
7	大吉利车队	广东广播电视台羊城交通广播台（FM105.2）	1.2	19.2
8	全国汽车音乐榜	广东广播电视台羊城交通广播台（FM105.2）	1.2	17.9
9	粤韵名人堂	广东广播电视台珠江经济广播电台（E FM 财富 974）	1.1	17.0
10	粤语歌曲排行榜	广东广播电视台音乐之声（FM99.3）	1.1	16.6
11	师傅教路	广东广播电视台珠江经济广播电台（E FM 财富 974）	1.1	15.0
12	薇薇一笑	广东广播电视台音乐之声（FM99.3）	1.0	22.1
13	体验达人	广东广播电视台音乐之声（FM99.3）	1.0	16.8
14	钟律师说法	广东广播电视台羊城交通广播台（FM105.2）	1.0	16.5
15	环球旅行家	广东广播电视台羊城交通广播台（FM105.2）	1.0	16.2
16	有车有得挥	广东广播电视台羊城交通广播台（FM105.2）	1.0	15.7
17	城市唱游	广东广播电视台音乐之声（FM99.3）	1.0	15.6
17	艺术 FM	广东广播电视台珠江经济广播电台（E FM 财富 974）	1.0	15.6
19	谈股论金	广东广播电视台珠江经济广播电台（E FM 财富 974）	1.0	14.6
20	车麟时代	广东广播电视台羊城交通广播台（FM105.2）	0.9	19.4
21	大吉利车队外传	广东广播电视台羊城交通广播台（FM105.2）	0.9	19.3
22	明天我要嫁给你	广东广播电视台羊城交通广播台（FM105.2）	0.9	19.0
23	羊城交广晚间新闻	广东广播电视台羊城交通广播台（FM105.2）	0.9	18.5
24	1052 欢乐帮	广东广播电视台羊城交通广播台（FM105.2）	0.9	18.1
25	创业找崔磊	广州交通电台（FM106.1）	0.9	17.4
26	欢乐今宵	广州交通电台（FM106.1）	0.9	17.3
27	周末随身听	广东广播电视台羊城交通广播台（FM105.2）	0.9	15.8
28	随心出发	广东广播电视台羊城交通广播台（FM105.2）	0.9	15.0
29	至得美食导航	广州交通电台（FM106.1）	0.9	14.7
30	畅行天下	广州交通电台（FM106.1）	0.9	14.1

八、杭州收听数据

表 3.8.1　2016～2018 年杭州各目标听众人均收听时间（分钟）

目标听众		2016 年	2017 年	2018 年
10 岁及以上所有人		66	49	43
性别	男	69	53	47
	女	62	44	39
年龄	10～14 岁	39	23	19
	15～24 岁	56	36	33
	25～34 岁	66	49	43
	35～44 岁	63	55	48
	45～54 岁	65	43	43
	55～64 岁	73	63	51
	65 岁及以上	95	65	58
文化程度	未受过正规教育	52	24	21
	小学	59	38	34
	初中	72	50	44
	高中	65	49	46
	大学及以上	64	52	45
职业	干部/管理人员	54	50	45
	初级公务员/雇员	65	48	43
	个体/私营企业人员	71	51	43
	工人	67	56	46
	学生	48	27	27
	无业（包括退休人员）	82	61	52
	其他	57	40	43
个人月收入	没有收入	47	27	28
	1～2000 元	55	37	35
	2001～3000 元	70	49	40
	3001～4000 元	73	54	47
	4001～5000 元	75	61	54
	5001～6000 元	61	52	49
	6001 元及以上	60	53	45

注：杭州为全年连续调查城市。

表 3.8.2　2016～2018 年杭州听众在不同地点的人均收听时间（分钟）

地点	2016 年	2017 年	2018 年
家中	32	22	20
车上	28	23	21
工作/学习场所	4	2	2
其他场所	3	1	1

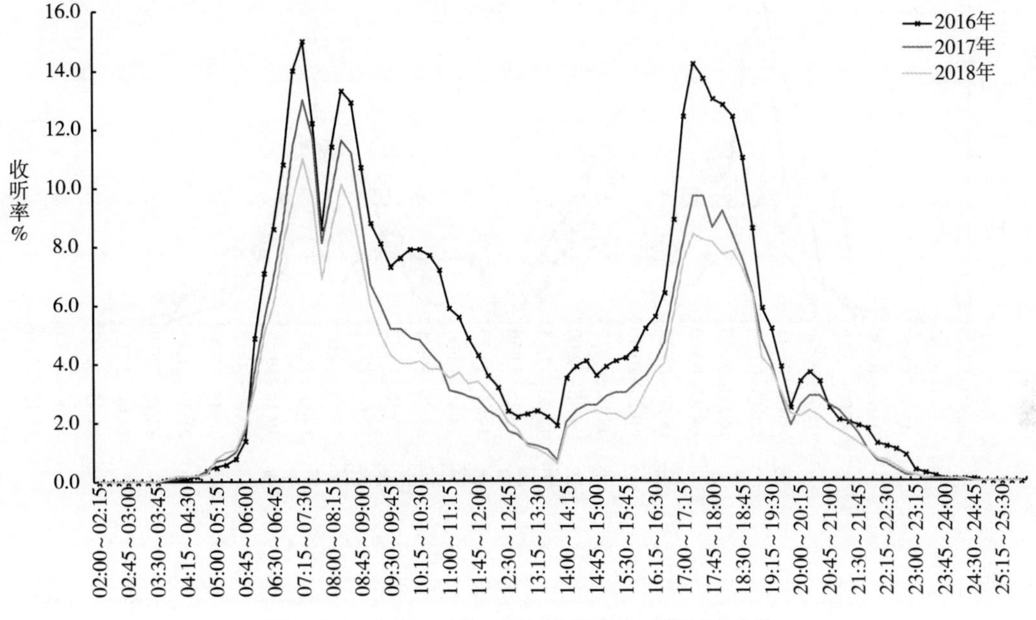

图 3.8.1　2016～2018 年杭州听众全天收听率走势

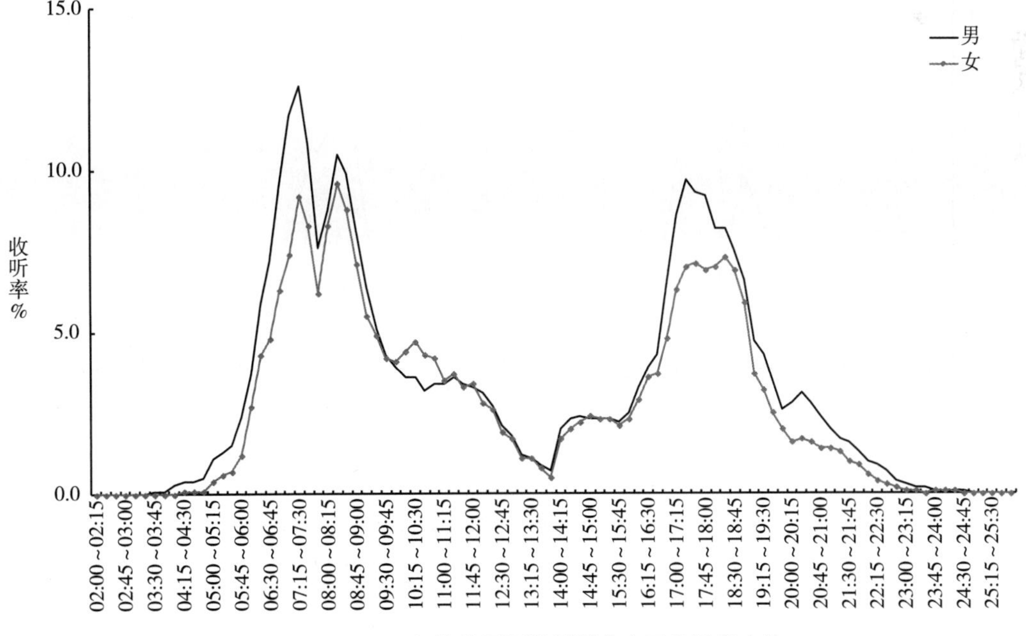

图 3.8.2　2018 年杭州不同性别听众全天收听率走势

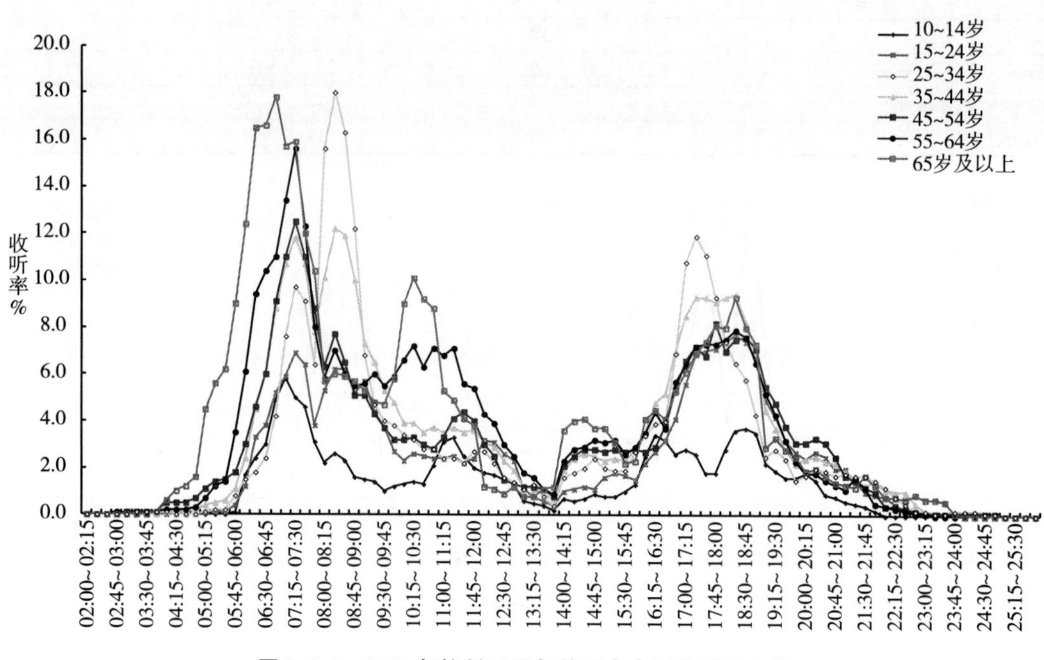

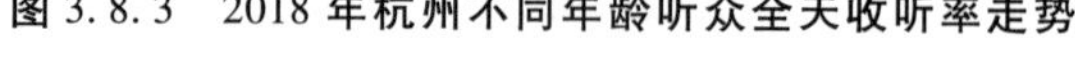
图 3.8.3 2018 年杭州不同年龄听众全天收听率走势

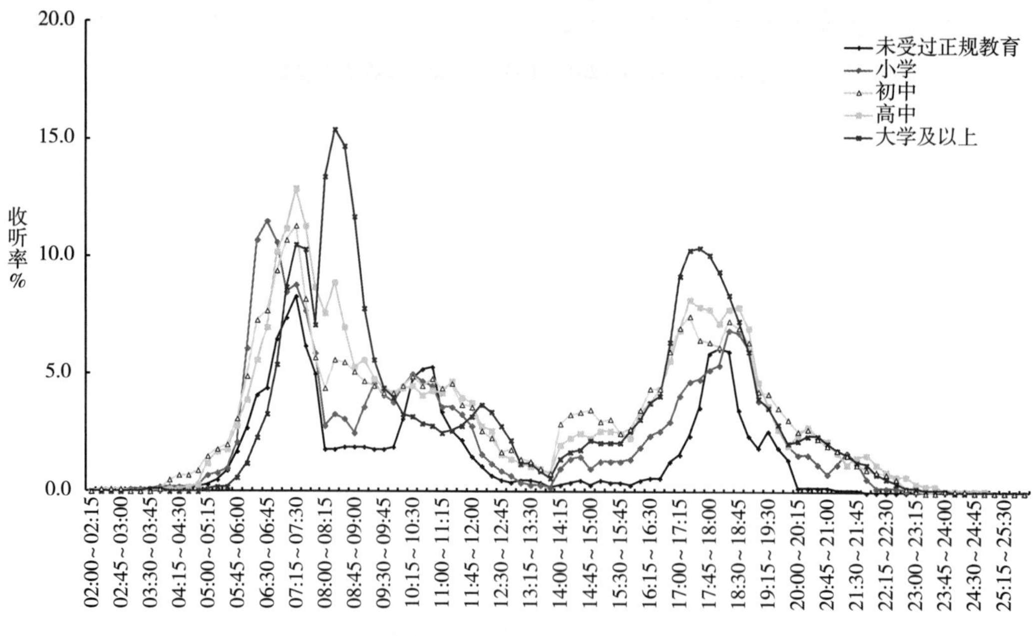

图 3.8.4 2018 年杭州不同文化程度听众全天收听率走势

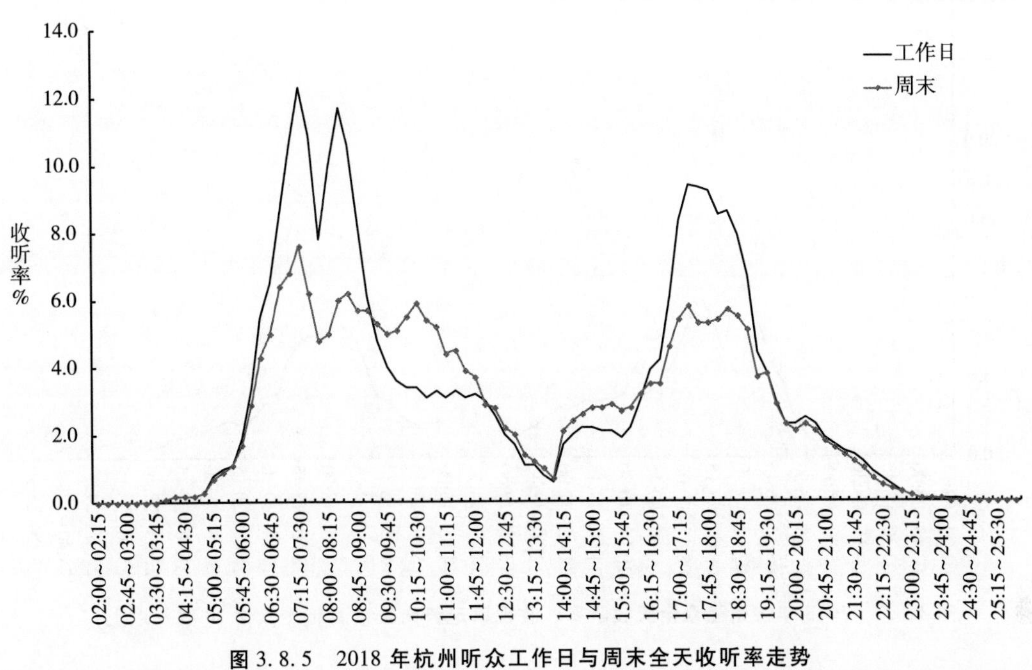

图 3. 8. 5　2018 年杭州听众工作日与周末全天收听率走势

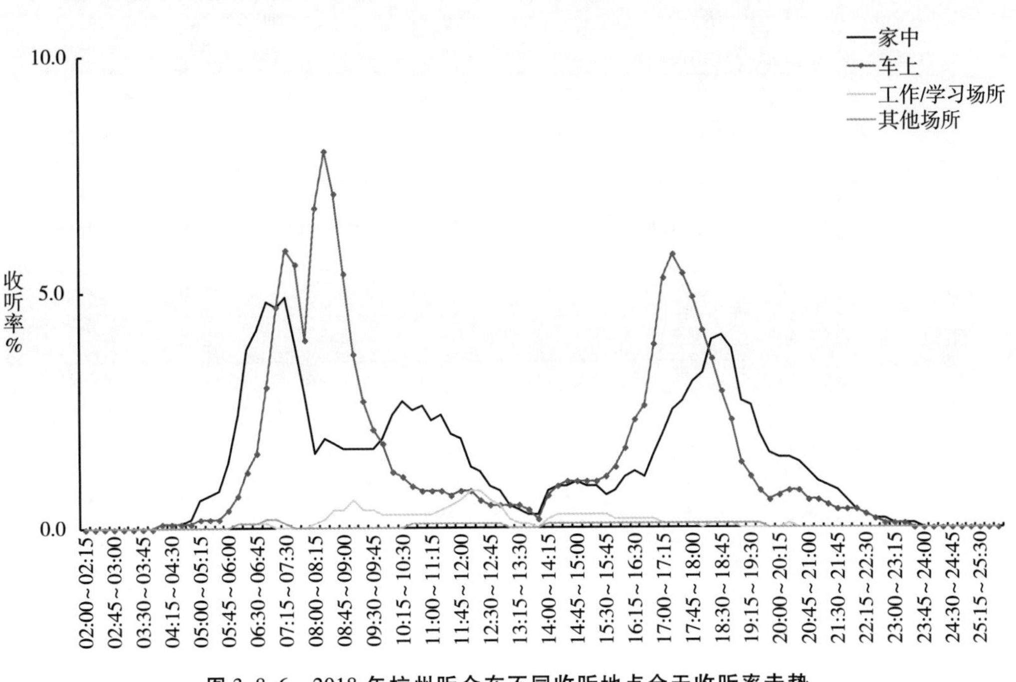

图 3. 8. 6　2018 年杭州听众在不同收听地点全天收听率走势

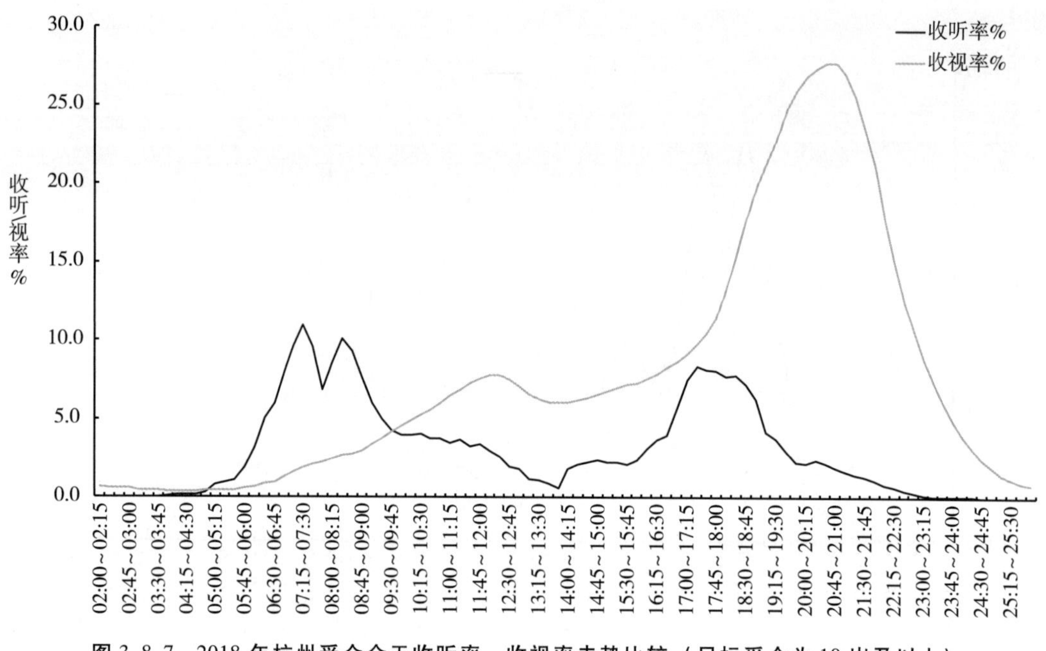

图 3.8.7　2018 年杭州受众全天收听率、收视率走势比较（目标受众为 10 岁及以上）

表 3.8.3　2018 年杭州市场听众构成（%）

目标听众		听众构成（%）
10 岁及以上所有人		100.0
性别	男	56.3
	女	43.7
年龄	10~14 岁	1.3
	15~24 岁	16.3
	25~34 岁	21.0
	35~44 岁	22.2
	45~54 岁	15.8
	55~64 岁	12.1
	65 岁及以上	11.3
文化程度	未受过正规教育	1.0
	小学	8.3
	初中	25.8
	高中	21.1
	大学及以上	43.8

续表

目标听众		听众构成（%）
职业	干部/管理人员	7.5
	初级公务员/雇员	35.3
	个体/私营企业人员	15.2
	工人	10.4
	学生	7.5
	无业（包括退休人员）	21.7
	其他	2.4
个人月收入	没有收入	11.0
	1~2000 元	4.6
	2001~3000 元	8.1
	3001~4000 元	20.1
	4001~5000 元	19.9
	5001~6000 元	15.5
	6001 元及以上	20.8

表 3.8.4 2016~2018 年杭州市场各广播电台的市场份额（%）

广播电台	2016 年	2017 年	2018 年
中央人民广播电台	4.4	6.2	9.4
中国国际广播电台	0.0	0.0	0.0
浙江广播电视集团	53.1	45.3	40.4
杭州文化广播电视集团	32.0	37.0	34.8
其他广播电台	10.5	11.5	15.4

表 3.8.5 2018 年杭州市场各广播电台在不同目标听众中的市场份额（%）

目标听众		中央人民广播电台	中国国际广播电台	浙江广播电视集团	杭州文化广播电视集团	其他广播电台
10 岁及以上所有人		9.4	0.0	40.4	34.8	15.4
性别	男	10.1	0.0	41.5	35.2	13.2
	女	8.5	0.0	38.9	34.3	18.3
年龄	10~14 岁	4.8	0.0	40.7	24.0	30.5
	15~24 岁	11.1	0.0	43.2	32.3	13.4
	25~34 岁	3.2	0.0	41.1	47.2	8.5

续表

目标听众		中央人民广播电台	中国国际广播电台	浙江广播电视集团	杭州文化广播电视集团	其他广播电台
年龄	35~44岁	6.3	0.0	50.3	33.1	10.3
	45~54岁	13.7	0.0	34.9	32.1	19.3
	55~64岁	10.2	0.0	32.7	28.3	28.8
	65岁及以上	18.2	0.0	31.3	30.6	19.9
文化程度	未受过正规教育	8.8	0.0	21.4	1.2	68.6
	小学	9.2	0.0	26.6	21.7	42.5
	初中	12.5	0.0	33.3	31.6	22.6
	高中	13.2	0.0	38.7	35.8	12.3
	大学及以上	5.7	0.0	48.5	39.4	6.4
职业	干部/管理人员	13.5	0.0	43.1	37.2	6.2
	初级公务员/雇员	4.2	0.0	45.7	43.7	6.4
	个体/私营企业人员	7.7	0.0	39.5	31.8	21.0
	工人	12.1	0.0	32.2	25.7	30.0
	学生	14.0	0.0	42.7	22.7	20.6
	无业（包括退休人员）	14.9	0.0	37.0	32.2	15.9
	其他	7.6	0.0	17.0	13.6	61.8
个人月收入	没有收入	12.6	0.0	41.5	25.5	20.4
	1~2000元	11.2	0.0	21.3	17.4	50.1
	2001~3000元	8.2	0.0	32.6	26.3	32.9
	3001~4000元	10.9	0.0	37.2	34.4	17.5
	4001~5000元	9.2	0.0	42.9	38.9	9.0
	5001~6000元	13.1	0.0	47.2	30.1	9.6
	6001元及以上	4.1	0.0	42.3	46.4	7.2

表3.8.6　2018年杭州市场份额排名前5位的频率

排名	频率	市场份额（%）
1	杭州交通经济广播（FM91.8）	20.6
2	浙江之声（FM88/FM101.6/AM810）	9.6
3	浙江人民广播电台交通之声（FM93）	8.8
4	动听968音乐调频（FM96.8）	7.0
5	杭州（FM105.4）西湖之声	6.7

表 3.8.7 2018 年杭州市场收听率排名前 30 位的节目

排名	节目名称	播出频率	收听率（%）	市场份额（%）
1	针锋相对	杭州交通经济广播（FM91.8）	2.9	30.3
2	天天听世界	杭州交通经济广播（FM91.8）	2.4	28.2
3	我和 E 哥有话说	杭州交通经济广播（FM91.8）	2.1	24.9
4	快活晚高峰	杭州交通经济广播（FM91.8）	1.9	23.2
5	领先早高峰前锋	杭州交通经济广播（FM91.8）	1.7	19.7
6	快活晚高峰周末版	杭州交通经济广播（FM91.8）	1.6	24.4
7	新闻周报	杭州交通经济广播（FM91.8）	1.6	19.1
8	我们都爱吃	杭州交通经济广播（FM91.8）	1.5	30.8
9	领先早高峰后锋	杭州交通经济广播（FM91.8）	1.4	24.5
10	惊喜躲不开	杭州交通经济广播（FM91.8）	1.3	17.7
11	一路领先	杭州交通经济广播（FM91.8）	1.1	21.1
12	《968 音乐周刊》10 点档	动听 968 音乐调频（FM96.8）	1.1	16.3
13	惊喜躲不开周末版	杭州交通经济广播（FM91.8）	1.1	15.5
14	《HI MUSIC》10 点档（周末）	动听 968 音乐调频（FM96.8）	1.0	16.9
15	全国新闻联播	中央人民广播电台第一套节目中国之声	1.0	14.4
16	浙广早新闻	浙江之声（FM88/FM101.6/AM810）	1.0	10.6
17	93 早高峰	浙江人民广播电台交通之声（FM93）	1.0	10.2
18	智者沙龙	杭州（FM105.4）西湖之声	1.0	8.2
19	每周质量报告	杭州交通经济广播（FM91.8）	0.9	26.3
20	乐听乐动听 8 点档	动听 968 音乐调频（FM96.8）	0.9	7.2
21	快乐加速度	浙江人民广播电台交通之声（FM93）	0.8	12.7
22	方雨大搜索	浙江之声（FM88/FM101.6/AM810）	0.8	11.2
23	最佳享受 18 点档	动听 968 音乐调频（FM96.8）	0.8	8.5
24	玩转地球	动听 968 音乐调频（FM96.8）	0.7	10.2
25	1016 领先一路	浙江之声（FM88/FM101.6/AM810）	0.7	8.3
26	领先一路晚高峰	浙江之声（FM88/FM101.6/AM810）	0.7	8.2
27	乘着歌声的翅膀	杭州（FM105.4）西湖之声	0.7	8.1
28	放假万岁（周日）	杭州（FM105.4）西湖之声	0.7	8.0
29	1054 早班车	杭州（FM105.4）西湖之声	0.7	7.2
30	橙色派对	杭州交通经济广播（FM91.8）	0.6	25.5

九、哈尔滨收听数据

表 3.9.1　2016～2018 年哈尔滨各目标听众人均收听时间（分钟）

目标听众		2016 年	2017 年	2018 年
10 岁及以上所有人		109	103	96
性别	男	106	103	93
	女	112	102	99
年龄	10～14 岁	40	58	67
	15～24 岁	63	56	49
	25～34 岁	97	87	84
	35～44 岁	89	94	98
	45～54 岁	122	123	106
	55～64 岁	158	139	122
	65 岁及以上	192	164	146
文化程度	未受过正规教育	*	86	70
	小学	108	106	88
	初中	108	114	102
	高中	125	106	94
	大学及以上	85	86	87
职业	干部/管理人员	84	114	123
	初级公务员/雇员	104	92	94
	个体/私营企业人员	96	93	97
	工人	95	103	84
	学生	58	53	51
	无业（包括退休人员）	164	138	130
	其他	*	149	72
个人月收入	没有收入	72	62	58
	1～2000 元	118	114	84
	2001～3000 元	131	120	109
	3001～4000 元	115	103	95
	4001～5000 元	70	100	110
	5001～6000 元	74	100	99
	6001 元及以上	90	95	108

注：哈尔滨为全年连续调查城市。“*”表示该目标听众样本量不足，无法进行统计推断。

表 3.9.2　2016～2018 年哈尔滨听众在不同地点的人均收听时间（分钟）

地点	2016 年	2017 年	2018 年
家中	82	76	69
车上	16	19	21
工作/学习场所	9	6	5
其他场所	1	2	1

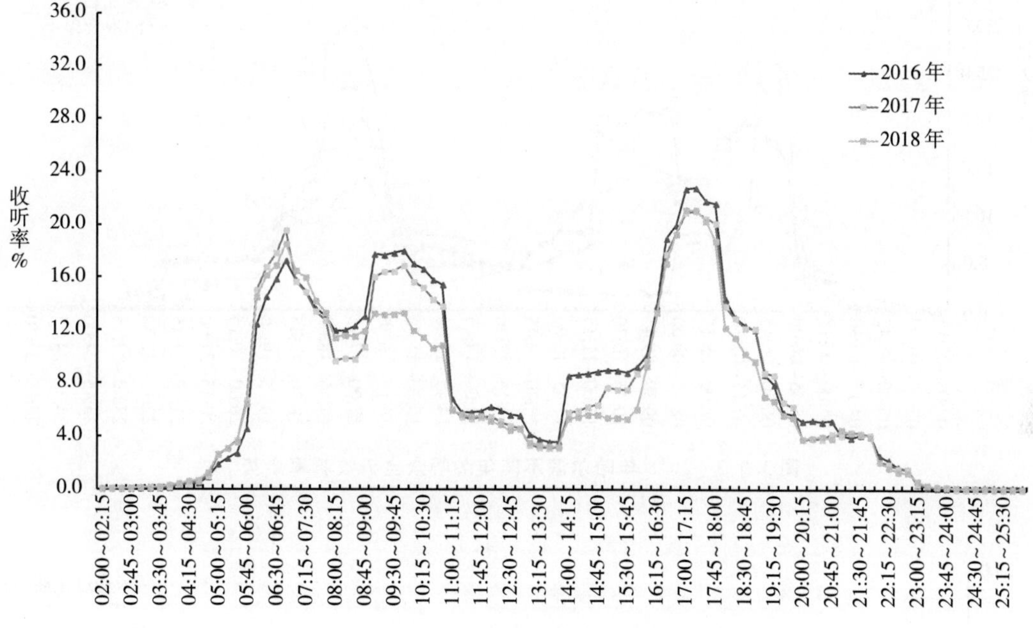

图 3.9.1　2016～2018 年哈尔滨听众全天收听率走势

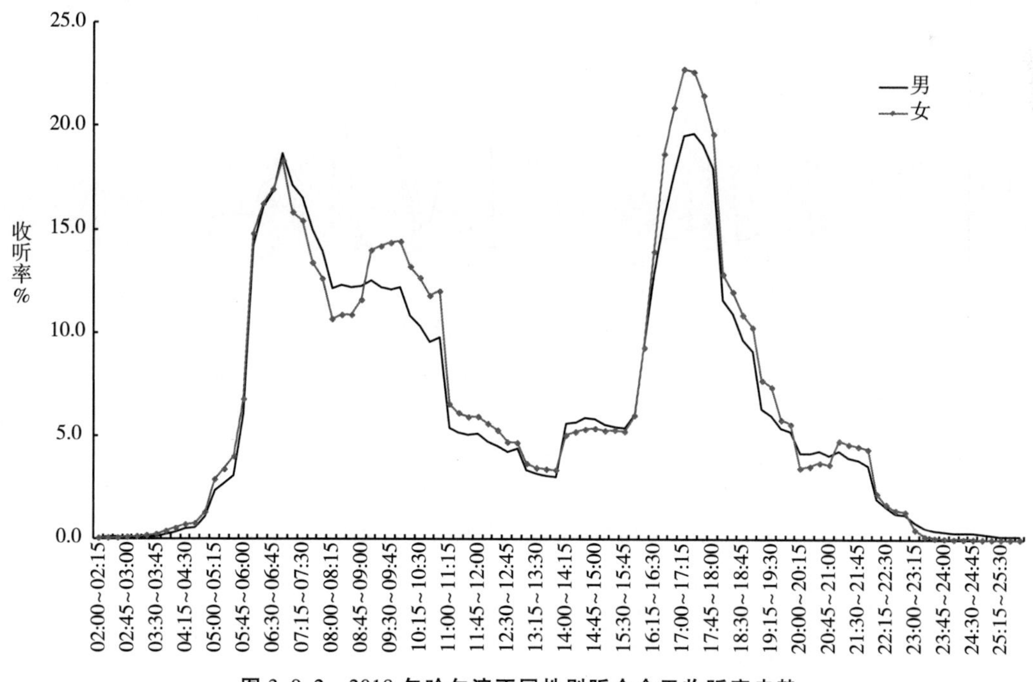

图 3.9.2　2018 年哈尔滨不同性别听众全天收听率走势

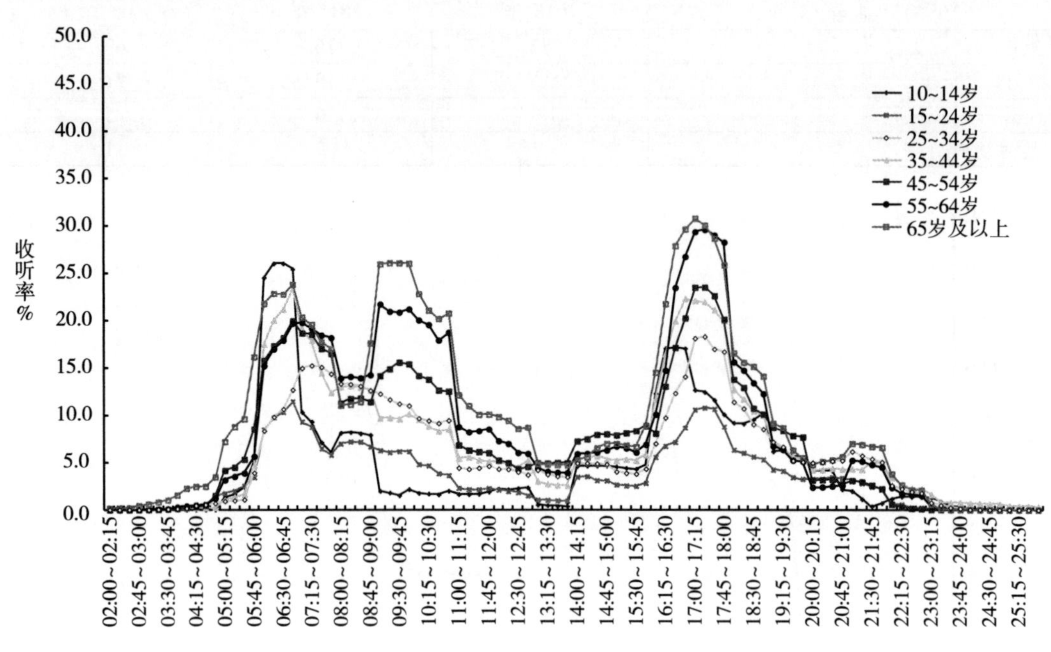

图 3.9.3　2018 年哈尔滨不同年龄听众全天收听率走势

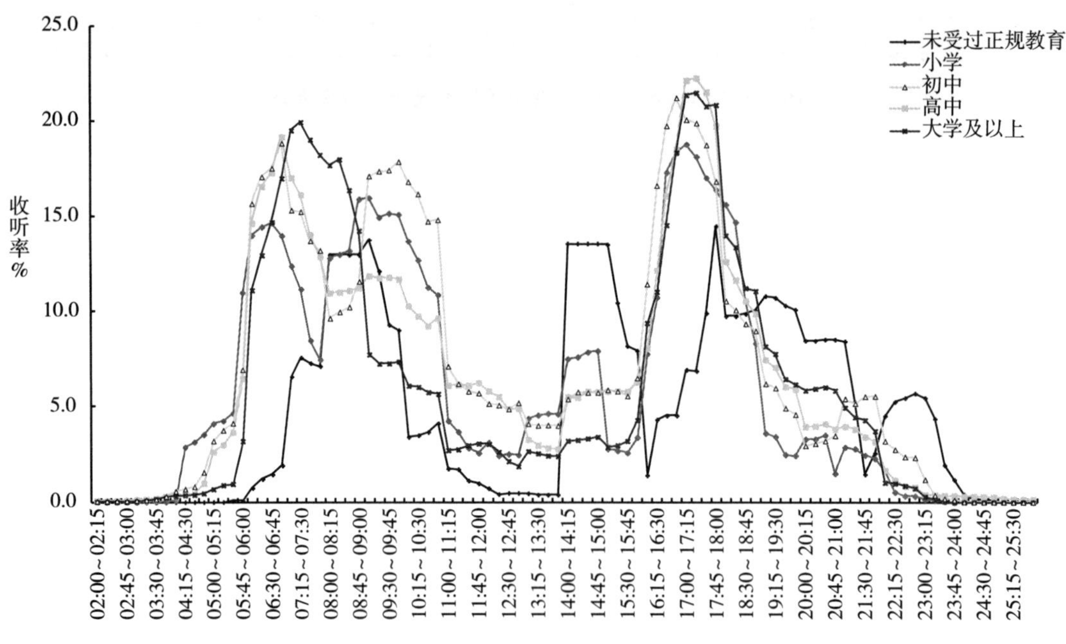

图 3.9.4　2018 年哈尔滨不同文化程度听众全天收听率走势

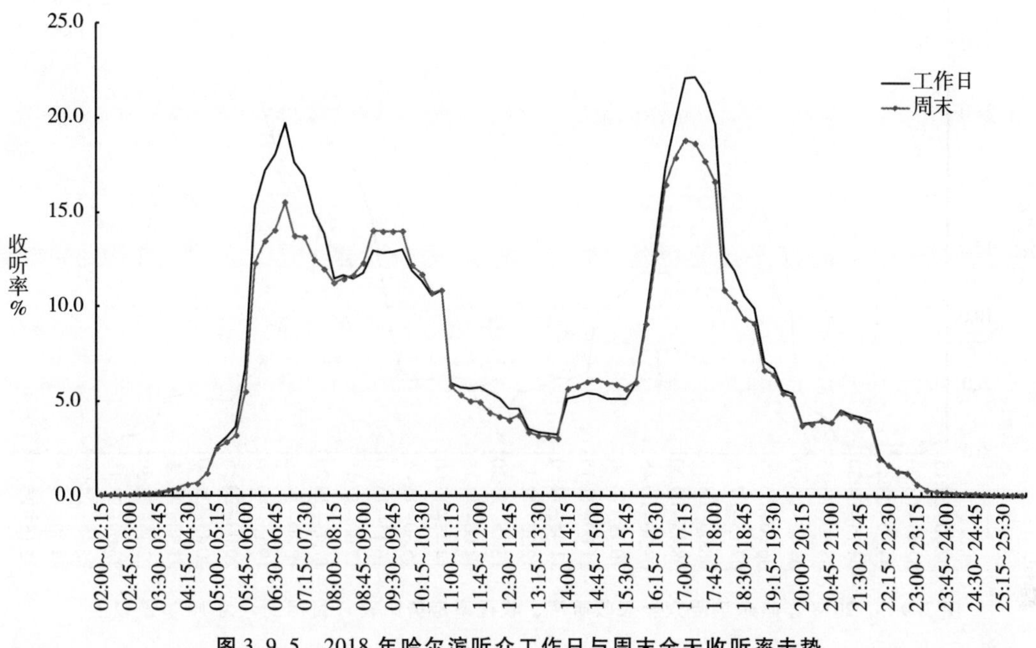

图 3.9.5　2018 年哈尔滨听众工作日与周末全天收听率走势

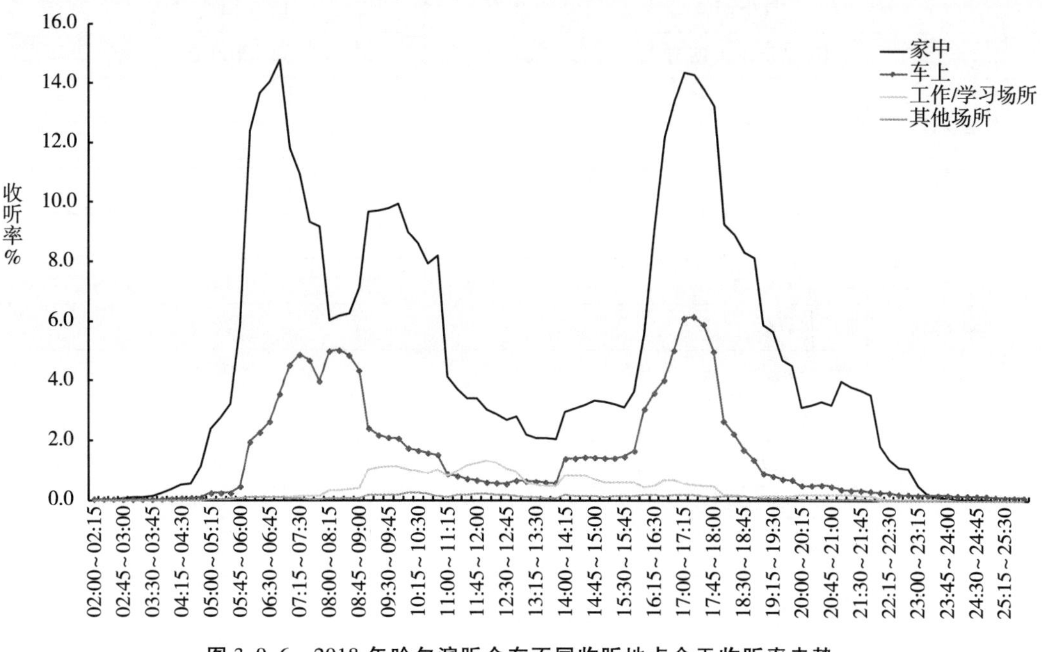

图 3.9.6　2018 年哈尔滨听众在不同收听地点全天收听率走势

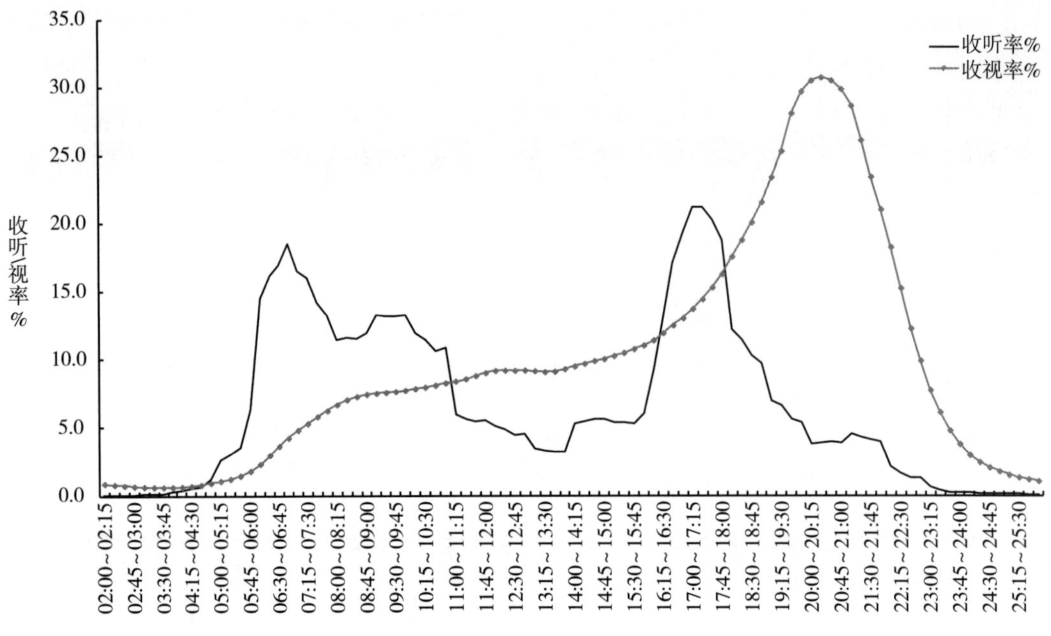

图 3.9.7　2018 年哈尔滨受众全天收听率、收视率走势比较（目标受众为 10 岁及以上）

表 3.9.3　2018 年哈尔滨市场听众构成（%）

目标听众		听众构成（%）
10 岁及以上所有人		100.0
性别	男	49.4
	女	50.6
年龄	10～14 岁	2.7
	15～24 岁	8.9
	25～34 岁	15.2
	35～44 岁	20.7
	45～54 岁	20.8
	55～64 岁	15.7
	65 岁及以上	16.0
文化程度	未受过正规教育	0.4
	小学	3.7
	初中	34.7
	高中	50.7
	大学及以上	10.5

续表

目标听众		听众构成（%）
职业	干部/管理人员	2.0
	初级公务员/雇员	19.4
	个体/私营企业人员	22.4
	工人	16.3
	学生	6.9
	无业（包括退休人员）	32.0
	其他	1.0
个人月收入	没有收入	9.9
	1～2000 元	6.8
	2001～3000 元	42.0
	3001～4000 元	22.5
	4001～5000 元	13.1
	5001～6000 元	3.5
	6001 元及以上	2.2

表 3.9.4　2016～2018 年哈尔滨市场各广播电台的市场份额（%）

广播电台	2016 年	2017 年	2018 年
中央人民广播电台	1.9	2.0	2.1
中国国际广播电台	0.0	0.0	0.0
黑龙江人民广播电台	66.7	69.5	69.2
哈尔滨人民广播电台	31.0	28.1	28.4
其他广播电台	0.4	0.4	0.3

表 3.9.5　2018 年哈尔滨市场各广播电台在不同目标听众中的市场份额（%）

目标听众		中央人民广播电台	中国国际广播电台	黑龙江人民广播电台	哈尔滨人民广播电台	其他广播电台
10 岁及以上所有人		2.1	0.0	69.2	28.4	0.3
性别	男	1.9	0.0	69.1	28.7	0.3
	女	2.3	0.0	69.3	28.2	0.2
年龄	10～14 岁	3.2	0.0	63.7	32.7	0.4
	15～24 岁	2.7	0.0	65.6	31.2	0.5
	25～34 岁	2.3	0.0	67.6	29.9	0.2

续表

目标听众		中央人民广播电台	中国国际广播电台	黑龙江人民广播电台	哈尔滨人民广播电台	其他广播电台
年龄	35～44岁	3.2	0.0	69.5	27.1	0.2
	45～54岁	1.0	0.0	70.0	28.8	0.2
	55～64岁	1.1	0.0	75.1	23.3	0.5
	65岁及以上	2.4	0.0	66.2	31.3	0.1
文化程度	未受过正规教育	0.5	0.0	82.9	14.9	1.7
	小学	1.8	0.0	68.2	29.8	0.2
	初中	1.7	0.0	71.2	26.9	0.2
	高中	2.1	0.0	69.0	28.6	0.3
	大学及以上	3.7	0.0	63.2	33.0	0.1
职业	干部/管理人员	0.8	0.0	71.3	27.9	0.0
	初级公务员/雇员	4.1	0.0	65.1	30.4	0.4
	个体/私营企业人员	1.2	0.0	67.8	30.9	0.1
	工人	0.5	0.0	76.5	22.7	0.3
	学生	4.2	0.0	66.0	29.5	0.3
	无业（包括退休人员）	2.0	0.0	68.9	28.8	0.3
	其他	0.0	0.0	86.2	13.8	0.0
个人	没有收入	3.9	0.0	65.8	29.9	0.4
	1～2000元	0.7	0.0	76.4	22.6	0.3
	2001～3000元	2.0	0.0	69.7	28.0	0.3
	3001～4000元	1.8	0.0	66.9	31.1	0.2
	4001～5000元	3.0	0.0	72.8	23.9	0.3
	5001～6000元	0.3	0.0	70.4	29.2	0.1
	6001元及以上	1.9	0.0	52.2	45.9	0.0

表3.9.6　2018年哈尔滨市场份额排名前5位的频率

排名	频率	市场份额（%）
1	黑龙江交通广播（FM99.8）	22.6
2	黑龙江妇女儿童广播（龙广都市女性台）（FM102.1）	19.3
3	哈尔滨广播电视台文艺频率（FM98.4）	12.8
4	黑龙江老年少儿广播（FM97龙广爱家频道）（FM97）	11.6
5	哈尔滨广播电视台交通频率（FM92.5）	6.4

表 3.9.7 2018 年哈尔滨市场收听率排名前 30 位的节目

排名	节目名称	播出频率	收听率（%）	市场份额（%）
1	叶文有话要说	黑龙江妇女儿童广播（龙广都市女性台）（FM102.1）	11.2	57.2
2	叶文时间	黑龙江妇女儿童广播（龙广都市女性台）（FM102.1）	6.2	54.3
3	卢汉的倾心上午茶	黑龙江老年少儿广播（FM97 龙广爱家频道）（FM97）	5.9	46.2
4	资讯早车	黑龙江交通广播（FM99.8）	5.3	37.1
5	你想挑战吗	黑龙江老年少儿广播（FM97 龙广爱家频道）（FM97）	4.6	42.5
6	婧听十八点	哈尔滨广播电视台文艺频率（FM98.4）	2.5	26.5
7	一路有你	黑龙江交通广播（FM99.8）	2.5	15.4
8	叶文故事会	黑龙江妇女儿童广播（龙广都市女性台）（FM102.1）	2.4	21.9
9	新闻和报纸摘要	黑龙江新闻广播（龙广新闻台）（AM621/FM94.6）	2.3	12.7
10	今晨播报	黑龙江新闻广播（龙广新闻台）（AM621/FM94.6）	2.2	14.0
11	汽车时代	黑龙江交通广播（FM99.8）	2.1	16.9
12	清晨话养生	黑龙江交通广播（FM99.8）	1.8	36.7
13	国防时空	中央人民广播电台第一套节目中国之声	1.7	11.1
14	新闻 007	哈尔滨广播电视台文艺频率（FM98.4）	1.6	10.6
15	快乐老家	哈尔滨广播电视台文艺频率（FM98.4）	1.5	9.2
16	我是老司机	哈尔滨广播电视台文艺频率（FM98.4）	1.5	7.5
17	残疾人之友（周末）	中央人民广播电台第一套节目中国之声	1.4	11.2
18	老年学堂	哈尔滨广播电视台文艺频率（FM98.4）	1.4	10.7
19	品牌之旅（周末）	中央人民广播电台第一套节目中国之声	1.4	10.6
20	早餐前后	黑龙江新闻广播（龙广新闻台）（AM621/FM94.6）	1.4	9.1
21	天下故事会	哈尔滨广播电视台文艺频率（FM98.4）	1.3	11.2
22	交广早高峰	哈尔滨广播电视台交通频率（FM92.5）	1.3	9.5
23	新闻联播	黑龙江交通广播（FM99.8）	1.2	17.0
24	娱乐二人转	黑龙江交通广播（FM99.8）	1.2	14.3
25	哈广购物	哈尔滨广播电视台文艺频率（FM98.4）	1.2	10.3
26	王悦美食新天地	哈尔滨广播电视台文艺频率（FM98.4）	1.2	8.1
27	早报早知道	哈尔滨广播电视台新闻综合频率（AM837/FM90.4）	1.2	7.6
28	人保车险热线	黑龙江交通广播（FM99.8）	1.1	18.2
29	美文故事	哈尔滨广播电视台交通频率（FM92.5）	1.1	9.2
30	哈尔滨早新闻	哈尔滨广播电视台新闻综合频率（AM837/FM90.4）	1.1	7.1

十、合肥收听数据

表 3.10.1　2016～2018 年合肥各目标听众人均收听时间（分钟）

目标听众		2016 年	2017 年	2018 年
10 岁及以上所有人		57	54	46
性别	男	62	57	49
	女	52	51	43
年龄	10～14 岁	15	19	11
	15～24 岁	31	26	26
	25～34 岁	48	47	39
	35～44 岁	59	76	59
	45～54 岁	69	66	63
	55～64 岁	94	72	63
	65 岁及以上	118	76	66
文化程度	未受过正规教育	64	23	15
	小学	71	48	31
	初中	59	56	48
	高中	55	62	50
	大学及以上	51	45	45
职业	干部/管理人员	57	47	48
	初级公务员/雇员	47	46	48
	个体/私营企业人员	58	75	58
	工人	69	67	51
	学生	25	21	20
	无业（包括退休人员）	86	60	52
	其他	*	*	*
个人月收入	没有收入	33	29	27
	1～2000 元	86	74	46
	2001～3000 元	60	57	56
	3001～4000 元	61	63	54
	4001～5000 元	59	62	55
	5001～6000 元	61	66	42
	6001 元及以上	61	63	60

注：合肥为全年连续调查城市。“*”表示该目标听众样本量不足，无法进行统计推断。

表 3.10.2　2016～2018 年合肥听众在不同地点的人均收听时间（分钟）

地点	2016 年	2017 年	2018 年
家中	37	29	24
车上	14	19	18
工作或学习场所	4	4	3
其他场所	2	2	1

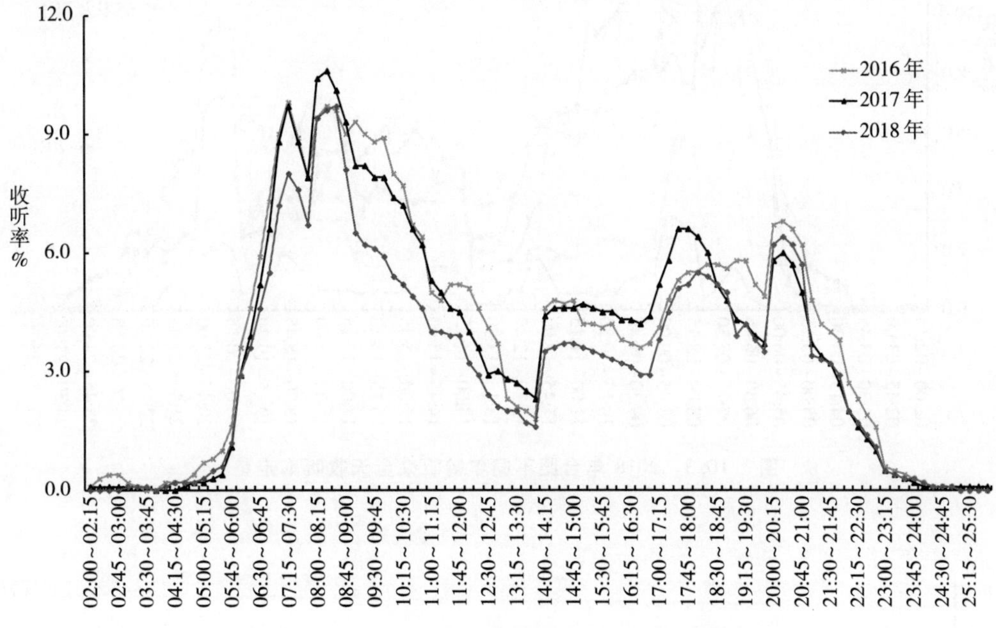

图 3.10.1　2016～2018 年合肥听众全天收听率走势

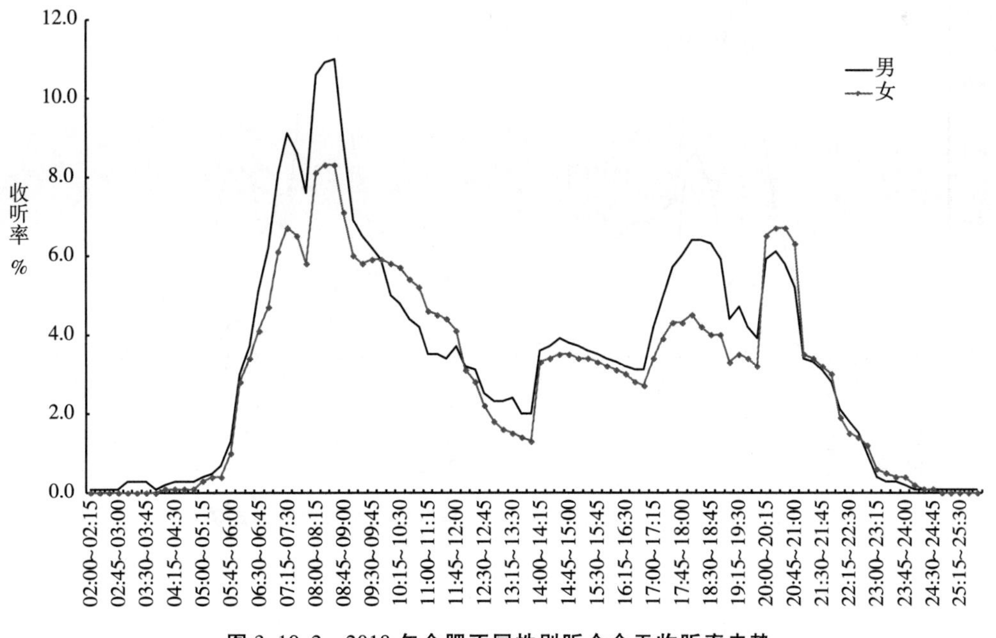

图 3.10.2　2018 年合肥不同性别听众全天收听率走势

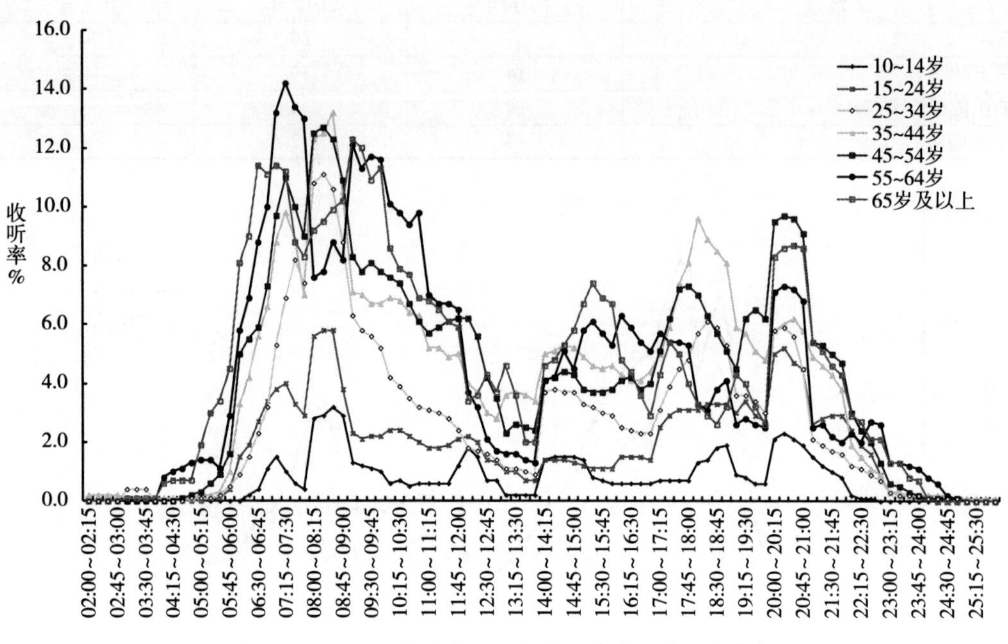

图 3.10.3　2018 年合肥不同年龄听众全天收听率走势

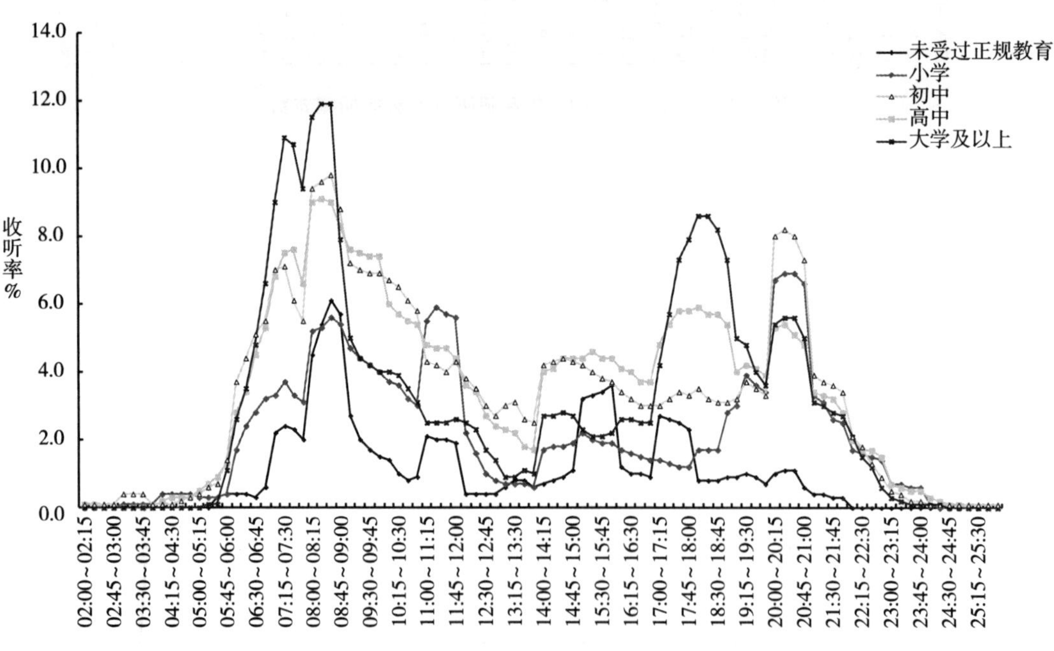

图 3.10.4　2018 年合肥不同文化程度听众全天收听率走势

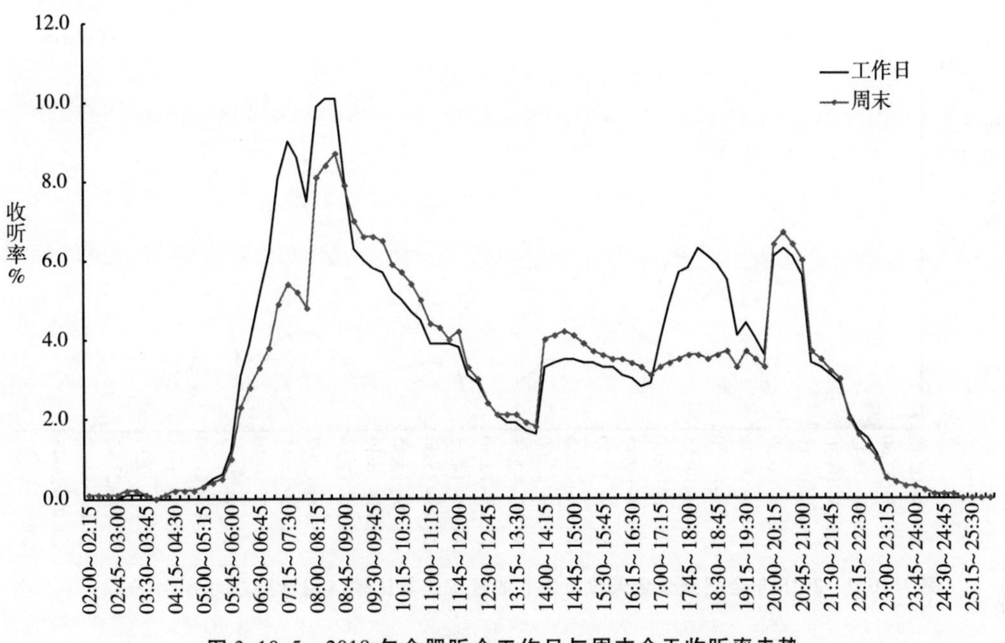

图 3.10.5　2018 年合肥听众工作日与周末全天收听率走势

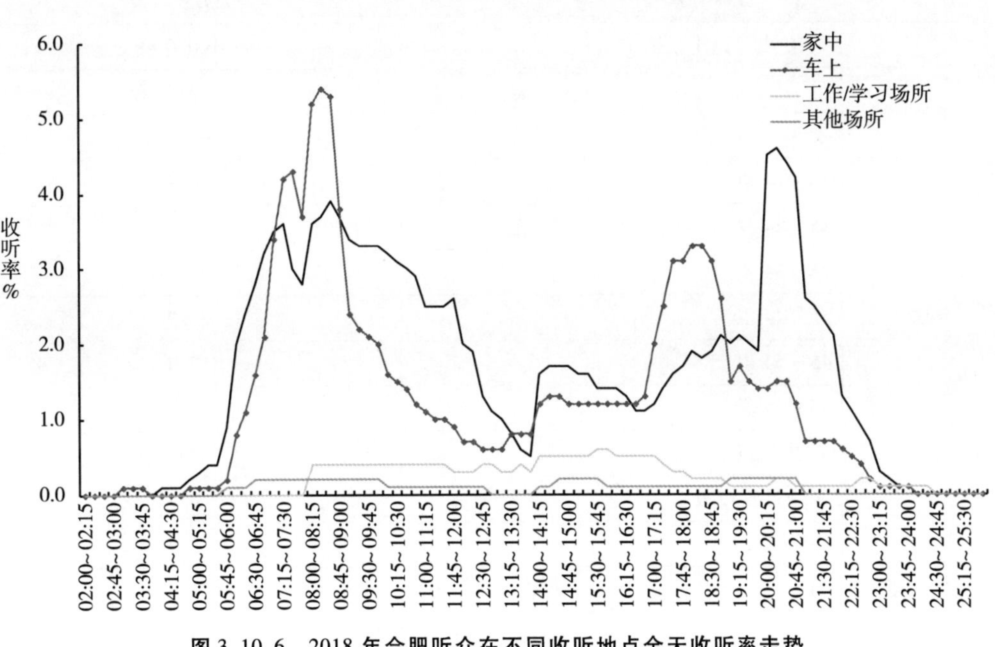

图 3.10.6　2018 年合肥听众在不同收听地点全天收听率走势

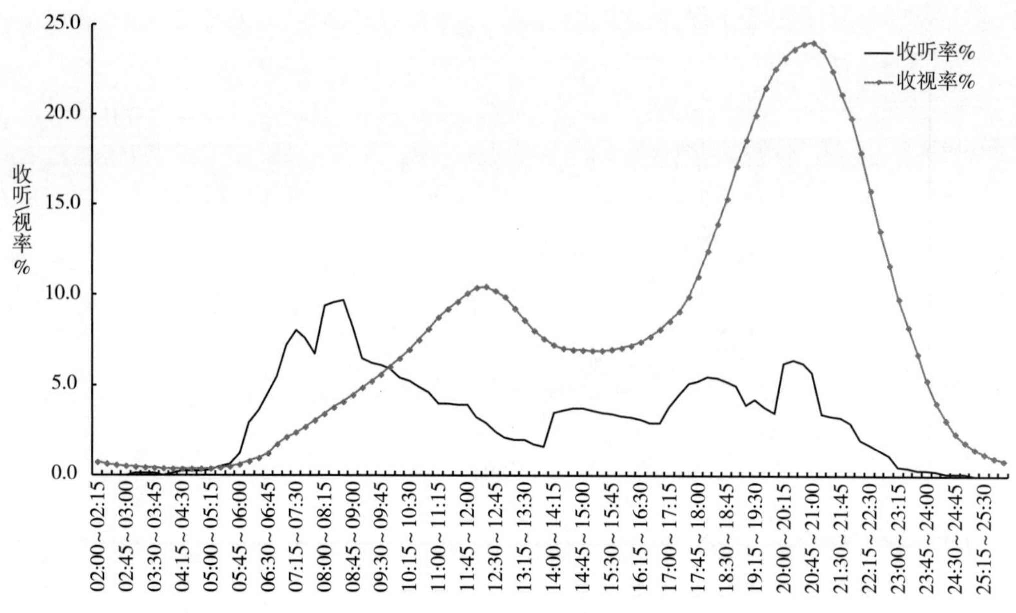

图 3.10.7　2018 年合肥受众全天收听率、收视率走势比较（目标受众为 10 岁及以上）

表 3.10.3　2018 年合肥市场听众构成（%）

目标听众		听众构成（%）
10 岁及以上所有人		100.0
性别	男	55.9
	女	44.1
年龄	10～14 岁	0.9
	15～24 岁	13.0
	25～34 岁	20.8
	35～44 岁	26.7
	45～54 岁	17.4
	55～64 岁	11.5
	65 岁及以上	9.7
文化程度	未受过正规教育	0.3
	小学	5.4
	初中	31.6
	高中	35.0
	大学及以上	27.7

续表

目标听众		听众构成（%）
职业	干部/管理人员	2.3
	初级公务员/雇员	24.4
	个体/私营企业人员	29.0
	工人	14.2
	学生	8.4
	无业（包括退休人员）	21.7
	其他	*
个人月收入	没有收入	16.0
	1～2000 元	8.2
	2001～3000 元	27.7
	3001～4000 元	22.7
	4001～5000 元	16.7
	5001～6000 元	3.8
	6001 元及以上	4.9

注："＊"表示目标听众样本量不足，无法进行统计推断。

表 3.10.4　2016～2018 年合肥市场各广播电台的市场份额（%）

广播电台	2016 年	2017 年	2018 年
中央人民广播电台	15.5	10.8	14.8
中国国际广播电台	3.4	1.9	1.9
安徽广播电视台	53.1	53.1	48.7
合肥广播电视台	27.6	33.6	34.1
其他广播电台	0.4	0.6	0.5

表 3.10.5　2018 年合肥市场各广播电台在不同目标听众中的市场份额（%）

目标听众		中央人民广播电台	中国国际广播电台	安徽广播电视台	合肥广播电视台	其他广播电台
10 岁及以上所有人		14.8	1.9	48.7	34.1	0.5
性别	男	14.3	1.9	48.4	35.0	0.4
	女	15.3	2.0	49.1	33.1	0.5
年龄	10～14 岁	10.6	0.3	53.7	35.0	0.4
	15～24 岁	14.3	1.7	52.2	31.5	0.3
	25～34 岁	11.9	0.9	48.2	38.3	0.7

续表

目标听众		中央人民广播电台	中国国际广播电台	安徽广播电视台	合肥广播电视台	其他广播电台
年龄	35～44岁	10.9	1.6	47.2	39.9	0.4
	45～54岁	20.1	2.2	50.8	26.3	0.6
	55～64岁	20.4	0.8	46.3	32.1	0.4
	65岁及以上	16.1	6.2	47.8	29.3	0.6
文化程度	未受过正规教育	5.2	2.0	59.0	31.6	2.2
	小学	18.6	0.2	50.3	30.7	0.2
	初中	12.1	3.0	54.0	30.6	0.3
	高中	16.9	1.9	44.0	36.5	0.7
	大学及以上	14.5	1.1	48.2	35.8	0.4
职业类别	干部/管理人员	1.0	0.7	62.0	36.3	0.0
	初级公务员/雇员	11.0	0.5	50.3	37.7	0.5
	个体/私营企业人员	15.0	1.5	44.9	38.1	0.5
	工人	23.0	2.2	47.4	26.9	0.5
	学生	16.4	2.5	49.7	31.1	0.3
	无业（包括退休人员）	14.1	3.8	51.2	30.3	0.6
	其他	*	*	*	*	*
个人月收入	没有收入	12.8	2.4	54.1	30.1	0.6
	1～2000元	16.1	1.7	46.5	35.6	0.1
	2001～3000元	15.3	2.8	43.0	38.4	0.5
	3001～4000元	19.4	1.6	45.3	33.0	0.7
	4001～5000元	9.8	0.8	55.5	33.4	0.5
	5001～6000元	3.7	1.0	60.6	34.5	0.2
	6001元及以上	19.4	1.7	51.2	26.9	0.8

注：“*”表示目标听众样本量不足，无法进行统计推断。

表3.10.6　2018年合肥市场份额排名前5位的频率

排名	频率名称	市场份额（%）
1	安徽交通广播	18.2
2	安徽音乐广播	12.5
3	合肥交通广播（AM1053/FM102.6）	12.2
4	合肥故事广播（FM98.8/AM1170）	9.9
5	中央人民广播电台第一套节目中国之声	9.4

十一、济南收听数据

表 3.11.1　2016～2018 年济南各目标听众人均收听时间（分钟）

目标听众		2016 年	2017 年	2018 年
10 岁及以上所有人		73	67	62
性别	男	70	69	62
	女	75	65	62
年龄	10～14 岁	7	8	4
	15～24 岁	24	24	24
	25～34 岁	57	49	40
	35～44 岁	78	69	53
	45～54 岁	82	77	90
	55～64 岁	149	125	110
	65 岁及以上	125	134	141
文化程度	未受过正规教育	78	59	93
	小学	88	69	65
	初中	74	73	70
	高中	81	80	61
	大学及以上	55	43	38
职业类别	干部/管理人员	68	52	30
	初级公务员/雇员	57	50	45
	个体/私营企业人员	84	80	67
	工人	78	69	59
	学生	15	13	10
	无业（包括退休人员）	124	112	111
	其他	87	64	48
个人月收入	没有收入	29	22	26
	1～2000 元	89	82	82
	2001～3000 元	91	78	67
	3001～4000 元	83	84	76
	4001～5000 元	65	68	66
	5001～6000 元	81	73	59
	6001 元及以上	59	71	65

注：济南为全年连续调查城市。

表 3.11.2　2016～2018 年济南听众在不同地点的人均收听时间（分钟）

地点	2016 年	2017 年	2018 年
家中	50	46	45
车上	15	15	12
工作或学习场所	7	4	3
其他场所	2	3	3

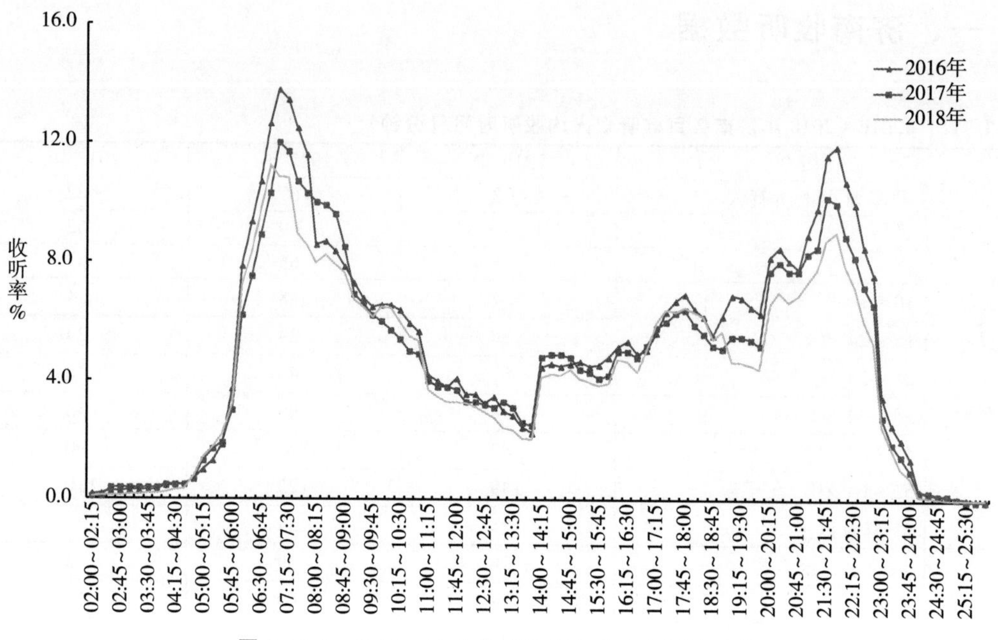

图 3. 11. 1　2016 ~ 2018 年济南听众全天收听率走势

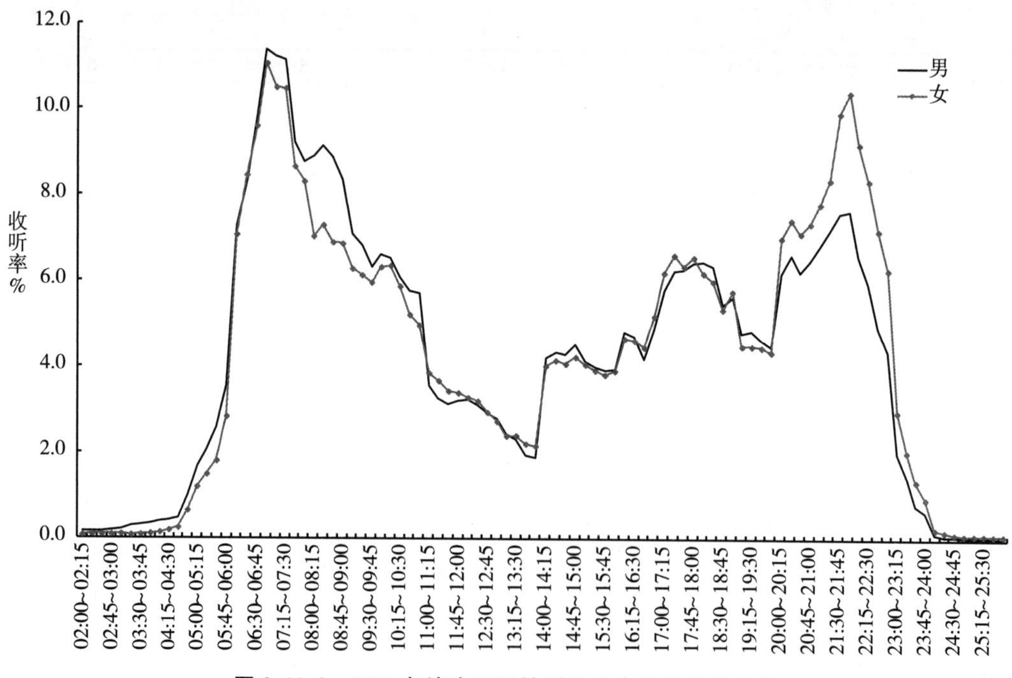

图 3. 11. 2　2018 年济南不同性别听众全天收听率走势

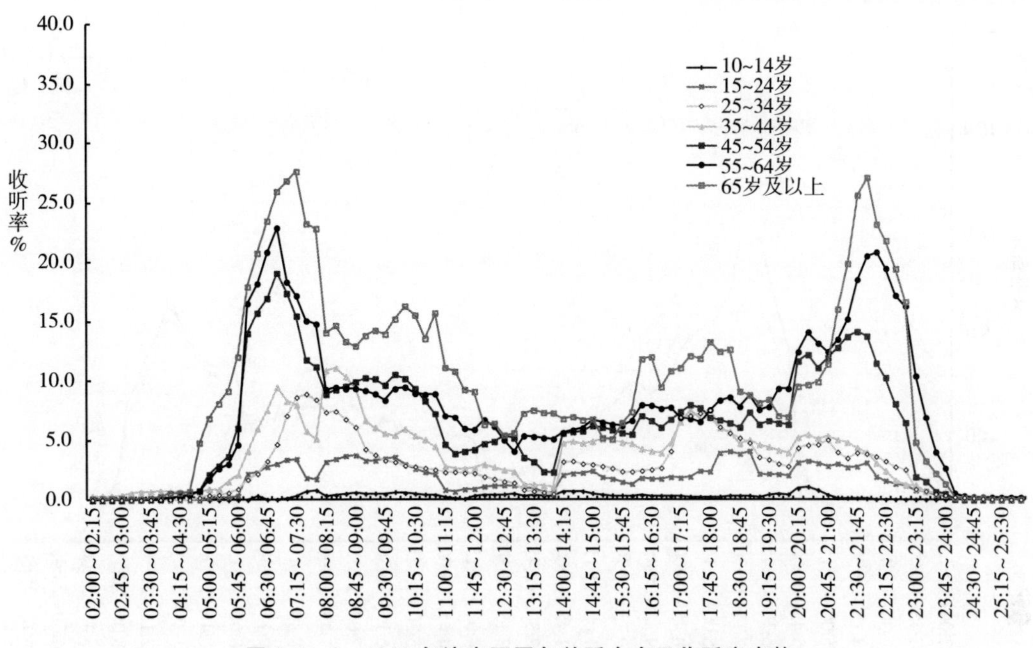

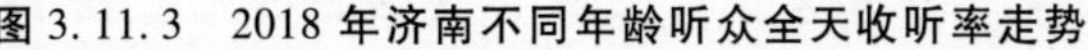
图 3. 11. 3　2018 年济南不同年龄听众全天收听率走势

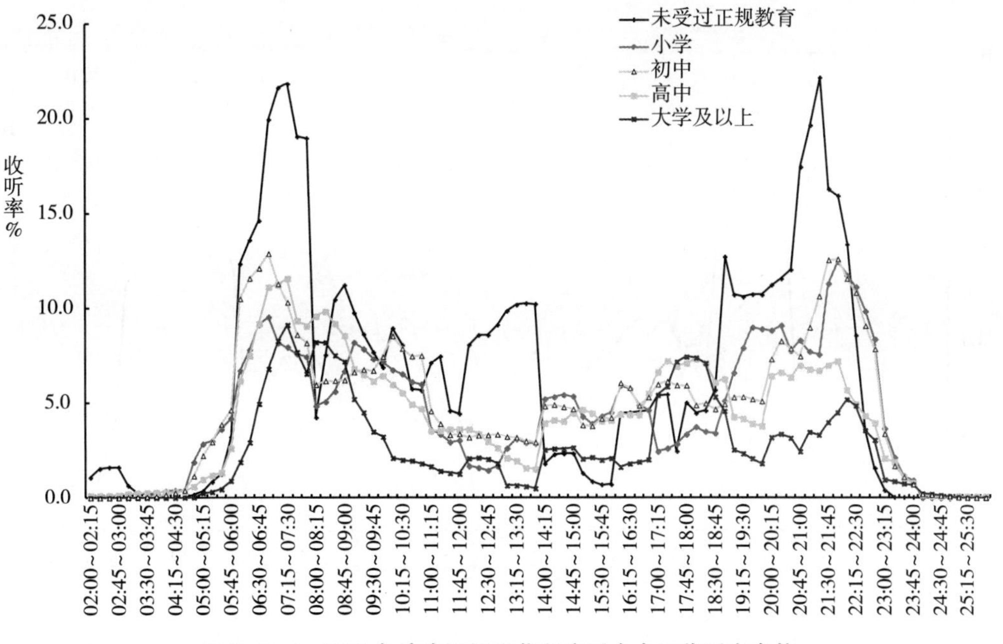

图 3. 11. 4　2018 年济南不同文化程度听众全天收听率走势

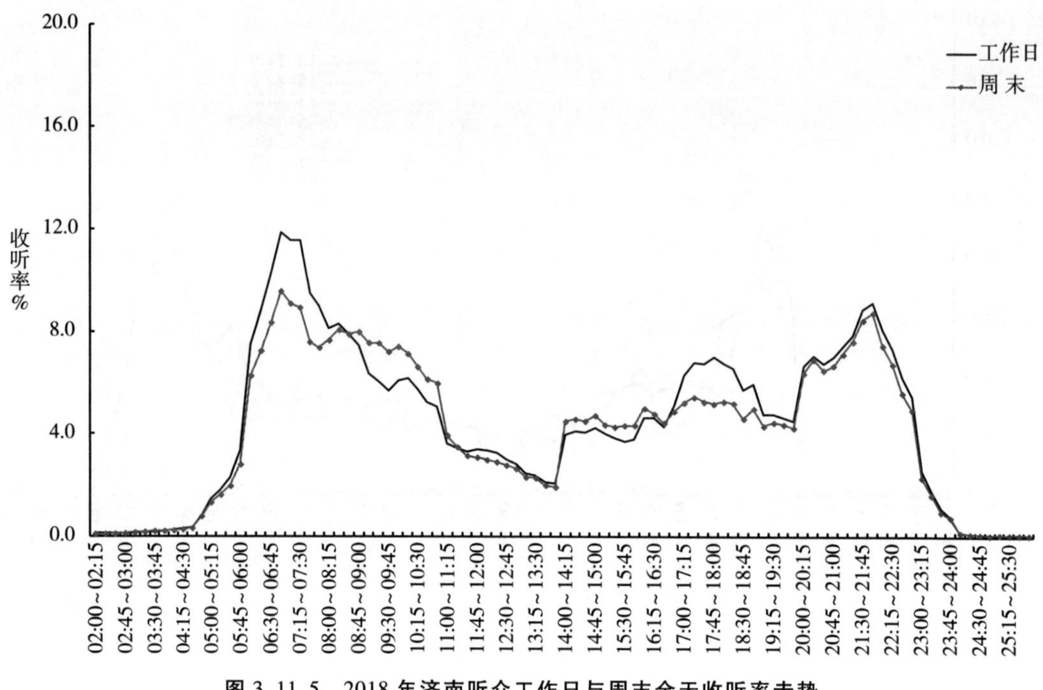

图 3.11.5　2018 年济南听众工作日与周末全天收听率走势

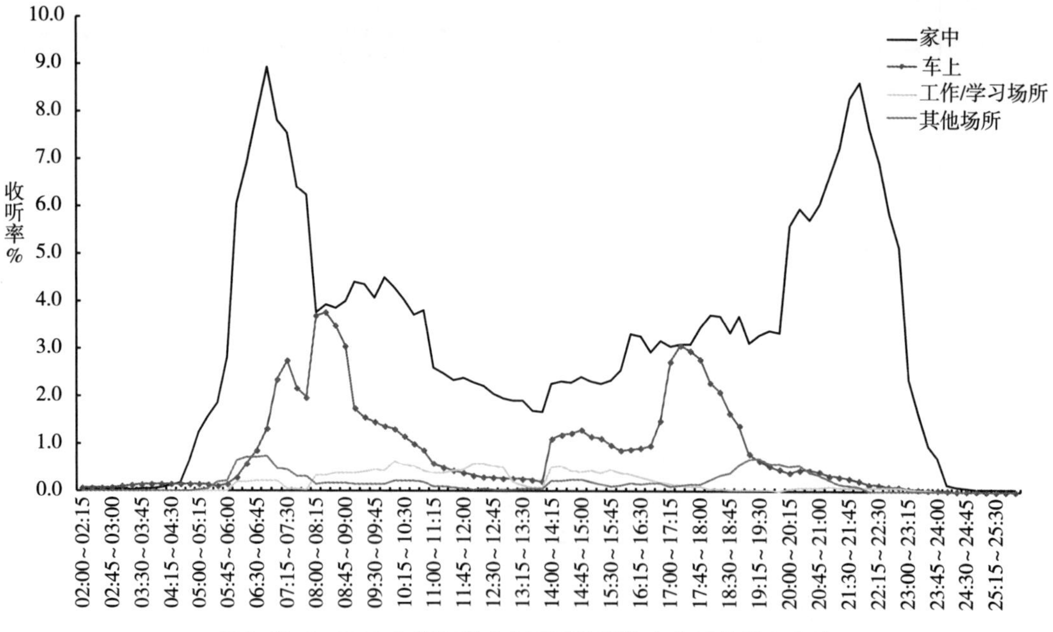

图 3.11.6　2018 年济南听众在不同收听地点全天收听率走势

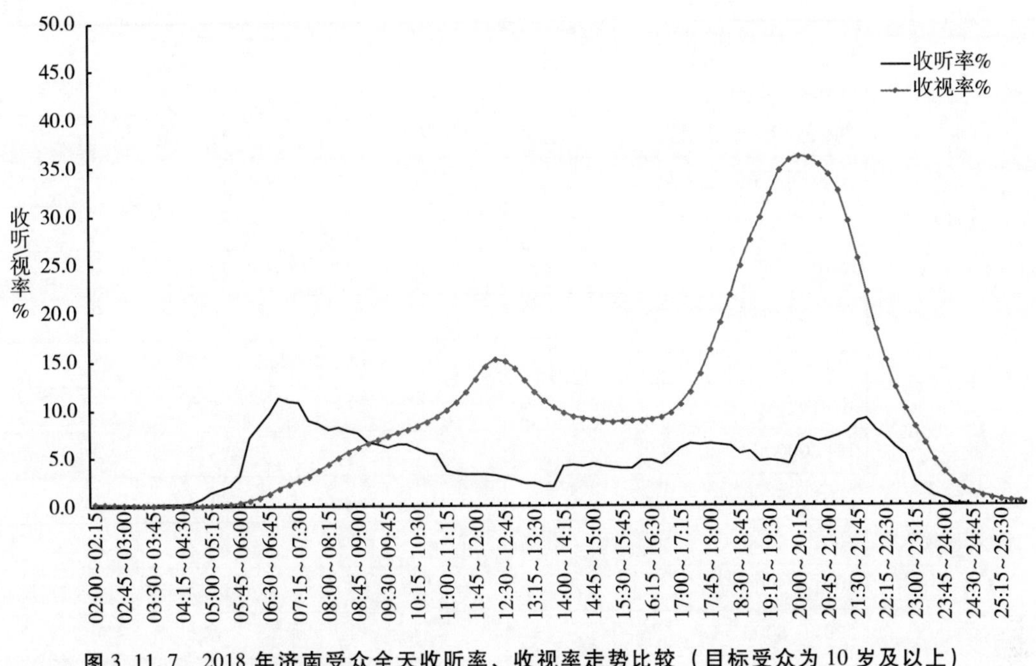

图 3.11.7　2018 年济南受众全天收听率、收视率走势比较（目标受众为 10 岁及以上）

表 3.11.3　2018 年济南市场听众构成（%）

目标听众		听众构成（%）
10 岁及以上所有人		100.0
性别	男	50.0
	女	50.0
年龄	10～14 岁	0.3
	15～24 岁	7.5
	25～34 岁	13.5
	35～44 岁	16.8
	45～54 岁	22.0
	55～64 岁	19.8
	65 岁及以上	20.1
文化程度	未受过正规教育	1.6
	小学	7.4
	初中	33.6
	高中	51.9
	大学及以上	5.5

续表

目标听众		听众构成（%）
职业	干部/管理人员	0.5
	初级公务员/雇员	15.0
	个体/私营企业人员	18.9
	工人	21.2
	学生	2.1
	无业（包括退休人员）	40.6
	其他	1.7
个人月收入	没有收入	8.0
	1～2000元	13.7
	2001～3000元	25.3
	3001～4000元	26.2
	4001～5000元	17.2
	5001～6000元	6.1
	6001元及以上	3.5

表3.11.4　2016～2018年济南市场各广播电台的市场份额（%）

广播电台	2016年	2017年	2018年
中央人民广播电台	3.5	2.3	1.7
中国国际广播电台	0.0	0.0	0.0
山东广播电视台	15.8	16.5	16.9
济南广播电视台	80.2	80.9	81.1
其他广播电台	0.5	0.3	0.3

表3.11.5　2018年济南市场各广播电台在不同目标听众中的市场份额（%）

目标听众		中央人民广播电台	中国国际广播电台	山东广播电视台	济南广播电视台	其他广播电台
10岁及以上所有人		1.7	0.0	16.9	81.1	0.3
性别	男	1.6	0.0	16.6	81.5	0.3
	女	1.7	0.0	17.3	80.7	0.3
年龄	10～14岁	6.1	0.0	22.4	67.6	3.9
	15～24岁	1.8	0.0	13.1	85.0	0.1
	25～34岁	1.8	0.0	16.5	81.5	0.2
	35～44岁	2.1	0.0	15.6	82.1	0.2

目标听众		中央人民广播电台	中国国际广播电台	山东广播电视台	济南广播电视台	其他广播电台
年龄	45～54岁	1.1	0.0	17.4	81.2	0.3
	55～64岁	2.2	0.0	19.3	77.8	0.7
	65岁及以上	1.3	0.0	16.9	81.6	0.2
文化程度	未受过正规教育	0.0	0.0	1.5	98.5	0.0
	小学	1.4	0.0	14.3	84.1	0.2
	初中	0.9	0.0	13.1	85.9	0.1
	高中	2.3	0.0	19.8	77.4	0.5
	大学及以上	1.6	0.0	22.6	75.7	0.1
职业类别	干部/管理人员	1.4	0.0	26.0	71.8	0.8
	初级公务员/雇员	2.0	0.0	16.9	80.7	0.4
	个体/私营企业人员	1.2	0.0	18.4	80.2	0.2
	工人	2.1	0.0	14.9	82.9	0.1
	学生	3.6	0.0	20.7	75.2	0.5
	无业（包括退休人员）	1.4	0.0	17.2	80.9	0.5
	其他	3.0	0.0	14.8	82.2	0.0
个人月收入	没有收入	1.3	0.0	11.6	86.7	0.4
	1～2000元	1.3	0.0	12.0	86.7	0.0
	2001～3000元	1.5	0.0	19.1	79.3	0.1
	3001～4000元	2.3	0.0	22.5	74.3	0.9
	4001～5000元	1.5	0.0	13.8	84.5	0.2
	5001～6000元	1.2	0.0	7.4	91.4	0.0
	6001元及以上	1.8	0.0	23.9	74.3	0.0

表3.11.6 2018年济南市场份额排名前5位的频率

排名	频率名称	市场份额（%）
1	济南新闻广播（FM106.6）	31.0
2	济南音乐广播（FM88.7）	14.5
3	济南交通广播（FM103.1）	11.7
4	济南故事广播（FM104.3）	11.0
5	济南经济广播（FM90.9）	10.7

表 3.11.7　2018 年济南市场收听率排名前 30 位的节目

排名	节目名称	播出频率	收听率（%）	市场份额（%）
1	金山夜话（第一时段）	济南新闻广播（FM106.6）	4.4	67.1
2	转播中央人民广播电台《新闻和报纸摘要》	济南新闻广播（FM106.6）	3.7	35.0
3	新闻六十分	济南新闻广播（FM106.6）	3.2	32.9
4	马年聊吧	济南新闻广播（FM106.6）	3.1	64.5
5	早安泉城	济南新闻广播（FM106.6）	2.9	37.2
6	八点聊天室	济南新闻广播（FM106.6）	2.3	32.5
7	新闻周刊·万物生长	济南新闻广播（FM106.6）	2.2	25.8
8	小说连播	济南新闻广播（FM106.6）	1.9	25.3
9	作风监督热线	济南新闻广播（FM106.6）	1.8	22.6
10	以案说法	济南经济广播（FM90.9）	1.7	31.6
11	资讯全知道·经典书场（上午版）	济南故事广播（FM104.3）	1.6	27.9
12	交通雷达网	济南交通广播（FM103.1）	1.5	16.1
13	城市爱生活	济南新闻广播（FM106.6）	1.4	22.3
14	周末音乐吧（1600~1800）	济南音乐广播（FM88.7）	1.2	23.2
15	小罗罗崩没根	济南交通广播（FM103.1）	1.2	21.8
16	女人花·父母学堂	济南新闻广播（FM106.6）	1.2	20.9
17	音乐超转速	济南音乐广播（FM88.7）	1.2	19.9
18	都市顺风车	济南交通广播（FM103.1）	1.2	19.1
19	天天说事儿	济南新闻广播（FM106.6）	1.2	18.3
20	法理人生	济南新闻广播（FM106.6）	1.1	19.1
21	健康早班车	济南经济广播（FM90.9）	1.1	14.0
22	城市 MORNINGCALL	济南音乐广播（FM88.7）	1.1	12.9
23	经广新闻网·846 传真	济南经济广播（FM90.9）	1.1	10.7
24	家住济南	济南新闻广播（FM106.6）	1.0	28.9
25	法律	济南新闻广播（FM106.6）	1.0	28.6
26	美食乐翻天	济南新闻广播（FM106.6）	1.0	19.9
27	音乐正流行	济南音乐广播（FM88.7）	1.0	18.0
28	资讯全知道·纪实文学（上午版）	济南故事广播（FM104.3）	1.0	14.9
29	天天健康	济南新闻广播（FM106.6）	0.9	23.8
30	1031 怀旧音乐时间（格格）	济南交通广播（FM103.1）	0.9	12.5

十二、昆明收听数据

表 3.12.1 2016～2018 年昆明各目标听众人均收听时间（分钟）

目标听众		2016 年	2017 年	2018 年
10 岁及以上所有人		57	52	55
性别	男	60	56	58
	女	55	48	53
年龄	10～14 岁	28	35	22
	15～24 岁	24	22	33
	25～34 岁	44	42	42
	35～44 岁	60	59	57
	45～54 岁	60	52	71
	55～64 岁	99	83	77
	65 岁及以上	118	108	109
文化程度	未受过正规教育	54	51	47
	小学	56	60	59
	初中	61	53	71
	高中	58	49	50
	大学及以上	54	53	50
职业	干部/管理人员	60	61	38
	初级公务员/雇员	54	56	58
	个体/私营企业人员	49	46	47
	工人	39	38	58
	学生	27	23	25
	无业（包括退休人员）	97	81	81
	其他	*	*	27
个人月收入	没有收入	30	27	34
	1～2000 元	66	61	81
	2001～3000 元	68	63	67
	3001～4000 元	60	57	62
	4001～5000 元	59	56	52
	5001～6000 元	55	55	49
	6001 元及以上	66	57	53

注：昆明为全年连续调查城市。“*”表示该目标听众样本量不足，无法进行统计推断。

表 3.12.2　2016～2018 年昆明听众在不同地点的人均收听时间（分钟）

地点	2016 年	2017 年	2018 年
家中	33	28	29
车上	17	18	19
工作/学习场所	3	4	5
其他场所	4	3	2

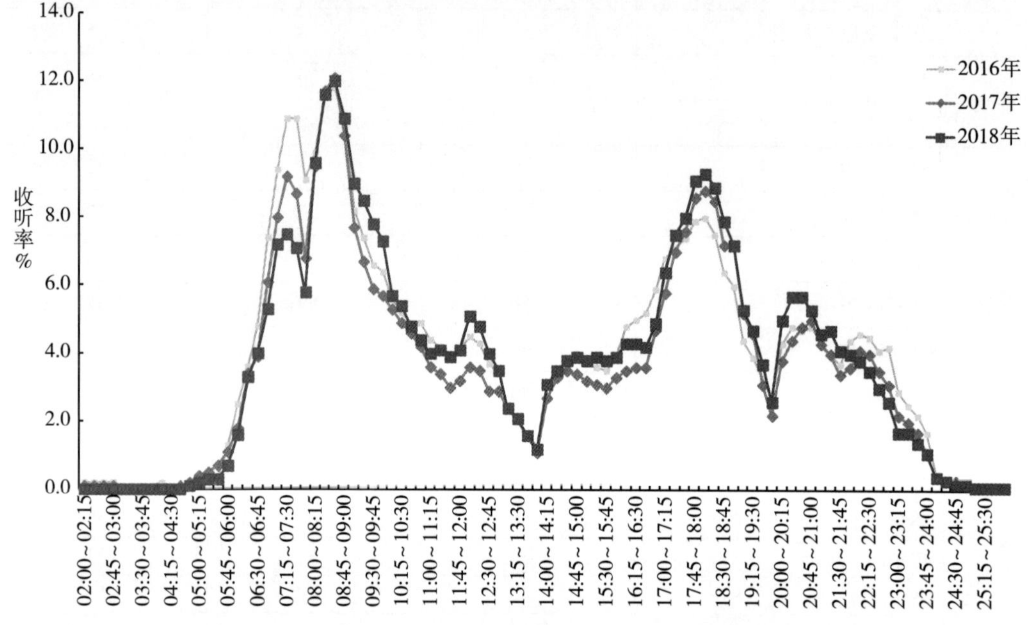

图 3.12.1　2016～2018 年昆明听众全天收听率走势

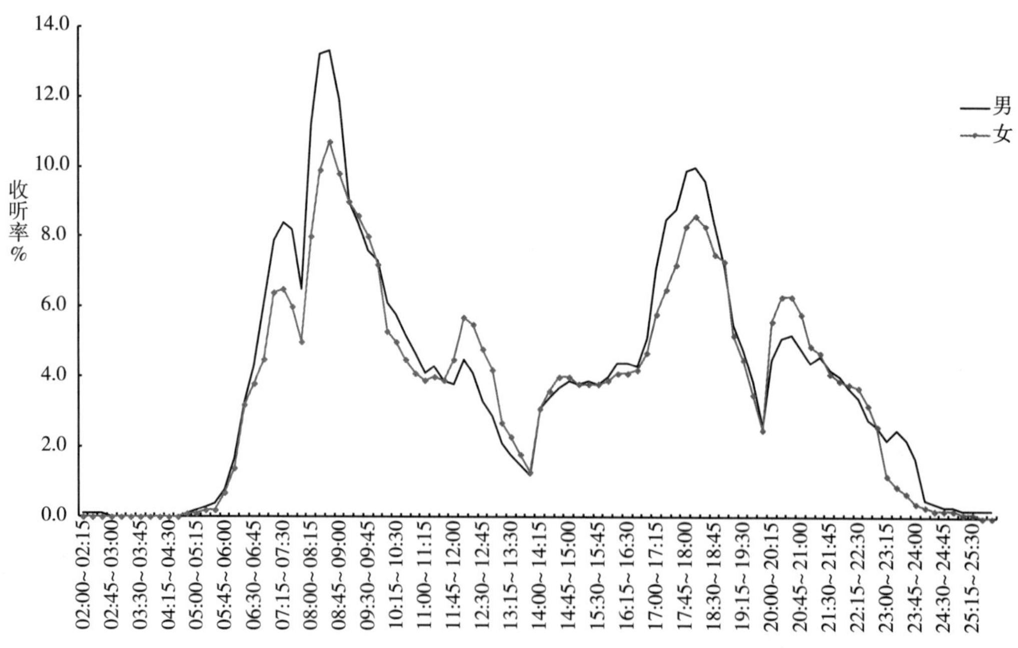

图 3.12.2　2018 年昆明不同性别听众全天收听率走势

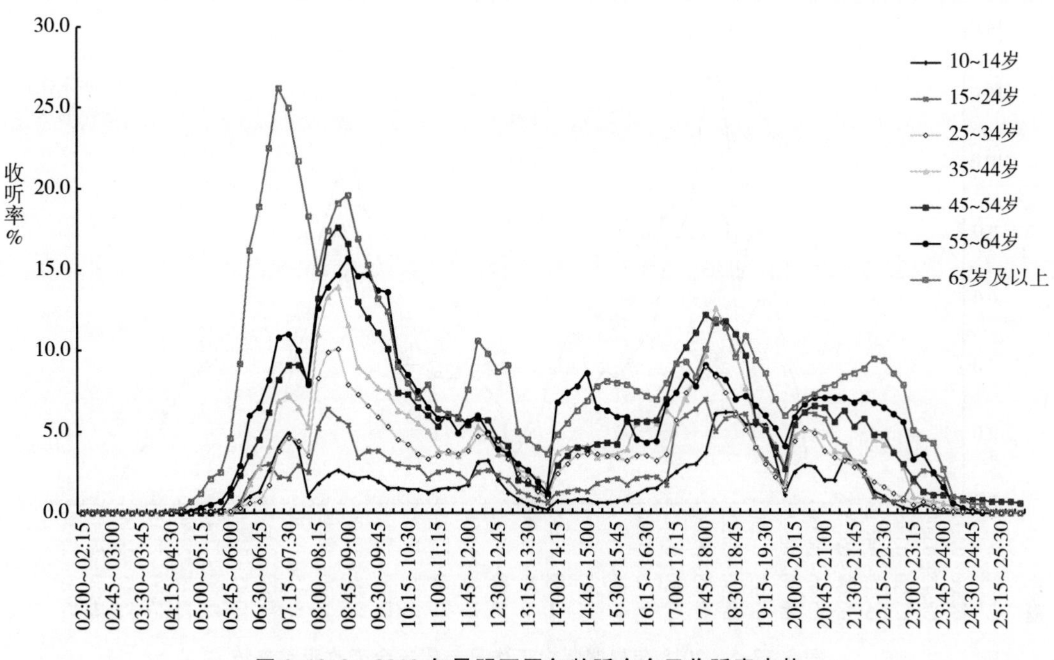

图 3.12.3　2018 年昆明不同年龄听众全天收听率走势

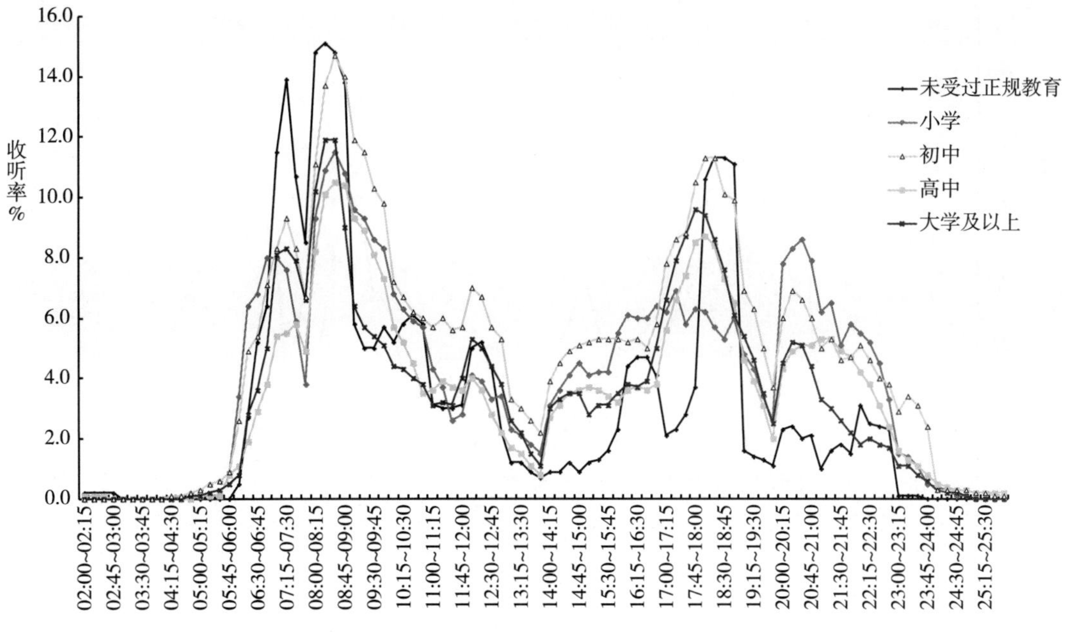

图 3.12.4　2018 年昆明不同文化程度听众全天收听率走势

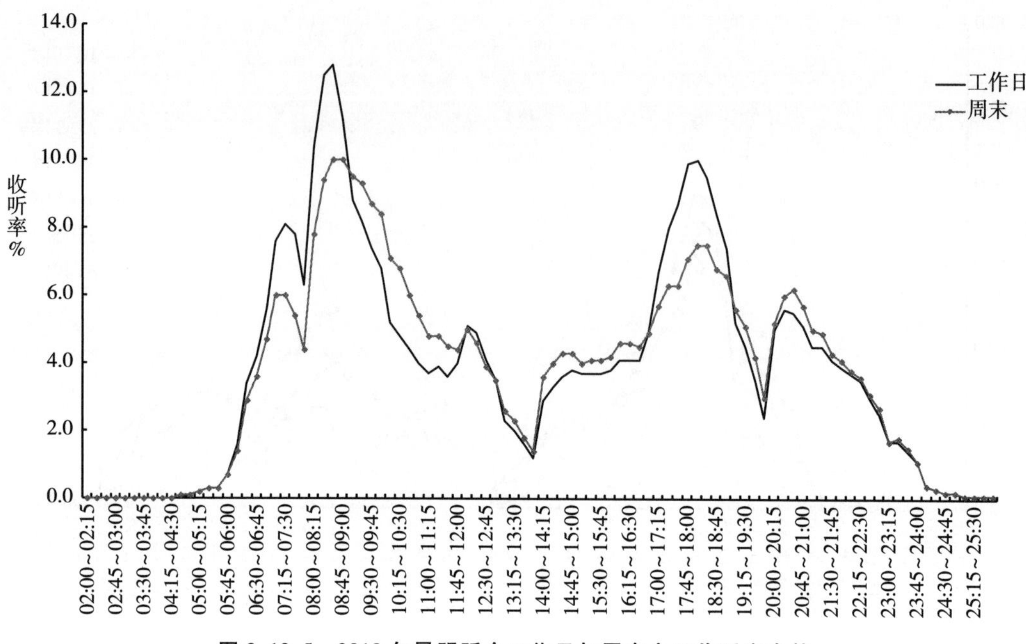

图 3.12.5　2018 年昆明听众工作日与周末全天收听率走势

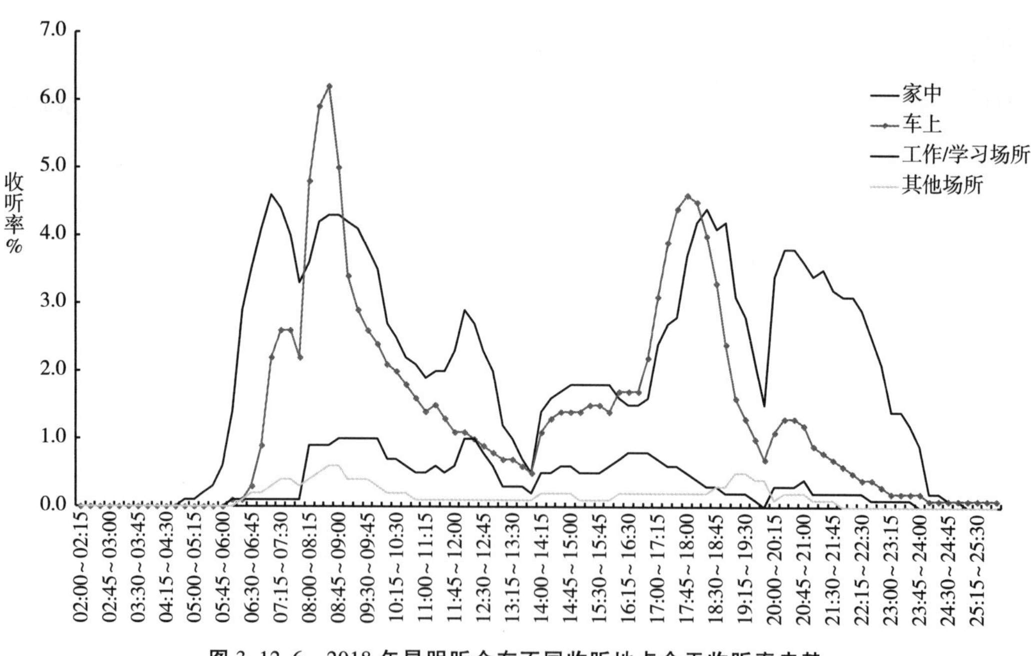

图 3.12.6　2018 年昆明听众在不同收听地点全天收听率走势

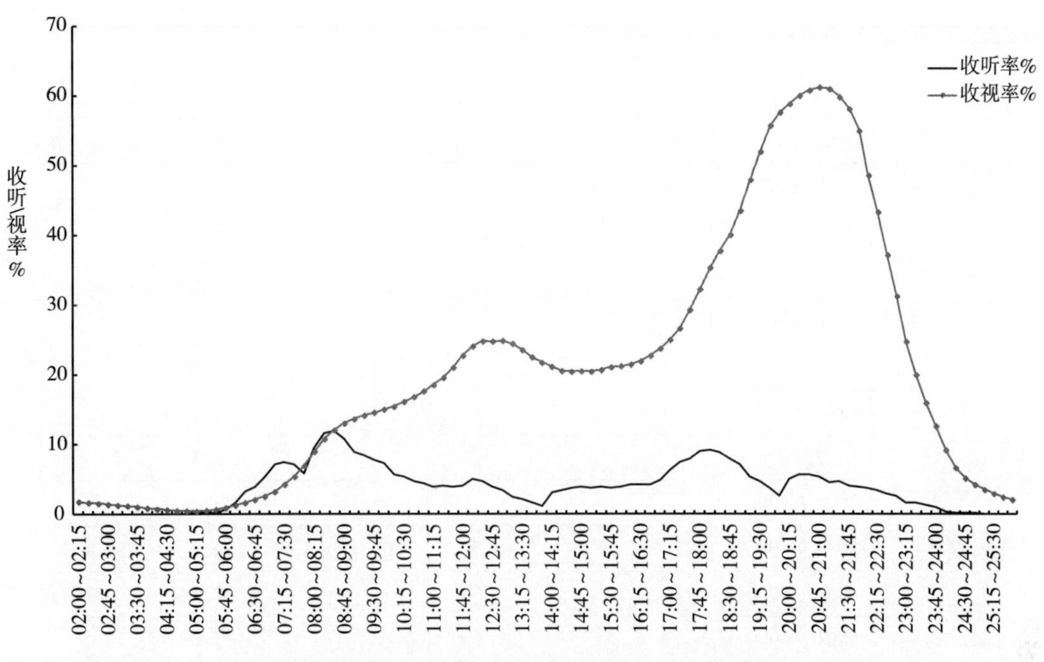

图 3.12.7　2018 年昆明受众全天收听率、收视率走势比较（目标受众为 10 岁及以上）

表 3.12.3　2018 年昆明市场听众构成（%）

目标听众		听众构成（%）
10 岁及以上所有人		100.0
性别	男	52.7
	女	47.3
年龄	10～14 岁	1.7
	15～24 岁	11.1
	25～34 岁	18.2
	35～44 岁	22.5
	45～54 岁	17.6
	55～64 岁	14.1
	65 岁及以上	14.8
文化程度	未受过正规教育	0.6
	小学	8.8
	初中	29.6
	高中	33.3
	大学及以上	27.7

续表

目标听众		听众构成（%）
职业	干部/管理人员	2.9
	初级公务员/雇员	18.1
	个体/私营企业人员	21.2
	工人	17.9
	学生	7.3
	无业（包括退休人员）	31.5
	其他	1.1
个人月收入	没有收入	12.2
	1～2000元	9.1
	2001～3000元	23.1
	3001～4000元	29.0
	4001～5000元	13.5
	5001～6000元	5.8
	6001元及以上	7.3

表3.12.4　2016～2018年昆明市场各广播电台的市场份额（%）

广播电台	2016年	2017年	2018年
中央人民广播电台	27.6	27.6	29.0
中国国际广播电台	0.5	0.6	0.5
云南广播电视台	47.6	49.0	46.9
昆明广播电视台	23.6	21.9	22.1
其他广播电台	0.7	0.9	1.5

表3.12.5　2018年昆明市场各广播电台在不同目标听众中的市场份额（%）

目标听众		中央人民广播电台	中国国际广播电台	云南广播电视台	昆明广播电视台	其他广播电台
10岁及以上所有人		29.0	0.5	46.9	22.1	1.5
性别	男	28.8	0.4	47.7	21.9	1.2
	女	29.3	0.6	46.0	22.3	1.8
年龄	10～14岁	29.6	0.8	44.0	25.3	0.3
	15～24岁	25.4	1.0	42.1	28.8	2.7
	25～34岁	19.0	0.7	56.3	23.0	1.0
	35～44岁	21.5	0.5	54.5	21.5	2.0

续表

目标听众		中央人民广播电台	中国国际广播电台	云南广播电视台	昆明广播电视台	其他广播电台
年龄	45～54 岁	25.0	0.3	53.5	19.8	1.4
	55～64 岁	40.6	0.1	38.8	18.6	1.9
	65 岁及以上	49.5	0.2	27.4	22.6	0.3
文化程度	未受过正规教育	64.1	0.0	18.5	17.4	0.0
	小学	40.7	0.4	40.8	18.0	0.1
	初中	29.0	0.8	47.9	21.5	0.8
	高中	26.1	0.3	49.5	22.1	2.0
	大学及以上	28.0	0.4	45.4	24.1	2.1
职业	干部/管理人员	21.2	3.3	58.3	16.4	0.8
	初级公务员/雇员	21.2	0.2	53.3	23.9	1.4
	个体/私营企业人员	23.6	0.4	51.7	22.3	2.0
	工人	24.6	0.7	52.2	21.9	0.6
	学生	35.0	0.9	34.4	25.5	4.2
	无业（包括退休人员）	39.7	0.2	38.3	20.5	1.3
	其他	31.7	2.9	42.2	23.2	0.0
个人月收入	没有收入	27.7	0.6	46.7	24.3	0.7
	1～2000 元	35.2	0.7	40.1	19.4	4.6
	2001～3000 元	39.4	0.4	41.1	18.2	0.9
	3001～4000 元	22.9	0.2	49.2	26.1	1.6
	4001～5000 元	25.0	0.4	52.7	21.3	0.6
	5001～6000 元	34.7	0.9	48.1	15.5	0.8
	6001 元及以上	20.3	1.2	51.1	26.2	1.2

表 3.12.6　2018 年昆明市场份额排名前 5 位的频率

排名	频率	市场份额（%）
1	云南广播电视台交通之声（FM91.8）	22.1
2	中央人民广播电台第一套节目中国之声	14.3
3	昆明广播电视台（FM95.4）汽车广播	9.9
4	云南广播电视台音乐之声（FM97）	8.8
5	中央人民广播电台第三套节目音乐之声	6.8

表 3.12.7　2018 年昆明市场收听率排名前 30 位的节目

排名	节目名称	播出频率	收听率（%）	市场份额（%）
1	91.8 大玩家	云南广播电视台交通之声（FM91.8）	2.6	32.8
2	91.8 出行早知道	云南广播电视台交通之声（FM91.8）	2.6	27.7
3	91.8 早高峰	云南广播电视台交通之声（FM91.8）	2.5	27.9
4	91.8 全省交通纵贯线	云南广播电视台交通之声（FM91.8）	2.2	25.6
5	91.8 车来车往	云南广播电视台交通之声（FM91.8）	1.9	32.2
6	91.8 轻松假期	云南广播电视台交通之声（FM91.8）	1.8	25.4
7	91.8 晚高峰	云南广播电视台交通之声（FM91.8）	1.8	24.9
8	91.8 爱运动	云南广播电视台交通之声（FM91.8）	1.8	24.8
9	91.8 一路畅听	云南广播电视台交通之声（FM91.8）	1.7	23.6
10	品牌之旅	中央人民广播电台第一套节目中国之声	1.5	51.8
11	新闻纵横	中央人民广播电台第一套节目中国之声	1.5	16.3
12	91.8 欢乐颂	云南广播电视台交通之声（FM91.8）	1.4	27.8
13	91.8 听游四方	云南广播电视台交通之声（FM91.8）	1.3	29.2
14	954 好听榜	昆明广播电视台（FM95.4）汽车广播	1.2	15.6
15	街头巷尾转播时间	昆明广播电视台（FM95.4）汽车广播	1.2	14.4
16	国防时空	中央人民广播电台第一套节目中国之声	1.1	47.7
17	91.8 行车百问	云南广播电视台交通之声（FM91.8）	1.0	25.6
18	91.8 铿锵车语	云南广播电视台交通之声（FM91.8）	1.0	24.1
19	954 兜风心情	昆明广播电视台（FM95.4）汽车广播	1.0	13.1
20	直播中国	中央人民广播电台第一套节目中国之声	0.9	16.3
21	全国新闻联播	中央人民广播电台第一套节目中国之声	0.9	12.1
22	954 音乐早班车	昆明广播电视台（FM95.4）汽车广播	0.9	10.6
23	954 音乐逍遥游	昆明广播电视台（FM95.4）汽车广播	0.9	9.4
24	全球华语广播	中央人民广播电台第一套节目中国之声	0.8	18.7
25	小喇叭	中央人民广播电台第一套节目中国之声	0.8	14.5
26	云广新闻（早间版 A）	云南广播电视台新闻广播（AM576/FM105.8）	0.8	10.5
27	音乐不下班（周末版）	云南广播电视台音乐之声（FM97）	0.8	9.6
28	残疾人之友	中央人民广播电台第一套节目中国之声	0.7	47.9
29	91.8 新歌加油站	云南广播电视台交通之声（FM91.8）	0.7	21.6
30	91.8 美男子说	云南广播电视台交通之声（FM91.8）	0.7	20.7

十三、南昌收听数据

表 3.13.1 2016～2018 年南昌各目标听众人均收听时间（分钟）

目标听众		2016 年	2017 年	2018 年
10 岁及以上所有人		31	33	34
性别	男	36	40	41
	女	25	25	26
年龄	10～14 岁	6	3	7
	15～24 岁	16	10	13
	25～34 岁	23	34	34
	35～44 岁	39	48	46
	45～54 岁	35	43	50
	55～64 岁	48	34	41
	65 岁及以上	59	57	41
文化程度	未受过正规教育	7	13	21
	小学	23	19	25
	初中	33	38	38
	高中	34	32	34
	大学及以上	28	35	32
职业	干部/管理人员	39	45	33
	初级公务员/雇员	30	32	36
	个体/私营企业人员	37	37	41
	工人	29	64	54
	学生	10	5	8
	无业（包括退休人员）	43	37	36
	其他	19	11	*
个人月收入	没有收入	14	9	12
	1～2000 元	30	21	24
	2001～3000 元	37	37	34
	3001～4000 元	33	40	38
	4001～5000 元	47	51	50
	5001～6000 元	47	75	77
	6001 元及以上	49	49	54

注：南昌为全年连续调查城市。“*”表示该目标听众样本量不足，无法进行统计推断。

表 3.13.2　2016～2018 年南昌听众在不同地点的人均收听时间（分钟）

地点	2016 年	2017 年	2018 年
家中	16	13	13
车上	11	17	18
工作或学习场所	3	2	2
其他场所	1	1	1

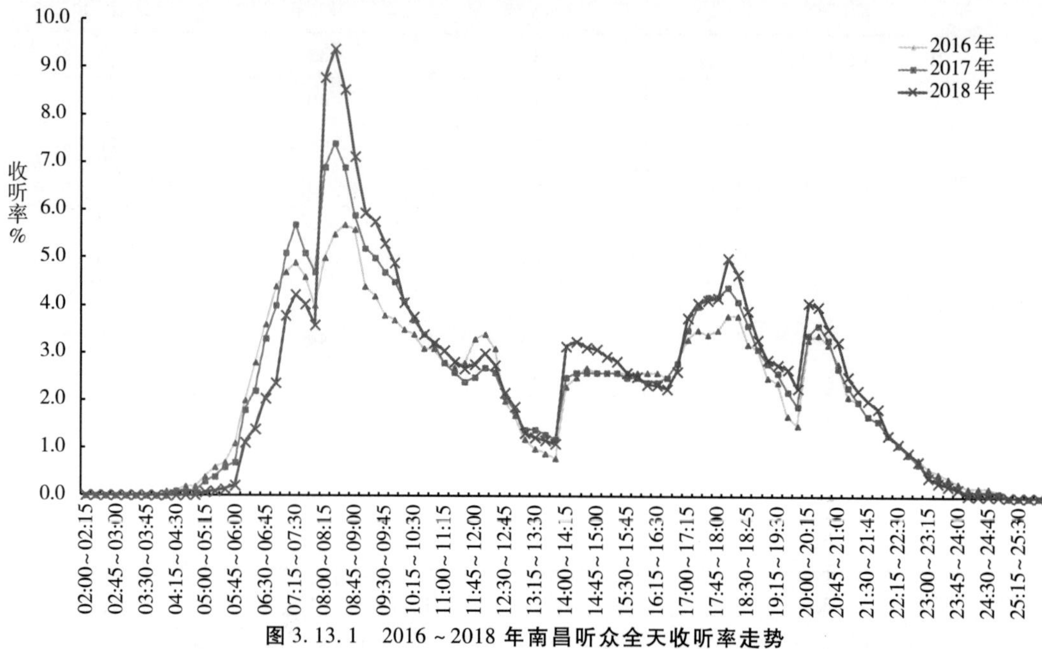

图 3.13.1　2016～2018 年南昌听众全天收听率走势

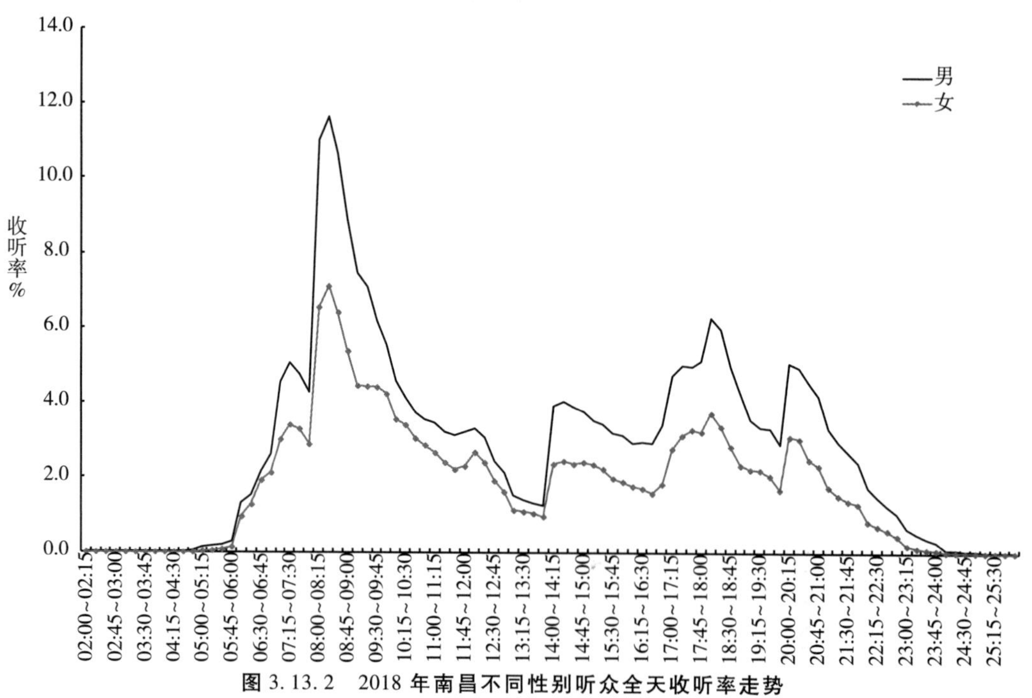

图 3.13.2　2018 年南昌不同性别听众全天收听率走势

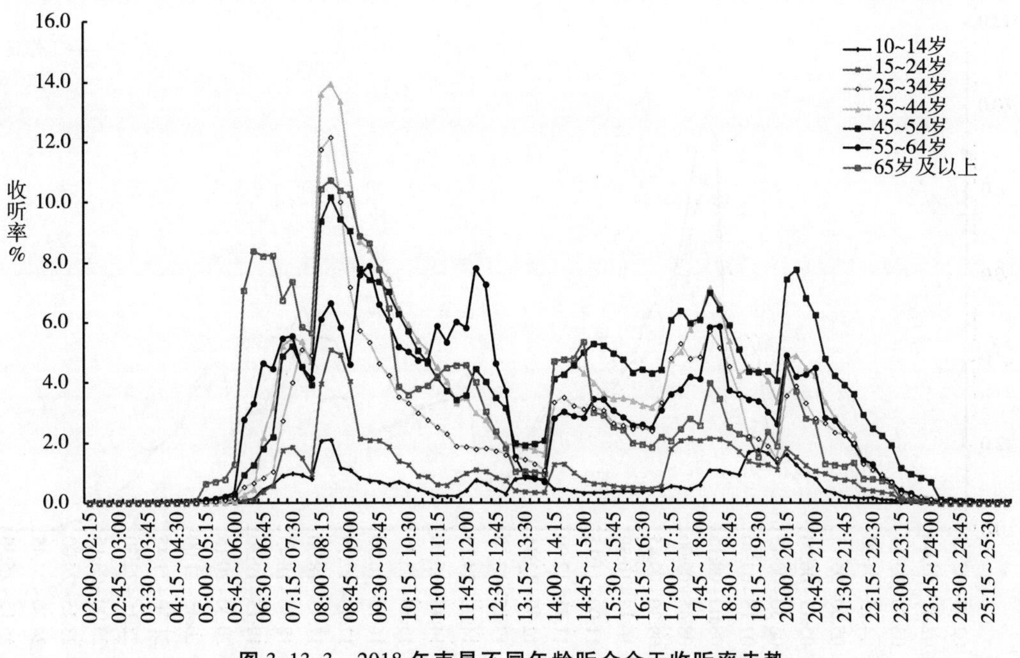

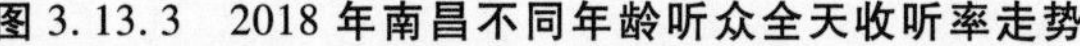
图 3. 13. 3　2018 年南昌不同年龄听众全天收听率走势

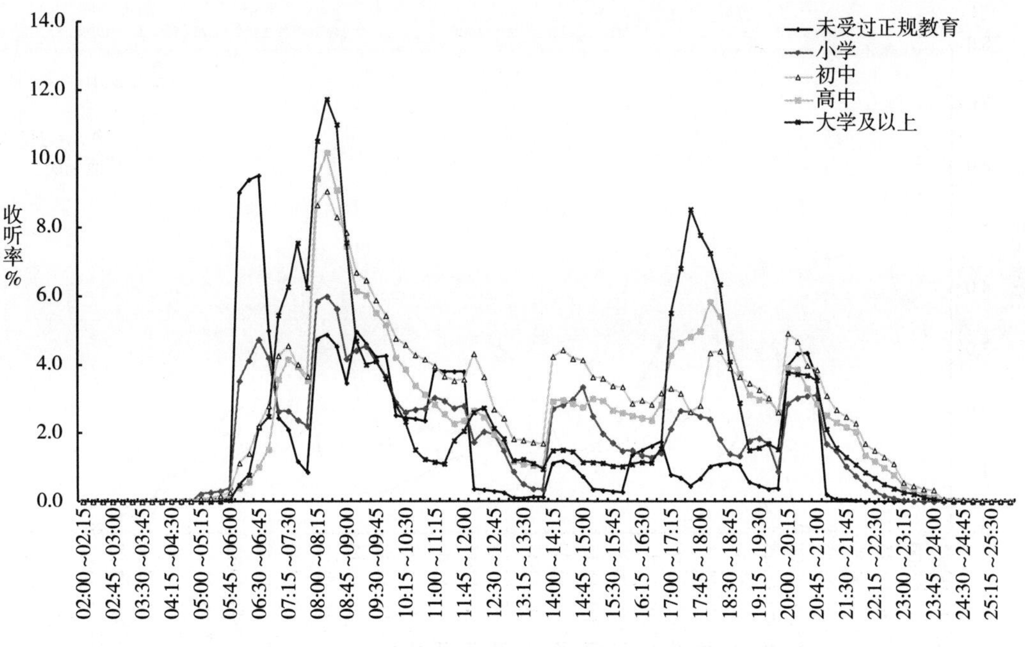

图 3. 13. 4　2018 年南昌不同文化程度听众全天收听率走势

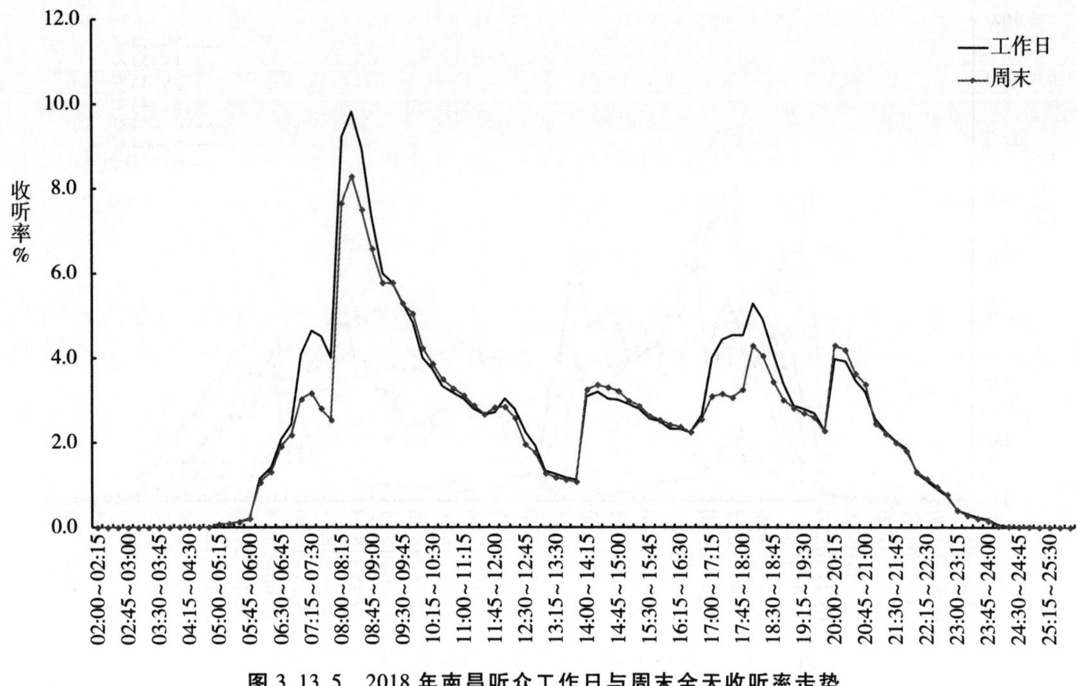

图 3. 13. 5　2018 年南昌听众工作日与周末全天收听率走势

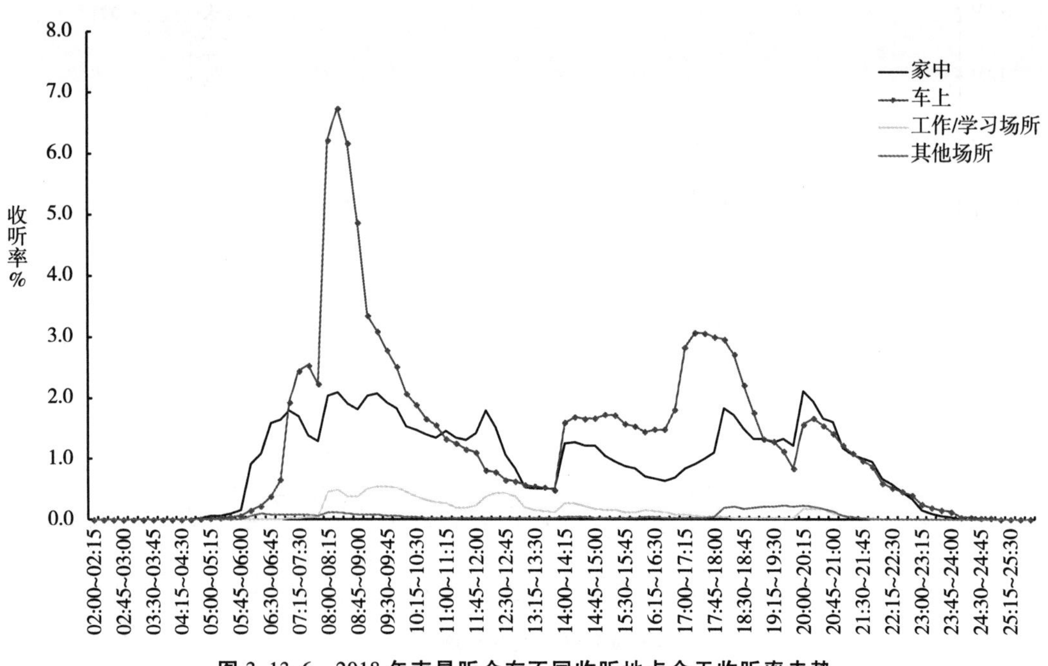

图 3. 13. 6　2018 年南昌听众在不同收听地点全天收听率走势

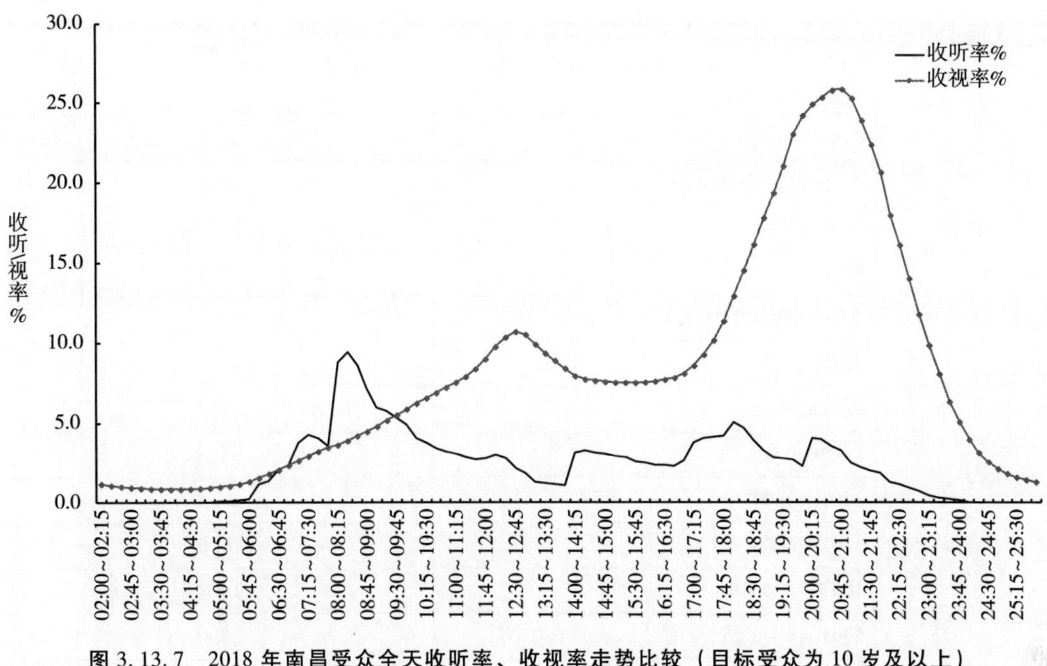

图 3.13.7　2018 年南昌受众全天收听率、收视率走势比较（目标受众为 10 岁及以上）

表 3.13.3　2018 年南昌市场听众构成（%）

目标听众		听众构成（%）
10 岁及以上所有人		100.0
性别	男	61.6
	女	38.4
年龄	10~14 岁	1.0
	15~24 岁	9.0
	25~34 岁	20.3
	35~44 岁	26.1
	45~54 岁	22.2
	55~64 岁	12.5
	65 岁及以上	8.9
文化程度	未受过正规教育	0.8
	小学	9.2
	初中	34.3
	高中	47.8
	大学及以上	7.9

续表

目标听众		听众构成（%）
职业	干部/管理人员	2.9
	初级公务员/雇员	30.8
	个体/私营企业人员	25.4
	工人	15.3
	学生	4.1
	无业（包括退休人员）	21.5
	其他	*
个人月收入	没有收入	8.4
	1～2000元	3.8
	2001～3000元	26.3
	3001～4000元	29.0
	4001～5000元	16.7
	5001～6000元	8.0
	6001元及以上	7.8

“*”表示该目标听众样本量不足，无法进行统计推断。

表3.13.4　2016～2018年南昌市场各广播电台的市场份额（%）

广播电台	2016年	2017年	2018年
中央人民广播电台	19.7	18.4	13.0
中国国际广播电台	0.0	0.0	0.0
江西人民广播电台	56.6	61.6	68.2
南昌人民广播电台	20.2	18.8	18.7
其他广播电台	3.5	1.2	0.1

表3.13.5　2018年南昌市场各广播电台在不同目标听众中的市场份额（%）

目标听众		中央人民广播电台	中国国际广播电台	江西人民广播电台	南昌人民广播电台	其他广播电台
10岁及以上所有人		13.0	0.0	68.2	18.7	0.1
性别	男	13.6	0.0	67.6	18.7	0.1
	女	12.1	0.0	69.1	18.7	0.1
年龄	10～14岁	16.9	0.0	52.3	30.7	0.1
	15～24岁	9.6	0.0	74.8	15.3	0.3
	25～34岁	6.3	0.0	68.6	25.0	0.1

续表

目标听众		中央人民广播电台	中国国际广播电台	江西人民广播电台	南昌人民广播电台	其他广播电台
年龄	35~44岁	9.0	0.0	70.2	20.8	0.0
	45~54岁	8.6	0.0	74.1	17.2	0.1
	55~64岁	20.6	0.0	64.8	14.5	0.1
	65岁及以上	43.7	0.0	46.6	9.6	0.1
文化程度	未受过正规教育	33.5	0.0	60.7	5.7	0.1
	小学	26.7	0.0	61.2	12.0	0.1
	初中	10.9	0.0	72.7	16.3	0.1
	高中	10.1	0.0	68.2	21.6	0.1
	大学及以上	21.5	0.0	57.7	20.7	0.1
职业	干部/管理人员	9.1	0.0	80.2	10.5	0.2
	初级公务员/雇员	9.6	0.0	69.8	20.6	0.0
	个体/私营企业人员	9.7	0.0	66.2	24.0	0.1
	工人	5.0	0.0	80.9	14.1	0.0
	学生	15.3	0.0	67.9	16.7	0.1
	无业（包括退休人员）	27.7	0.0	57.8	14.3	0.2
	其他	*	*	*	*	*
个人月收入	没有收入	9.7	0.0	73.5	16.5	0.3
	1~2000元	14.3	0.0	73.6	12.1	0.0
	2001~3000元	21.2	0.0	64.4	14.3	0.1
	3001~4000元	10.4	0.0	67.4	22.1	0.1
	4001~5000元	8.2	0.0	72.8	19.0	0.0
	5001~6000元	7.0	0.0	72.3	20.4	0.3
	6001元及以上	14.8	0.0	62.2	23.0	0.0

“*”表示该目标听众样本量不足，无法进行统计推断。

表3.13.6 2018年南昌市场份额排名前5位的频率

排名	频率名称	市场份额（%）
1	江西交通广播（FM105.4）	26.3
2	南昌交通音乐广播（FM95.1）	13.4
3	江西音乐广播（FM103.4）	13.0
4	中央人民广播电台第一套节目中国之声	8.8
5	江西故事广播（FM96.9）	8.6

表 3.13.7　2018 年南昌市场收听率排名前 30 位的节目

排名	节目名称	播出频率	收听率（%）	市场份额（%）
1	交通在线	江西交通广播（FM105.4）	2.4	34.7
2	欢乐中国年	江西交通广播（FM105.4）	1.9	41.4
3	财富直通车	江西交通广播（FM105.4）	1.6	28.3
4	一路畅通	江西交通广播（FM105.4）	1.4	31.1
5	第一房产	江西交通广播（FM105.4）	0.9	28.1
6	缤纷车世界	江西交通广播（FM105.4）	0.9	24.2
7	新闻晚八点	江西交通广播（FM105.4）	0.9	23.3
8	车舞飞扬	江西交通广播（FM105.4）	0.8	30.3
9	音乐私享家	江西音乐广播（FM103.4）	0.8	15.0
10	新闻纵横	中央人民广播电台第一套节目中国之声	0.8	13.5
11	新闻和报纸摘要	中央人民广播电台第一套节目中国之声	0.7	32.3
12	交广双声道	江西交通广播（FM105.4）	0.7	29.6
13	轻松相伴周末版（周日）	江西交通广播（FM105.4）	0.7	24.3
14	听书馆	南昌交通音乐广播（FM95.1）	0.7	19.3
15	滴滴叭叭上班了	南昌交通音乐广播（FM95.1）	0.7	12.4
16	畅游天下	江西交通广播（FM105.4）	0.6	21.5
17	大娱乐家	江西交通广播（FM105.4）	0.6	21.3
18	1054 早航班	江西交通广播（FM105.4）	0.6	18.8
19	芝麻开门	南昌交通音乐广播（FM95.1）	0.6	15.8
20	小寒的天空	南昌交通音乐广播（FM95.1）	0.6	13.3
21	乐动早高峰	江西音乐广播（FM103.4）	0.6	9.6
22	品牌之旅	中央人民广播电台第一套节目中国之声	0.5	35.7
23	轻松相伴周末版（周六）	江西交通广播（FM105.4）	0.5	21.5
24	12 点民生书场	江西民生广播（FM101.9）	0.5	16.4
25	自在美乐地	江西音乐广播（FM103.4）	0.5	13.8
26	滴滴叭叭下班了	南昌交通音乐广播（FM95.1）	0.5	13.4
27	非听不可	江西音乐广播（FM103.4）	0.5	12.6
28	畅听晚高峰	江西音乐广播（FM103.4）	0.5	12.2
29	活力 DNA 话题 + 音乐	江西故事广播（FM96.9）	0.5	9.2
30	国防时空	中央人民广播电台第一套节目中国之声	0.4	34.3

十四、南京收听数据

表 3.14.1　2016～2018 年南京各目标听众人均收听时间（分钟）

目标听众		2016 年	2017 年	2018 年
15 岁及以上所有人		76	37	50
性别	男	77	40	51
	女	75	34	48
年龄	15～24 岁	31	31	47
	25～34 岁	57	28	36
	35～44 岁	72	30	42
	45～54 岁	107	43	57
	55～64 岁	120	60	70
	65 岁及以上	142	64	72
文化程度	未受过正规教育	59	*	*
	小学	64	42	*
	初中	87	44	56
	高中	86	41	57
	大学及以上	55	33	43
职业	干部/管理人员	68	29	41
	初级公务员/雇员	73	34	44
	个体/私营企业人员	77	28	43
	工人	75	36	47
	学生	23	31	50
	无业（包括退休人员）	114	59	70
	其他	91	*	*
个人月收入	没有收入	31	32	50
	1～2000 元	98	46	58
	2001～3000 元	93	41	55
	3001～4000 元	83	40	52
	4001～5000 元	77	35	45
	5001～6000 元	68	33	40
	6001 元及以上	74	35	47

注：南京为全年连续调查城市。从 2017 年 1 月 1 日开始南京采用测量仪进行调查，其他广播电台频率不再纳入监测范围。“*”表示该目标听众样本量不足，无法进行统计推断。

表 3.14.2　2016～2018 年南京听众在不同地点的人均收听时间（分钟）

地点	2016 年	2017 年	2018 年
家中	50	12	14
车上	16	12	18
工作/学习场所	5	5	6
其他场所	2	8	13

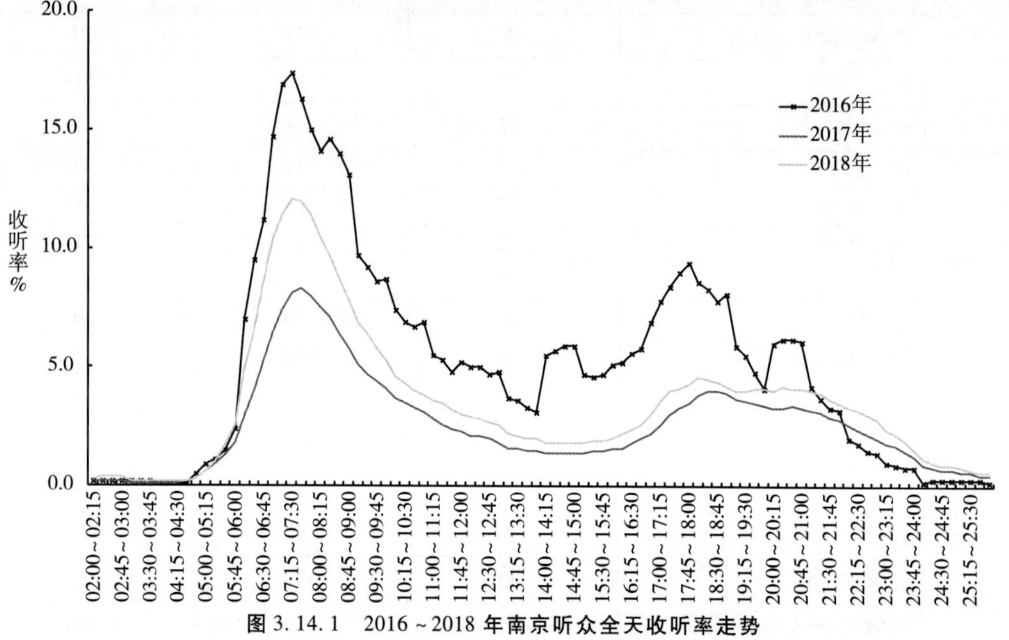

图 3.14.1　2016～2018 年南京听众全天收听率走势

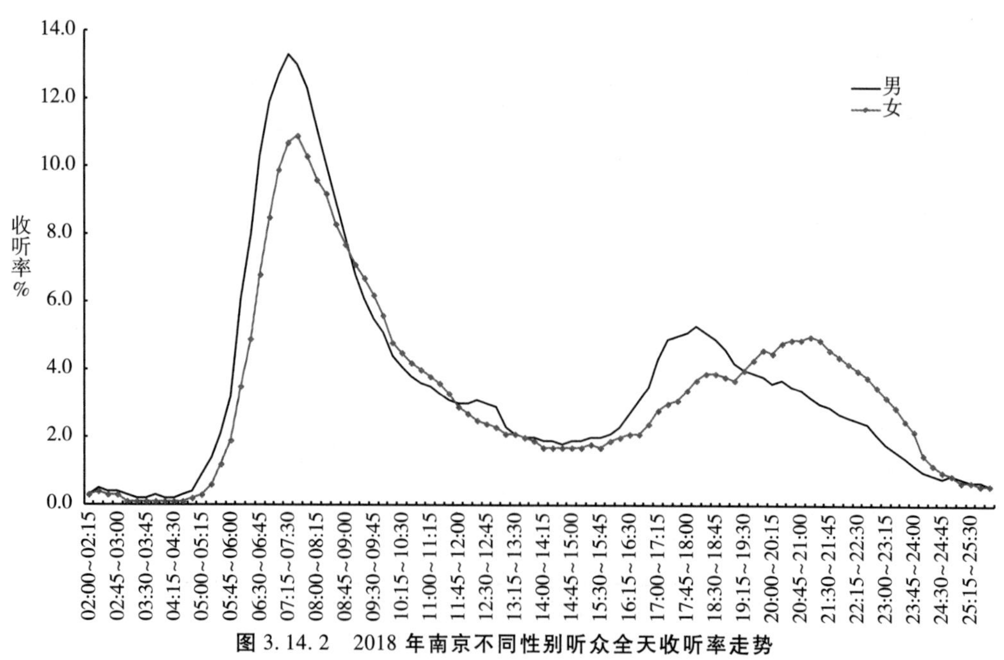

图 3.14.2　2018 年南京不同性别听众全天收听率走势

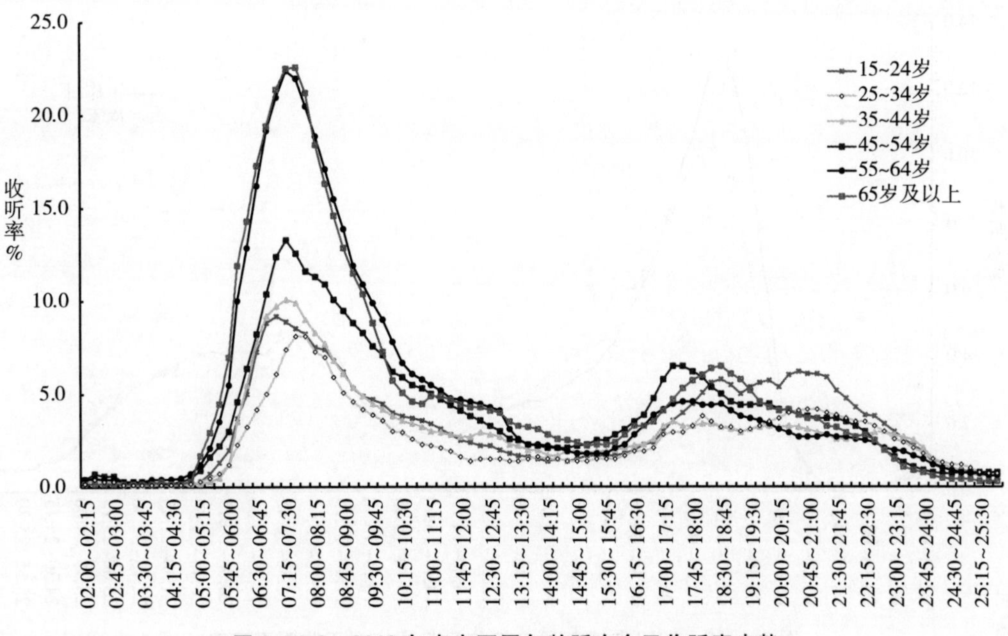

图 3.14.3 2018 年南京不同年龄听众全天收听率走势

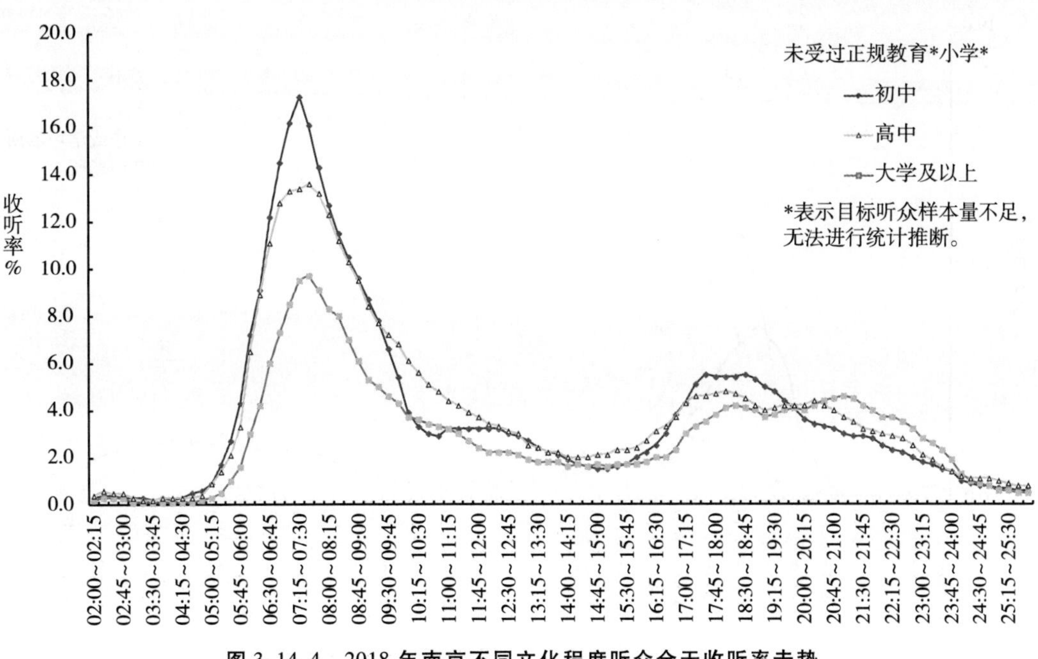

图 3.14.4 2018 年南京不同文化程度听众全天收听率走势

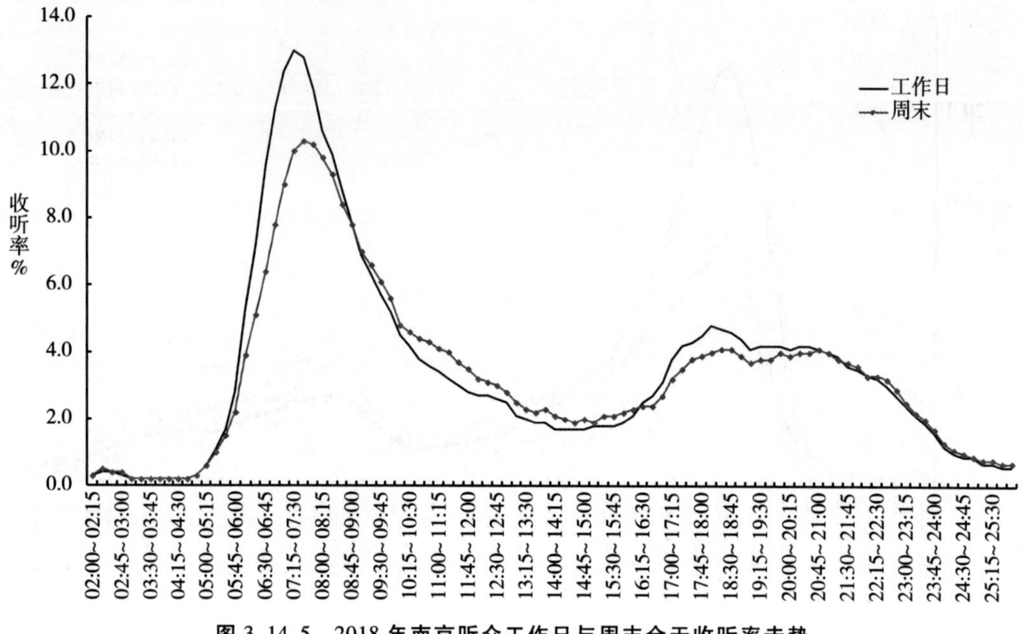

图 3.14.5　2018 年南京听众工作日与周末全天收听率走势

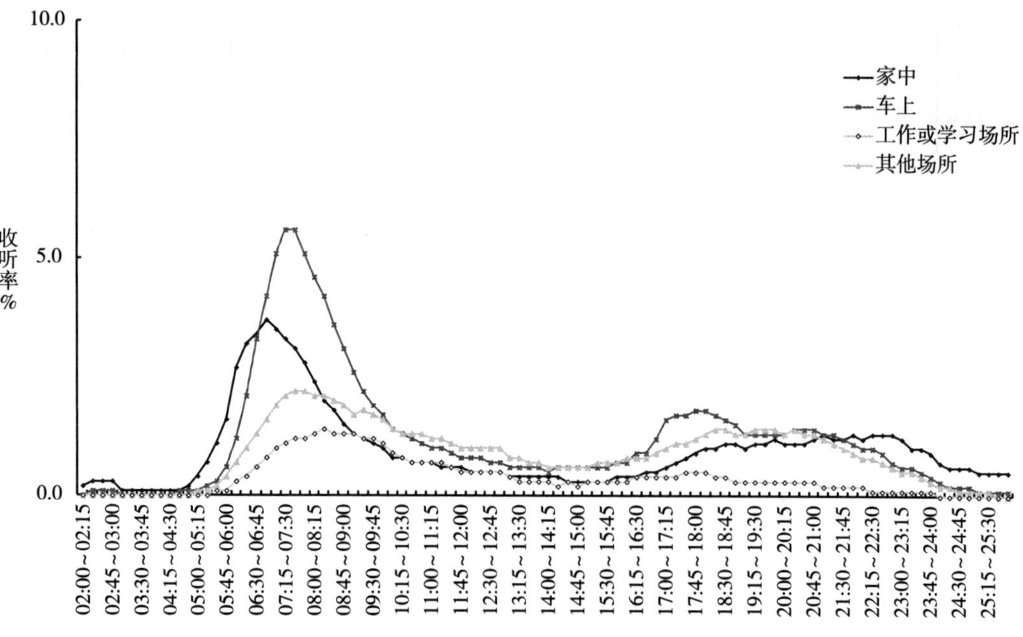

图 3.14.6　2018 年南京听众在不同收听地点全天收听率走势

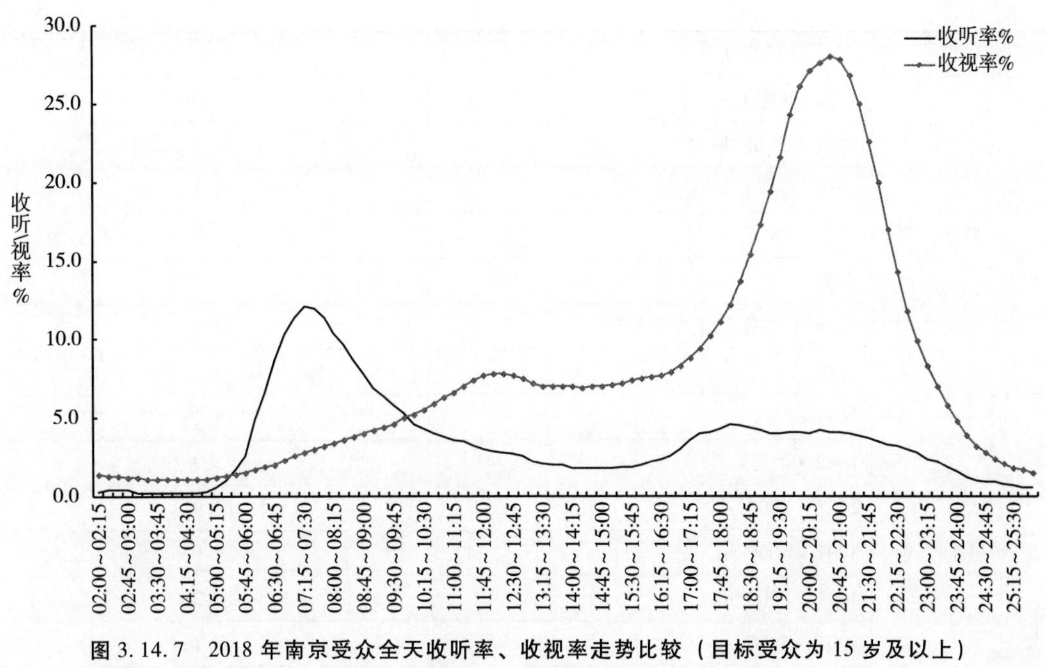

图 3.14.7 2018 年南京受众全天收听率、收视率走势比较（目标受众为 15 岁及以上）

表 3.14.3 2018 年南京市场听众构成（%）

目标听众		听众构成（%）
15 岁及以上所有人		100.0
性别	男	56.0
	女	44.0
年龄	15~24 岁	19.7
	25~34 岁	17.6
	35~44 岁	17.3
	45~54 岁	16.5
	55~64 岁	15.0
	65 岁及以上	13.9
文化程度	未受过正规教育	*
	小学	*
	初中	15.8
	高中	40.8
	大学及以上	42.6

续表

目标听众		听众构成（%）
职业	干部/管理人员	5.9
	初级公务员/雇员	38.0
	个体/私营企业人员	5.1
	工人	12.5
	学生	13.3
	无业（包括退休人员）	25.0
	其他	*
个人月收入	没有收入	15.1
	1～2000元	2.9
	2001～3000元	17.9
	3001～4000元	29.9
	4001～5000元	16.2
	5001～6000元	7.1
	6001元及以上	10.9

“*”表示该目标听众样本量不足，无法进行统计推断。

表3.14.4　2016～2018年南京市场各广播电台的市场份额（%）

广播电台	2016年	2017年	2018年
中央人民广播电台	2.8	6.7	5.4
中国国际广播电台	0.0	0.0	0.1
江苏广播电视总台	59.1	71.8	76.3
南京广播电视集团	37.2	21.5	18.2
其他广播电台	0.9	—	—

注：从2017年1月1日开始南京采用虚拟测量仪进行收听率调查，其他广播电台频率不再纳入监测范围。

表3.14.5　2018年南京市场各广播电台在不同目标听众中的市场份额（%）

目标听众		中央人民广播电台	中国国际广播电台	江苏广播电视总台	南京广播电视集团
15岁及以上所有人		5.4	0.1	76.3	18.2
性别	男	6.5	0.1	74.2	19.2
	女	3.9	0.1	79.0	17.0
年龄	15～24岁	9.5	0.1	76.3	14.1
	25～34岁	4.7	0.1	80.0	15.2

续表

目标听众		中央人民广播电台	中国国际广播电台	江苏广播电视总台	南京广播电视集团
年龄	35～44岁	2.8	0.1	73.9	23.2
	45～54岁	2.6	0.1	83.7	13.6
	55～64岁	6.0	0.1	63.5	30.4
	65岁及以上	6.0	0.1	80.4	13.5
文化程度	未受过正规教育	*	*	*	*
	小学	*	*	*	*
	初中	3.3	0.1	78.8	17.8
	高中	5.4	0.1	75.9	18.6
	大学及以上	6.2	0.1	75.7	18.0
职业	干部/管理人员	1.9	0.1	69.8	28.2
	初级公务员/雇员	4.6	0.1	78.2	17.1
	个体/私营企业人员	2.5	0.1	68.4	29.0
	工人	4.0	0.2	81.2	14.6
	学生	10.9	0.1	75.7	13.3
	无业（包括退休人员）	5.8	0.1	74.1	20.0
	其他	*	*	*	*
个人月收入	没有收入	10.4	0.1	76.2	13.3
	1～2000元	0.4	0.0	78.9	20.7
	2001～3000元	6.8	0.1	69.2	23.9
	3001～4000元	3.5	0.1	78.8	17.6
	4001～5000元	5.0	0.1	79.2	15.7
	5001～6000元	4.5	0.1	76.0	19.4
	6001元及以上	3.9	0.1	78.0	18.0

“*”表示该目标听众样本量不足，无法进行统计推断。

表3.14.6　2018年南京市场份额排名前5位的频率

排名	频率名称	市场份额（%）
1	江苏经典流行音乐广播（FM97.5）	26.8
2	江苏新闻广播（FM93.7）	23.0
3	江苏音乐广播（FM89.7）	11.1
4	江苏交通广播网（FM101.1）	8.6
5	南京人民广播电台新闻综合广播（AM1008/FM106.9）	5.2

表 3.14.7 2018 年南京市场收听率排名前 30 位的节目

排名	节目名称	播出频率	收听率（%）	市场份额（%）
1	江苏新闻联播（07:00）	江苏新闻广播（FM93.7）	3.6	30.4
2	975 阳光倾城（07:00）	江苏经典流行音乐广播（FM97.5）	3.5	28.0
3	新闻早高峰（07:30）	江苏新闻广播（FM93.7）	3.3	28.6
4	转《新闻和报摘》（06:30）	江苏新闻广播（FM93.7）	3.0	31.1
5	975 阳光倾城（06:00）	江苏经典流行音乐广播（FM97.5）	2.8	32.9
6	975 阳光倾城（08:00）	江苏经典流行音乐广播（FM97.5）	2.6	28.4
7	975 假日经典（07:00）	江苏经典流行音乐广播（FM97.5）	2.5	24.6
8	975 假日经典（08:00）	江苏经典流行音乐广播（FM97.5）	2.4	26.9
9	新闻早高峰（08:00）	江苏新闻广播（FM93.7）	2.4	26.1
10	SUNDAY 音乐天（07:00）	江苏经典流行音乐广播（FM97.5）	2.3	23.7
11	SUNDAY 音乐天（08:00）	江苏经典流行音乐广播（FM97.5）	2.2	25.6
12	天天早知道（06:00）	江苏新闻广播（FM93.7）	1.8	31.5
13	975 音乐漫步（09:00）	江苏经典流行音乐广播（FM97.5）	1.8	29.2
14	SUNDAY 音乐天（09:00）	江苏经典流行音乐广播（FM97.5）	1.8	27.9
15	975 假日经典（06:00）	江苏经典流行音乐广播（FM97.5）	1.6	27.1
16	馨悦故事会（09:00）	江苏经典流行音乐广播（FM97.5）	1.6	25.2
17	政风热线（09:00）	江苏新闻广播（FM93.7）	1.5	24.0
18	SUNDAY 音乐天（10:00）	江苏经典流行音乐广播（FM97.5）	1.4	31.5
19	SUNDAY 音乐天（06:00）	江苏经典流行音乐广播（FM97.5）	1.4	26.0
20	新闻故事周日（复）（10:10）	江苏新闻广播（FM93.7）	1.3	26.6
21	新闻故事周六（复）（10:10）	江苏新闻广播（FM93.7）	1.3	24.2
22	和刘伟听歌（20:00）	江苏经典流行音乐广播（FM97.5）	1.2	30.5
23	975 蓝色音乐田（20:00）	江苏经典流行音乐广播（FM97.5）	1.2	29.1
24	975 音乐漫步（10:00）	江苏经典流行音乐广播（FM97.5）	1.2	29.0
25	SUNDAY 音乐天（20:00）	江苏经典流行音乐广播（FM97.5）	1.2	28.1
26	晓东有话说（17:00）	江苏新闻广播（FM93.7）	1.2	25.6
27	馨悦故事会（10:00）	江苏经典流行音乐广播（FM97.5）	1.2	25.5
28	SUNDAY 音乐天（11:00）	江苏经典流行音乐广播（FM97.5）	1.1	29.1
29	大蓝鲸乐周末（18:00）	江苏音乐广播（FM89.7）	1.1	23.4
30	有话好说（10:10）	江苏新闻广播（FM93.7）	1.1	22.2

十五、南宁收听数据

表 3.15.1 2016～2018 年南宁各目标听众人均收听时间（分钟）

目标听众		2016 年	2017 年	2018 年
10 岁及以上所有人		49	43	43
性别	男	55	49	50
	女	42	37	37
年龄	10～14 岁	22	7	9
	15～24 岁	25	21	23
	25～34 岁	51	34	36
	35～44 岁	56	51	48
	45～54 岁	54	58	66
	55～64 岁	67	74	63
	65 岁及以上	76	74	79
文化程度	未受过正规教育	25	37	*
	小学	43	34	33
	初中	47	49	46
	高中	53	46	48
	大学及以上	47	37	40
职业	干部/管理人员	59	45	39
	初级公务员/雇员	43	42	46
	个体/私营企业人员	57	47	50
	工人	62	46	41
	学生	19	16	19
	无业（包括退休人员）	61	62	59
	其他	28	37	40
个人月收入	没有收入	22	20	21
	1～2000 元	47	53	51
	2001～3000 元	62	46	43
	3001～4000 元	52	45	49
	4001～5000 元	50	48	62
	5001～6000 元	91	60	55
	6001 元及以上	60	62	42

注：南宁为全年连续调查城市。“*”表示目标听众样本量不足，无法进行统计推断。

表 3.15.2　2016～2018 年南宁听众在不同地点的人均收听时间（分钟）

地点	2016 年	2017 年	2018 年
家中	24	21	20
车上	16	16	18
工作或学习场所	5	3	2
其他场所	4	3	3

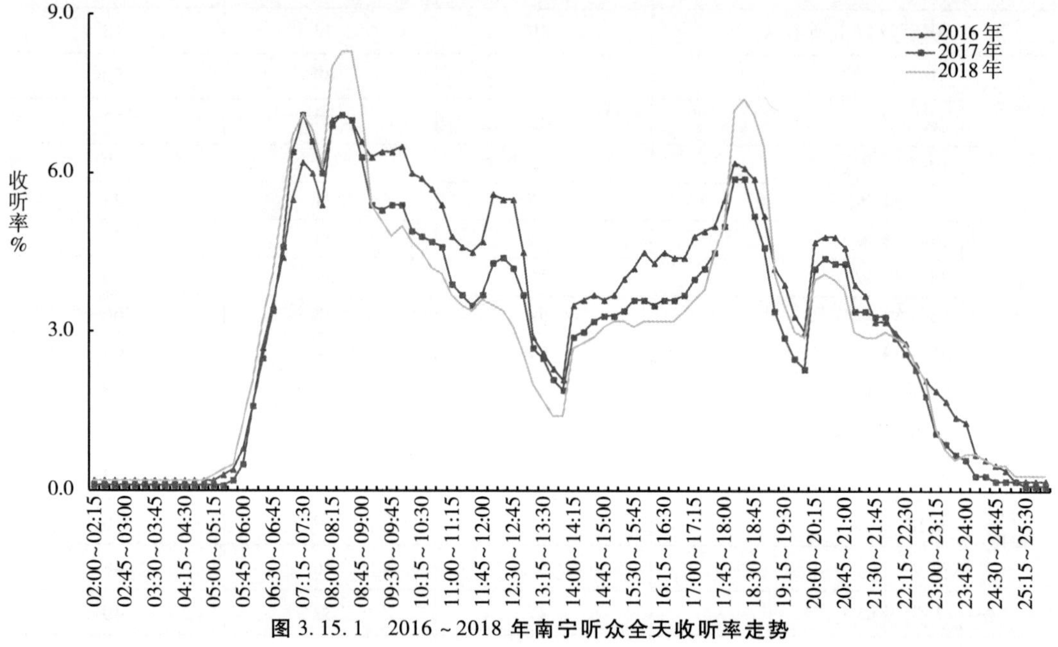

图 3.15.1　2016～2018 年南宁听众全天收听率走势

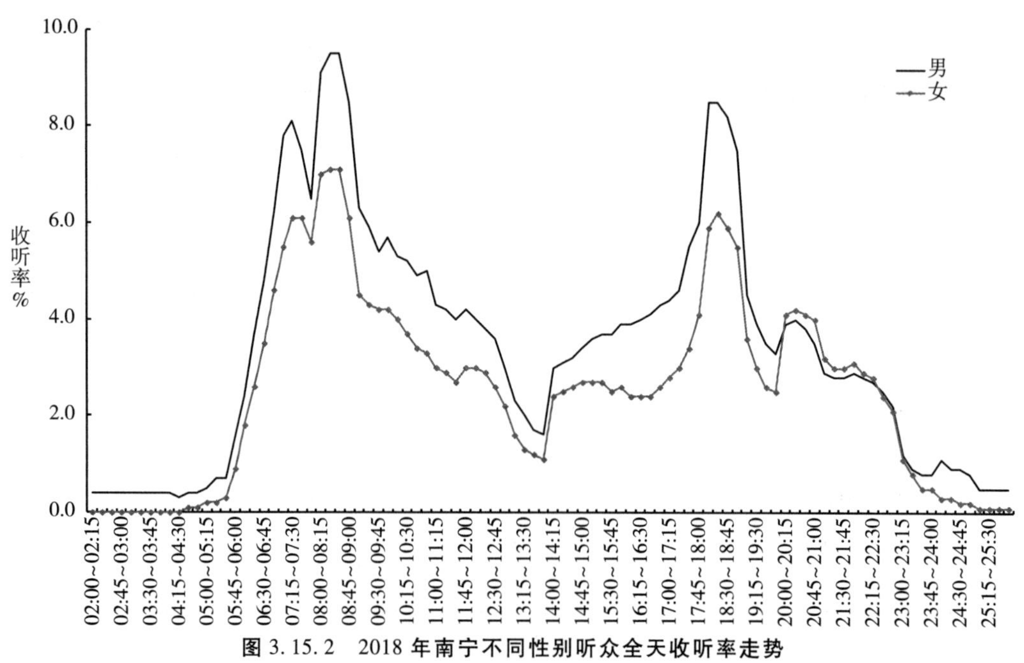

图 3.15.2　2018 年南宁不同性别听众全天收听率走势

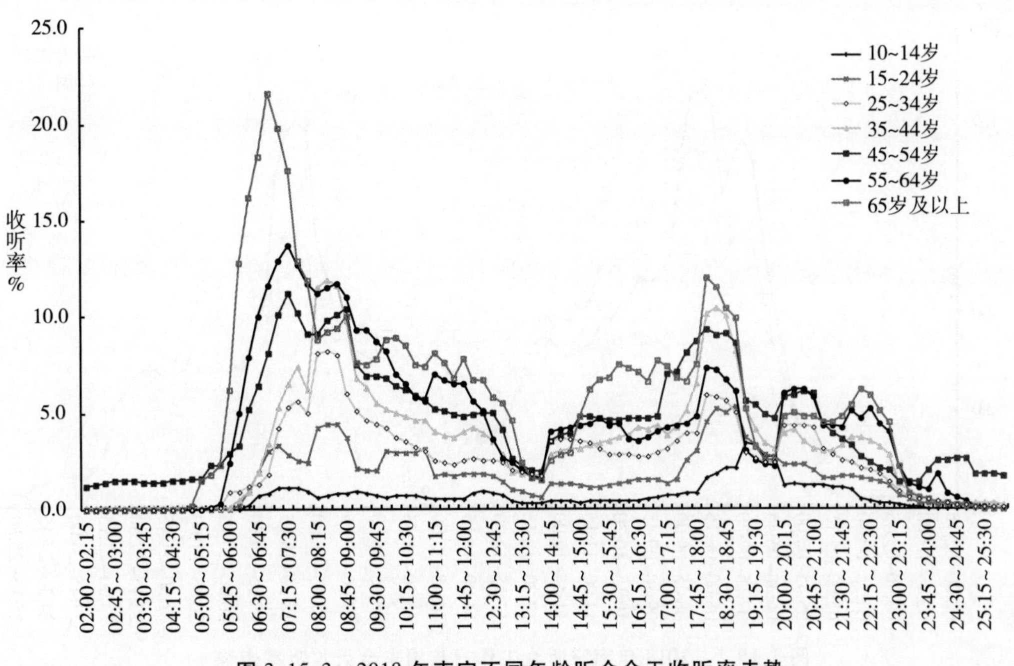

图 3.15.3 2018 年南宁不同年龄听众全天收听率走势

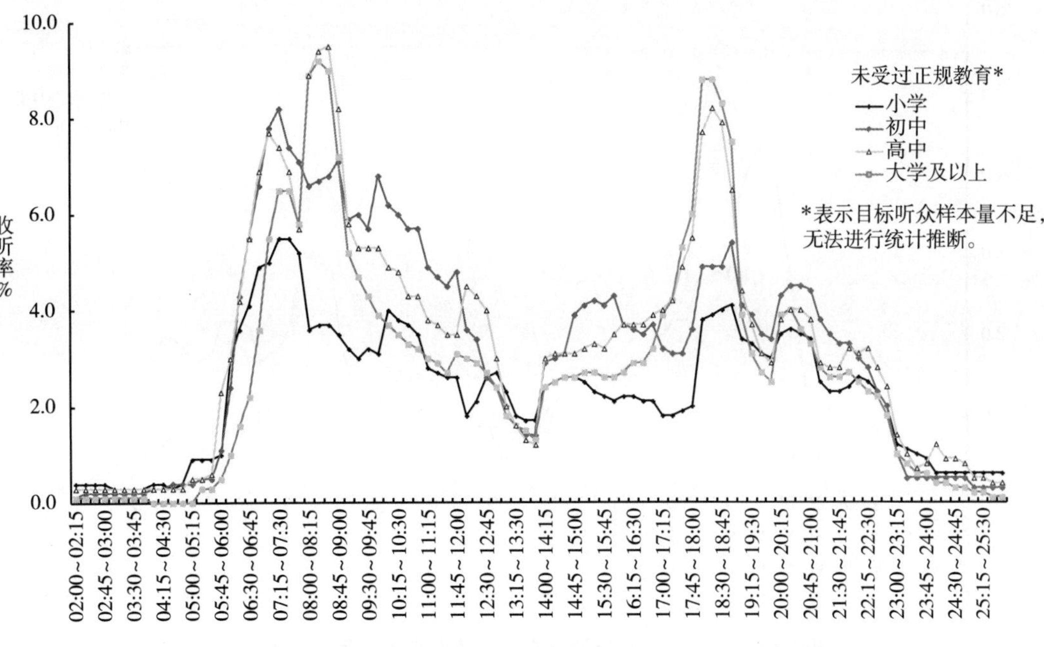

图 3.15.4 2018 年南宁不同文化程度听众全天收听率走势

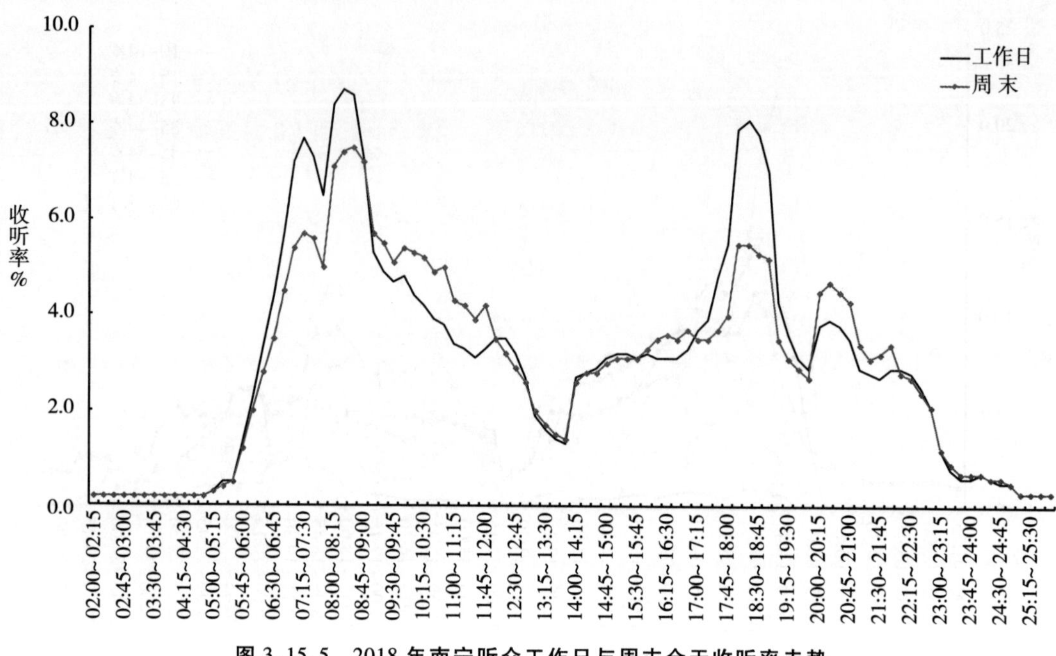

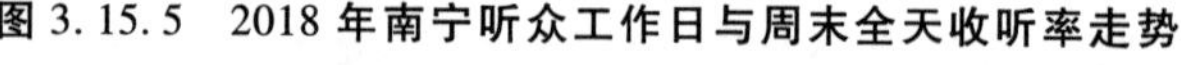
图 3. 15. 5 2018 年南宁听众工作日与周末全天收听率走势

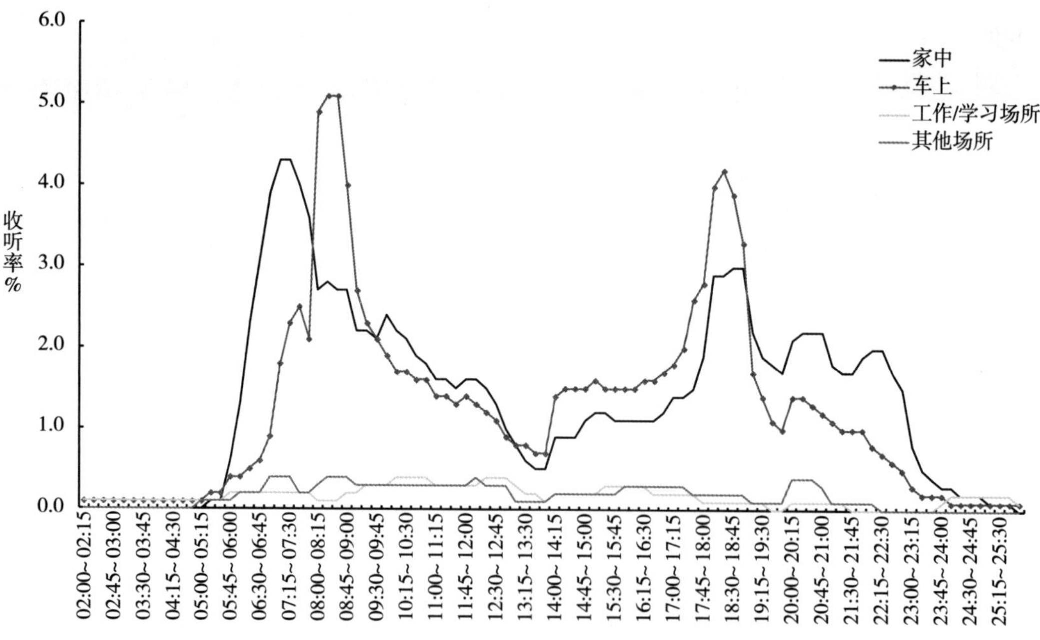

图 3. 15. 6 2018 年南宁听众在不同收听地点全天收听率走势

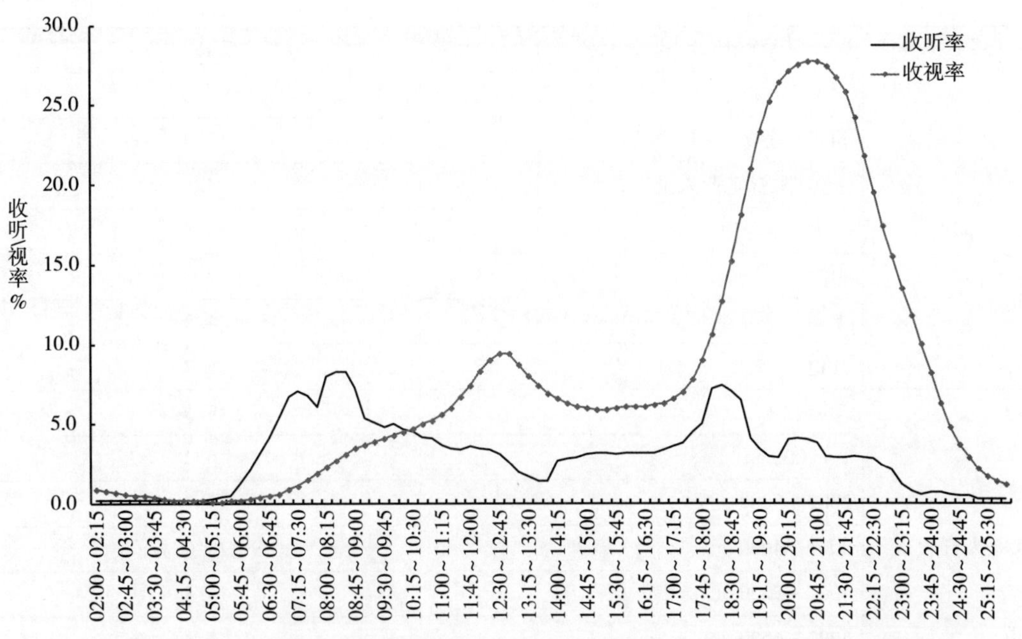

图 3.15.7　2018 年南宁受众全天收听率、收视率走势比较（目标受众为 10 岁及以上）

表 3.15.3　2018 年南宁市场听众构成（%）

目标听众		听众构成（%）
10 岁及以上所有人		100.0
性别	男	58.0
	女	42.0
年龄	10~14 岁	0.8
	15~24 岁	12.4
	25~34 岁	19.9
	35~44 岁	22.8
	45~54 岁	18.3
	55~64 岁	12.9
	65 岁及以上	12.9
文化程度	未受过正规教育	*
	小学	5.2
	初中	24.6
	高中	33.5
	大学及以上	36.7

续表

目标听众		听众构成（%）
职业	干部/管理人员	3.1
	初级公务员/雇员	17.9
	个体/私营企业人员	23.5
	工人	18.5
	学生	7.1
	无业（包括退休人员）	24.2
	其他	5.7
个人月收入	没有收入	9.3
	1～2000元	16.2
	2001～3000元	26.7
	3001～4000元	28.0
	4001～5000元	13.8
	5001～6000元	3.3
	6001元及以上	2.7

注："＊"表示目标听众样本量不足，无法进行统计推断。

表3.15.4 2016～2018年南宁市场各广播电台的市场份额（%）

广播电台	2016年	2017年	2018年
中央人民广播电台	17.7	19.3	18.9
中国国际广播电台	0.0	0.0	0.0
广西人民广播电台	56.9	61.2	64.6
南宁人民广播电台	25.0	19.2	16.3
其他广播电台	0.4	0.3	0.2

表3.15.5

目标听众		中央人民广播电台	中国国际广播电台	广西人民广播电台	南宁人民广播电台	其他广播电台
10岁及以上所有人		18.9	0.0	64.6	16.3	0.2
性别	男	19.2	0.0	65.9	14.9	0.0
	女	18.5	0.0	62.8	18.3	0.4
年龄	10～14岁	13.9	0.1	72.8	13.1	0.1
	15～24岁	15.9	0.0	65.6	17.3	1.2
	25～34岁	11.7	0.0	75.5	12.8	0.0

续表

目标听众		中央人民广播电台	中国国际广播电台	广西人民广播电台	南宁人民广播电台	其他广播电台
年龄	35~44岁	10.9	0.0	72.8	16.2	0.1
	45~54岁	17.1	0.0	68.7	14.2	0.0
	55~64岁	31.3	0.0	49.4	19.3	0.0
	65岁及以上	37.3	0.0	41.3	21.4	0.0
文化程度	未受过正规教育	*	*	*	*	*
	小学	8.1	0.0	67.9	23.9	0.1
	初中	29.9	0.0	49.4	20.7	0.0
	高中	18.3	0.0	68.0	13.3	0.4
	大学及以上	13.3	0.0	71.5	15.2	0.0
职业	干部/管理人员	7.1	0.1	77.3	15.5	0.0
	初级公务员/雇员	14.3	0.0	66.8	18.8	0.1
	个体/私营企业人员	10.5	0.0	73.0	16.4	0.1
	工人	14.4	0.0	71.5	14.0	0.1
	学生	6.0	0.0	79.1	12.9	2.0
	无业（包括退休人员）	35.8	0.0	44.3	19.9	0.0
	其他	32.2	0.0	62.5	5.3	0.0
个人月收入	没有收入	7.3	0.0	79.6	11.5	1.6
	1~2000元	27.2	0.0	54.5	18.2	0.1
	2001~3000元	15.6	0.0	65.6	18.7	0.1
	3001~4000元	18.8	0.0	65.0	16.2	0.0
	4001~5000元	22.5	0.0	63.7	13.8	0.0
	5001~6000元	28.2	0.0	57.6	14.1	0.1
	6001元及以上	9.7	0.0	75.8	14.3	0.2

注："*"表示目标听众样本量不足，无法进行统计推断。

表3.15.6　2018年南宁市场份额排名前5位的频率

排名	频率名称	市场份额（%）
1	广西电台教育广播（私家车930）（FM93.0）	18.6
2	广西电台文艺广播（950音乐广播）（FM95.0）	15.0
3	中央人民广播电台第一套节目中国之声	14.8
4	广西电台交通广播（交通1003）（FM100.3）	13.7
5	广西电台综合广播（新闻910）（AM792/FM91.0）	9.0

十六、宁波收听数据

表 3. 16. 1　2016 ~ 2018 年宁波各目标听众人均收听时间（分钟）

目标听众		2016 年	2017 年	2018 年
	10 岁及以上所有人	43	41	43
性别	男	48	45	52
	女	39	36	35
年龄	10 ~ 14 岁	19	13	15
	15 ~ 24 岁	27	18	24
	25 ~ 34 岁	38	37	40
	35 ~ 44 岁	56	43	44
	45 ~ 54 岁	42	48	54
	55 ~ 64 岁	47	65	52
	65 岁及以上	83	78	93
文化程度	未受过正规教育	11	11	*
	小学	38	33	21
	初中	48	45	47
	高中	40	44	49
	大学及以上	44	38	42
职业	干部/管理人员	50	44	44
	初级公务员/雇员	41	41	43
	个体/私营企业人员	55	44	44
	工人	41	42	55
	学生	25	15	18
	无业（包括退休人员）	57	58	57
	其他	26	86	19
个人月收入	没有收入	26	15	20
	1 ~ 2000 元	15	28	17
	2001 ~ 3000 元	30	38	33
	3001 ~ 4000 元	44	42	49
	4001 ~ 5000 元	53	51	52
	5001 ~ 6000 元	56	56	48
	6001 元及以上	48	50	55

注：宁波为全年连续调查城市。“*”表示该目标听众样本量不足，无法进行统计推断。

表 3.16.2　2016～2018 年宁波听众在不同地点的人均收听时间（分钟）

地点	2016 年	2017 年	2018 年
家中	18	15	15
车上	23	23	27
工作/学习场所	3	2	1
其他场所	1	0	0

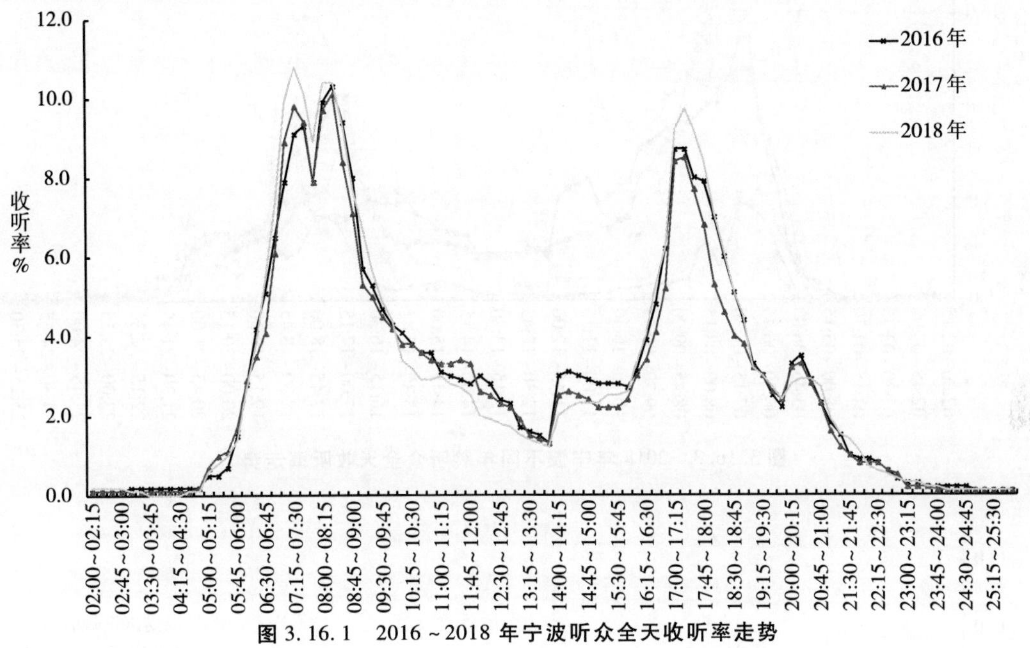

图 3.16.1　2016～2018 年宁波听众全天收听率走势

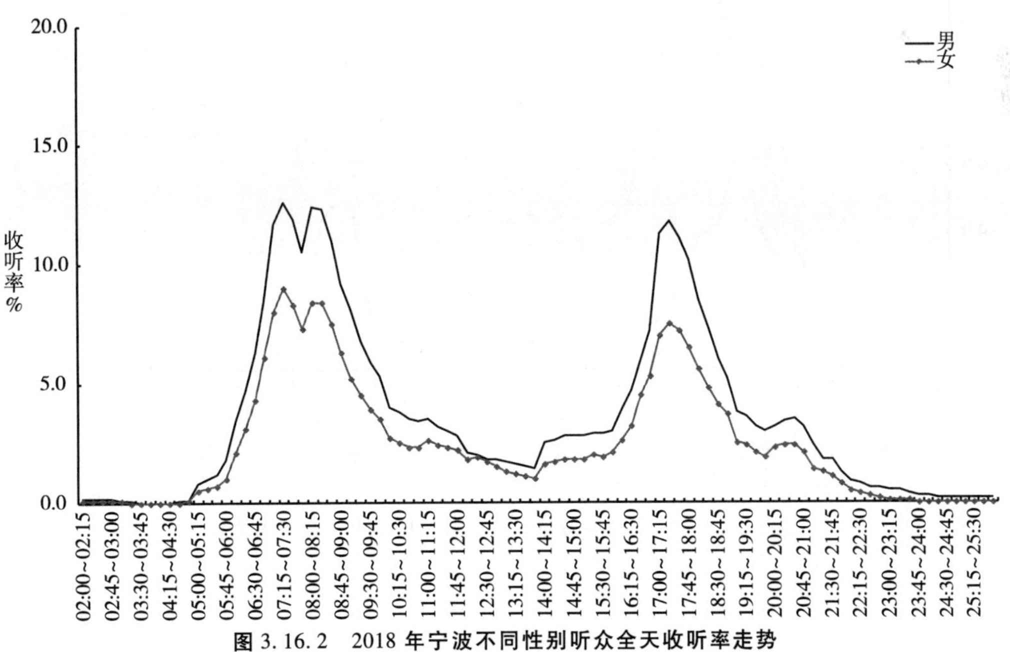

图 3.16.2　2018 年宁波不同性别听众全天收听率走势

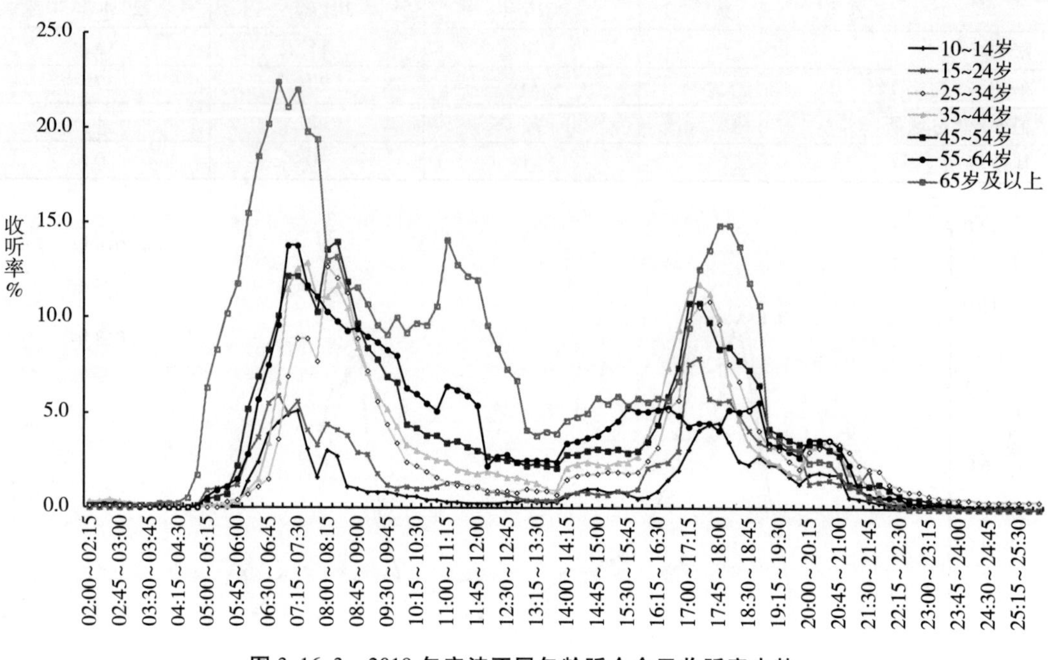

图 3.16.3　2018 年宁波不同年龄听众全天收听率走势

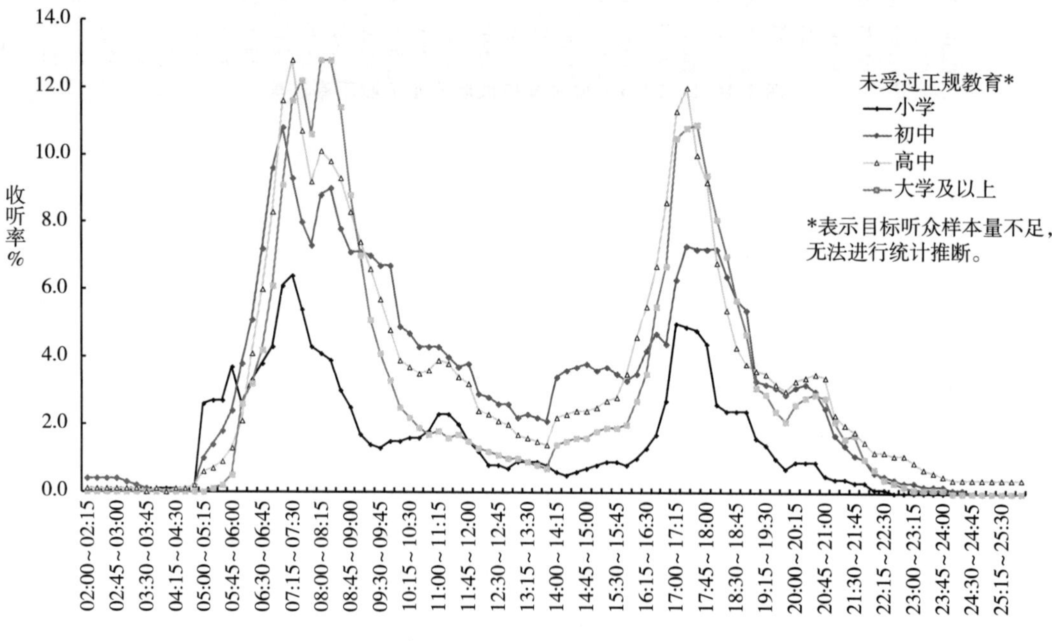

图 3.16.4　2018 年宁波不同文化程度听众全天收听率走势

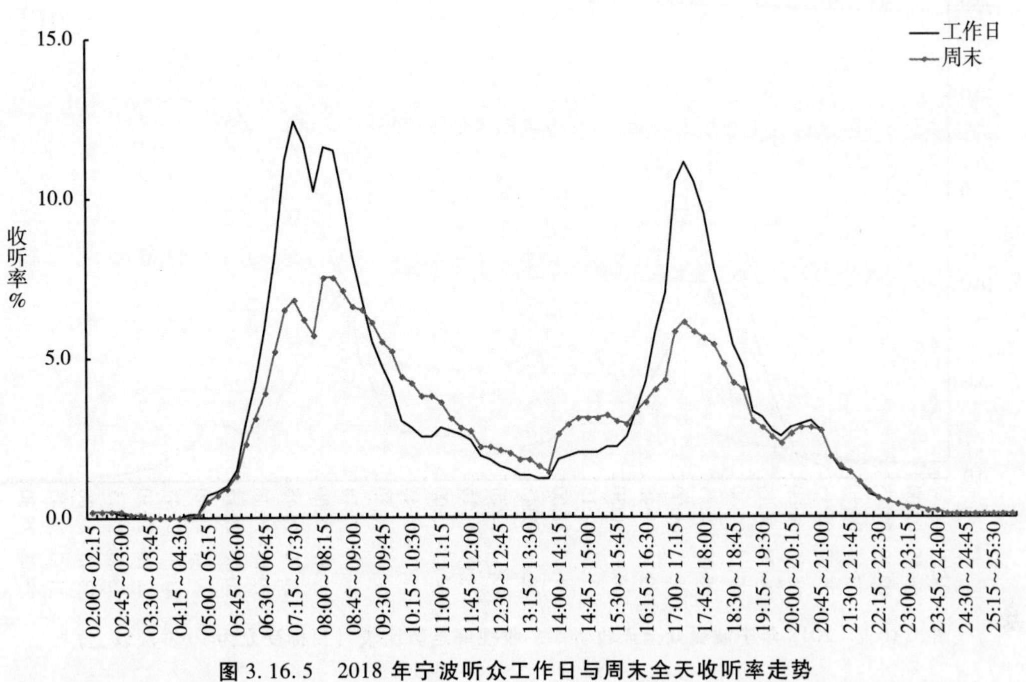

图 3.16.5　2018 年宁波听众工作日与周末全天收听率走势

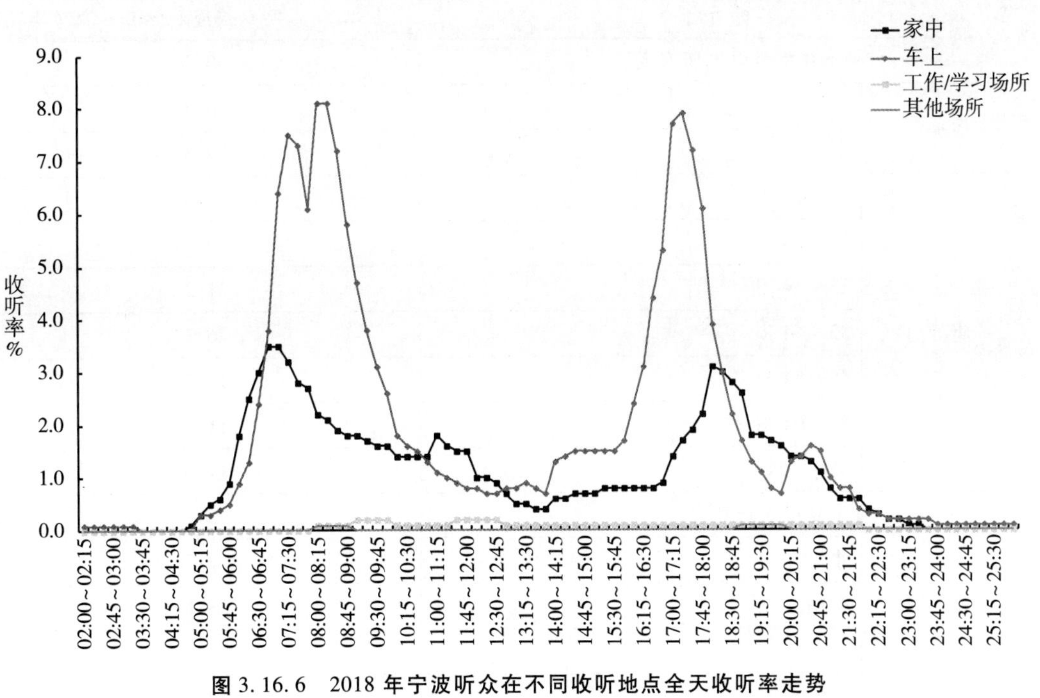

图 3.16.6　2018 年宁波听众在不同收听地点全天收听率走势

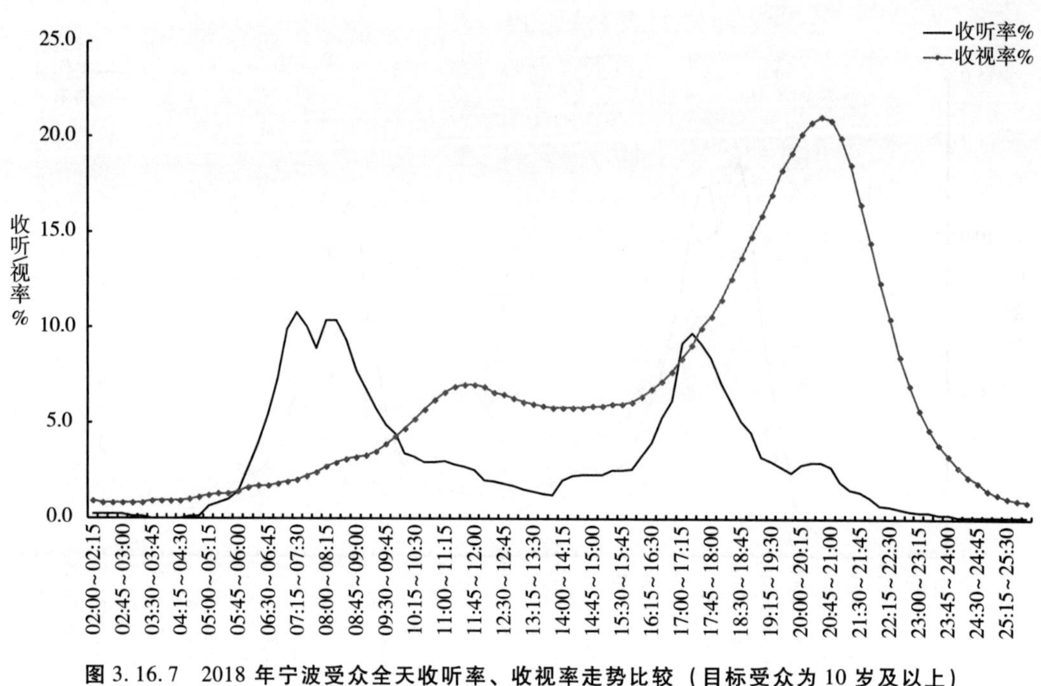

图 3.16.7　2018 年宁波受众全天收听率、收视率走势比较（目标受众为 10 岁及以上）

表 3.16.3　2018 年宁波市场听众构成（%）

目标听众		听众构成（%）
10 岁及以上所有人		100.0
性别	男	60.7
	女	39.3
年龄	10～14 岁	1.6
	15～24 岁	9.8
	25～34 岁	21.2
	35～44 岁	26.2
	45～54 岁	18.7
	55～64 岁	11.5
	65 岁及以上	11.0
文化程度	未受过正规教育	*
	小学	3.7
	初中	28.1
	高中	28.2
	大学及以上	40.0

续表

目标听众		听众构成（%）
职业	干部/管理人员	14.7
	初级公务员/雇员	35.0
	个体/私营企业人员	11.7
	工人	12.2
	学生	5.5
	无业（包括退休人员）	20.6
	其他	0.3
个人月收入	没有收入	8.2
	1～2000 元	1.1
	2001～3000 元	5.7
	3001～4000 元	24.7
	4001～5000 元	30.6
	5001～6000 元	9.6
	6001 元及以上	20.1

“*”表示该目标听众样本量不足，无法进行统计推断。

表 3.16.4　2016～2018 年宁波市场各广播电台的市场份额（%）

广播电台	2016 年	2017 年	2018 年
中央人民广播电台	10.5	8.6	9.2
中国国际广播电台	0.0	0.0	0.0
浙江广播电视集团	15.7	12.8	12.8
宁波广播电视集团	49.8	54.4	50.3
上海广播电视台	0.5	0.1	0.1
其他广播电台	23.5	24.1	27.6

表 3.16.5　2018 年宁波市场各广播电台在不同目标听众中的市场份额（%）

目标听众		中央人民广播电台	中国国际广播电台	浙江广播电视集团	宁波广播电视集团	上海广播电视台	其他广播电台
10 岁及以上所有人		9.2	0.0	12.8	50.3	0.1	27.6
性别	男	9.0	0.0	12.3	52.4	0.1	26.2
	女	9.4	0.0	13.6	47.0	0.1	29.9
年龄	10～14 岁	9.9	0.0	11.0	49.6	0.0	29.5
	15～24 岁	8.4	0.0	9.4	45.6	0.0	36.6

续表

目标听众		中央人民广播电台	中国国际广播电台	浙江广播电视集团	宁波广播电视集团	上海广播电视台	其他广播电台
年龄	25～34岁	4.0	0.0	11.4	46.6	0.1	37.9
	35～44岁	11.1	0.0	13.1	46.1	0.1	29.6
	45～54岁	5.6	0.0	11.9	51.3	0.3	30.9
	55～64岁	9.8	0.0	14.2	60.7	0.1	15.2
	65岁及以上	20.4	0.0	17.4	58.3	0.0	3.9
文化程度	未受过正规教育	*	*	*	*	*	*
	小学	4.5	0.0	4.9	59.0	0.1	31.5
	初中	12.0	0.0	14.1	51.6	0.2	22.1
	高中	6.0	0.0	13.1	52.2	0.0	28.7
	大学及以上	9.7	0.0	12.4	47.3	0.1	30.5
职业	干部/管理人员	9.3	0.0	17.3	41.6	0.1	31.7
	初级公务员/雇员	8.4	0.0	9.3	46.3	0.1	35.9
	个体/私营企业人员	2.2	0.0	18.0	49.0	0.3	30.5
	工人	4.7	0.0	6.7	63.7	0.0	24.9
	学生	16.1	0.0	16.5	37.6	0.0	29.8
	无业（包括退休人员）	15.5	0.0	15.2	58.7	0.1	10.5
	其他	0.0	0.0	1.7	59.8	0.0	38.5
个人月收入	没有收入	13.7	0.0	13.7	45.1	0.2	27.3
	1～2000元	1.0	0.0	14.0	55.1	0.1	29.8
	2001～3000元	7.7	0.0	10.8	35.6	0.0	45.9
	3001～4000元	11.7	0.0	13.3	51.3	0.2	23.5
	4001～5000元	8.2	0.0	8.5	53.7	0.0	29.6
	5001～6000元	7.8	0.0	16.5	41.8	0.2	33.7
	6001元及以上	7.5	0.0	16.6	54.4	0.1	21.4

“*”表示该目标听众样本量不足，无法进行统计推断。

表3.16.6　2018年宁波市场份额排名前5位的频率

排名	频率名称	市场份额（%）
1	宁波电台交通广播（FM93.9/AM612）	19.6
2	宁波电台音乐广播私家车986（FM98.6）	10.3
3	宁波电台新闻综合广播宁波之声（FM92.0/AM1323）	9.4
4	宁波电台经济广播（FM102.9/AM711）	8.5
5	中央人民广播电台第一套节目中国之声	6.3

表 3.16.7 2018 年宁波市场收听率排名前 30 位的节目

排名	节目名称	播出频率	收听率（%）	市场份额（%）
1	HAppY 路呀	宁波电台交通广播（FM93.9/AM612）	2.4	23.2
2	动听宁波	宁波电台交通广播（FM93.9/AM612）	2.1	22.2
3	开心 Taxi	宁波电台交通广播（FM93.9/AM612）	1.6	29.9
4	转播中央台《新闻和报纸摘要》	宁波电台新闻综合广播宁波之声（FM92.0/AM1323）	1.4	21.6
5	宁广早新闻	宁波电台新闻综合广播宁波之声（FM92.0/AM1323）	1.4	14.3
6	上班晚一点	宁波电台音乐广播私家车 986（FM98.6）	1.4	12.7
7	939 超级派	宁波电台交通广播（FM93.9/AM612）	1.2	21.4
8	939 喜乐会	宁波电台交通广播（FM93.9/AM612）	1.0	20.5
9	早安，宁波	宁波电台交通广播（FM93.9/AM612）	1.0	15.5
10	东哥说房	宁波电台音乐广播私家车 986（FM98.6）	1.0	15.1
11	下班早一点	宁波电台音乐广播私家车 986（FM98.6）	1.0	11.6
12	939 广播购	宁波电台交通广播（FM93.9/AM612）	0.9	16.3
13	新闻早班车	宁波电台经济广播（FM102.9/AM711）	0.9	8.9
14	晨间早报	宁波电台新闻综合广播宁波之声（FM92.0/AM1323）	0.8	25.3
15	泽哥的情歌年代周末版	宁波电台音乐广播私家车 986（FM98.6）	0.8	10.6
16	领先一路晚高峰	浙江之声（FM88/FM101.6/AM810）	0.8	6.4
17	新闻下午茶	宁波电台交通广播（FM93.9/AM612）	0.7	18.5
18	全国新闻联播	中央人民广播电台第一套节目中国之声	0.7	14.5
19	新闻麻辣谈	宁波电台经济广播（FM102.9/AM711）	0.7	13.0
20	939 新家缘	宁波电台交通广播（FM93.9/AM612）	0.7	12.9
21	新闻和报纸摘要	中央人民广播电台第一套节目中国之声	0.7	10.3
22	阿拉讲大道	宁波电台经济广播（FM102.9/AM711）	0.7	9.7
23	心动在路上	宁波电台经济广播（FM102.9/AM711）	0.7	7.0
24	倾听时光	宁波电台交通广播（FM93.9/AM612）	0.6	20.5
25	花花世界	宁波电台音乐广播私家车 986（FM98.6）	0.6	15.5
26	城市周刊	宁波电台经济广播（FM102.9/AM711）	0.6	14.3
27	986 慢生活 0900	宁波电台音乐广播私家车 986（FM98.6）	0.6	11.4
28	92 新闻搜索	宁波电台新闻综合广播宁波之声（FM92.0/AM1323）	0.6	11.2
29	私家车俱乐部	宁波电台音乐广播私家车 986（FM98.6）	0.6	10.8
29	娱乐双声道 - 第一部分	宁波电台经济广播（FM102.9/AM711）	0.6	10.8

十七、上海收听数据

表 3.17.1　2016～2018 年上海各目标听众人均收听时间（分钟）

目标听众		2016 年	2017 年	2018 年
15 岁及以上所有人		72	47	50
性别	男	73	50	52
	女	71	44	48
年龄	15～24 岁	53	35	36
	25～34 岁	55	40	42
	35～44 岁	64	36	42
	45～54 岁	71	52	55
	55～64 岁	87	59	67
	65 岁及以上	114	70	75
文化程度	未受过正规教育	*	*	*
	小学	53	*	*
	初中	73	57	61
	高中	79	53	58
	大学及以上	63	41	44
职业	干部/管理人员	64	44	51
	初级公务员/雇员	59	38	43
	个体/私营企业人员	56	46	47
	工人	69	53	56
	学生	41	37	40
	无业（包括退休人员）	101	66	73
	其他	*	42	38
个人月收入	没有收入	43	40	40
	1～2000 元	80	40	*
	2001～3000 元	75	57	60
	3001～4000 元	86	60	66
	4001～5000 元	75	48	56
	5001～6000 元	73	45	46
	6001 元及以上	56	41	45

注：上海为全年连续调查城市。从 2017 年 1 月 1 日起上海采用测量仪进行调查，其他广播电台频率不再纳入监测范围。“*”表示该目标听众样本量不足，无法进行统计推断。

表 3.17.2　2016～2018 年上海听众在不同地点的人均收听时间（分钟）

地点	2016 年	2017 年	2018 年
家中	53	18	19
车上	14	13	15
工作/学习场所	4	7	6
其他场所	1	9	10

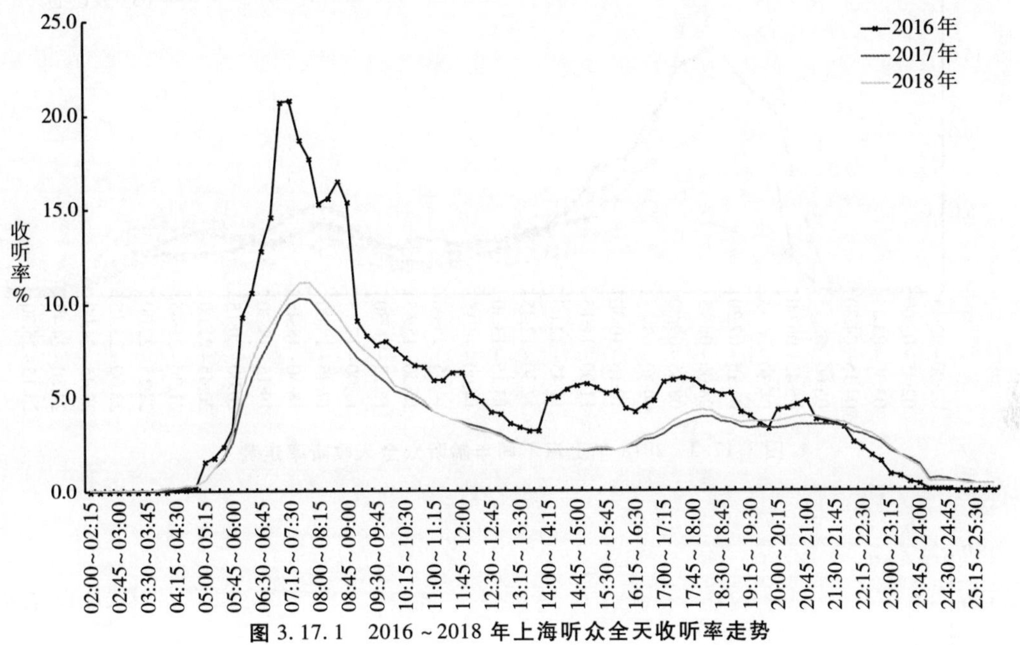

图 3.17.1　2016～2018 年上海听众全天收听率走势

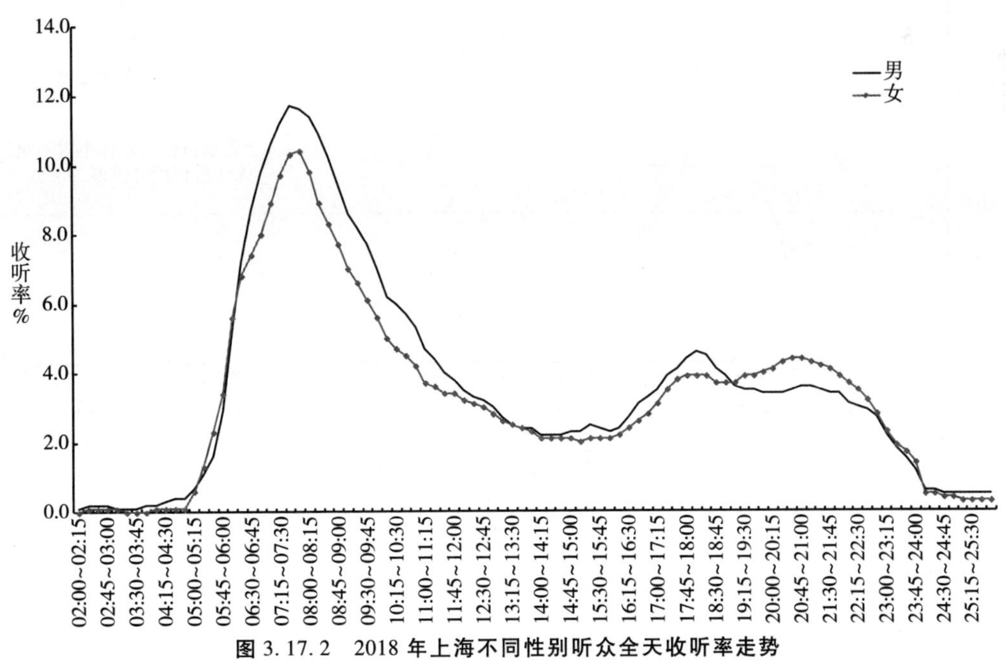

图 3.17.2　2018 年上海不同性别听众全天收听率走势

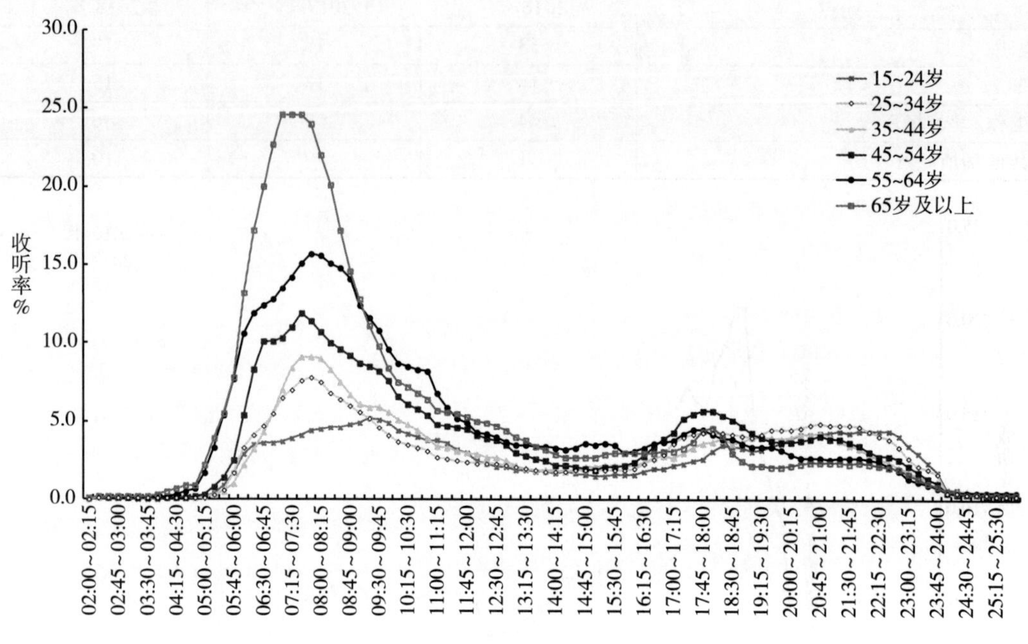

图 3.17.3　2018 年上海不同年龄听众全天收听率走势

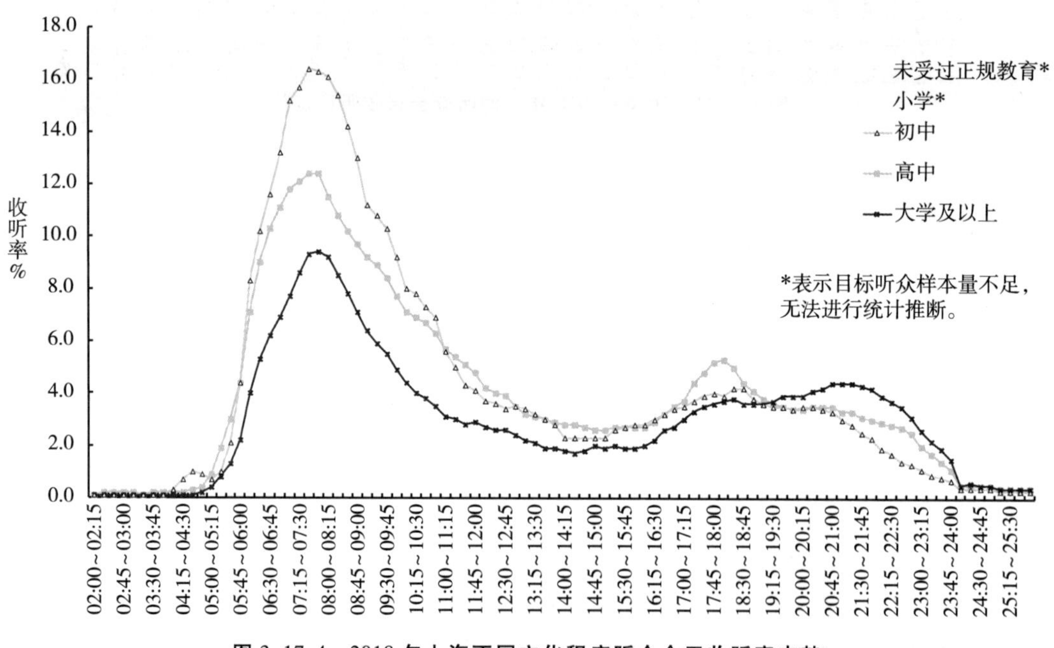

图 3.17.4　2018 年上海不同文化程度听众全天收听率走势

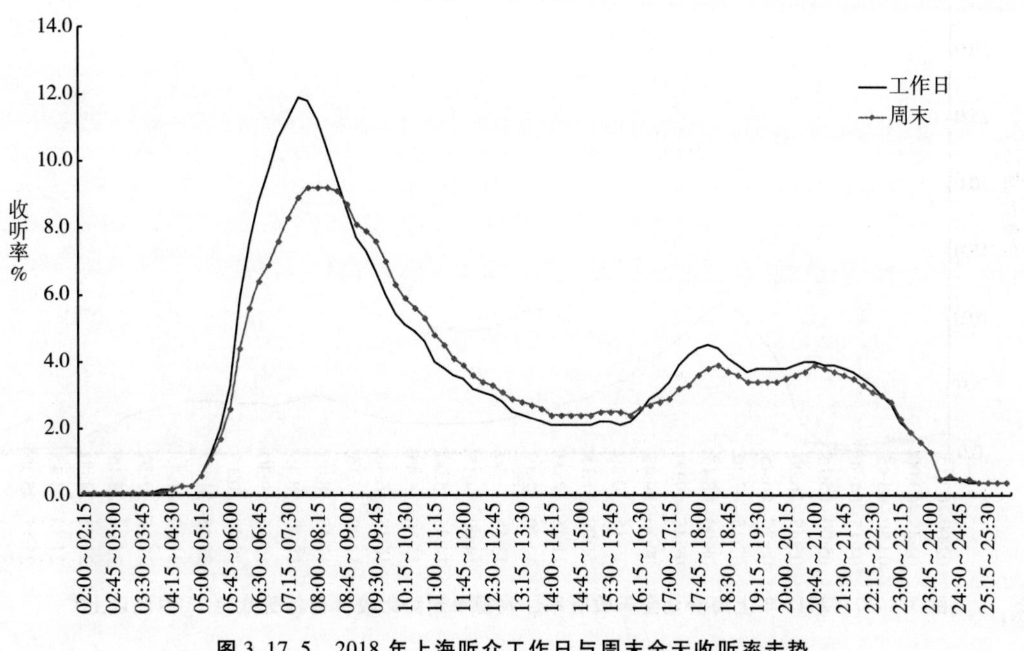

图 3.17.5　2018 年上海听众工作日与周末全天收听率走势

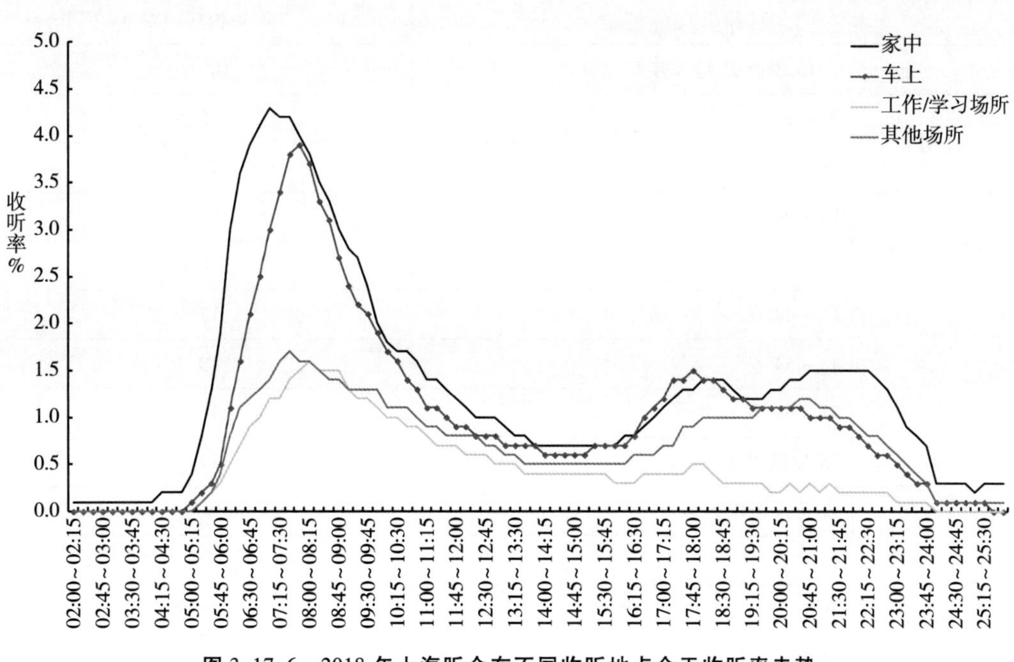

图 3.17.6　2018 年上海听众在不同收听地点全天收听率走势

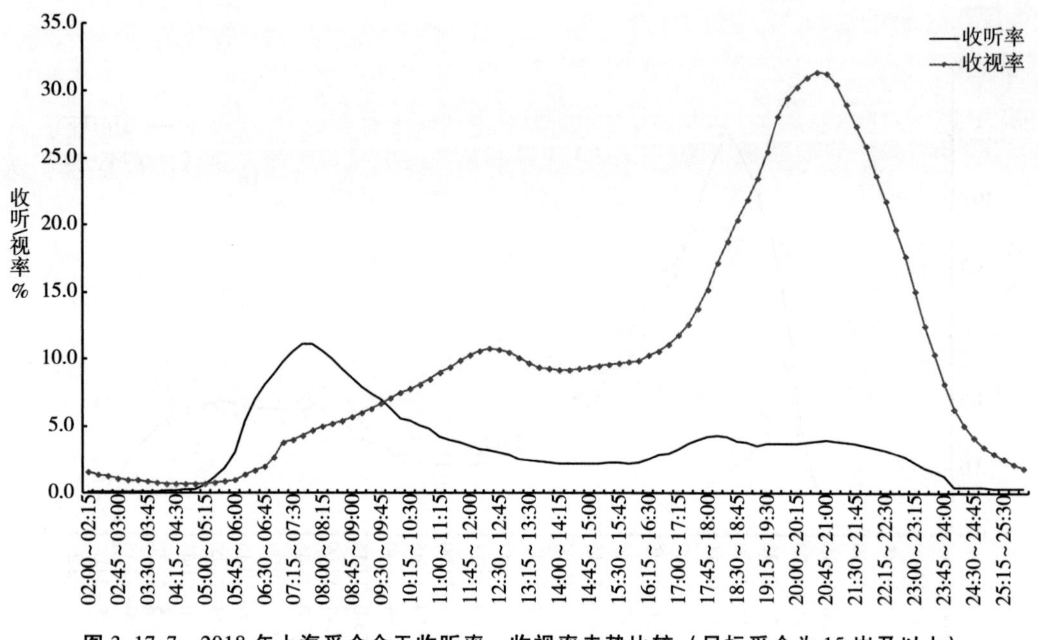

图 3.17.7　2018 年上海受众全天收听率、收视率走势比较（目标受众为 15 岁及以上）

表 3.17.3　2018 年上海市场听众构成（%）

目标听众		听众构成（%）
15 岁及以上所有人		100.0
性别	男	55.5
	女	44.5
年龄	15～24 岁	10.0
	25～34 岁	20.0
	35～44 岁	17.0
	45～54 岁	19.1
	55～64 岁	16.7
	65 岁及以上	17.2
文化程度	未受过正规教育	*
	小学	*
	初中	10.9
	高中	40.2
	大学及以上	48.7

续表

目标听众		听众构成（%）
职业	干部/管理人员	10.0
	初级公务员/雇员	37.0
	个体/私营企业人员	3.7
	工人	10.9
	学生	7.8
	无业（包括退休人员）	26.1
	其他	4.5
个人月收入	没有收入	12.1
	1～2000元	*
	2001～3000元	4.6
	3001～4000元	21.1
	4001～5000元	20.0
	5001～6000元	12.5
	6001元及以上	29.0

注："*"表示该目标听众样本量不足，无法进行统计推断。

表3.17.4　2016～2018年上海市场各广播电台的市场份额（%）

广播电台	2016年	2017年	2018年
中央人民广播电台	3.6	9.8	7.3
中国国际广播电台	0.1	1.2	1.1
上海广播电视台	96.2	89.0	91.6
其他广播电台	0.1	—	—

注：从2017年1月1日开始上海采用虚拟测量仪进行收听率调查，其他广播电台频率不再纳入监测范围。

表3.17.5　2018年上海市场各广播电台在不同目标听众中的市场份额（%）

目标听众		中央人民广播电台	中国国际广播电台	上海广播电视台
15岁及以上所有人		7.3	1.1	91.6
性别	男	8.5	0.7	90.8
	女	5.9	1.6	92.5
年龄	15～24岁	7.2	0.4	92.4
	25～34岁	3.3	1.4	95.3
	35～44岁	5.6	1.7	92.7

续表

目标听众		中央人民广播电台	中国国际广播电台	上海广播电视台
年龄	45~54岁	10.2	1.0	88.8
	55~64岁	7.5	0.8	91.7
	65岁及以上	10.4	0.8	88.8
文化程度	未受过正规教育	*	*	*
	小学	*	*	*
	初中	10.0	1.6	88.4
	高中	8.1	0.5	91.4
	大学及以上	5.9	1.4	92.7
职业	干部/管理人员	5.0	2.5	92.5
	初级公务员/雇员	7.5	1.2	91.3
	个体/私营企业人员	7.2	0.4	92.4
	工人	8.3	0.7	91.0
	学生	6.1	0.4	93.5
	无业（包括退休人员）	8.6	0.9	90.5
	其他	4.0	0.2	95.8
个人月收入	没有收入	5.2	0.4	94.4
	1~2000元	*	*	*
	2001~3000元	3.1	1.1	95.8
	3001~4000元	8.7	1.1	90.2
	4001~5000元	8.8	1.0	90.2
	5001~6000元	7.3	0.5	92.2
	6001元及以上	6.9	1.7	91.4

注："*"表示该目标听众样本量不足，无法进行统计推断。

表3.17.6 2018年上海市场份额排名前5位的频率

排名	频率名称	市场份额（%）
1	上海流行音乐广播 动感101（FM101.7）	25.0
2	上海人民广播电台上海新闻广播（FM93.4/AM990）	17.4
3	上海经典金曲广播 LoveRadio最爱调频（FM103.7）	13.1
4	东广新闻台（AM1296/FM90.9）	8.9
5	上海交通广播（AM648/FM105.7）	7.6

表 3.17.7 2018 年上海市场收听率排名前 30 位的节目

排名	节目名称	播出频率	收听率（%）	市场份额（%）
1	990 早新闻（07:00 ~ 08:00）	上海人民广播电台上海新闻广播（FM93.4/AM990）	2.9	27.3
2	转播中央人民广播电台新闻和报纸摘要节目	上海人民广播电台上海新闻广播（FM93.4/AM990）	2.7	31.7
3	清晨新闻	上海人民广播电台上海新闻广播（FM93.4/AM990）	2.4	38.6
4	990 早新闻（08:00 – 09:00）	上海人民广播电台上海新闻广播（FM93.4/AM990）	2.2	24.0
5	八点新闻	上海人民广播电台上海新闻广播（FM93.4/AM990）	2.0	20.6
6	音乐早餐（平日版）	上海流行音乐广播 动感 101（FM101.7）	1.9	19.7
7	音乐早餐（周末版）	上海流行音乐广播 动感 101（FM101.7）	1.6	18.9
8	101 西洋镜	上海流行音乐广播 动感 101（FM101.7）	1.5	38.3
9	音乐厨男秀	上海流行音乐广播 动感 101（FM101.7）	1.5	38.0
10	音乐万花筒（平日版）	上海流行音乐广播 动感 101（FM101.7）	1.5	36.8
11	越夜越动听	上海流行音乐广播 动感 101（FM101.7）	1.4	39.8
12	绕着地球跑	上海流行音乐广播 动感 101（FM101.7）	1.4	26.5
13	2018 砥砺前行 SNH48 GROUP 第 5 届偶像年度人气总决选	上海流行音乐广播 动感 101（FM101.7）	1.3	44.0
14	弹指音乐圈	上海流行音乐广播 动感 101（FM101.7）	1.3	38.2
15	音乐零时差	上海流行音乐广播 动感 101（FM101.7）	1.3	37.5
16	全球华语歌曲排行榜	上海流行音乐广播 动感 101（FM101.7）	1.3	37.0
17	2018 爱在东方美谷音乐盛典	上海经典金曲广播 LoveRadio 最爱调频（FM103.7）	1.3	34.1
18	2018 第 60 届格莱美颁奖典礼特别节目	上海流行音乐广播 动感 101（FM101.7）	1.3	26.6
19	音乐爱远行	上海流行音乐广播 动感 101（FM101.7）	1.3	26.0
20	侬好东京	上海流行音乐广播 动感 101（FM101.7）	1.2	36.0
21	音乐万花筒（周末版）	上海流行音乐广播 动感 101（FM101.7）	1.2	33.0
22	2018 第 25 届东方风云榜音乐盛典特别节目	上海流行音乐广播 动感 101（FM101.7）	1.2	30.4
23	中秋假期特别节目	上海流行音乐广播 动感 101（FM101.7）	1.2	27.6

续表

排名	节目名称	播出频率	收听率（%）	市场份额（%）
24	东广早新闻	上海东方都市广播899驾车调频（FM89.9/AM792）	1.2	13.5
25	超级DJ	上海流行音乐广播 动感101（FM101.7）	1.1	38.1
26	国庆假期特别节目	上海流行音乐广播 动感101（FM101.7）	1.1	26.9
27	2018上海市政协13届1次会议	上海人民广播电台上海新闻广播（FM93.4/AM990）	1.1	14.9
28	101爱电影	上海流行音乐广播 动感101（FM101.7）	1.0	33.9
29	101娱乐在线（平日版）	上海流行音乐广播 动感101（FM101.7）	1.0	29.2
30	2018元旦特别节目	上海流行音乐广播 动感101（FM101.7）	1.0	28.3

十八、沈阳收听数据

表 3.18.1　2016～2018 年沈阳各目标听众人均收听时间（分钟）

目标听众		2016 年	2017 年	2018 年
10 岁及以上所有人		98	90	88
性别	男	102	92	92
	女	93	88	84
年龄	10～14 岁	34	28	22
	15～24 岁	57	44	41
	25～34 岁	78	72	80
	35～44 岁	87	79	78
	45～54 岁	106	94	84
	55～64 岁	125	117	130
	65 岁及以上	160	163	144
文化程度	未受过正规教育	88	87	86
	小学	85	75	94
	初中	103	100	97
	高中	102	92	80
	大学及以上	85	72	80
职业	干部/管理人员	116	95	87
	初级公务员/雇员	76	83	65
	个体/私营企业人员	97	76	89
	工人	89	80	83
	学生	45	35	29
	无业（包括退休人员）	133	130	120
	其他	*	54	163
个人月收入	没有收入	63	48	40
	1～2000 元	102	100	98
	2001～3000 元	109	103	99
	3001～4000 元	92	77	105
	4001～5000 元	117	116	73
	5001～6000 元	67	105	106
	6001 元及以上	156	95	76

注：沈阳为全年连续调查城市。“*”表示该目标听众样本量不足，无法进行统计推断。

表 3.18.2 2016～2018 年沈阳听众在不同地点的人均收听时间（分钟）

地点	2016 年	2017 年	2018 年
家中	72	63	62
车上	19	21	20
工作/学习场所	5	4	3
其他场所	2	2	2

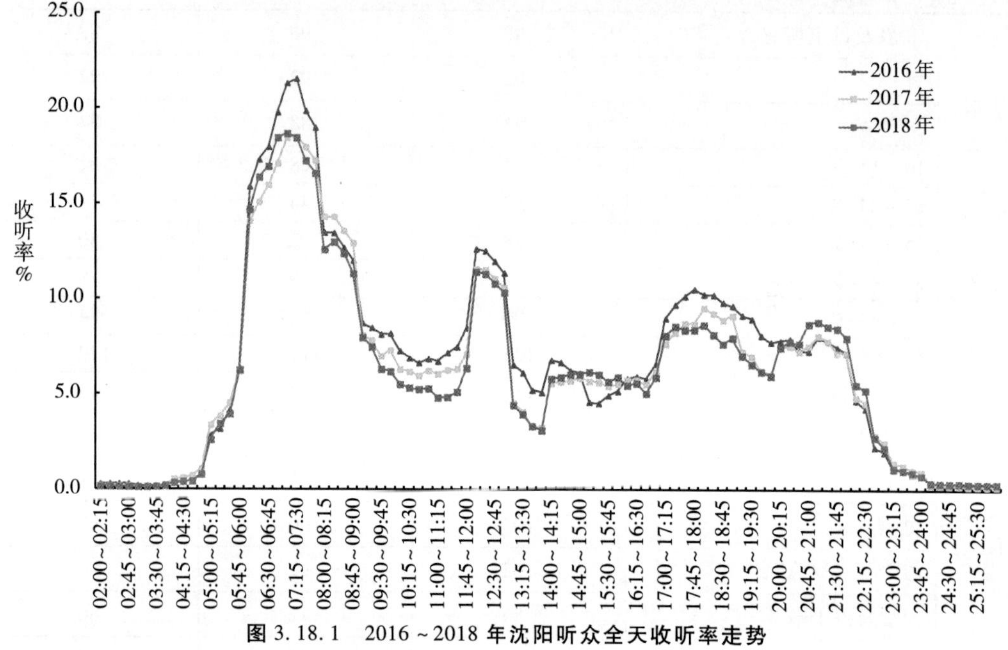

图 3.18.1 2016～2018 年沈阳听众全天收听率走势

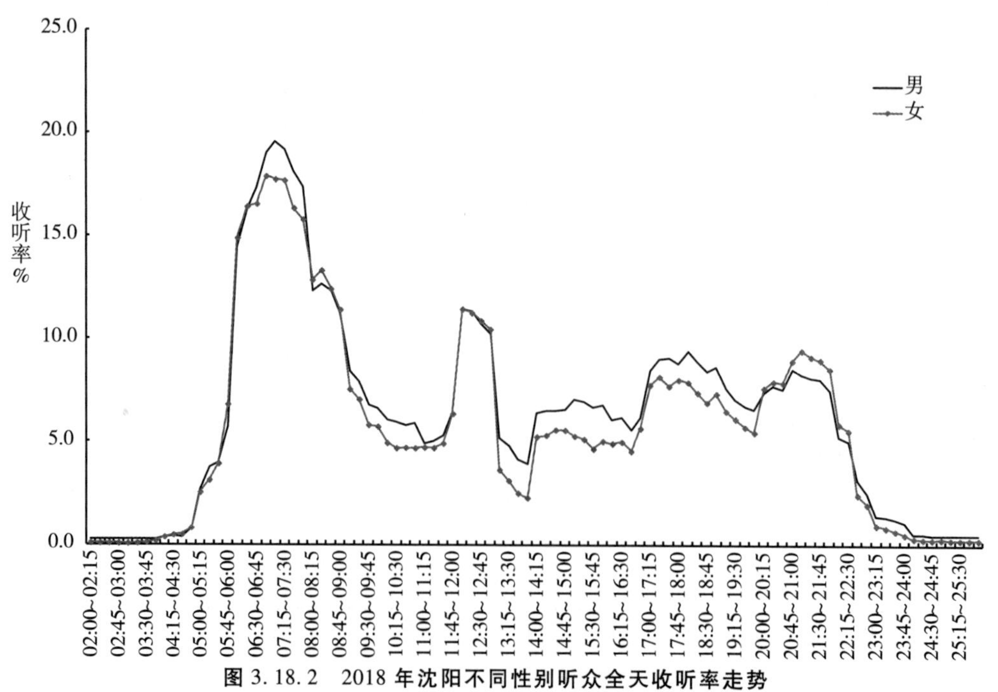

图 3.18.2 2018 年沈阳不同性别听众全天收听率走势

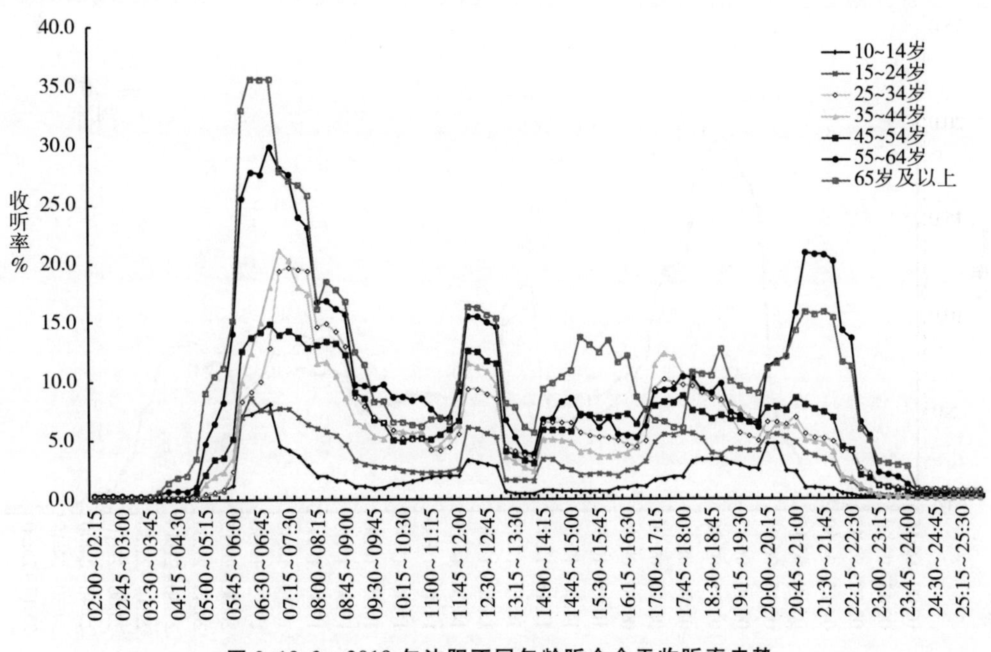

图 3.18.3　2018 年沈阳不同年龄听众全天收听率走势

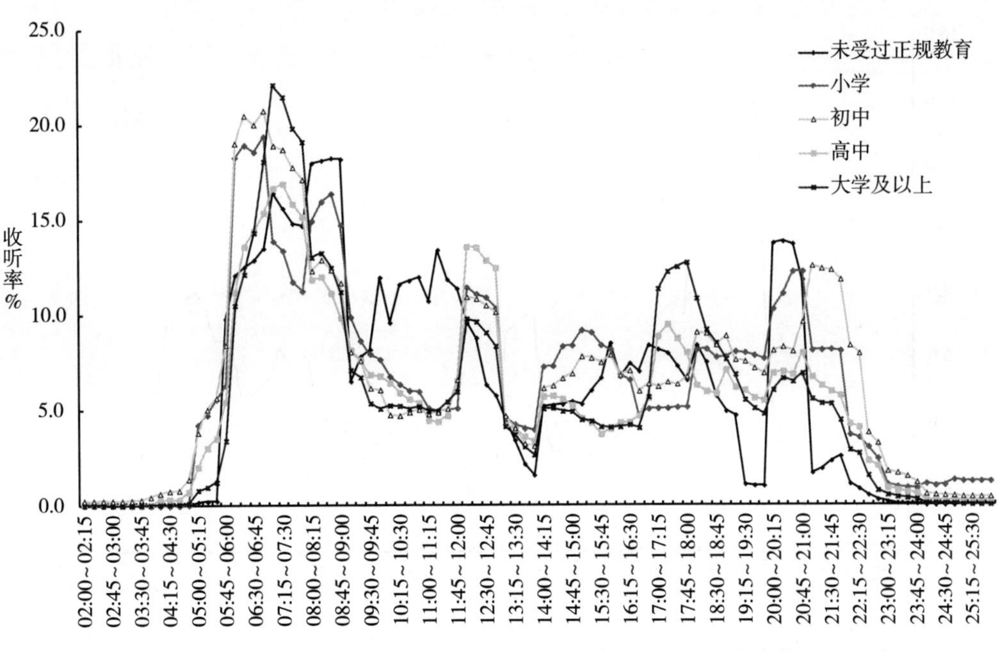

图 3.18.4　2018 年沈阳不同文化程度听众全天收听率走势

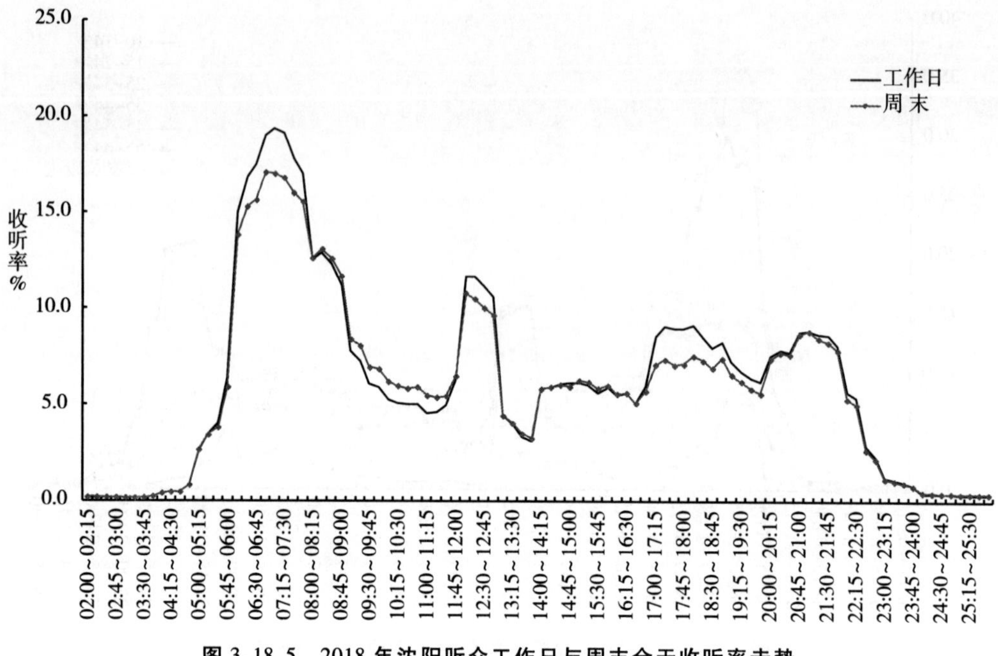

图 3.18.5 2018 年沈阳听众工作日与周末全天收听率走势

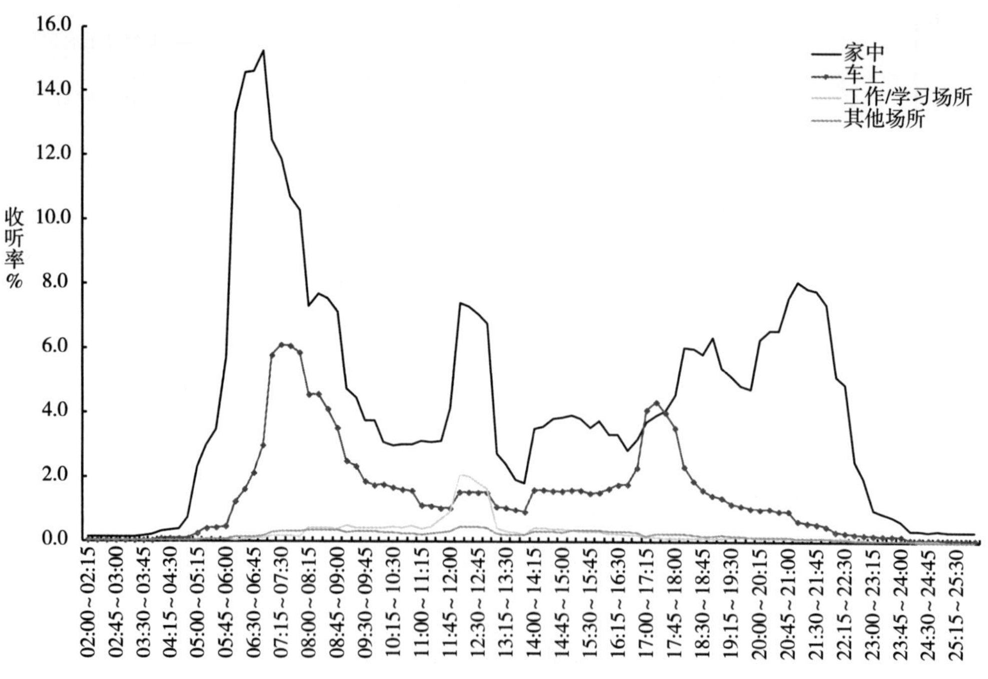

图 3.18.6 2018 年沈阳听众在不同收听地点全天收听率走势

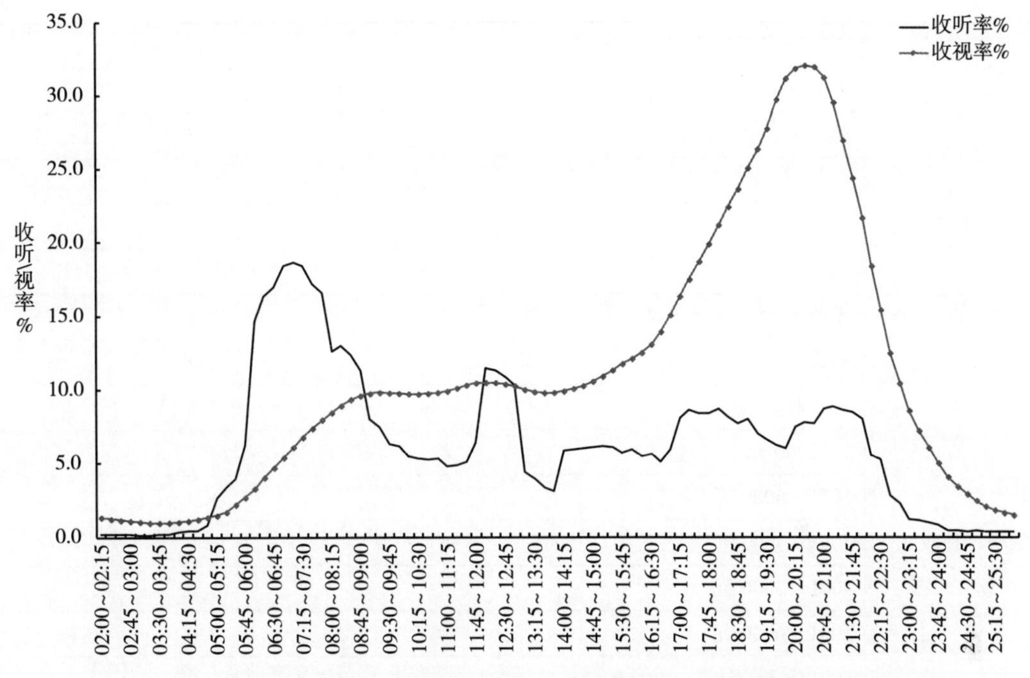

图 3.18.7　2018 年沈阳受众全天收听率、收视率走势比较（目标受众为 10 岁及以上）

表 3.18.3　2018 年沈阳市场听众构成（%）

目标听众		听众构成（%）
10 岁及以上所有人		100.0
性别	男	52.9
	女	47.1
年龄	10～14 岁	0.9
	15～24 岁	6.2
	25～34 岁	16.2
	35～44 岁	16.3
	45～54 岁	19.9
	55～64 岁	19.6
	65 岁及以上	20.9
文化程度	未受过正规教育	0.9
	小学	7.5
	初中	44.4
	高中	25.3
	大学及以上	21.9

续表

目标听众		听众构成（%）
职业	干部/管理人员	3.4
	初级公务员/雇员	10.5
	个体/私营企业人员	19.2
	工人	19.9
	学生	3.7
	无业（包括退休人员）	39.6
	其他	3.7
个人月收入	没有收入	7.8
	1~2000元	14.7
	2001~3000元	41.9
	3001~4000元	25.6
	4001~5000元	5.6
	5001~6000元	2.4
	6001元及以上	2.0

表3.18.4　2016~2018年沈阳市场各广播电台的市场份额（%）

广播电台	2016年	2017年	2018年
中央人民广播电台	13.7	8.9	9.0
中国国际广播电台	0.0	0.0	0.0
辽宁人民广播电台	48.6	40.4	37.1
沈阳人民广播电台	37.2	50.5	53.3
其他广播电台	0.5	0.2	0.6

表3.18.5　2018年沈阳市场各广播电台在不同目标听众中的市场份额（%）

目标听众		中央人民广播电台	中国国际广播电台	辽宁广播电视台	沈阳广播电视台	其他广播电台
10岁及以上所有人		9.0	0.0	37.1	53.3	0.6
性别	男	9.3	0.0	39.3	50.7	0.7
	女	8.7	0.0	34.5	56.2	0.6
年龄	10~14岁	16.3	0.0	41.0	42.6	0.1
	15~24岁	9.6	0.0	34.9	54.8	0.7
	25~34岁	10.8	0.0	47.7	40.8	0.7

续表

目标听众		中央人民广播电台	中国国际广播电台	辽宁广播电视台	沈阳广播电视台	其他广播电台
年龄	35～44 岁	13.5	0.0	41.4	44.3	0.8
	45～54 岁	7.8	0.0	38.2	53.6	0.4
	55～64 岁	5.2	0.0	38.9	54.7	1.2
	65 岁及以上	8.5	0.0	23.1	68.3	0.1
文化程度	未受过正规教育	6.2	0.0	32.2	61.5	0.1
	小学	7.1	0.0	34.9	57.9	0.1
	初中	7.4	0.0	35.3	56.4	0.9
	高中	11.2	0.0	38.2	50.4	0.2
	大学及以上	10.6	0.0	40.7	48.1	0.6
职业	干部/管理人员	13.1	0.0	47.7	39.1	0.1
	初级公务员/雇员	11.1	0.0	43.4	44.6	0.9
	个体/私营企业人员	9.0	0.0	38.8	51.8	0.4
	工人	8.3	0.0	47.7	43.1	0.9
	学生	11.5	0.0	34.6	53.6	0.3
	无业（包括退休人员）	7.9	0.0	28.0	63.4	0.7
	其他	13.3	0.0	43.4	43.3	0.0
个人月收入	没有收入	14.2	0.0	39.5	46.0	0.3
	1～2000 元	7.6	0.0	43.4	48.3	0.7
	2001～3000 元	6.7	0.0	32.0	60.9	0.4
	3001～4000 元	9.3	0.0	40.1	49.5	1.1
	4001～5000 元	15.4	0.0	34.3	49.4	0.9
	5001～6000 元	12.9	0.0	50.5	36.5	0.1
	6001 元及以上	18.6	0.0	40.6	40.6	0.2

表 3.18.6　2018 年沈阳市场份额排名前 5 位的频率

排名	频率名称	市场份额（%）
1	辽宁广播电视台交通广播（FM97.5）	20.8
2	辽宁广播电视台音乐广播（沈阳台）（FM98.6）	20.5
3	沈阳广播电视台新闻广播（FM104.5/AM792）	14.4
4	辽宁广播电视台都市广播（沈阳台）（FM92.1/AM1341）	11.7
5	辽宁生活广播（沈阳台）（FM103.4/FM90.4/AM882）	6.7

表 3.18.7 2018 年沈阳市场收听率排名前 30 位的节目

排名	节目名称	播出频率	收听率（%）	市场份额（%）
1	麻辣第七天	辽宁广播电视台交通广播（FM97.5）	6.6	34.9
2	新闻麻辣烫	辽宁广播电视台交通广播（FM97.5）	5.7	32.8
3	星光夜话	沈阳广播电视台新闻广播（FM104.5/AM792）	4.0	53.1
4	市民您早	沈阳广播电视台新闻广播（FM104.5/AM792）	3.7	23.6
5	转中央台新闻和报纸摘要	沈阳广播电视台新闻广播（FM104.5/AM792）	3.3	18.7
6	阿宝客厅	辽宁广播电视台交通广播（FM97.5）	3.0	27.1
7	向快乐出发	辽宁广播电视台交通广播（FM97.5）	2.8	26.8
8	沈阳早高峰	辽宁广播电视台音乐广播（沈阳台）（FM98.6）	2.7	23.4
9	新闻早班车	辽宁广播电视台音乐广播（沈阳台）（FM98.6）	2.6	14.9
10	阿宝龙哥路路通	辽宁广播电视台交通广播（FM97.5）	2.5	25.8
11	畅通晚高峰	辽宁广播电视台交通广播（FM97.5）	2.4	26.7
12	评书大放送	辽宁广播电视台音乐广播（沈阳台）（FM98.6）	2.4	21.8
13	986 快乐朋友圈	辽宁广播电视台音乐广播（沈阳台）（FM98.6）	2.3	25.1
14	沈阳新闻	沈阳广播电视台新闻广播（FM104.5/AM792）	2.3	12.2
15	汽车俱乐部	辽宁广播电视台音乐广播（沈阳台）（FM98.6）	2.1	25.4
16	好书连连听	辽宁广播电视台音乐广播（沈阳台）（FM98.6）	2.0	30.8
17	收藏艺术馆	辽宁广播电视台音乐广播（沈阳台）（FM98.6）	2.0	26.9
18	连心桥	沈阳广播电视台新闻广播（FM104.5/AM792）	2.0	11.6
19	大兵说天下	辽宁广播电视台音乐广播（沈阳台）（FM98.6）	1.9	24.4
20	体坛八卦掌	辽宁广播电视台音乐广播（沈阳台）（FM98.6）	1.9	24.1
21	986 档案大揭秘	辽宁广播电视台音乐广播（沈阳台）（FM98.6）	1.9	12.4
22	986 气象周报	辽宁广播电视台音乐广播（沈阳台）（FM98.6）	1.9	12.0
23	汽车小辣椒	辽宁广播电视台音乐广播（沈阳台）（FM98.6）	1.7	29.5
24	司机奇遇记	辽宁广播电视台音乐广播（沈阳台）（FM98.6）	1.7	21.1
25	986 家装热线	辽宁广播电视台音乐广播（沈阳台）（FM98.6）	1.6	25.7
26	养生堂	沈阳广播电视台新闻广播（FM104.5/AM792）	1.5	30.5
27	买卖二手车	辽宁广播电视台音乐广播（沈阳台）（FM98.6）	1.5	26.4
28	交警面对面	辽宁广播电视台音乐广播（沈阳台）（FM98.6）	1.5	25.3
29	阿宝客厅（重播）	辽宁广播电视台交通广播（FM97.5）	1.5	23.6
30	Sunday 音乐吧	辽宁广播电视台交通广播（FM97.5）	1.5	19.0

十九、深圳收听数据

表 3.19.1 2016～2018 年深圳各目标听众人均收听时间（分钟）

目标听众		2016 年	2017 年	2018 年
15 岁及以上所有人		41	37	43
性别	男	42	40	42
	女	39	33	44
年龄	15～24 岁	29	25	40
	25～34 岁	41	36	40
	35～44 岁	43	43	46
	45～54 岁	50	49	52
	55～64 岁	62	65	66
	65 岁及以上	83	44	41
文化程度	未受过正规教育	*	*	*
	小学	35	26	39
	初中	36	33	48
	高中	43	38	46
	大学及以上	39	38	37
职业	干部/管理人员	46	43	46
	初级公务员/雇员	40	39	43
	个体/私营企业人员	48	46	43
	工人	39	35	41
	学生	16	13	42
	无业（包括退休人员）	49	39	46
	其他	27	27	*
个人月收入	没有收入	25	18	41
	1～2000 元	53	52	49
	2001～3000 元	65	41	45
	3001～4000 元	40	46	43
	4001～5000 元	38	35	44
	5001～6000 元	32	39	39
	6001 元及以上	48	42	44

注：深圳为全年连续调查城市。从 2018 年 1 月 1 日起深圳采用测量仪调查数据。“*”表示该目标听众样本量不足，无法进行统计推断。

表 3.19.2　2016～2018 年深圳听众在不同收听地点的人均收听时间（分钟）

地点	2016 年	2017 年	2018 年
家中	19	17	6
车上	15	15	22
工作/学习场所	4	3	5
其他场所	2	1	9

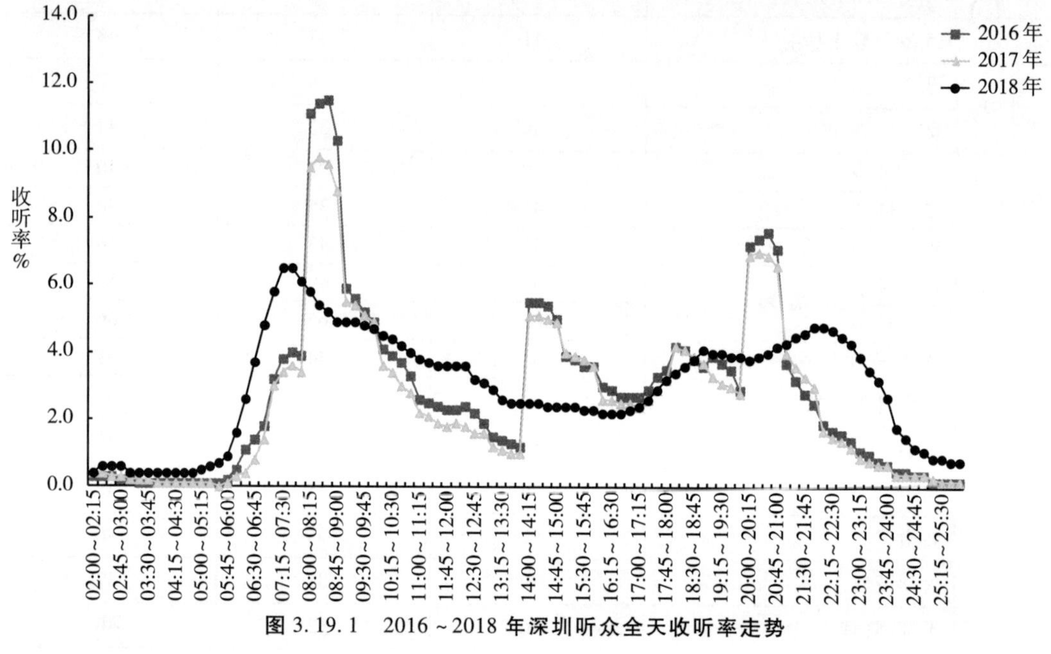

图 3.19.1　2016～2018 年深圳听众全天收听率走势

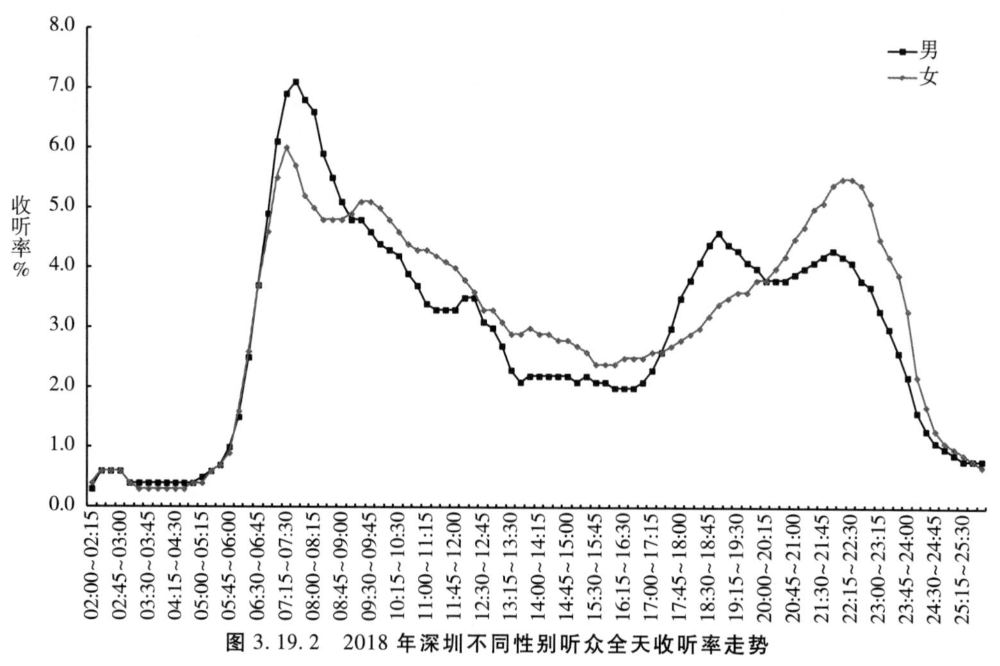

图 3.19.2　2018 年深圳不同性别听众全天收听率走势

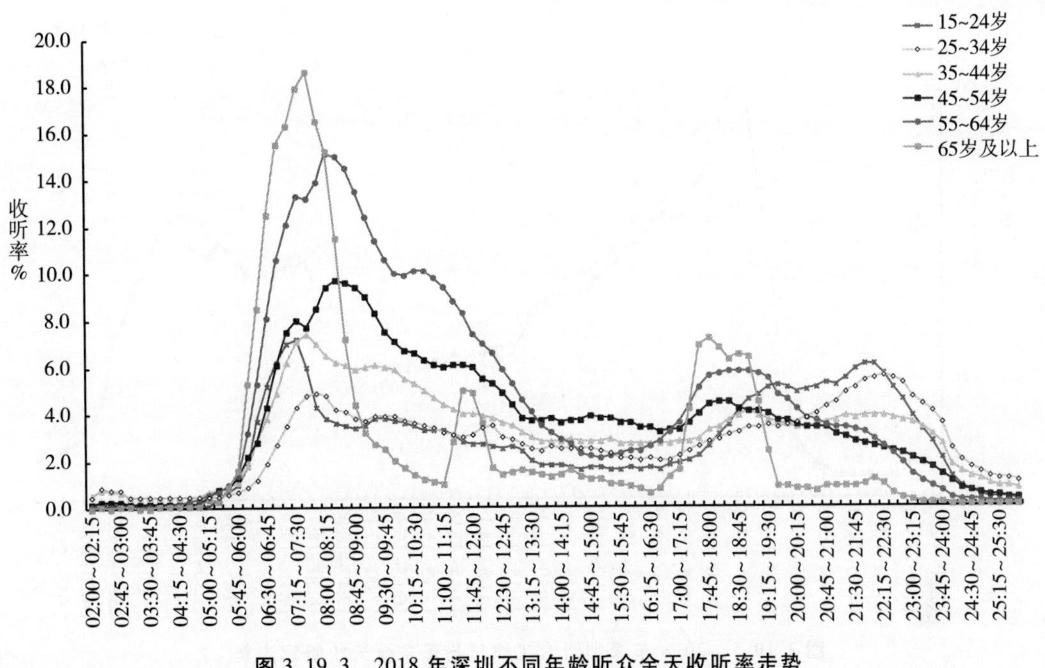

图 3.19.3　2018 年深圳不同年龄听众全天收听率走势

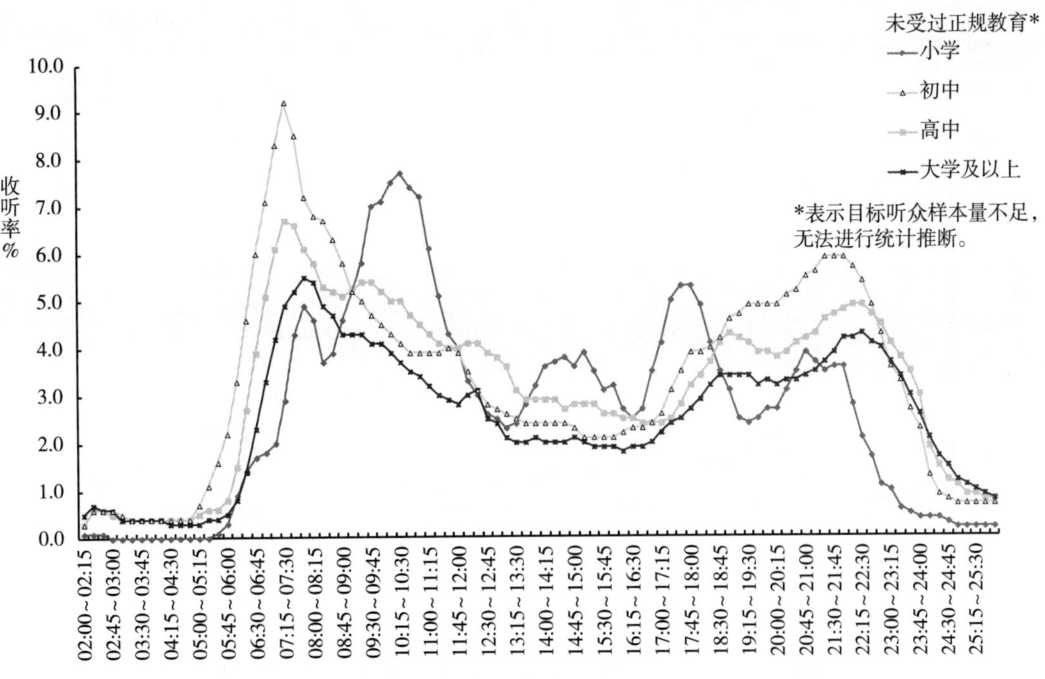

图 3.19.4　2018 年深圳不同文化程度听众全天收听率走势

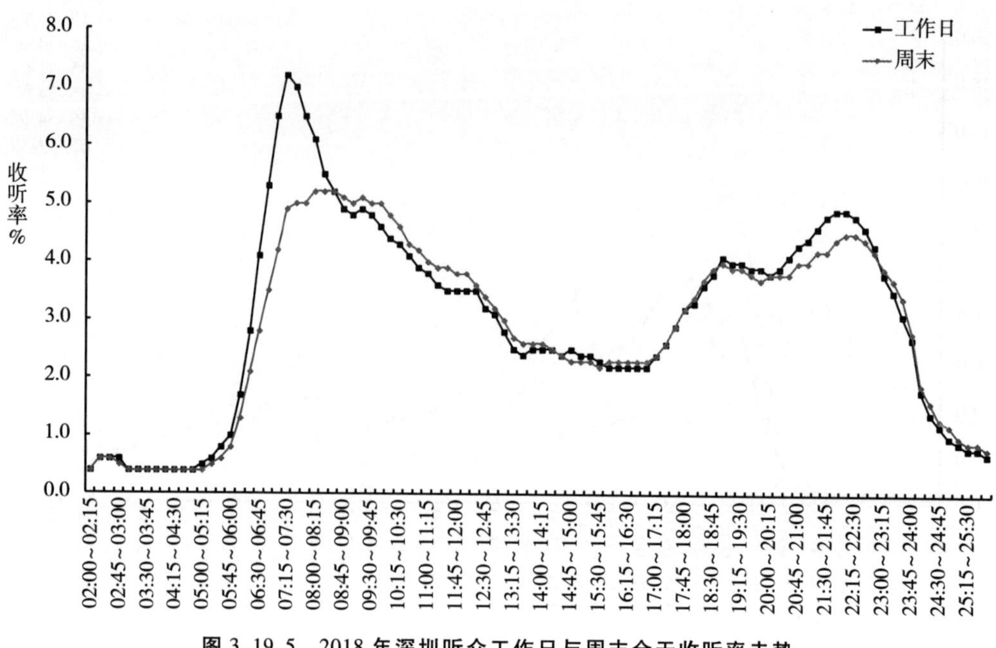

图 3.19.5 2018 年深圳听众工作日与周末全天收听率走势

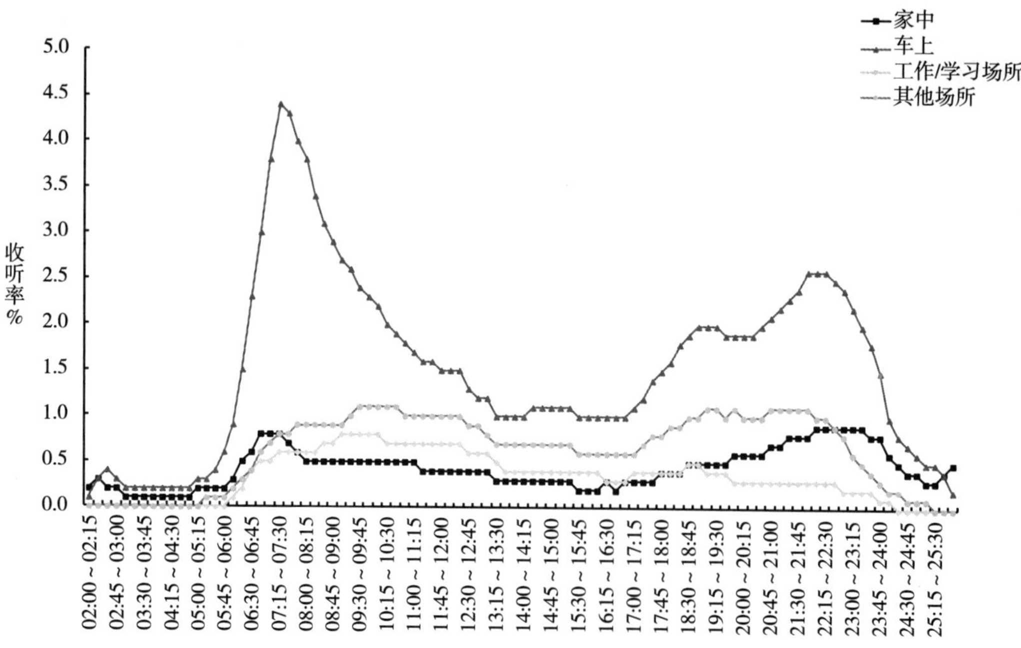

图 3.19.6 2018 年深圳听众在不同收听地点全天收听率走势

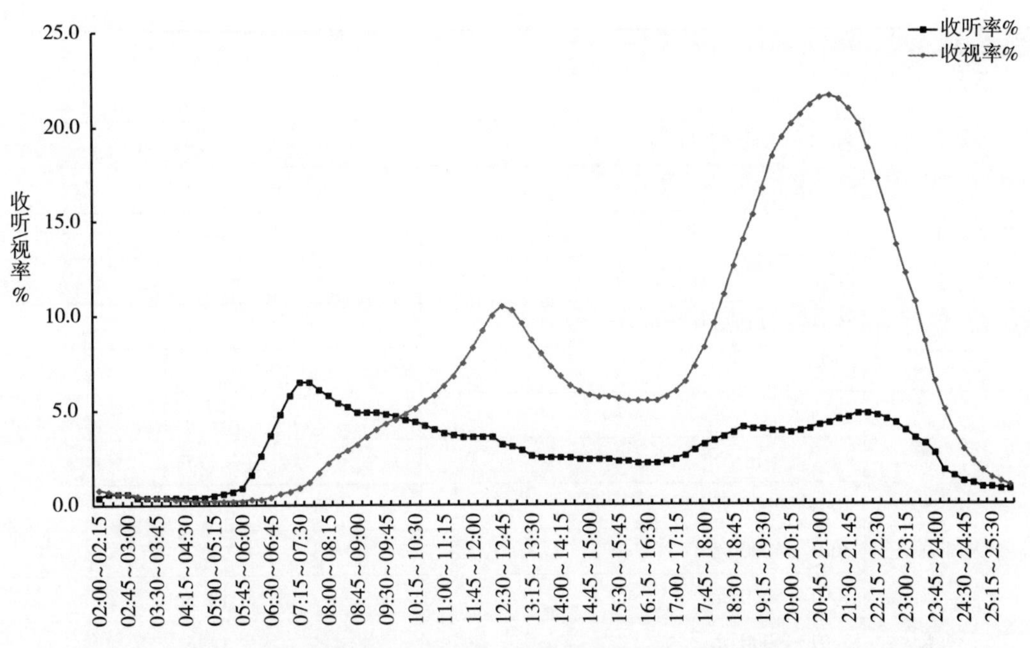

图 3.19.7　2018 年深圳受众全天收听率、收视率走势比较（目标受众为 15 岁及以上）

表 3.19.3　2018 年深圳市场听众构成（%）

目标听众		听众构成（%）
15 岁及以上所有人		100
性别	男	54.0
	女	46.0
年龄	15~24 岁	21.3
	25~34 岁	34.9
	35~44 岁	29.0
	45~54 岁	9.8
	55~64 岁	2.9
	65 岁及以上	2.1
文化程度	未受过正规教育	*
	小学	0.4
	初中	20.5
	高中	49.5
	大学及以上	29.6

续表

目标听众		听众构成（%）
职业	干部/管理人员	8.6
	初级公务员/雇员	41.9
	个体/私营企业人员	14.1
	工人	19.0
	学生	8.0
	无业（包括退休人员）	8.4
	其他	*
个人月收入	没有收入	12.3
	1～2000元	1.7
	2001～3000元	3.7
	3001～4000元	14.7
	4001～5000元	18.5
	5001～6000元	14.6
	6001元及以上	34.5

“*”表示该目标听众样本量不足，无法进行统计推断。

表3.19.4　2016～2018年深圳市场各广播电台的市场份额（%）

广播电台	2016年	2017年	2018年
中央人民广播电台	10.5	9.2	8.1
中国国际广播电台	1.8	3.1	1.1
广东广播电视台	20.9	19.6	10.2
深圳广播电影电视集团	60.3	63.2	76.0
其他广播电台	6.5	4.9	4.6

表3.19.5　2018年深圳市场各广播电台在不同目标听众中的市场份额（%）

目标听众		中央人民广播电台	中国国际广播电台	广东广播电视台	深圳广播电影电视集团	其他广播电台
15岁及以上所有人		8.1	1.1	10.2	76.0	4.6
性别	男	10.3	1.9	9.7	72.4	5.7
	女	5.5	0.2	10.8	80.1	3.4
年龄	15～24岁	10.1	0.1	8.2	79.0	2.6
	25～34岁	6.6	0.7	12.9	76.0	3.8
	35～44岁	7.5	1.9	10.0	74.3	6.3

续表

目标听众		中央人民广播电台	中国国际广播电台	广东广播电视台	深圳广播电影电视集团	其他广播电台
年龄	45~54岁	6.2	1.6	9.0	77.8	5.4
	55~64岁	16.2	4.8	2.3	64.8	11.9
	65岁及以上	18.8	0.3	4.8	75.0	1.1
文化程度	未受过正规教育	*	*	*	*	*
	小学	2.7	0.1	17.5	78.9	0.8
	初中	10.9	0.6	10.6	74.2	3.7
	高中	7.0	1.1	8.5	78.9	4.5
	大学及以上	8.0	1.5	12.8	72.2	5.5
职业	干部/管理人员	10.2	1.5	14.7	67.1	6.5
	初级公务员/雇员	8.6	0.9	10.4	75.6	4.5
	个体/私营企业人员	11.9	2.6	8.3	71.8	5.4
	工人	5.9	1.0	8.3	81.0	3.8
	学生	2.4	0.2	12.7	80.5	4.2
	无业（包括退休人员）	7.2	0.6	9.9	77.8	4.5
	其他	*	*	*	*	*
个人月收入	没有收入	2.7	0.2	13.9	79.8	3.4
	1~2000元	32.4	0.2	11.5	54.0	1.9
	2001~3000元	3.5	0.3	3.3	91.4	1.5
	3001~4000元	17.7	0.4	7.3	71.0	3.6
	4001~5000元	10.1	0.2	9.2	76.5	4.0
	5001~6000元	6.2	1.6	9.2	78.8	4.2
	6001元及以上	5.1	2.2	11.9	74.3	6.5

“*”表示该目标听众样本量不足，无法进行统计推断。

表 3.19.6　2018 年深圳市场份额排名前 5 位的频率

排名	频率名称	市场份额（%）
1	深圳广播电台交通频率（FM106.2）	24.8
2	深圳人民广播电台音乐广播（FM97.1）	23.9
3	深圳广播电台新闻频率（FM89.8）	13.0
4	深圳人民广播电台音乐广播（FM102.0）	7.9
5	深圳生活942（FM94.2）	6.4

注：深圳人民广播电台音乐广播（FM102.0）于2018年9月19日停播。

表 3.19.7　2018 年深圳市场收听率排名前 30 位的节目

名次	节目名称	播出频率	收听率（%）	市场份额（%）
1	八点晚自习	深圳人民广播电台音乐广播（FM97.1）	1.7	36.3
2	新太阳 everyday	深圳人民广播电台音乐广播（FM97.1）	1.6	23.1
3	好歌送给你	深圳人民广播电台音乐广播（FM97.1）	1.4	28.4
4	深圳早班车	深圳广播电台交通频率（FM106.2）	1.4	24.2
5	人才驾到	深圳广播电台交通频率（FM106.2）	1.3	30.0
6	成长进行时	深圳广播电台交通频率（FM106.2）	1.3	26.9
7	乔飞出国攻略	深圳广播电台交通频率（FM106.2）	1.2	30.5
8	从深圳出发	深圳广播电台交通频率（FM106.2）	1.2	29.6
9	TA 们的歌	深圳人民广播电台音乐广播（FM97.1）	1.2	29.4
10	张翼户外大本营	深圳广播电台交通频率（FM106.2）	1.2	28.5
11	971 晒太阳	深圳人民广播电台音乐广播（FM97.1）	1.2	28.3
12	971 放轻松	深圳人民广播电台音乐广播（FM97.1）	1.2	27.9
13	缤纷车世界	深圳广播电台交通频率（FM106.2）	1.2	25.9
14	王薇周末慢生活	深圳广播电台交通频率（FM106.2）	1.2	25.1
15	音乐私享家	深圳人民广播电台音乐广播（FM97.1）	1.2	24.8
16	安静看车	深圳广播电台交通频率（FM106.2）	1.2	22.7
17	快乐早点到	深圳人民广播电台音乐广播（FM97.1）	1.1	32.1
18	张乐生活心理学	深圳广播电台交通频率（FM106.2）	1.1	28.9
18	再见今天	深圳广播电台交通频率（FM106.2）	1.1	28.9
20	琳凌看演出	深圳广播电台交通频率（FM106.2）	1.1	28.6
21	郎爽自驾之旅	深圳广播电台交通频率（FM106.2）	1.1	25.5
22	因为爱	深圳人民广播电台音乐广播（FM97.1）	1.1	24.5
23	赢家联盟	深圳人民广播电台音乐广播（FM97.1）	1.1	22.7
24	民歌味道	深圳人民广播电台音乐广播（FM97.1）	1.1	22.5
25	一路飞扬	深圳人民广播电台音乐广播（FM97.1）	1.1	20.9
26	898 早新闻	深圳广播电台新闻频率（FM89.8）	1.1	19.5
27	灵莉微博秀	深圳广播电台交通频率（FM106.2）	1.0	29.1
28	伴你同行	深圳广播电台交通频率（FM106.2）	1.0	28.2
29	刘洋的音乐朋友	深圳人民广播电台音乐广播（FM97.1）	1.0	26.8
30	正东的情感客听	深圳广播电台交通频率（FM106.2）	1.0	25.8

二十、石家庄收听数据

表 3.20.1 2016～2018 年石家庄各目标听众人均收听时间（分钟）

目标听众		2016 年	2017 年	2018 年
10 岁及以上所有人		81	87	76
性别	男	90	94	83
	女	71	80	69
年龄	10～14 岁	35	44	23
	15～24 岁	42	49	40
	25～34 岁	73	76	72
	35～44 岁	91	88	82
	45～54 岁	92	98	81
	55～64 岁	129	144	133
	65 岁及以上	127	140	116
文化程度	未受过正规教育	*	83	58
	小学	68	85	54
	初中	96	99	82
	高中	82	92	86
	大学及以上	66	72	67
职业	干部/管理人员	73	73	71
	初级公务员/雇员	76	74	74
	个体/私营企业人员	91	102	77
	工人	83	96	91
	学生	36	37	28
	无业（包括退休人员）	109	134	125
	其他	204	156	48
个人月收入	没有收入	42	46	36
	1～2000 元	99	108	92
	2001～3000 元	88	103	87
	3001～4000 元	97	94	88
	4001～5000 元	81	78	80
	5001～6000 元	105	92	76
	6001 元及以上	89	91	98

注：石家庄为全年连续调查城市。“*”表示该目标听众样本量不足，无法进行统计推断。

表 3. 20. 2　2016 年 ~2018 年石家庄听众在不同地点的人均收听时间（分钟）

地点	2016 年	2017 年	2018 年
家中	47	53	44
车上	25	28	26
工作/学习场所	5	4	3
其他场所	4	2	3

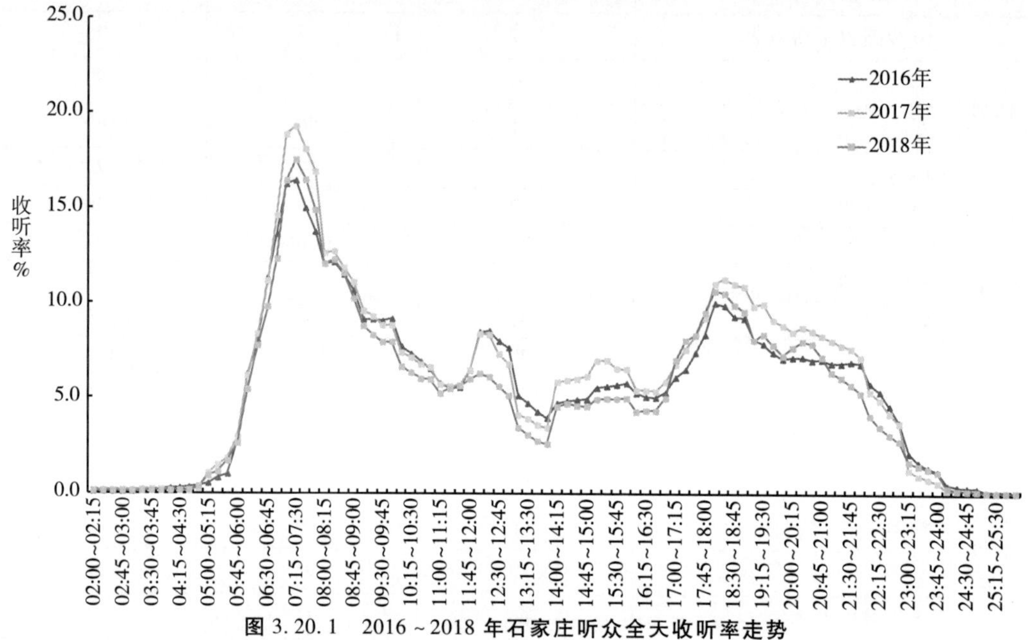

图 3. 20. 1　2016 ~2018 年石家庄听众全天收听率走势

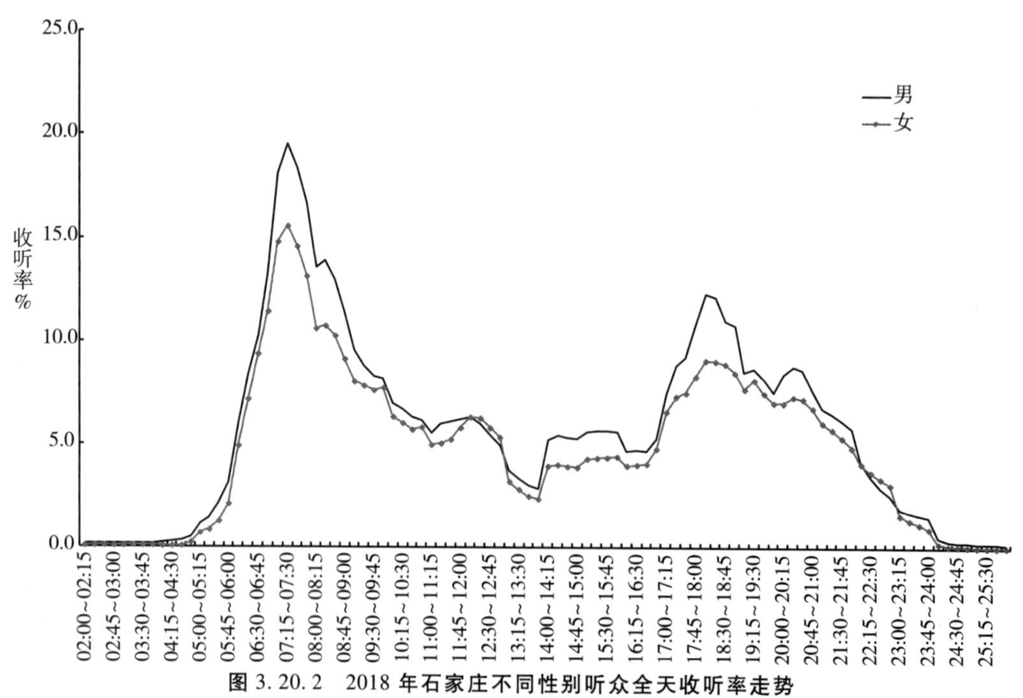

图 3. 20. 2　2018 年石家庄不同性别听众全天收听率走势

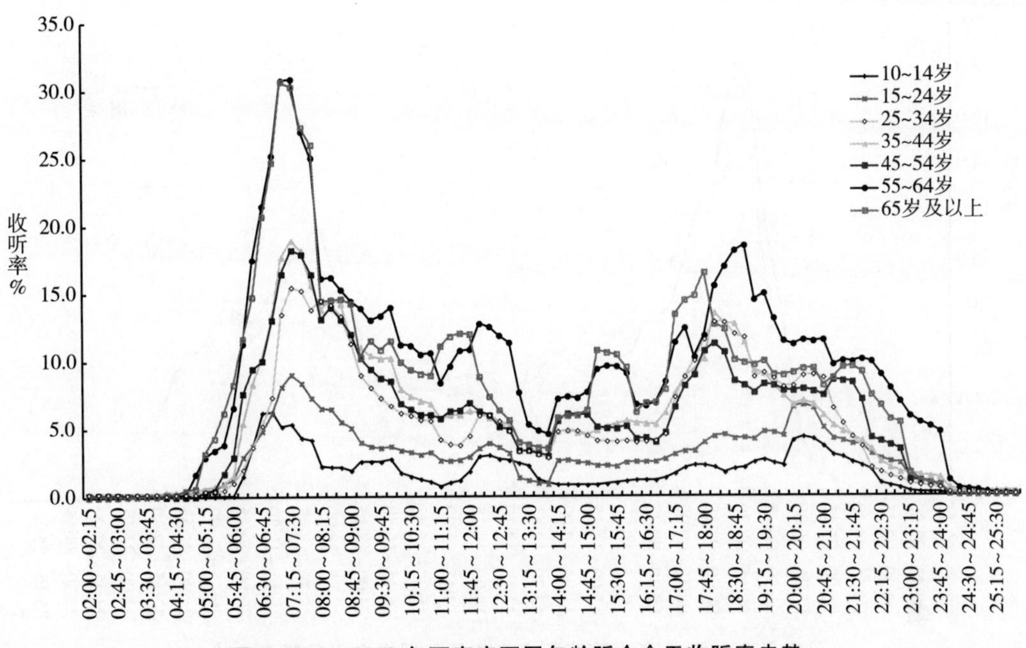

图 3.20.3　2018 年石家庄不同年龄听众全天收听率走势

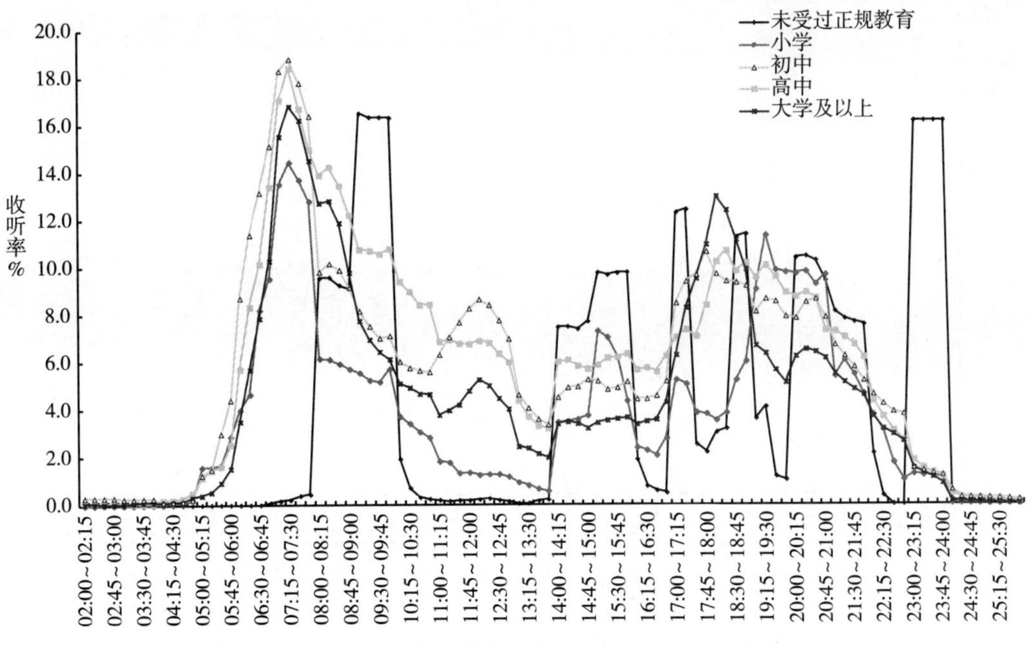

图 3.20.4　2018 年石家庄不同文化程度听众全天收听率走势

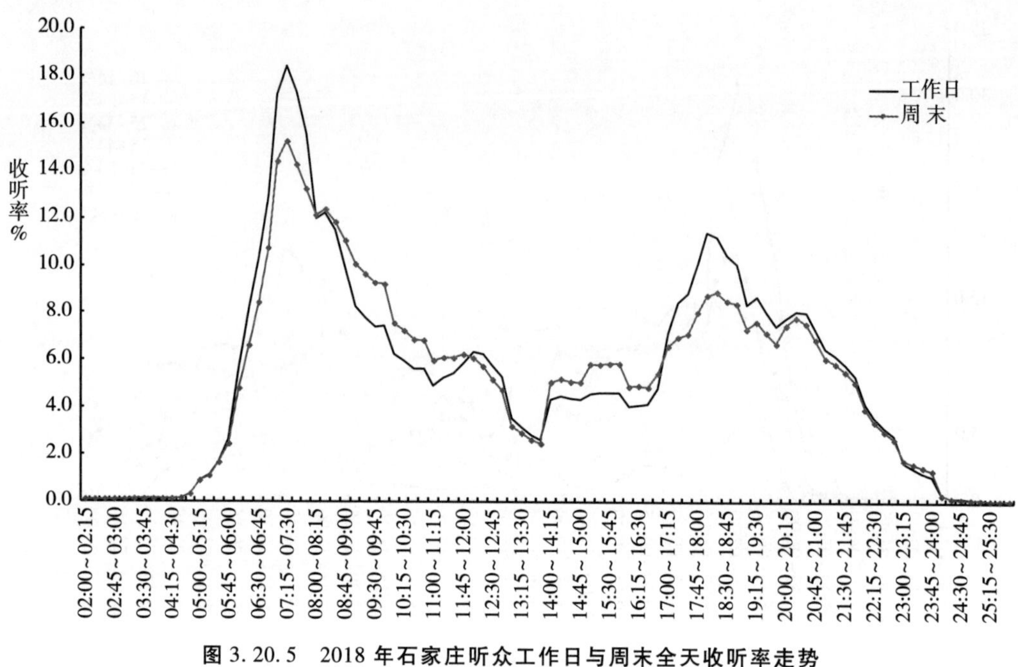

图 3. 20. 5 2018 年石家庄听众工作日与周末全天收听率走势

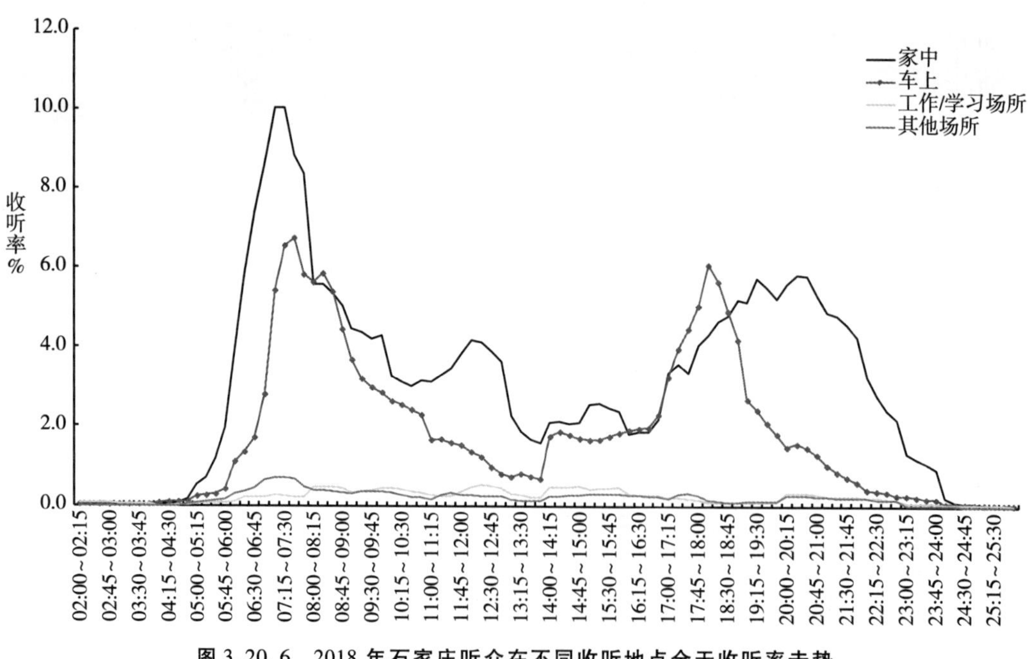

图 3. 20. 6 2018 年石家庄听众在不同收听地点全天收听率走势

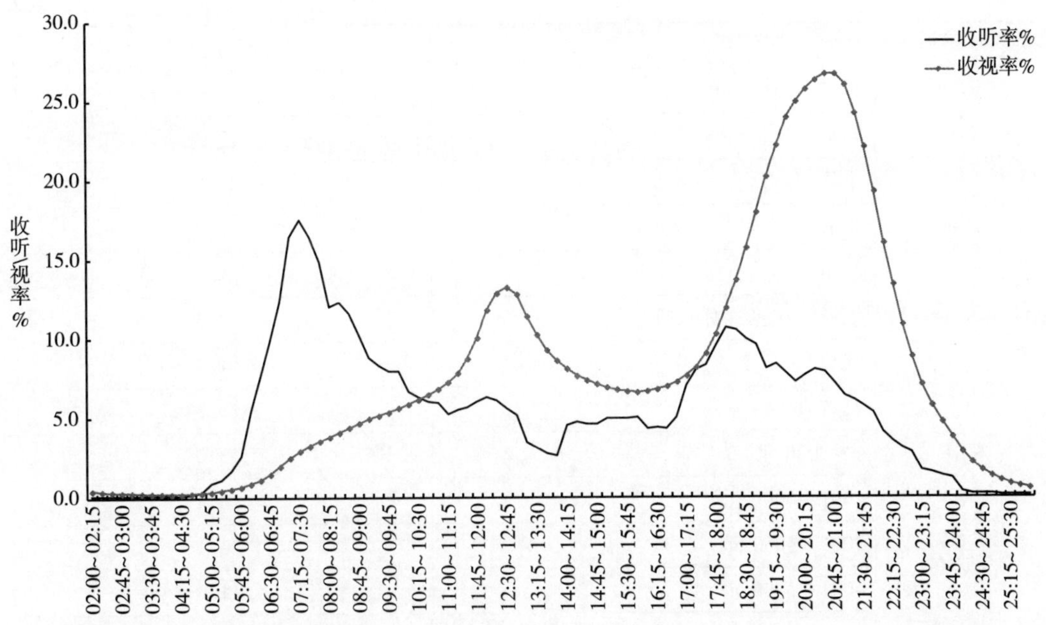

图 3. 20. 7　2018 年石家庄受众全天收听率、收视率走势比较（目标受众为 10 岁及以上）

表 3. 20. 3　2018 年石家庄市场听众构成（%）

目标听众		听众构成（%）
10 岁及以上所有人		100. 0
性别	男	53. 7
	女	46. 3
年龄	10～14 岁	1. 1
	15～24 岁	12. 0
	25～34 岁	19. 8
	35～44 岁	21. 0
	45～54 岁	15. 3
	55～64 岁	17. 3
	65 岁及以上	13. 4
文化程度	未受过正规教育	0. 6
	小学	4. 3
	初中	24. 9
	高中	37. 4
	大学及以上	32. 7

续表

目标听众		听众构成（%）
职业	干部/管理人员	4.9
	初级公务员/雇员	28.3
	个体/私营企业人员	21.6
	工人	6.7
	学生	6.7
	无业（包括退休人员）	30.5
	其他	1.3
个人月收入	没有收入	10.8
	1～2000元	13.0
	2001～3000元	29.4
	3001～4000元	26.1
	4001～5000元	11.3
	5001～6000元	4.6
	6001元及以上	4.9

表3.20.4　2016～2018年石家庄市场各广播电台的市场份额（%）

广播电台	2016年	2017年	2018年
中央人民广播电台	8.9	11.9	13.1
中国国际广播电台	0.0	0.0	0.0
河北人民广播电台	44.8	43.7	48.0
石家庄广播电视台	45.5	43.8	37.7
其他广播电台	0.8	0.6	1.2

表3.20.5　2018年石家庄市场各广播电台在不同目标听众中的市场份额（%）

目标听众		中央人民广播电台	中国国际广播电台	河北人民广播电台	石家庄广播电视台	其他广播电台
10岁及以上所有人		13.1	0.0	48.0	37.7	1.2
性别	男	13.5	0.0	48.5	37.2	0.8
	女	12.6	0.0	47.6	38.3	1.5
年龄	10～14岁	10.8	0.0	60.4	26.1	2.7
	15～24岁	10.5	0.0	48.7	38.5	2.3
	25～34岁	11.4	0.0	55.5	31.8	1.3

续表

目标听众		中央人民广播电台	中国国际广播电台	河北人民广播电台	石家庄广播电视台	其他广播电台
年龄	35～44岁	11.5	0.0	53.8	33.0	1.7
	45～54岁	10.5	0.0	49.0	40.1	0.4
	55～64岁	19.0	0.0	37.2	42.5	1.3
	65岁及以上	15.5	0.0	39.3	45.0	0.2
文化程度	未受过正规教育	16.8	0.0	72.2	10.9	0.1
	小学	17.9	0.0	52.4	29.5	0.2
	初中	7.7	0.0	49.1	41.8	1.4
	高中	17.3	0.0	43.3	38.4	1.0
	大学及以上	11.5	0.0	51.6	35.5	1.4
职业	干部/管理人员	21.7	0.0	48.1	28.2	2.0
	初级公务员/雇员	8.0	0.0	54.3	36.7	1.0
	个体/私营企业人员	10.2	0.0	50.0	38.5	1.3
	工人	21.7	0.0	54.6	23.5	0.2
	学生	12.5	0.0	52.9	31.5	3.1
	无业（包括退休人员）	16.1	0.0	38.1	44.9	0.9
	其他	28.3	0.0	55.1	15.3	1.3
个人月收入	没有收入	12.3	0.0	51.2	34.2	2.3
	1～2000元	15.9	0.0	44.9	37.4	1.8
	2001～3000元	9.6	0.0	41.2	48.7	0.5
	3001～4000元	14.9	0.0	53.5	31.0	0.6
	4001～5000元	18.3	0.0	49.1	30.9	1.7
	5001～6000元	9.5	0.0	51.8	37.6	1.1
	6001元及以上	3.7	0.0	62.3	31.7	2.3

表3.20.6　2018年石家庄市场份额排名前5位的频率

排名	频率名称	市场份额（%）
1	河北广播电视台交通广播（FM99.2）	17.7
2	石家庄广播电视台新闻广播（AM882/FM88.2）	13.6
3	石家庄广播电视台交通广播（FM94.6）	12.0
4	中央人民广播电台第一套节目中国之声	9.2
5	河北广播电视台音乐广播（FM102.4）	6.6

表 3.20.7　2018 年石家庄市场收听率排名前 30 位的节目

排名	节目名称	播出频率	收听率（%）	市场份额（%）
1	转播：新闻和报纸摘要	石家庄广播电视台新闻广播（AM882/FM88.2）	2.9	26.4
2	992 早高峰	河北广播电视台交通广播（FM99.2）	2.7	19.4
3	新闻 882	石家庄广播电视台新闻广播（AM882/FM88.2）	2.5	17.9
4	992 晚高峰	河北广播电视台交通广播（FM99.2）	2.1	22.9
5	946 领先早高峰	石家庄广播电视台交通广播（FM94.6）	2.1	15.4
6	新闻纵横	中央人民广播电台第一套节目中国之声	1.7	12.0
7	新闻和报纸摘要	中央人民广播电台第一套节目中国之声	1.6	14.1
8	946 动感晚高峰	石家庄广播电视台交通广播（FM94.6）	1.4	15.3
9	992 大家帮	河北广播电视台交通广播（FM99.2）	1.3	18.4
10	女人的下午茶	河北广播电视台农民广播（AM558/FM98.1）	1.3	17.4
11	快乐晚点名	河北广播电视台交通广播（FM99.2）	1.2	15.9
12	小雨来了	河北广播电视台交通广播（FM99.2）	1.2	15.7
13	《新闻和报纸摘要》（转播央广）	河北广播电视台综合广播（FM104.3）	1.2	10.7
14	992 早班车	河北广播电视台交通广播（FM99.2）	1.1	16.9
15	田园氧吧	河北广播电视台农民广播（AM558/FM98.1）	1.1	14.3
16	转播央视新闻联播	石家庄广播电视台新闻广播（AM882/FM88.2）	1.1	13.3
17	畅听 946 周末上午版	石家庄广播电视台交通广播（FM94.6）	1.1	12.8
18	新闻串串聊	石家庄广播电视台新闻广播（AM882/FM88.2）	1.1	11.8
19	汽车魔方假日版	河北广播电视台交通广播（FM99.2）	1.0	19.4
20	今天大不同	河北广播电视台综合广播（FM104.3）	1.0	15.6
21	交通热线	石家庄广播电视台交通广播（FM94.6）	1.0	13.3
22	农博士在线	河北广播电视台农民广播（AM558/FM98.1）	1.0	10.5
23	新闻和报纸摘要（转播央广）	石家庄广播电视台交通广播（FM94.6）	1.0	9.4
24	汽车有话说	河北广播电视台交通广播（FM99.2）	0.9	21.7
25	992 乐行天下	河北广播电视台交通广播（FM99.2）	0.9	18.8
26	老郑说车	河北广播电视台交通广播（FM99.2）	0.9	15.5
27	天天天下	河北广播电视台综合广播（FM104.3）	0.9	14.5
28	开心方向盘	石家庄广播电视台交通广播（FM94.6）	0.9	11.1
29	882 城市热线	石家庄广播电视台新闻广播（AM882/FM88.2）	0.8	14.1
30	超级育儿说	河北广播电视台农民广播（AM558/FM98.1）	0.8	11.0

二十一、苏州收听数据

表 3.21.1 2016～2018 年苏州各目标听众人均收听时间（分钟）

目标听众		2016 年	2017 年	2018 年
10 岁及以上所有人		64	61	52
性别	男	66	65	53
	女	61	57	51
年龄	10～14 岁	29	26	15
	15～24 岁	37	35	31
	25～34 岁	53	56	50
	35～44 岁	68	61	57
	45～54 岁	61	64	50
	55～64 岁	105	94	79
	65 岁及以上	134	117	85
文化程度	未受过正规教育	42	34	*
	小学	72	62	53
	初中	75	70	59
	高中	65	61	52
	大学及以上	55	58	48
职业	干部/管理人员	61	71	58
	初级公务员/雇员	58	57	50
	个体/私营企业人员	65	68	55
	工人	60	57	52
	学生	33	31	26
	无业（包括退休人员）	109	96	81
	其他	*	29	42
个人月收入	没有收入	34	33	28
	1～2000 元	76	65	51
	2001～3000 元	79	76	69
	3001～4000 元	67	69	62
	4001～5000 元	65	69	51
	5001～6000 元	78	57	51
	6001 元及以上	66	62	56

注：苏州为全年连续调查城市。“*”表示该目标听众样本量不足，无法进行统计推断。

表 3.21.2　2016~2018 年苏州听众在不同地点的人均收听时间（分钟）

地点	2016 年	2017 年	2018 年
家中	41	35	31
车上	18	21	17
工作/学习场所	4	4	3
其他场所	1	1	1

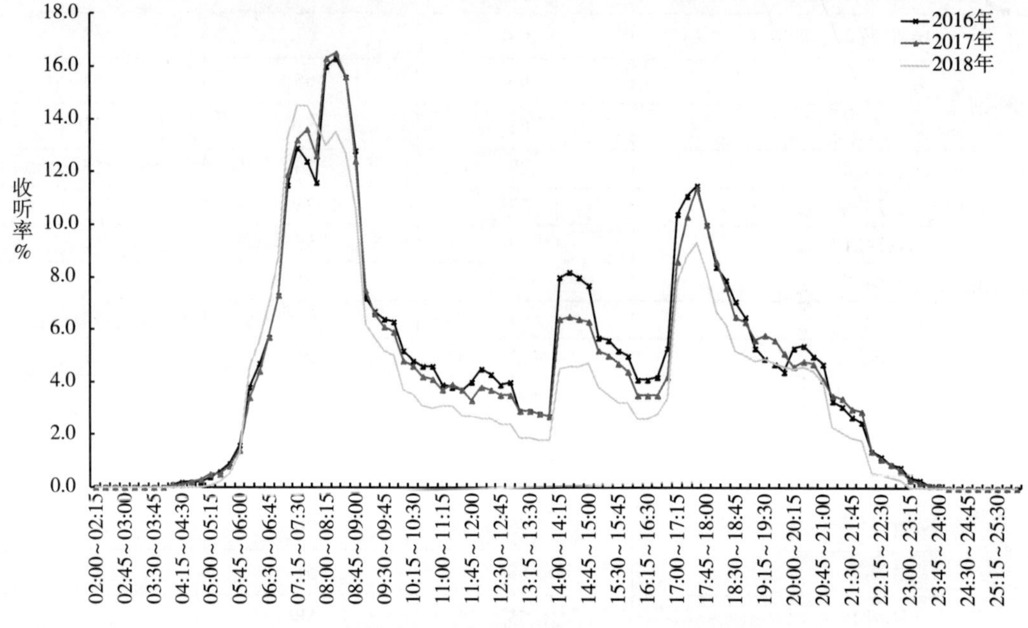

图 3.21.1　2016~2018 年苏州听众全天收听率走势

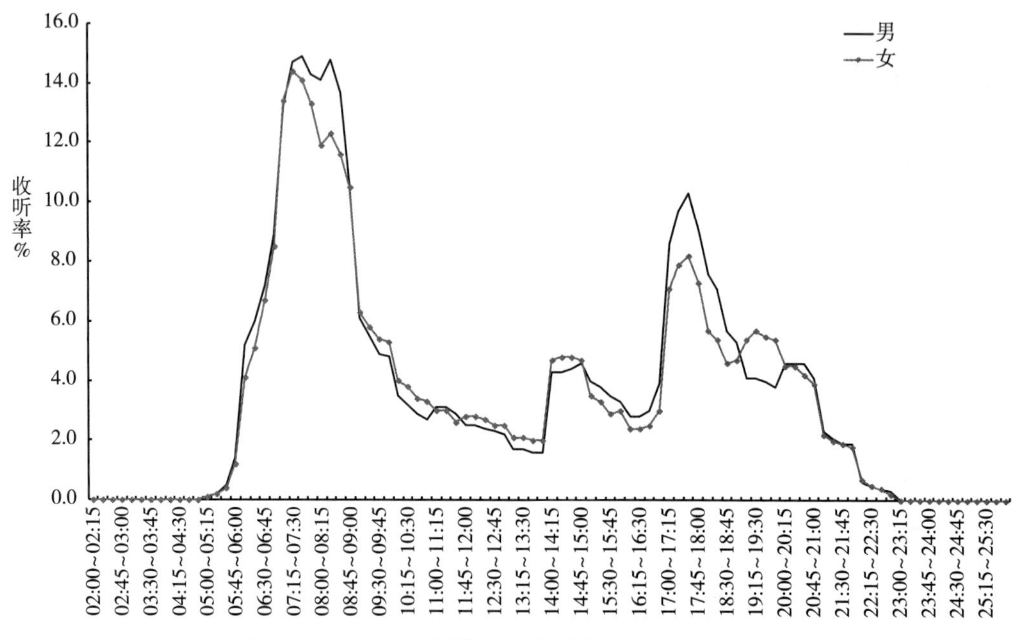

图 3.21.2　2018 年苏州不同性别听众全天收听率走势

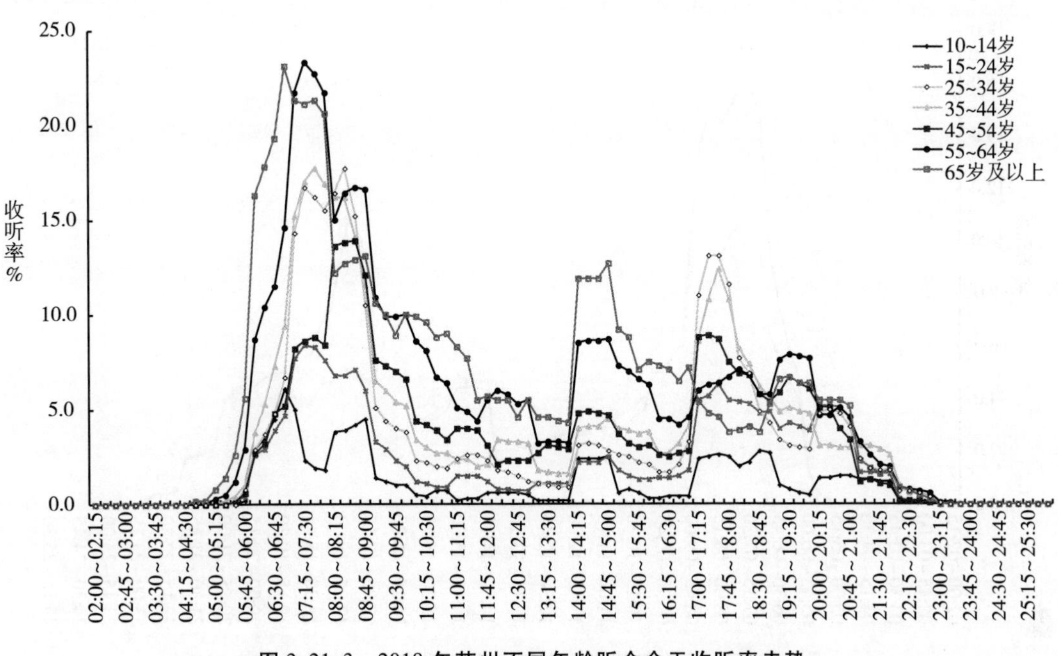

图 3.21.3 2018 年苏州不同年龄听众全天收听率走势

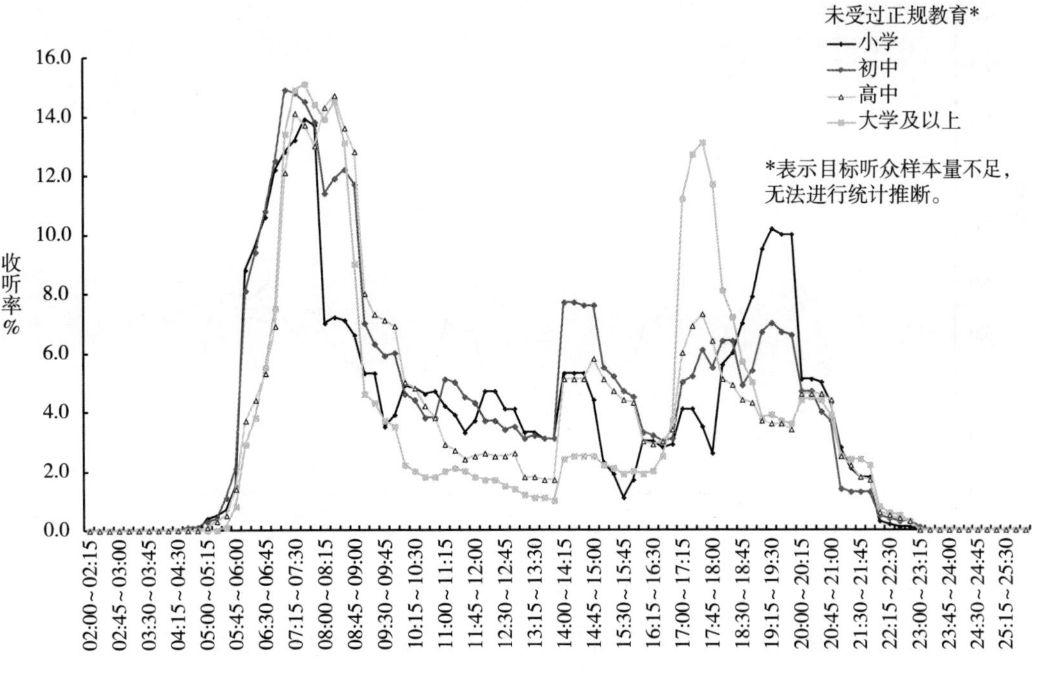

图 3.21.4 2018 年苏州不同文化程度听众全天收听率走势

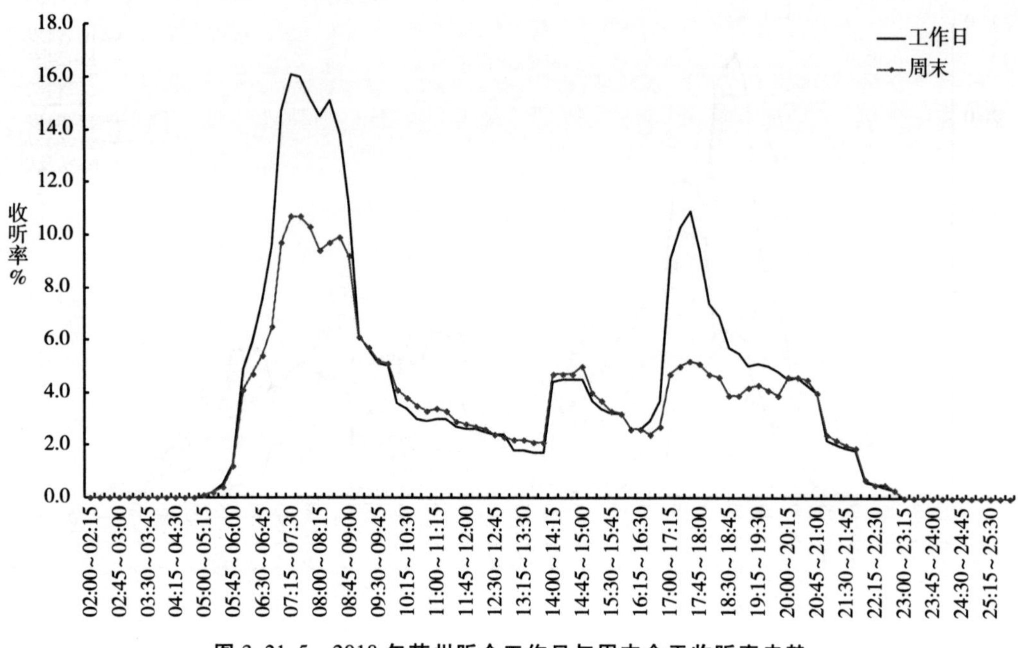

图 3.21.5　2018 年苏州听众工作日与周末全天收听率走势

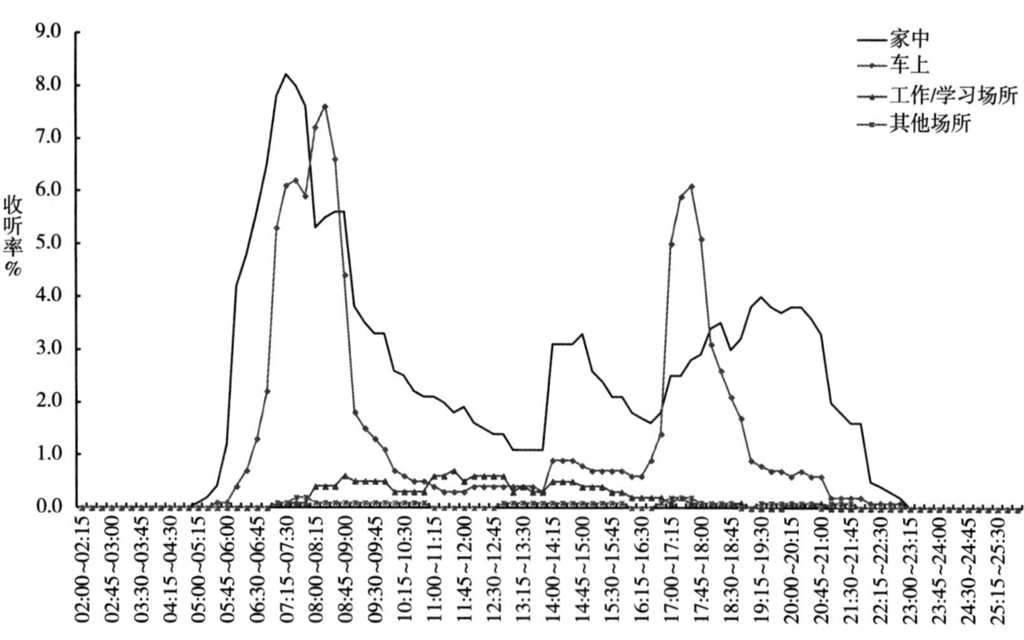

图 3.21.6　2018 年苏州听众在不同收听地点全天收听率走势

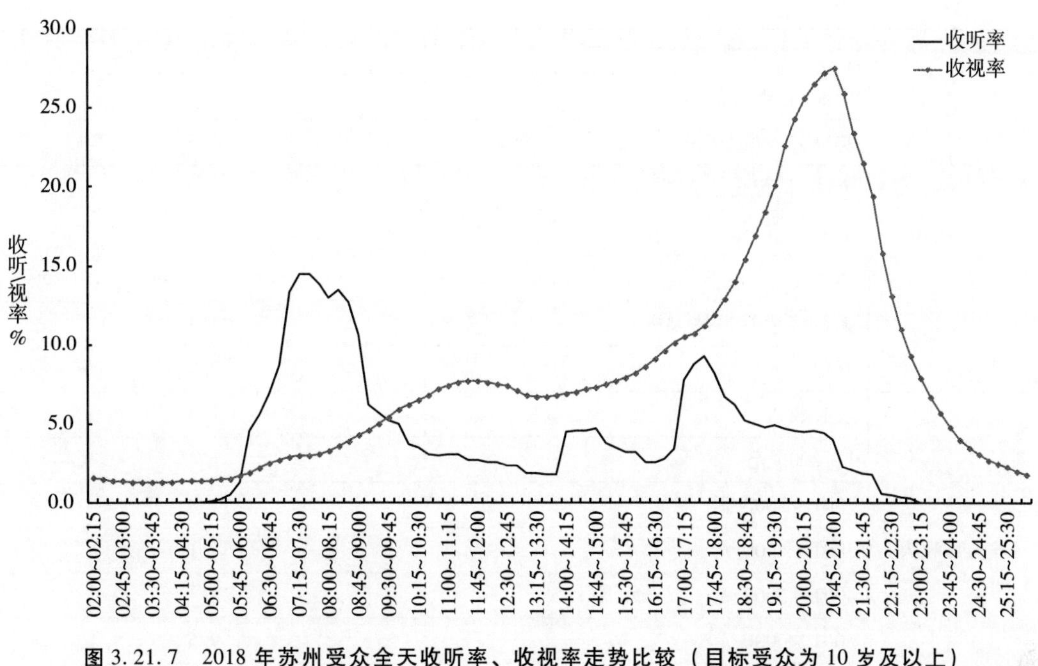

图 3.21.7　2018 年苏州受众全天收听率、收视率走势比较（目标受众为 10 岁及以上）

表 3.21.3　2018 年苏州市场听众构成（%）

目标听众		听众构成（%）
10 岁及以上所有人		100.0
性别	男	51.7
	女	48.3
年龄	10～14 岁	0.9
	15～24 岁	13.4
	25～34 岁	23.9
	35～44 岁	21.6
	45～54 岁	11.7
	55～64 岁	15.5
	65 岁及以上	13.0
文化程度	未受过正规教育	*
	小学	6.6
	初中	24.6
	高中	29.9
	大学及以上	38.9

续表

目标听众		听众构成（%）
职业	干部/管理人员	4.9
	初级公务员/雇员	31.6
	个体/私营企业人员	9.9
	工人	15.8
	学生	9.5
	无业（包括退休人员）	27.4
	其他	0.9
个人月收入	没有收入	11.3
	1~2000元	1.4
	2001~3000元	14.8
	3001~4000元	31.1
	4001~5000元	18.1
	5001~6000元	9.6
	6001元及以上	13.7

注："*"表示该目标听众样本量不足，无法进行统计推断。

表3.21.4　2016~2018年苏州市场各广播电台的市场份额（%）

广播电台	2016年	2017年	2018年
中央人民广播电台	4.9	3.1	4.9
中国国际广播电台	0.1	0.0	0.0
江苏广播电视总台	9.8	9.9	11.3
苏州广播电视总台	82.4	84.8	82.9
上海广播电视台	2.5	2.0	0.8
无锡广播电视台	0.2	0.1	0.0
其他广播电台	0.1	0.1	0.1

表3.21.5　2018年苏州市场各广播电台在不同目标听众中的市场份额（%）

目标听众		中央人民广播电台	中国国际广播电台	江苏广播电视总台	苏州广播电视总台	上海广播电视台	无锡广播电视台	其他广播电台
10岁及以上所有人		4.9	0.0	11.3	82.9	0.8	0.0	0.1
性别	男	4.7	0.0	11.0	83.4	0.9	0.0	0.0
	女	5.2	0.0	11.6	82.5	0.7	0.0	0.0

续表

目标听众		中央人民广播电台	中国国际广播电台	江苏广播电视总台	苏州广播电视总台	上海广播电视台	无锡广播电视台	其他广播电台
年龄	10～14 岁	0.2	0.0	20.9	71.8	7.1	0.0	0.0
	15～24 岁	5.8	0.0	14.3	78.8	1.1	0.0	0.0
	25～34 岁	3.0	0.0	11.7	84.6	0.6	0.0	0.1
	35～44 岁	4.0	0.0	13.8	81.7	0.5	0.0	0.0
	45～54 岁	2.4	0.0	13.2	82.7	1.6	0.0	0.1
	55～64 岁	2.8	0.0	6.1	90.3	0.7	0.1	0.0
	65 岁及以上	14.2	0.0	7.1	78.4	0.3	0.0	0.0
文化程度	未受过正规教育	*	*	*	*	*	*	*
	小学	12.5	0.0	7.3	79.9	0.3	0.0	0.0
	初中	6.1	0.0	9.7	83.4	0.8	0.0	0.0
	高中	3.7	0.0	13.1	82.2	0.9	0.0	0.1
	大学及以上	3.9	0.0	11.5	83.7	0.8	0.0	0.1
职业	干部/管理人员	1.0	0.0	10.7	88.0	0.3	0.0	0.0
	初级公务员/雇员	1.7	0.0	11.9	85.4	1.0	0.0	0.0
	个体/私营企业人员	5.0	0.0	9.7	85.0	0.3	0.0	0.0
	工人	6.6	0.0	14.1	77.8	1.5	0.0	0.0
	学生	6.0	0.0	17.6	74.9	1.3	0.1	0.1
	无业（包括退休人员）	8.2	0.0	7.7	83.6	0.4	0.0	0.1
	其他	0.0	0.0	0.0	100.0	0.0	0.0	0.0
个人月收入	没有收入	5.1	0.0	15.8	77.8	1.2	0.0	0.1
	1～2000 元	0.4	0.0	7.3	91.8	0.4	0.1	0.0
	2001～3000 元	5.9	0.0	9.8	82.7	1.6	0.0	0.0
	3001～4000 元	5.4	0.0	9.9	83.8	0.9	0.0	0.0
	4001～5000 元	4.0	0.0	14.1	81.5	0.4	0.0	0.0
	5001～6000 元	7.3	0.0	11.0	81.0	0.6	0.1	0.0
	6001 元及以上	3.0	0.0	9.0	87.7	0.3	0.0	0.0

注：“*”表示该目标听众样本量不足，无法进行统计推断。

表 3.21.6　2018 年苏州市场份额排名前 5 位的频率

排名	频率名称	市场份额（%）
1	苏州广播电视总台交通经济广播（FM104.8）	36.8
2	苏州广播电视总台都市音乐广播（FM102.8）	17.0
3	苏州广播电视总台综合广播（FM91.1）	9.8
4	苏州广播电视总台综合广播（AM1080）	6.3
5	苏州广播电视总台生活广播（FM96.5）	6.0

表 3.21.7　2018 年苏州市场收听率排名前 30 位的节目

名次	节目名称	频率名称	收听率（%）	市场份额（%）
1	直播苏州	苏州广播电视总台交通经济广播（FM104.8）	5.9	44.9
2	高峰五六点	苏州广播电视总台交通经济广播（FM104.8）	3.2	39.0
3	与你同行	苏州广播电视总台交通经济广播（FM104.8）	2.2	39.6
4	转播中国之声《新闻和报纸摘要》	苏州广播电视总台交通经济广播（FM104.8）	2.2	27.9
5	摆渡人的歌	苏州广播电视总台都市音乐广播（FM102.8）	1.7	20.5
6	阿万茶楼（1400）	苏州广播电视总台交通经济广播（FM104.8）	1.6	38.9
7	音乐快车道	苏州广播电视总台都市音乐广播（FM102.8）	1.6	14.3
8	苏州新闻	苏州广播电视总台综合广播（FM91.1）	1.6	11.7
9	六点辰光	苏州广播电视总台交通经济广播（FM104.8）	1.4	26.5
10	转播中国之声《新闻和报纸摘要》	苏州广播电视总台综合广播（FM91.1）	1.4	18.1
11	假日高峰	苏州广播电视总台交通经济广播（FM104.8）	1.3	33.5
12	音乐不塞车	苏州广播电视总台交通经济广播（FM104.8）	1.3	26.9
13	只爱一点点	苏州广播电视总台都市音乐广播（FM102.8）	1.2	27.6
14	1048 帮帮团	苏州广播电视总台交通经济广播（FM104.8）	1.1	35.9
15	汽车音乐时间（周末）	苏州广播电视总台交通经济广播（FM104.8）	1.1	34.2
16	汽车音乐时间	苏州广播电视总台交通经济广播（FM104.8）	1.1	33.2
17	20 年特辑：我是你的摆渡人	苏州广播电视总台都市音乐广播（FM102.8）	1.1	22.6
18	音乐爱好者超级联赛 PLUS	苏州广播电视总台都市音乐广播（FM102.8）	1.1	21.7
19	20 年特辑：我的五分之一世纪	苏州广播电视总台都市音乐广播（FM102.8）	1.0	22.8

续表

名次	节目名称	频率名称	收听率（%）	市场份额（%）
20	阳光时间	苏州广播电视总台综合广播（AM1080）	1.0	19.5
21	苏阿姨谈家常	苏州广播电视总台综合广播（FM91.1）	1.0	18.8
22	音乐听自在（0700）	苏州广播电视总台都市音乐广播（FM102.8）	1.0	12.4
23	转播中国之声《新闻和报纸摘要》	苏州广播电视总台综合广播（AM1080）	0.9	12.0
24	新闻和报纸摘要	中央人民广播电台第一套节目中国之声	0.9	11.7
25	假日早上好	苏州广播电视总台综合广播（FM91.1）	0.9	9.9
26	毕口秀	苏州广播电视总台综合广播（FM91.1）	0.9	6.6
27	快乐连连听	苏州广播电视总台交通经济广播（FM104.8）	0.8	35.9
28	欢乐都市夜	苏州广播电视总台交通经济广播（FM104.8）	0.8	22.6
29	开心方向盘 1011（1700）	江苏交通广播网（FM101.1）	0.8	8.4
30	嘀嘀叭叭早上好 A1011（0800）	江苏交通广播网（FM101.1）	0.8	6.2

二十二、天津收听数据

表 3.22.1　2016～2018 年天津各目标听众人均收听时间（分钟）

目标听众		2016 年	2017 年	2018 年			
				第一波	第二波	第三波	第四波
10 岁及以上所有人		97	89	93	89	94	97
性别	男	95	87	93	91	98	100
	女	101	92	94	88	89	94
年龄	10～14 岁	19	24	22	25	29	22
	15～24 岁	49	43	52	47	55	65
	25～34 岁	74	75	69	69	74	83
	35～44 岁	94	81	88	82	84	83
	45～54 岁	100	89	102	107	106	99
	55～64 岁	176	153	131	127	128	138
	65 岁及以上	146	146	168	148	162	167
文化程度	未受过正规教育	*	*	*	*	*	*
	小学	79	75	101	79	88	95
	初中	116	106	101	98	107	111
	高中	103	90	98	99	106	109
	大学及以上	78	76	82	76	74	78
职业	干部/管理人员	114	94	81	74	72	83
	初级公务员/雇员	70	74	88	81	78	85
	个体/私营企业人员	93	82	65	68	77	91
	工人	103	91	114	111	114	112
	学生	39	36	41	42	51	53
	无业（包括退休人员）	149	137	139	129	137	133
	其他	*	*	*	*	*	*
个人月收入	没有收入	49	41	42	42	57	55
	1～2000 元	111	103	130	103	109	116
	2001～3000 元	128	113	122	115	121	124
	3001～4000 元	91	92	96	101	90	90
	4001～5000 元	94	100	92	87	101	118
	5001～6000 元	87	84	95	82	74	94
	6001 元及以上	106	90	100	91	109	93

注：天津为四波调查城市。2018 年四波调查日期分别为：第一波 3 月 4 日至 3 月 24 日，第二波 5 月 20 日至 6 月 9 日，第三波 8 月 19 日至 9 月 8 日，第四波 11 月 4 日至 11 月 24 日。“*”表示目标听众样本量不足，无法进行统计推断。

表 3.22.2　2016～2018 年天津听众在不同地点的人均收听时间（分钟）

地点	2016 年	2017 年	2018 年
家中	67	62	61
车上	20	20	24
工作/学习场所	8	6	7
其他场所	2	1	2

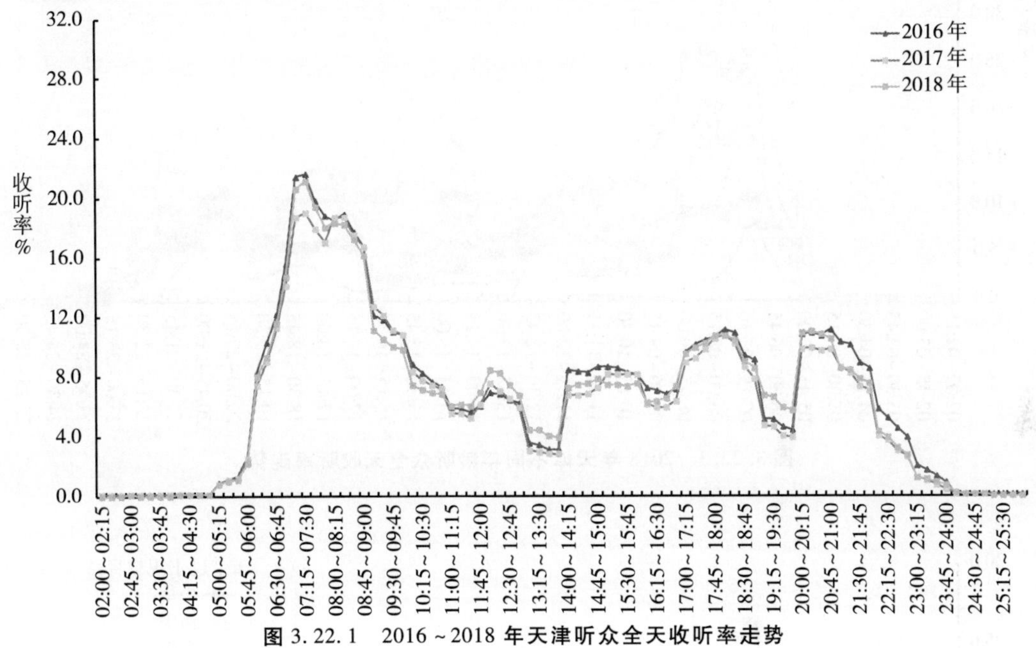

图 3.22.1　2016～2018 年天津听众全天收听率走势

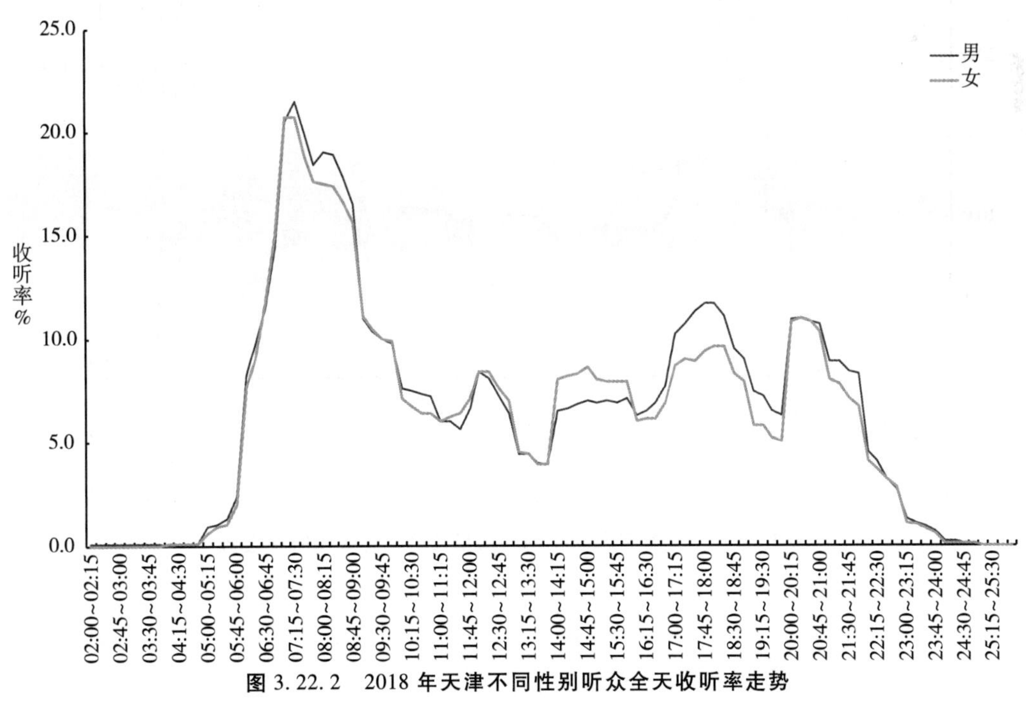

图 3.22.2　2018 年天津不同性别听众全天收听率走势

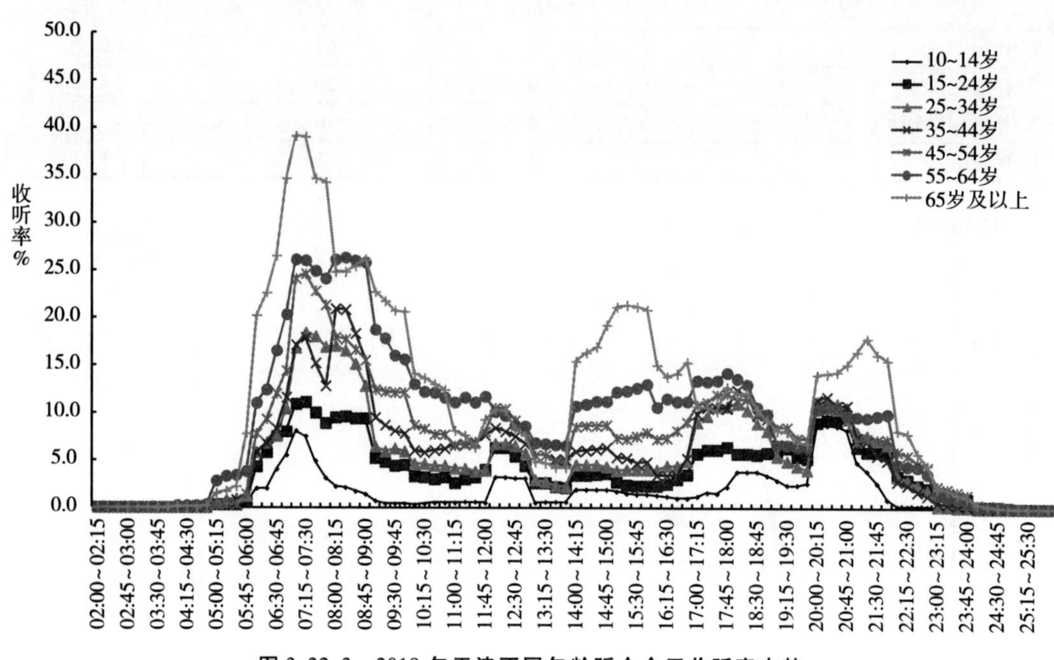

图 3.22.3　2018 年天津不同年龄听众全天收听率走势

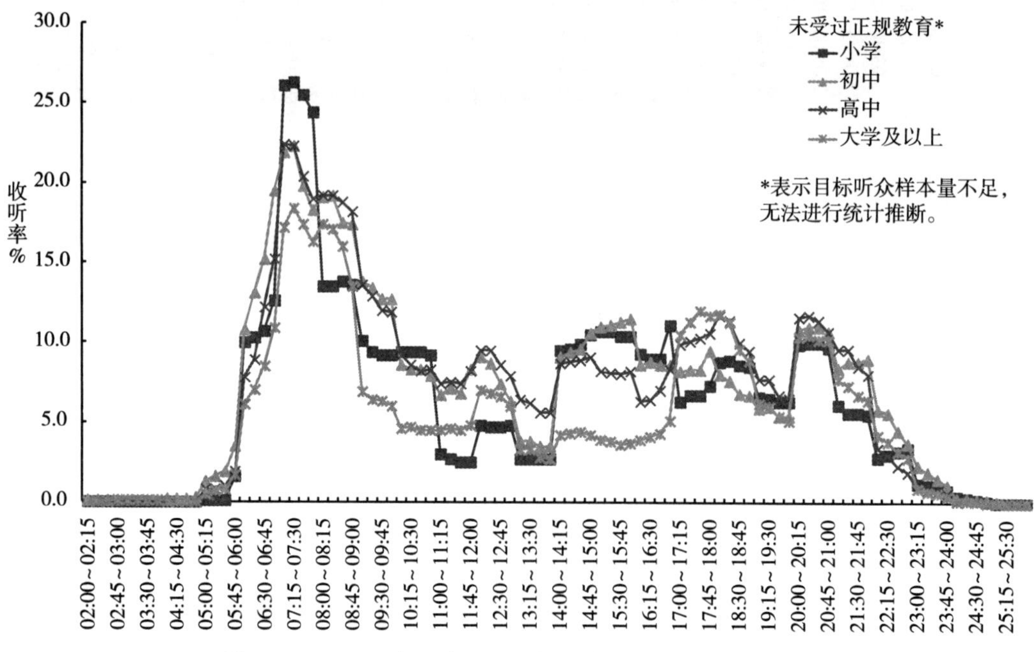

图 3.22.4　2018 年天津不同文化程度听众全天收听率走势

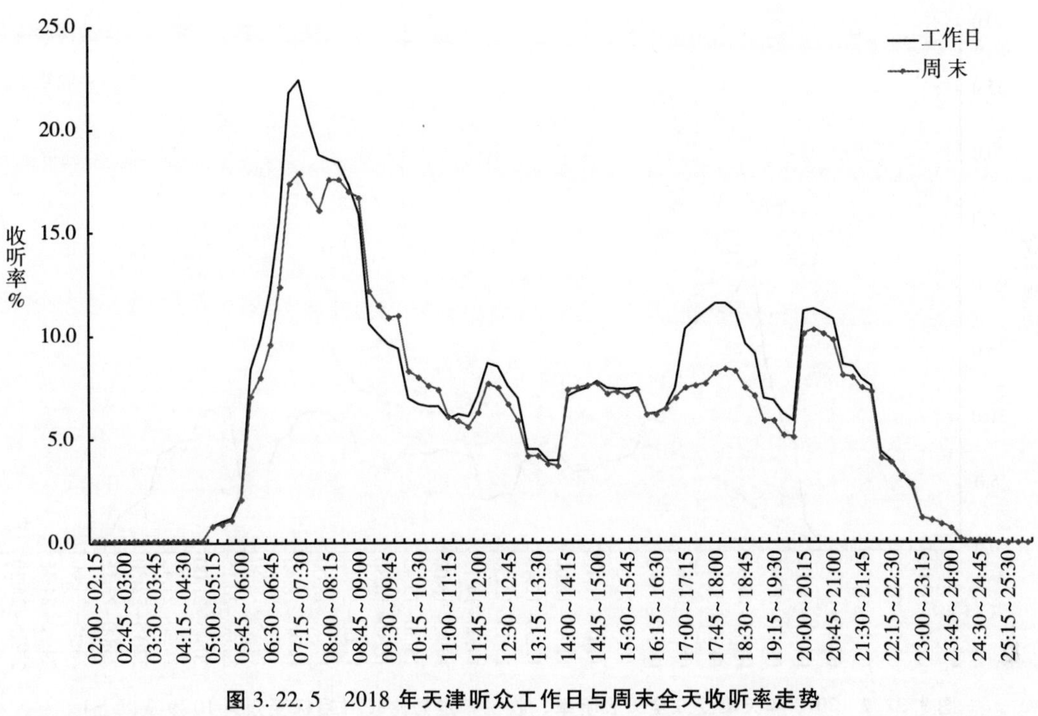

图 3.22.5　2018 年天津听众工作日与周末全天收听率走势

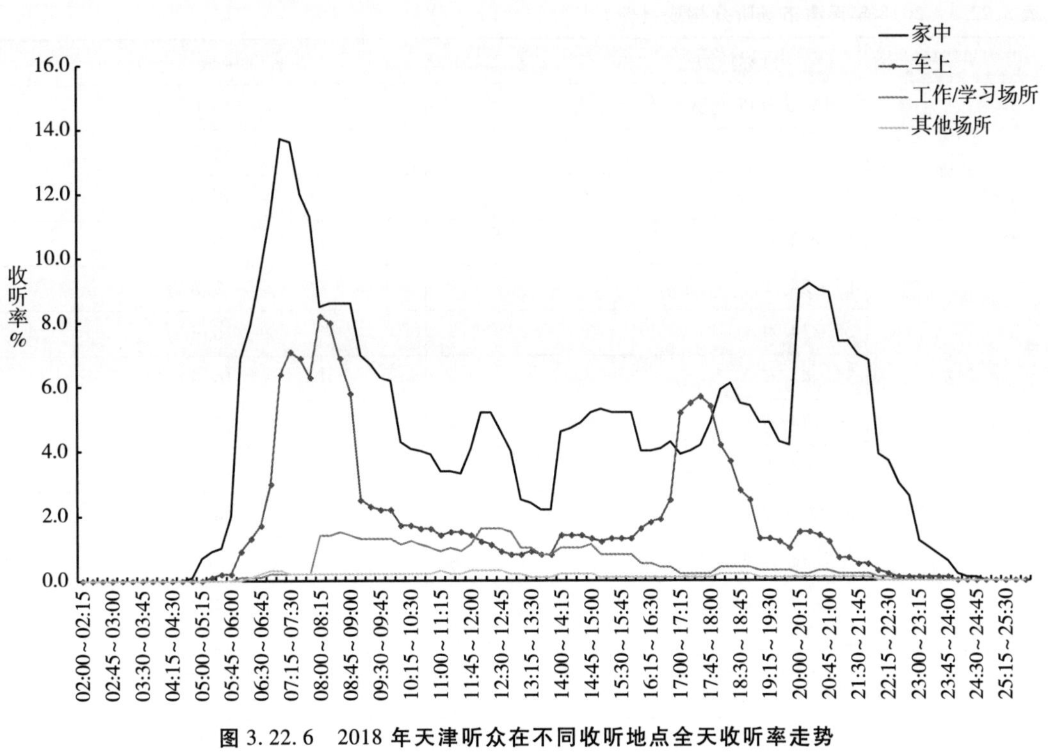

图 3.22.6　2018 年天津听众在不同收听地点全天收听率走势

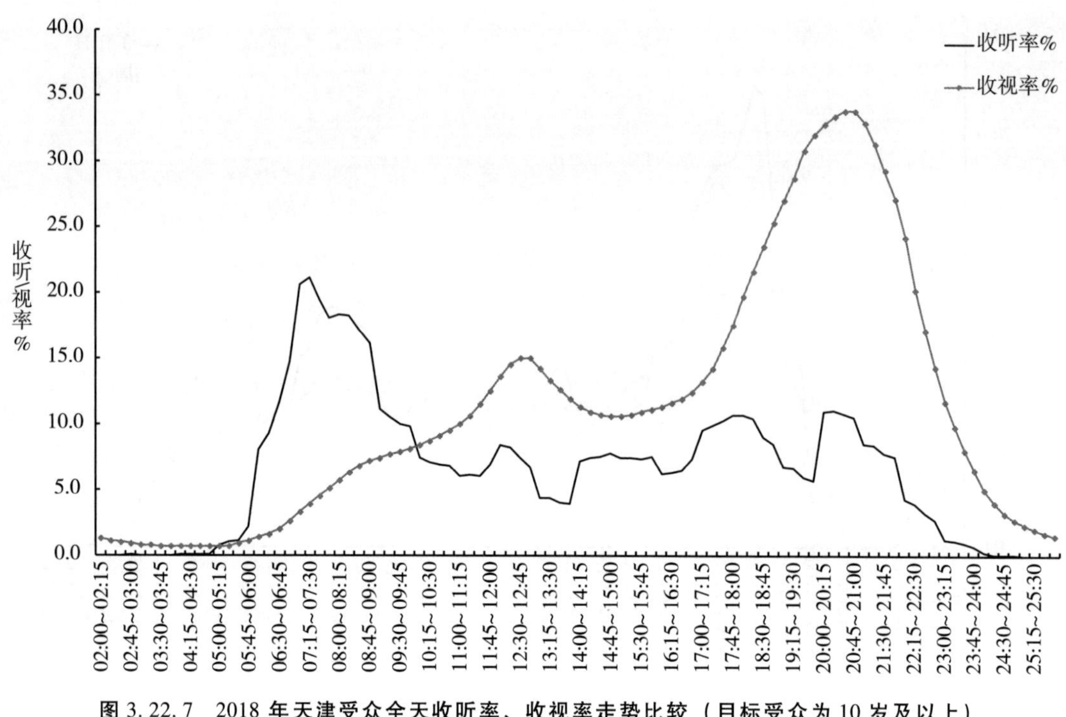

图 3.22.7　2018 年天津受众全天收听率、收视率走势比较（目标受众为 10 岁及以上）

表 3.22.3　2018 年天津市场听众构成（%）

目标听众		听众构成（%）
10 岁及以上所有人		100.0
性别	男	54.7
	女	45.3
年龄	10～14 岁	0.6
	15～24 岁	9.8
	25～34 岁	16.6
	35～44 岁	16.3
	45～54 岁	19.9
	55～64 岁	18.7
	65 岁及以上	18.1
文化程度	未受过正规教育	*
	小学	4.0
	初中	28.3
	高中	37.8
	大学及以上	29.9

续表

目标听众		听众构成（%）
职业	干部/管理人员	4.7
	初级公务员/雇员	21.1
	个体/私营企业人员	12.2
	工人	18.5
	学生	7.5
	无业（包括退休人员）	36.0
	其他	*
个人月收入	没有收入	9.7
	1~2000 元	5.5
	2001~3000 元	32.6
	3001~4000 元	20.5
	4001~5000 元	15.9
	5001~6000 元	8.8
	6001 元及以上	7.0

“*”表示该目标听众样本量不足，无法进行统计推断。

表 3.22.4　2016~2018 年天津市场各广播电台的市场份额（%）

广播电台	2016 年	2017 年	2018 年			
			第一波	第二波	第三波	第四波
中央人民广播电台	8.5	7.4	9.6	5.9	7.0	7.3
中国国际广播电台	0.3	0.2	0.4	0.2	0.5	0.5
天津人民广播电台	90.1	91.6	89.4	93.2	91.8	91.2
其他广播电台	1.1	0.8	0.6	0.7	0.7	1.0

表 3.22.5　2018 年天津市场各广播电台在不同目标听众中的市场份额（%）

目标听众		中央人民广播电台	中国国际广播电台	天津人民广播电台	其他广播电台
10 岁及以上所有人		7.5	0.4	91.4	0.7
性别	男	6.9	0.6	91.8	0.7
	女	8.2	0.2	90.8	0.8
年龄	10~14 岁	4.0	0.0	95.1	0.9
	15~24 岁	10.7	0.2	88.4	0.7
	25~34 岁	5.3	0.1	93.7	0.9

续表

目标听众		中央人民广播电台	中国国际广播电台	天津人民广播电台	其他广播电台
年龄	35~44岁	7.8	1.7	89.6	0.9
	45~54岁	7.8	0.0	91.4	0.8
	55~64岁	8.7	0.0	91.0	0.3
	65岁及以上	6.0	0.4	92.6	1.0
文化程度	未受过正式教育	*	*	*	*
	小学	1.4	0.0	97.2	1.4
	初中	7.6	0.2	91.6	0.6
	高中	7.8	0.9	90.7	0.6
	大学及以上	7.6	0.1	91.4	0.9
职业	干部/管理人员	7.2	0.0	91.8	1.0
	初级公务员/雇员	7.5	0.1	91.7	0.7
	个体/私营企业人员	5.7	0.2	93.4	0.7
	工人	8.8	1.5	89.1	0.6
	学生	7.2	0.3	91.5	1.0
	无业（包括退休人员）	7.5	0.2	91.5	0.8
	其他	*	*	*	*
个人月收入	没有收入	6.7	0.2	91.9	1.2
	1~2000元	6.9	0.1	92.8	0.2
	2001~3000元	9.4	0.1	90.1	0.4
	3001~4000元	5.6	0.2	93.8	0.4
	4001~5000元	4.0	1.7	93.6	0.7
	5001~6000元	5.6	0.1	93.5	0.8
	6001元及以上	15.4	0.6	81.8	2.2

“*”表示该目标听众样本量不足，无法进行统计推断。

表3.22.6　2018年天津市场份额排名前5位的频率

排名	频率名称	市场份额（%）
1	天津人民广播电台交通广播（FM106.8）	29.7
2	天津人民广播电台相声广播（AM567/FM92.1）	12.8
3	天津人民广播电台音乐广播（FM99）	11.8
4	天津人民广播电台新闻广播（FM97.2/AM909）	10.3
5	天津人民广播电台文艺广播（AM1098/FM104.6）	7.9

二十三、武汉收听数据

表 3.23.1 2016～2018 年武汉各目标听众人均收听时间（分钟）

目标听众		2016 年	2017 年	2018 年
10 岁及以上所有人		42	27	31
性别	男	44	27	32
	女	39	28	30
年龄	10～14 岁	19	4	3
	15～24 岁	30	17	13
	25～34 岁	37	26	25
	35～44 岁	49	30	33
	45～54 岁	42	31	36
	55～64 岁	58	42	43
	65 岁及以上	52	35	74
文化程度	未受过正规教育	*	*	*
	小学	41	20	29
	初中	44	29	36
	高中	44	31	33
	大学及以上	36	21	24
职业	干部/管理人员	38	20	28
	初级公务员/雇员	38	22	22
	个体/私营企业人员	40	24	30
	工人	54	42	36
	学生	23	10	9
	无业（包括退休人员）	46	36	51
	其他	*	*	*
个人月收入	没有收入	23	12	12
	1～2000 元	51	38	79
	2001～3000 元	48	31	41
	3001～4000 元	47	32	32
	4001～5000 元	38	30	33
	5001～6000 元	31	16	31
	6001 元及以上	46	32	39

注：武汉为全年连续调查城市。“*”表示该目标听众样本量不足，无法进行统计推断。

表 3.23.2　2016～2018 年武汉听众在不同地点的人均收听时间（分钟）

地点	2016 年	2017 年	2018 年
家中	26	16	19
车上	11	8	10
工作/学习场所	3	2	2
其他场所	2	1	1

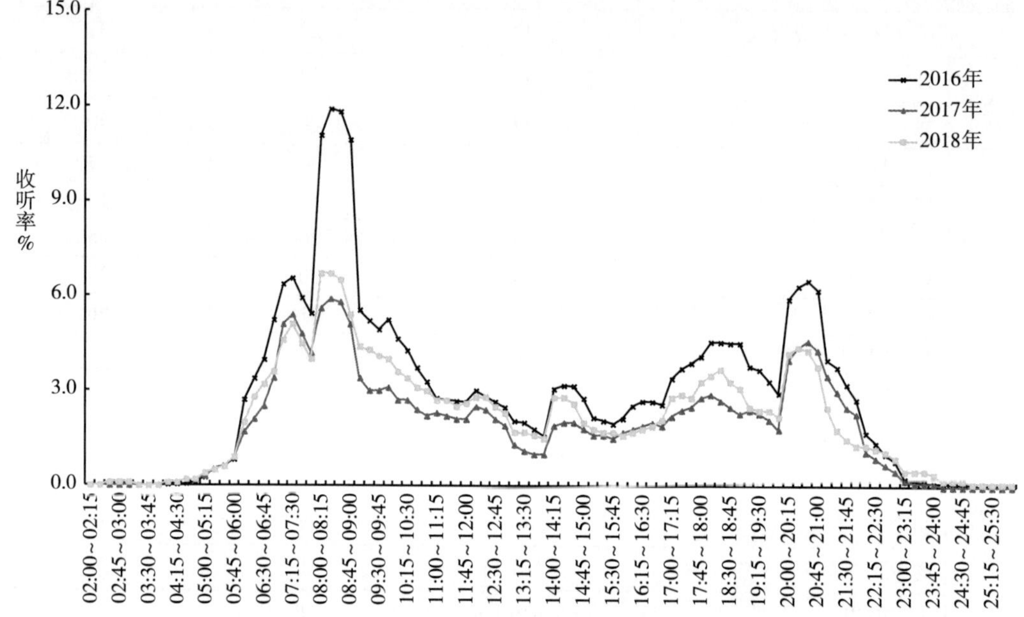

图 3.23.1　2016～2018 年武汉听众全天收听率走势

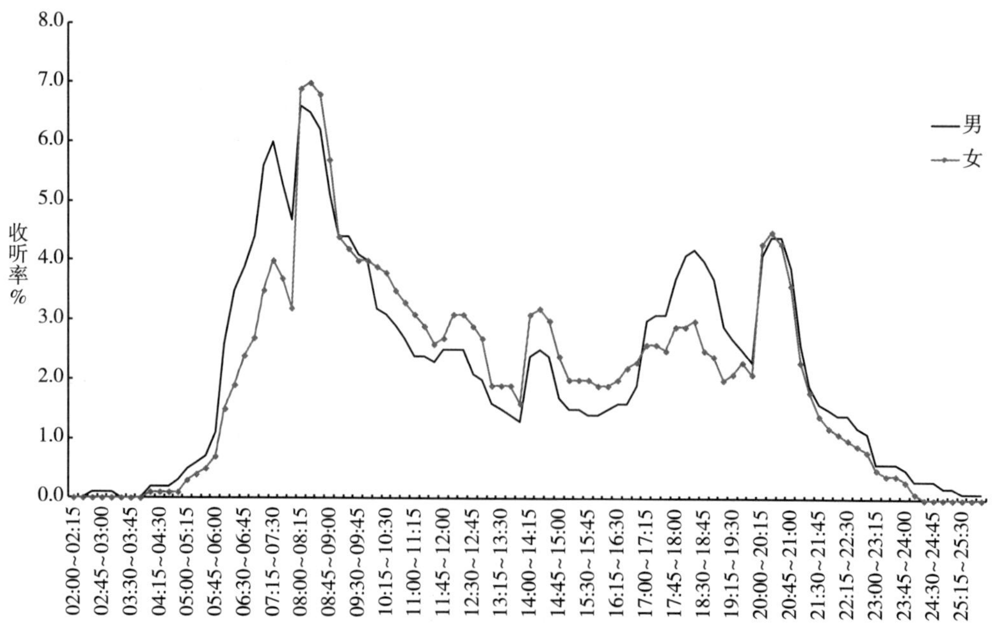

图 3.23.2　2018 年武汉不同性别听众全天收听率走势

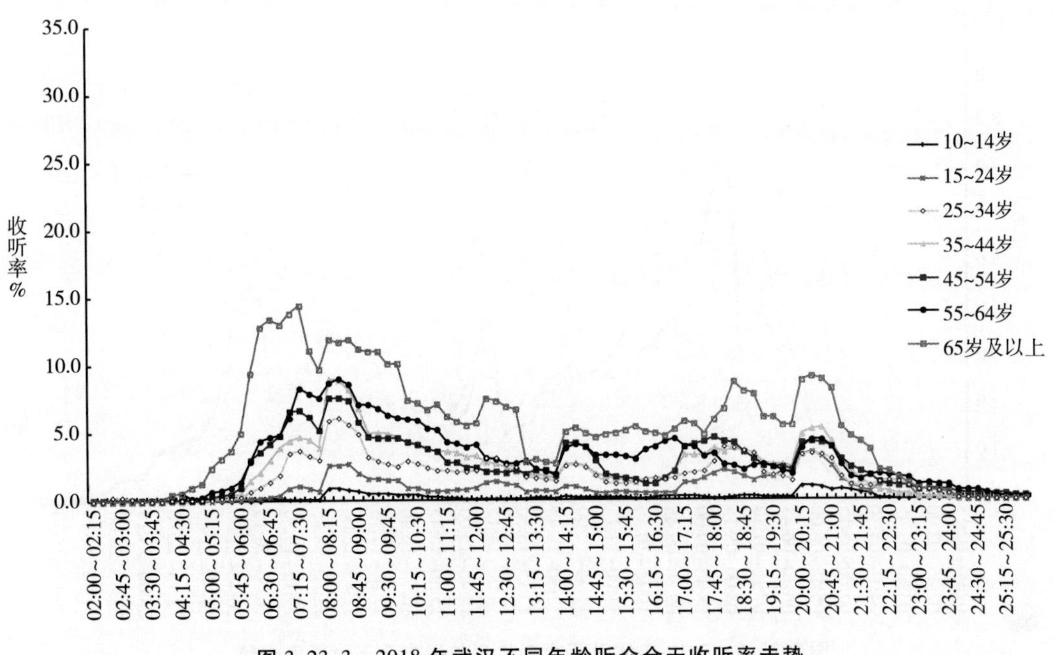

图 3. 23. 3　2018 年武汉不同年龄听众全天收听率走势

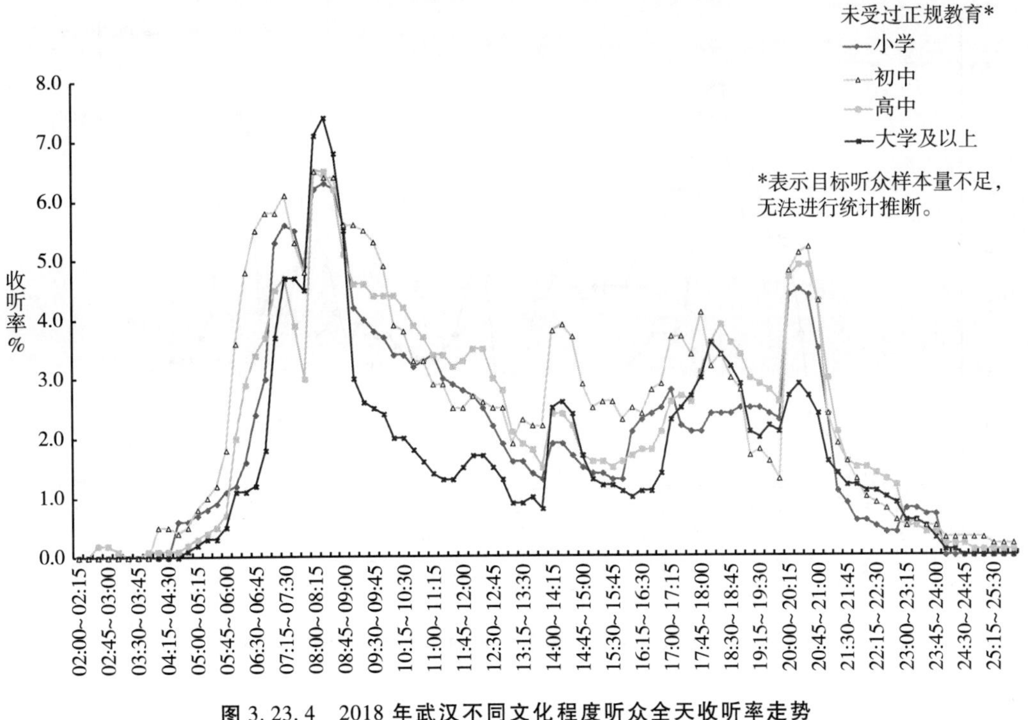

图 3. 23. 4　2018 年武汉不同文化程度听众全天收听率走势

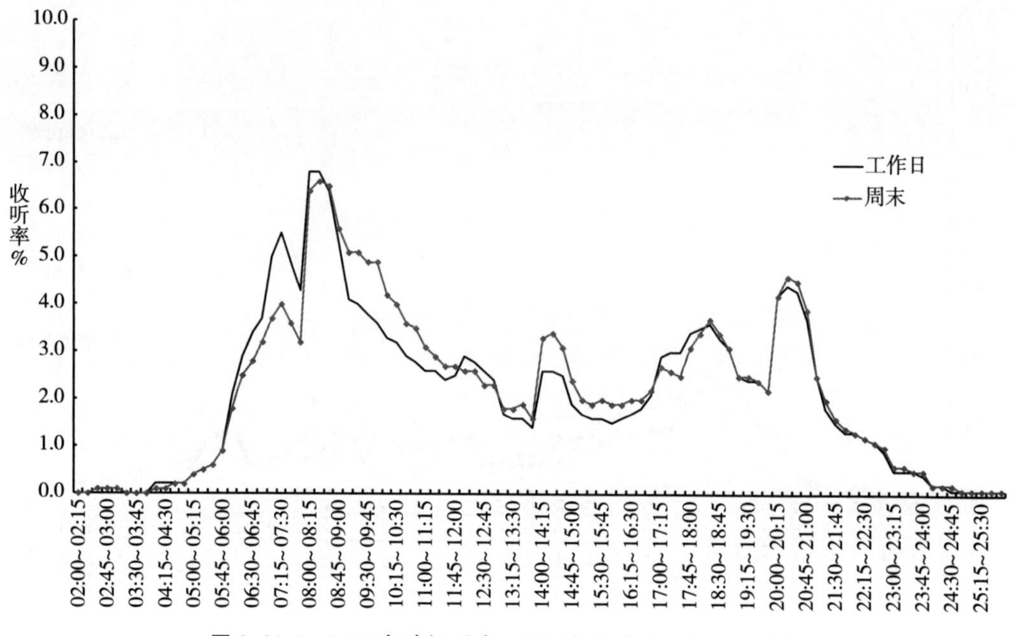

图 3.23.5　2018 年武汉听众工作日与周末全天收听率走势

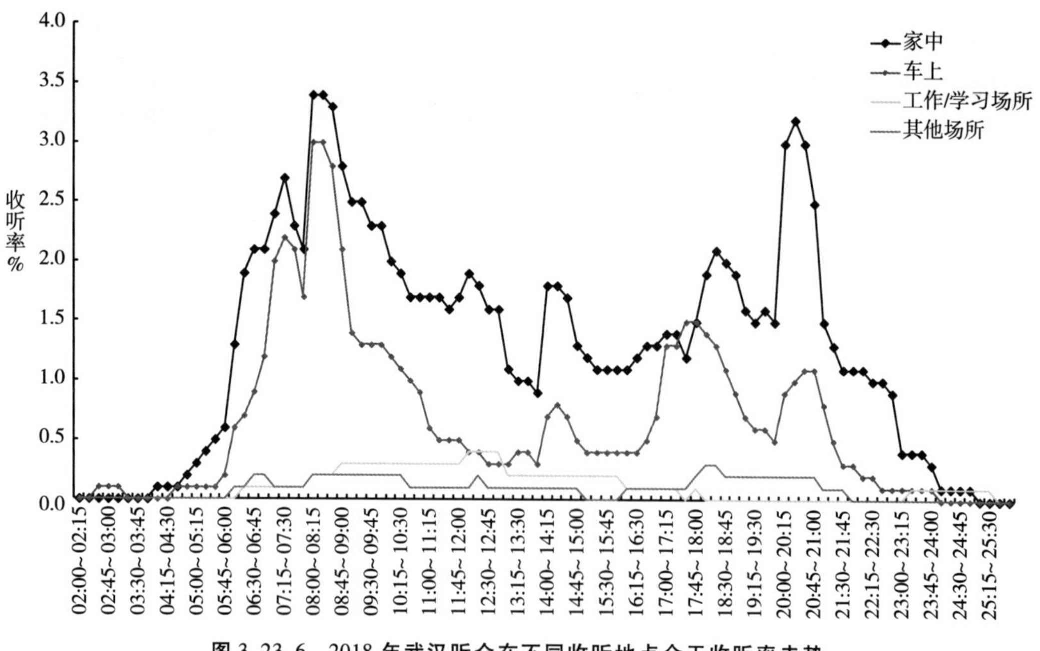

图 3.23.6　2018 年武汉听众在不同收听地点全天收听率走势

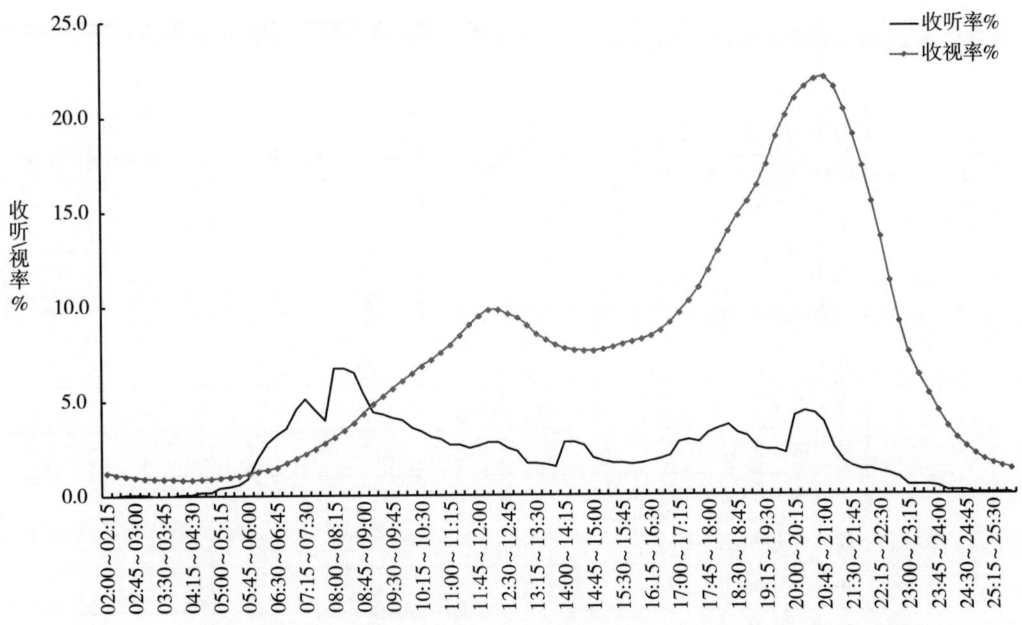

图 3.23.7 2018 年武汉受众全天收听率、收视率走势比较（目标受众为 10 岁及以上）

表 3.23.3 2018 年武汉市场听众构成（%）

目标听众		听众构成（%）
10 岁及以上所有人		100.0
性别	男	54.2
	女	45.8
年龄	10～14 岁	0.2
	15～24 岁	9.3
	25～34 岁	17.2
	35～44 岁	20.3
	45～54 岁	17.4
	55～64 岁	15.2
	65 岁及以上	20.4
文化程度	未受过正规教育	*
	小学	3.0
	初中	26.9
	高中	45.5
	大学及以上	24.6

续表

目标听众		听众构成（%）
职业	干部/管理人员	2.1
	初级公务员/雇员	7.4
	个体/私营企业人员	31.4
	工人	19.4
	学生	4.6
	无业（包括退休人员）	35.1
	其他	*
个人月收入	没有收入	7.6
	1～2000元	5.3
	2001～3000元	25.6
	3001～4000元	27.5
	4001～5000元	19.6
	5001～6000元	5.9
	6001元及以上	8.5

“*”表示该目标听众样本量不足，无法进行统计推断。

表3.23.4　2016～2018年武汉市场各广播电台的市场份额（%）

广播电台	2016年	2017年	2018年
中央人民广播电台	23.6	24.9	15.3
中国国际广播电台	0.0	0.0	0.0
湖北省广播电视总台	48.5	47.5	57.0
武汉广播电视总台	27.9	27.6	27.7
其他广播电台	0.0	0.0	0.0

表3.23.5　2018年武汉市场各广播电台在不同目标听众中的市场份额（%）

目标听众		中央人民广播电台	中国国际广播电台	湖北省广播电视总台	武汉广播电视总台	其他广播电台
10岁及以上所有人		15.3	0.0	57.0	27.7	0.0
性别	男	16.7	0.0	56.2	27.1	0.0
	女	13.7	0.0	57.9	28.5	0.0
年龄	10～14岁	4.8	0.0	80.3	14.4	0.5
	15～24岁	15.8	0.0	53.5	30.6	0.1
	25～34岁	8.5	0.0	67.7	23.8	0.0

续表

目标听众		中央人民广播电台	中国国际广播电台	湖北省广播电视总台	武汉广播电视总台	其他广播电台
年龄	35～44岁	16.1	0.0	51.8	32.1	0.0
	45～54岁	13.6	0.0	59.2	27.1	0.1
	55～64岁	20.1	0.0	49.0	30.9	0.0
	65岁及以上	18.1	0.0	58.3	23.6	0.0
文化程度	未受过正规教育	*	*	*	*	*
	小学	12.1	0.0	70.2	17.6	0.1
	初中	15.3	0.0	56.3	28.4	0.0
	高中	14.8	0.0	56.6	28.6	0.0
	大学及以上	17.1	0.0	55.6	27.2	0.1
职业	干部/管理人员	3.0	0.0	57.9	39.0	0.1
	初级公务员/雇员	15.0	0.0	59.0	26.0	0.0
	个体/私营企业人员	7.3	0.0	60.2	32.4	0.1
	工人	22.3	0.0	54.6	23.1	0.0
	学生	13.9	0.0	57.9	28.1	0.1
	无业（包括退休人员）	19.5	0.0	54.8	25.7	0.0
	其他	*	*	*	*	*
个人月收入	没有收入	12.8	0.0	57.8	29.4	0.0
	1～2000元	14.8	0.0	65.8	19.2	0.2
	2001～3000元	16.1	0.0	54.8	29.1	0.0
	3001～4000元	16.0	0.0	52.7	31.3	0.0
	4001～5000元	19.9	0.0	54.6	25.5	0.0
	5001～6000元	7.5	0.0	63.8	28.6	0.1
	6001元及以上	6.8	0.0	72.8	20.4	0.0

“*”表示该目标听众样本量不足，无法进行统计推断。

表3.23.6　2018年武汉市场份额排名前5位的频率

排名	频率名称	市场份额（%）
1	楚天交通广播（FM92.7）	19.5
2	湖北省广播电视总台经典音乐广播频道（FM103.8）	13.2
3	中央人民广播电台第一套节目中国之声	9.6
4	武汉广播电视台音乐广播（FM101.8）	9.0
5	湖北之声（AM774/FM104.6）	8.6

表 3.23.7 2018 年武汉市场收听率排名前 30 位的节目

排名	节目名称	播出频率	收听率（%）	市场份额（%）
1	城市新干线	楚天交通广播（FM92.7）	1.3	20.1
2	应急之声	楚天交通广播（FM92.7）	1.2	23.8
3	转播《新闻和报纸摘要》	楚天交通广播（FM92.7）	0.9	26.4
4	103.8 音乐自由行	湖北省广播电视总台经典音乐广播频道（FM103.8）	0.9	16.7
5	好吃佬	楚天交通广播（FM92.7）	0.8	26.2
6	的哥乐园	楚天交通广播（FM92.7）	0.8	22.8
7	事事关心	楚天交通广播（FM92.7）	0.8	18.4
8	畅行江城路	武汉广播电视台交通广播（FM89.6/AM603）	0.8	12.2
9	一路有你	楚天交通广播（FM92.7）	0.7	26.6
10	玩转 927	楚天交通广播（FM92.7）	0.7	16.5
11	品牌之旅	中央人民广播电台第一套节目中国之声	0.6	24.7
11	国防时空	中央人民广播电台第一套节目中国之声	0.6	24.7
13	董涛说车	楚天交通广播（FM92.7）	0.6	21.5
14	896 律师团	武汉广播电视台交通广播（FM89.6/AM603）	0.6	13.2
15	新闻纵横	中央人民广播电台第一套节目中国之声	0.6	10.7
16	辣妹说旅游	楚天交通广播（FM92.7）	0.5	20.6
17	逛街	楚天交通广播（FM92.7）	0.5	20.4
18	中国大舞台	中央人民广播电台第一套节目中国之声	0.5	14.5
18	103.8 假日经典	湖北省广播电视总台经典音乐广播频道（FM103.8）	0.5	14.5
20	直播中国	中央人民广播电台第一套节目中国之声	0.5	11.9
21	小喇叭	中央人民广播电台第一套节目中国之声	0.5	11.8
22	湖北新闻	湖北之声（AM774/FM104.6）	0.5	11.2
23	新闻早班车	武汉广播电视台交通广播（FM89.6/AM603）	0.5	9.9
24	世纪回音	武汉广播电视台音乐广播（FM101.8）	0.5	9.5
25	流行音乐全金榜	楚天交通广播（FM92.7）	0.4	24.5
26	残疾人之友	中央人民广播电台第一套节目中国之声	0.4	24.3
27	文林漫步	武汉广播电视台新闻综合广播（AM873/FM88.4）	0.4	22.4
28	我爱我家	楚天交通广播（FM92.7）	0.4	19.4
29	103.8 音乐维他命	湖北省广播电视总台经典音乐广播频道（FM103.8）	0.4	18.7
30	103.8 音乐点心	湖北省广播电视总台经典音乐广播频道（FM103.8）	0.4	16.6

二十四、太原收听数据

表 3.24.1 2016～2018 年太原各目标听众人均收听时间（分钟）

目标听众		2016 年	2017 年	2018 年
10 岁及以上所有人		84	82	77
性别	男	88	84	84
	女	79	79	70
年龄	10～14 岁	49	51	29
	15～24 岁	53	53	55
	25～34 岁	69	79	69
	35～44 岁	92	91	92
	45～54 岁	98	87	71
	55～64 岁	128	116	108
	65 岁及以上	129	124	131
文化程度	未受过正规教育	*	*	*
	小学	65	77	64
	初中	98	89	84
	高中	79	82	73
	大学及以上	77	74	77
职业	干部/管理人员	91	90	51
	初级公务员/雇员	73	75	77
	个体/私营企业人员	84	92	87
	工人	97	101	71
	学生	50	46	43
	无业（包括退休人员）	110	100	93
	其他	161	131	139
个人月收入	没有收入	58	56	49
	1～2000 元	94	92	98
	2001～3000 元	97	100	84
	3001～4000 元	83	82	93
	4001～5000 元	96	86	68
	5001～6000 元	107	101	72
	6001 元及以上	100	109	134

注：太原为全年连续调查城市。“*”表示该目标听众样本量不足，无法进行统计推断。

表 3.24.2　2016～2018 年太原听众在不同地点的人均收听时间（分钟）

地点	2016 年	2017 年	2018 年
家中	55	52	40
车上	23	22	30
工作/学习场所	4	5	4
其他场所	2	2	2

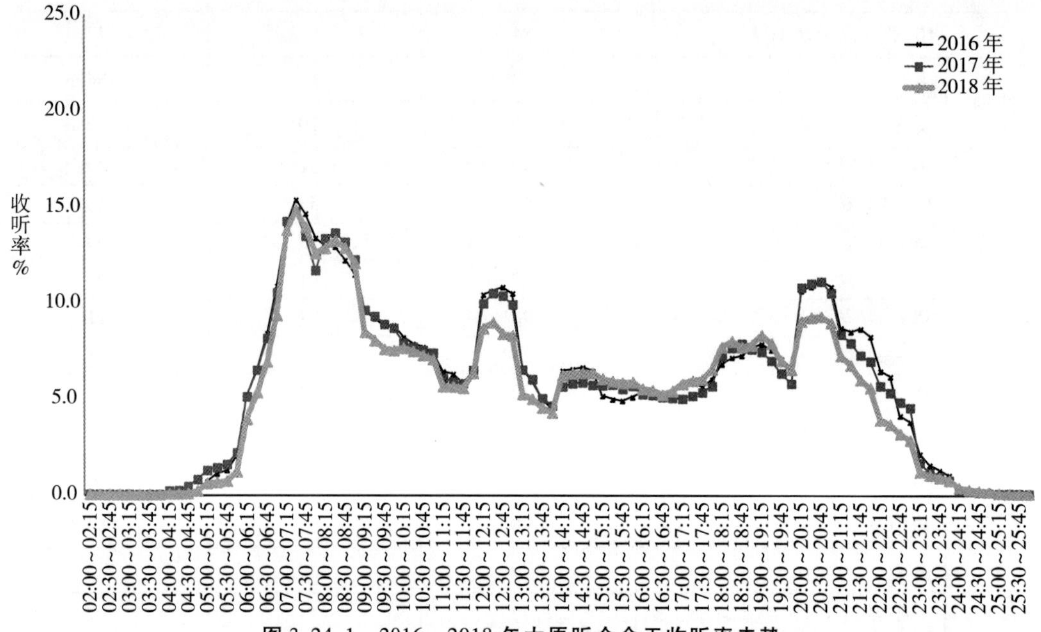

图 3.24.1　2016～2018 年太原听众全天收听率走势

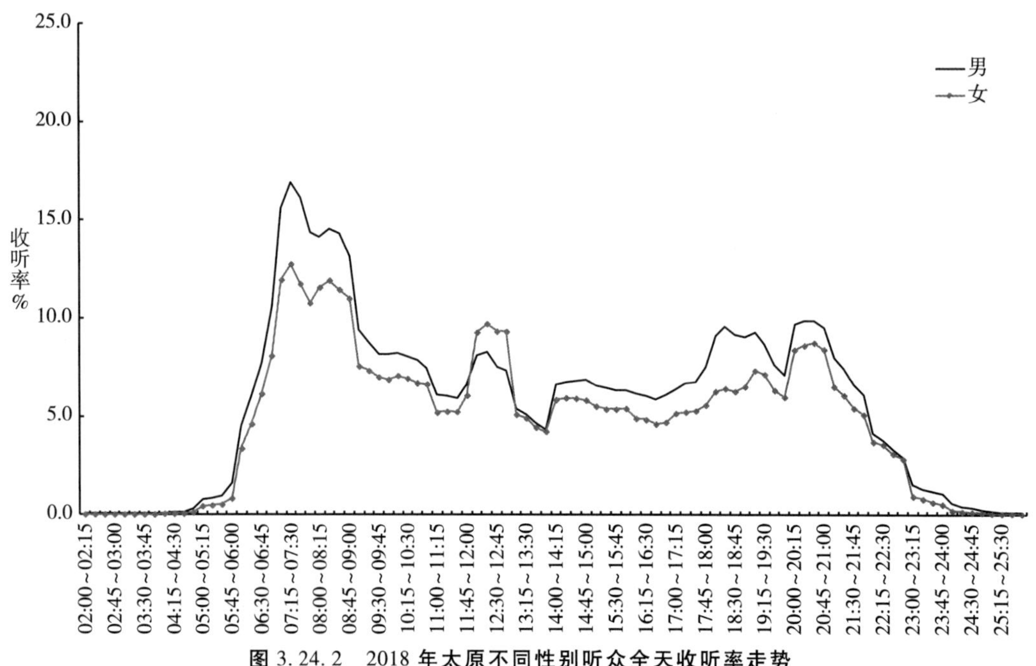

图 3.24.2　2018 年太原不同性别听众全天收听率走势

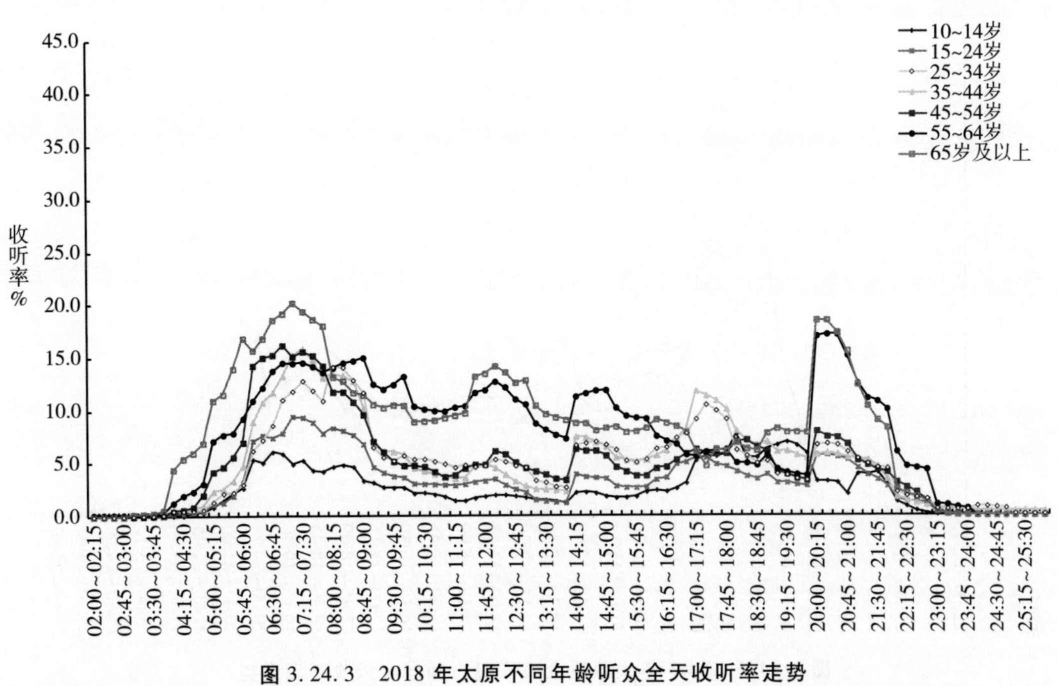

图 3.24.3 2018 年太原不同年龄听众全天收听率走势

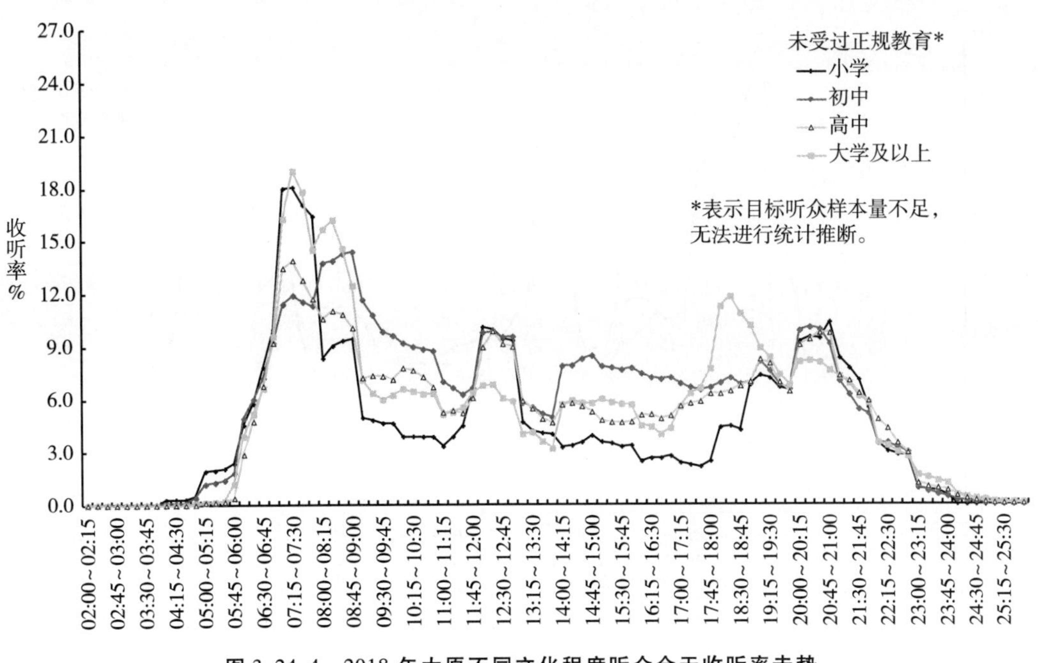

图 3.24.4 2018 年太原不同文化程度听众全天收听率走势

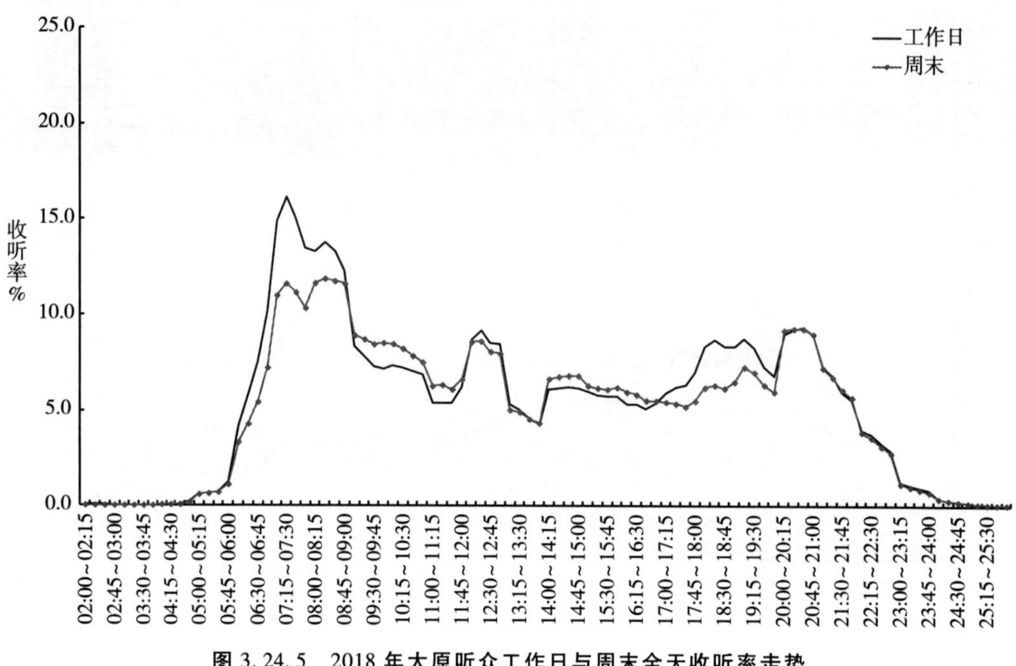

图 3.24.5　2018 年太原听众工作日与周末全天收听率走势

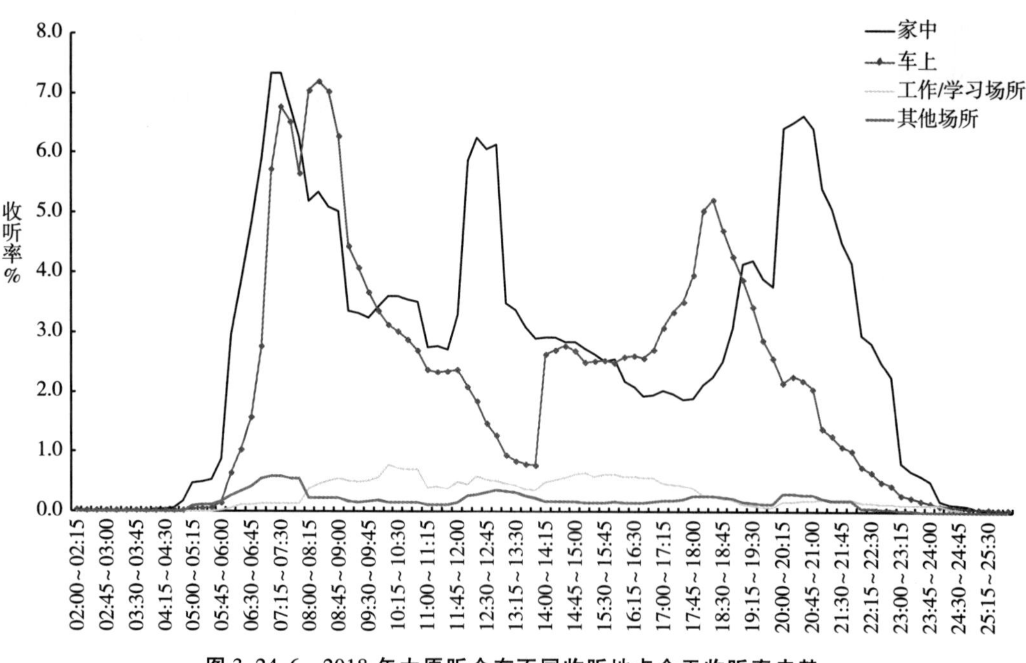

图 3.24.6　2018 年太原听众在不同收听地点全天收听率走势

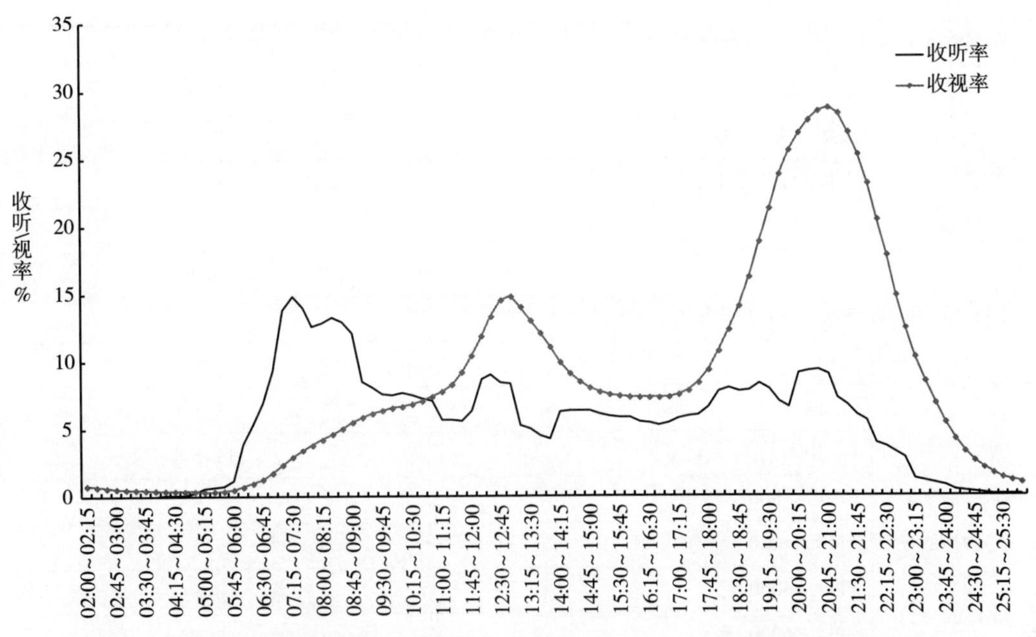

图 3.24.7　2018 年太原受众全天收听率、收视率走势比较（目标受众为 10 岁及以上）

表 3.24.3　2018 年太原市场听众构成（%）

目标听众		听众构成（%）
10 岁及以上所有人		100.0
性别	男	55.4
	女	44.6
年龄	10～14 岁	1.7
	15～24 岁	16.9
	25～34 岁	17.7
	35～44 岁	23.7
	45～54 岁	15.1
	55～64 岁	12.5
	65 岁及以上	12.4
文化程度	未受过正规教育	*
	小学	5.3
	初中	35.7
	高中	31.5
	大学及以上	27.4

续表

目标听众		听众构成（%）
职业	干部/管理人员	1.9
	初级公务员/雇员	23.3
	个体/私营企业人员	28.4
	工人	5.7
	学生	10.9
	无业（包括退休人员）	26.0
	其他	3.8
个人月收入	没有收入	18.1
	1～2000元	11.3
	2001～3000元	28.4
	3001～4000元	25.2
	4001～5000元	8.8
	5001～6000元	3.4
	6001元及以上	4.8

“*”表示该目标听众样本量不足，无法进行统计推断。

表3.24.4　2016～2018年太原市场各广播电台的市场份额（%）

广播电台	2016年	2017年	2018年
中央人民广播电台	7.8	9.0	7.0
中国国际广播电台	0.0	0.0	0.0
山西广播电视台	56.7	56.8	48.1
太原人民广播电台	34.7	33.1	43.8
其他广播电台	0.8	1.1	1.1

表3.24.5　2018年太原市场各广播电台在不同目标听众中的市场份额（%）

目标听众		中央人民广播电台	中国国际广播电台	山西广播电视台	太原人民广播电台	其他广播电台
10岁及以上所有人		7.0	0.0	48.1	43.8	1.1
性别	男	7.1	0.0	43.6	48.4	0.9
	女	6.9	0.0	53.7	38.1	1.3
年龄	10～14岁	7.8	0.0	63.1	26.3	2.8
	15～24岁	8.9	0.0	46.1	43.9	1.1
	25～34岁	6.0	0.0	40.0	53.2	0.8

续表

目标听众		中央人民广播电台	中国国际广播电台	山西广播电视台	太原人民广播电台	其他广播电台
年龄	35～44岁	5.8	0.0	41.1	51.8	1.3
	45～54岁	3.7	0.0	52.0	43.1	1.2
	55～64岁	4.4	0.0	55.1	38.8	1.7
	65岁及以上	14.6	0.0	61.6	23.6	0.2
文化程度	未受过正规教育	*	*	*	*	*
	小学	4.0	0.0	66.4	28.8	0.8
	初中	6.8	0.0	52.5	39.7	1.0
	高中	7.9	0.0	46.3	44.9	0.9
	大学及以上	6.9	0.0	40.9	50.7	1.5
职业	干部/管理人员	9.3	0.0	38.7	49.1	2.9
	初级公务员/雇员	6.3	0.0	40.4	52.5	0.8
	个体/私营企业人员	5.1	0.0	45.4	48.6	0.9
	工人	6.0	0.0	37.1	56.7	0.2
	学生	9.5	0.0	59.2	29.1	2.2
	无业（包括退休人员）	8.0	0.0	54.0	36.6	1.4
	其他	10.6	0.0	65.6	23.8	0.0
个人月收入	没有收入	6.6	0.0	55.8	35.8	1.8
	1～2000元	8.4	0.0	65.1	25.5	1.0
	2001～3000元	6.1	0.0	51.6	41.9	0.4
	3001～4000元	9.5	0.0	39.3	50.2	1.0
	4001～5000元	6.2	0.0	40.2	51.4	2.2
	5001～6000元	1.5	0.0	41.2	55.0	2.3
	6001元及以上	1.9	0.0	22.1	75.5	0.5

“*”表示该目标听众样本量不足，无法进行统计推断。

表3.24.6　2018年太原市场份额排名前5位的频率

排名	频率名称	市场份额（%）
1	太原人民广播电台交通频率（FM107）	29.2
2	山西广播电视台交通广播（FM88）	11.7
3	山西广播电视台音乐广播（FM94.0）	8.2
4	山西广播电视台健康之声广播（FM105.9）	7.6
5	太原人民广播电台音乐频率（FM102.6）	6.4

表 3.24.7 2018 年太原市场收听率排名前 30 位的节目

排名	节目名称	播出频率	收听率（%）	市场份额（%）
1	107 帮助热线	太原人民广播电台交通频率（FM107）	4.9	38.1
2	107 高峰进行时	太原人民广播电台交通频率（FM107）	3.0	39.2
3	107 早班车	太原人民广播电台交通频率（FM107）	3.0	28.2
4	107 伴我行	太原人民广播电台交通频率（FM107）	2.9	37.5
5	107 交通热线	太原人民广播电台交通频率（FM107）	2.3	40.0
6	880 早高峰	山西广播电视台交通广播（FM88）	2.3	16.7
7	汽车音乐 CD	太原人民广播电台交通频率（FM107）	2.2	26.4
8	挑战老司机	太原人民广播电台交通频率（FM107）	2.1	34.8
9	时尚 107	太原人民广播电台交通频率（FM107）	2.1	33.9
10	看车有道	太原人民广播电台交通频率（FM107）	2.0	38.3
11	快乐 107	太原人民广播电台交通频率（FM107）	2.0	32.8
12	107 楼市解码	太原人民广播电台交通频率（FM107）	1.8	25.3
13	假日早班车	山西广播电视台交通广播（FM88）	1.8	16.1
14	107 畅游天下	太原人民广播电台交通频率（FM107）	1.7	19.1
15	107 榜中榜	太原人民广播电台交通频率（FM107）	1.5	18.6
16	食在龙城	太原人民广播电台交通频率（FM107）	1.4	25.5
17	畅通 107	太原人民广播电台交通频率（FM107）	1.4	21.3
18	楚月有话说	太原广播电视台经济广播（FM104.4）	1.3	17.9
19	微笑音乐调频	山西广播电视台交通广播（FM88）	1.3	14.8
20	新闻和报纸摘要	中央人民广播电台第一套节目中国之声	1.2	15.0
21	《大牌主打歌》	山西文艺广播（FM101.5）	1.1	17.1
22	早安 880	山西广播电视台交通广播（FM88）	1.1	13.0
23	880 书场	山西广播电视台交通广播（FM88）	1.0	20.9
24	律师热线	山西广播电视台交通广播（FM88）	1.0	11.8
25	《倾诉》	山西文艺广播（FM101.5）	1.0	11.4
26	寻医问药	山西广播电视台健康之声广播（FM105.9）	1.0	8.4
27	柠檬咖啡 Tea	山西广播电视台音乐广播（FM94.0）	1.0	7.1
28	健广雷达网	山西广播电视台健康之声广播（FM105.9）	1.0	6.7
29	880 晚高峰	山西广播电视台交通广播（FM88）	0.9	11.0
30	空中书场 2 集连播	太原广播电视台综合广播（AM1422/FM91.2）	0.9	10.8

二十五、无锡收听数据

表 3.25.1　2016～2018 年无锡各目标听众人均收听时间（分钟）

目标听众		2016 年	2017 年	2018 年
15 岁及以上所有人		62	63	40
性别	男	65	69	38
	女	60	58	43
年龄	15～24 岁	29	23	37
	25～34 岁	45	48	29
	35～44 岁	67	62	35
	45～54 岁	77	69	50
	55～64 岁	82	98	56
	65 岁及以上	107	120	59
文化程度	未受过正规教育	28	18	*
	小学	55	86	43
	初中	72	70	49
	高中	65	65	42
	大学及以上	52	52	34
职业	干部/管理人员	42	50	32
	初级公务员/雇员	60	54	40
	个体/私营企业人员	73	66	39
	工人	55	55	35
	学生	26	21	36
	无业（包括退休人员）	89	99	55
	其他	46	79	*
个人月收入	没有收入	32	26	37
	1～2000 元	59	66	52
	2001～3000 元	80	86	51
	3001～4000 元	57	63	37
	4001～5000 元	63	59	38
	5001～6000 元	59	75	28
	6001 元及以上	83	65	38

注：无锡自 2017 年 7 月 1 日起采用虚拟测量仪进行调查，2018 年数据为测量仪数据，上海、苏州及其他广播电台频率不再纳入监测范围。“*”表示该目标听众样本量不足，无法进行统计推断。

表 3.25.2　2016～2018 年无锡听众在不同地点的人均收听时间（分钟）

地点	2016 年	2017 年	2018 年
家中	36	37	15
车上	21	21	14
工作/学习场所	5	5	5
其他场所	1	1	6

注：无锡 2018 年数据为虚拟测量仪数据。

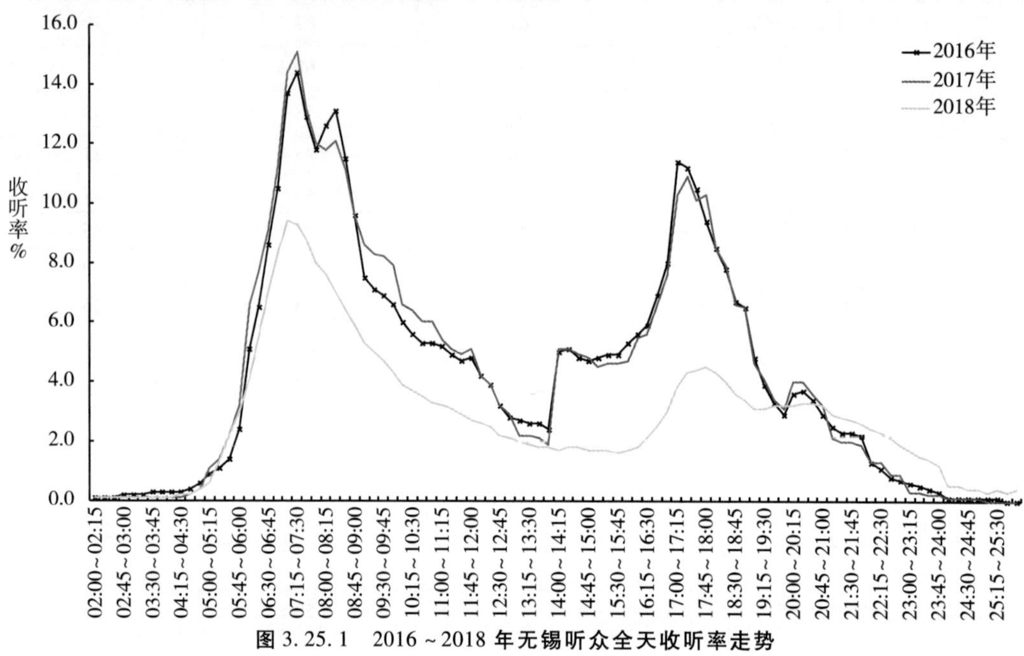

图 3.25.1　2016～2018 年无锡听众全天收听率走势

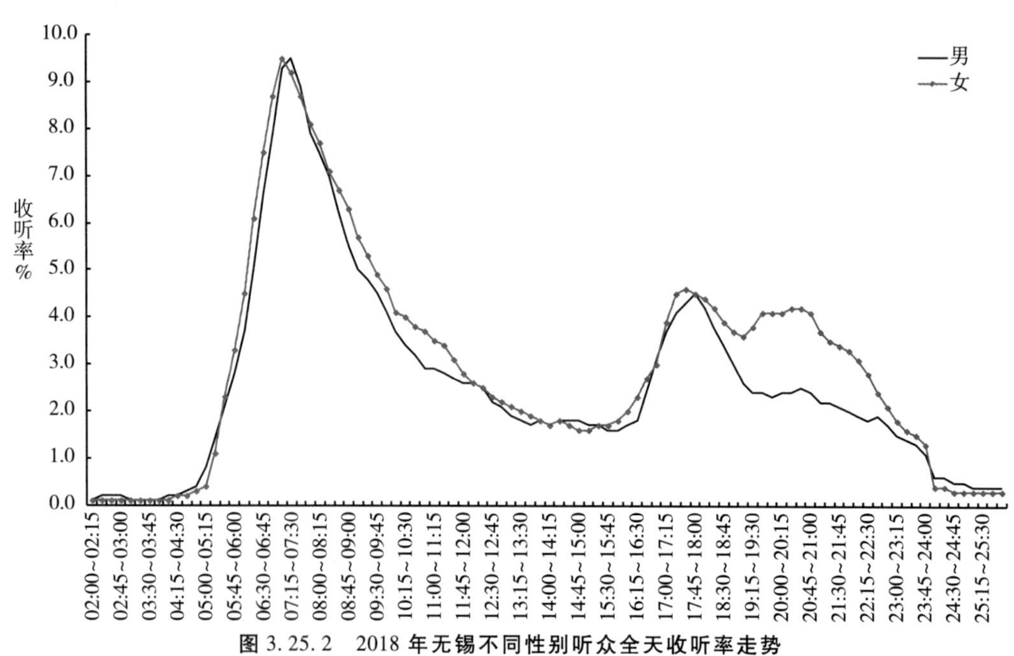

图 3.25.2　2018 年无锡不同性别听众全天收听率走势

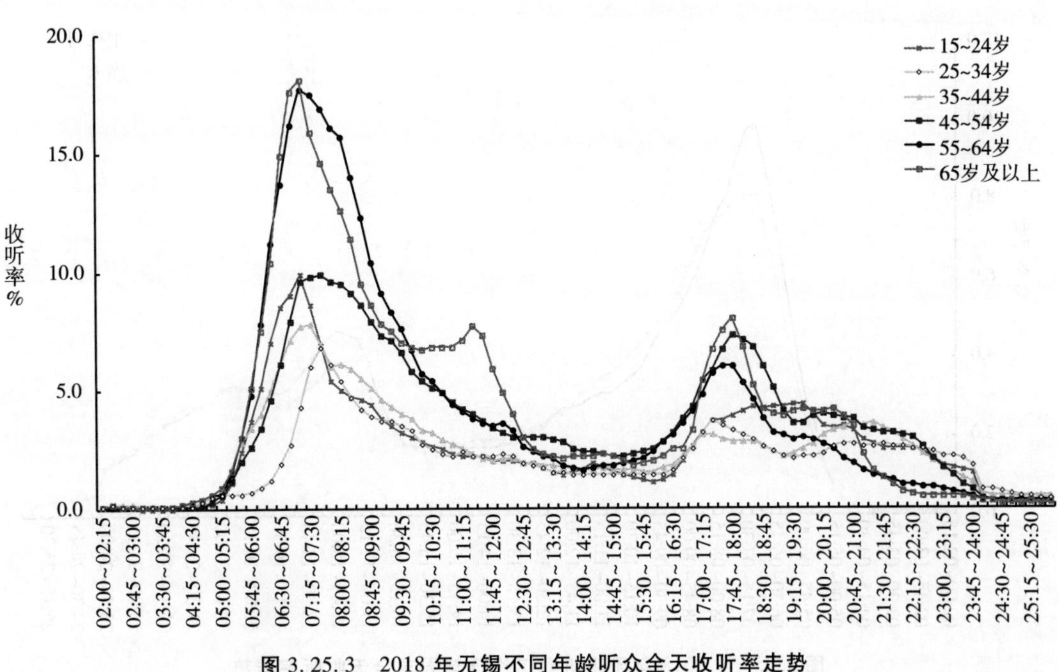

图 3.25.3 2018 年无锡不同年龄听众全天收听率走势

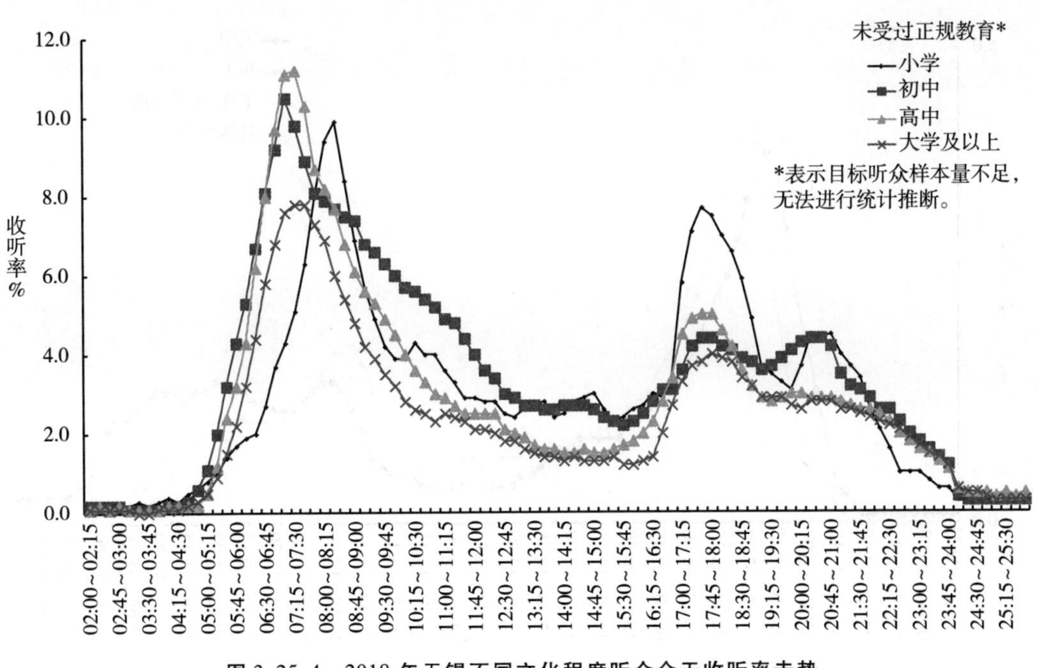

图 3.25.4 2018 年无锡不同文化程度听众全天收听率走势

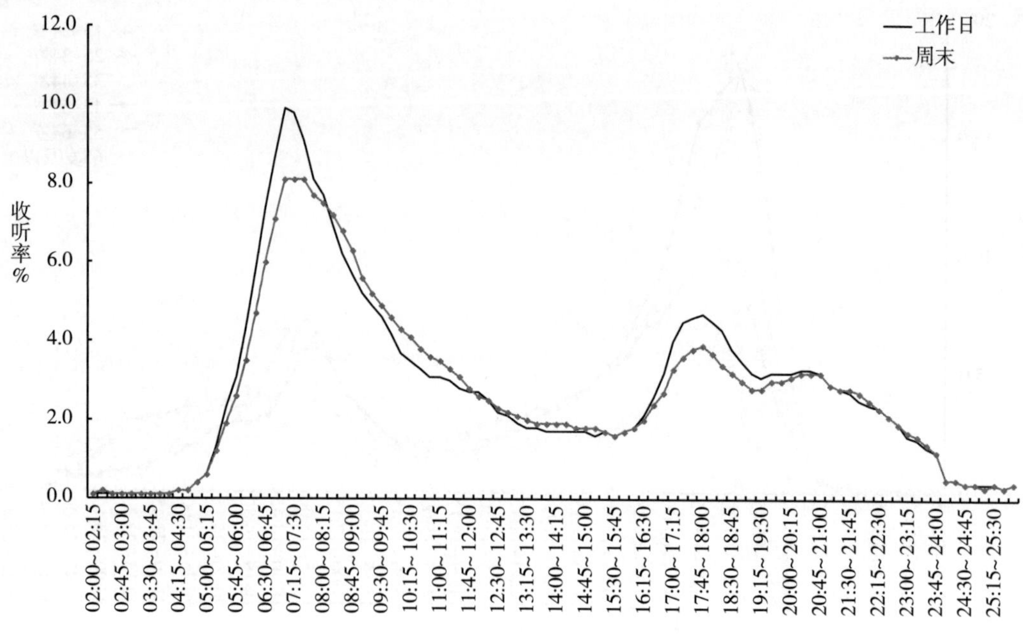

图 3.25.5　2018 年无锡听众工作日与周末全天收听率走势

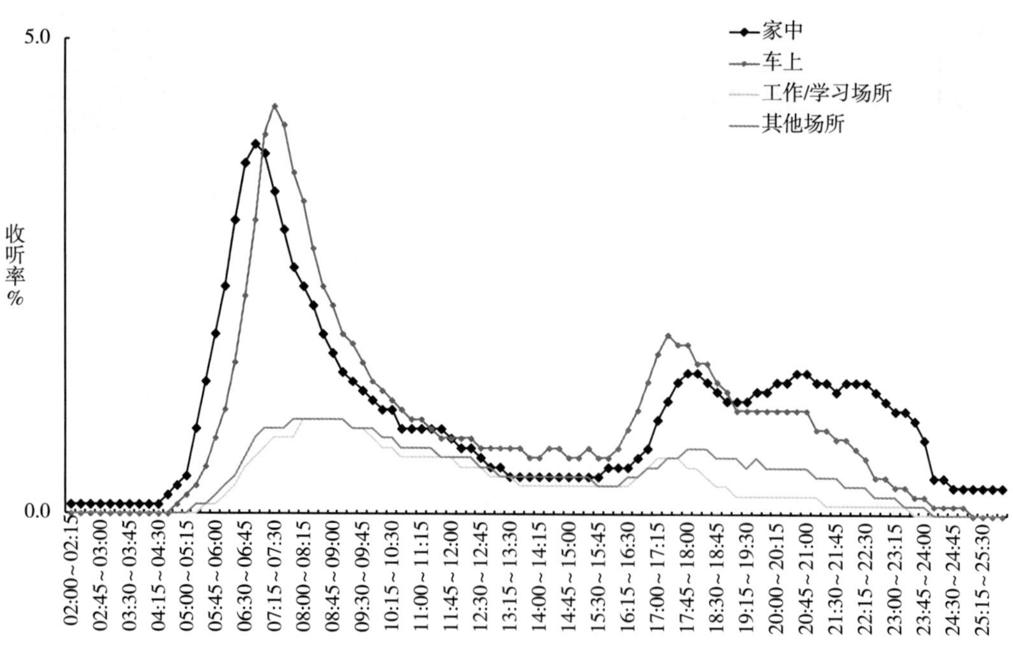

图 3.25.6　2018 年无锡听众在不同收听地点全天收听率走势

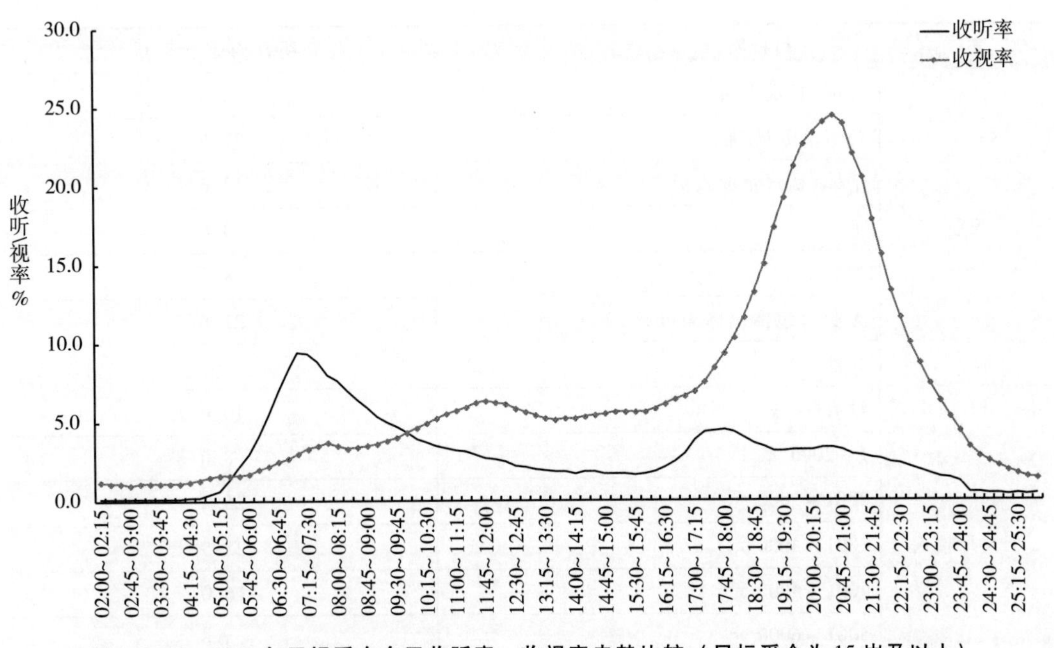

图 3.25.7 2018 年无锡受众全天收听率、收视率走势比较（目标受众为 15 岁及以上）

表 3.25.3 2018 年无锡市场听众构成（%）

目标听众		听众构成（%）
15 岁及以上所有人		100.0
性别	男	50.0
	女	50.0
年龄	15~24 岁	17.2
	25~34 岁	16.3
	35~44 岁	23.8
	45~54 岁	18.2
	55~64 岁	12.5
	65 岁及以上	12.0
文化程度	未受过正规教育	*
	小学	1.7
	初中	29.6
	高中	34.1
	大学及以上	34.5

续表

目标听众		听众构成（%）
职业	干部/管理人员	3.6
	初级公务员/雇员	32.8
	个体/私营企业人员	13.6
	工人	19.6
	学生	8.4
	无业（包括退休人员）	21.8
	其他	*
个人月收入	没有收入	10.6
	1～2000 元	8.0
	2001～3000 元	25.4
	3001～4000 元	25.5
	4001～5000 元	16.0
	5001～6000 元	5.6
	6001 元及以上	8.9

注：“*”表示该目标听众样本量不足，无法进行统计推断。

表 3.25.4　2016～2018 年无锡市场各广播电台的市场份额（%）

广播电台	2016 年	2017 年	2018 年
中央人民广播电台	2.7	2.4	2.6
中国国际广播电台	0.0	0.0	0.1
江苏广播电视总台	9.2	8.1	6.2
上海广播电视台	0.3	0.3	—
无锡广播电视台	85.5	84.9	91.1
苏州广播电视总台	1.0	1.1	—
其他广播电台	1.3	3.2	—

注：无锡自 2017 年 7 月 1 日开始采用虚拟测量仪进行调查，2018 年数据为虚拟测量仪数据，上海、苏州及其他广播电台频率不再纳入监测范围。

表 3.25.5　2018 年无锡市场各广播电台在不同目标听众中的市场份额（%）

目标听众		中央人民广播电台	中国国际广播电台	江苏广播电视总台	无锡广播电视台
15 岁及以上所有人		2.6	0.1	6.2	91.1
性别	男	2.7	0.1	6.3	90.9
	女	2.6	0.1	6.1	91.2

续表

目标听众		中央人民广播电台	中国国际广播电台	江苏广播电视总台	无锡广播电视台
年龄	15～24岁	2.8	0.1	7.9	89.2
	25～34岁	2.2	0.2	5.5	92.1
	35～44岁	2.9	0.1	4.5	92.5
	45～54岁	1.7	0.1	6.2	92.0
	55～64岁	2.1	0.1	6.5	91.3
	65岁及以上	4.5	0.1	7.8	87.6
文化程度	未受过正规教育	*	*	*	*
	小学	3.1	0.2	12.5	84.3
	初中	3.2	0.1	7.8	88.8
	高中	2.3	0.1	5.9	91.7
	大学及以上	2.5	0.1	4.8	92.6
职业	干部/管理人员	3.0	0.2	3.2	93.6
	初级公务员/雇员	3.0	0.1	6.6	90.3
	个体/私营企业人员	1.7	0.1	5.1	93.1
	工人	2.7	0.1	4.8	92.4
	学生	2.0	0.1	4.9	93.0
	无业（包括退休人员）	2.9	0.1	8.5	88.5
	其他	*	*	*	*
个人月收入	没有收入	1.9	0.1	6.5	91.5
	1～2000元	1.4	0.1	0.9	97.7
	2001～3000元	3.1	0.1	7.0	89.7
	3001～4000元	3.1	0.2	6.4	90.4
	4001～5000元	2.7	0.2	6.0	91.1
	5001～6000元	2.6	0.1	4.3	92.9
	6001元及以上	1.9	0.1	9.2	88.8

注："*"表示该目标听众样本量不足，无法进行统计推断。

表3.25.6　2018年无锡市场份额排名前5位的频率

排名	频率名称	市场份额（%）
1	无锡广播电视台交通广播（FM106.9/AM1008）	23.2
2	无锡广播电视台梁溪之声广播（FM92.6）	17.0
3	无锡广播电视台音乐广播（FM91.4/AM900）	15.8
4	无锡广播电视台新闻综合广播（FM93.7）	15.5
5	无锡广播电视台都市生活广播（FM88.1）	9.1

表 3.25.7　2018 年无锡市场收听率排名前 30 位的节目

排名	节目名称	播出频率	收听率（%）	市场份额（%）
1	新闻与报纸摘要	无锡广播电视台交通广播（FM106.9/AM1008）	2.7	35.9
2	无锡早高峰	无锡广播电视台新闻综合广播（FM93.7）	1.9	21.2
3	新闻周刊	无锡广播电视台新闻综合广播（FM93.7）	1.7	23.1
4	萧萧新闻（周末版）	无锡广播电视台新闻综合广播（FM93.7）	1.7	22.8
5	1069 直播无锡	无锡广播电视台交通广播（FM106.9/AM1008）	1.6	20.9
6	梁溪早班车	无锡广播电视台梁溪之声广播（FM92.6）	1.6	16.9
7	新闻风云榜（重播）	无锡广播电视台新闻综合广播（FM93.7）	1.5	22.5
8	萧萧新闻	无锡广播电视台新闻综合广播（FM93.7）	1.4	21.2
9	周末生活	无锡广播电视台新闻综合广播（FM93.7）	1.4	21.0
10	926 早点到	无锡广播电视台梁溪之声广播（FM92.6）	1.3	17.6
11	赖床听音乐	无锡广播电视台音乐广播（FM91.4/AM900）	1.2	15.6
12	早安无锡	无锡广播电视台音乐广播（FM91.4/AM900）	1.2	15.4
13	快乐任我行（08:00）	无锡广播电视台梁溪之声广播（FM92.6）	1.1	16.9
14	经典私藏（08:00）	无锡广播电视台梁溪之声广播（FM92.6）	1.1	16.3
15	专题（07:45）	无锡广播电视台梁溪之声广播（FM92.6）	1.1	14.1
16	吃吃白相相	无锡广播电视台交通广播（FM106.9/AM1008）	1.0	24.2
17	清新女生 morning call	无锡广播电视台交通广播（FM106.9/AM1008）	1.0	20.4
18	大李小李有道理	无锡广播电视台交通广播（FM106.9/AM1008）	1.0	20.2
19	七彩金曲排行榜（09:00）	无锡广播电视台音乐广播（FM91.4/AM900）	1.0	19.3
20	兰兰的童话兰兰的歌	无锡广播电视台新闻综合广播（FM93.7）	1.0	18.9
21	104 早新闻	无锡广播电视台经济广播（FM104/AM1251）	1.0	11.8
22	欢乐直通车	无锡广播电视台交通广播（FM106.9/AM1008）	0.9	27.1
23	1069 非常好听	无锡广播电视台交通广播（FM106.9/AM1008）	0.9	21.5
24	七彩金曲怀旧风	无锡广播电视台音乐广播（FM91.4/AM900）	0.9	19.2
25	一炮双响	无锡广播电视台梁溪之声广播（FM92.6）	0.9	19.1
26	快乐星期天（09:00）	无锡广播电视台梁溪之声广播（FM92.6）	0.9	17.2
27	左右方向盘	无锡广播电视台交通广播（FM106.9/AM1008）	0.8	23.7
28	城市蓝调	无锡广播电视台交通广播（FM106.9/AM1008）	0.8	23.3
29	大浪淘宝	无锡广播电视台交通广播（FM106.9/AM1008）	0.8	22.2
30	最美汽车 CD	无锡广播电视台音乐广播（FM91.4/AM900）	0.8	19.7

二十六、厦门收听数据

表 3.26.1　2016～2018 年厦门各目标听众人均收听时间（分钟）

目标听众		2016 年	2017 年	2018 年			
				第一波	第二波	第三波	第四波
10 岁及以上所有人		36	34	32	32	29	34
性别	男	39	38	36	36	32	37
	女	34	29	27	27	26	31
年龄	10～14 岁	11	8	2	1	7	5
	15～24 岁	23	21	20	18	19	29
	25～34 岁	38	38	32	33	29	32
	35～44 岁	33	33	37	38	33	38
	45～54 岁	57	49	45	43	38	44
	55～64 岁	48	52	51	55	54	43
	65 岁及以上	79	40	34	30	34	39
文化程度	未受过正规教育	13	16	11	14	13	26
	小学	29	20	14	14	21	25
	初中	37	31	26	27	27	29
	高中	36	35	34	35	31	38
	大学及以上	39	38	39	36	32	36
职业	干部/管理人员	44	47	39	42	35	39
	初级公务员/雇员	40	41	43	41	35	39
	个体/私营企业人员	35	33	29	30	27	35
	工人	37	33	28	28	30	32
	学生	20	15	14	13	16	22
	无业（包括退休人员）	46	36	36	36	36	37
	其他	*	*	*	*	*	*
个人月收入	没有收入	24	19	18	16	19	25
	1～2000 元	61	37	24	28	25	47
	2001～3000 元	41	35	35	38	41	43
	3001～4000 元	41	41	37	35	32	27
	4001～5000 元	37	40	42	42	34	43
	5001～6000 元	40	35	31	27	26	29
	6001 元及以上	42	43	40	41	36	42

注：厦门为四波调查城市。2018 年四波调查时间分别为：第一波 3 月 4 日至 3 月 24 日；第二波 5 月 20 日至 6 月 9 日；第三波 8 月 19 日至 9 月 8 日；第四波 11 月 4 日至 11 月 24 日。

“*”表示目标听众样本量不足，无法进行统计推断。

表 3.26.2　2016～2018 年厦门听众在不同地点的人均收听时间（分钟）

地点	2016 年	2017 年	2018 年
家中	17	13	11
车上	17	19	18
工作/学习场所	2	1	1
其他场所	1	1	1

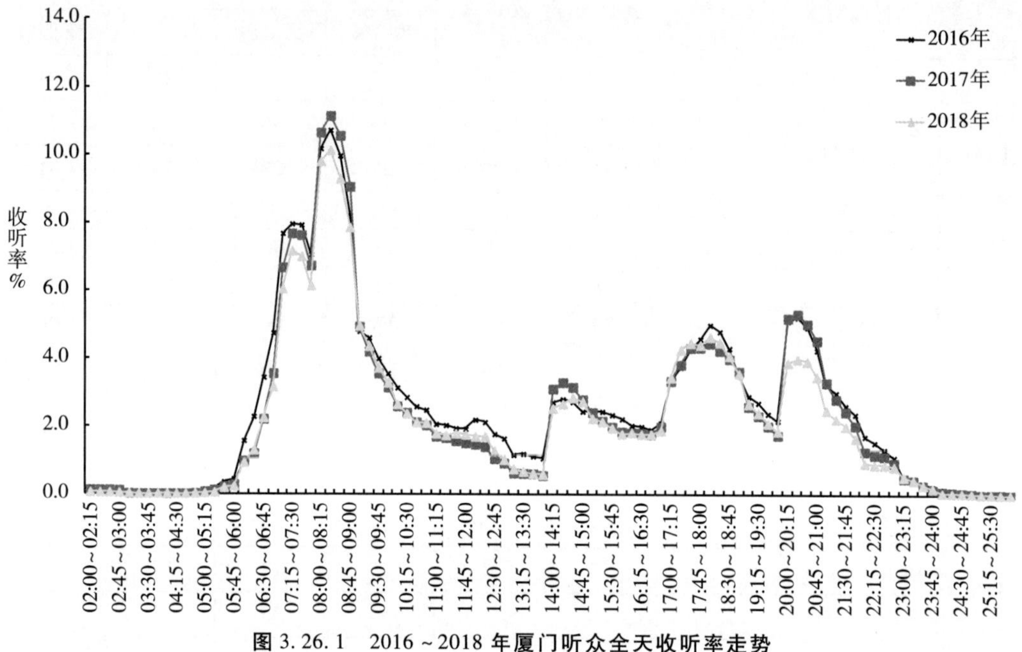

图 3.26.1　2016～2018 年厦门听众全天收听率走势

图 3.26.2　2018 年厦门不同性别听众全天收听率走势

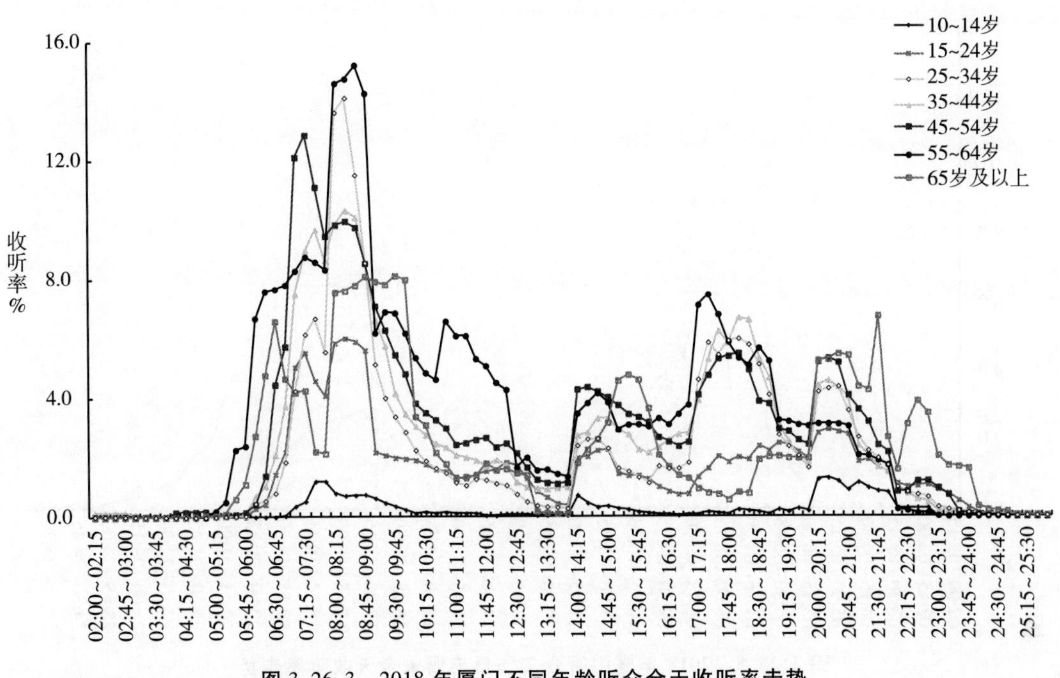

图 3.26.3 2018 年厦门不同年龄听众全天收听率走势

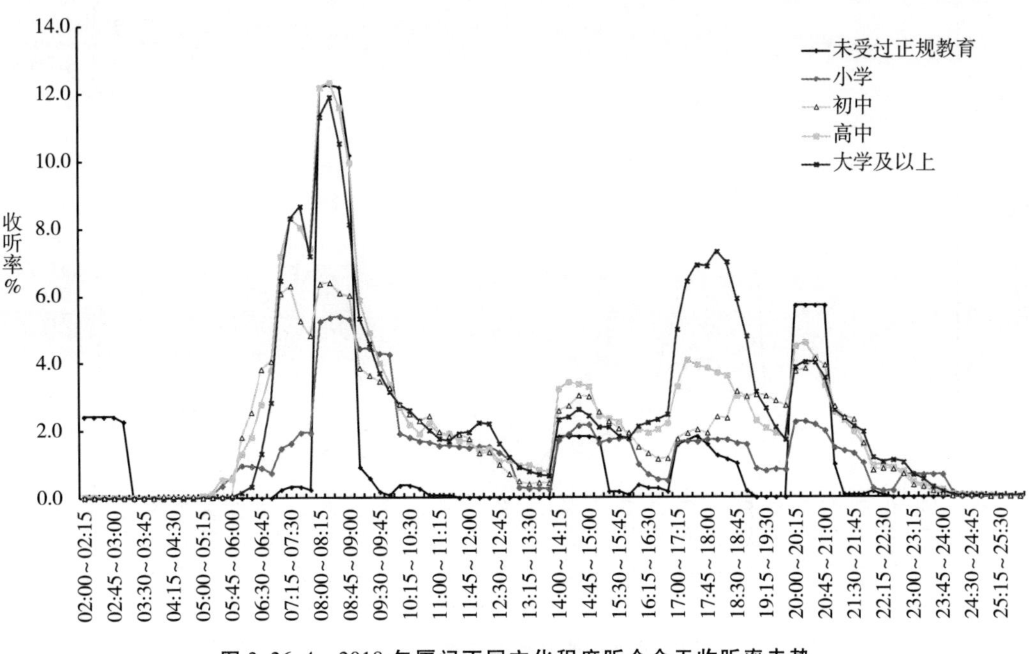

图 3.26.4 2018 年厦门不同文化程度听众全天收听率走势

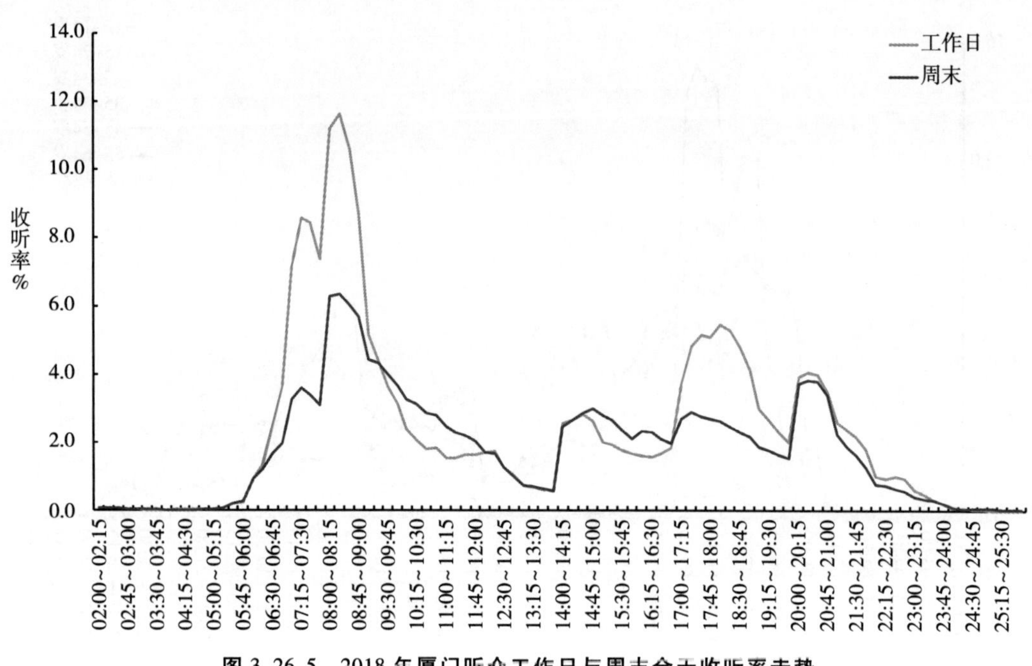

图 3. 26. 5　2018 年厦门听众工作日与周末全天收听率走势

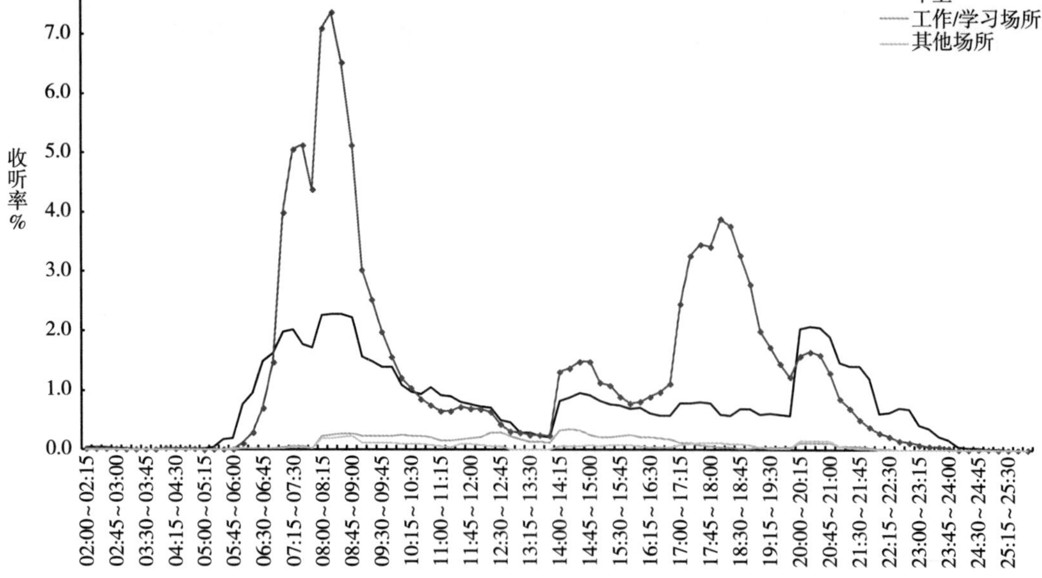

图 3. 26. 6　2018 年厦门听众在不同收听地点全天收听率走势

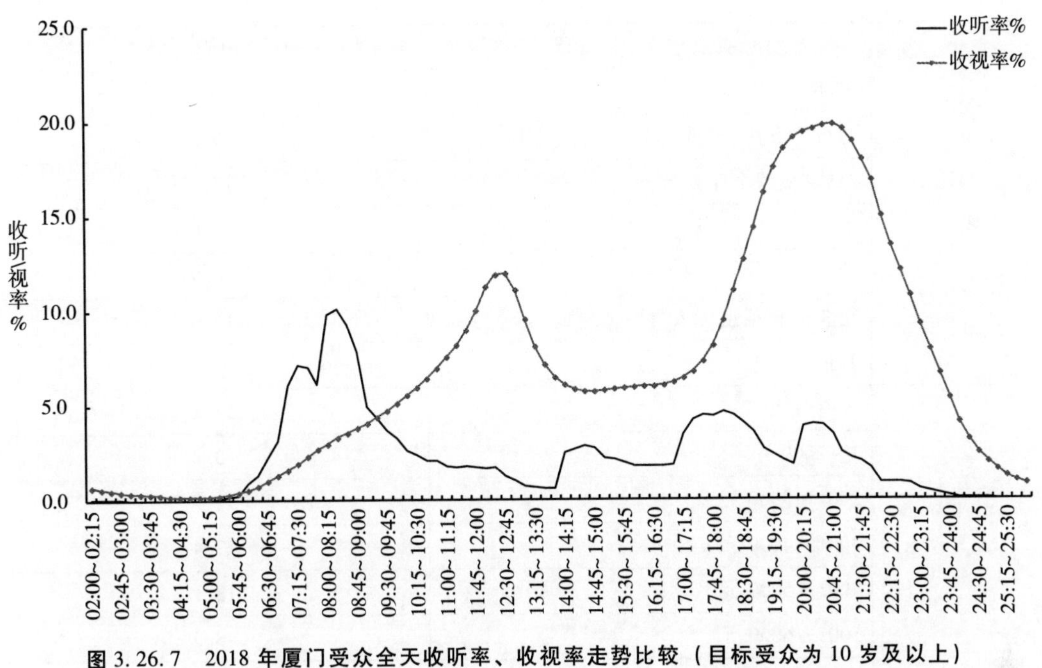

图 3.26.7　2018 年厦门受众全天收听率、收视率走势比较（目标受众为 10 岁及以上）

表 3.26.3　2018 年厦门市场听众构成（%）

目标听众		听众构成（%）
10 岁及以上所有人		100.0
性别	男	57.2
	女	42.8
年龄	10 ~ 14 岁	0.5
	15 ~ 24 岁	15.9
	25 ~ 34 岁	29.0
	35 ~ 44 岁	26.0
	45 ~ 54 岁	14.1
	55 ~ 64 岁	10.0
	65 岁及以上	4.6
文化程度	未受过正规教育	0.5
	小学	4.7
	初中	21.4
	高中	26.9
	大学及以上	46.5

续表

目标听众		听众构成（%）
职业	干部/管理人员	9.2
	初级公务员/雇员	39.2
	个体/私营企业人员	17.0
	工人	8.0
	学生	10.9
	无业（包括退休人员）	15.6
	其他	*
个人月收入	没有收入	17.8
	1～2000元	2.8
	2001～3000元	10.5
	3001～4000元	17.4
	4001～5000元	18.1
	5001～6000元	8.3
	6001元及以上	25.0

“*”表示该目标听众样本量不足，无法进行统计推断。

表3.26.4　2016～2018年厦门市场各广播电台的市场份额（%）

广播电台	2016年	2017年	2018年			
			第一波	第二波	第三波	第四波
中央人民广播电台	8.4	7.1	7.1	6.9	5.6	8.9
中国国际广播电台	3.1	2.5	2.2	1.4	0.1	0.1
福建广播影视集团	8.4	8.8	7.4	6.6	7.2	7.5
海峡之声广播电台	2.0	2.8	2.7	3.1	2.9	4.0
厦门广播电视集团	66.8	69.3	71.4	71.7	72.1	71.0
其他广播电台	11.3	9.5	9.2	10.3	12.1	8.5

表3.26.5　2018年厦门市场各广播电台在不同目标听众中的市场份额（%）

目标听众		中央人民广播电台	中国国际广播电台	福建广播影视集团	海峡之声电台	厦门广播电视集团	其他广播电台
10岁及以上所有人		7.2	0.9	7.2	3.2	71.5	10.0
性别	男	6.6	1.2	6.9	2.7	75.4	7.2
	女	7.9	0.6	7.5	3.9	66.3	13.8

续表

目标听众		中央人民广播电台	中国国际广播电台	福建广播影视集团	海峡之声电台	厦门广播电视集团	其他广播电台
年龄	10～14岁	3.6	1.2	14.2	5.5	65.4	10.1
	15～24岁	7.0	0.2	7.7	3.6	72.5	9.0
	25～34岁	4.2	1.3	7.6	2.9	73.3	10.7
	35～44岁	8.5	1.5	7.7	2.4	73.8	6.1
	45～54岁	7.9	0.9	5.0	3.4	73.7	9.1
	55～64岁	7.0	0.0	6.7	4.9	64.8	16.6
	65岁及以上	17.9	0.1	6.9	3.2	52.7	19.2
文化程度	未受过正规教育	3.0	0.0	0.9	30.3	63.0	2.8
	小学	7.8	0.5	6.4	3.4	57.3	24.6
	初中	5.6	0.5	7.4	3.0	70.7	12.8
	高中	8.1	0.3	4.7	3.6	74.5	8.8
	大学及以上	7.3	1.7	8.7	2.7	71.8	7.8
职业	干部/管理人员	1.8	0.1	10.4	2.9	77.7	7.1
	初级公务员/雇员	6.6	1.8	6.1	2.1	76.0	7.4
	个体/私营企业人员	7.8	0.5	6.3	3.0	73.7	8.7
	工人	11.5	0.8	7.3	4.1	65.2	11.1
	学生	5.7	0.4	8.3	3.7	72.2	9.7
	无业（包括退休人员）	9.9	0.2	8.2	5.5	57.8	18.4
	其他	*	*	*	*	*	*
个人月收入	没有收入	4.2	0.4	8.0	4.3	69.2	13.9
	1～2000元	5.1	0.2	2.1	5.7	60.8	26.1
	2001～3000元	8.5	0.0	4.2	4.8	67.7	14.8
	3001～4000元	10.1	2.1	6.3	3.7	65.8	12.0
	4001～5000元	9.1	0.4	8.2	3.1	72.7	6.5
	5001～6000元	5.1	0.6	7.7	2.3	78.5	5.8
	6001元及以上	6.0	1.6	8.2	1.5	76.8	5.9

“*”表示该目标听众样本量不足，无法进行统计推断。

表 3.26.6　2018 年厦门市场份额排名前 5 位的频率

排名	频率名称	市场份额（%）
1	厦门音乐广播（FM90.9）	38.8
2	厦门经济交通广播（FM107/AM1278）	21.4
3	厦门人民广播电台综合广播（FM99.6/AM1107）	9.3
4	中央人民广播电台第一套节目中国之声	3.3
5	福建人民广播电台交通广播（FM100.7）	2.8

二十七、乌鲁木齐收听数据

表 3.27.1　2016～2018 年乌鲁木齐各目标听众人均收听时间（分钟）

目标听众		2016 年	2017 年	2018 年
10 岁及以上所有人		116	99	90
性别	男	126	106	92
	女	105	92	88
年龄	10～14 岁	50	43	33
	15～24 岁	81	80	45
	25～34 岁	122	81	77
	35～44 岁	110	98	104
	45～54 岁	125	109	97
	55～64 岁	161	149	139
	65 岁及以上	183	170	154
文化程度	未受过正规教育	198	189	*
	小学	150	127	117
	初中	147	118	92
	高中	97	92	96
	大学及以上	87	80	76
职业	干部/管理人员	72	82	71
	初级公务员/雇员	86	84	84
	个体/私营企业人员	154	105	103
	工人	142	132	93
	学生	43	58	40
	无业（包括退休人员）	163	127	117
	其他	*	*	135
个人月收入	没有收入	71	69	51
	1～2000 元	189	168	156
	2001～3000 元	133	109	107
	3001～4000 元	117	98	90
	4001～5000 元	92	81	91
	5001～6000 元	110	134	96
	6001 元及以上	102	84	103

注：乌鲁木齐为全年连续调查城市。“*”表示该目标听众样本量不足，无法进行统计推断。

表 3.27.2　2016～2018 年乌鲁木齐听众在不同地点的人均收听时间（分钟）

地点	2016 年	2017 年	2018 年
家中	75	66	52
车上	30	26	30
工作/学习场所	9	5	6
其他场所	2	2	2

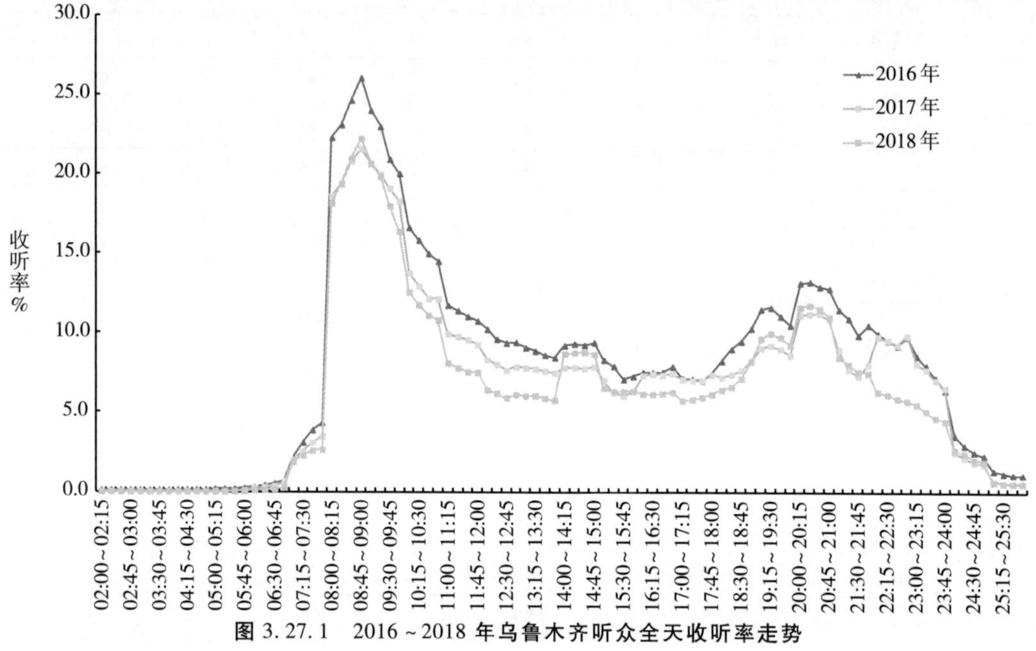

图 3.27.1　2016～2018 年乌鲁木齐听众全天收听率走势

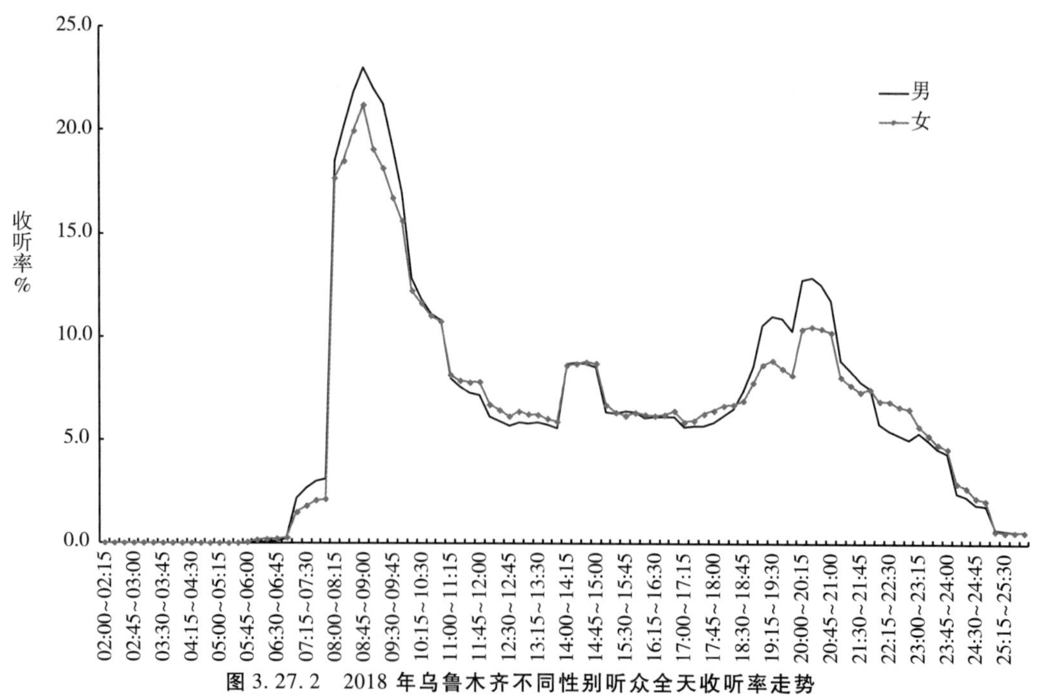

图 3.27.2　2018 年乌鲁木齐不同性别听众全天收听率走势

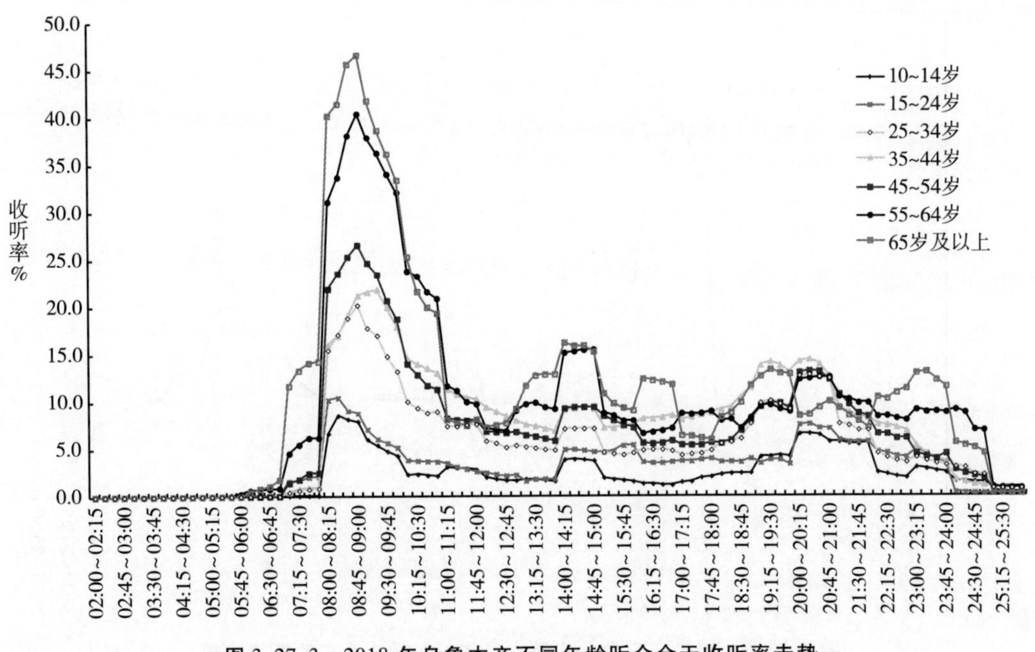

图 3. 27. 3　2018 年乌鲁木齐不同年龄听众全天收听率走势

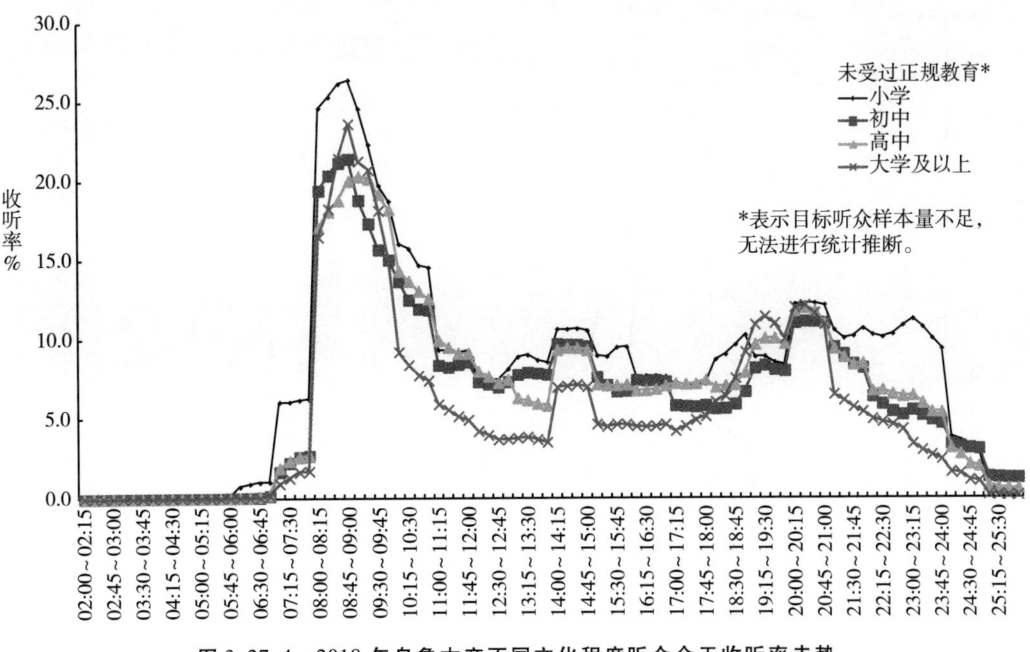

图 3. 27. 4　2018 年乌鲁木齐不同文化程度听众全天收听率走势

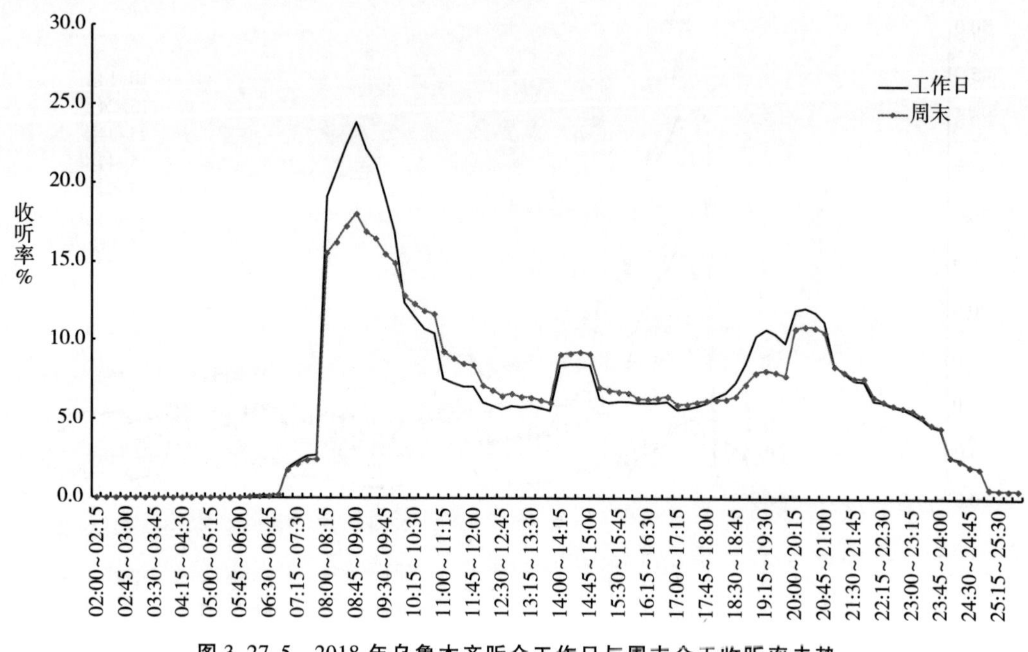

图 3.27.5　2018 年乌鲁木齐听众工作日与周末全天收听率走势

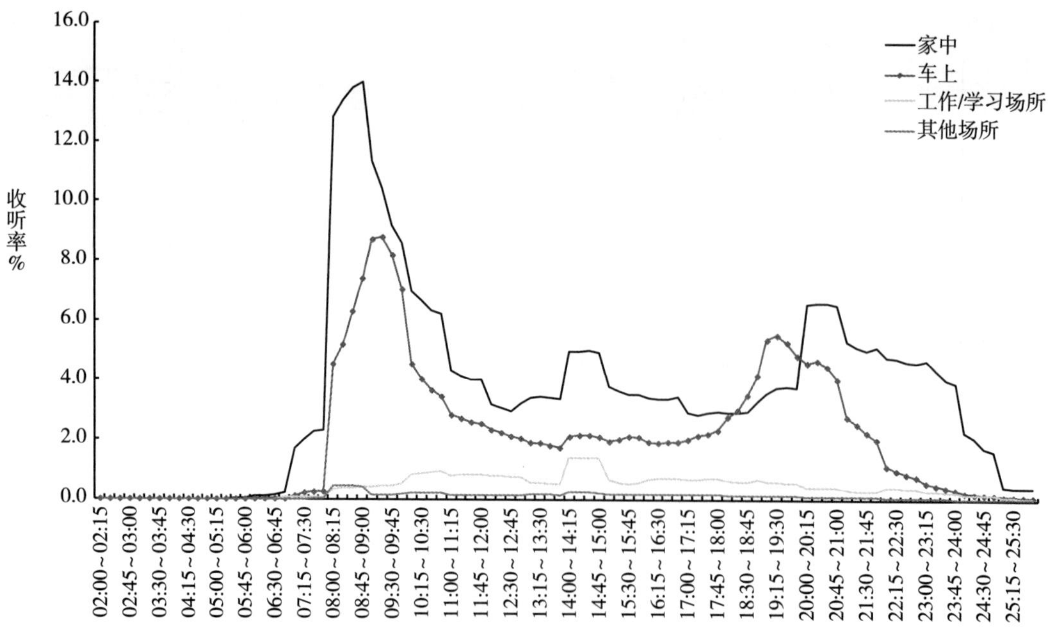

图 3.27.6　2018 年乌鲁木齐听众在不同收听地点全天收听率走势

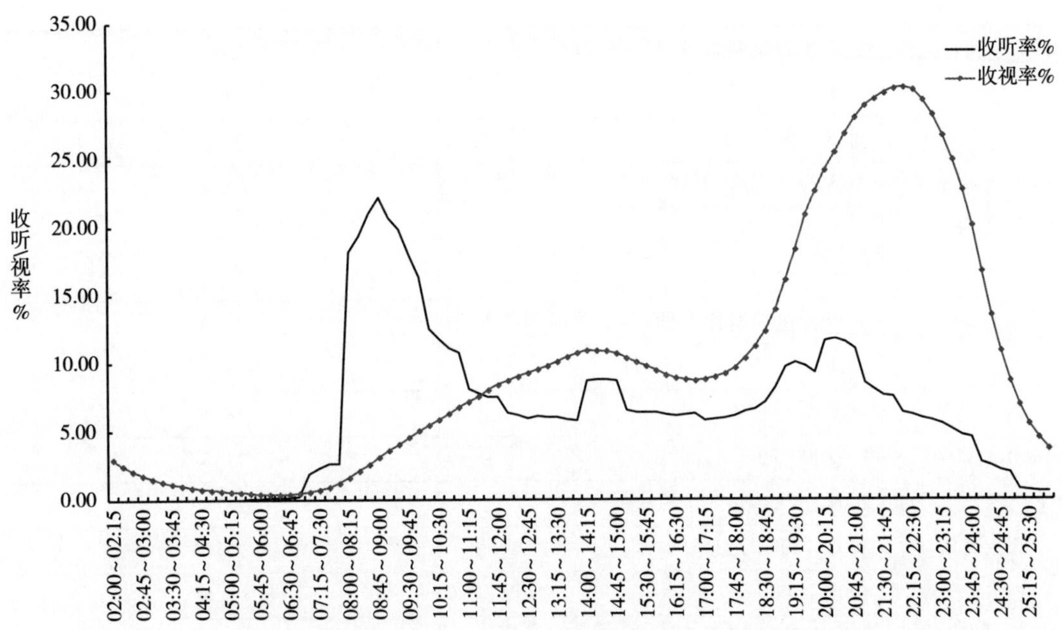

图 3.27.7　2018 年乌鲁木齐受众全天收听率、收视率走势比较（目标受众为 10 岁及以上）

表 3.27.3　2018 年乌鲁木齐市场听众构成（%）

目标听众		听众构成（%）
10 岁及以上所有人		100.0
性别	男	55.4
	女	44.6
年龄	10~14 岁	1.7
	15~24 岁	16.9
	25~34 岁	17.7
	35~44 岁	23.7
	45~54 岁	15.1
	55~64 岁	12.5
	65 岁及以上	12.4
文化程度	未受过正规教育	*
	小学	5.3
	初中	35.7
	高中	31.5
	大学及以上	27.4

续表

目标听众		听众构成（%）
职业	干部/管理人员	1.9
	初级公务员/雇员	23.3
	个体/私营企业人员	28.4
	工人	5.7
	学生	10.9
	无业（包括退休人员）	26.0
	其他	3.8
个人月收入	没有收入	18.1
	1～2000 元	11.3
	2001～3000 元	28.4
	3001～4000 元	25.2
	4001～5000 元	8.8
	5001～6000 元	3.4
	6001 元及以上	4.8

注："＊"表示该目标听众样本量不足，无法进行统计推断。

表 3.27.4　2016～2018 年乌鲁木齐市场各广播电台的市场份额（%）

广播电台	2016 年	2017 年	2018 年
中央人民广播电台	5.4	5.3	7.1
中国国际广播电台	0.0	0.0	0.0
新疆人民广播电台	74.7	73.5	74.4
乌鲁木齐人民广播电台	13.7	13.4	12.7
其他广播电台	6.2	7.8	5.8

表 3.27.5　2018 年乌鲁木齐市场各广播电台在不同目标听众中的市场份额（%）

目标听众		中央人民广播电台	中国国际广播电台	新疆人民广播电台	乌鲁木齐人民广播电台	其他广播电台
10 岁及以上所有人		7.1	0.0	74.4	12.7	5.8
性别	男	7.1	0.0	73.3	13.3	6.3
	女	7.0	0.0	75.6	12.1	5.3
年龄	10～14 岁	3.0	0.0	63.6	15.1	18.3
	15～24 岁	2.6	0.0	72.9	13.3	11.2

续表

目标听众		中央人民广播电台	中国国际广播电台	新疆人民广播电台	乌鲁木齐人民广播电台	其他广播电台
年龄	25～34岁	2.7	0.0	74.7	17.9	4.7
	35～44岁	6.9	0.0	73.9	12.2	7.0
	45～54岁	6.8	0.0	76.1	13.1	4.0
	55～64岁	9.2	0.0	74.6	11.4	4.8
	65岁及以上	15.6	0.0	75.0	6.9	2.5
文化程度	未受过正轨教育	*	*	*	*	*
	小学	6.9	0.0	72.3	12.8	8.0
	初中	6.4	0.0	74.4	12.4	6.8
	高中	6.0	0.0	72.3	15.4	6.3
	大学及以上	8.8	0.0	77.8	9.9	3.5
职业	干部/管理人员	3.4	0.0	78.5	15.2	2.9
	初级公务员/雇员	5.2	0.0	73.0	14.9	6.9
	个体/私营企业人员	4.9	0.0	76.4	13.4	5.3
	工人	9.5	0.0	73.5	11.9	5.1
	学生	2.9	0.0	73.5	12.7	10.9
	无业（包括退休人员）	11.7	0.0	73.5	10.0	4.8
	其他	0.0	0.0	81.6	15.0	3.4
个人月收入	没有收入	3.1	0.0	69.3	14.9	12.7
	1～2000元	3.2	0.0	69.6	18.9	8.3
	2001～3000元	7.1	0.0	72.7	14.0	6.2
	3001～4000元	9.5	0.0	72.7	12.4	5.4
	4001～5000元	13.4	0.0	78.6	5.9	2.1
	5001～6000元	3.4	0.0	88.5	6.6	1.5
	6001元及以上	0.8	0.0	82.9	14.6	1.7

注："*"表示该目标听众样本量不足，无法进行统计推断。

表3.27.6　2018年乌鲁木齐市场份额排名前5位的频率

排名	频率名称	市场份额（%）
1	新疆人民广播电台949交通广播（FM94.9）	40.5
2	新疆人民广播电台城市广播私家车调频（FM92.9）	6.8
3	新疆人民广播电台（FM107.4）维吾尔语交通文艺广播	6.7
4	中央人民广播电台第一套节目中国之声	6.0
5	新疆人民广播电台102.8故事广播（FM102.8）	5.3

表 3.27.7　2018 年乌鲁木齐市场收听率排名前 30 位的节目

排名	节目名称	播出频率	收听率（%）	市场份额（%）
1	新闻快车道	新疆人民广播电台 949 交通广播（FM94.9）	9.7	44.8
2	中央台新闻和报纸摘要（转播）	新疆人民广播电台 949 交通广播（FM94.9）	7.8	41.6
3	开心路路通	新疆人民广播电台 949 交通广播（FM94.9）	6.1	47.7
4	精彩车生活	新疆人民广播电台 949 交通广播（FM94.9）	4.7	43.3
5	安涛在线	新疆人民广播电台 949 交通广播（FM94.9）	4.7	41.6
6	说法周末版	新疆人民广播电台 949 交通广播（FM94.9）	3.3	37.1
7	今晚十点	新疆人民广播电台 949 交通广播（FM94.9）	3.2	40.2
8	生活微观察	新疆人民广播电台 949 交通广播（FM94.9）	2.9	33.0
9	说法	新疆人民广播电台 949 交通广播（FM94.9）	2.7	36.5
10	车市淘宝	新疆人民广播电台 949 交通广播（FM94.9）	2.4	41.3
11	一五一十	新疆人民广播电台 949 交通广播（FM94.9）	2.3	37.5
12	929 新闻早报	新疆人民广播电台城市广播私家车调频（FM92.9）	2.2	10.3
13	劲爆体育	新疆人民广播电台 949 交通广播（FM94.9）	2.1	33.4
14	@私家车	新疆人民广播电台 949 交通广播（FM94.9）	2.0	32.8
15	我的朋友圈	新疆人民广播电台 949 交通广播（FM94.9）	1.9	34.8
16	美食美客	新疆人民广播电台 949 交通广播（FM94.9）	1.9	32.1
17	百姓热线	新疆人民广播电台城市广播私家车调频（FM92.9）	1.8	9.4
18	新闻纵横	中央人民广播电台第一套节目中国之声	1.4	12.0
19	消费指南（重播）	乌鲁木齐人民广播电台交通文艺广播维语（FM104.6）	1.3	9.8
20	青湖听书馆	新疆人民广播电台 102.8 故事广播（FM102.8）	1.2	13.4
21	妇女世界（重播）	乌鲁木齐人民广播电台交通文艺广播维语（FM104.6）	1.2	9.3
22	评书江湖（早间）	新疆人民广播电台 102.8 故事广播（FM102.8）	1.2	6.1
23	心情音乐吧	新疆人民广播电台（FM107.4）维吾尔语交通文艺广播	1.1	21.5
24	科技与教育（重播）	乌鲁木齐人民广播电台交通文艺广播维语（FM104.6）	1.1	10.5
25	旅游与文化（重播）	乌鲁木齐人民广播电台交通文艺广播维语（FM104.6）	1.1	10.0
26	倾听经典	新疆人民广播电台 102.8 故事广播（FM102.8）	1.1	9.5
27	社会与法制（重播）	乌鲁木齐人民广播电台交通文艺广播维语（FM104.6）	1.1	9.3
28	红山脚下（重播）	乌鲁木齐人民广播电台交通文艺广播维语（FM104.6）	1.1	8.8
29	极客出发（资讯版）	新疆人民广播电台 924 民生广播（FM92.4）	1.1	5.8
30	爱车有话说	新疆人民广播电台城市广播私家车调频（FM92.9）	1.0	8.5

二十八、郑州收听数据

表 3.28.1　2016～2018 年郑州各目标听众人均收听时间（分钟）

目标听众		2016 年	2017 年	2018 年
10 岁及以上所有人		50	51	50
性别	男	52	50	50
	女	48	53	50
年龄	10～14 岁	10	10	5
	15～24 岁	17	20	17
	25～34 岁	59	56	44
	35～44 岁	52	60	54
	45～54 岁	69	66	66
	55～64 岁	84	73	96
	65 岁及以上	106	108	132
文化程度	未受过正规教育	50	*	*
	小学	38	49	56
	初中	51	57	55
	高中	55	51	53
	大学及以上	46	48	42
职业	干部/管理人员	68	61	66
	初级公务员/雇员	52	47	44
	个体/私营企业人员	57	61	50
	工人	57	56	52
	学生	11	12	10
	无业（包括退休人员）	71	80	90
	其他	*	*	*
个人月收入	没有收入	23	29	22
	1～2000 元	75	75	90
	2001～3000 元	62	65	70
	3001～4000 元	64	52	54
	4001～5000 元	50	62	51
	5001～6000 元	60	56	46
	6001 元及以上	59	59	68

注：郑州为全年连续调查城市。“*”表示目标听众样本量不足，无法进行统计推断

表 3.28.2　2016～2018 年郑州听众在不同地点的人均收听时间（分钟）

地点	2016 年	2017 年	2018 年
家中	29	33	33
车上	14	13	11
工作/学习场所	4	3	3
其他场所	2	2	3

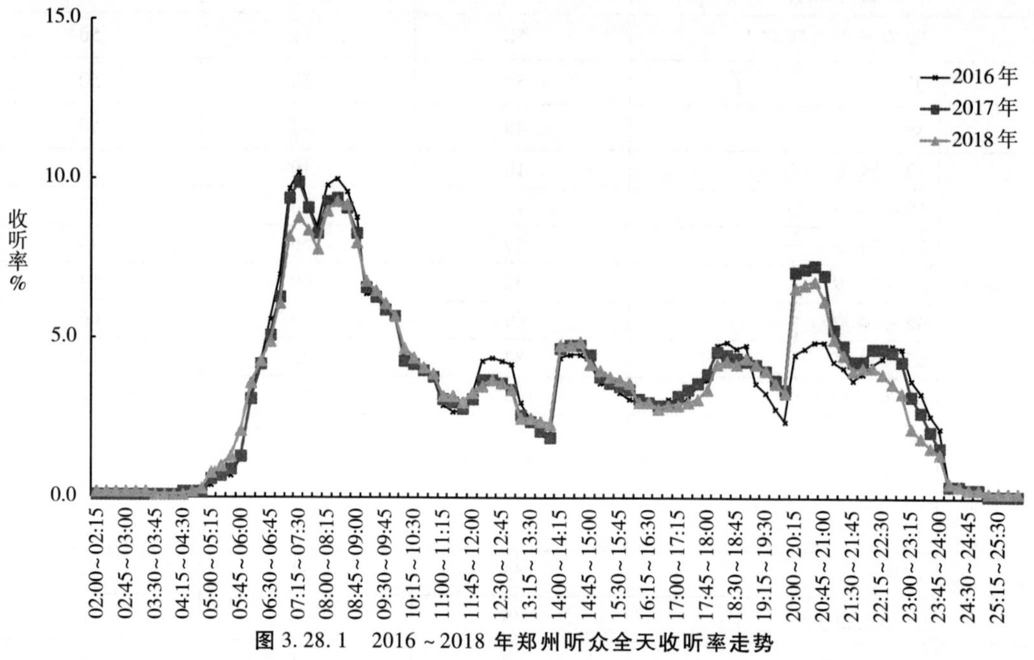

图 3.28.1　2016～2018 年郑州听众全天收听率走势

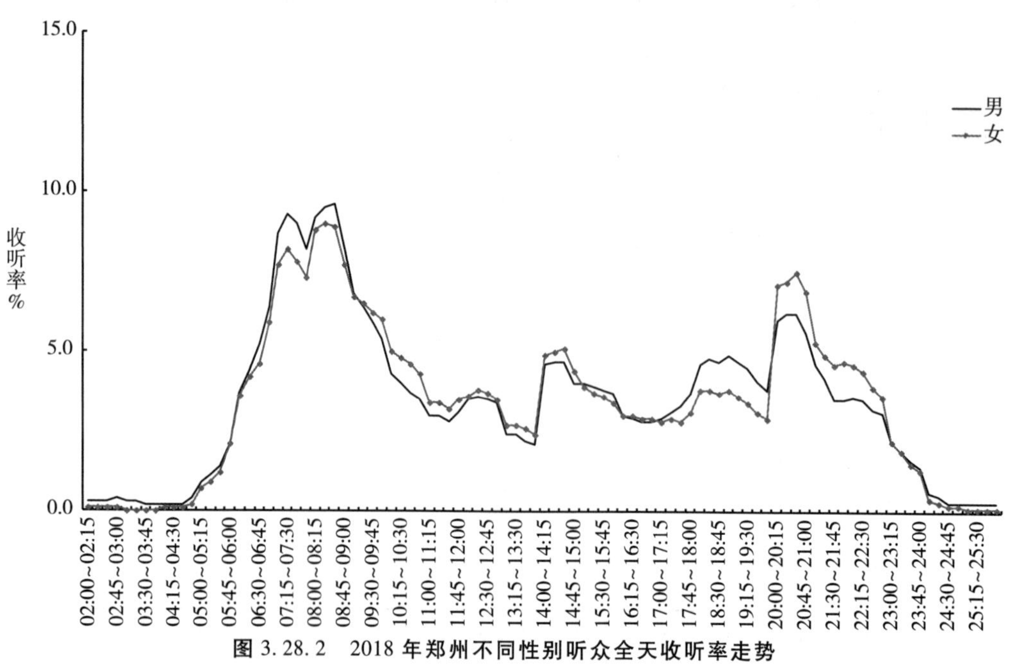

图 3.28.2　2018 年郑州不同性别听众全天收听率走势

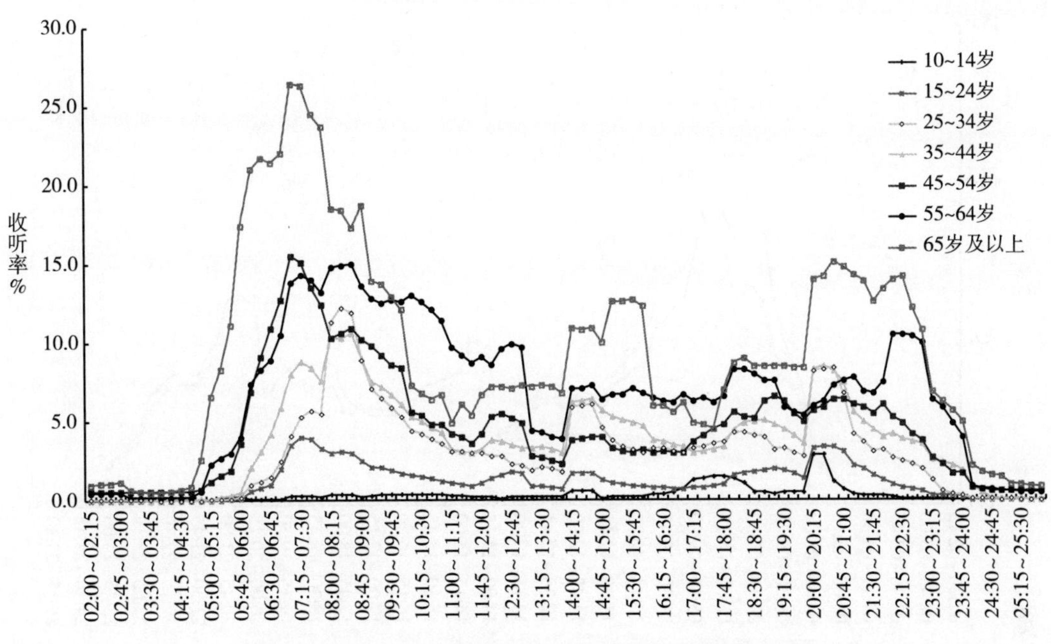

图 3.28.3 2018 年郑州不同年龄听众全天收听率走势

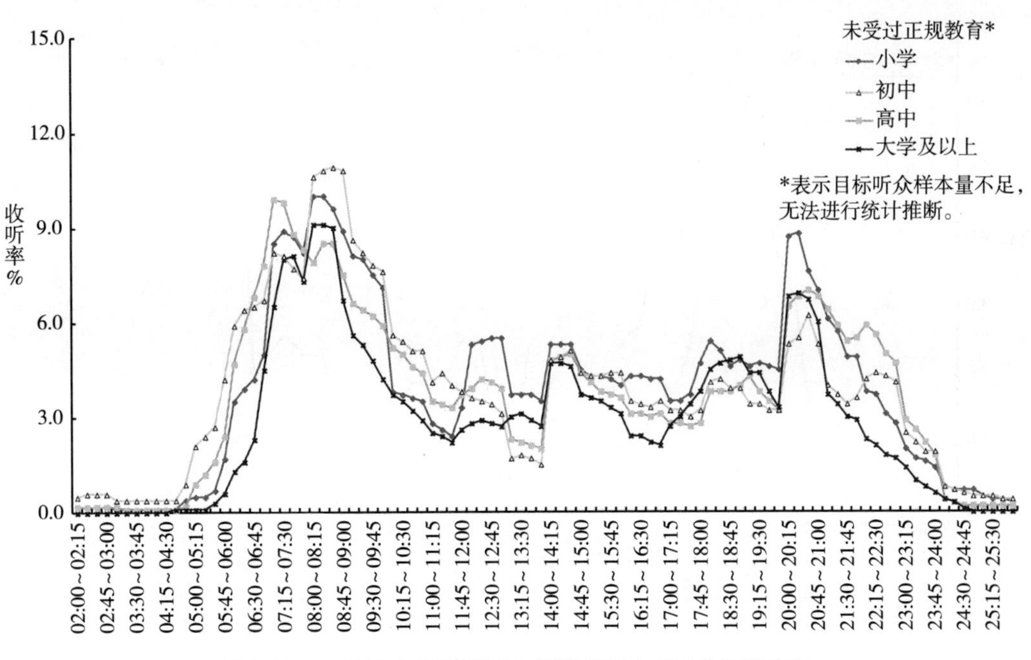

图 3.28.4 2018 年郑州不同文化程度听众全天收听率走势

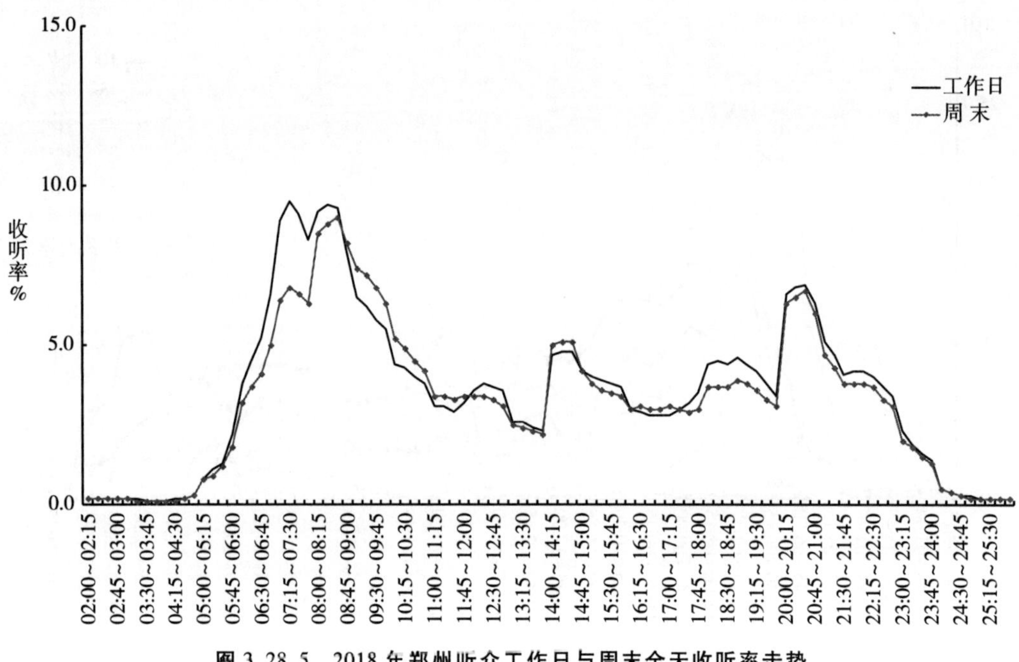

图 3.28.5　2018 年郑州听众工作日与周末全天收听率走势

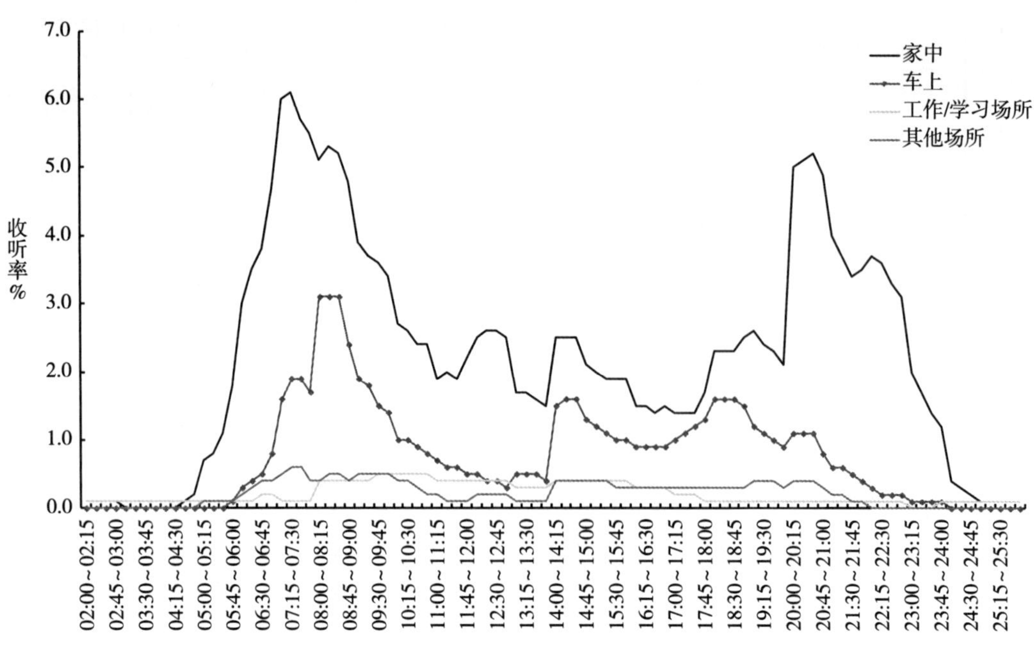

图 3.28.6　2018 年郑州听众在不同收听地点全天收听率走势

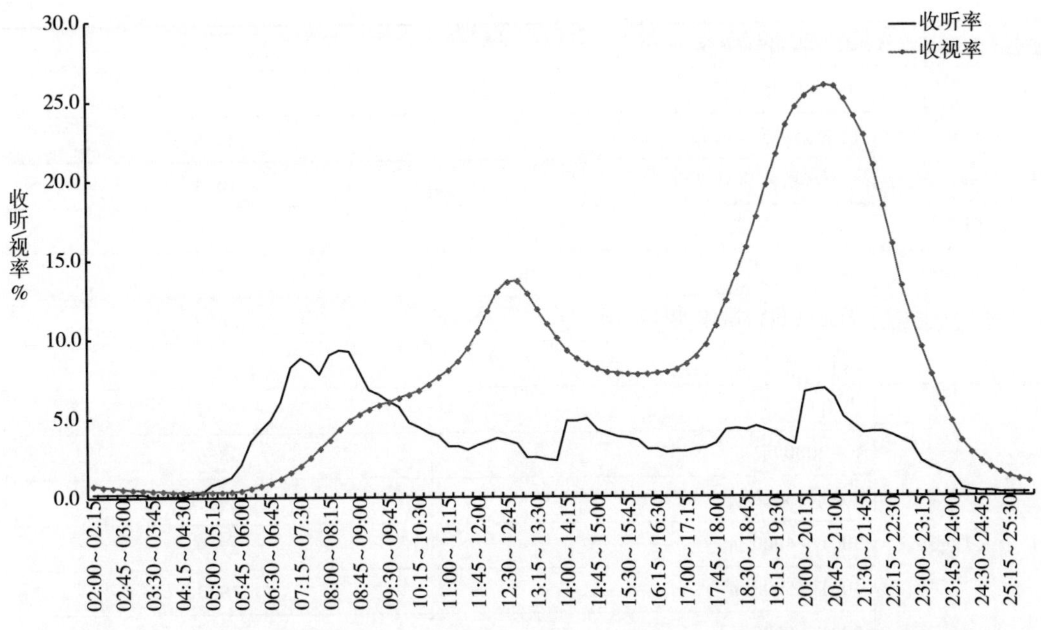

图 3.28.7　2018 年郑州受众全天收听率、收视率走势比较（目标受众为 10 岁及以上）

表 3.28.3　2018 年郑州市场听众构成（%）

目标听众		听众构成（%）
10 岁及以上所有人		100.0
性别	男	51.2
	女	48.8
年龄	10～14 岁	0.4
	15～24 岁	9.3
	25～34 岁	19.3
	35～44 岁	22.2
	45～54 岁	16.2
	55～64 岁	15.0
	65 岁及以上	17.6
文化程度	未受过正规教育	*
	小学	7.2
	初中	23.5
	高中	38.4
	大学及以上	30.9

续表

目标听众		听众构成（%）
职业	干部/管理人员	8.7
	初级公务员/雇员	20.6
	个体/私营企业人员	16.4
	工人	13.2
	学生	4.2
	无业（包括退休人员）	36.9
	其他	*
个人月收入	没有收入	12.7
	1~2000 元	8.9
	2001~3000 元	29.1
	3001~4000 元	27.9
	4001~5000 元	9.7
	5001~6000 元	5.2
	6001 元及以上	6.5

注："*"表示目标听众样本量不足，无法统计推断

表 3.28.4　2016~2018 年郑州市场各广播电台的市场份额（%）

广播电台	2016 年	2017 年	2018 年
中央人民广播电台	5.3	5.6	6.0
中国国际广播电台	0.0	0.0	0.0
河南人民广播电台	44.7	49.4	49.4
郑州人民广播电台	49.5	44.1	43.2
其他广播电台	0.5	0.9	1.4

表 3.28.5　2018 年郑州市场各广播电台在不同目标听众中的市场份额（%）

目标听众		中央人民广播电台	中国国际广播电台	河南人民广播电台	郑州人民广播电台	其他广播电台
10 岁及以上所有人		6.0	0.0	49.4	43.2	1.4
性别	男	5.6	0.0	48.5	44.5	1.4
	女	6.5	0.0	50.4	41.9	0.4
年龄	10~14 岁	14.0	0.0	54.9	29.8	1.3
	15~24 岁	5.4	0.0	57.9	35.9	0.8
	25~34 岁	3.3	0.0	61.4	34.0	1.3

续表

目标听众		中央人民广播电台	中国国际广播电台	河南人民广播电台	郑州人民广播电台	其他广播电台
年龄	35~44岁	7.3	0.0	53.2	38.2	1.3
	45~54岁	8.0	0.0	45.3	45.6	1.1
	55~64岁	4.9	0.0	43.4	50.2	1.5
	65岁及以上	6.8	0.0	35.9	55.5	1.8
文化程度	未受过正规教育	*	*	*	*	*
	小学	6.9	0.0	47.5	45.3	0.3
	初中	4.6	0.0	44.0	49.6	1.8
	高中	6.8	0.0	47.4	44.2	1.6
	大学及以上	5.8	0.0	56.6	36.7	0.9
职业	干部/管理人员	2.7	0.0	52.5	44.0	0.8
	初级公务员/雇员	6.6	0.0	57.3	34.8	1.3
	个体/私营企业人员	6.2	0.0	54.2	38.2	1.4
	工人	4.9	0.0	50.9	43.2	1.0
	学生	10.0	0.0	55.4	33.4	1.2
	无业（包括退休人员）	6.3	0.0	41.5	50.6	1.6
	其他	*	*	*	*	*
个人月收入	没有收入	6.4	0.0	53.4	38.9	1.3
	1~2000元	6.8	0.0	36.8	55.5	0.9
	2001~3000元	5.2	0.0	43.7	49.9	1.2
	3001~4000元	6.0	0.0	53.0	39.8	1.2
	4001~5000元	8.5	0.0	56.1	33.7	1.7
	5001~6000元	3.7	0.0	50.1	44.6	1.6
	6001元及以上	6.4	0.0	57.9	34.3	1.4

*表示目标听众样本量不足，无法进行统计推断

表 3.28.6 2018年郑州市场份额排名前5位的频率

排名	频率名称	市场份额（%）
1	郑州新闻广播（AM549/FM98.8）	20.9
2	河南音乐广播（FM88.1）	12.7
3	郑州交通广播（FM91.2）	10.2
4	河南交通广播（FM104.1/FM92.4）	8.8
5	河南戏曲广播娱乐（976 FM97.6/AM1143）	8.5

表 3.28.7　2018 年郑州市场收听率排名前 30 位的节目

排名	节目名称	播出频率	收听率（%）	市场份额（%）
1	郑州早新闻	郑州新闻广播（AM549/FM98.8）	2.1	24.7
2	986 夜新闻	郑州新闻广播（AM549/FM98.8）	1.8	45.5
3	转播《新闻与报纸摘要》	郑州新闻广播（AM549/FM98.8）	1.8	32.4
4	今夜不寂寞	郑州新闻广播（AM549/FM98.8）	1.5	65.5
5	百姓热线	郑州新闻广播（AM549/FM98.8）	1.5	17.1
6	新闻早六点	郑州新闻广播（AM549/FM98.8）	1.4	34.4
7	河南新闻	河南新闻广播（FM95.5/AM657）	1.3	14.3
8	河南新闻（周末版）	河南新闻广播（FM95.5/AM657）	1.1	16.2
9	魅力新鲜行（周末版）	河南音乐广播（FM88.1）	1.1	14.5
10	与你同行（上午版）	河南新闻广播（FM95.5/AM657）	1.1	13.0
11	魅力新鲜行	河南音乐广播（FM88.1）	1.1	12.7
12	一路听天下	河南交通广播（FM104.1/FM92.4）	1.1	12.2
13	魅力快乐 song（周末版）	河南音乐广播（FM88.1）	1.0	17.9
14	986 整点播报	郑州新闻广播（AM549/FM98.8）	1.0	17.0
15	与你同行（上午版）（周末版）	河南新闻广播（FM95.5/AM657）	1.0	15.0
16	交通互联网	郑州交通广播（FM91.2）	1.0	11.7
17	郑州晚新闻	郑州新闻广播（AM549/FM98.8）	0.9	19.9
18	986 理财时间	郑州新闻广播（AM549/FM98.8）	0.9	14.6
19	重播《郑州早新闻》	郑州新闻广播（AM549/FM98.8）	0.9	14.1
20	转播《新闻联播》	郑州新闻广播（AM549/FM98.8）	0.8	20.5
21	大龙吐槽	郑州新闻广播（AM549/FM98.8）	0.8	17.8
22	快乐早点到	河南戏曲广播娱乐 976（FM97.6/AM1143）	0.8	9.3
23	城市热线	郑州新闻广播（AM549/FM98.8）	0.7	21.3
24	郑州午新闻	郑州新闻广播（AM549/FM98.8）	0.7	20.1
25	新闻有话说	郑州新闻广播（AM549/FM98.8）	0.7	19.5
26	魅力快乐 song	河南音乐广播（FM88.1）	0.7	14.0
27	汽车非常道	河南戏曲广播娱乐 976（FM97.6/AM1143）	0.7	11.0
28	汽车非常道（精编版）（周末版）	河南戏曲广播娱乐 976（FM97.6/AM1143）	0.7	10.4
29	一路听天下（周末版）	河南交通广播（FM104.1/FM92.4）	0.7	9.4
30	快乐串流行（周末版）	河南戏曲广播娱乐 976（FM97.6/AM1143）	0.7	8.6

二十九、安徽收听数据

表 3.29.1 2016～2018 年安徽各目标听众人均收听时间（分钟）

目标听众		2016 年	2017 年	2018 年			
				第一波	第二波	第三波	第四波
10 岁及以上所有人		28	28	23	26	33	33
城乡	城市	39	34	27	27	37	35
	农村	21	23	20	26	30	32
性别	男	33	31	25	29	35	35
	女	23	24	21	24	30	31
年龄	10～14 岁	5	6	8	10	19	10
	15～24 岁	12	11	9	12	20	17
	25～34 岁	24	24	20	21	28	28
	35～44 岁	32	31	25	27	31	33
	45～54 岁	32	38	32	40	44	47
	55～64 岁	43	41	39	39	43	43
	65 岁及以上	52	44	31	41	53	59
文化程度	未受过正规教育	26	19	15	19	26	26
	小学	28	29	26	30	36	39
	初中	30	29	24	28	34	34
	高中	24	24	19	22	28	28
	大学及以上	33	31	26	30	38	36
职业	干部/管理人员	38	45	33	34	34	44
	初级公务员/雇员	28	25	22	25	32	34
	个体/私营企业人员	31	32	25	27	32	37
	工人	35	37	28	33	40	39
	农民/渔民/牧民	16	20	20	27	30	31
	学生	8	8	8	9	18	12
	无业（包括退休人员）	46	42	31	38	44	44
	其他	63	57	82	48	73	60

续表

目标听众		2016 年	2017 年	2018 年			
				第一波	第二波	第三波	第四波
个人月收入	没有收入	15	15	13	17	24	19
	1～1000 元	21	23	19	28	30	34
	1001～2000 元	36	32	29	30	34	40
	2001～3000 元	37	34	28	28	37	39
	3001～4000 元	31	32	26	32	38	39
	4001～5000 元	38	43	33	37	43	40
	5001 元及以上	25	34	29	21	30	30

注：安徽为四波调查省网。2018 年四波调查时间分别为：第一波 3 月 4 日至 3 月 24 日，第二波 5 月 20 日至 6 月 9 日，第三波 8 月 19 日至 9 月 8 日，第四波 11 月 4 日至 11 月 24 日。

表 3.29.2　2016～2018 年安徽听众在不同地点的人均收听时间（分钟）

地点	2016 年	2017 年	2018 年
家中	19	17	19
车上	6	7	6
工作/学习场所	2	2	2
其他场所	2	2	2

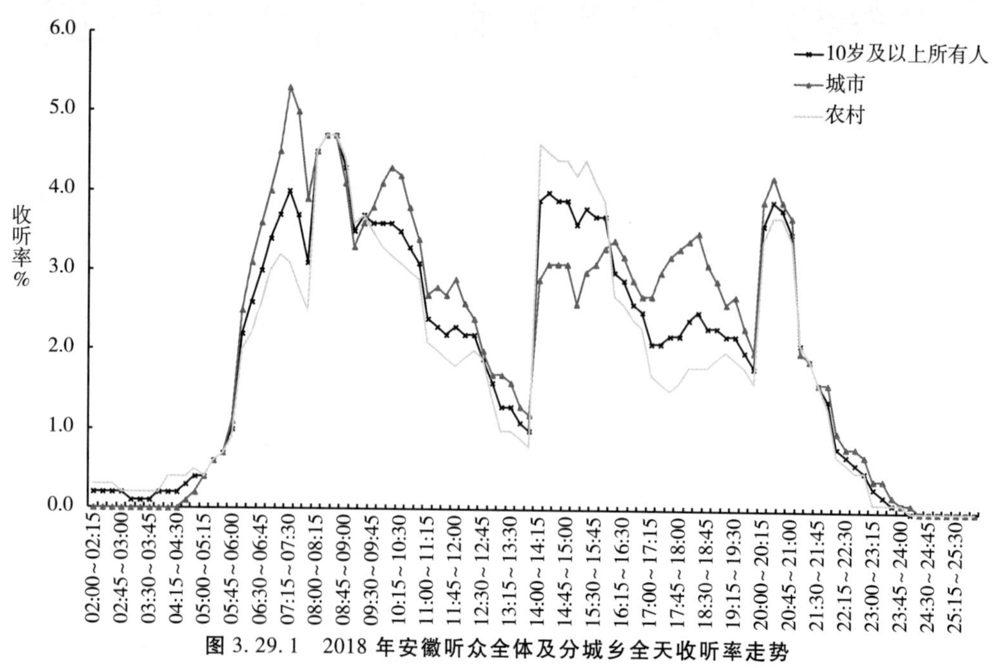

图 3.29.1　2018 年安徽听众全体及分城乡全天收听率走势

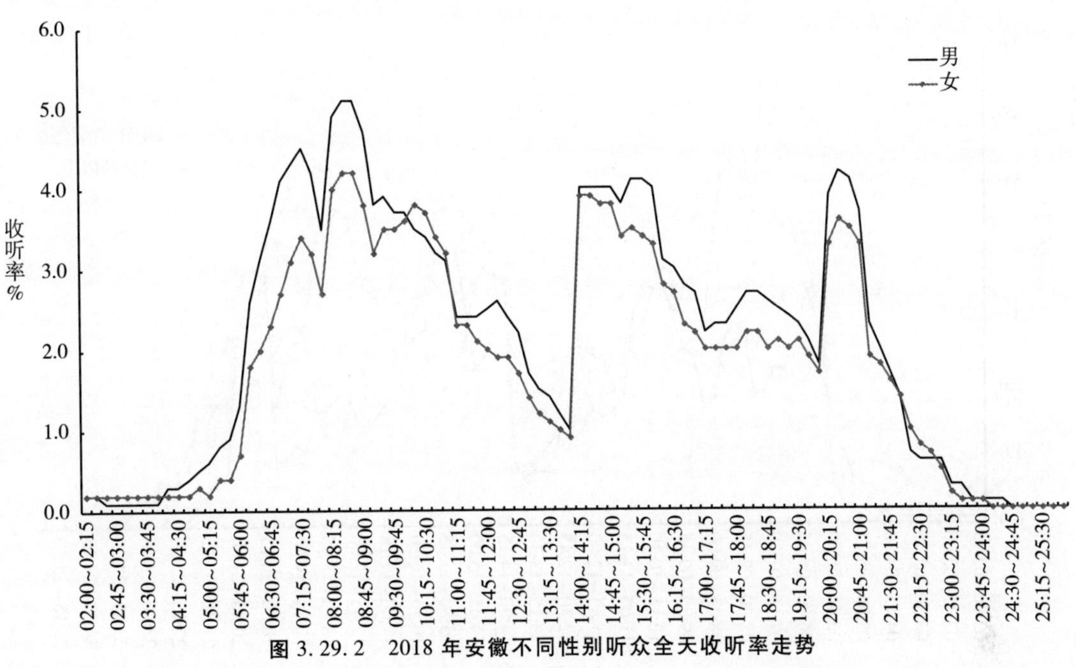

图 3. 29. 2　2018 年安徽不同性别听众全天收听率走势

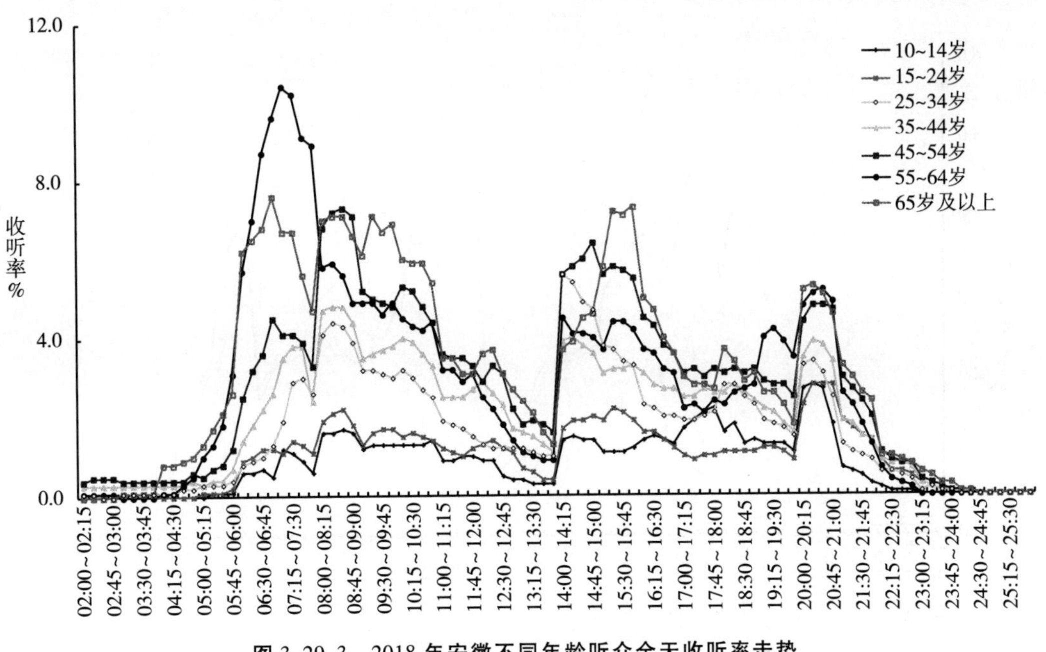

图 3. 29. 3　2018 年安徽不同年龄听众全天收听率走势

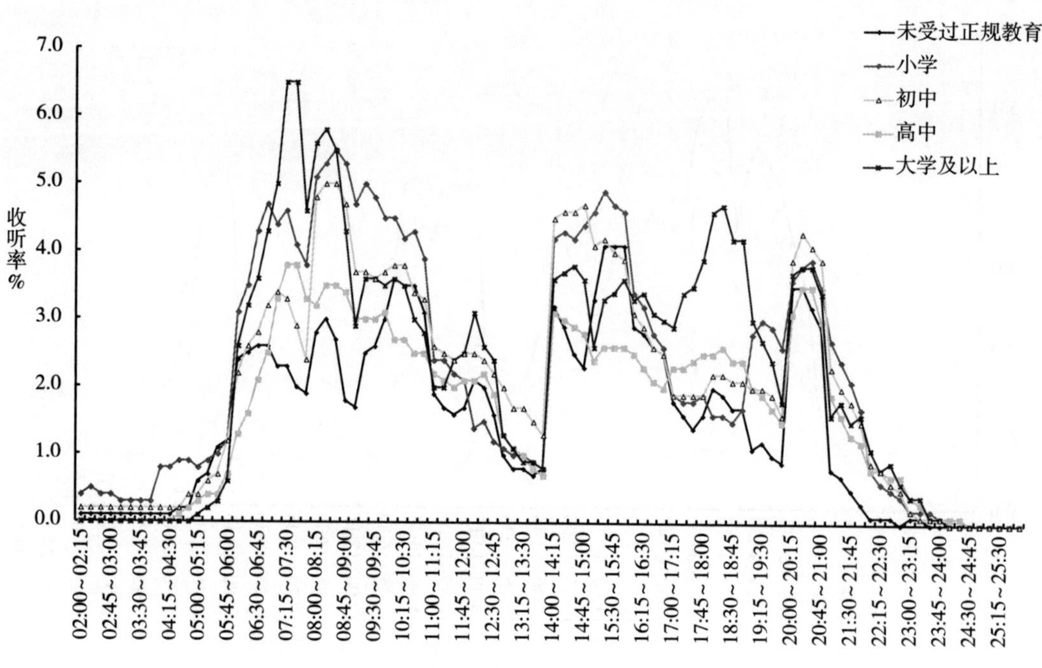

图 3. 29. 4　2018 年安徽不同文化程度听众全天收听率走势

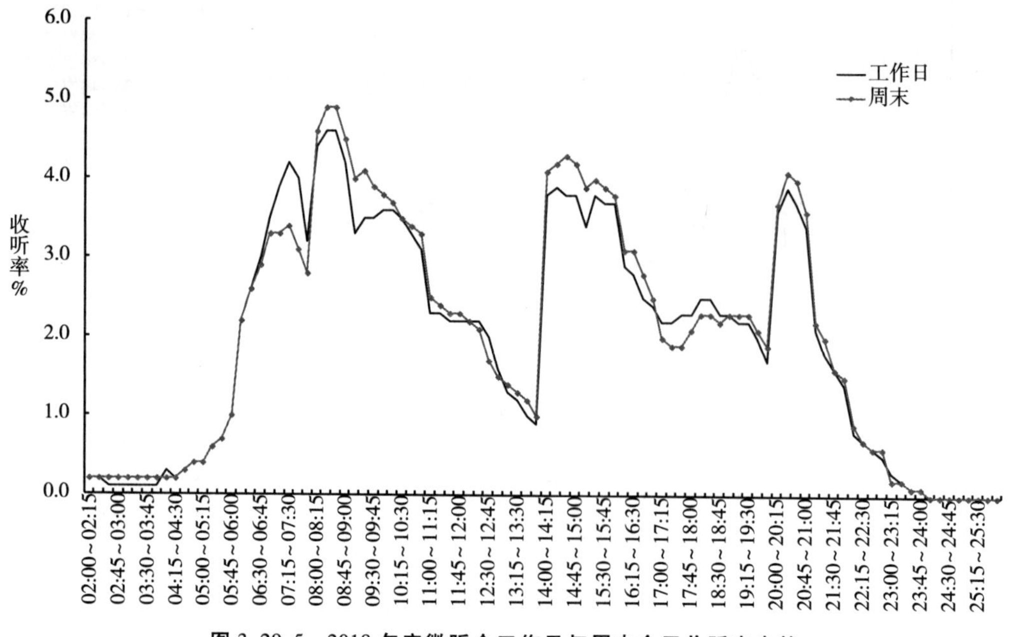

图 3. 29. 5　2018 年安徽听众工作日与周末全天收听率走势

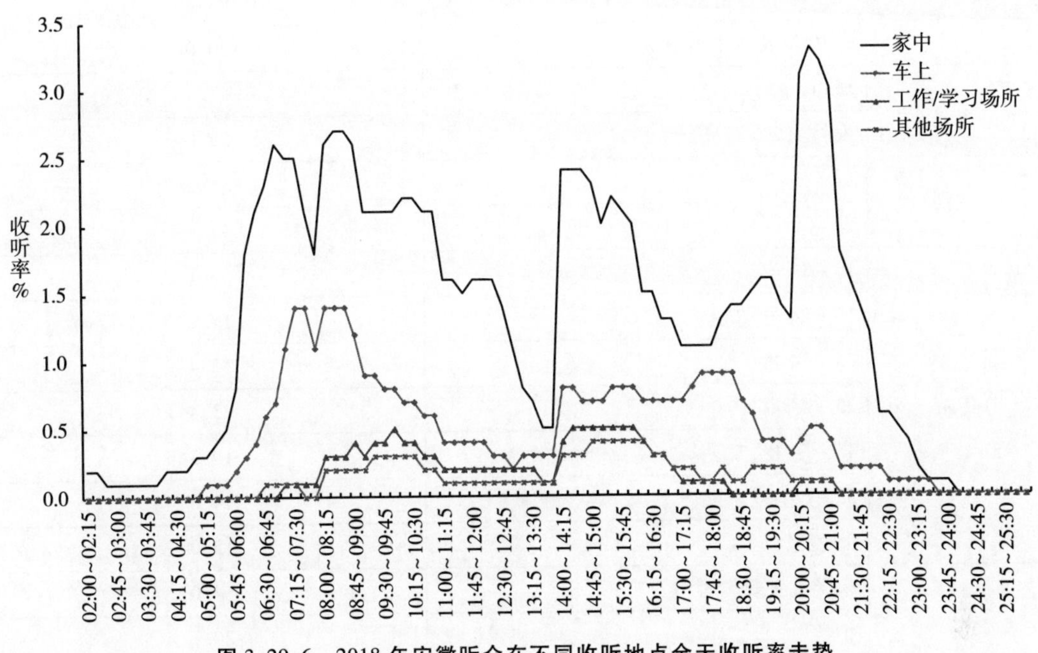

图 3.29.6 2018 年安徽听众在不同收听地点全天收听率走势

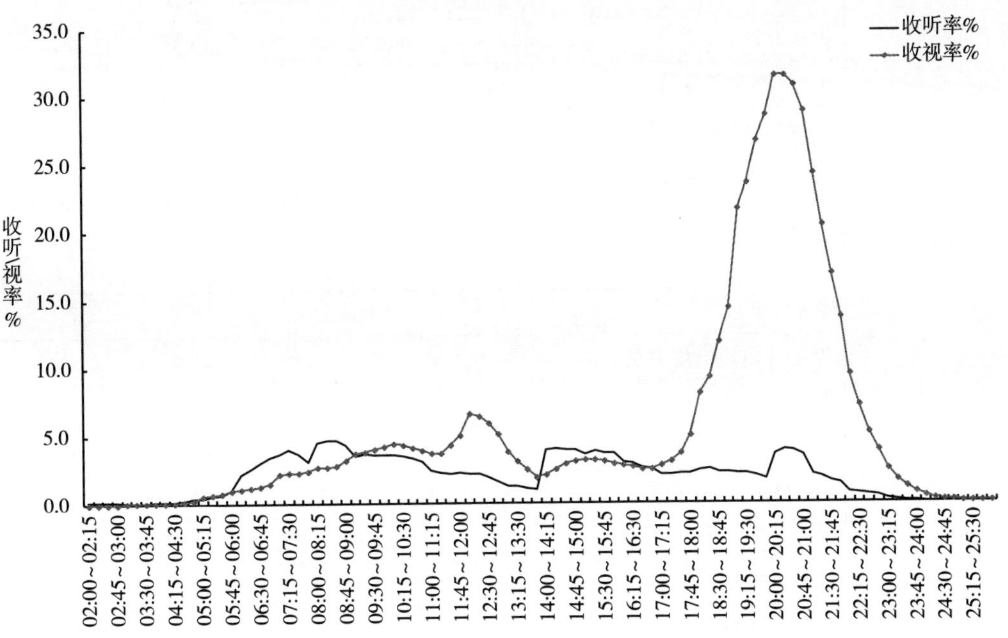

图 3.29.7 2018 年安徽受众全天收听率、收视率走势比较（目标受众为 10 岁及以上）

表 3.29.3　2018 年安徽市场听众构成（%）

目标听众		听众构成（%）
10 岁及以上所有人		100.0
城乡	城市	43.4
	农村	56.6
性别	男	55.2
	女	44.8
年龄	10～14 岁	2.1
	15～24 岁	10.2
	25～34 岁	15.4
	35～44 岁	23.4
	45～54 岁	19.3
	55～64 岁	14.6
	65 岁及以上	15.0
文化程度	未受过正规教育	4.0
	小学	20.7
	初中	42.0
	高中	20.3
	大学及以上	13.0
职业	干部/管理人员	1.7
	个体/私营企业人员	12.7
	初级公务员/雇员	23.6
	工人	17.5
	农民/渔民/牧民	14.3
	学生	6.9
	无业（包括退休人员）	21.2
	其他	2.1
个人月收入	没有收入	16.0
	1～1000 元	12.4
	1001～2000 元	15.2
	2001～3000 元	20.8
	3001～4000 元	19.6
	4001～5000 元	10.8
	5001 元及以上	5.2

表 3.29.4 2016～2018 年安徽市场各广播电台的市场份额（%）

广播电台	2016 年	2017 年	2018 年			
			第一波	第二波	第三波	第四波
中央人民广播电台	14.8	15.3	16.9	15.7	17.2	15.7
中国国际广播电台	0.2	0.1	0.1	0.0	0.0	0.0
安徽广播电视总台	61.3	61.1	59.3	57.4	54.7	56.6
其他广播电台	23.7	23.5	23.7	26.9	28.1	27.7

表 3.29.5 2018 年安徽市场各广播电台在不同目标听众中的市场份额（%）

目标听众		中央人民广播电台	中国国际广播电台	安徽广播电视总台	其他广播电台
10 岁及以上所有人		16.4	0.0	56.8	26.8
城乡	城市	17.4	0.1	50.0	32.5
	农村	15.6	0.0	62.0	22.4
性别	男	18.7	0.0	54.8	26.5
	女	13.5	0.0	59.3	27.2
年龄	10～14 岁	16.3	0.0	58.2	25.5
	15～24 岁	14.8	0.0	58.1	27.1
	25～34 岁	7.0	0.0	54.2	38.8
	35～44 岁	11.6	0.0	60.8	27.6
	45～54 岁	18.1	0.1	56.6	25.2
	55～64 岁	26.3	0.1	52.3	21.3
	65 岁及以上	22.5	0.0	56.6	20.9
文化程度	未受过正规教育	17.4	0.0	56.1	26.5
	小学	16.2	0.0	60.2	23.6
	初中	17.1	0.0	59.2	23.7
	高中	15.8	0.0	53.1	31.1
	大学及以上	15.0	0.1	49.6	35.3
职业	干部/管理人员	11.2	0.0	56.0	32.8
	个体/私营企业人员	18.2	0.1	54.1	27.6
	初级公务员/雇员	15.6	0.1	49.2	35.1
	工人	13.1	0.0	65.6	21.3
	农民/渔民/牧民	11.5	0.0	57.7	30.8
	学生	19.2	0.0	54.9	25.9
	无业（包括退休人员）	20.5	0.1	58.4	21.0
	其他	15.1	0.0	43.7	41.2

续表

目标听众		中央人民广播电台	中国国际广播电台	安徽广播电视总台	其他广播电台
个人月收入	没有收入	15.3	0.0	60.2	24.5
	1～1000 元	13.3	0.0	59.6	27.1
	1001～2000 元	14.8	0.0	60.6	24.6
	2001～3000 元	26.4	0.0	49.0	24.6
	3001～4000 元	14.9	0.0	56.4	28.7
	4001～5000 元	10.4	0.1	62.7	26.8
	5001 元及以上	10.0	0.1	50.2	39.7

表 3.29.6　2018 年安徽市场份额排名前 5 位的频率

排名	频率名称	市场份额（%）
1	安徽音乐广播	15.4
2	中央人民广播电台第一套节目中国之声	13.1
3	安徽交通广播	10.8
4	安徽新闻综合广播（AM936/FM103.6）（安徽之声）	7.6
5	安徽小说评书广播	5.9

表 3.29.7　2018 年安徽市场收听率排名前 30 位的节目

排名	节目名称	播出频率	收听率（%）	市场份额（%）
1	新闻和报纸摘要	中央人民广播电台第一套节目中国之声	1.3	40.6
2	品牌之旅	中央人民广播电台第一套节目中国之声	1.1	44.1
3	残疾人之友	中央人民广播电台第一套节目中国之声	1.0	43.1
4	国防时空	中央人民广播电台第一套节目中国之声	1.0	40.6
5	音乐随心聊	安徽音乐广播	0.8	22.4
6	金曲大本营	安徽音乐广播	0.8	21.6
7	新闻纵横	中央人民广播电台第一套节目中国之声	0.7	16.2
8	新闻周末特刊	安徽交通广播	0.7	14.2
9	中国歌曲排行榜（直播北京音乐台）	安徽音乐广播	0.6	14.9
10	车友开心点	安徽交通广播	0.6	13.9

续表

排名	节目名称	播出频率	收听率（%）	市场份额（%）
11	老信件旧时光	安徽音乐广播	0.5	17.9
12	音乐爱假日	安徽音乐广播	0.5	17.7
13	新闻和报纸摘要	安徽新闻综合广播（AM936/FM103.6）（安徽之声）	0.5	15.0
14	一路微微笑	安徽音乐广播	0.5	14.3
15	安徽新闻	安徽新闻综合广播（AM936/FM103.6）（安徽之声）	0.5	13.3
16	快乐出发	安徽交通广播	0.5	13.0
17	新闻直通车	安徽交通广播	0.5	12.4
18	小喇叭	中央人民广播电台第一套节目中国之声	0.5	12.3
19	音乐任我行	安徽音乐广播	0.4	17.8
20	生活百科	安徽新闻综合广播（AM936/FM103.6）（安徽之声）	0.4	16.6
21	星星梦工厂	安徽音乐广播	0.4	16.4
22	897 金曲串流行	安徽音乐广播	0.4	16.1
22	895 金曲串流行	安徽音乐广播	0.4	16.1
24	嘻哈二人行	安徽音乐广播	0.4	15.6
25	维权 908	安徽交通广播	0.4	12.8
25	维权 910	安徽交通广播	0.4	12.8
27	玩转二手车	安徽交通广播	0.4	12.7
28	直播中国	中央人民广播电台第一套节目中国之声	0.4	11.6
29	旅游圈那些事儿	安徽交通广播	0.4	10.8
30	边走边听	安徽交通广播	0.4	10.6

三十、辽宁收听数据

表 3.30.1　2016～2018 年辽宁各目标听众人均收听时间（分钟）

目标听众		2016 年	2017 年	2018 年
	10 岁及以上所有人	57	57	54
城乡	城市	78	74	73
	农村	27	29	29
性别	男	57	60	58
	女	57	54	49
年龄	10～14 岁	14	10	12
	15～24 岁	24	25	22
	25～34 岁	40	41	48
	35～44 岁	51	54	49
	45～54 岁	70	65	60
	55～64 岁	86	80	85
	65 岁及以上	98	113	99
文化程度	未受过正规教育	65	56	67
	小学	43	49	50
	初中	56	58	54
	高中	67	62	57
	大学及以上	57	53	52
职业	干部/管理人员	93	55	55
	初级公务员/雇员	55	61	47
	个体/私营企业人员	47	51	51
	工人	55	54	54
	农民/渔民/牧民	50	48	52
	学生	19	19	17
	无业（包括退休人员）	83	84	81
	其他	*	*	*

续表

目标听众		2016 年	2017 年	2018 年
个人月收入	没有收入	32	32	23
	1～1000 元	47	45	45
	1001～2000 元	68	66	60
	2001～3000 元	66	61	59
	3001～4000 元	61	64	68
	4001～5000 元	64	73	69
	5001 元及以上	57	79	57

注：辽宁省网为全年连续调查省网。“＊”表示目标听众样本量不足，无法进行统计推断。

表 3.30.2　2016～2018 年辽宁听众在不同地点的人均收听时间（分钟）

地点	2016 年	2017 年	2018 年
家中	44	40	38
车上	8	12	12
工作/学习场所	4	4	2
其他场所	1	1	1

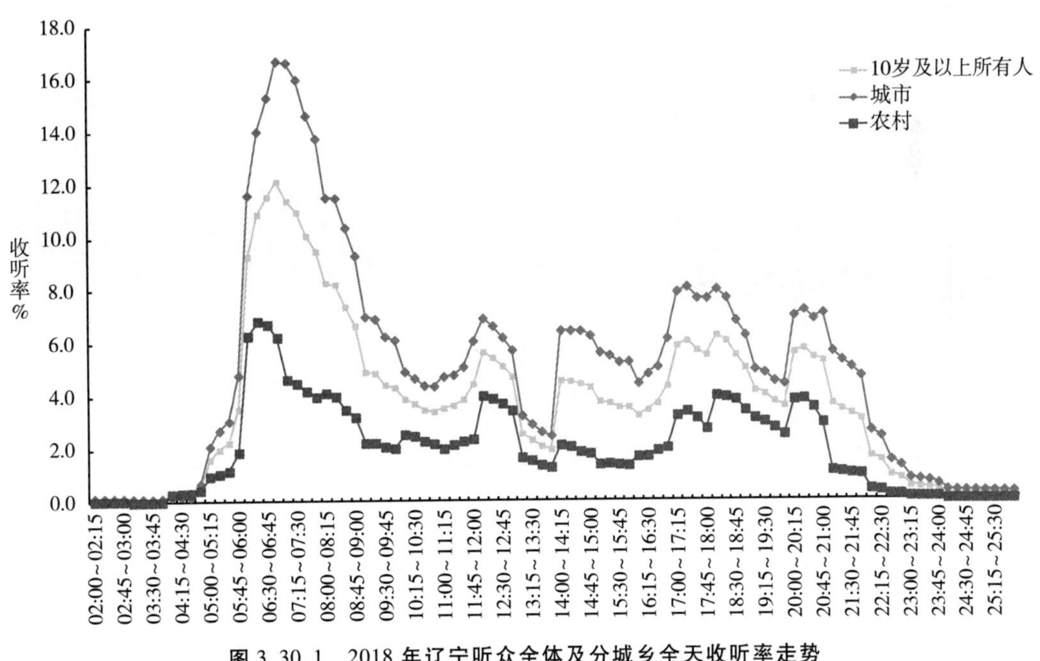

图 3.30.1　2018 年辽宁听众全体及分城乡全天收听率走势

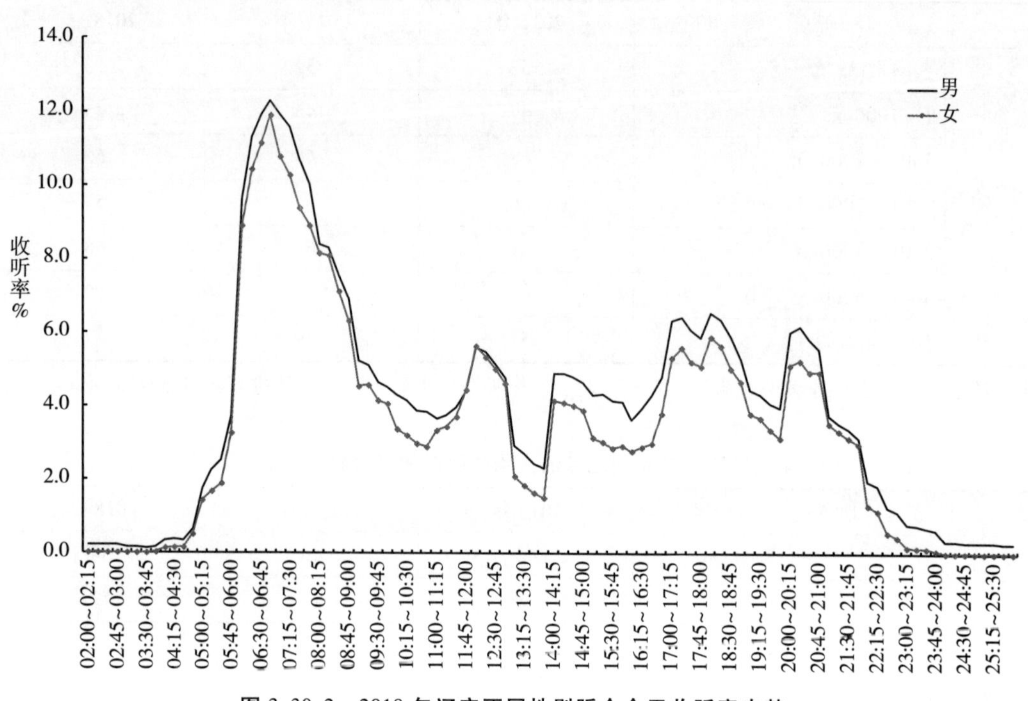

图 3. 30. 2　2018 年辽宁不同性别听众全天收听率走势

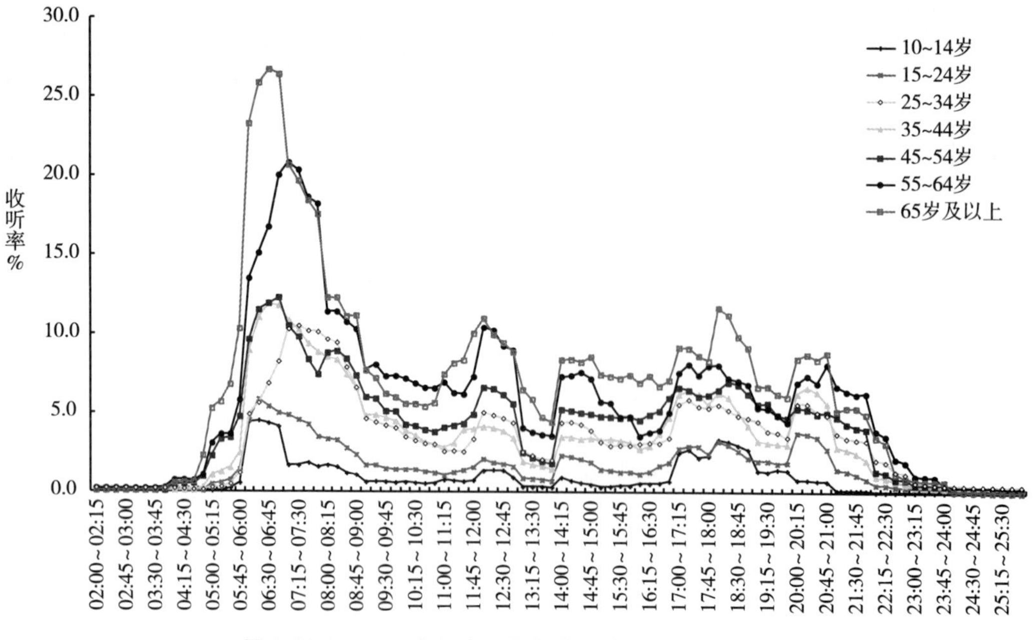

图 3. 30. 3　2018 年辽宁不同年龄听众全天收听率走势

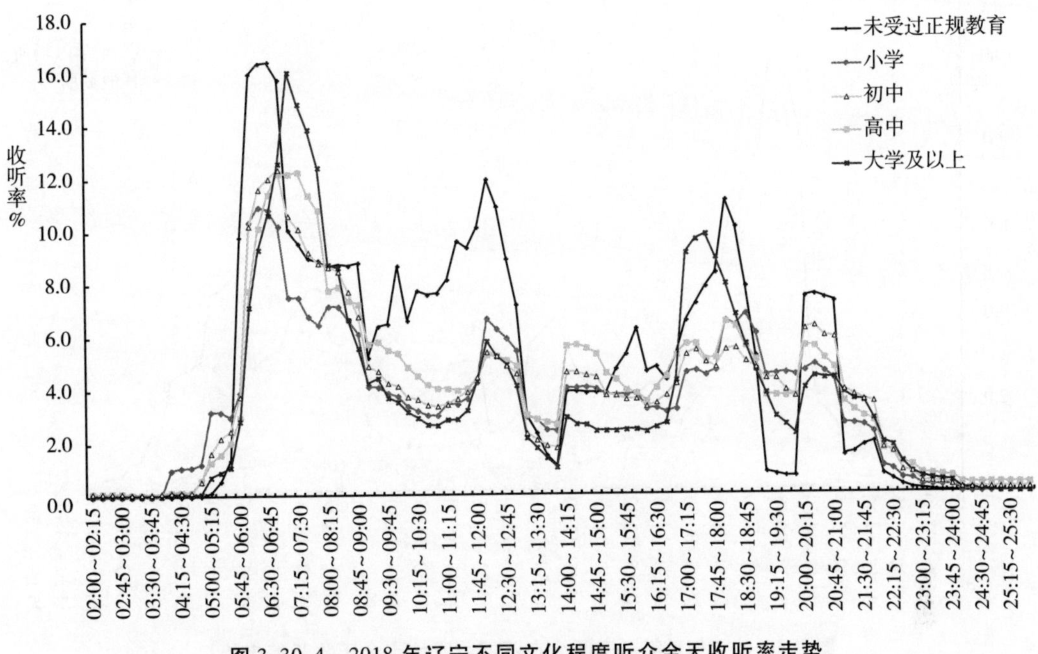

图 3.30.4　2018 年辽宁不同文化程度听众全天收听率走势

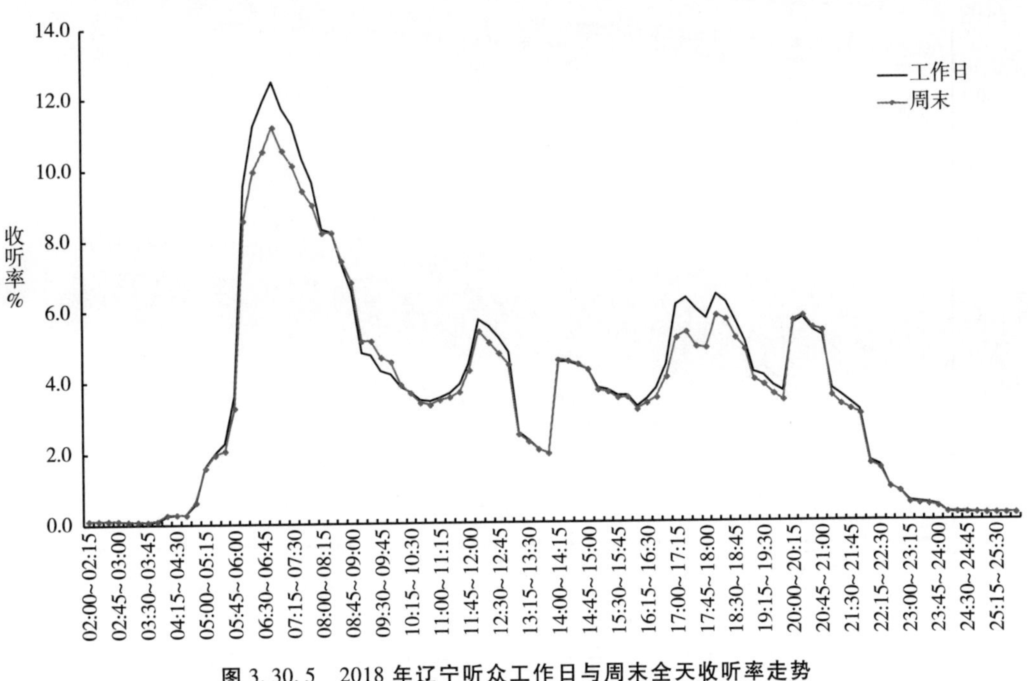

图 3.30.5　2018 年辽宁听众工作日与周末全天收听率走势

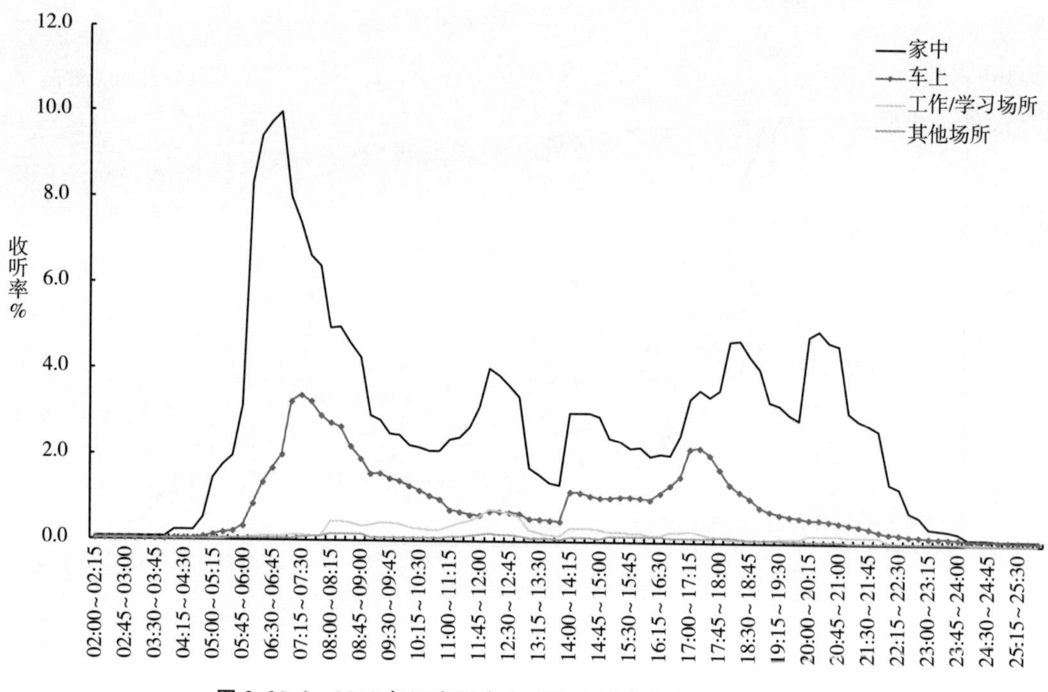

图 3.30.6　2018 年辽宁听众在不同收听地点全天收听率走势

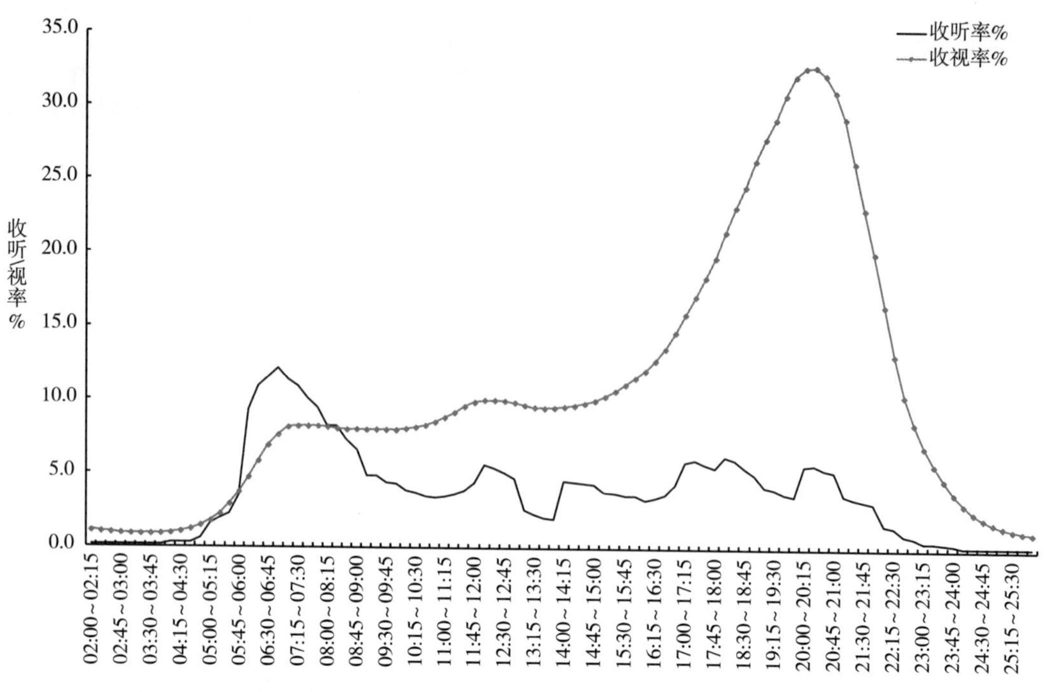

图 3.30.7　2018 年辽宁受众全天收听率、收视率走势比较（目标受众为 10 岁及以上）

表 3.30.3　2018 年辽宁市场听众构成（%）

目标听众		听众构成（%）
10 岁及以上所有人		100.0
城乡	城市	76.6
	农村	23.4
性别	男	55.6
	女	44.4
年龄	10~14 岁	0.9
	15~24 岁	7.2
	25~34 岁	15.1
	35~44 岁	20.8
	45~54 岁	20.6
	55~64 岁	18.8
	65 岁及以上	16.6
文化程度	未受过正规教育	0.9
	小学	11.2
	初中	50.5
	高中	23.4
	大学及以上	14.0
职业	干部/管理人员	2.3
	初级公务员/雇员	7.0
	个体/私营企业人员	16.6
	工人	26.3
	农民/渔民/牧民	13.6
	学生	3.7
	无业（包括退休人员）	30.5
	其他	*
个人月收入	没有收入	8.5
	1~1000 元	5.2
	1001~2000 元	17.7
	2001~3000 元	32.3
	3001~4000 元	21.9
	4001~5000 元	8.9
	5001 元及以上	5.5

“*”表示目标听众样本量不足，无法进行统计推断。

表 3.30.4　2016～2018 年辽宁市场各广播电台的市场份额（%）

广播电台	2016 年	2017 年	2018 年
中央人民广播电台	17.4	17.4	18.0
中国国际广播电台	0.0	0.0	0.0
辽宁广播电视台	27.4	25.1	26.9
其他广播电台	55.2	57.5	55.1

表 3.30.5　2018 年辽宁市场各广播电台在不同目标听众中的市场份额（%）

目标听众		中央人民广播电台	中国国际广播电台	辽宁广播电视台	其他广播电台
	10 岁及以上所有人	18.0	0.0	26.9	55.1
城乡	城市	16.3	0.0	25.6	58.1
	农村	23.8	0.0	31.0	45.2
性别	男	18.1	0.0	27.1	54.8
	女	18.0	0.0	26.6	55.4
年龄	10～14 岁	9.5	0.0	28.5	62.0
	15～24 岁	20.0	0.0	29.3	50.7
	25～34 岁	11.3	0.0	35.0	53.7
	35～44 岁	18.4	0.0	26.8	54.8
	45～54 岁	18.8	0.0	26.2	55.0
	55～64 岁	16.5	0.0	26.0	57.5
	65 岁及以上	24.1	0.0	20.1	55.8
文化程度	未受过正规教育	7.7	0.0	23.0	69.3
	小学	18.5	0.0	22.5	59.0
	初中	17.4	0.0	28.3	54.3
	高中	21.0	0.0	25.4	53.6
	大学及以上	15.5	0.0	28.0	56.5
职业	干部/管理人员	13.3	0.0	35.3	51.4
	初级公务员/雇员	10.1	0.0	29.3	60.6
	个体/私营企业人员	15.3	0.0	30.2	54.5
	工人	18.6	0.0	26.2	55.2
	农民/渔民/牧民	21.5	0.0	34.2	44.3
	学生	16.8	0.0	29.7	53.5
	无业（包括退休人员）	19.7	0.0	21.2	59.1
	其他	*	*	*	*

续表

目标听众		中央人民广播电台	中国国际广播电台	辽宁广播电视台	其他广播电台
个人月收入	没有收入	15.6	0.0	29.9	54.5
	1～1000 元	13.9	0.0	19.6	66.5
	1001～2000 元	26.6	0.0	28.0	45.4
	2001～3000 元	16.9	0.0	23.6	59.5
	3001～4000 元	15.5	0.0	33.5	51.0
	4001～5000 元	15.5	0.0	22.8	61.7
	5001 元及以上	19.2	0.0	24.7	56.1

“*”表示目标听众样本量不足，无法进行统计推断。

表 3.30.6　2018 年辽宁市场份额排名前 5 位的频率

排名	频率名称	市场份额（%）
1	中央人民广播电台第一套节目中国之声	14.2
2	辽宁广播电视台交通广播（FM97.5）	11.4
3	辽宁广播电视台辽宁之声（AM1089/FM102.9）	5.6
4	辽宁广播电视台经济广播（FM88.8/AM999）	4.6
5	辽宁广播电视台文艺广播（FM95.9/FM101.8/AM1053）	3.3

表 3.30.7　2018 年辽宁市场收听率排名前 30 位的节目

排名	节目名称	播出频率	收听率（%）	市场份额（%）
1	新闻和报纸摘要	中央人民广播电台第一套节目中国之声	2.1	17.4
2	球星闪耀	中央人民广播电台第一套节目中国之声	1.9	18.9
3	国防时空	中央人民广播电台第一套节目中国之声	1.8	17.5
4	麻辣第七天	辽宁广播电视台交通广播（FM97.5）	1.8	15.9
5	新闻纵横	中央人民广播电台第一套节目中国之声	1.7	16.5
6	残疾人之友	中央人民广播电台第一套节目中国之声	1.6	18.8
7	新闻麻辣烫	辽宁广播电视台交通广播（FM97.5）	1.6	15.4
8	回家的声音	中央人民广播电台第一套节目中国之声	1.4	19.9
9	难忘的中国之声	中央人民广播电台第一套节目中国之声	1.3	16.1
10	此时此刻	中央人民广播电台第一套节目中国之声	1.1	16.0
11	世界杯我有数	中央人民广播电台第一套节目中国之声	1.1	15.7

续表

排名	节目名称	播出频率	收听率（%）	市场份额（%）
12	温暖回家路	中央人民广播电台第一套节目中国之声	0.9	23.6
13	向快乐出发	辽宁广播电视台交通广播（FM97.5）	0.9	13.7
14	阿宝客厅	辽宁广播电视台交通广播（FM97.5）	0.9	13.4
15	全省新闻联播	辽宁广播电视台辽宁之声（AM1089/FM102.9）	0.9	9.2
16	央广新闻	中央人民广播电台第一套节目中国之声	0.8	17.5
17	央广新闻晚高峰	中央人民广播电台第一套节目中国之声	0.8	14.7
18	阿宝龙哥路路通	辽宁广播电视台交通广播（FM97.5）	0.8	13.0
19	转中国之声《新闻和报纸摘要》	辽宁广播电视台辽宁之声（AM1089/FM102.9）	0.8	6.8
20	汽车之夜	中央人民广播电台第一套节目中国之声	0.7	16.0
21	畅通晚高峰	辽宁广播电视台交通广播（FM97.5）	0.7	11.5
22	两会特别节目	中央人民广播电台第一套节目中国之声	0.6	26.4
23	庆祝改革开放40周年歌曲展播	中央人民广播电台第一套节目中国之声	0.6	13.3
24	娱乐香饽饽	辽宁广播电视台交通广播（FM97.5）	0.6	12.9
25	广播纪实文学	中央人民广播电台第一套节目中国之声	0.6	11.4
26	Sunday 音乐吧	辽宁广播电视台交通广播（FM97.5）	0.6	11.3
27	信不信由你	辽宁广播电视台交通广播（FM97.5）	0.6	11.2
27	全国新闻联播	中央人民广播电台第一套节目中国之声	0.6	11.2
29	直播中国	中央人民广播电台第一套节目中国之声	0.6	10.8
29	小喇叭	中央人民广播电台第一套节目中国之声	0.6	10.8

第四部分
Part Four

附　录　Appendix

CSM 各收听率调查网概况

表 4.1　2018 年各城市收听率调查网样本规模及推及人口

城市	固定样组规模（户，人）	推及户数（千户）	推及人口（千人）
北京（M）	1200	—	5216
大连	300	1012	2489
佛山	300	1028	3009
广州（M）	500	—	2644
哈尔滨	300	1254	3178
杭州	300	1912	5381
合肥	300	767	2086
济南	300	1080	3000
昆明	300	787	1996
南昌	300	423	1374
南京（M）	500	—	3907
南宁	300	649	1686
宁波	300	783	2095
厦门	300	532	1513
上海（M）	600	—	9578
深圳（M）	600	—	5099
沈阳	300	1211	3051
石家庄	300	710	1958
苏州	300	606	1797
太原	300	821	2249
天津	300	1963	4982
乌鲁木齐	300	985	2350
无锡（M）	500	—	1192
武汉	300	1234	3481
长春	300	1023	2696
长沙	300	886	2194
郑州	300	1285	3232
重庆	300	587	1663

注：标注（M）的城市为采用虚拟测量仪调查城市，固定样组规模单位为人，调查样本及推及总体为 15 岁及以上人口。

表 4.2 2018 年全国收视调查网家庭规模结构（%）

城市	1 人户	2 人户	3 人户	4 人及以上户
北京（M）	—	—	—	—
大连	8.3	38.0	39.9	13.8
佛山	5.4	39.0	25.7	29.9
广州（M）	—	—	—	—
哈尔滨	9.3	35.0	39.1	16.6
杭州	7.1	37.3	31.5	24.1
合肥	14.3	31.0	36.5	18.2
济南	5.4	31.2	38.6	24.8
昆明	9.8	39.3	31.5	19.4
南昌	4.6	18.5	38.1	38.8
南京（M）	—	—	—	—
南宁	12.3	36.1	29.3	22.3
宁波	5.4	39.8	41.4	13.4
厦门	8.9	40.4	30.6	20.1
上海（M）	—	—	—	—
深圳（M）	—	—	—	—
沈阳	9.7	37.1	37.0	16.2
石家庄	5.8	30.9	39.3	24.0
苏州	6.5	29.7	36.4	27.4
太原	5.3	35.7	36.5	22.5
天津	6.8	38.5	41.4	13.3
乌鲁木齐	11.4	40.0	33.4	15.3
无锡（M）	—	—	—	—
武汉	12.0	26.6	40.1	21.3
长春	8.6	32.5	40.4	18.5
长沙	8.1	44.2	29.5	18.2
郑州	8.7	41.4	27.8	22.1
重庆	7.5	33.7	34.2	24.6

注：标注（M）的城市为采用虚拟测量仪调查城市，调查样本及推及总体为 15 岁及以上人口。

表 4.3　2018 年各城市收听率调查网性别与年龄结构（%）

城市	性别		年龄						
	男性	女性	10～14 岁	15～24 岁	25～34 岁	35～44 岁	45～54 岁	55～64 岁	65 岁及以上
北京（M）	55.4	44.6	—	18.1	27.0	26.1	13.3	8.0	7.5
大连	50.6	49.4	3.6	16.7	19.1	21.8	17.7	12.0	9.1
佛山	53.9	46.1	3.6	21.6	25.5	25.1	10.6	7.8	5.8
广州（M）	56.0	44.0	—	20.5	30.1	20.8	9.7	9.8	9.1
哈尔滨	50.0	50.0	3.0	16.9	19.8	20.1	18.8	12.0	9.4
杭州	51.9	48.1	3.6	20.2	21.6	20.0	15.8	10.8	8.0
合肥	52.8	47.2	4.6	24.3	24.3	20.8	11.0	8.9	6.1
济南	50.1	49.9	4.4	19.6	21.1	19.9	15.2	11.0	8.8
昆明	50.5	49.5	4.2	18.6	24.0	21.8	13.7	10.2	7.5
南昌	53.1	46.9	6.0	24.4	19.4	20.2	13.8	8.9	7.3
南京（M）	53.3	46.7	—	25.5	20.0	23.2	14.7	8.7	7.9
南宁	50.8	49.2	3.9	23.7	23.8	20.6	11.9	9.0	7.1
宁波	50.7	49.3	3.9	18.6	22.5	24.1	16.5	9.8	4.6
厦门	51.2	48.8	4.4	23.3	29.2	22.3	10.4	6.2	4.2
上海（M）	52.4	47.6	—	13.2	28.8	21.3	13.5	14.1	9.1
深圳（M）	57.4	42.6	—	18.6	38.7	29.9	6.5	2.9	3.4
沈阳	50.8	49.2	3.6	13.5	17.7	18.4	20.9	13.2	12.7
石家庄	48.8	51.2	4.4	22.5	20.3	20.2	14.4	10.5	7.7
苏州	51.0	49.0	3.1	21.7	27.9	18.4	12.2	9.2	7.5
太原	50.7	49.3	4.3	25.0	18.7	21.3	15.2	8.9	6.6
天津	54.7	45.3	2.2	17.8	21.9	17.7	17.7	13.0	9.7
乌鲁木齐	52.1	47.9	4.8	18.8	19.1	27.8	15.2	7.1	7.4
无锡（M）	57.5	42.5	—	16.1	25.9	28.8	13.5	8.7	7.0
武汉	51.5	48.5	3.2	22.4	22.0	19.5	15.4	10.8	6.7
长春	50.5	49.5	3.9	20.2	19.7	20.7	16.9	10.8	7.8
长沙	50.8	49.2	3.6	19.5	22.6	21.7	13.7	10.0	8.9
郑州	50.8	49.2	4.8	25.4	22.4	20.7	12.2	7.3	7.2
重庆	53.0	47.0	3.7	19.3	20.7	24.1	14.6	9.7	8.1

注：标注（M）的城市为采用虚拟测量仪调查城市，调查样本及推及总体为 15 岁及以上人口。

表 4.4　2018 年各城市收听率调查网个人月收入结构（%）

城市	没有收入	1～2000 元	2001～3000 元	3001～4000 元	4001～5000 元	5001～6000 元	6001 元及以上
北京（M）	11.3	0.3	1.5	7.7	10.6	14.3	54.3
大连	27.3	4.3	17.2	22.0	11.3	12.5	5.4
佛山	25.8	5.5	8.6	20.3	12.6	11.7	15.5
广州（M）	24.4	4.6	10.0	17.5	14.7	10.2	18.8
哈尔滨	21.8	4.4	25.5	24.4	11.6	8.0	4.3
杭州	25.0	3.2	8.2	9.8	13.6	15.6	24.6
合肥	34.5	4.3	9.1	17.1	15.4	10.8	8.8
济南	30.2	11.8	9.6	16.6	15.1	10.2	6.5
昆明	27.9	6.7	14.8	17.2	11.7	11.4	10.3
南昌	31.8	2.9	13.0	21.6	14.9	10.2	5.6
南京（M）	21.1	5.1	7.3	18.3	18.8	12.7	16.7
南宁	26.4	17.1	16.4	19.6	9.3	6.6	4.6
宁波	25.4	4.4	7.5	16.3	18.6	13.8	14.0
厦门	35.8	1.8	3.7	11.6	9.2	12.8	25.1
上海（M）	6.4	1.2	3.3	13.3	21.5	19.8	34.5
深圳（M）	23.6	0.1	0.9	2.7	6.4	14.5	51.8
沈阳	20.9	8.9	30.3	21.2	8.8	5.4	4.5
石家庄	28.1	4.9	20.2	24.0	10.2	7.8	4.8
苏州	24.3	5.1	7.7	14.7	17.3	9.4	21.5
太原	35.2	6.6	18.5	20.7	10.0	5.3	3.7
天津	23.3	1.9	16.6	20.4	17.8	13.2	6.8
乌鲁木齐	39.2	3.1	6.7	14.9	16.1	10.0	10.0
无锡（M）	13.2	4.1	7.7	15.8	18.5	19.0	21.7
武汉	27.6	3.1	12.2	15.0	13.7	14.0	14.4
长春	31.3	5.0	17.3	19.9	12.5	9.7	4.3
长沙	33.5	3.6	11.5	13.0	13.0	10.2	15.2
郑州	42.6	2.4	10.4	12.6	10.1	10.4	11.5
重庆	25.0	7.1	11.7	16.0	13.0	15.4	11.8

表 4.5 2018 年各省级收听率调查网样本规模及推及人口

省份	固定样组规模（户）	推及户数（千户）	推及人口（千人）
安徽省	300	7347	22699
辽宁省	300	6858	18869

表 4.6 2018 年各省级收听率调查网家庭规模结构（%）

省份	1 人户	2 人户	3 人户	4 人及以上户
安徽省	6.1	28.6	32.4	33.0
辽宁省	6.5	30.2	39.4	23.9

表 4.7 2018 年各省级收听率调查网性别与年龄结构（%）

省份	性别		年龄						
	男性	女性	10～14 岁	15～24 岁	25～34 岁	35～44 岁	45～54 岁	55～64 岁	65 岁及以上
安徽省	51.2	48.8	5.4	19.7	18.4	23.3	14.2	10.3	8.9
辽宁省	51.7	48.3	3.9	17.3	16.8	22.7	18.5	11.9	8.9

表 4.8 2018 年各省级收听率调查网个人月收入结构（%）

省份	没有收入	1～1000 元	1001～2000 元	2001～3000 元	3001～4000 元	4001～5000 元	5001 元及以上
安徽省	35.1	8.0	7.5	15.5	14.0	9.7	10.2
辽宁省	29.0	7.1	12.7	20.0	16.6	7.3	7.3

图书在版编目(CIP)数据

中国广播收听年鉴.2019 / 丁迈主编. -- 北京：中国传媒大学出版社，2019.12
ISBN 978-7-5657-2655-2

Ⅰ.①中… Ⅱ.①丁… Ⅲ.①广播工作—抽样调查统计—中国—2019—年鉴
Ⅳ.①G229.2-54

中国版本图书馆 CIP 数据核字(2019)第 272336 号

中国广播收听年鉴 2019

ZHONGGUO GUANGBO SHOUTING NIANJIAN 2019

主　　编　丁　迈
策划编辑　程　平
责任编辑　程　平　姜颖昳
封面制作　大鹏设计
责任印制　李志鹏

出版发行　中国传媒大学出版社
社　　址　北京市朝阳区定福庄东街 1 号　邮编:100024
电　　话　86-10-65450528　65450532　传真:65779405
网　　址　http://cucp.cuc.edu.cn
经　　销　全国新华书店

印　　刷　艺堂印刷(天津)有限公司
开　　本　787mm×1092mm　1/16
印　　张　29.5
字　　数　682 千字
版　　次　2019 年 12 月第 1 版
印　　次　2019 年 12 月第 1 次印刷

书　　号　ISBN 978-7-5657-2655-2/G·2655　**定　　价**　138.00 元